文化伟人代表作图释书系⊙
An Illustrated Series of Masterpieces of the Great Minds

非凡的阅读
从影响每一代学人的知识名著开始

知识分子阅读,不仅是指其特有的阅读姿态和思考方式,更重要的还包括读物的选择。在众多当代出版物中,哪些读物的知识价值最具引领性,许多人都很难确切判定。

"文化伟人代表作图释书系"所选择的,正是对人类知识体系的构建有着重大影响的伟大人物的代表著作,这些著述不仅从各自不同的角度深刻影响着人类文明的发展进程,而且自面世之日起,便不断改变着我们对世界和自身的认知,不仅给了我们思考的勇气和力量,更让我们实现了对自身的一次次突破。

这些著述大都篇幅宏大,难以适应当代阅读的特有习惯。为此,对其中的一部分著述,我们在凝练编译的基础上,以插图的方式对书中的知识精要进行了必要补述,既突出了原著的伟大之处,又消除了更多人可能存在的阅读障碍。

我们相信,一切尖端的知识都能轻松理解,一切深奥的思想都可以真切领悟。

亚当·斯密
Adam Smith

全新插图　精装版

〔英〕亚当·斯密 / 著

The Wealth of Nations
国富论

胡长明 ◎ 编译

图书在版编目（CIP）数据

国富论／（英）亚当·斯密著；胡长明编译．— 重庆：重庆出版社，2022.11
ISBN 978-7-229-16623-6

Ⅰ.①国… Ⅱ.①亚… ②胡… Ⅲ.①古典资产阶级政治经济学 Ⅳ.①F091.33

中国版本图书馆CIP数据核字（2022）第019295号

国 富 论
GUOFULUN

[英]亚当·斯密 著　胡长明 编译

策 划 人：刘太亨
责任编辑：张立武
特约编辑：王道应
责任校对：刘　刚
封面设计：日日新
版式设计：曲　丹

重庆出版集团
重庆出版社　出版

重庆市南岸区南滨路162号1幢　邮编：400061　http://www.cqph.com
重庆三达广告印务装璜有限公司印刷
重庆出版集团图书发行有限公司发行
全国新华书店经销

开本：880mm×1230mm　1/32　印张：20.5　字数：566千
2009年4月第1版　2023年1月第4版　2023年1月第1次印刷
ISBN 978-7-229-16623-6
定价：126.00元

如有印装质量问题，请向本集团图书发行有限公司调换：023-61520678

版权所有，侵权必究

译者语

1901年，中国近代启蒙思想家严复将亚当·斯密的 *An Inquiry into the Nature Causes of the Wealth of Nations* 翻译成中文为《原富》，这是此书的第一个中文译本。后又相继出现了许多译本，均译为《国民财富的性质和原因的研究》，或简称为《国富论》(*The Wealth of Nations*)。

13世纪以前，欧洲发展缓慢。14世纪，文艺复兴为欧洲带来了科学革命，同时也拉开了资产阶级的历史帷幕。人们逐渐摒弃了"上帝至美"的固有思想，开始崇尚个人价值和力量，开启了人类进取和冒险的精神之门。15世纪前后，欧洲各国出于对财富的渴望，开始将这种冒险精神付诸行动。地理大发现时期，冒险家发现了美洲大陆，并且开辟了通往东方的新航线，从而加快了欧洲商业贸易的发展和前资本主义原始资本的积累。18世纪中期，工业革命推动欧洲发生了从手工劳动向机械化生产的重大转变。虽然重商主义和重农主义都曾促进过资本主义经济的发展，但新兴资产阶级已经完成资本的原始积累，开始向现代资本主义转变。他们迫切需要从经济哲学、市场机制理论、自由贸易理论、国家职能理论等根基着手，为发展资本主义生产力构建一个全新而系统的理论体系。《国富论》便诞生于这一重要时期。

1776年3月9日，《国富论》面世，美国《独立宣言》也于同年7月4日发表，西方学者将它们合称为"产业自由宣言书"。它们是资本主义市场经济与社会思想的起源。《独立宣言》确立了资本主义时代的政治体系，而《国富论》则规划了这个时代的经济制度。保罗·萨缪尔森认为，这两部具有划时代意义的巨著于同一年诞生绝非巧合，其背后隐藏着深刻的内在联系，因为政治上的民主必然要求经济上的自由。尤其对于美国而言，它所发生的所有奇迹均源于两部巨著，即《独立宣言》和《国富论》。

《国富论》系统地阐述了自由主义经济理论及政策，奠定了劳动价值论的基础，被誉为第一部系统而伟大的经济学著作。书中总结了欧洲各国资本主义发展初期的经验，批判地吸收了当时的重要经济理论，对整个国民经济的运行过程进行了系统的描述。其经济思想可概括为两个方面：其一是利己行为在"看不见的手"的指引下完善了整个社会的福利；其二是实行自由放任的经济政策。其经济理论是西方"微观经济学"的基础，它与凯恩斯创建的"宏观经济学"一起成为统治西方经济思想的两大理论体系。亚当·斯密发现的经济规律如同牛顿的经典力学定律，其"看不见的手"的经济原理就是经济学领域的"牛顿定律"，它是支撑西方经济学的基石。

在经济学领域，亚当·斯密的地位近似于创始人，其理论成为经济学研究者判别是非的指标，亚当·斯密的言论也成为经济学学术辩论中的常用语。马克思曾评价亚当·斯密是对政治经济学的基本问题进行系统研究的第一人，他说亚当·斯密不仅将政治经济学发展成为一个完整的理论体系，而且也将资产阶级古典政治经济学提高到了一个新的水平。

导　读

《国富论》全名《国民财富的性质和原因的研究》，是一部划时代的巨著。

在亚当·斯密之前，人们对西方经济学的研究由来已久，其中不乏伟人和名著，但从未获得如此评价。这是因为，《国富论》是经济学研究的分水岭，是第一部系统阐述古典经济自由主义理论及政策的著作，而且它一发表就取得了空前成功。同时代的经济学家将"创立者"的桂冠献给了亚当·斯密，而将以前的经济学家统统视为"前驱者"；西方经济学各派至今仍公认斯密是西方经济学的开山鼻祖。

就在《国富论》初版问世的1776年，美国《独立宣言》发表。西方学者将这两部巨著合称为"产业自由宣言书"。从《国富论》问世到20世纪30年代，它统治西方经济学达150年之久。即使在"凯恩斯革命"之后，《国富论》所阐明的经济理论仍是西方"微观经济学"的基础，它与约翰·梅纳德·凯恩斯（1883—1946年）创建的"宏观经济学"一起成为统治西方经济思想的两大理论体系，至今还深刻影响着西方社会。正如《不列颠百科全书》对其评价的那样：200年以后，亚当·斯密仍然是经济思想史中的一位巨人。《国富论》成为影响世界历史进程的十大名著

亚当·斯密

亚当·斯密（1723—1790年），西方经济学的主要创立者，其巨著《道德情操论》和《国富论》在全世界具有非常广泛的影响。

之一，被列为研究西方经济学的必读之书。

亚当·斯密生平及前资本主义时期的经济学

1723年6月5日，亚当·斯密诞生于英国苏格兰东岸的魁克卡迪，这是一个位于爱丁堡附近的只有1500人的小镇。斯密的父亲曾做过苏格兰军事法庭的书记和魁克卡迪海关的审计员。不过，他在斯密出生之前就去世了。1737年，14岁的斯密进入格拉斯哥大学学习，1740年进入牛津大学巴利奥尔学院深造。但当时牛津大学的实力并不比格拉斯哥大学强，亚当·斯密甚至对学院的教育非常失望，抱怨牛津大学的大部分知名教授多年都不上课。他在牛津的唯一好处是可以大量阅读格拉斯哥大学缺乏的书籍，从而大大拓宽了自己的视野。

1748年，亚当·斯密应邀去爱丁堡作演讲。在这次演讲中，斯密将自己掌握的修辞学和纯文学等一系列知识展示给听众，演讲大获成功，他也因此名声大震。他的这次成功为其后来成为格拉斯哥大学的教授铺平了道路。1751年，亚当·斯密进入格拉斯哥大学执教逻辑学和道德哲学。在此期间，他的教学内容主要涉及四个领域：自然神学、伦理学、法学和"经世之学"，当时的"经世之学"就是后来的经济学。这段执教生涯为亚当·斯密著书立说奠定了深厚的学术基础。1759年，斯密出版了《道德情操论》，此后还六次修订再版，这使他成为学术界德高望重的精神导师。

1764年，巴克卢公爵聘请斯密担任其私人教师，并携他赴法游历、生活。在此期间，斯密结识了法国资产阶级启蒙思想家伏尔泰、重农学派的创立者弗朗斯瓦·魁奈和杜尔阁。1766年11月，他返回英国，为创作《国富论》开始了六年足不出户的研究工作。1773年，《国富论》初步完稿。出于严谨的治学态度，斯密又花了三年时间修订。最终，这部耗费他九年时间的巨著于1776年3月9日出版。该书一面世就引起了经济学界的极大关注，其影响不仅仅局限于英国，而且让欧洲和美洲大陆也为之疯狂。此后，《国富论》又分别于1778年、1784年、1786年和1789年不断再版。

1778年，亚当·斯密被任命为海关专员。此时的亚当·斯密已经功成名就，生活十分优裕，成为贵族女性膜拜追求的偶像，但他终身未娶。斯密晚年定居爱丁堡，虽然还担任着格拉斯哥大学校长一职，但也只是偶尔去格拉斯哥一趟。他将主要精力放在学术活动以及《国富论》和《道德情操论》的修订工作上。斯密一生埋首书斋，著述颇丰，但问世的却不多，因为他在临终前写下遗嘱，固执地要朋友将他已完成的手稿通通烧掉，其中还包括《国富论》写作时期的部分手稿。1790年7月17日，亚当·斯密与世长辞，享年67岁。

《国富论》诞生于西方新兴资产阶级已经完成了资本原始积累，且早期的资本主义开始向现代资本主义转变的关键时期。由于商业资本急剧向产业资本渗透、工场手工业急剧向机器大工业过渡，出现了一系列新矛盾和新现象。回答这一系列难题、引导新兴资产阶级完成资本主义革命是西方经济学家的历史任务，这一历史重任便落到了斯密的肩上。

欧洲各国素有商业贸易的传统，资本主义萌芽时期的商业主要是从两个方向上发展起来的：其一是异族部落间的交换；其二是领主贸易的建立。后来，商业发展成为一个独立的行业。由于受到航海技术的严重制约，商人只能用吹胀了的山羊皮袋来横渡江河，航运纯粹局限于沿海贸易，贸易额远不能同陆路相比。11—13世纪，在中国的指南针、航海罗盘和阿拉伯的里程计"沙漏"、测量深度的"火球"以及远洋航海技术的相继传入，并广泛应用于地中海与波罗的海沿岸诸国之后，欧洲的航海技术才获得了划时代的突破。自16—17世纪，欧洲进入长达百余年的商业世纪，英国为西欧之首，迅速从原料出口发展到原料加工出口、货币输出和转口贸易大国。海外贸易给西方诸国带来了巨额财富，贸易的发展引发了对黄金的狂热追求，促进了15世纪末到16世纪初的"地理大发现"和对殖民地的掠夺，出现了专门从事这类贸易的垄断公司。重商主义的经济学说就是这种经济实践的理论反映，其本质就是国家控制对外经济、增加本国金银货币量的国家干预主义。各国君主授予大商人种种垄断特权，实行一整套重商主义的经济政策，使用一切可能的方式来控制本国的对外经济活动。

重商主义者认为，国内贸易不会增加整个国家的财富；除了开采金银矿，只有对外贸易才是国家财富真正的源泉；对外贸易的原则应当是"少买多卖"；利润只是由流通过程中的贱买贵卖产生；主张提高物价，反对高利贷；国家应当积极干预经济生活，发展对外贸易。因此重商主义是一种彻底的国家干预主义的经济学说和政策体系，只不过国家的干预和控制主要体现在对外贸易和国际金融领域。晚期重商主义强调进出口的差额，允许金银出口以发展殖民地转运贸易，重视扶植工场手工业以扩大出口；主张降低本国物价以同外国竞争，还允许借贷。英国是执行重商主义的典型国家，它甚至对汇兑、熟练手工业者的流出等活动都实行严格的国家管制。

随着资本主义的发展，重商主义的弊端日益凸显。从17世纪末到整个18世纪，英国对外贸易的各个垄断公司逐渐失去其垄断特权。18世纪初，英国工商业开始从包买商制度过渡到工场手工业的生产组织形式。18世纪下半期，机器的发明和使用引发了英国纺织业的产业革命。英国在18世纪末19世纪初实现了由工场手工生产向资本主义工厂生产的过渡。伴随着资本主义工业的发展，劳动力市场逐渐形成，工资由政府和资本家单方面决定变成由资本家与工人讨价还价来决定，国家和地方管理机构对生产和雇佣条件的许多法规逐渐失效，最后被取消。人们对资本主义工业的发展提出了自由竞争的要求。

先是重农学派反对重商主义。重农学派是18世纪下半叶法国古典经济学主要代表人物创立的学派。其创始人和领袖是路易十五的宫廷御医弗朗斯瓦·魁奈（1694—1774年）和曾担任过法国财政大臣的杜尔阁（1727—1781年）。重农学派主张"重农主义"，其法文原意是"自然的统治"。重农主义认为自然界和人类社会中都存在"自然秩序"，即合乎理性的秩序，它是由上帝制定的秩序。人类社会现有的政治制度和法律规章等都是"人为秩序"，它必须与自然秩序协调一致，否则社会就会产生种种弊病。他们的任务就是阐明这个合乎理性的秩序，使"人为秩序"符合"自然秩序"；而实现"自然秩序"的唯一途径是自由放任，实现经济自由。

重农主义否认过多的金银货币对国家有好处。他们认为：一个国家的对外贸易长期出超，且长期从国外吸入金银，并非好事。因为该国流通的货币量会逐渐增多，该国的土地和劳动成本便会增加，其产品的竞争力将被削弱，最终必然使该国的对外贸易变为逆差。这一理论动摇了重商主义的根基。重农主义还猛烈批判重商主义的国家干预政策，主张经济自由。到18世纪下半叶，这股批判力量发展成为彻底否定重商主义的"经济自由主义"。

重农学派的历史功绩是以"纯产品"的生产、分配和流通为中心，系统地说明了资本主义社会再生产的内在联系，尽管有失准确和全面，但这是对资本主义生产的第一个系统理解。他们认为：工业只是加工农业生产的原料，只是改变物质财富的形式，商业也只进行流通，它们都不能增加物质财富的数量，因而都属于

弗朗斯瓦·魁奈

弗朗斯瓦·魁奈（1694—1774年），法国国王路易十五的宫廷医生，重农学派创始人，最主要的代表作为《经济表》。与亚当·斯密相识于1764年。

"不生产的"一类；一国真正的财富是产品扣除生产耗费后的余额，即"纯产品"，它只能来源于物质生产部门，只有农业才能使物质财富的数量增加，才能生产出这种"纯产品"。在这个思想的基础上，魁奈发表了著名的《经济表》，以数字例证的形式说明了当时法国的社会总产品的再生产、流通和分配。《经济表》将社会划分为三个阶级：生产阶级，指从事农业生产"纯产品"的阶级，包括租地农场主和农业工人；土地所有者阶级，指以地租形式占有"纯产品"的阶级，包括地主及其仆役、君主、官吏和教会等；不生产阶级，指不生产"纯产品"的阶级，包括从事工商业的资本家和工人。《经济表》以假设的数字论述了各阶级之间全年进行的买卖流转活动，阐明商品流通是由各阶级之间分别进行的哪些买卖构成，这些买卖又是怎样将整个社会的各种产品分配给消费者和使用者，最

亚当·斯密之墓

1790年7月17日,亚当·斯密在爱丁堡卡农盖特郡的潘穆尔府邸与世长辞,享年67岁,葬于卡农盖特教堂墓地。墓碑上写着一句很简单的话:亚当·斯密,《国富论》作者,长眠于此。

后使货币回流到它在流通中的起点,从而满足社会再生产重新开始的一切条件,使整个经济又可以以同样的规模重新开始新一轮的再生产。

重农学派对社会再生产过程的分析为马克思的社会资本再生产理论和当代的投入产出分析提供了借鉴。就连亚当·斯密的再生产理论也没有逾越这个界限。但是,重农学派仅仅把农业看作"生产的",理由是土地是财富的唯一源泉,这显然不符合实际情况。他们据此主张实行单一的土地税、由土地所有阶级负担全部租税并且自由出口粮食的政策,根本无法满足资本主义发展的要求。

可见,重农主义对重商主义的批判是乏力的。而且,发展到这个新阶段的资本主义仅仅批判重农主义思想也是远远不够的。产业革命呼唤着新经济学派的诞生,这个新学派要从经济哲学、市场机制理论、自由贸易理论、国家的职能理论等根基层面着手,彻底反对封建残余,彻底反对重商主义的国家干预主义的思想和政策,为新兴资产阶级未来掌握政权后发展资本主义生产力建立一个全新而系统的理论体系。这一历史重任就落到了亚当·斯密的肩上,这个新的经济学派就是亚当·斯密开创的古典政治经济学派。当然,如此重负非亚当·斯密一人所能承受。此时,为资产阶级革命作准备的其他领域已有丰硕成果,资本主义已经进入到"产生巨人的时代"。17世纪初,英国思想家培根为实验科学打下了哲学基础,指明了从经验现象出发的科学研究道路;17世纪中期,英国哲学家霍布斯和洛克则把个人主义变为研究社会的基础,他们强调私利是个人行为的动力,并在个人主义历史观的基础上提出了"契约论"的国家观；经18世纪法国的启蒙思想家孟德斯鸠和卢梭进一步发展，"契约论"成为近代西方国家学说的基础。这些成果，尤其是个人主义哲学和经验主义哲学为古典经济学奠定了坚实的思想基础，为斯密的成功创造了可能。

《国富论》的特点和阅读难点

应该说，《国富论》的语言明白晓畅，引用的事例妙趣横生，分析批判引人入胜，在激情之外别具一丝幽默感，似乎不存在读不懂的问题。尤其是同其他经济学家的著作相比，它没有大卫·李嘉图《政治经济学及赋税原理》那样深刻抽象、艰涩难懂；没有弗朗斯瓦·魁奈《经济表》的枯燥乏味，令人生畏；也不同于杜尔阁《关于财富的形成和分配的考察》那样言语过于简练、耐人琢磨。但是，正是这些优点掩盖了阅读上困难的一面。当你痛快淋漓地读完全书，掩卷深思时，问题就开始出来了。如果你细心一点，你会发现其中有太多的问题没有弄懂。

这个困难是由《国富论》的如下三个特点所致：

第一个特点是斯密的"当事人"角色。他不同于其他经济学家，站在第三者，即"公平的旁观者"的立场冷眼观察事物，提出自己的见解，而是将自己融入这个新兴的资产阶级中，以其代言人自居，为其辩护，为其呐喊。这种角色参与的必然结果是使该书具有一种极大的激情，这种激情一方面让它独具视角，对资本主义制度隐藏结构中的深层次问题看得更透彻；一方面又使它同那些卷入资本主义生产过程、具有实际利害关系的人一样，在一些问题上过于偏激，不如旁观者那样能冷静而准确地揭示这些经济范畴之间的内在联系。

亚当·斯密的激情在《国富论》中处处可见，突出地表现了对封建残余势力的批判、对政府干预企业经营的憎恨，以及他提出各种对立的劳动价值观点并力图证明工业进步要以自由劳动为前提的论述中。有时他几近于破口大骂，让人读来酣畅淋漓，这也是《国富论》具有"巨大吸引力"的重要原因。

第二个特点是，斯密以"当事人"的身份给《国富论》规定了双重任务。第一个任务是，他要深入研究资产阶级社会的内在联系，为未来资本主义社会的发展提供理论基石，扫清新兴资产阶级成长壮大的障碍；第二个任务是，鉴于还没有一部在这个理论基石上真正的资本主义经济学著作，他必须寻找术语和相应的理性概念构建一个全新的理论体系，第一次把这个未来社会的所有外部生活形式和运行方式表达出来。前者是点的深入，他需要解剖的是资本主义社会内部的生理结构；后者是面的轮廓构建，实际上是创建一个新的学派。有趣的是，亚当·斯密对这两个任务都表现出浓厚的兴趣。这两大任务需要两种完全不同的方法论。在《国富论》中，这两种方法不仅安然并存，而且互相交错，体现出斯密的天才和智慧，但这就必然使他不断陷入自相矛盾中。

第三个特点是，这两种不同的理解方法引出两种各不相同甚至是完全矛盾的表述方法。前一个方法需要他深入资本主义社会的内部机制去探求和正确地表达其内在联系，主要运用的手段是哲学分析和逻辑推理；后一种方法不需要同前一种理解方法有任何联系地表达外部现象的联系，所用的手段主要是描写、分类、叙述与创建概念。这两种方法各自独立进行，这就造成西方经济学史上的奇特现象：斯密的后继者，无论是其学说的继承者还是反对者，他们都能在自己的专门研究和考察中毫无阻挡地前进，而且始终把斯密作为自己的旗帜和基础，最后把责任都交给斯密，无论他们是同斯密著作中的内在部分还是外在部分联结在一起，或者是把这两部分混在一起。这就是在长达两百余年里，西方世界围绕"斯密问题"或"斯密现象"争论不休，且至今仍无定论的"百年官司"，以及不同学派不断对"经济人模型"肆意抽象修改，还每次都说成是斯密的本意的原因。

以后者为例，按斯密的本意，"经济人"与"道德人"都只是人性的一个方面，他将这两者视为统一体，放在一起研究，作为开创这门学科的综合观念。后来，西尼尔提出了"个人经济利益最大化"公式，在他认为不证自明的几个公理命题中，第一个就是"每个人都希望以尽可能少的牺牲取得更多的财富"。此后，约翰·穆勒又在西尼尔的理论基础上进行了深化，他将人类的各种动机抽象为追求财富的最大化动机。给"经济人"假设奠定了第一块基石——自利原则。他将"经济人"界定为会计算、追求自身利益最大化的人。到边际革命之后，"经济人"假设的抽象化和理想化都达到了登峰造极的地步，它被定义为一种目标函数极大化、追求效用最大化的工具。马歇尔将他的均衡理论加上杰瑞米·边沁的"最大快乐原则"，确定为"经济人"假设的第二块基石——最大化原则。这个原则将"经济人"假设归结为在约束条件下求极值的数学分析问题。继后，凯恩斯认为财富欲的作用是"比较经常恒久的趋势，在走向真实情况上，达到了第一步的近似"。因此，经济学家有理由从"经济人"的观念开始，而不管它是否符合社会真实。萨

大卫·休谟（雕像）

　　大卫·休谟（1711—1776年），18世纪英国哲学家、历史学家、经济学家。大卫·休谟和亚当·斯密的友谊，堪称千古佳话。大卫·休谟卓越的观察和科学分析能力，以及谦虚的品格，深深影响了亚当·斯密。两位思想家在18世纪英国的启蒙运动中，成为耀眼的"双子星座"。

缪尔森、弗里德曼在对"经济人"作了若干精确修正之后，给出了"现代经济人"的标准解释：在理想情况下，人们具有完全有序的偏好、完备的信息和无懈可击的计算能力，在经过深思熟虑之后，他会选择那些能比其他行为更好地满足其偏好的行为。其中，自利原则和理性行为原则是其核心，并将对自利最大化的任何偏离都界定为非理性的。他的观点被经济学界称为"独眼理性"。最后，贝克尔在倡导"新经济学运动"中，把"经济人"模型泛化到社会所有领域，把自利和追求私利最大化扩展到名誉、地位、尊重等精神方面，泛化到爱情、婚姻、子女、家庭、求学、犯罪和歧视等人类的一切行为与活动中，从而引来了社会各界包括西方经济学界自身长时间的争论。这就与真实的现实社会严重不符，我们很容易看到，

以美国为首的西方世界的实际生活并非如此。

十分有趣的是,无论是"经济人"的修改者还是批评者,都认为这是亚当·斯密的功劳或错误,因为他是"经济人模型"的源头。其实,斯密在世时,既是道德哲学教授,又是经济学教授。他的"经济人"是一个有血有肉、有私人利益追求,又有道德约束的"经济人"。

现将一切责任都推给他,岂不冤枉?

亚当·斯密在生前似乎就已经意识到了这一点。一方面,他想从这两种完全矛盾的理解方法和表述方法中解脱出来,所以他对《国富论》进行了反复的修改。另一方面,他始终未能跳出这种困扰,又因年老力衰无力再从事研究,为了不贻误后人,他在遗书中决定让朋友烧掉自己的手稿。亚当·斯密就是这样一个严谨的学者,值得人类永远敬重。

这三个特点给阅读《国富论》带来了三个难点:

难点之一,由于上述原因,在《国富论》中,哪些理论属于研究资产阶级社会内在联系的第一个任务,哪些理论属于创建一个学派理论体系的第二个任务,哪些是他说得很透,对人类社会发展作出了独特贡献的理论,哪些是一般的术语和概念,哪些甚至是肤浅的和自相矛盾的理论,对于非经济专业的一般读者来说的确难以区别。

应该说,亚当·斯密对资产阶级社会的内在联系,尤其是对资本主义制度隐蔽结构中深层次问题的研究是《国富论》的精华所在。他从人类利己心出发,以经济自由为中心思想,以国民财富为研究对象,不仅第一次系统论述了政治经济学的主要内容,而且相当正确地表示出资产阶级经济体系的内在关联。尽管斯密还没有提出劳动价值论,但把劳动看作财富的源泉和价值的尺度是他的一大功绩;此外,他提倡的自由放任的经济秩序、"经济人模型"、"看不见的手"等论述,为资本主义社会经济运转提供了一整套经济哲学、市场机制理论、自由贸易理论、国家的职能理论;尽管后人对此的分歧很大,但从第一个提出这些理论的角度来讲,都是斯密的杰出贡献。不过,对"看不见的手"的论述是个例外。事实上,斯密只是提出了这个论点,他绕了一圈后,并没有论证它。此外,他对地租的论述也是《国富论》的巨大功绩之一,在斯密以后,这方面的论述实际上并没有任何进步；他对畜牧业中的价格论述也是其突出的贡献。他对劳动分工特有的热情和关注引人注目。尤其值得一提的是，他对资本主义制度隐蔽结构执着的挖掘，使他前进到剩余价值的门口，他已经知道资本家的剩余价值从哪里产生，以及土地所有者的剩余价值从哪里产生；然而，斯密并没有把剩余价值本身作为一个专门范畴来研究，他没能把它作为特殊形式从利润和地租中剥离开来，以至于他就此止步。难能可贵的是，亚当·斯密在研究分工中发现了"人的异化"，他指出呆板单调的生活损害了人的进取精神甚至破坏了身体的活力，他认为在每一个工业文明社会中，这是劳动贫民即广大人民群众必然陷入的境地。亚当·斯密的一位教师亚·弗格森曾经抨击道："我们成了奴隶民族，我们中间没有自由人。"为此，斯密建议由国家来实行国民教育。

乔治·贝克莱

乔治·贝克莱（1685—1753年），18世纪英国哲学家、主教，西方近代主观唯心主义哲学的主要代表。著作有《视觉新论》《人类知识原理》《论消极服从》等，此外他还写过经济学专著，他的思想对亚当·斯密有一定的影响，他的《问难》曾是斯密的枕边书。

至于斯密用术语和相应的理性概念来描述资本主义的外部生活形式，创建新的资本主义经济学，情况就比较复杂。大抵分为三类：第一类是正确的；第二类是部分正确部分错误，科学的成分和错误的见解亦同时并存；第三类是完全错误的。这也难免，因为他开创的是能够揭示未来社会运行方式的崭新理论。

第一类的概念集中表现在价值（包括使用价值、交换价值），价格（包括斯密独创的"自然价格"），资本（固定资本、流动资本），劳动，储备等之上。斯密的进步和贡献是他将这些概念和范畴普遍化，为以后西方经济学的形成和后人的继续研究提供了基础和框架。他将资本划分为固定资本和流动资本，区分了"价值"一词的两个不同含义：一个是使用价值，它表示特定物品的效用；另一个是交换价值，表示由于占有某物而取得对他种物品的购买力，等等，这些都是他的贡献。

对于第二类和第三类，数量较多，不可能一一列举出来。为了不给读者造成混淆和误解，现仅将一些重要的地方提出来，略作分析。

科学的成分和错误的见解亦同时并存的例子，主要是在分配论的利润范畴上。斯密既说利润是劳动者所创造的价值的一部分，又说利润是企业主服务或资本职能的报酬，这是读者需要注意的。此外，对社会年产品量[1]的论述有诸多错误，这在后面的第三部分中有具体的说明。

需要强调的是，对那些表达错误的概念和范畴，在其后200多年里，西方经济学不同学派都进行过更正和批判。西方经济学经历了三次大的综合，尤其是马歇尔和萨缪尔森的两次大综合，才成为现在的样子。我们指出的错误，是从斯密以后200多年里资本主义经济的实际发展中认识到的，是历代经济学家探索批判的成果，是经济科学的进步。作为后人，没有必要对"创始人"作过多的苛求和指责。但是大多数读者在阅读《国富论》时不可能参阅对照其他经济学著作，特将可能给读者带来困难的地方指出来。

亚当·斯密在书中一开始就把一般商品生产和资本主义商品生产等同起来；生产资料一开始就是"资本"，劳动一开始就是雇佣劳动，这给他的研究带来了混乱。读者需要注意的是，一般商品生产和资本主义商品生产有着本质区别，前者可以是手工劳动，后者一般指机器生产；"为买而卖"是一般商品生产的特征，"为卖而买"是资本主义商品生产的特征。同样，在论述生产过程时，亚当·斯密将几种不同的商品流通过程和商品生产过程交织在一起，他并没有对其加以区分。值得注意的是，还有斯密

---

[1] 社会年产品量：是指社会各个物质生产部门的劳动者在一年中所生产出来的全部物质资料的总和。

使用的"收入"范畴问题,他将全部社会产品的价值分解为收入,分解为工资和剩余价值。他又将工资和剩余价值(他表述为工资和利润)说成是商品价值构成的两个组成部分,同时他还将它们说成是商品价格"分解"成的两个部分。斯密在全书中都在谈社会财富,并将财富分成直接消费基金、固定资本、流动资本,实际上是将之分成消费基金和资本两大部分。我们可以看到,虽然消费基金的某些部分能够执行资本的职能,但它不构成执行职能的社会资本部分。显然,这种分法是错误的,后来他本人也放弃了这个观点。斯密在划分资本时,将不变资本和可变资本的区别(他当时还不知道)淹没在固定资本和流动资本的区别中,这便造成了多处混乱。他把工作日视为不变量,把积累仅仅看成剩余产品由生产工人消费,这也给他自己的研究造成了混乱。此外,他将价值表述为由工资、利润和地租所构成,这为庸俗的生产费用说开了先河。

难点之二,同一概念具有多重含义。这是亚当·斯密交替使用两种不同的表述方法,从而陷入了自相矛盾的一种"机智"的解脱方法,但一般读者实难准确把握他的这种思想。

比如,在论述决定价值的劳动时,斯密同时给予了三种不同的解释:谈到物品的真实价格时,他称价格就是获得它的辛苦和麻烦,这等于说交换价值取决于生产时耗费的劳动;在一般情况下,亚当·斯密认为物品对其占有者的价值"等同于其占有者能购买或能支配的劳动量",这又等于说把价值看作是能够购入的劳动量,显然,用劳动价值换得的价值就是工资,这里的劳动就变成了工资;有时,斯密还将价值看作劳动者心理上付出的代价,认为价值等于劳动者因劳动而牺牲的安乐、自由与幸福。问题在于,这三个内涵完全不同的概念常被人们单一引用便就造成了混乱,让人不知所云。我们在阅读时常常会发现原来的理解不对,不由得停下来往前查阅,但还是让人感到如坠云雾。只有当我们知道斯密对此本来就有三种不同的表述时,这个问题才能迎刃而解。

又如,亚当·斯密对生产劳动和非生产劳动的划分标准,事实上他是根据是否有利于资本积累而划分的,且有三种不同的表述:其一,增加物品价值的劳动是生产劳动;其二,生产劳动能提供雇主利润的价值;其三，生产劳动是产生物质产品的劳动。一般读者不易区别这三种说法，而且它们在这三种情况下的内涵大不一样。第一种说法的价值里含有"使用价值"；第二种说法的价值则特指"剩余价值"；第三种说法不仅将标准由价值转变为劳动，而且这种劳动仅指体力劳动，不含一般劳动（区别于具体劳动的抽象劳动）和脑力劳动。

难点之三，由于两大任务和两种方法论的交替使用，全书不可避免地出现了大量离题的论述和事实材料，造成一些章节非常臃肿和冗长，也使读者难于驾驭作者论述的主题。典型的如第一卷第五章"论地租"，包含着一组长篇的离题论述，篇幅约占全书的7.6%。这无疑给读者的理解带来了困难。如果将第五章的离题论述抽掉，我们可以发现斯密论述的重要问题只有三点（见后文第三卷导读）。对于第二卷第二章以及第四卷第一章关于储蓄银行的离题论述，我们也可用这种阅读方法。不将白银价值和金银价值之间的关系的离题论述读完，就能理解到斯密的货币理论的杰出贡献。当然，对于专业人士而言，若要全面了解斯密的货币理论，不看完全书，那也是不可能做到的。

斯密有时将同一问题的离题论述摆到了几个不同的地方，这也体现出其思想的深化。比如，利润理论就是分散在第一、第二卷中，而且我们现在看到的利润理论其实是斯密的后继者将这些论述拼到一起予以梳理而成的。又如，在离题论述白银的结尾处，斯密试图说明为什么农产品的真实价格会随着改良（编译者注：斯密的改良是分工。）的推进而上涨；而在另一处的离题论述中，他试图说明为什么制造品的真实价格不会上涨反而会下跌。这里论述的可不是个小问题，它引出了19世纪对农业收益递减规律和工业收益递增规律的研究。

因此，为了更方便、更有效率地阅读《国富论》，不妨仔细阅读下文的导读。

各卷及部分章节导读

亚当·斯密在本书的"绪论"中撰写了自己创作《国富论》的思路，

这对我们把握全书的结构很有用处。

斯密认为，一国国民需要的全部必需品和便利品，无论是本国生产的，或是从国外进口的，都来源于一国国民每年的劳动。因为，进口物品是用本国物品交换的，也就是用本国国民的劳动去交换外国国民的劳动。而全部必需品和便利品供应状况的好坏取决于两个因素：其一是国民劳动的熟练程度，即劳动生产力；其二是从事有用劳动的人数和不从事有用劳动的人数的比例。斯密用了两卷来分别论述这两个问题，第一卷论述如何提高劳动生产力，以及劳动产品按照什么顺序自然分配给社会各阶层，第二卷讨论资本的性质和累积方法。面对欧洲各国政策各不相同，或鼓励农业，或鼓励城市商业，但就是不重视工业的现象，作者在第三卷中论述了是什么情况使政府采用鼓励城市产业而不鼓励农业的政策，以及这些政策如何影响社会全体成员的福利。斯密看到，政府和这些政策不仅影响了各国不同的经济方式，而且导致理论界形成极不相同的经济学说，主要是重商主义和重农主义两大理论。因此，他在第四卷中详细分析了这两种学说产生的原因，并说明它们在各时期和各国中所产生的重要影响。

托马斯·霍布斯

托马斯·霍布斯（1588—1679年），英国政治家、思想家、哲学家，提出"自然状态"和国家起源说，认为国家是人们为了遵守"自然法"而订立契约所形成的，是一部人造的机器，反对君权神授，主张君主专制。他的思想对亚当·斯密有一定的影响。

全书的前四卷形成一个相对独立的体系，其目的在于说明收入的构成和消费资源的性质。然而斯密并没有就此止步，他对封建君主和封建势力压制新兴资产阶级的抨击和解剖，使他把注意力转移到研究君主或国家的收入和支出上来。他在第五卷中深入讨论了三个问题：什么是君主或国家的必要费用，其中哪些赋税由全社会成员负担，哪些赋税由特殊阶级或成员负担；来自全社会所有纳税人的赋税的各种募集方法和利弊；为什么几乎所有近代政府都用收入作为担保来举债，这种债务对真实财富有什么影响。

这个绪论中有几个纵贯全书的概念需要解释。

斯密提出的"便利品"并不是价格便宜的商品。在斯密所处的时代，我们现在惯用的"商品"一词还没有出现，所以他用"必需品和便利品"来代替商品。"便利品"出自大思想家和哲学家洛克，他在《论降低利率和提高货币价值的后果》一书中说："任何东西的内在价值，是由它适于供应人类生活的必需品或适于为人类生活的便利服务构成的。"显然，那时的"便利品"一词特指提供服务的物品和劳动。

作者说的"提高社会生产力"与我们现在的理解也不同。纵观全书，他实际仅指劳动分工，并不包括科技进步和管理进步。

读者可能很重视"有用劳动"一词，以为他是特指"生产性的劳动"。其实这是斯密随意提出的一种说法，并未对劳动作这种划分，后来他完全摒弃了"有用"的说法，认为"不生产的劳动"也可以是有用的。

值得注意的是，亚当·斯密在全书一开篇就提出了两个杰出的思想：

其一是"每年"一词，这并不是斯密随便采用的说法。因为在他之前的任何经济学家都没采用过这种说法，他们仅仅把国民财富视为"积累的资源"。斯密认为，每年劳动的产品供应每年的消费，这标志着他摒弃了前辈的传统，构建了自己新的经济学理论。他之后的西方经济学家都承认和沿用了这一理论。

其二是斯密提出了"从事有用劳动的人数和不从事有用劳动的人数的比例"的概念。这包含了一个重要思想：一国的财富应采用其成员的平均福利来计算，而不是用总额计算。

第一卷导读

斯密在本卷开篇就表明，由于劳动分工，社会生产力得到了大幅度的提高。劳动分工必须由货币来促进，因为劳动分工是商品交换发达的产物。这就顺理成章地引出对实行交换的条件即价值和价格的论述。对于价格的考察表明，它可划分为工资、利润和地租三种形式，因此价格依存于工资率、利润率和地租率。由于斯密特别钟爱分工，因此引入了大量的说明性事实材料，致使第一卷占到总篇幅的25%左右，他不得不把这些比率的变化移到第四章中来讨论。

第一章导读

第一章用了三节来讨论分工，从对分工现象的描述到对分工的起源和分工受到市场大小限制的论述。其结构完整，也是《国富论》全书中最精练的部分。可以断定，这是源于斯密在教学中经常讲授并作出过多次提炼的结果，因此在初稿中就已成形。正因为它是讲稿，从经济理论的角度来看，他对分工的论述并没有任何创见。

有一点一直没有得到应有的关注，那就是无论在斯密以前还是以后，都没有哪位经济学家如此重视过分工。斯密认为，分工是导致经济进步的唯一原因。因为仅仅用分工就可以说明一些经济学家难以解释的现象：尽管文明社会存在着"不平等"，为什么"卑贱职业的报酬有时也相当优厚，如屠夫和刽子手的收入便比普通职业高"。

斯密认为，技术进步，各种机器的发明，甚至投资，实质上都由分工引起，是分工的附属品。分工源于人们以物易物的交换，其发展应归因于市场交易的扩大，某一时期特定的市场规模决定着分工所能达到的程度。这说明由一种完全非人格化的力量促使分工出现和发展起来，这种力量又促使分工成为经济进步的巨大原动力。他说，"社会分工一经确立……社会本身也就转化为了商业社会"，因此经济进步不是人为力量所能左右的。

在这里要提到一本影响很大的书，那就是〔荷〕伯纳德·曼德维尔的《蜜蜂的寓言》。为了阐明一种自行组织和通过市场分配资源的经济机制，他对社会的劳动分工的原因和后果进行了许多有深度的考察。他认为劳动分工一直是经济发展手段，对于"野蛮人"，它是"改善他们的状况最可信赖的方法"。因为，"如果一个人全身心地生产弓和箭，而另一个人提供食物，第三个人建造房子，第四个人做衣服，第五个人生产器具，

安·罗伯特·雅克·杜尔阁

杜尔阁（1721—1781年），法国政治家和经济学家，是继魁奈之后的重农学派最重要的代表人物。他深受魁奈的影响，他的《关于财富的形成和分配的考察》是重农主义的重要文献。他发展、修正了魁奈及其党徒的论点，使重农主义作为资产阶级思想体系的特征有更加鲜明的表现，也使重农主义发展到了最高峰。

那么，各行各业在同样的年数里会比五个人杂乱地进行生产有较大的提高"。虽然后来的经济学家在研究亚当·斯密有关劳动分工的观点时很少提到这位有影响的前辈，但是从全书来看，可以肯定斯密确实受到了曼德维尔思想的影响，并吸纳了其中的某些观点。

第二章导读

斯密在第二章中提出了货币理论和价格理论。在货币理论的论述中，他虽然完整地提出了"分工的出现—物物交换—货币"这一经得起时间考验的发展顺序，但远远不如他之前的经济学家（尤其是加利亚尼）对理论有那样准确而明晰的阐释。斯密将"交换价值"与"使用价值"完全割裂而又同"价格"混同了起来。

斯密从坎梯隆给财富所下的定义出发，试图找到一种比用货币表示的价格更为可靠，而且又能衡量交换价值的尺度。在此，斯密将交换价值等同于价格。他注意到"货币价格"随着纯货币量的变化而波动，便用"真实价格"取代了每种商品的货币价格，或用"名义价格"进行不同地区和不同时期之间的比较。他所定义的"真实价格"，其含义类似于现在有别于货币工资的实际工资，也就是用所有其他商品表示的价格。由于他当时尚不知道已发明了指数方法，故在表达上很费劲。进而，斯密又以劳动表示的价格（谷物）来取代这种真实价格。这即是说，他选择了劳动这种商品来充当价值标准。但是，斯密在表达这一思想时用了一些解释价值和真实价格的哲学语言，结果反而将"价值""真实价格""劳动"等概念混为一谈了。其本意是想用生产成本来解释商品价格，本来也极简单，但连在批判亚当·斯密理论基础上建立起真正劳动价值论的李嘉图都误解了，因此，作为一般读者，更须注意。

本章阐述了斯密的重要思想，即劳动价值观。这是资产阶级古典政治经济学关于价值理论最早、最系统的阐述，其中的科学成分为奠定劳动价值论的基础作出了巨大贡献。

斯密的贡献在于，他首先明确区分使用价值和交换价值，他在第二节"论商品价格的组成部分"中，一开始就举出了海狸和鹿的例子，突出强调了生产某种商品所花费的平均劳动量决定该商品的价格，他着重研究商品交换量的比例，形成了其劳动数量价值理论。他正确指出：商品价值由劳动决定，创造价值的是生产商品的一般劳动（即生产商品的抽象劳动才创造价值，具体劳动创造使用价值）。他力图找出决定商品交换价值的规律，但斯密的劳动数量价值理论还不是劳动价值论，他只为形成劳动价值论作了基础性的贡献，因为劳动价值论的真正创始人是斯密之后的古典经济学派大师大卫·李嘉图。其理由有三：

首先，一是斯密不了解使用价值和交换价值的内在联系和本质区别。他认为，自分工确立以后，人们就开始交换商品，商品同商品交换也就是劳动同劳动交换。他一再把某种商品可以交换到的劳动量与生产该商品所花费的劳动量混淆。这样，他把交换价值视为物与物的关系，不了解价值的本质和创造价值的劳动的社会性，因此在考察用什么劳动来决定价值时就陷入了混乱，这正是李嘉图所批判的。

其次，他一方面认为生产商品所耗费的劳动决定价值，价值量同耗费的劳动量成正比；另一方面，他又认为商品的价值由这种商品所购买或支配的劳动决定，实际上是用劳动的价值（即工资）来决定价值。这样就陷入了用价值决定价值的循环推论。有时，他更是主观地把劳动解释为是牺牲安乐、自由和幸福，这说明他自己对劳动概念的理解还处于混乱阶段。

最后，斯密在《国富论》中多次表示，将劳动视为价值标准就等于提出了价值理论。这显然是不正确的，选择劳动时数或天数作为表示商品价

大卫·李嘉图

大卫·李嘉图（1772—1823年），英国资产阶级古典政治经济学的主要代表人物之一，是英国资产阶级古典政治经济学理论的集大成者。亚当·斯密《国富论》一书的影响，激发了他对经济学研究的兴趣。1817年，他完成了《政治经济学及赋税原理》，书中阐述了他的税收理论。他继承并发展了亚当·斯密的自由主义经济理论，认为限制国家的活动范围、减轻税收负担是增长经济的最好办法。

值或价格的单位，显然不等于提出了交换价值或价格理论，正如选择羊作为商品价值或价格的单位，也并不等于提出了商品价值或价格理论一样。但斯密似乎没有清楚地认识到这一点。即便是劳动数量价值理论，他也认为这一命题仅仅适用于"早期原始社会状态"的特殊情况，并不适用于所有情况。这一观点与后来的李嘉图和马克思的观点迥然不同。

斯密还提出了两个有影响的重要理论：其一是收入构成论；其二是庸俗的生产费用论。后者是从前者发展而来的。

斯密的收入构成论把生产成本分为工资、利润和地租，认为这三者是"一切收入和一切可交换价值的根本源泉"。尽管后来的西方经济学对这种解释很不满意，却仍用来研究均衡价格理论和分配理论。

在资本主义社会中，生产商品所耗费的劳动与用该商品所购买到的劳动并非等量。虽然斯密已经意识到这一点，但由于他不能区分劳动和劳动力，也就无法阐述清楚资本与劳动的交换问题。而且他宣称，价值由劳动决定的原理只适用于"初期野蛮社会"，一旦到了资本积累和土地私有的资本主义社会，劳动生产物不再全部归劳动者所有。除工资外，这些价值还要给资本家利润，给地主地租。这时，价值不再由劳动决定，而是由地租、工资和利润三种收入构成。这样，他的理论完全混同了价值的生产和价值的分配，混同了劳动产品的总价值和劳动新创造的价值。后来，他又将利润、地租和工资看作商品的生产费用，而商品价值就是由这种生产费用决定的。西方经济学将后者称为庸俗的生产费用论，以同正统理论相区别。

此外，斯密用由生产费用所决定的自然价格代替由劳动决定的价值也是错误的。但他将市场价格围绕自然价格波动视为规律性的现象，并且论述了价值规律对商品生产的调节作用，这显然具有重大的科学意义。

自然价格是斯密创建的一个重要概念，这一概念纵贯全书。自然价格指由平均工资、利润和地租三种收入共同构成的价格，也就是与商品的生产费用相一致的价格。他认为，市场价格随商品供求关系的变化有时高于自然价格，有时低于自然价格，但它受自然价格调节而倾向于同自然价格相一致。用现代的眼光来看，自然价格的"价格"实际指价值，市场价格围绕价值波动正是价值规律。当然，斯密当时还不了解价值和价格的内在联系，不能科学地说明价值规律的形成。

应该说，这个理论虽然很粗浅，但它却是斯密最优秀的经济理论之一。在他以后，这个理论经让·巴蒂斯特·萨伊、埃夫勒·瓦尔拉斯、约翰·穆勒、阿尔弗雷德·马歇尔几代西方经济学家的不断研究，最终发展成为均衡理论。整个19世纪，西方经济学在很大程度上正是依靠对这一理论的改进，才使经济理论得到了发展。对于斯密的自然价格，约翰·穆勒称之为"必要价格"，马歇尔称之为"正常价格"。他们用短期供求说明了市场价格是围绕自然价格波动的；这种自然价格刚好能补偿地租、工资和利润的全部价值。

在斯密的粗略论证中，出现了这样一条理论：垄断价格。他认为垄断价格总是所能得到的最高价格，而自由竞争价格最终只是所能接受的最低价格。斯密当时还没有意识到他已经探索出一条重要的定理雏形。因为他所处的年代离垄断资本主义时期还相当遥远，要证明这一定理是很困难的。

通过斯密关于自然价格的论述，我们可以发现《国富论》中的科学成分和错误见解同时并存。

第三章导读

本章讨论两大内容：劳动工资和资本利润。

斯密给工资下的定义是：工资是使用劳动要素所支付的报酬，由需求者（企业家、农场主）付给出卖劳动力的人。他认为，工资由协商或合同决定，在平衡过程中雇主居于有利地位。此外，双方讨价还价的力量将自动受供求关系的影响。工资的高低取决于可以获得的劳动供给和用以购买劳动的基金这两方面因素。从长期来看，工资的最低限度取决于维持生计的最低费用。这种维持生计的工资是长期劳动价格，是自然或均衡工资率[1]。他把工资率分成三种状态。

（1）均衡状态。劳动的供求使劳动力得到均衡工资。它表示人口和工资基金在不变条件下静止的均衡状态。

（2）衰退状态。劳动的需求下降，人口和工资基金均下降，实际工资降至维持生计工资以下，直至收入和资本所能维持的水平。

（3）上升状态。工资基金增长，使工资率超过维持生计水平，此时人口增长。

斯密认为，这三种情况说明了一个基本原理：社会对人的需求也与对任何其他商品的需求一样，这种需求也会调节"人的生产"。

斯密勾画出了"工资基金说"和"最低生活费用说"的雏形。这两种学说都吸收了杜尔阁和重农学派的营养。斯密的后继者极为重视这两种学说，但他们却没有充分认识到这一成分的重要性。

他在论证中说了一句很精辟的话："丰厚的劳动报酬是国民财富增加的必然结果和自然反应。"关于这句话的真实意图，斯密似乎没有阐述得十分清楚，所以并没有引起后继者的注意。

斯密将利润同工资的利润率结合起来讨论，不过其论述没有触及利润

---

[1] 工资率：指单位时间内的劳动报酬，即小时工资、日工资、月工资等。社会年产品量：指社会各个物质生产部门的劳动者在一年中所生产出来的全部物质资料的总和。

理论。尽管斯密从许多方面讨论了决定利润的因素,但他对资本利润的论述不如对劳动工资的论述精彩。

他把利润视为资本家的基本收入,认为利润实质上是由于使用资本家提供的实物(包括劳动者的生活资料)而得到的收益,认为贷款利息只不过是这种收益的派生物。他认为企业主没有任何特殊职能,他们除了"监督与指挥"外,从根本上说只不过是"驱使勤劳者干活",从而侵吞其部分劳动产品的资本家或雇主。这种观点为19世纪的经济理论提供了支持,并帮助它取得了最终胜利。

总的说来,斯密将工资和利润结合起来论述的基本观点是明确的:长期而言,如果利润和工资都趋于下降,在任何一个时点上,通行的"普通或平均"

约翰·梅纳德·凯恩斯

> 约翰·梅纳德·凯恩斯(1883—1946年),现代西方经济学最有影响力的经济学家之一,他创立的宏观经济学与弗洛伊德所创立的精神分析法、爱因斯坦的相对论一起并称为"20世纪人类知识界的三大革命"。

利润率一定是资本数量与它能用于"交易的比例"的函数。他指出,在其他条件也都保持不变的情况下,即便是资本数量保持相同,利润率也还是与通行的工资率有关。如果一定资本存量(即工资基金)的劳动比较丰裕,其利润率将比劳动稀缺的地方高,而工资率则相对较低。

第四章导读

在论述工资与利润随劳动与资本用途的变化时,斯密改进了理查德·坎蒂隆的理论,成为19世纪教科书的标准章节。

斯密从劳动和资本的各种用途在性质上各不相同这一事实出发,从职业不均等的角度继续对工资和利润进行深入探讨,并作出了重要贡献。

本章比较重要的观点有:在不同职业之间,工资率往往随着学习业

托马斯·马尔萨斯

托马斯·马尔萨斯（1766—1834年），英国人口学家和政治经济学家，他的学术思想显得很悲观，但影响深远。马尔萨斯是亚当·斯密的接班人，与大卫·李嘉图等人对亚当·斯密的体系进行了精心的充实和修正（没有改变基本纲要），使之成为今天的经典经济学体系。

务的难度、职业的安定性以及所负责任的大小而变化；工资和利润也会随工作适宜程度的不同，以及在特定领域成功可能性的大小而变化；尽管有些人只得到微薄的报酬，有些人却得到优厚的报酬，但在竞争的环境中，在同一地域内，劳动和资本的不同用途的利与弊必然完全相等，或不断趋于均等。

第五章导读

我们在前面说过，亚当·斯密对地租的论述是《国富论》的巨大功绩之一。但这一章很臃肿，包含着冗长且与主题不太相关的论述，当我们抽掉大量事实材料和几乎数不清的专门论述后，需要掌握的就只有三点：

第一，斯密从他的成本价值理论出发，将地租现象只归因于对土地的"垄断"。这种思想一经提出便得到人们支持，其影响至今犹在。

第二，工资和利润的高低是价格高低的原因，而地租的高低则是价格高低的结果。这种说法显然不符合垄断理论，却给后来的李嘉图留下了研究空间。

第三，粮食生产享有独特的地位。其原因是，随着粮食生产的扩大，人口会不断增加，因而粮食生产可以自己创造需求。

有两点值得注意：其一是斯密以及直到马歇尔时代的几乎所有英国经济学家，都只对土地和矿山使用租金这一概念感兴趣，我们这里说的"地租"是现代经济学概念；其二是第三章到第五章是本卷的精华部分，决定工资率和利润率的因素以及支配地租的根源是这三章讨论的主题。尽管第一章的影响很大，却正是后三章使全卷自成一体。而且，尽管这种论证的轮廓被大量说明性事实所遮盖，但这些被引用的事实又常常迫使作者作了冗长的且与主题不甚相关的论述。亚当·斯密综合了18世纪的分配理论，把它传递给了19世纪的经济学家。由于亚当·斯密的学说很浅显，因此19世纪的经济学家感到从这三章起步很容易，能在许多方面加以拓展。于是，无论正确与否，无论是继承还是反对斯密的学说，他们都高举亚当·斯密的旗帜前进。尽管斯密的理论本身具有种种不足，但并不影响他被公认为西方经济学界的奠基人，且其影响一直延续至今。

第二卷导读

本卷提出了有关资本、储蓄和投资的理论。其中对货币，以及通过银行业务使之得以节约的方法是讨论的重要部分。与第一卷相比，无论在整个观念上还是在细节上，重农学派的影响都可以清楚辨认出来。在这一卷中，亚当·斯密不赞成魁奈"只有农业和采掘业的劳动才是生产性劳动"的说法，他对魁奈的学说作了一番具有创造性而又十分深入的批判，但后来他感到把生产性劳动和非生产性劳动区分开来还是有道理的。这也是斯密矛盾的地方。因此，读者在读本卷时一定要注意这一特点。

正因为这个矛盾，斯密的理论受到了后人的批判，迫使其后继者另辟蹊径去探究。但不管后来的发展和批判使该理论发生了多大变化，直到庞巴维克前后，斯密的理论几乎一直是该领域著作的基础。

第一章导读

第一章的篇幅较大，也是该书最重要的章节之一，主要论述了斯密的货币理论。该货币理论曾在第一卷第二章中有过提及，但在本章中所占篇幅更大。不仅如此，在本书的论述中看不到重农学派的影响，可以判定这是斯密后期独自研究的成果。

在研究货币时，斯密先对资财进行了划分。他认为，个人和社会的全部资财必须加以区分才能进行研究，于是他将资本首先从这些资财中分离出来。斯密的可贵之处在于他不仅仅把有形的货物看作资本，把"全体居民后天获得的有用才能"也看作资本。这样,他引入了固定资本和流动资本的概念,进而对属于这两种资本的各种货物予以分类。读者在阅读中需要注意的地方有两点:其一,在划分流动资本时,斯密虽然将货币包括在流动资本之内,却没有把生产性劳动者的生活资料包括在流动资本之内。后来,他又认为不把生活资料包括在流动资本之中不妥,因此在一些论述中实际又包括进去了,但他没有重新定义这一概念;其二,斯密只将资本划分为固定资本和流动资本。后来,他也研究过可变资本和不变资本的问题,但没能将这两个概念划分出来,这导致了其表述的某些混乱。因此在阅读时我们要注意,作者常常将这几个概念混在一起。

第二章导读

斯密的逻辑顺序是:先对生产性劳动和非生产性劳动予以区分,然后讨论利息,最后重点落到讨论资本的各种用途及其利弊得失上。

他对生产性劳动和非生产性劳动予以区分的目的并非讨论劳动,而是从中得出节俭的重要意义,他认为储蓄倾向是物质资本的真正创造者。在此之前或之后,任何经济学家都未对此观点予以重视。斯密说国家每年储蓄与每年开支的一样,经常被消费掉,而且几乎是同时被消费掉。为此,他提出了著名的论断,"节俭会增加公共资本,奢侈会减少公共资本"。他说:"每个浪费者都是公众的敌人,每个节俭者都是公众的恩人。"斯密的大声疾呼导致提倡储蓄的理论在他之后的150年里一直占据主导地位。斯密所指的收入是利润加地租。他认为"消费是生产性劳动者消费的"这一观点有失偏颇。生产性劳动者的工资和就业人数同储蓄率成正比,而储蓄率又等于或至少相当于资本,即投资的增长率。

对于利息问题,斯密将利润看作基本现象。他本人及其后继者都认为解释利息本身没有什么困难,于是只用事实来解释利息,而不作理论上的阐述。斯密认为货币之所以总按高于票面的价值满足需求,是由于人们预期借款人可以获得利润。其论述可简单地归纳为三点:第一,利率之所以呈下降趋势,是由于资本越多,竞争越激烈,这种解释太简单,不能令人信服;第二,坚决反对货币利息理论,认为金属货币数量的增加必然导致利率下降，这一理论确实不值一驳，而反对这一理论的论点在后来的150年中一直更有号召力；第三，他对法定最高利率作了适当而审慎的论证。

在此还须注意两个问题：其一是斯密这里所指的货币，其实是可用货币购买的生产者的货物和劳务，与现在的职能货币（尤其是纸币出现后）大不相同；其二是他认为解释利息本身没有什么困难，但到19世纪，其后继者却因无法解释企业利润而不得不修改和重新定义他的货币和利息理论。接下来考察资本的各种用途及其利弊得失。

约翰·穆勒

约翰·穆勒（1806—1873年），英国著名的哲学家和经济学家，19世纪影响力巨大的古典自由主义思想家。他的《政治经济学原理》被誉为西方国家的经济学"圣经"，是资产阶级经济学出现以来最流行的经济学教科书之一。

首先，斯密考察了资本的用途，他认为使用资本是四个部门：农业、制造业、批发业和零售业。这四个部门互相依存，每一个部门的生存和发展都必须依赖其他三个部门。

其次，为便利研究，他将批发贸易分为国内贸易（包括内地贸易和沿海贸易）、对外贸易和贩运贸易三种。

最后，他认为资本的作用有两个：其一是推动本国生产性劳动；其二是增加本国土地和劳动年产物的价值。接着他以这两种作用为纲领，逐一分析了资本各种用途和在这两方面所作的贡献，由此得出结论：农业的贡献最大，然后才是制造业，最后是商业。因此，投资的自然顺序应该是农业、制造业、商业。

但是，斯密从他的"经济人模型"考虑到，投资人的行为动机是利己的，不是为社会作贡献，他们的动力来自利润的大小。这样，农业虽对社会贡献最大，但利润比较低，对农业的投资仅仅靠市场是不行的。于是他将目光转向政府，对各国政府政策上的出发点的考察，分散在第三卷和第四卷中。

第三卷导读

本卷所占的篇幅不到全书的4.5%，因此可将之视为斯密进行第四卷论述的铺垫。它主要从历史的角度考察"财富的自然增长"，考察了各利益集团所支持的政策如何对城市的兴起和城市商业活动所起的作用；显然，这个作用分为阻碍和推动两个方面。在斯密以前，还没有哪位经济学家做过这个工作，因此它成为前所未有的历史社会学研究经济生活的起点。

斯密的结论是：按照财富自然增长的顺序，应首先将资本用于农业，然后用于制造业，最后用于对外贸易。但是这个顺序已被欧洲各国政府的政策颠倒过来。虽然斯密从这个顺序出发，但他还是认识到，对外贸易促进了制造业的发展，而对外贸易和制造业的发展又促进了农业生产的进步。

他分析了罗马帝国衰落后欧洲农业的抑制状态，阐述了长子继承制和限定继承制的恶果，以及农奴、佃农和自耕农等对土地改良的态度。他研究了罗马帝国衰落后城市的兴起和发展，叙述了城市居民获得自由的经过，以及国王与城市居民联合向地主贵族进行的斗争，城市在产业发展和资本积累方面所处的优越地位。这些都是斯密的贡献。

斯密赞扬了新兴资产阶级和城市商业的力量，地主贵族的权力受到了工商业的彻底摧毁。这股新兴力量是在三个方面对乡村改良作出了贡献：其一是城市为乡村产品提供了市场；其二是商人在乡村购买土地并进行改良；其三是城市给乡村带来了安定的秩序和良好的政策。

第四卷导读

在本卷中，亚当·斯密将批判的锋芒直指重商主义。在他之前，称得上影响经济的政治经济学体系只有重商主义和重农主义。但斯密批判重商主义占的篇幅为批判重农主义的八倍。他批判了重商主义原理关于财富依存于贸易差额学说的荒谬，揭示出重商主义者力图达到其目标的各种卑鄙手段。作者对重农主义的批判放在第一章的最后一节。同批判重商主义不同，他认为批判重农主义的目的是建立天然自由的合适体系，只有这个经济体系才能使新兴资产阶级彻底摆脱封建国王"监督私人劳动"，并将其导入最适合于社会利益的资本主义社会。

第四章讨论殖民地,这是本卷最长的一章,是一篇辩护和分析的杰作,是《国富论》全书中最精彩的章节之一。根据斯密在卷前的介绍,这个主题之所以被列入本卷,是因为建立殖民地的目的在于利用特权和垄断权去鼓励出口。但读完全卷,我们看不到这一点。斯密对殖民地的历史和演进的论述采取的是就事论事的方法,他没有证明殖民地的建立是为了这个目的。

本卷与第五卷几乎一样长,这两卷占《国富论》总篇幅的一半以上。斯密的用意很明显,他正是通过这种批判来构建自己的新理论体系。有鉴于此,斯密整理出大量的事实材料,但是理论却很少、很简单,他在理论构建方面没有超越前辈。但他将这些理论发挥得淋漓尽致,让理论与事实材料紧密融合,相得益彰。但事实材料实在太多了,以致互相磕绊,不得不在本卷中不伦不类地插入了两篇脱离主题的专论:论储蓄银行和论谷物贸易。

读者需要注意的是,斯密在本卷提出了"看不见的手"的论断。也许是他的即兴之言,因为他并没有展开来论证它。但是在斯密以后的200多年里,一代代经济学者对它进行了不懈的研究,究其原因,是它涉及资本主义最基本和最隐蔽的体制根基。

第五卷导读

本卷讨论君主的收入与支出,以及支出超过收入后的应付策略。这部分论述还涉及国防等方面的支出,包括的面较广,包括各种关于军事组织、法庭、维持公共工程的方法、教育和教会机构的讨论。斯密主要从历史角度论述了公共支出、公共收入以及公债。但其意义远不止于此,它是一篇自成体系的关于财政学的专论,后来成为了19世纪所有财政学论著的基础,直到德国财政学认识到"税收是改革的工具"这一观点为止。

本卷是全书中最长的一卷,占全书的28.6%以上。之所以有这么长的篇幅,是因为它含有大量的事实材料。而该卷的理论探讨不那么充分,也不深入。但值得称赞的是,他将理论探讨与事实材料紧密结合,从叙述中显示出了经济社会的一般发展趋势。自斯密以后,经济学积累了更丰富的材料,理论工具也得到了突破性改进,但在西方经济学领域至今还没有哪位经济学家能够像斯密那样,成功地把这两者同政治社会学紧密地融合在一起。

《国富论》对后世的影响

《国富论》对后世的影响是深刻而持久的。尽管亚当·斯密还创作了《道德情操论》等专著,但人们总是更倾向于将他同《国富论》紧密联系在一起。当然,作为西方古典经济学的开山鼻祖,斯密主要是通过其经济理论形成的学派和衍生出的学派对西方社会的经济运行产生影响。具体来说,这种影响具有三个特点,其过程可以分为四个时期,具体如下:

第一个特点,《国富论》建立的自由主义经济思想体系直接统治西方经济学长达150年之久,并一直影响至今。似乎资本主义不灭亡,它就不会走下神坛。

第二个特点,该经济思想体系拥有众多的追随者。在西方经济学领域的众多派别中,以亚当·斯密作为源头和旗帜的学派始终是西方经济学的主流,其中产生了不少大家和名著。

第三个特点,尽管《国富论》开创的古典经济学在其后200余年的发展中几度起伏沉落,而斯密的后继者们都始终坚持批判与继承,对他创建的理论体系进行了数次大的综合和发展;但斯密为资本主义自由经济体系奠定的基础却始终稳如磐石,至今仍是西方经济学的基石。

这三个特点,我们将结合四个时期略作论述。这四个时期是:亚当·斯密在世时期,1930年凯恩斯革命前时期,凯恩斯到20世纪80年代"滞胀"(即高通胀、高失业、低经济增长)时期,"滞胀"时期至今。

亚当·斯密在世时,《国富论》就引起了轰动。人们狂热地把"创始人"的头衔、金钱、名誉和地位都给了他。《国富论》被奉为经典,据说在英国政府立法和制定政策时,人们常常援引《国富论》书中的观点作为驳倒对方的论据,被驳方亦欣然认同。

美国兰登书屋公司在"近代世界最佳著作丛书"中收录的一段论述对《国富论》评价比较全面——这段论述出自《国富论》(英文版)的编者马克斯·勒纳。他说:"这是一部将经济学、政治理念、哲学、历史和实践活动奇妙地结合在一起的著作,一部由学问高深且极具远久卓识的人所创作的大著。斯密对当时学术领域的各种思想极感兴趣,他有极强的分析能力,能对其手稿中所有的材料进行甄别与筛选;又有强大的统筹能力,能按照全新的、令人称奇的方式将其重新组合起来。与马克思一样,亚当·斯密不是一个闭门造车式的学者,他仿佛全身装着信息接收装置,能吸纳接触到的一切信息。他创作于欧洲封建制度解体之末、近代世界开始之时,当时的封建制度仍以既得利益集团惯有的顽固性苟延残喘着,他正是为反对这种利益集团而撰写。他的书不是为图书馆收藏而作,它出过许多版,几乎被翻译成世界上的每一种文字。读这本书的人主要是能从其世界观中获益的人——正在兴起的工商业阶级,他们存在于世界各国议会中的政治执行委员会,存在于学术机关中的思想执行委员会。通过这些人,这本书对下层人民产生了深刻的影响。不言而喻,这本书对一个国家的经济政策产生了深刻的影响,它形成了我们今天的整个生活环境。"

"我们今天的整个生活环境"指现代资本主义的政治经济制度,显然它的创立和确立不只是亚当·斯密的功绩,还有无数的思想家和政治家,尤其是长达两个世纪的资产阶级革命中的各阶层民众。此话虽有些溢美,但亚当·斯密在经济秩序建立方面的贡献是伟大而不容忽视的。

作为斯密的后继者,李嘉图虽不赞成斯密的劳动数量价值论,而另辟蹊径地创立了劳动价值论,但他坚决支持斯密的自由主义经济政策,尤其主张实行自由贸易。1817年,李嘉图出版了《政治经济学及赋税原理》,这是他的成名之作,也是代表作。该书系统地论述了价值论、分配论、国际贸易理论和税收理论。斯密和李嘉图都是古典经济学派的代表人物,该学派客观上就是为开展资本主义的自由竞争作论证的。古典经济学还有一大功绩,那就是斯密的劳动价值观点和李嘉图的劳动价值论,它们主张通过合作制度等方式消灭生产资料私有制。这一观点被卡尔·马克思批判吸收,形成了马克思主义的政治经济学。

从《国富论》最初出版到1930年前后的经济大萧条时期，古典经济学自由放任的市场经济理论统治了西方经济学150年，但其间遭遇到两次大的冲击。

《政治经济学及赋税原理》出版不久，古典经济学开始逐渐陷入了危机。危机的原因有两方面：一方面是古典经济学理论本身有许多相互矛盾的地方；另一方面是这一理论不能解释现实中的许多实际现象。由于这些理论上的缺陷，古典经济学招致了其他学派的猛烈批评，最终导致解体。

猛烈批评古典经济学的是德语系国家经济学界的浪漫主义和历史主义思潮，其揭示了古典经济学不能说明全部历史的致命弱点。经济浪漫主义是一股封建主义的反动思潮。浪漫主义认为斯密的学说不适合德国国情，指责斯密的学说是自私自利的个人主义、物质至上。历史主义强调发展资本主义市场经济要依据本国现时的历史特点。历史主义的主要代表是德国历史学派及其先驱弗里德里希·李斯特。历史学派认为，适用于任何时期和任何国家的自然经济规律并不存在。历史学派强调各民族、各个发展时期都有其特有属性，反对像古典经济学那样把自私自利作为普遍存在的经济动机；强调经济规律与经济学说都必须同其社会环境联系起来，强调把经济学的研究与历史和统计的研究结合起来。李斯特关心的是在德国建立起强大的制造业，对内鼓励经济自由，对外实行关税保护，以免来自发达国家的对手摧毁本国尚不成熟的工业体系。不过，古典经济学主张的自由贸易符合德国发展阶段的最高民族利益，也并未与李斯特提倡的在这一发展时期应当大力发展制造业的主张相矛盾。因此，李斯特的批判尚未动摇古典经济学的根基。

此时，马尔萨斯提出了人口理论和有效需求理论。他认为劳动者的工资小于其产品的价值总额，这就造成有效需求不足。马尔萨斯还批评斯密的储蓄理论是有害的；要使生产得以继续，已经具有巨大生产能力的国家必须保持一批非生产消费者以提供足够的有效需求。

面对浪漫主义、历史主义和马尔萨斯对自由放任的经济制度必然造成有效需求不足的批判，法国经济学家让·巴蒂斯特·萨伊为亚当·斯密的古典经济学作了辩护，并提出了著名的"萨伊定律"。其大致内容为：市场上的交换其实是产品与产品之间的交换,而在产品交换中,供给一种产品的人必然对另一种产品有需求;因此,每种上市的商品都创造出相应的需求,供给不可能普遍大于需求。

但是,古典经济学的劳动价值论不能说明两个问题:;其一是不能靠劳动增加其数量的商品的价值如何决定;其二是为什么资本所有者会得到利润,土地所有者则得到地租。萨伊的辩解是一种"生产费用价值论",英国的西尼尔依照斯密的理论把生产成本分为劳动和节欲,认为劳动是工人放弃自己的安逸和休息所作的牺牲,工资是这种牺牲的报酬。萨伊和西尼尔的反驳是无力的。后来,约翰·穆勒阐释了一种折中主义的社会哲学和经济学体系,产生了一定影响,但最终未能很好地回答这两个问题。约翰·穆勒的理论体系标志着古典经济学的最后终结。

古典经济学解体后,西方经济学进入第二代,其代表是庸俗经济学,其主要任务在于反对当时的空想社会主义。庸俗经济学阶段大致结束于19世纪70年代。在这一时期,西方经济学经历了一次以边际效用学派的兴起为代表的重大革命。那时,杰文斯在英国、门格尔在奥地利、瓦尔拉斯在瑞士顺次建立了英国学派、奥地利学派和洛桑学派。这三个派别的学说具有一个重要的共同点,即提出边际效用价值论取代斯密和李嘉图的劳动价值论。

古典经济学派解体并不标志着亚当·斯密倡导的自由经济理论的终结。斯密的后继者在沉默一段时间后,于1890年,英国剑桥大学教授马歇尔将三个派别的边际效用论与供求论、节欲论、生产费用论等综合在一起,同时又坚持从古典经济学发展而来的英国经济学的传统,强调供给因素对价格的影响,尤其是承接了西尼尔将生产的实际成本看成是心理上的牺牲这一理论,从而构成了一个折中的理论体系,形成了"新古典经济学",并创建了英国的"剑桥学派"。自19世纪末期到凯恩斯的理论出现前,马歇尔的新古典经济学又重新统治了西方世界。

20世纪30年代爆发了一场席卷整个资本主义世界的经济危机,资本主义社会陷入即将覆灭的危险之中,失业成为压倒一切的首要问题。为保证政治上的稳定,西方国家政府再也不甘心扮演"守夜人"的角色,纷纷以解决失业问题为目标来干预经济生活。这就彻底暴露了亚当·斯密所倡导的自由放任的市场经济的弊端，它不仅是对古典自由主义经济理论的基础——"萨伊定律"的一次全面否定，而且宣告了自由竞争资本主义时代的结束。面对当时的现实，新古典经济学也显得无能为力。

1936年，凯恩斯的《就业、利息和货币通论》出版，掀起了一场"凯恩斯革命"。凯恩斯宣称：资本主义的自发运行不能保证资源的有效配置以达到充分就业的水平。因此，国家必须干预经济生活以解决失业和经济的周期性波动的问题。"罗斯福新政"则以政策实践的形式证明了凯恩斯主义的有效性，这使凯恩斯主义成为当时资本主义世界的主流经济学。

在凯恩斯革命取得节节胜利的时期，新古典经济学面临崩溃的危险境地，斯密的后继者受到冷落。但是新古典经济学并没有消亡，现实迫使他们对斯密开创的传统理论进行反思，精雕细琢新的理论，并使之系统化，从而开始了"经院修炼时期"。

面对"凯恩斯时代"私有财产和竞争性市场信念的衰落，亚当·斯密的信徒表现出很强的责任感。1947年，他们以瑞士的贝伦山命名，组织了国际性的"贝伦山学会"，并定期举行会议。贝伦山学会在其宪章中阐述道："学会不寻求为公众所知，但也不会极力保持隐秘。学会不寻求设立某种传统或与某种政党看齐，也不旨在宣传。"这很有深意，它促进了新古典综合派的形成。在20世纪50年代，这个学会的成员大多是专业的经济学家；这些人发表的作品很多，按当时的标准来看，学术质量也较高。

很快，凯恩斯主义的流行使得整个西方经济学体系出现了明显的漏洞，内部出现了政府干预和反干预的争论，各种矛盾激化。亚当·斯密的后继者萨缪尔森抓住机遇，建立起新古典综合派的理论体系。他们接受并吸纳了凯恩斯的理论，将它与传统的经济自由主义进行综合。他们认为，传统的自由放任和凯恩斯的国家干预的理论不过是代表同一理论体系的两种不同方面。该学派还把现代资本主义说成是由"私营"和"公营"两个部分所组成，是"混合经济"。他们把传统的理论叫作"微观经济学"，把凯恩斯的理论叫作"宏观经济学"。这样，新古典综合派就弥补了西方经济理论体系内部的漏洞。

现在，连新凯恩斯主义者也同意，宏观经济理论必须符合微观经济学的假设条件，特别是个人利益最大化的假设条件。这就是说，宏观经济理论必须有微观经济学的基础。这说明，即使在凯恩斯主义如日中天的时代，亚当·斯密的后继者用接纳凯恩斯理论、使它成为自己学说一部分的办法战胜了这个强劲的对手。新古典综合派的理论体系在第二次世界大战以后一直居于统治地位，并且在西方经济学界享有主流经济学的威信。这种状况一直维持到20世纪70年代"滞胀"出现。

以20世纪70年代初期爆发的两次石油危机为导火线，整个资本主义世界陷入了"滞胀"的困境，这给新古典综合派以沉重的打击。新古典综合派不但无法解释"滞胀"的存在，而且也无法解决这一问题。按照它的理论，在失业问题存在的条件下，政府应该增加预算支出和赤字，以便扩大有效需求，从而带动就业数量增加；当通货膨胀出现时，政府必须减少预算支出和取得预算盈余，以便降低有效需求，达到消除通货膨胀的目的。现在，在失业问题和通货膨胀并存的条件下，这个理论带来了自相矛盾的后果：如果西方国家采用增加预算支出和赤字的政策来解决失业问题，那么有效需求的扩大必将使通货膨胀恶化；如果通过减少预算支出和取得预算盈余来制止通货膨胀，有效需求的减少必将降低消费和投资的支出，使失业问题更加严重。凯恩斯的理论处于进退两难的境地。

面对这种困难局面，以萨缪尔森为首的新古典综合派已经承认无法摆脱，许多西方经济学中的其他派别纷纷对该学派进行抨击和责难。现在，以萨缪尔森为代表的新古典综合派已经放弃了"新古典综合"的字样，把自己称为现代经济学或现代主流经济学。

斯密的后继者开始了新的探索，20世纪70年代末，新自由主义思潮随之兴起。目前，这种思想已在美、英两国取得了主流学派乃至主流意识形态的地位。除了维持原有的基本观点以外，他们还尽量吸纳其他派别的论点。不过这次与20世纪50年代不同，除少数学派称自己为新自由主义外，其他都不这样称呼，好像是要等他们胜利后才宣布一样。如卢卡斯称自己为"理性预期学派"，或为"新古典宏观经济学派"；布坎南称自己的学说为"公共选择学派"。从目前来看，新自由主义主力是货币主义学派和

纸币上的亚当·斯密头像

2010年7月1日，面额为20镑的新版纸币上印上了"现代经济学之父"亚当·斯密的头像，足见其对现代自由市场经济的影响。

理性预期学派。

新自由主义的理论渊源是货币主义。货币主义是20世纪50年代后期在美国出现的一个学派。美国经济学家米尔顿·弗里德曼被公认为是货币主义的创始人和领袖。他以亚当·斯密开创的"经济人理性"和"人的行为理性预期假设"为理论基础，用货币周期模型论证了经济波动原因，并得出凯恩斯主义政策无效，因而无须政府干预经济的结论。他极力使西方经济学回复到传统的"古典学派"状态。作为货币主义的延续与发展，西方经济学界又出现了理性预期学派。所谓"理性预期"，就是在有效利用一切信息的前提下，对经济变量作出最为准确而又与所使用的经济理论、模型相一致的预期。

"新自由主义"这个概念在西方经济学史上多次出现过，亚当·斯密的后继者在古典经济学自由主义的每一次复兴中，均因涵盖了某些新内容而被称为"新自由主义"。我们这里特指20世纪90年代盛行的经济思潮，包含一系列有关贸易自由化、价格市场化和全球经济、政治、文化一体化的理论政策体系，其完成形态就是所谓的"华盛顿共识"。

应该说，自20世纪80年代以来，资本主义发展进入了一个新的历史时期，称为国际垄断资本主义或金融垄断资本主义。"滞胀"既是对国家垄断资本主义发展的历史总结，又是资本主义进入国际垄断时期的历史序幕。因此，新自由主义也不能解释"滞胀"。20世纪末，经济学家对新自由主义的批判达到高潮，随着美国陷入周期性经济衰退，新自由主义正走向衰落。

近两年来，以美国房地产次贷危机引发的全球性金融危机就是金融垄断资本主义阶段独具的现象。它宣告了货币主义学派和理性预期学派的破产。因为,这两种学派都致力于回到不需要政府干涉经济的古典经济时代。而我们看到的是,各国政府正联手应对这场世界性的金融危机,显然政府抛弃了新自由主义经济理论。

新的世界经济格局呼唤着新的经济学产生。显然,资本主义还没有到能量释放完毕的阶段,它还能继续发展,这就需要西方经济学产生出超越亚当·斯密和凯恩斯那样的大家。

当我们从西方经济学史的角度回顾完《国富论》对后世的影响后,问题油然而生,是什么力量使得《国富论》灵魂不散,具有如此持久的生命力?是什么力量使得亚当·斯密的继承者前赴后继地去维护、论证和发展《国富论》提出的"自由经济""经济人模型""看不见的手"等一系列理论?答案只有一个:《国富论》提出的命题是资本主义经济结构的终极命题,《国富论》提出的价值观是西方文明的核心价值观。从这个角度看,《国富论》的确是一本影响了世界进程的书,绝非溢美之词。

绪　论

一国国民每年的劳动是他们消费的一切生活必需品和便利品的源泉。本国劳动的直接产物或用这类产物从外国交换的物品是这些必需品和便利品的组成部分，它们占消费者总消费量的一定比例，全体国民所需的一切必需品和便利品的供给情况视这一比例的大小而定。

任何国家，无论其国土面积、土壤肥沃程度以及气候条件如何，这一比例必然受下述两种情况支配：第一，该国国民掌握的劳动技能及其熟练程度和他们所具备的思维判断力；第二，从事有用劳动者所占的比例。而且它多取决于第一种情况。在食物十分匮乏的蛮荒时代，人类为了生存而不得不将老弱病残者遗弃，任其饿死或被野兽所食。在社会繁盛时期，许多人完全不从事劳动，但他们所消费的生产物品却比大多数劳动者多出十倍乃至百倍。即便是最下等、最贫穷的劳动者，只要做到勤勉节俭，他们就能比蛮荒时代的人类享受到更充裕的生活必需品和便利品。

本书第一卷的主题是：劳动生产力得以改进的根源，以及劳动生产物以什么顺序自然分配给社会各阶层。无论一国国民的劳动技能和思维判断力如何，其生活必需品和便利品的供给状况必定取决于从事有用劳动的人数所占的比例（从事有用劳动和不从事有用劳动的人数之比）。在任何条件下，从事有用的生产性劳动人数都与推动劳动生产力发展的资本量大小及资本用途成一定比例，我将在书中对此予以具体说明。所以，我们在本书第二卷讨论资本的性质、逐渐累积资本的方法，以及因资本用途不同推动的劳动量也不同等问题。

某些国民的劳动技能和思维判断力已达到相当水平，他们为国家的管理提出了很多措施，这些措施对增加该国生产力水平的影响并不相同，有些鼓励农业，有些鼓励"城市产业"。目前，恐怕还没有任何一个国家的各种产业是均衡发展的。自古罗马帝国崩溃以来,欧洲各国的政策都比较有利于"城市产业",比如工艺、制造业和商业等,但这些政策大多不利于农业。我们将在本书第三卷说明,什么情况使人们规定并采用这种政策。

这些措施的实施最初也许起因于特殊阶级的利益与偏见,对于这些措施将如何影响全体社会成员的福利等问题,他们并没有远见,也没有加以考虑。可是,这些措施最终却引出了诸多不同派别的经济学说。有人认为"城市产业"重要,有人认为农业重要。这些不同派别的学说不仅对学者产生了很大的影响,而且还左右着君王和国家的政策。我将尽我所能在本书第四卷中详细阐述这些学说,并论述它们在各时代对各国所产生的重要影响。

总之,本书前四卷的目的在于说明广大人民的收入构成情况,并说明各时代各国国民每年消费的资源究竟有些什么性质。第五卷则讨论君主或国家的收入。在这一卷中,我将努力说明以下问题:第一,什么是君主或国家的必要费用,其中哪些部分应该出自全体社会成员担负的赋税,哪些部分应该出自特殊阶级或成员所担负的特殊赋税。第二,全社会所有纳税人的经费是怎样募集的,而各种募集方法大抵有什么利弊。第三,让近代各国政府都把收入的一部分作为担保来举债的原因是什么,这种债务对于国家的真实财富有什么影响。

The Wealth of Nations
Contents
目录

译者语 / 1

导读 / 3

绪论 / 41

第一卷　论生产力提高的原因及其生产物在各阶层人民中分配的顺序

第一章　论劳动分工对财富分配和经济发展的影响 / 2

论劳动分工 / 2

论劳动分工的起源 / 8

论劳动分工受市场范围的限制 / 12

第二章　论货币与商品的价格 / 16

论货币的起源及效用 / 16

论商品的价格 / 20

论商品价格的组成部分 / 26

论商品的自然价格和市场价格 / 31

第三章　论劳动工资与资本利润 / 38

论劳动工资 / 38

论资本利润 / 47

第四章 论工资和利润随职业性质与资本用途的不同而不同 / 55

职业本身的性质所造成的不均等 / 55
欧洲政策引起的不均等 / 70

第五章 论地租 / 89

论能够持续提供地租的土地生产物 / 89
论不能稳定提供地租的土地生产物 / 95
论总是付得起地租的生产物与有时付得起地租的生产物这二者价值间的比例变化 / 104
改良进程对三种原生产物的不同影响 / 123
对第二种原生产物的影响 / 124
对第三种原生产物的影响 / 129

第二卷 论财富的性质及其蓄积和用途

第一章 论财富 / 146

论财富的划分 / 146
论作为社会总财富的一部分或作为维持国民资本的费用的货币 / 152

第二章 论资本积累与贷出利息 / 182

论资本积累及生产性和非生产性劳动 / 182
论资财的贷出取息 / 187
论资本的各种用途 / 193

第三卷　论各国财富增长的不同途径

第一章　论财富的自然增长与罗马帝国崩溃后的经济状况 / 208

论财富的自然增长 / 208

论罗马帝国崩溃后农业在欧洲"旧状态"下所受到的阻抑 / 212

论罗马帝国崩溃后都市的兴起与发展 / 217

第二章　论城市商业对农村改良的贡献 / 222

论工商业城市在促进农村土地改良中的作用 / 222

论城市工商化革命 / 228

第四卷　论政治经济学体系

第一章　论重商主义 / 236

论重商主义的原理 / 236

论限制从外国输入国内能生产的货物 / 254

论对于贸易逆差国货物输入的异常限制 / 269

对重商主义所作的结论 / 289

论重农主义主张的财富来源 / 305

第二章　论退税制度与奖励金制度 / 319

论退税 / 319

论奖励金制度 / 323

论奖励金制度下的谷物贸易和谷物条例 / 338

第三章 论通商条约及其对铸币业的影响 / 357

论财富的自然增长 / 357

论通商条约影响下的铸币业 / 361

第四章 论殖民地 / 366

论开拓新殖民地的动机 / 366

论新殖民地繁荣的原因 / 373

美洲的发现和东方航线的开辟对欧洲的影响 / 392

第五卷 论君主或国家的收入

第一章 论君主或国家的开支 / 422

论国防开支 / 422

论司法开支 / 432

论公共工程和公共机关开支 / 441

第二章 论一般收入或公共收入的来源 / 497

专属于君主或国家的收入来源 / 497

论赋税 / 504

第三章 论公债 / 567

国家公债的源起 / 567

公债的发行 / 572

公债利息与偿还 / 587

第一卷　论生产力提高的原因及其生产物在各阶层人民中分配的顺序

　　与生产规律不同，财富的分配规律在某种程度上是一种人为的制度安排。社会财富的分配方式，取决于通行的法令或习惯。职业性质的不同，导致工资或利润的不同分配。社会财富在各阶层间的不同分配，也是由职业的不同所致。但是，财富分配制度起作用的方式和它所依赖的条件，不是由它自身可以任意确定的。

第一章　论劳动分工对财富分配和经济发展的影响

　　亚当·斯密认为，社会生产力、人类劳动技能和思维判断力的大幅度提高都是劳动分工的结果。劳动分工提高了劳动者的工作效率，加快了社会财富的积累。不过，劳动分工并非人类智慧的结果，而是人类互通有无、互相交易的本性倾向。通过这种互通有无的交换活动，不同职业者获得了拥有他人物品的满足感，从而实现财富在不同社会个体间的自然分配。

　　通过劳动分工，劳动者逐渐从事一种专门职业。随着生产技术的提高，原来由几个人进行分工操作才能完成的工作，现在只需一个人便可完成，这也是在生产技术和生产效率较高的国家，其分工进行得最彻底的原因。正是由于这种分工的存在，劳动者除拥有满足自身所需的物品之外，还有大量劳动产品可供出售。如果这种情况在社会各阶层都普遍存在，社会各阶层就普遍富裕起来了。

论劳动分工

　　社会生产力、人类劳动技能和判断力的大幅提高，似乎都是劳动分工的结果。现在，为了便于人们理解劳动分工所产生的这些结果，我们来讨论部分制造业的分工状况。某些不是很重要的小型制造业，是为少数人的少量需求提供物资，它所雇用的劳动者数量必然不多，因而不同工种的工人可以集中在同一场所工作，以便监工可以一览无遗。因此，这类制造业的劳动分工看似完备,实则不如重要的制造业精细。相反,由于大型制造业为大多数人的大量需求提供物资,因此不同部门的工人都很多。而要把这些工人全部集中在同一场所工作,势必做不到,或者要同时监督所有部门的工人,也不现实。所以,虽然与小型制造业相比,大型制造业的部门更多,但大型制造业的劳动分工远不及小型制造业明显,以致很少有人注意到。

以制针业为例,它的分工极细微,却往往能引起人们的关注。如若一个工人,没有受过专门培训,且不懂操作制针的机器,无论他如何努力,也许忙乎一天也制造不出一枚扣针来。但是,按该行业现在的生产方式,不仅整个扣针的制造成了一项专门职业,而且它所分成的若干部门,其中有大多数也成了专门职业。第一个工人抽丝,第二个拉直,第三个切断,第四个削尖,第五个将顶端磨光,以便安装。而针头的制作,也有两三道不同的工序:装针头,把针刷白,乃至包装,等等,每个环节都是专门的职业。这样,制针的整个工作就被分成了大约十八道工序。在有些工厂,每道工序均由不同的工人操作,当然,也有一个人兼管两三道工序的情形。我曾见过一个这样的小工厂,只有十个工人,因此得让几个工人负责二三种操作。这样的小工厂,工人虽然很穷,必要的机械设备也很简陋,可如果他勤劳努力,一天也能制针十二磅。以中等大小的针每磅约四千枚计,十个工人每天也可制针四万八千枚。但是,如果他们都独立工作,不专习一门业务,不论是谁,一日也很难制针二十枚,也许一天连一枚也无法制造出来。如果不是因为适当的分工,他不但无法制成分工产生的数量的二百四十分之一,甚至这数量的四千八百分之一也无法制造出来。

虽说其他工艺和制造业的劳动分工不如制针业细致,工序也不如制针业简便,但分工的效果一样。凡工艺能采用分工制的,其劳动生产力大多都能得到相应的提高。各种行业和职业之所以彼此分立,似乎也是因为分工有这等好处。

在未开化社会里，某项工作由一个人完成，而在进步社会里，通常是由几个人按程序分工操作。因此，产业最发达的国家，分工往往最彻底。在进步社会里，农民专门务农，制造业者专门从事制造，而且，生产任何一种完全的制造品所必需的劳动，也几乎是由大量的人手各自负责一道工序。以麻织业和毛织业为例，从亚麻和羊毛的生产到麻布的漂白和烫平，或呢绒的染色和加工整理，每一道工序都是由不同的人完成。诚然，农业的性质与制造业不同，劳动分工不必这么细致，各项工作也不必像制造业那样完全分割开来。比如，木匠与铁匠的工作就是截然分开的，而牧民的劳动与农民的劳动就不能截然分开。纺纱和织布，几乎总是由两个工人来完成，而犁地、耙地、播种和收割，却常由同一个人兼任。农民需要随着季节的交替变化，进行不同类型的田间劳作，指定农民固定从事其中任何一项，事实上都是不可行的。不能实行清晰明了的劳动分工制度，或许就是农业生产力的改进始终不能与制造业保持同步的主要原因之一。

富国的农业和制造业通常都比穷国的先进，但富国产业的优越性

落日河上的驳船

社会分工源自人类"互通有无、物物交换、互相交易"的倾向。交换，就是人们在社会分工条件下相互提供劳动产品，以满足各自需要的经济行为。所谓商品，就是用于交换并可满足某种需要的劳动产品。因此，商品交换就是商品所有者按照等价交换的原则，相互自愿让渡商品所有权的经济行为。社会分工是商品交换的重要前提，没有社会分工就没有商品交换；同时，商品交换也促进了社会分工的不断深化。二者同时产生，相互促进。图中的小船在河上运输货物，虽然规模有限，但无疑为人们的交换提供了便利。

主要还是体现在制造业上。富国的土地通常耕耘得更好，投在土地上的劳动和费用也更多，产量按土地的面积和肥沃比例来说也更大。在农业上，富国的生产力水平不见得比穷国的高，至少不像在制造业上胜出得那么多。因此，富国同品质的谷物价格并不比穷国便宜。

就富裕和进步的程度来说，虽然法国胜过波兰，但同一品种的小麦，波兰的与法国的价格一样便宜。同理，论富裕和进步，法国可能不如英国，但就同品质的小麦来说，法国的价格和英国的也大致相同。可是，法国的麦地比波兰的耕耘得好，而英国的麦地也比法国的耕耘得好。由此可见，尽管穷国在耕作上处于劣势，其谷物依然能凭着质优价廉与富国竞争。但是在制造业方面，穷国却很难和富国竞争，至少在适合于富国的土壤、气候和地理位置的制造业方面，穷国是难以竞争的。

比如，法国绸比英国绸显得更质优价廉，只是因为在对生丝进口课以高额关税的情况下，丝织业不太适合英国，而更适合法国。但英国生产的铁器和粗毛织物却又远远优于法国，其价格也更便宜。在波兰，除国家生存所必不可少的粗糙制品外，几乎很少制造其他东西，也就谈不上竞争。

分工能使相同数量的劳动者完成比过去更多的工作量，原因有三：第一，劳动者的技能因专攻一门而日益精进；第二，减少了因转换工作而浪费的时间；第三，机械的发明简化并节约了劳动，使一个人能够完成更多人的工作。

第一，劳动者工作技能的精进，势必增加他所能完成的工作量。分工使得各劳动者局限于某一项单纯操作，当然能够使其技能日趋娴熟。一个普通的铁匠，惯于使用铁锤，却从来没有练习过制钉；如果他摊上了制钉的任务，即便是质量极差的钉子，我确信，他一天也只能做出二三百枚来。

即使某人惯于制钉，但如果制钉不是他的主业，无论他怎样努力工

现代工厂生产流水线

亨利·福特在1913年10月7日创立了世界上第一条汽车装配流水线，几乎使装配速度提高了八倍，并且第一次创造每十秒钟下线一部汽车的"神话"。这种新的分工合作制造方法对世界各地的制造业产生了极大的影响。今天，在机器人和其他形式的自动化推动下，从烤面包机到香水，几乎一切商品，都是在装配线上生产出来的。

作，他每天也很难做出上千枚钉子。我见过几个以制钉为业的青年，当他们体力充沛时，每人每天能做出2300多枚钉子。可制钉绝不是一种简单的操作，同一个人既要推拉鼓风炉，又要搅动或调整火力，把铁烧热，不停锤打钉子的每个部位；另外，在锻造钉头时他还得调换其他工具。相较而言，制造一枚针或金属纽扣的分步操作，比制钉要简单得多，终身以此为业的人，其熟练程度通常也极高。如果不是亲眼所见，你绝不会相信他们能达到如此熟练的程度。

第二，因分工省下的工作转换的时间会比我们想象的多得多。一个人不可能很快从这一项工作转换到另一项工作。比如，同时耕种着一小块土地的织工，他在织布机和土地之间往返，必定会浪费许多时间。即使这两种不同的劳动能在同一个地方进行，其浪费的时间无疑会少许多，但当他从一种工作转向另一种工作时，他势必不能马上适应新的工作，他难免心不在焉。每隔半小时，农民就得调换其工作和工具，以进行下一项劳作。一个农民，几乎每天都得循环操持20种不同的工作和工具。所以，闲荡和漫不经心的习惯之养成，于他来说，是自然且必然的，以致他即使在最紧迫的场合，也无法做到全身心地投入。因此，纵使一个农民不存在技能方面的欠缺，仅仅因工作转换而虚耗的时间，以及随之养成的种种散漫习气，也必定会大幅减少他所能完成的工作量。

第三，利用适当的机械能在多大程度上简化和节省劳动，人们想必十分清楚，毋庸我赘述。在这里，我只想说明一点：简化和节省劳动的机械之发明，也始于劳动分工。只有当人们的注意力完全集中于单一目标时，更简便、更迅捷地达成其目标的路径和方法，才有可能被人们发现。由此可知，从事某项具体工作的人，只要他的工作尚有改进的余地，他定能很快找出完

17世纪中期的家庭劳动

在自然经济形态下，经济活动往往被限制在以家庭为单位的狭小圈子里。每一个经济单位不仅生产自己需要的农产品，还要制作自己需要的大部分手工业品，如衣物等。在社会大分工真正开展之前的很长时间里，自然经济一直占统治地位，商品经济只具有从属地位，起补充的作用。图中，妇女们正在纺织家里所需的棉织品。

成自己工作的便捷方法。在劳动分工最为细致的制造业中，所使用的机械大多由普通工人发明，因为所从事的操作足够简单，这些普通工人自然会用心找出完成工作的便捷之法。如果你去参观工厂，你定会看到一些非常实用的机械，都是工人为了简化自己的工作而发明出来的。

最初的蒸汽机，常要雇一个男孩，由他根据活塞的升降，开关汽锅与汽缸之间的通道。后来，担任这一工作的某个男孩发现，用一根绳子将开关该通道的活门把手系在机械的另一部分上，活门就会自动开关。而此后，这个贪玩的孩子就可以放心地与朋友在一起玩耍了。自从蒸汽机发明以来，其最大的改进之一，竟是由一个想节省自己劳动的男孩想出来的方法。

不过，也不是所有机械的改进都是出于机械使用者的发明或发现。

有许多改进是出于专门机械制造师的智巧；还有许多改进，是出于哲学家或思想者的智慧。哲学家和思想者虽不制造任何实物，但他们以观察一切事物见长，故而他们常常能够结合利用种种完全没有关联且极不相似的物力。随着社会的进步，就连哲学和思想也像其他各种职业一样，成了特定人群的主要业务和专门工作。同时，哲学自身的业务和工作也像其他各种职业一样，分成了许多"门类"，每一门每一类，又各自成为一种哲学家的行业。哲学上的分工和产业上的分工一样，既增进了手艺，也节省了时间。各尽其才，不仅增加了全体的成就，而且大大拓展了科学的内容。

由于分工，各行各业的产量得以激增。在一个井然有序的社会里，各个劳动者除了满足自身所需之外，还有大量劳动产品可供出售；同时，每个人又都能以自己的大量劳动产品换取货币，然后去购买自己所需的他人所生产的劳动产品。由于劳动产品极其丰富，以至于最下层人民也可以通过交换获得充分的供给。于是，社会各阶级便都普遍富裕起来。

总之，如果我们考察所有产品，并考虑每种产品所耗费的劳动时间，就会得出如下结论：如果没有成千上万的人互助合作，即便是文明社会里最卑微的人，也无法得到满足其最低生活标准的生活必需品。

论劳动分工的起源

尽管人类能够预见劳动分工将导致普遍富裕，并设法利用劳动分工来实现它，但劳动分工带来的诸多利益，原不是人类智慧的结果，而是人类互通有无这一潜在倾向随其自身发展而逐渐造成的。这种倾向是不是人性的本能之一，是不是理性和言语能力的必然结果，这些问题都不是我们现在要研究的。不过可以肯定的是，这种潜在倾向为人类所共有和特有，是其他任何动物都不具备的。比如，两只猎犬追逐同一只兔子，有时也像是一种协作，每只猎犬都把兔子赶向同伴，或在同伴把兔子赶向自己时予以拦截。然而，这并不是任何契约的结果，只是出于捕获同一目标的偶然配合。我们不曾见识过两只犬公平而谨慎地交换彼此的骨头；也不曾见识过它们用姿势或嚎叫来表示什么东西属于自己，什么东西属于对方，并愿意相互交换。一只动物想要从人或另一只动物那里获得某样东西时，除了博取对方的好感外，就没有别的说服手段了。小狗想得到令它眼馋的食物，只能向母狗摇尾乞怜；家狗想得到奖赏的骨头，也只能扮出种种娇态，借以吸引餐桌上主人的注意。

有时，人类之间也会采用这种手段，当他没有办法令别人按自己的意愿行事时，他就会使出种种阿谀奉承的卑劣手段，以博取对方的厚待。但他并不是每次都有时间这样做。在文明社会里，人随时都有得到别人的协作和帮助的需要，而他毕其一生，也许都难以博得几个人的好感。在动物界中，每一个个体成年时，在自然状态下，几乎都是全然独立的，并不需要其他动物的帮助。相反，人类总希望得到他人的帮助，而且很多时候也的确需要他人的帮助。不过，就人类的个体而言，仅仅依赖他人的恩惠，他是无法得到自己所需要的帮助的。若诉诸人的自利之心，表明自己要求他人所做的事情对他人也有好处，那他就更有可能如愿以偿。

任何想与他人做交易的人都这样表示：如果给我想要的东西，你就能得到你想要的东西，这就是每项交易的要义。正是凭借这种方式，人们获得了自己所需要的大部分帮助。我们每日所需的食物和饮品不是出于屠户、酿酒师和面包师的恩惠，而是出于他们自利的盘算。我们所说的话，唤起的是他们的利己心，而不是利他心。我们不说我们需要，而说对他们有利。除了乞丐，没有人愿意完全依靠他人的恩惠过日子。即便是乞丐，也不能一味地依靠他人的施舍。他人的施舍，虽有可能为乞

木匠铺

新型经济关系逐渐展开后,很多行业的手工业者开始依靠单纯的产品生产维持生计。各种更为细化的职业不断出现,如工匠、机工、运货人、水手等。这幅18世纪的版画描绘了当时一个木匠铺忙碌的场面,工人们正在分工制作窗框。

丐提供全部的生活资料,却不是随时随地满足其日常所需。和其他人一样,乞丐的大部分日常所需,也是通过契约、交换或买卖而获得供给的。乞丐用这个人施舍给他的钱去购买食物,用那个人施舍给他的旧衣去交换适合自己穿的旧衣;或者,先把旧衣换成钱,再用钱去购买自己所需的食品、衣物和住所。

我们所需帮助的绝大部分是通过契约、交换和买卖获得的,而当初产生劳动分工的,也正是人类的这种相互交换的倾向。例如,在狩猎或游牧部落,善造弓箭者常用弓箭与别人交换家畜或猎物,他发现,和自己亲自到野外去捕猎相比,与猎人交换实现的所得会更多。因此,出于对自身利益的考虑,他便将制造弓箭作为自己的主业,于是,他就成了一位弓箭专门制造者。此后,部落里相继出现了专门的房屋建筑者、铁匠或铜匠、硝皮者或制革者等,其原因与之相同。这样一来,每个人都用自己劳动生产所得的剩余部分与他人交换自己所需,从而形成了一个鼓励大家各自委身于一种特定职业的格局,每个人磨炼和发挥各自在该特定职业上所独具的天赋或才能。

人们的天赋资质各有不同,但其实际差异比我们想象的要小得多。壮年时期,人们从事不同职业所表现出来的极不相同的才能,与其说是劳动分工的原因,不如说是劳动分工的结果。不同职业者之间的差异,在多数情况下并非起因于天赋，而是起因于习惯、风俗和教育。例如，哲学家和普通搬运工的天赋，在他们七八岁以前，是极其相近的，他们的父母或玩伴，恐怕也很难发现他们之间有何显著的差别。之后，他们开始接受不同的教育和生活方式，直至从事不同的职业。于是，他们才能上的差异，被旁人看了出来，并逐渐将其放大。最后，哲学家由于受虚荣心的支配，不肯承认他自己和搬运工有任何相似之处。假设人类没有互通有无、以物易物、彼此交易的潜在倾向，部族中的每个人，就必须亲自生产自己的一切生活必需品和便利品，

中世纪的亚麻编织

亚麻是古老的韧皮纤维作物和油料作物，起源于地中海沿岸。早在5000多年前的新石器时代，瑞士湖畔的居民和古埃及人，已经栽培亚麻并用其纤维纺织衣料。到了中世纪，亚麻传入欧洲内地，在欧洲市场上普遍流通，一直到近代仍是欧洲人主要的服饰用料。

而每个人履行的责任和从事的工作全无分别，那么职业上的差异所产生的才能上的差异，也就不可能存在了。

　　正是人类的交换倾向造成了不同职业者在才能上的差异；同时，也是人类的交换倾向，使这种差异成为人类所需。在天赋方面，哲学家与搬运工之间的差异，如同猛犬与猎犬、猎犬与长耳狗、长耳狗与牧羊犬之间的差异一样，微不足道。但这些同种而不同属的动物，并没有相互利用，因为它们没有交换的能力和倾向，不能将其不同资质与才能整合为共同资源，所以，也就不能增进同种的幸福和便利。人类的情况则大相径庭，他们彼此间将极不相近的才能交相为用。凭着互通有无、物物交换和互相交易的潜在倾向，人类把各种才能所生产的不同产物，整合

为共同资源，使每个人都可以在这个资源中随意购买自己所需的物品。

论劳动分工受市场范围的限制

交换能力催生劳动分工，因而分工的程度必然受制于交换能力的大小，也就是分工的程度要受市场大小的限制。市场要是过于狭小，则不能鼓励人们始终专务一业，因为在这种情况下，人们不能用自己消费不了的劳动生产物的剩余部分随意换取自己的所需。

有些职业只能在大城镇存在，比如搬运工，因为小村落不能为搬运工提供稳定的职业。在荒凉的苏格兰高地，那些人迹罕见的小乡村，每个村民既是农夫，又兼任屠户、烙面师、酿酒师等职。在20英里（1英里约合1609米）范围内，很难找到其他铁匠、木匠或泥水匠。相隔最近的村落，也有10英里，所以村民们必须学会做大量琐碎的工作。木匠不单是木匠，他还是个细木工、家具制造工，甚至还是雕刻工、车轮制造工、耕犁制造工、手推车和四轮马车制造工，他得做使用木材的每种工作。而铁匠的工作范围更是繁杂。在城市，如果制钉工人每天能生产1000枚铁钉，一年只劳动300天，他们每年也能制钉30万枚。但在苏格兰的穷乡僻壤，即便像制钉这样的行业也维持不下去，因为一年不可能售出1000枚铁钉。狭小的销售市场，既限制了生产量，也限制了劳动分工的精细程度。

水运开拓了更广阔的市场，这也是各种产业分工的改良都始于沿海和沿河一带的原因之所在，而且这种改善通常会经过较长时间才会普及内地。现在以2位御者、8匹马、1辆广辐四轮货车，载4吨货物往返于伦敦和爱丁堡之间计，需6个星期行程。但是，如果有6人或者8人，驾驶1艘载重200吨货物的船，以同样的日程往返于伦敦和爱丁堡之间，那么由水运所应负担的便只是6到8人的生活费，以及200吨货船的消耗费和较大的保险费；而同样是200吨货物由伦敦经陆路运往爱丁堡，按最低运费计算，也需负担100人3个星期的生活费，以及400匹马和50辆四轮车的维护费，并与维护费几乎相等的消耗。因此，在两地之间能陆路运输的，只能是那些不太沉重，而且价格很高的货物，不然便无法负担过高的运输成本。这决定了两地之间过去的商业，只能是现在的一小部分，由此这两地之间对产业发展提供的刺激也只会有现今的一小部分。但是现在，由于水运的发展，这两个城市已开始大规模商业贸易，相互提供的市场对彼此产业的发展已给予了很大的支撑。

在货物的运输方面，水路较陆路所开拓的市场要宽广得多，因此各种产业的分工变革，大多始于水运便利之处。由于水运好处巨大，工艺和产业的最初改进自然也发端于此，而这种改进推广到内陆地区则会经历较为漫长的时间。由于与河海相距甚远，内陆的大部分货物，只能在邻近地方出售，在长时间内不可能销往其他市场。因此，其市场的大小必然与邻近地方的富裕程度和人口数量成正比，其进步改良也必然落后于邻近地方。在英格兰所属的北美各殖民地，种植园常常沿河岸和海岸而建，很少扩展到内陆。

商品价格

商品经济最早产生于第二次社会分工，即手工业从农业中分离并进一步扩大，在第三次社会大分工时出现了商品经济的重要媒介——商人。商品经济的产生和发展，具有推动社会生产力发展的历史进步作用。在现代经济条件下，商品价值的确定过程，不断促使商品生产者或经济单位改进生产技术、更新机器设备、改善经营管理，提高劳动生产率；商品价值的实现过程，以等价交换为原则，不断调节交换双方的利益关系，调动生产者积极性，合理分配和利用生产资料，促进生产发展。

据资料记载，最早开化的国家是那些位于地中海沿岸的国家。地中海是世界闻名的最大的内海，没有潮汐，因而除了飓风引起的风浪外，也没有汹涌的波涛，水平如镜，岛屿众多，又有绵延的海岸，因此对发展航运事业极为有利。那时，人类尚未发明指南针，不敢远离海岸，以防看不见海岸而迷失方向；又因为造船技术低下，人们视远离大陆的惊涛骇浪为畏途。在古代很长一段时间内，越过直布罗陀海峡被看作是最不可思议的、最危险的航行。腓尼基人和迦太基人算是古代最优秀的航海家和造船家，但他们也是过了许久才敢尝试穿越直布罗陀海峡的。而且，他们也是当时唯一敢于尝试的人。

在地中海沿岸各国中，农业或制造业发展最早、革新最彻底的国家首推埃及。尼罗河及其支流遍布埃及全境，它稍稍借助于人力技术，便可在各大都市间、在各重要村落间，甚至是在村野部落间提供便利的水上运输。这种便利，与今日（18世纪，后同）荷兰境内的莱茵河和麦斯河几乎一样。内陆航行这么广泛，这么便利，难怪埃及的进步发达那么早。

在东印度的孟加拉各省，以及中国东部诸省，农业和制造业的改进也具有非常古老的历史；虽然我们还没有从自己掌握的历史资料中对其古老程度加以考证，但他们对欧洲的影响显然是存在的，这可以从欧洲与之进行了若干世纪的贸易管窥一二。

在孟加拉，恒河以及其他几条大河形成了很多可通航的河道，这些河道的作用，与尼罗河在埃及的作用相同。中国东部各省也有几条大河，众多支流形成了复杂的河道网，彼此交错，为内陆航行提供了广阔的领域，不是尼罗河或恒河能比的，甚至这二者加在一起也难望其项背。不过，无论是古代埃及人、印度人还是中国人，他们都不鼓励对外贸易，他们似乎全都是从内陆航运中获得了巨大的财富。

在整个非洲内陆，在黑海和里海以北遥远的亚洲地区，古塞西亚

（即现代的鞑靼和西伯利亚）、巴伐利亚、奥地利和匈牙利等地，似乎历代都处于某种野蛮之中。正如我们现在所看到的那样：鞑靼海是不能航行的冰冻海洋，虽有一些大河流经鞑靼，但它们却彼此相距太远，无法从事商业和交通往来。在非洲，没有任何如此巨大的内海或港湾，像欧洲的波罗的海和亚得里亚海、欧亚两洲间的地中海和黑海，以及亚洲的阿拉伯、波斯、印度、孟加拉和暹罗的海湾那样，可以将海运作业带到内陆。非洲各大河流彼此也相距太远，不能进行大型的内河航运。如果一条河流支流不多，而在入海以前又流经另一个国家，那么，其河流两岸的商业就绝不可能得到很大的发展。因为下游国家总有力量阻止上游国家与海洋之间的交通。多瑙河的航运对于巴伐利亚、奥地利和匈牙利等国都没有巨大用处，但如果它们中间任何一国独占该河注入黑海以前的整个流域，情况就会迥然不同。

"圣玛利亚号"

1492年8月3日，哥伦布宣布"圣玛利亚号"为旗舰，正式于西班牙萨尔特斯海滩向西启航。同年10月12日到达美洲华特林岛，新大陆从此被发现。遗憾的是，这艘完成了重大使命的帆船不久便在加勒比海搁浅，哥伦布被迫弃船，改用同行的"尼尼亚号"返航。

第二章　论货币与商品的价格

劳动是衡量一切商品交换价值的真实尺度，但一切商品的价值通常不是按劳动估定。商品的交换价值多按货币量计算，很少按这种商品所能交换的劳动量或其他商品量计算。"价值"一词既能表示特定物品的效用，也可以表示因占有某物而取得的购买力。前者称为使用价值，后者称为交换价值。使用价值越大，其交换价值往往越小；交换价值越大，其使用价值往往越小。

如果商品的价值以货币形式进行体现，那么体现其价值的数量即为商品的价格。商品的价格与其制造原料的价值、劳动者的报酬和利润维持一定比率，这三者之和即为商品的真实价格。商品的自然价格包括真实价格和将商品输送到市场产生的其他费用两部分。如果用货币来表现，则称其为市场价格，它通常围绕自然价格按一定比率上下波动。

论货币的起源及效用

社会分工一经确立，个人的劳动生产物便只能满足自己需求的极小部分，其他部分的需求须用自己的剩余劳动生产物与他人交换来获取。于是，所有人都要依赖交换而生活，都成了一定程度的商人，而社会本身，严格来说，也就成了商业社会。

不过，在社会分工的早期，人们的交换还停留在物物交换的层次上，交换力的作用还不甚活跃。假设某种商品，甲有剩余，而乙缺乏，此时，甲乐于出卖，乙乐于购买。不过，如果乙未持有甲所需求的物品，那他们两者间的交易仍然不能实现。比如，屠户将多余的肉搁置在店内，虽然酿酒者或面包师都乐于购买，但是，如果屠户需要的麦酒和面包已经得到满足，那他们之间的交易就不可能完成。如果屠户不能成为酿酒者和面包师的顾客，酿酒者和面包师也不能成为屠户的顾客，那么他们就不能彼此帮助。然而，自分工确立以来，有想法的人，为了避免这种不便，就会随时在身边带上一定数量的某种物品，在他看来，这种物品拿去和任何人的生产物相交换，都不会被拒绝。

荷马曾说：迪奥米德的铠甲值9头牛，而格洛卡斯的铠甲值100头牛。据说，阿比西尼亚以盐为交换媒介；印度沿海的某些地方，以贝壳为交换媒介；弗吉尼亚用烟草；纽芬兰用干鱼丁；英国西印度殖民地用砂糖；其他若干国家用兽皮和鞣皮。据我所知，时至今天，苏格兰还有个乡村用铁钉作为媒介来购买麦酒和面包。

然而，无论在任何国家，最终由于种种不可抗拒的理由，人们似乎都决定用金属而不是其他货物作交换媒介。与其他货物相比，金属不易磨损，具有很强的耐久性，且能任意分割而全无损失，也可再熔回原形。这一其他耐久性商品所不具备的特性，使金属成了商业流通上最为适宜的媒介。

金条

货币通常具备四个功能：记账单位，即以货币作为衡量不同物品价值的标准和计量单位；交换媒介，即充当商品交换的中介，这是货币最基本的职能；价值贮藏，即货币可以暂时退出流通领域而作为社会财富的一般代表贮藏起来；延期支付，即暂时不需要的货币可以放贷出去，以获得利息或回报社会。其中在执行贮藏功能时货币必须退出流通领域，处于静止状态，因此不属于通货。图为瑞士信贷银行发行的金条，它是最典型的价值贮藏工具之一。

15世纪的贸易集市

在15世纪末期,南欧和西欧各国都在重商主义的思想影响下发展生产力。此时欧洲农、工、商各业生产力提高,社会财富增长,商品货币关系更趋复杂,而在商业部门中对外贸易的高涨是这一时期经济发展的突出表现。在15世纪,一些定期集市逐步被全年性贸易市场的商业城市所取代。这些城市摆脱了封建主和教会的控制而取得独立地位,很快地成为区际和国际贸易的中心。

设若除了牲畜,就没有别种物品可用于换盐,谁想换盐,一次所购价值,势必相当于整头牛或整头羊,不得低于这个限度,因为牛或羊不能分割,如果分割了就无法还原。如果他想换更多的盐,亦只能以牛或羊二三头,购入两倍或三倍的盐。但是,设若他用来换盐的物品,不是牛或羊,而是某种金属,他的问题就迎刃而解了,他可以根据目前的需要,分割价值相当的金属来换盐。

为了达到这一目的,各国用作交换媒介的金属不尽相同。比如,古斯巴达人用铁,古罗马人用铜,而所有富裕的商业国更乐于用金用银。无论采用何种金属,那些最初被用作交换媒介的金属,似乎都是未经铸造的粗条,也未留任何印记。史学家蒂米阿斯说过:在瑟维阿斯·图利阿斯的时代之前,罗马人还没有铸造过货币,他们购买物品用的都是没有刻印的铜条。换句话说,这些铜条就是当时被视为货币的东西。

在这种粗陋的状况下,金属的使用有两大不便:其一是称量麻烦;其二是化验麻烦。贵金属在分量上的少许差异,就会在价值上造成很大的差别。但是,要正确称量这类金属,必须备有极为精密的砝码和天平。对金的称量,尤需精细的操作。诚然,贱金属的称量稍有差池,不会在价值上造成大的影响，因此，在称量时也不必过于精细。但要是一些穷人，买值一个铜板的东西，也需每次称量这个铜板的重量，就有点小题大做甚至令人生厌了。而化验金属则更困难，也更繁琐，且化验的结果是否可信，也是一个问题。在尚未实施铸币制度以前，除非通过这种既麻烦又不便的检验，否则很容易受骗。他们售卖货物所得，表面上是1磅纯银或纯铜，但其中却可能混有粗劣而低贱的金属。因此，为了清除这种弊端，促进工商业的发展，文明国家就在特定的贵金属上加盖公印。于是，就有了早期铸币制度和称为铸币厂的官署。

在大多数情况下，在货币上加盖公印，是为了确定金属的品质或纯度。当时的刻印，与今天银器皿和银条上所刻的纯度标记很相近。其所确定的，只是金属的纯度，而不是金属的重量。在古代，撒克逊人入主英格兰，据说其岁入不是征收货币，而是征收各种粮食。他们以货币缴纳的习惯也是自征服王威廉一世以来才养成的。不过，在很长一段时间里，当时纳入国库的货币计收是按重量，而不是个数。

要毫无差池地称量金属很麻烦，也很困难。于是，便催生出了铸币制度。铸币的刻印，盖住的不只是金属块的两面，有时，连金属块的边缘也盖住了。这种刻印，既要确定金属的纯度，也要确定它的重量。自此之后，铸币一如现在，全以个数计，省了称重量的麻烦。

货币成为所有商业交换的通用媒介后，所有货物的买卖或交换，就能毫无阻碍地进行了。

货物之间进行交换所遵循的法则，决定了商品的相对价值或交换价值。不过，这两种价值的意义是不同的，有时它表示特定物品的效用，即使用价值；有时它表示由于占有某物而取得的对他种货物的购买力，即交换价值。使用价值大的物品，其交换价值往往很小，甚至没有；同样，交换价值大的物品，其使用价值往往也极小，甚至没有。比如水，它的用途就最多，但我们不能把水用于购买任何物品。反之，比如钻石,虽然它的日常使用价值不大,但得有大量其他货物与它交换。

为了探讨支配商品交换价值的原则,我将在以下三章尽力阐明如下三点:第一,交换价值的真实尺度是什么?换而言之,一切商品的真实价格究竟是多少?第二,真实价格的各部分是由什么构成的?第三,价格的某些部分或全部,有时高于其自然价格或普通价格,有时又低于其自然价格或普通价格,原因是什么?换而言之,商品的市场价格或实际价格,有时不能与自然价格完全吻合的原因究竟是什么?

论商品的价格

一个人是富有还是贫穷,要看他享受生活的必需品、生活的便利品和奢侈品到何种程度。自分工完全确立以来,一个人自己的劳动所能提供给他自己的只是其中的一小部分,绝大部分必须来自他人的劳动。因此,一个人的贫与富,要看他能支配多少劳动,也就是说,要看他能购买多少劳动。任何一个人占有某种货物,自己却不愿意消费,而是用以交换他物,那么对这个人而言,他所占有的这种商品的价值,便等于他能购买或支配的劳动量。因此,劳动是衡量一切商品交换价值的真实尺度。

对于想要得到它的人来说,一切物品的真实价格,即取得一切物品所付出的真实代价,乃是为了得到它所付出的辛苦和麻烦。对于那些已经拥有它,想要把它卖掉或以它交换别的东西的人来说,每一件物品的真正的价值,乃是因占有它而省去的可以转嫁到他人身上去的辛劳和麻烦。用货币或货物可以买到的货物,都是用劳动在购买,就像我们用自己的劳动所能获得的一样。那些货币或货物确实让我们省却相当部分的辛劳。它们包含一定劳动量的价值,我们用它可以交换当时被认为的有相等劳动量的价值的货物。劳动是第一价格,是最初用以购买所有东西的货币。世界上所有的财富最初都是通过劳动来购买的，而不是通过黄金或白银。对于那些拥有财富的人，和那些想用它来交换一些新产品的人来说，它的价值正好等于它使他们能购买或支配的劳动力的数量。

正如霍布斯所说，财富就是权力。但是，获得或继承了一大笔财富的人，并不一定就获得或继承了民政或军政上的政治权力。他们的财产也许能使他同时获得这两种权力，但仅仅拥有这些财富未必就能使他得到这两种权力。这种财产直接传递给他的权力，仅仅是购买力，仅仅是对相应的劳动量或相应量的劳动产品的支配力。他的财产的多少，与这种支配力的大小成正比；或者等于别人劳动的量，或者等于别人劳动的产品的量，这些产品是因为他人的劳动才使他能够购买或支配。每一种物品的可交换价值，必须与这种物品对所有者所提供的劳动支配力恰好相等。

虽然劳动是一切商品的真正价值或交换价值的真实尺度，但一切商品的价值，通常不按劳动来衡量，因为很难确定两种不同的劳动数量的比例。劳动者忍受困难的不同程度，以及物品的精巧程度都将影响劳动量。所以，耗费在两种不同工作上的时间，并不是确定这种比例的唯一因素。一个小时的困难劳动比两个小时的简单劳动包含更多的劳动量；需要学习十年的工作，在一个小时劳动中比普通劳动一个月所包含的劳动量还多。但是，要找到准确衡量劳动困难和灵巧程度的标准并非易事。事实上，在交换不同种类劳动的不同产品时，通常都对准确衡量劳动困难或灵巧程度有所考虑。但这种考虑并不是根据任何精确的衡量标准来调整的，而是通过在市场上根据大体上平等的议价来调整的，这种平等虽不精确，却足以维持日常买卖的公平。

再者，一种商品通常与另一种商品交换，而很少直接与劳动交换。因而，我们往往在不同商品间作比较，而很少以生产商品的劳动来比较。所以，以一种商品所能购得另一种商品的数量来估定其交换价值，

亨利八世

亨利八世是英国都铎王朝的第二位国王，他在位的38年给英格兰带来了重大变化，其中最著名的是16世纪的宗教改革，这导致了英国与罗马教廷分道扬镳。他还做过一件不太明智的趣事，即命令将铸造银便士的纯度大大降低。结果银币上最突出的部位——国王像的鼻子，在摩擦的作用下，很快就露出了铜的本色，随后迅速氧化变暗。于是亨利八世便得到了"老铜鼻子"这样一个让人哭笑不得的绰号，在民间广为流传。

比以这种商品所能购得的劳动量来估定其交换价值更为自然。而且，大部分人也更容易理解一定数量的特定商品，而不是一定数量的劳动。因为前者是可见、可感知的实体，而后者却是一个抽象的概念；抽象的概念也许能使人充分理解，却不像具体物品那样显而易见。

但是，在物物交换停止、货币成为商业上的通用媒介时，每一种商品与货币进行的交换更为频繁，因此也极少与其他商品进行交换。因此，每种商品的交换价值，通常更多的是按货币量计算的，而不是按劳动量或任何其他可以与之用来交换的商品量计算的。

劳动本身的价值恒定不变，因而可作为任何时间、任何地点用以估量和比较各种商品价值的最终真实标准。劳动是商品的真实价格，货币只是商品的名义价格。虽然等量劳动对劳动者而言具有等量的价值，但在雇主看来，其价值却时高时低。雇主购买劳动，有时需要数量较多的货物，有时却只需要少量的货物。因而，他认为劳动价格与其他物品一样随时变动，以多量货物购得的劳动，其价格昂贵；以少量货物购得的劳动，其价格低廉。其实，前者是货物价格低廉，后者是货物价格昂贵。

所以，按通俗说法，劳动也像商品一样具有真实价格与名义价格。

真实价格就是一定数量的生活必需品和便利品,名义价格就是一定数量的货币。劳动者是贫穷还是富有,其劳动报酬的高低,皆与劳动的真实价格而非名义价格成比例。

商品和劳动的实际价格与名义价格之间的区别,不仅仅是一个投机问题,有时在实践中,也有相当大的用处。相同的实际价格总是有相同的价值;但是由于金银价值的差异,同样的名义价格,有时会有非常不同的价值。因此,当一个人以保留永久租佃为条件售卖地产时,如果要使地租始终具有相当的价值,那么对售卖方来说,就不能把地租定为一定额度的货币。因为货币的价值可能会发生两种不同的变动:其一是由于同一面额的铸币,在不同时期会因金银含量的变化而产生差异;其二是等量的金银在不同时期会有不同的价值。

君主和主权国家常常认为,减少铸币中所含的纯金属对他们暂时有利;但他们很少想到让纯金属有所增加。因此,我相信,所有国家的铸币中,纯金属的含量都在不断减少,几乎从来没有增加。因此,这种变化总是会降低货币租金的价值。

由此可见,只有劳动才是唯一普通的,也是唯一准确的价值标准,即我们在任何时间、任何地点都可以用来比较不同商品价值的唯一标准。人们不能用一种物品所换得的白银数量来估定该物品在几百年间的真实价值,同样,也不能用一种物品所换得的谷物量来估定该物品每年的价值,但人们可以用一种物品所换得的劳动数量来估定。就估量某物品100年间的价格而言,谷物比白银更为适合,因为等量的谷物比等量的白银所能支配的劳动量更大。相反,与谷物相比,就估量物品的年度价值而言,白银是一种更好的计量标准,因为在一年之间,等量的白银所能支配的劳动量变化极少,比等量谷物更能支配等量的劳动。

在订立永久地租,或者甚至在签订长期租约时,区分实际价格和名义价格是有用的,但对于日常生活中最普通的交易来说,却无关紧要。

在同一时间和同一地点，所有商品的实际价格和名义价格都成正比。例如，在伦敦市场上，你售卖任何商品所得货币愈多，那么在那个时间和那个地点，它能够购买或支配的劳动量也愈多。因此，在同一时间和同一地点，货币量是衡量所有商品真正的可交换价值的精确尺度。但它只能在同一时间和同一地点才如此。

虽然在相隔遥远的两个地方，商品的实际价格与货币之间并无固定比例，但商人从一个地方朝另一地方运送商品时除了考虑商品的货币价格，或者考虑他购买这些商品时的白银数量与他出售这些商品时所得的白银数量之间的差额，他不用考虑别的。在中国广州，半盎司（1盎司合28.35克）白银，所能支配的劳动量和所能购买的生活必需品及生活便利品，比在伦敦1盎司所能支配和购买的要多。在广州卖半盎司白银，可能比在伦敦卖1盎司白银更贵，更重要。但是，如果一个伦敦商人，用半盎司银子能在广州买到一件商品，然后在伦敦就能以1盎司银子卖出去，他就能有百分百的获利，就像1盎司白银的价值在伦敦和广州相同一样。

半盎司白银在广州，是否比1盎司白银在伦敦所支配的劳动量与所能购买的生活必需品和生活便利品更多，对这个商人来说一点也不重要。在伦敦，1盎司白银使他能得以支配的劳动量与所能购买的生活必需品和生活便利品，总是半盎司白银的两倍，这也正是他想要的。

因此，正是商品的名义价格或货币价格，最终决定了一切买卖行为是否审慎或轻率，并因此左右着几乎所有日常生活事务，所以名义价格比实际价格更被人关注，也就不奇怪了。

随着工业的发展，商业国家发现同时铸造、使用多种金属铸币的便利：大额交易用金币；中额交易用银币；小额交易用铜币或比铜币更便宜的金属币。在这三种金属中，人们往往特别选定一种最先用作商业媒介的金属，并以此作为衡量价值的主要尺度。人们一旦开始用货币作为标准，在没有其他货币的时候，人们往往也会以它为标准。

金银的市场价格变动的原因，和其他商品市场价格变动的原因相同。此类金属，常因运输途中出的意外而受损，在镀金、镶边、包金、刻花时，也难免有损失和消耗，这就需要不断输入金银。因此，与其他行业的商人一样，金银进口商也会竭力使金银的输入适合于当时的需要。但是，无论商人对供求关系考虑得如何周到，有时输入过多或不足，也在所难免。输入过多时，商人不愿再冒输出危险，而愿意以略低于普通标准的价格在国内出售；输入不足时，商人又用高于一般行情的价格购入一部分。但是，在这种偶然因素的影响下，金银的市场价格若能在好几年里稳定地保持着围绕其铸币厂价格小幅波动的状态，那么一定是铸币本身的某种情况使得一定数量铸币的价值在这几年里高于或低于它本应含有的纯金量或纯银量，其稳定性和持续性以纯金量或纯银量的稳定性和持续性为前提。

任何国家的货币，在特定的时间和地点，其价值尺度是否准确，即是否准确地符合于它本应含有的纯金量或纯银量，取决于铸币所含的纯金量和纯银量。在英国，若44个半几尼恰含1磅标准金，即11盎司纯金和1盎司合金，则此金币就可作为某一特定时间和特定地点之商品实际价值的准确尺度。此44个半几尼，若因磨损消耗，其所含标准金重量不足1磅，且磨损的程度又参差不一，则这种价值尺度就会像其他各种度量衡一样，难免有出入。因为恰好适合标准的度量衡并不多见，所以商人调整自己商品价格时，总是尽量不按应有的度量衡标准，而按经验应遵照的度量衡标准来调整。在铸币紊乱的情形下，商品价格也不是按铸币本应含的纯金量或纯银量，而是按商人凭经验决定的铸币平均实际含有量来调整。

应当指出，我所称的商品货币价格是指这一商品出售所得的纯金量或纯银量，与铸币名称无关。

论商品价格的组成部分

在尚未发展到资本累积和土地私有以前，获取物品所需劳动量的比例，似乎是物品交换的唯一标准。例如，如果捕杀一头海狸所需的劳动量是捕杀一头鹿的两倍，那么一头海狸就应换取两头鹿。如果劳动难度不同，难度较大者的生产物比难度较小者的生产物就更具交换价值。很自然，通常两天的劳动所产生的价值是一天所得的两倍，两个小时的劳动所得是一个小时的两倍。

如果一种劳动比另一种劳动更艰苦，那么这种更过度的艰苦自然也会得到一些补偿；在这种情况下，一个小时的劳动生产物，通常可以用来交换常规情况下两个小时的劳动生产物。或者如果一种劳动需要灵巧和才智，出于对这种技能拥有者的尊重，自然会给他们的生产物以更高的价值，也就是超过其平均劳动时间应得的价值。不过，这种技能需要人们多年苦练才能获得，对其生产物给予较高价值就是对其掌握技能所需劳动时间的合理报酬。在文明社会中，人们通常会对特别艰苦和需要特殊技能的工作给予更高的工资。在人类最早、最野蛮的时期，大概也发生过类似的事情。

在这种状态下，劳动者生产的全部生产物都属于劳动者自己；而一种商品通常可以调节、支配或交换的劳动量，是由取得或生产这一商品一般所需的劳动量所决定的。

当资本在个人手中积累起来时，自然有人将其用以鼓励勤劳者从事工作，以便通过这些人获取利润。用制造品交换货币、劳动或其他货物时，除支付原材料和劳动者的工资外，必然还有剩余，即投入资本所获得的利润。所以，劳动者对原材料的增值应分为两部分：一部分为劳动者的工资，另一部分为雇主的利润。如果劳动生产物的售卖所得小于雇主投资，雇主便不会对雇佣工人感兴趣。不仅如此，如果其所得利润不能与其所垫资本保持相当的比例，他只会进行小额投资，而不会贸然进行大额投资。

资本的利润，也许可以认为只是一种特殊劳动的工资的别称，即监督指导这种劳动的工资。但资本与利润是完全不同的，是由完全不同的原则所支配，而且与所谓的监督指导这种劳动的数

水果市场

自12世纪始，欧洲有一些定期集市逐步兴盛起来，如欧洲北部的香槟集市等。此类集市的商品来自许多城市和地区，商品包括羊毛、丝绸、水果等。随着欧洲商业的繁荣发展，集中交易的方式逐渐让位于固定经营，繁荣一时的集市逐步衰落。到19世纪，集市的主要功能已转变为商品批发了。

量、强度或技巧不成比例。利润完全由所投入的资本的价值来支配，并且与投入资本的规模成正比。让我们假设，在一些特定的地方，常见的制造业资本的年利润为10%，有两种不同的制造业，各雇用20名工人，每人每年的工资为15镑，即每个工厂支付的工资为300镑。又假设一家每年生产的粗糙原料只值700镑，而另一家每年生产的精细原料值7000镑。如此，前一家每年投入的仅为1000镑；而后一家一年则需投入7300镑。因此，按10%的利润计算，前一家每年可指望有100镑的利润；而后一家一年则可以达到730镑的利润。他们的利润差别虽然很大，但其监督指导的劳动量可能没什么差别，或者也可能完全相等。在许多大工厂里，几乎所有这类工作都由一个重要职员经管。他的工资恰当地表达了监督指导的价值。虽然在安排这份工作时，人们通常对他的工作和技能，以及他所承担的责任给予一定的尊重，但他所监督管理的资本与他的工资并无固定比例。然而，正是他们让资本的所有者摆脱了所有劳动，却自

然期望自己获取的利润能与他所投入的资本成一定的比例。因此，在商业的价格中，资本利润成了其中的一个组成部分，它与劳动工资不同，受不同原则的支配。

在这种情况下，劳动的全部生产物并不总是属于劳动者。在大多数情况下，其劳动的全部生产物必须与雇用他的资本所有者共享。在获取或生产任何商品时通常使用的劳动量，也不是决定这一商品通常应该交换、支配或购买的劳动量的唯一条件。很显然，还必须加上提供劳动资料的资本的利润，以及他为购买劳动而垫付的工资。

一国的土地一旦完全成为私有财产，土地的拥有者便想不劳而获，甚至对土地上的自然生产物也想索取地租。在土地共有的时代，森林、草梗以及各种自然果实，劳动者只需出力采集即可。但是现在，土地成为私有财产，要获得这些物品，劳动者不但得出力，还得向土地的拥有者支付额外代价。劳动者要采集这些自然的产物，就必须付出代价，取得准许采集的权利，也即把他所采集的产物的一部分，作为地租交给土地的拥有者。

于是，在大多数商品的价格中，便有了第三个组成部分。必须指出，所有三个不同的组成部分，其各自的真实价值是用各自所能购买，或所能支配的劳动量来衡量的。劳动不只衡量价格中构成劳动工资的那一部分价值，也衡量分解成为地租和利润的那两部分价值。

无论何种社会，商品的价格最终都可分解成这三个部分或其中之一。在文明社会，这三者是绝大部分商品价格的组成部分。

以谷物价格为例：第一部分是付给土地拥有者的地租；第二部分是付给雇用劳动者的工资及耕畜的维持费用；第三部分是付给土地经营者的利润。也许会有人认为，土地经营者的投资，即对耕畜或其他农具的损耗之补充，应被视为第四个组成部分。但农业上所有农具的价格，实则由上述那三个部分组成。就耕马而言，就是饲马土地的地租，牧马劳动的工资，土地经营者用来垫付地租和工资的资本之利润。所以，在谷物的价格里，虽有一部分是用来支付耕马的代价和维持费的，但其全部价格，仍直接或间接地由地租、劳动工资和利润这三者所组成。

在最进步的社会，也有少量商品的价格，只能分解为工资和资本利润两部分，且有更少量商品的价格，单由劳动工资所决定。比如，海鱼的价格通常只有两个组成部分：其一为支付渔夫的工资；其二为支付渔业资本的利润。在苏格兰某些地方，有一些穷人在海岸捡拾被称为苏格兰玛瑙的斑色小石来售卖，雕石业者付给这些穷人的价格，就是他们的劳动工资，其中既不含地租，也不含利润。

总之，每件商品的价格或交换价值，最终都是由那三个部分中的全部或其中的一两个部分组成。在商品价格中，除了地租以及商品的生产、制造乃至运输所需的全部劳动的价格外，剩余的部分就可归为利润了。

构成一国全部劳动年产物的所有商品价格，也必然由这三部分组成。而且，作为工资、地租和利润在不同国民之间分配。工资、利润和地租是一切收入与一切可交换价值的根本源泉。也就是说，一切收入最终都来自这三种收入中的其中一种。

无论是谁，其收入只要是来自他自己的资源，他的收入就一定是来自劳动、资本或土地。来自劳动的收入，称为工资；来自资本运营的收入，称为利润；来自其转贷给他人的闲置资金所产生的收入，称为利息。贷出人由贷款所获得的利润分为两部分：一部分属于投资的借款人，因其承担了投资的风险；另一部分则属于使借款人有获利机会的贷出人。在商业社会中，贷出人将其闲置资金贷给资金需求者（或称借款人），借款人借用这笔资金的目的是获取利润，也就是借款人从贷出人那里得到了赚取利润的机会。因此，借款人就应付给贷出人一定的利息，作为报酬。利息是一种派生收入，借款人只要不是以债还债的浪子,那么他用来偿还利息的款项,如果不是来自运用借款所得的利润,一定是来自别的收入源泉。完全来自土地的收入,称为地租,属于地主的得利。土地经营者的收入,部分来自劳动,部分来自资本。在土地经营者看来,土地不过是他能够借以获得劳动工资和资本利润的唯一工具。所有赋税,以及所有源于赋税的收入,如一切俸金、养老金和各种年金等,最终都是来自这三种根本的收入源泉,都是直接或间接地以劳动工资、资本利润以及地租等形式进行支出的。当这三种收入属于不同的人时,其区别明显;属于同一人时,则易于混淆。

经营自己土地的乡绅,在支付了耕作费用之后,自然要以地主身份获得地租,并以土地经营者身份获得利润,可他常常把全部的收入笼统地称为利润,这样就把地租和利润混淆了。一个亲力亲为的种植园主,一身兼有地主、种植园经营家和劳动者三种身份。他的全部收入,都被他看做自己的劳动所得。在这里,他是把地租和利润这两者同工资混为一谈了。

在文明国家里,交换价值仅由劳动决定的商品极为少见,因为大部分商品的交换价值,均包含利润和地租。所以,社会全部劳动年产物所能购买或支配的劳动量,总是远远超过生产制造、储备及运输年产物所需的劳动量。假如每年所能购买的劳动量都被社会雇用,那么由于劳动量将逐年增加,次年的生产物将比前一年更具价值。但是,无论哪一个国家都不会用全部年产物来维持劳工阶层的生存,必定有大部分生产物归有闲阶层消费。一国年产物的普通价值或平均价值,是逐年增加还是逐年减少,或者几乎保持一样,这取决于该国年产物是按何种比例在不同阶层的人民中分配。

论商品的自然价格和市场价格

在每一个社会及其周边地区，任何行业的劳动工资和资本利润都维持某一平均比率，这一比率可称为工资、利润或地租的自然比率。影响该比率的因素部分是当地的贫富、进步、稳定或衰落的社会一般情况，部分是每一种职业的特殊性。同样，每一个社会和地区都有一个普通或平均的租金，这种租金一方面由土地所在地的社会或地区的情况所支配，另一方面又受土地的自然肥力与土地改良的情况所支配。

这些普通或平均率，在它们通行的时间和地区，可以称为工资、利润和地租的自然率。当一种商品的价格，按自然率不高不低，正好足以支付地租、劳动力工资、资本利润和销售成本时，就可以说这种商品是按自然价格在出售。

这样的商品精确地以其价值在出售，它的价格正是它真正的价值；虽然在一般语言中，任何商品所谓的"主要成本"并不包括商品再次贩卖的利润，但是，如果贩卖者以低于当地一般利润率的价格出售掉商品，显然，他在这一交易中将遭受损失。因为他如果把相同的资本投入其他方面，他本可获得这些利润。此外，他的利润是他的收入，也是他正当的生存资源。当他准备把商品推向市场时，他已垫付了工人的工资和生活资料；因此，他也以同样的方式垫付了自己的生活资料，这种被垫付的生活资料与他合理地期望从他的商品销售中获得的利润相应。因此，如果他不能获得这一利润，他的资本的投入就没有实现回报，恰当地说，就是使他付出了真正的代价。

尽管一个商人有时能卖出的价格不是最低，但在相当长的一段时间内，这个能带给他利润的价格，也可能是他在一段时间内出售商品的最低价格。至少在他可以自由地变更行业的地方是这样。

古罗马钱币

作为西方文明的摇篮之一，古罗马见证了货币在很长一段时间里的发展演变历程。从公元前6世纪开始出现铸币"粗铜（aes rude）"，到第二次布匿战争期间首次发行标准银币第纳尔（denarius），古罗马的居民们使用过多达数十种样式的货币。

任何商品，通常出售时的实际价格被称为市场价格。它可能高于，也可能低于，也可能同时等于它的自然价格。每一种商品的市场价格，每一种特定商品的市场价格，是由该商品进入市场的实际数量与那些愿意支付它的自然价格，或进入市场必须支付的地租、劳动力和利润决定的，而且它们之间有被市场调节后的一定比例。愿意支付它的自然价格的人，可以称为有效需求者，他们的需求叫"有效需求"；正是这种有效需求的存在，使商品得以推向市场。这种需求不同于绝对需求。在某种意义上，一个非常穷的人，也可能有着想拥有1辆马车或6匹马的需求，但这种需求并不是一种有效需求，因为商品远不可能仅仅为了满足市场需求而推向市场。

任何商品进入市场的数量，都会低于市场对它的有效需求，所有那些愿意支付生产和销售它的全部工资、地租和利润的人，有这种需求的人，都不可能得到他们需要的供给数量。比起他们想要的，他们中的一些人愿意支付更多，于是，竞争马上开始，从而让市场价格或多或少地高于自然价格。至于高多少，要么取决于供货量，要么取决于竞争者的财富的多少和奢侈程度，要么取决于被激发起来的竞争的热烈程度。在财富相当和同样奢侈的竞争者之间，同样的需求也会引起一定程度的竞争，其激烈程度与商品对他们的重要程度有关。所以，在封城或饥荒时期，生活必需品的价格总会过高。

反之，在投入市场的数量超过有效需求时，这个商品就不可能都卖给那些愿意支付其地租、工资和利润的全部价值的人，但这些价值才是它选择上市时必须取得的，其中的一部分必须卖给那些愿意接受更低价格的人，他们的出价必然会降低整体销售价格。市场价格是否低于自然价格，取决于过剩数量的多少所导致的卖家间的竞争程度，或者取决于立即脱手这些商品对卖家的重要程度。进口易腐品的过剩，会引起比耐存品更大的竞争。比如用进口橘子与进口旧铁比，前者的竞争自然会更激烈。

德国盐厂

市场上任何一种商品的供销量，如果不能满足这种商品的有效需求，竞争将在需求者中产生，价格就会随之上涨。但大多数国家会对食用盐、面粉等涉及民生的生活必需品进行调控，以避免造成恐慌和社会不稳定。图为1750年的德国盐厂。

如果商品的供给量恰好满足其有效需求，则商品的市场价格便与自然价格相符合，或相差无几。但这种商品只能按照自然价格出售，而不能获取更高的利润。由于商人之间存在竞争，商人们不得不达成协议，并最终接受某一价格，避免以较之更低的价格彼此挤压。

如果商品的供给量超过其有效需求，其价格的某些组成部分必定会降到自然率以下。如果下降部分是地租，受利益驱动的土地拥有者将会立即收回部分土地；如果下降部分是工资或利润，受利益驱动的劳动者或雇主也会从原先的领域里撤回部分劳动或资本。这样，商品的供应量很快就无法满足其有效需求，商品价格的不同组成部分就会随之上升到自然水平，而其整体又将与自然价格处于同一水平。

反之，如果商品的供给量不足以供应其有效需求，那么其商品价格的不同组成部分必定会上升到自然价格以上，整体价格也会上升到自然价格以上。如果上升部分为地租，则利益自然会促使其他地主准备更多土地来生产这种商品；如果上升部分是工资或利润，其他劳动者将花费更多劳动，商人将投入更多资本来制造这种商品，以供应失衡的市场需求。于是，这种商品的数量很快就会回升到能够满足其有效需求的程度，所有不同部分的价格很快又会下降到它们的自然价格，整体价格也会下降到它的自然价格。

因此，自然价格可以说是一切商品的价格都不断向其靠拢的中心价格。偶然事故有时会把商品价格抬高到中心价格之上，也有时会把商品价格降低到中心价格以下。但是，尽管各种障碍使得商品价格不能恒定在中心价格，而商品价格却时刻不停地在向着这一中心靠拢，并围绕它上下波动。

但在某些行业，同等数量的劳动在不同年份能生产出不同数量的商品；在另一些行业，同等数量的劳动在不同年份却能生产出几乎相等的商品量。同样数量的农业劳动者，在不同年份所生产的玉米、葡萄酒、油、啤酒花等的数量会大不相同。但是同样数量的纺织工，每年所生产的亚麻布和羊绒的数量却相同或几乎相同。它只是一种工业的平均产品，能够在任何方面适应市场的有效需求。在前一种产业，由于其实际生产量往往大大高于或低于平均生产量，因此，商品供给市场的量有时会超过有效需求，有时则会大大低于有效需求。即使这种商品的有效需求始终保持不变，其市场价格也会有很大的波动，有时大大高于自然价格，有时又大大低于自然价格。但在后一种产业中，由于相同数量的劳动力的产出量总是相同的或者是大致相同的，因此其生产量能够更精确地适应市场的有效需求。在有效需求保持同一状态时，商品的市场价格也大致保持同一状态，也就是完全或大致与自然价格相同。

任何商品的市场价格偶然的波动主要对价格中的工资和利润部分产生影响,而对地租部分影响甚微。以货币计算的地租,其比率或价值绝不受其影响;以原始农业产品的一定比例或数量计算的地租,也只在年租上受原始农产品市场价格的偶然波动影响,而年租的比率却很少受影响。在议定租佃协议时,地主和农场主都竭力按自己的最佳判断调整价格,使地租与农产品的平均价格一致。这种偶然波动对工资或利润价值和比率的影响,受当时市场上积存的商品或劳动的多少、既成工作与待成工作之间的比例左右。

虽然每一种特定商品的市场价格都是以这种方式不断向自然价格靠拢,但有时意外的事故,有时自然原因或特殊的政策规定,在很长的时间内都可能使许多商品的市场价格保持在远高于其自然价格的水平之上。

当有效需求增加时,某一特定商品的市场价格正好比自然价格高出许多,那些有资本投资市场的人通常会千方百计地隐瞒这种变化。如果大家都知道,其巨额利润就会吸引众多对手参与竞争,并以同样的方式投入他们的资本,如此,在市场需求得到充分满足时,市场价格很快又会降回到自然价格。如果市场离供应者相隔很远,这样的秘密有时可以保守很多年。他因此也就可以在没有新加入的竞争对手的情况下一直享受巨额利润。但必须承认的是,这样的秘密通常很少能长期保守下去;而且这样的巨额利润也难以维持。制造业的秘密比商业方面的秘密能保守的时间更长。一个染匠,如果找到了一种特殊颜色的制造方法,而耗费只有常用颜色的一半,只要经营得当,他们便可以终身享有这一发现带来的好处,甚至可以作为留给后代的遗产。非同寻常的收益,是对他个人劳动的高额酬劳。准确地说,是他个人劳动的高工资。但是,这种收益在他的资本的每一部分都在重复出现,而且他的总收益与其资本的投入一直保有一定的比例,所以,这种收益通常都被说成是他投入的资本的巨额利润，而不会说成是他个人劳动的巨额酬劳。

市场价格因此增高，显然是特定事件的影响所致，但是即使这样，其作用有时仍然会持续多年。

一些自然生产，需要独特的土壤和位置，以至于一个大国所有适合生产的土地都被使用，可能也不能满足商品市场的有效需求。因此，推向市场的全部数量，可以销售给那些按自然率计算，愿意以支付生产它们的地租、劳动力的工资以及资本利润的人。这些产品，可能持续几个世纪都以这样的高价格出售；此时，它们售价中所包含的地租部分，通常都高于按自然率计算的价格。市场价格的这种增高，显然是自然因素的作用，自然因素可能会让有效需求永远不会得到充分供应，其高市价因此也就可能永远持续下去。

给个人或贸易公司垄断权，其效果与保有商业或制造业中的秘密相同。垄断者，通过让市场存货持续不足，通过不充分满足市场应有的有效需求，以高于自然价格的价格出售他们掌控的商品，提高商品的销售回报，以至于工资和利润都大大高于自然价格。

垄断的价格，在任何情况下都是可以获取的最高价格。自然价格，或自由竞争的价格则与之相反，它们在任何时期都可能是最低的价格。前者在任何情况下，都是卖方可以从买方获取的最高价，或是人们所认为的买方愿意支付的最低价格；后者则是卖方通常可以接受的最低价格，也是维持其继续经营的最低的价格。

公司的专属特权、学徒制度，以及那些限制竞争（特别是雇佣竞争）的法规，都与垄断有同样的趋势，虽然在程度上不如垄断。这是一种扩大的垄断，并且会长期地在诸种产业中使商品的市场价格高于自然价格。

只要各种法规给了他们机会，市场价格的这种增高就可能持续下去。

任何一种商品，其市场价格虽然可能长期高于自然价格，却很少会长期低于其自然价格，价格构成中无论哪部分低于自然利率，利益受损的人都会立即感到自己的损失，并会因此立即撤回大量土地或劳动，或资本，以使投入市场的商品量与有效需求相当。商品的市场价格也很快因此上升到自然价格的水平。至少在完全自由竞争的情况下是这样。

关于商品的市场价格偶尔或长期偏离其自然价格的情况，目前我要说的仅此而已。

第三章 论劳动工资与资本利润

劳动工资取决于劳资双方订立的契约。劳动者对工资的需求随着国家财富的增长而提高，但劳动工资的提高并不依赖现有国民财富，而是依赖国民财富的增长速度。因此，劳动工资最高的地方并非最富有的国家，而是发展最快的国家。就富国而言，如果其经济长期停滞不前，国民的工资不会提高，因为国家对劳动者数量的需求不会增加，劳动者的就业机会就相应减少。如果劳动者为获得就业机会而相互竞争，其工资还会相对下降。

资本利润和劳动工资的增减均取决于社会财富的变化，但财富的多寡对二者的影响却大不相同。加大投资可提高工资，但会降低资本利润。过多的商人在同一行业中投资，他们的相互竞争自然会减少这一行业的利润；同样的情况，也会出现在社会的不同行业，同样的竞争会对所有行业产生类似的结果。

论劳动工资

劳动生产物构成劳动的自然报酬或工资。

在土地尚未私有化，资本尚未累积的原始社会状态下，劳动者的全部产品属于劳动者，既无地主，也无雇主与他分享。如果这一状态持续下去，劳动工资将会随着分工所带来的生产力的提高而提高。所有的东西都会逐渐变得便宜。它们也只需要很少的劳动去从事生产。同样数量的劳动生产出来的商品，在这种情况下，自然就会相互交换，因此，人们也会只用较少数量的劳动购买商品。

但是，尽管所有的东西实际上都变得便宜了，但从表面来看，其中许多东西似乎比以前更贵了，或者说，可以用来交换更多的其他商品了。让我们假设，在部分产业中，劳动生产力从原来的基础上提高了10倍，或者说，一天的劳动可以生产10倍于过去的一天的生产量；但在某一特定的产业中，因产品的质量提高了，他们的劳动生产力只提高了一倍，或者说，一天的劳动可以生产2倍于过去的一天的生产量。在这种特殊的劳动中，用现在一天的劳动生产物来交换原来1天的劳动生产物，其数量是原来的10倍，但所购买的劳动却只会是原来的2倍。因此，以1磅重量为例，这一相同的数量似乎就比原来贵了5倍。但现实情况是，它的成本比原来低了一半。虽然购买这1磅的商品，需要比原来多5倍的其他商品，但生产或购买这1磅的商品所需的劳动量却只是原来的一半。所以，现在要获得这一商品比原来容易了一倍。但这种劳动者独享全部产品的原始状态，在土地私有和资本开始积累的情况下是不会持续下去的。所以，在劳动生产力尚未显著提高以前，这种原始状态就已经结束了。

土地一旦成为私有财产，生产者就必须向地主缴纳一定份额的土

中产阶级

工业革命以来，中产阶级就开始在英国社会登场，到19世纪发展成为社会主力之一。跟当代意义上的中产阶级相比，19世纪的英国中产阶级大多并不宽裕，但其生活观念和生活方式已经明显表现出不同于一般工人和资本家的特点。图为18世纪末的英国中产阶级家庭。

地生产所得，形成从劳动生产物中扣除的第一项——地租。在庄稼收获前，耕作者大多没有生活来源，雇主需要为其垫付维持基本的生活资料。农场主之所以愿意雇用劳动者，是为了分享劳动生产物，收回垫付资本并获取更大的利润。因此，利润就成为了从劳动生产物中扣除的第二项。

几乎所有其他劳动生产物都有可能遭到扣除。在工艺及制造业中，大部分工人在完成工作之前都靠雇主垫付原料、工资与生活费，直到工作完成为止。雇主因此分享其相应份额的劳动生产物，分享劳动创造的增值部分，即利润。有时，一个独立的工人也有能力独自承担原料及生活资料费用，从而兼有工人和雇主双重身份，享有全部自己的劳动生产物，或劳动让原材料所增加的全部价值。此时，其收入包含工人和雇主两方面，即劳动工资与资本利润，但这并不多见。

在工人和雇佣者非同一人的情况下，工人获得的报酬即为劳动工资，其大小取决于劳资双方订立的契约。通常，双方利益无法统一：工人希望尽可能多得，雇主希望尽可能少付；工人为提高工资而联合，雇主也为降低工资而联合。在与工人的争议中，虽然雇主常居于有利地位，但劳动工资也有一定的标准。在较长的一段时期内，即使最低级工人的工资也不能低于这一既定标准。显然，该工资是符合一般人道标准的最低工资。

在争议中，劳动者有时也会处于有利地位，工资大大超过既定标准。当工人、散工、各种被雇用者的需求不断增加，这就意味着就业机会比上一年更多，劳动者此时不必再为提高工资而联合。劳动者的匮乏，必然导致雇主之间的竞争。为得到足够的劳动力，雇主们会竞相出高价雇用劳动者，这样，为防止提高工资而结成的联合就自然瓦解了。

显然，对靠工资生活的工人的需求，必定会随用于预支工资的资金的增加而成比例地增加。这些资金有两种：其一是超过维持生活所需费用的收入；其二是他们的雇主所必须使用的数额之外的余额。当地主、年金领取者或有钱人的收入，超过他自己认为的维持家庭生活所需时，他们就会把剩余的全部或部分用来雇用一个或多个仆人。随着剩余的增加，他们雇用仆人的数量也会增加。

当一个独立的工人，如织布匠或鞋匠，有更多的资本在足以购买自己生产所需的材料，并足以维持其生活所需时，对于其剩余部分，他会用于雇用一个或多个熟练的帮工，以便赚取更多的利润。如果剩余部分增加，他雇用帮工的人数自然也会增加。

因此，靠工资为生的人的工资，必然会随着国家的收入和资本的增加而增加。相反，如果收入和资本都没有增加，劳动者的工资也不会增加。收入和资本的增加就是国民财富的增加。因此，劳动者的工资自然随着国民财富的增加而增加。国民财富不增加，劳动者的工资也不会增加。

然而，影响劳动工资提高的原因并不是现有的国民财富，而是不断增加的国民财富。因此，最高的劳动工资并非出现在最富有的国家，而是出现在最繁荣、发展最快的国家。比如，英格兰比北美富裕，但北美的发展却比英格兰更好，国家财富增速更快，因此劳动工资也更高。

如果一个国家非常富有，但其经济增长却长期停滞，那该国的劳动工资也不会太高。因为，如果用来支付劳动工资的资金、居民的收入和资本数额，在几个世纪内都保持不变，即使这一数额很大，雇用的劳动者数量也可能年年持平，甚至过剩。这种劳动力过剩与就业机会减少的情况是雇主乐于见到的，因为不必再为争夺劳动力而被迫提价，反倒是劳动者为争取就业机会不得不相互竞争。若该国劳动者的工资能达到养活劳动者及其家庭的水平，且有剩余，那么基于劳动者之间的竞争和雇主们的利益关系，工资不久就会减低到仅能满足一般人道标准的最低工资水平。

贫穷的家庭

20世纪初，英国经济仍然保持着工业革命开始以来的世界领先地位，但日益严重的社会两极分化问题未见改善，贫富悬殊持续扩大。当时的社会学家查理·布思就社会现状首创了"贫困线（poverty line）"一词，称伦敦仍有三分之一的人生活在贫困线以下。这使英国不得不面对消费能力衰退并使经济发展受阻，进而导致失业率持续上升这样一个恶性循环的威胁。上图为伦敦的一个贫困家庭。为了谋生，全家人不得不利用闲暇时间一起制作小商品来贩卖。

中国的发展虽然也停滞不前，但似乎尚未衰退。它的城镇和土地并没有被居民抛弃。每年雇用的劳动力大致相等，用以维持劳动的资金也没有明显减少。所以，虽然最下层的劳动者生活资料匮乏，但只要足以维生，这一阶层的人数也会基本恒定。但是，在某些国家，由于用于维持劳动的资金大量减少，其情形就截然不同了。

各行业对雇工和劳动者的需求逐年减少。上等国民无法从事上等职业，便会在中、下等职业中寻找工作。这样，过剩的其他阶层劳动者纷纷涌入底层职业。结果，等级越低的职业竞争越激烈，劳动工资被大量削减，连极端贫困的生活都难以维持。尽管如此，仍有许多人成为无业者或沦为乞丐，甚至被饿死，居民人口最终将减少到资本能够维持的数量。所以，丰厚的劳动报酬是国民财富增加的必然结果，同时也是国民财富增加的自然反应。另一方面，极度贫困是社会发展停滞的表现，如果劳动者处于饥饿状态，则是社会急速衰退的征兆。

在英国，目前的劳动工资显然超过了劳动者供养家庭所必需的水平。许多明显的迹象表明，在英国，各地的劳动工资，都不是以高于人道标准为准则的最低工资。我们不必精确计算就可以证明这一点，就可以推定劳动者供养家庭所需的最低工资要求。

第一，几乎在英国的每一个地方，即使最低级的劳动类型，夏季与冬季的工资也有区别。夏季工资总是最高的，但由于燃料的支出，一个家庭在冬季的开销最大。因此，当这种费用的支出最低，工资却是最高时，这就表明，劳动工资并不受这种最低生活所需费用支配，而是由工作的数量和预期价值决定。诚然，劳动者应该把一部分夏季工资存起来，以支付冬季的费用；而且劳动者全年的工资，并不会超过他的家庭全年所需要的数额。但一个奴隶，或者一个绝对依赖他人生存的人，其待遇都不是这样；他的日常生活资料将与他的生活需要相应。

第二，在英国，劳动工资不随食品价格波动。理论上劳动的货币价格与食品价格每年都在反复波动。但在许多地方，劳动的货币价格有时甚至半个世纪都没有波动。因此，如果这些地方的穷困劳动者，在食品昂贵的年代想维持家庭所需，那么在食品价格适度时，他们一定会过得安逸。而在食品价格极度低廉的年代，就会过得很富足。在过去十年中，在英国的许多地方，劳动的货币价格并不伴随着食品价格的上涨而合理上涨。的确，在另一些国家，劳动力货币价格的增长，并不是因为粮食价格的增长，而是因为劳动需求的增长。

第三，一方面由于在年度间粮食价值的变动比劳动工资大，而另一方面，在各地间，劳动工资又比粮食价格的变动大。在英国的大部分地区，面包和家禽肉的价格通常是一样的，或者接近一致。一般来说，在大城市里，这些商品以及其他大部分零售商品（贫穷劳动者购买的东西），在大城市与在偏远地区同样低廉，甚至大城市比偏远地区更廉价。但在大城市及其附近地区的劳动工资，往往比几英里外的地区要高1/4或1/5。劳动价格这样的差异，似乎并不足以让一个人从一个教区迁往另一个教区。但这样的价差，必定会导致大家的商品运输，不仅是教区间的运输，而且还会有更远距离的运输，甚至出现全球范围内的运输。这样很快就会使这些商品的价值降至差不多的水平。因此，贫穷的劳动者如果能在英国劳动价格最低的地区维持家庭，那么在劳动价格最高的地区，他必定能富裕起来。

第四，劳动价格的变化，在时间和地区间不仅与粮食价格的变化不一致，而且往往是相反的。

对下层人民生活境况的改善，是对社会有利还是有弊呢？答案显而易见。在每一个大的政治社会中，不同类型的佣工、劳动者和工人，都占有最大比例。社会绝大多数成员生活条件的改善自然有利于社会整体。如果一个社会的大部分人贫穷悲惨，那么这个社会不可能繁荣幸福。而且，为社会全体成员提供衣食住行的劳动者，也应当从自己的劳动生产物中获取维持生活的条件，这也是公正的。

丰厚的劳动报酬，既是财富增加的结果，也是人口增长的原因。对丰厚劳动报酬的抱怨，就是对社会共同繁荣的必然性与合理性的哀叹。

值得注意的是，在进步的状态中，当社会向更大的富裕迈进时，贫穷的劳动者的境况似乎更幸福，也更舒适。停滞不前时，劳动者境况很艰难；衰退时，会很困苦。对社会各阶层民众而言，只有进步的状态才会令人愉悦。静止的状态很沉闷，衰退的状态则很愁苦。

充足的劳动报酬，在鼓励生育的同时，也在鼓励普通民众勤勉。劳动工资是对勤勉的鼓励；勤勉与人类的其他品质一样，会因鼓励而提高。充足的生活资料会增加劳动者的体力，使他具备起更加改善体质和抱有更多晚年生活富足的希望，从而有动力使他将体力发挥到极致。因此，在工资高的地方的工人，比在工资低的地方的工人更积极、更勤奋、更灵活。在大城市周边的劳动者，就比偏远农村的劳动者更强。事实上，当一个工人四天赚的钱足以维持一周的生活时，他剩下的三天将会是空闲的。当然，大多数情况下并非如此。相反，如果工人面对的是计件工资，他就容易过度工作，没几年就让自己的健康和体质大为受损。在伦敦和其他地方,一个木匠的最佳体力保持不了八年。当然,大多数人,在连续几天的脑力或体力劳动之后,自然会强烈地想要放松,这一欲望,如果没有暴力的或某种强烈的需求的抑制,人几乎都很难抗拒。这是自然的召唤,如果不遵从,后果往往是危险的,有时甚至是致命的,不然就会罹患职业方面的疾病。

在经济最不景气的年代,人们会认为工人们通常都比较懒惰,而在物价高昂的年代更勤勉。因此,人们便得出这样的结论:生活资料充足的生活使人松懈,而生活资料贫乏的生活更令人紧张工作。说生活资料略为丰富会使工人闲散,这是对的;但若说对大多数工人都会产生这样的作用,或者说一般人在吃得不好时比吃得好时工作得好,在灰心丧气时比精神抖擞时工作得好,在不断生病时比健康时工作得好,那似乎太不可能了。需要注意的是,粮食缺乏的年月,往往是疾病和死亡多发的年月,这也肯定会减少一般人的劳动产量。

在物资丰裕的年代,佣工们常常会离开他们的雇主,把自己的生活寄托于自己的产业。但廉价的粮食供给,会增加用于供养佣工的资金,也鼓励雇主特别是农业雇主,雇用更多的佣工。在这种情况下,一方面对佣工的需求增加了;而另一方面,愿意成为佣工的人却在减少。因此,劳动价格往往会在物价低廉的年份上涨。

在物资匮乏的年代,生活的困难和不确定,会使所有佣工都渴望返回到旧有的工作中。但粮食高昂的价格,会减少用于供应佣工的资金,使雇主不仅不能增加,反而是减少了对佣工的雇用。而且,本就可怜的独立劳动者,此时往往会为生计消耗掉本应购买材料的资本,并被迫成为雇工,以维持生计。求职的人数远多过职位,导致许多人愿意以更低的条件接受职位,所以仆人和雇工的工资,在物资匮乏、物价高昂的年代里反而会降低。

劳动价格的变化,虽然不仅不总是与粮食价格的变化一致,而且常常相反，但我们并不能因此认为粮食价格对劳动价格没有影响。劳动的货币价格，必受到两种情况的制约：其一是受劳动需求的制约；其二是受生活必需品和便利品价格的制约。对劳动的需求，按照它恰巧是增长的，稳定的，或下降的，或者按照它所需要的人口的增长、稳定或下降，来决定必须给予劳动者的生活必需品和便利品的数量；劳动力的货币价格，是由劳动者必需的生活必需品和便利品的价格来决定的。因此，在粮食价格低廉时，劳动的货币价格有时会很高，但在粮食价格很高而劳动需求不变时，劳动的货币价格会更高。

正是由于对劳动力的需求会在突然大丰收的年份增加，在突然大荒歉的年份减少，因此劳动的货币价格有时会在一个年份上升，而在另一个年份下降。在突然非常富裕的一年里，许多工业雇主手中充裕的资金足以维持和雇用比上年更多的劳动者。这一突然增长的需求并不总能得到满足，因此，雇主间便出现竞争，从而提高劳动的实际价格和货币价格。在突然荒歉的一年里，情况正好相反。

物价昂贵年月的荒歉，因为粮食涨价会提高劳动价格，减少了劳动需求，反而最终降低劳动价格；相反，物价低廉年月的丰饶，因为粮食降价会降低劳动价格，增加了劳动需求，往往会提高劳动价格。在食品价格的一般变动中，这两个对立的因素似乎是相互抵消的，这也许是劳动工资在任何地方都比食品价格稳定和持久的原因之一。

劳动工资的增加，必然会增加许多商品的价格，因为这部分商品上涨的价格，会转化为工资，并会减少这些商品在国内外的消费。但提高劳动工资的原因，即资本的增加，又往往会增加劳动生产力，并使较少的劳动就能生产大量的产品。雇用大量劳动者的资本所有者，为了自己的利益，必定会更适当地分配劳动者的职业，使他们能尽量多地生产出产品。出于同样的原因，他也会努力向劳动者提供最好的机器。劳动者的人数越多，他们的分工就越精细。更多的人从事发明，以便有最好的机器来取代人工，所以这样的机器也很容易被发明出来。因此，由于这些机械的改进，生产出许多商品的劳动量都比以前少了许多，以至于其劳动价格的增加，轻易就能被劳动量的减少所补偿。

中世纪的工房

罗马帝国崩溃后，西欧形成了大小封建领主割据的局面，原有的商业一度衰落。中世纪前半期的欧洲，几乎只有单一的农业经济，以及一些农民的家庭手工业、庄园或寺院的手工作坊。随着商业的发展，到11世纪前后，意大利沿地中海一带的城市经济开始复苏，其中佛罗伦萨、威尼斯和米兰等商业城市规模最大。这些城市的商业与手工业从业人数不断增加，并逐渐出现了商人行会和手工业行会等组织。图为中世纪末期的铜器加工房（左）和啤酒酿造房（右）。

论资本利润

资本利润和劳动工资的增减均取决于社会财富的变化，但财富的多寡对二者的影响却大不相同。加大投资可提高工资，但会降低资本利润。过多的商人在同一行业中投资，其相互竞争必然会减少该行业的利润。各行业都会出现类似的情况，激烈的竞争会降低其行业利润。

人们或许能够确定某时某地的普通工资，但很难确定平均工资。但就资本利润而言，人们就连最普通的利润也很难确定。利润变化很快，某特定行业的经营者，未必都能够确定他每年的平均利润。经营者的利润，受商品价格、运输、仓储以及竞争者和消费者的影响，这使得确定一个大国国内各行业的平均利润，成了一件难事。至于要准确地确定以前或现在的利润，那必定是不可能的了。

不过，要准确地确定以前或现在的资本平均利润，虽不可能，但我们也可以根据货币利息的情况略知一二。在一般情况下，使用货币获利较多，便要支付较多的酬金；而获利较少，便只需支付较少的酬金。我们可以根据利息的波动，了解利润的变化：利率下降，利润必定会随之下降；利率上升，利润必定会随之上升。

英王亨利八世三十七年（1546年），政府颁布法令规定：任何利率都不得超过10%。其后，爱德华六世禁止一切利息。伊丽莎白一世在位期间，法定利率又恢复为10%。直到詹姆斯一世二十一年（1624年），法定利率才被限定为8%。到了安妮女王在位期间，利率再降至5%。信用良好的民众，其借款利率通常以市场利率为准。安妮女王之前，政府对利率的规定是在市场利率变化之后作出的。其后的法定利率明显高于市场利率。在近代战争以前，政府借款只需支付3%的利息，而在伦敦和其他地方，信用良好的民众只要支付3.5%～4.5%的利息便可借款。

在亨利八世之后，社会平均劳动工资随着英国国家财富的迅速增加而提高，但大部分工商业的资本利润却在减少。在大城市，经营某种行业所需资本数额庞大，且竞争激烈，从而导致该行业的投资高，利润率却很低。在繁华的城市，雇主间的竞争会抬高劳动工资而降低资本利润。在偏僻的乡村，雇工间的竞争会降低劳动工资而变相地提高资本利润。苏格兰的法定利率和英格兰相同，但市场利率更高。在苏格兰，信用良好者借款一般都要支付不少于5%的利息。就连爱丁堡的私立银行，对随时兑现全部或部分的期票也需支付4%的利息，但伦敦的私立银行不支付存款利息。在苏格兰，经营各种行业所需的资本和工资都比英格兰低，因此，其工商业的普通利润率要高些。

在整个18世纪中，法国的法定利率不常受市场利率支配。1720年，其法定利率由5%降为2%。1724年又提高到3.3%，1725年再提高至5%。1766年，在拉弗迪执政时，法国的法定利率又降至4%。其后，在特雷神父执政时，其法定利率恢复为5%。一般来说，强行抑制法定利率是为了降低公债利率。现在的法国或许不如英国富裕,或者说与英国相比,法国的法定利率更低,而市场利率稍高,回避法律的方法简单安全。因为法国工人的法定工资低,商人的利润丰厚,所以很多英国商人愿意在法国投资经商。

鉴于领土面积与人口的比例等因素,荷兰会显得比英格兰富裕。荷兰政府借款的利率为2%,而信用良好的民众则为3%。荷兰的劳动工资高于英格兰,其经营商业获利又低于欧洲各国,因此有人认为荷兰的商业正在衰退。对荷兰的某些商业部门而言,事实也许的确如此。但这种情况并不表明该国商业正在衰退,虽然商人的利润减少,但这也是商业繁盛或投资增多的自然结果,而并非真正的衰退。在英法战争期间,荷兰人乘机获得了法国全部的运输业务。时至今日,法国运输业的部分业务仍操纵在荷兰人手中。荷兰人拥有巨额的英法国债,仅英国国债大约就有4000万镑。荷兰人还将大量资本贷给支付较高利率的外国人。上述情况表明荷兰的资本过剩,投资到本国的同类行业中不能获得可观的利润。虽然他们获取的私人资本多到不能全部投入这一行业,但该行业仍会继续发展而不会衰退。其他国家的资本也存在类似情况。

秣市广场暴乱

工人的斗争大多是为了维持高额的相对工资,而且关于它的斗争会因就业量的增加而在各行业中有所加剧。这不仅是因为劳动者的议价能力有所提高,还因为工资递减的边际效应和工人愿意为此承担风险。1886年5月1日,美国芝加哥的35万工人为得到合理的工作条件和报酬而举行了罢工和游行。由于警察开枪打死两名工人,5月4日工人在秣市广场举行抗议。这场罢工最后为工人们争取到了八小时工作制的权利,国际劳动节便是为了纪念这个事件而设立。

在英属北美和西印度的殖民地中，劳动工资、货币利息和资本利润都高于英格兰。那里的法定利率和市场利率都在6%～8%之间。不过，在新殖民地有一种特殊现象，即劳动的高工资和资本的高利润同时存在。在一定时期内，新殖民地的资本与领土面积之比以及人口与资本之比，必定会低于大多数国家。人们拥有的土地，比其资本所能耕种的土地要多，所以人们只把钱投在土质最肥沃、位置最适宜的海滨或河流沿岸。并且这类土地的价格往往低于其价值。投资、购买和改良这类土地，必然会产生极大的利润，故而人们能够支付相当高的利息。这类投资回报丰厚，因此资本迅速积累。新殖民地的雇工，也会因为资本对劳动力的巨大需求而获得相当优厚的报酬。

随着殖民地的扩张，人们只能选择耕种土质和位置较差的土地，而投在此中的资本也只能支付较低的利息，资本利润也相应减少。如17世纪，英国大部分殖民地的法定利率和市场利率都因此大大降低。随着财富、改良工作和人口的增加，利息和资本利润下降，但劳动工资却没有降低。不论资本利润如何，对劳动力的需求还在增加。利润虽在减少，资本却继续增加，甚至增长速度比原来还要快。单就这一点来说，勤劳的国家和个人都是一样的。与小额资本相比，大额资本的利润率要低一些，但其增长速度要快得多，这就是资本投资的魅力。俗话说，钱能生钱。积累了一定的原始资本，就能获取更多资本，最难的是原始资本的积累。之前我已就资本的增加和对有用劳动的需求的增加这两者的关系，作了部分阐明。以后，在论及资本积累时，我还会详加阐释。

获得新领土或拓展新行业，都会提高资本利润、增加货币利息，即使在财富正在迅猛增长的国家也是这样。而国家有限的资本只能投在获利最多的新行业上，这就使得以前投在其他行业上的资本，必有一部分转入获利较丰的新行业。资本的转移，使旧行业的竞争不如以前激烈，市场上货物的供给也会减少；货物供给减少了，就会引起商品价格上涨，经营者便会获取更多的利润，而他们借款时也能支付较高的利息。英法战争结束后，信用良好的个人或伦敦最大的商号，借款一般都要支付5%的利息。而在战前，他们通常没有以4%或者4.5%以上的利率借过款。英国在占领北美和西印度之后，利息相应提高了，这一事实就可以充分证明这种情况。如果旧资本经营的业务量增多，那么其他行业的资本量就必然减少，这样，这些行业的竞争就会趋缓，而利润必然会增加。

大型纺织厂

对人类而言，除了必要的饮食以外，穿着便是最重要的基本生活需要，因此纺织行业在各类工业中的地位不言而喻。从18世纪中后期开始，英国就出现了各种各样的纺织机械，纺织技术不断翻新进步。1806年，在曼彻斯特兴办了第一家大型织布厂后，机械织布机便开始全面占领英国纺织业。到1850年手工纺织几乎绝迹，而此时英国的棉纺织业已占到世界产量的一半。图为19世纪前期的英国纺织厂。

但是，维持产业的资金的减少，会降低劳动工资，提高资本利润和货币利息。随着劳动工资的降低，社会剩余资本的所有者向市场供应货物所需的费用也相应减少，而他们又能以较高的价格出售货物。资本所有者从较少的投入和较大的收益两方面提高利润，所以能够支付较高的利息。在孟加拉以及东印度其他英属殖民地中，人们能够快速获得巨额财富的事实证明，这些贫苦地方的劳动工资极低，而资本利润和货币利息极高。孟加拉的农民借款，往往要支付40%、50%甚至60%的利息，并以次期的收获物做抵押。能够担负这种高利息的利润，必然会侵蚀地主的几乎所有地租。罗马共和国在衰亡之前，各地在总督涸泽而渔的暴政下也出现过类似情况。从西塞罗的书中我们得知，有德行的布鲁塔斯也曾在塞浦路斯岛以48%的利率借款。

如果一国的财富已达到其土壤、气候和相对于他国的位置所允许的限度，再无进步的可能，也不曾退步，那么，该国的劳动工资和资本利润可能都很低；如果一国的人口已完全达到其领土能够维持，或其资本可以雇佣的最大限度，那么，该国的职业竞争必然相当激烈，劳动工资也会低落到只够维持现有劳动者的金额；如果一国的资本与该国必须经营的行业所需的资本相比，已趋于饱和，那么各行业所使用的资本，也会达到各行业的性质和范围所允许的程度。这样，各地的竞争便会大到无法再大，而普通利润便会小到无法再小。或许没有一个国家的财富曾达到过如此程度。在很久之前，中国的国家财富就已达到该国法制所允许的限度。如果那时的中国改变其法制，那么该国的土壤、气候和位置所允许的发展限度，可能会比上述限度大。如果一个国家忽视甚至鄙视对外贸易，或只允许外国船舶驶入其一两个港口，那么其商贸是不会繁荣起来的。在很大程度上，中国那时的富商或者大财主享有安全，但穷人或者小商贩非但没有安全，其财物还可能随时被下级官吏以执法为借口强加掠夺。所以，在那时的中国不能按各行业的性质和范围所允许的程度进行充分投资。而且，在各行业里压迫穷人，必然形成富者垄断的制度。这种制度，可以让富者获得巨额利润。据说那时的中国的普通利率是12%，而资本的普通利润，必须足够负担如此高的利息。

一国法律的缺陷，有时会导致利率升高到大大超过其贫富状况所能承受的地步。如果它的法律不强制人们履行契约，那么贷出人所处的地位就与文明国家中的破产者或信用不良者的地位相去不远了。贷出人收回贷款的不确定性，使得他不得不向破产的借款人索取高额利息。侵略罗马帝国西部的野蛮民族，有很长一段时间契约的履行与否只凭当事人的信义，部分原因恐怕也是当时的利率过高。

完全依靠法律来禁止利息，则收效甚微。许多人不得不借款；而贷出人对贷出去的钱，会要求相当的回报，且对回避法律的困难与危险，也会要求相应的补偿。正如孟德斯鸠所说，一切伊斯兰教国家的利率之所以高，一则是因为法律禁止利息，二则是因为贷款难于收回，与贫穷无关。

最低的普通利润率，除了足够补偿投资的意外损失外，还得有剩余。这一剩余，就是纯利润或净利润。普通总利润，除了包含纯利润以外，还包含为补偿意外损失而保留的部分。借款人所要支付的利息，只与纯利润成比例。

即使贷出资金相当谨慎，还是有可能遭受意外损失。所以，最低的普通利率，除了补偿贷款的意外损失外，还得有剩余。如果没有剩余，那么贷出资金便只能是出于慈善或友情了。

当一国的财富和各行业的投资达到最大限度时，其普通纯利润率便会非常低，而普通市场利率也会降到很低。这样，除了大富商可以依靠利息生存，其他拥有少量资产者和中等资产者都不得不自己管理其资本。这使得每个人都得成为实业家，或者都有必要从事某种产业。荷兰的情况，与此类似。在那里，实业家才是时髦人物。几乎每个人都习以为常地经营着某种行业。在那里，不和别人一样穿同款的服装会被笑话；不和别人一样从事实业也会被笑话。一个游手好闲的懒人，置身于实业家之间，犹如文官置身于军队之中一样，不仅自己尴尬，也会受到他人的轻视。

最高的普通利润率占有大多数商品价格中应计入地租的那一部分，仅剩支付商品生产及上市所需的最低工资，也即维持生存的工资。资本家总要设法养活工人，但是地主却不必。东印度公司在孟加拉经营商业的利润率，大概就是最高的普通利润率。

一般情况下，市场利率与普通纯利润率之比必然会随着利润的涨落而变动。英国商人把相当于两倍利息的利润视为适当且合理的利润。我

开采金矿

整个18世纪，全世界共生产黄金不足200吨；而自19世纪中期开始，一系列金矿的发现使黄金产量呈现爆发式增长。1850年到1900年的50年间，全球总共生产了1万吨黄金，其平均效率相当于18世纪的100倍。到现在，世界累计开采黄金已超过10万吨。

想，适当且合理的利润就是普通利润。在普通纯利润率为8%或者10%的国家里，借钱来经营业务的人把所得利润的一半作为利息或许是合理的，因为贷出人承担了资本的风险，就相当于给贷出人保险。在许多行业里，贷出人要求将4%或5%的纯利润用于补偿贷出资金所承担的风险。但在普通利润率低得多或高得多的国家里，不可能存在上述情况。利润率低得多时，也许利息率不足一半；利润率高得多时，利息率可能超过一半。

在财富增长较快的国家，其商品价格虽低但销量较大，利润即使低一点，也能弥补较高的工资。这样，它们的商品就能与经济不太景气而工资较低的邻国的商品以同等低廉的价格卖出去。事实上，要提高利润必然抬高商品价格，而提高工资对价格的影响相对较小。如麻布厂工人的工资每天提高2便士，那么一匹麻布必须提高的价格即为生产这匹麻布雇用的工人数乘以生产天数，再乘以2便士。在制造阶段，商品价格中归于工资的部分，要按算术级数递次增加。如果雇主的利润都提高5%，那么商品价格中归于利润的部分就要按几何级数递次增加，即梳麻工、纺工和织工的雇主都要求增加5%的利润。因此，工资提高对商品价格的抬高作用如同单利对债额的累积作用，而利润增加的作用却如复利一般。

第四章 论工资和利润随职业性质与资本用途的不同而不同

在同一地区，不同的劳动与资本用途的好坏要么完全相等，要么不断趋于相等。在同一地区，如果资本的用途对工资和利润的影响明显有利或不利，那么人们就会避开不利因素，趋近于有利因素，因为人都有趋利避害的本性。至少在一个一切事情都任其自然发展的社会里是这样的。在这个社会里，人人都可以自由选择自己认为适合的职业，又可以随时自由地改变自己的选择。每个人都可以以自己的兴趣去寻求于己有利的职业，而避开不利的职业。

实际上，欧洲各地的工资和利润，都因劳动和资本的不同而存在极大差异。但这种差异，部分是由于工作本身的某些情况造成的，这些情况也许是真的，或者至少在人们的想象中，补偿了某些职业货币得利的微薄，而对另一些货币得利优厚的职业则是一种抵消；还有欧洲各国的政策，也无法使一切都处于自由状态。

出于这些情况和政策的考虑，本章将分为两节来论述。

职业本身的性质所造成的不均等

在某些职业中补偿货币得利的微薄，在另一些职业中抵消货币得利的优厚的五种情况为：第一，职业本身是否适宜；第二，职业学习的难易度和费用；第三，职业的稳定和不稳定；第四，劳动者担负的职责有多大；第五，获取职业资格的可能性有多大。

第一，劳动工资随工作的轻松程度和艰苦程度、干净程度和肮脏程度、体面程度和不体面程度而变化。裁缝的收入要低于织工，因为裁缝的工作比较容易；织工的收入低于铁匠，因为织工的工作环境干净些；铁匠十二个小时的报酬不及矿工八个小时的报酬，因为矿井里黑暗、污秽且危险。荣誉是尊贵职业有限报酬的大部分，然而卑贱职业的报酬有时也相当优厚，如屠夫和刽子手的收入便比普通职业高。

第二，职业学习的难易度、学费的多少导致劳动工资的不同。如果一个人从事一种职业之前需要投入大量资金和精力，那他必然期望在获取工资以外，在适当的时间内收回学费、获取普通利润，这就是熟练劳动工资与一般劳动工资的差异之来源。

欧洲各国的政策都认为，机械师、制造师和技工的劳动属于熟练劳动，而农村劳动者的劳动都是普通劳动。根据欧洲的法律与惯例，要想从事熟练劳动须先做学徒，若想从事普通劳动就全凭个人自由。做学徒期间，学徒的劳动都归师傅所有，此外还需支付学费。学徒若不能支付金钱，就得支付更长的劳动时间，即要比一般年限的学徒做得更久，不过，这对师傅和懒惰的学生却未必有利。而父母或亲戚一般还需支付学徒的生活费和替他置办衣物。与之相反，农村劳动者时常在简易工作中学会较为繁复高超的技巧，故他在被雇时总能凭借自己的劳动维持生活。因此，机械师、制造师和技工的工资要比普通劳动者的工资稍高，理论和实际都是如此。这样看来，他们似乎高人一等，但他们的优越感十分有限。对制造亚麻布和呢绒的工人而言，其平均日工资或周工资只比普通劳动者略高。由于其工作确实比较固定，因此他们的年收入也许会多些；不过，显然这也只够补偿他们受教育的花费。

学习精巧艺术和自由职业需要的时间和费用更多，因此画家、雕刻家、律师和医生的货币报酬当然要高得多，事实上也是这样。但资本利润，却很少受到使用资本的那一行业的学习难易程度的影响，因为就学习的难易程度而言，大城市常用的投资方法似乎都一样。

第三，职业稳定与否导致劳动工资的不同。一些职业要比其他职业安定得多。制造业的雇工一年都有工作，而泥水匠或砖匠则取决于天气和顾客的临时要求，所以泥水匠或砖匠的收入需要足够维持失业时的生计，还要补偿他在不安境遇中的焦虑和沮丧。制造业工人的日工资与普通劳动者相差无几，而泥水匠或砖匠的日工资却是普通劳动者的1.5倍，甚至更高。泥水匠和砖匠的高工资并不是其劳动熟练的报酬，而是对其工作不安定的报酬。木匠的工作比泥水匠更细致、更重技巧，但其日工资却略低于泥水匠。这是因为，其工作不受天气的影响，不像泥水匠那样完全取决于顾客的临时要求。从事时断时续工作的人，其工资总会上涨甚至会超过职业工人工资的通常比例。伦敦的下层技工每时每刻都有被雇或被解雇的可能，因此伦敦的裁缝一天也能收入半克朗，相当于普通劳动者的日工资。而小城镇和乡村裁缝的工资一般也会跟普通劳动者相等。

一份艰辛而不稳定的工作，即使它属于最普通的劳动，其工资有时也会超过最熟练的技工。纽卡斯尔按件计酬的矿工，其工资一般约为普通劳动者的2倍；在苏格兰，其工资大约可以达到普通劳动者的3倍。他

1857年的美国经济危机

1857年西方世界第一次严重的国际经济危机爆发，波及当时各主要资本主义国家。最早出现危机迹象的是美国和法国，两国股价从1856年秋季开始猛烈下跌，短短几个月间跌幅高达50%，作为工业支柱的铁路行业股价跌幅甚至高达80%。紧接着美国银行系统瘫痪，纽约63家银行中有62家停止了支付，贴现率超过了60%，严重冲击了人们的生产和生活。

们能够取得高工资全是因为工作艰苦。伦敦运煤工人和矿工的工作性质差别不大，但因运煤船有时难免不能定时到达，故运煤工人的工作非常不稳定；因此，若矿工的工资一般是普通劳动者的2~3倍，那么运煤工人有时获得4~5倍的工资就是合理的。数年前的调查显示，当时运煤工人每天的收入是6先令到10先令，而6先令就约等于伦敦普通劳动者日工资的4倍。如果一个行业未被垄断，从事该行业的劳动者的收入，在补偿其因一切不适情况增加开支后仍有剩余时，那么该行业即将出现许多竞争者，而其行业的工资水平也会迅速下降。资本用途的固定与否都不可能影响行业资本的普通利润，资本的使用固定与否只取决于经营者。

第四，劳动者担负的责任大小导致劳动工资的不同。各地金匠和宝石匠的工资都高于需要同样技巧以及更多技巧的其他劳动者，因为人们把贵重的材料托付给他们，他们必须承担一定的财产风险。人们把身体健康委托给医生，把财产甚至生命和名誉委托给律师。人们绝不可能把这样重大的信任安然委托给微不足道的人，因此，他们的报酬，必须使他们能够保持这种托付所当有的社会地位。而他们必须保持的社会地位、必须受的长期教育和必须投入的巨额花费，势必推高他们的劳动价格。

如果一个人只是使用自己的资本做生意，那他就没有接受任何委托。至于能否获得他人的信任，不取决于他的生意性质，而取决于他人对其财产、人格和智力水平的评价。因此，行业利润率的差异并非由行业经营者所受的委托引起。

第五，获取职业资格的可能性大小，导致劳动工资的不同。人们胜任所学职业的可能性之大小，因职业不同而迥然有别。对大多数机械职业来说，几乎都有成功的把握，而自由职业成功的可能性则不大。如果孩子学做鞋匠，他肯定能学会制鞋；如果去学法律，他能以此谋生的可能性不会超过5%；如果彩票完全公平，中奖者应该得到未中者损失的全部。同样，如果某职业的成功者和失败者的比例为1：20，那么一名成功者应该享有20名失败者所应得的报酬。因此，大概要到临近40岁时才能从职业中获益的律师，他应得的报酬不仅要补偿其所受教育花费的时间和费用，还要足够补偿该行业一事无成者的受教育时间和费用。

虽然律师有时收费过高，但其真正报酬必定不止这些。人们发现，某地鞋匠或织工的年收入要多于年支出，而律师和见习律师的年收入只等于年支出的很小一部分。因此，律师行业绝不是完全公平的彩票。和其他许多自由职业和荣誉职业相比，律师所得的报酬显然是不够公正的。然而，尽管律师的前途不容乐观，所有胸怀磊落的人还是争先恐后地往律师业的门槛里挤。鼓舞他们的因素有二：其一，渴望成为行业领袖的荣誉感；其二，对自己的才干有天生的自信心。

一个人如果在做到平凡也颇为不易的职业里崭露头角，那说明他具有所谓天才或卓越的才干。因着这份天才或卓越的才干博得的赞赏，也是他的报酬的一部分。这部分报酬的多少，取决于赞赏程度的高低。对医生来说，赞赏要占全部报酬的大部分；对律师来说，赞赏所占的比重更大；对诗人或者哲学家来说，赞赏几乎占了全部。

世间有一些卓越的才能，如能获得，定能博得某种赞赏，但若用它们谋利，世人就会认为这是在公开出卖灵魂。因此，为了谋利而运用这些才能的人，所得报酬，一方面要补偿其学习这些才能所花的时间和费用，另一方面还要补偿其以此谋利所损失的名声。演员之所以能够取得优渥的报酬，正是源于这两点：其一是才能出众；其二是蒙受了名声的损失。人们一方面鄙视其人格，另一方面又对其才能给予相当优厚的报酬，这似乎很不合理。实际上，正因为我们鄙视其人格，才会为此支付优厚的报酬。人们一旦改变对这些职业的偏见，他们的报酬很快就会因竞争而减少。这类才能虽不平凡，但绝非罕见，若以此谋生不至于损

荷兰东印度公司的阿姆斯特丹证券交易所

17世纪是阿姆斯特丹的黄金年代。荷兰商船从阿姆斯特丹开往波罗的海、美洲和非洲,以及今天的印度尼西亚、印度、斯里兰卡,由此构建了世界贸易网络的雏形。在荷兰东印度公司和荷兰西印度公司的推动下,阿姆斯特丹也在这一时期成为欧洲航运和世界融资的中心。1602年,荷兰东印度公司的阿姆斯特丹办公室开始出售自己的股票,由此成立了世界上第一家证券交易所。

害名誉,那么学习它的人便会增多。

人们大多对自己的才能过于自负,历代哲学家和道德家都认为这是人类的通病。但是,人们对自己幸运的妄加猜测比对才能的自负还要普遍。人们常常高估得利的机会,而低估损失的危险。健康人不免对自己的幸运多抱有自信,而很少高估损失的危险。

人们把得利的机会估得过高,认为买彩票皆能中奖,能以全部得利抵偿全部损失。绝对公平的彩票永远不会存在,要不然经营者便无利可图。其实,彩票的价值并不等于购买者所支付的价格,市场通常以超过实际价值的20%、30%乃至40%的价格销售彩票。即便是一个稳重的人,虽明知用小额资金赢得1万镑的机会相当渺茫,但他还是会抱着侥幸心理去购买彩票。即使彩票设置得非常公平,若奖金不超过20镑,恐怕乏人问津。为了增加中大奖的机会,有人同时购买数张彩票,而有人则购买更多的分条彩票。如果你冒险购进越多,你的损失就可能越大;如果你冒险购进全部彩票,那么你肯定会亏损,因为买得越多,损失就越大。

保险业者获利微薄,乃是由于人们过于低估损失所致。经营火灾保险或海上保险者收取的保险费,必须足以补偿普通的损失和支付经营的费用,并提供资本若是用于一般经营所当取的普通利润。投保人支付的少额保险费,只够支付危险的真实价值,换句话说,只支付他有充足理由指望得上的最低保险价格。虽则有不少人靠经营保险生意取利,但发大财的很少,因为获利和损失相抵,结果是进益微薄。

尽管保险费非常低廉,还是有人因轻视危险而不愿投保。在英国,95%~99%的房屋都不曾保有火险,人们认为海上风险比火灾更可怕,所以船只的保险比率远远超过房屋保险。但是,不论何时,都有许多未保险的船只往来航行,这种航行也不全是鲁莽不慎。如果一家大公司有二三十条船同时航行、相互保障,由此节约的保险费也许足够补偿可能遭受的损失,甚至有余。然而,船只和房屋不参加保险大都是轻视危险的结果。

青年时期,人们在选择职业时,轻视危险和奢望成功的心理非常突出,对幸运的渴望远远超过了对不幸的恐惧。这从普通青年乐意入伍或航海,以及上流社会青年热衷从事自由职业可以看出,而前者表现得更为明显。普通士兵的损失是显而易见的,战争伊始,青年志愿兵不顾危险,踊跃应征入伍。尽管升迁的机会不大,但他们在青春的幻想中,想到了许多可以获得实则不一定能获得的荣誉和功勋的机会。这些奢望,使他们付出了流血的代价。他们很辛苦,而报酬却很低。

《马可·波罗游记》中的内文插画

1275年,21岁的威尼斯商人马可·波罗随其父亲和叔叔,通过丝绸之路到达当时的中国(元朝),深受元世祖忽必烈的信任。1295年回到意大利之后,马可·波罗在威尼斯和热那亚的海战中被俘,在监狱里花了几个月时间向同伴讲述旅行经历,其中的鲁斯蒂谦后来用普罗旺斯语写下了《马可·波罗游记》,在欧洲广为流传。马可·波罗并不是第一个到达中国的欧洲人,但《马可·波罗游记》无疑是首部让欧洲人普遍了解当时的中国和亚洲具体情况的书籍。

总的说来，通过航海取得成功的可能性，比应征陆军士兵大。一个有声誉的工匠的儿子，一般可以征得父亲的同意去航海，而他若想应征陆军士兵便得瞒着父亲。因为航海还有几分成功的希望，而入伍取得成功的可能性微乎其微。伟大的海军上将，就不如伟大的陆军上将在民众那里博得的崇拜多。海军能够获取的名利，也不及陆军那么显赫。海、陆军上将以下的军官，都有这种差别。尽管海军上校和陆军上校属于同一级别，但人们不会同等看待他们。买彩票中大奖的机会比较少，而中小奖的机会就比较多。因此，普通水兵比陆军士兵更易获得一定程度的名利，而大多数人，正是出于中小奖的目的才做水兵的。

普通水兵的熟练和技巧，虽然强过其他技工，且在一生中不断与困难或危险搏斗，但他们除了与困难和危险搏斗时有点快感外，几乎没有其他报酬。实际上，海员的工资并不比港口劳动者高。不列颠各港口海员的工资基本上趋于一致，而且，由于伦敦港海员出入最多，所以伦敦港海员的工资率便可以决定其他港口海员的工资率。伦敦各级工人的工资，大约等于爱丁堡同级工人工资的2倍；但伦敦港出航的水手，每月所得工资，很少比利斯港出航的水手高出三四先令。

平时，这种劳动在伦敦的价格是每月1几尼到大约27先令，而伦敦的工人以周工资9先令或者10先令计，每月也能获得40先令乃至45先令。诚然，水手除工资外，还有食粮供给。但食粮的价值，未必会超过其工资和普通劳动者所得工资的差额，即使偶尔超出，这超出的部分也不能算是水手的纯利，因为水手不能和他的家人共享这些食粮，而必须用工资来养活他的家人。

冒险的生活并不能挫伤青年人的锐气，有时反而能激发他们去从事这类职业。在下层人民中，慈母往往不愿将儿子送入海港城市的学校读书，因为她害怕儿子看到海船，并受水手的引诱，去投身于海上的生活。那些潜在的危险，我们并不畏惧，因为我们有望凭着自己的勇敢和机智摆脱它们。因此，这类职业的劳动工资高不了。而在勇敢和机智都无用武之地的职业中，其情况正好相反。

各种资本用途的普通利润率，因投资收益的确定与否而不同。一般来说，国内商业的收益，不如国外贸易确定，而国外贸易的某些部门，也不如另一些部门确定。比如，对北美贸易的收益，其确定性就不及对牙买加贸易的收益。普通利润率，随危险程度的加深而增高，但增高的利润不一定能完全抵偿危险。在最危险的职业上，破产最常见。冒险虽获利颇丰，但它会无可避免地置人于破产的境地。成功的奢望，怂恿许多冒险家去从事危险的职业，使得利润因其竞争而减少到不足以补偿危险的程度。要使危险得到完全的补偿，其普通收益应在普通利润之外，不仅弥补一切偶然的损失，还得为冒险者提供与保险业者同等性质的稳定利润。然而，若普通收益足够补偿危险，那么危险职业破产的危险就不大了。

因此，在使工资各不相同的五种情形中，能影响资本利润的只有两种：其一是工作愉快与否；其二是工作安全与否。就愉快与否来说，多数不同资本的用途都相差不大，但不同劳动的用途却相差甚远。而资本的普通利润，虽随危险程度的加深而增高，但增高和危险程度却不一定成比例。实际上，一国的各种资本用途的普通利润率，要比各种劳动的货币工资更接近于同等的水平。普通劳动者与律师的收入差距显然比其他行业间的普通利润差距大得多。更何况各行业利润的差异往往不可靠，因为人们未必都能把工资和利润分开。

药剂师的利润已经成为一个代名词，特指过高得利；但这种表面丰厚的利润其实只是合理的劳动工资。众所周知，药剂师的技能比其他技工精巧得多，而他承担的责任也更大。他是贫民的医生，而在病痛或危险较小的场合，他也是富人的医生。所以，他应该获得和其技能与责任相称的报酬，而这些报酬一般都包含在药品价格中。然而，即便是生意

洗浴的富人

15世纪的法国,洗浴对于富人不仅仅是一种生活习惯,还是一种身份象征,通过烦琐的洗浴、穿衣过程,彰显富人的尊贵身份。图中富人洗浴完毕后,一位男仆正在为他打起帘子,一位女仆为他拿着衣服,另一位男仆屈膝等待他的指示。

最兴隆的药剂师,其每年卖出药品的成本也不过三四十镑,即便他以10倍的利润出售药品,这些利润也不过是其合理工资。药剂师的合理工资只能附加在药品价格上。由此可见,其表面利润的大部分其实是披着利润外衣的真实工资。

在海口小镇,资本仅百来镑的小零售商能够获得40%或50%的利润。然而,同地资本万余镑的大批发商却很难获得8%或10%的利润。该地的零售业因市场狭小而无法拓展业务。零售商过着和经营行业相称的生活,除了拥有小额资本外,他还必须能读、能写、能算,而且又能非常准确地判断五六十种商品的价格、品质以及批发这些廉价商品的市场。总之,零售商必须具备大批发商所需的一切知识,只因他没有充足的资本,他便不能成为大批发商。这样有才能的人,每年获得三四十镑的劳动报酬绝不过分。从零售商的资本利润中减去年收入,那么其剩余的部分也和普通利润相差无几,这里表面利润的大部分也不过是真实工资。

城市零售商和批发商表面利润的差距比小市镇和农村小。在零售业能够投资1万镑的地方,零售商的劳动工资只占资本利润的很小部分,因此富裕零售商的表面利润比批发商的表面利润更趋于一致。因此,各地商品的零售价格一般都同样低廉,而城市往往比市镇及农村更为低廉。

比如，零售商品一般低廉得多；面包和家畜肉，也同样低廉。把零售商品运到大城市的费用，并不比运到小城市或者农村多，而把谷物和牲畜运往大都市，大多得从很远的地方起运，所以费用便要高很多。

对于零售商品的原价，城市和农村一样，因此，在商品价格中附加利润最少的地方最低廉。对于面包和家畜肉的原价，大城市高于农村，因此大城市的利润虽然较低，但这些商品的售价却也不算太高。

面包盘子

在15世纪的欧洲富人中流行用干燥了四天的面包制成盘子，用以盛装食品。当盘子弄湿后，就送给穷人或者直接扔掉。图中的两位仆人正在传递用面包制成的盘子。

面包和家畜肉的表面利润减少的原因，和原价增加的原因同样如此。市场的扩大，会由于使用较多的资本而减少其表面利润，又会由于仰赖远方的供给而增加其原价。在许多场合，表面利润的减少和原价的增加，几乎可以相抵。在大不列颠各地，虽然谷物和牲畜的价格差异很大，但在大多数地方，面包和家畜肉的价格几乎相同，原因也许就在于此。

城市零售商和批发商的资本利润，一般小于小市镇和农村。在城市，人们经常见到以小额资本开始经营而获取巨额财富的人；但小市镇和农村的市场狭隘，我们很难见到这种情况。小城镇和农村的营业额，未必会随投资的增多而增加，所以个别商人的利润率虽然很高，利润的总额却不是很大，而他们每年的蓄积额也很少。相反，大城市的营业额和资本的增加成正比，而商人信用的增速，要比他的资本快得多。

这样，商人的营业随着信用和资本的增大而扩张，利润总额也随着营业的扩张而增加，同时，他每年积累的资金，也随着利润总额的增加

富家小姐烦琐的穿衣过程

19世纪，欧洲上流社会的女子非常注重仪表，她们是家庭的形象代言人，通过她们的穿戴彰显着家庭的财富。她们的裙装有几层，并有伞形的裙撑将裙子撑起，穿衣过程非常烦琐，通常需要几个仆人帮忙。图中的一位富家小姐正在仆人的帮助下穿衣。

而增大。然而，即使在大城市里，获取巨额财富也主要是靠长期的勤勉、节约和妥善经营，很少有人是靠确定的和为人所周知的业务而获取巨额财富的。的确，大城市的投机商，也可能突然致富，但他并不是经营确定的和为人所周知的业务。他可能今年是酒商，明年是谷物商，后年是烟草商、砂糖商或茶商。如果他预先看到某行业有超过普通利润的希望，他便马上加入；而一旦看到那一行业的利润将要降低到和其他行业相等的水平时，他又会马上离开。所以，投机商的利润和损失，不能与其他任何确定行业的利润和损失相提并论。大胆的冒险者或许会因两三次投机的成功而获得大笔财富，也可能会因两三次投机的失败而损失惨重。这种投机生意，只能发生在大城市，因为大城市的商务最繁盛，交易最频繁，有着经营投机生意所不可或缺的情报。

上述五种情况，虽则会导致劳动工资和资本利润在很大程度上的不均等，但它们却不能使劳动或资本在不同用途中获得的所有实际和想象的利害不均等。这些情况的性质，可以补偿一些小额资本的收益，而抵消另一些大额资本的收益。

然而，要使不同用途的所有利害均等，必须具备三个条件：第一，那些用途必须众所周知，并确立很久；第二，那些用途必须处于自然状态；第三，那些用途必须是使用者的唯一用途或主要用途。其具体如下：

第一，只有该地劳动和资本的不同用途为人所周知并确立很久，才能产生这种均等。

新行业的工资一般都会比旧行业高。如果投资者打算设立新的制造业，为了吸引工人，他开出的工资必须高于别的行业或本行业应有的水平，而且得经过相当长的时间，他才敢把工资降为一般水平。完全因时尚和一时喜好而催生的制造业，它的制品会不断变化，且不能持久，相反，主要因效用和必需而催生的制造业，它的制品则不易变化，同一款式和造型，可历经数世纪而不衰，仍为人们所需要。因此，前一类制造业的工资可能会高于后一类制造业。伯明翰的制品多半属于前一类，而谢菲尔德的制品多半属于后一类。据说，两地的劳动工资，正好适合不同性质的制造业。

投资者经营新行业总是一种投机行为，他期望借此获取高额的利润，但这种利润时高时低。一般说来，新行业的利润与当地旧行业的利润不成正常比例。设若投资成功，利润最初一般是很高的，但等到该行业一经确立并为人所周知时，它的利润就会因竞争而降到和旧行业相近的水平。

第二，只有劳动和资本的不同用途处于自然状态，才会产生这种均等。

劳动需求时多时少，需求增多时，劳动用途的收益超过普通水平，而需求减少时则低于普通水平。每年的锄草期和收获期，劳动者的工资因需求增加而上涨；同样，战时海员的工资也会出现类似情况。然而，日趋衰败的制造业的情况则恰好相反，许多劳动者因不愿离开原来的职业而满足于低于普通水平的工资。

资本利润随商品价格的涨落而变化。当商品价格高于平均价格时，资本利润增加；反之，则下降。生产商品耗费的年劳动量必然受年需求量的支配，因而商品的年均产量和消费量基本相等。在麻布或呢绒制造业中，从业者几乎每年都生产同量的麻布或呢绒。因此，这类商品价格的变化只能是需求的偶然变化。黑布的价格会因国丧而增高，但素麻布和呢绒的需求和价格则变化不大。但是，使用同量劳动未必能够生产出同量的商品。比如谷物、葡萄酒、忽布花[1]、砂糖、烟草等，同量劳动在每年的产出，差别就很大。因此，这一类商品的价格，变动是很大的。它不仅会随需求的变动而起伏，也会随产出数量的变动而起伏。这一类商品的经营者，他的利润也一定会随着价格的变动而变动。一般来说，投机商大多选择这类商品进行投机。当他们预见这类商品的价格将会上升，他们便立即买进；当他们预见这类商品的价格将会下降，他们便立即卖出。

第三，只有在劳动和资本的不同用途成为使用者的唯一用途或主要用途时才会产生这种均等。

一般人愿意在闲暇时从事第二职业，而获取较少的酬金。在苏格兰，迄今还存在农场雇工，只是人数比数年前有所减少。农场雇工是地主和农场主的外佣工。通常，雇主会用一间房子、一块菜园、一块够饲养一头母牛的草场，可能再加上一两英亩（1英亩约合4046.86平方米）不好的耕地，或者每周两配克[2]燕麦片的报酬来雇用农场工。在一年中的大多数时间里，雇主很少需要或全然不需要他们的劳动，而他们耕种自己的小块土地也不会占用其全部时间。据说，他们在闲暇时大多愿意以极低的报酬为任何人工作。农场雇工曾经遍布欧洲，而在土地耕种不良、人口稀少的国家里，地主和农场主不采用这个办法就无法在农忙季节雇

---

[1] 忽布花：英文hops的音译，即啤酒花。
[2] 配克：英制容积单位，1配克=9.092升。

到足够的工人。显然,农场雇工偶然获取的日报酬或周报酬不是他们劳动的全部价格,他们租种的小块土地才占有其大部分的劳动价格。然而,很多搜集以前劳动和食品价格资料的作家,喜欢把两者的价格说得很低贱,他们似乎认为农场雇工偶然获取的报酬就是他们劳动的全部价格。

人们从事第二职业生产的商品,其售价一般低于其应有价格。由于手织袜子的劳动者并不以此谋生,故而手织袜子的价格要比机织低得多。在设得兰群岛的首都勒韦克,普通劳动者的价格一般每日为10便士,而他们所织的绒线袜的价格却超过1几尼。在苏格兰,生产亚麻线的工人大多有其他工作,并不单靠生产亚麻线养家糊口。

富国的市场一般都广阔到足以容纳全行业的劳动和资本;而贫国国民多半需要从事第二职业来养家。可是,伦敦作为一个富裕国家的首都,它的全房租金却是整个欧洲最高的。不过,附带家具的余屋租金之低廉,也首推伦敦。使人惊奇的是,余屋租金低廉,竟然是全房租金高昂所致。一切大都市的房租之高昂,往往是因为劳动价格、建筑材料和地租也昂贵。伦敦房租之高昂还有一个原因,那就是市民特有的风俗和习惯,使得各家主都宁可租赁全房,而不租附带家具的余屋。

在英格兰,"住宅"一词意味着同一屋顶下的全部房屋及设施,而在苏格兰及欧洲大陆却只表示建筑物的一层。伦敦商人不得不在经商之地租赁整座房屋,然后将中间两层租给别人,而把店铺放在底层,把家人置于顶楼。他将中间两层租给别人,是为了收回部分租金,但不指望借此养活家庭,他只愿凭着营业来维持家庭的生计。然而,在巴黎和爱丁堡,有人往往专靠分租房屋过活,故而分租房屋的租金,不但得足以支付整座房屋的租金,还得够维持其家庭的生计。

欧洲政策引起的不均等

自由劳动者

16—18世纪是西欧封建社会解体并开始向资本主义过渡的时期,工场手工业通过长期发展,造成日益发达的劳动分工,生产工具不断改进,生产日趋专门化,同时也培养了一大批有熟练技术的劳动者。这就为18至19世纪产业革命的爆发,以及工场手工业向机器大工业过渡,创造了必要的物质技术条件。

即使在完全自由的社会,缺少上述的三个条件中的任何一个,劳动和资本的不同用途也会产生不均等。然而,欧洲的现行政策限制了事物完全自由的发展,它所导致的不均等比上述原因产生的结果更为严重。

欧洲政策引起的不均等主要有三种方式:第一,限制职业竞争人数;第二,扩大职业间的竞争并使其超越自然限度;第三,限制劳动和资本在职业和地方间的自由活动。其具体如下:

第一,欧洲政策限制职业竞争人数,引起劳动和资本用途产生极大的不均等。

同业行会的排外特权,是欧洲政策限制职业竞争人数的主要手段。在存在特权的城市,它必然会引起同行业的竞争。要获得经营该行业的自由,一般要在当地做学徒。为了限制职业竞争人数,同业行会通常会规定学徒的年限,有时则限定师傅所收的学徒人数。规定学徒人数是直接限制竞争,而规定长的学徒年限则是间接限制竞争,两者效果相同。

根据同业行会的规定,谢菲尔德的刀匠师傅同时拥有的徒弟人数不得超过一人,同样,诺福克和诺韦杰的织匠师傅同时拥有的徒弟也不得超过两个,违者每月罚款5镑,并上缴给国王。英格兰和英属殖民地的帽匠师傅不能同时拥有两个以上的徒弟，违者每月罚款5镑，一半归国王，一半归控告人。这两项规定，曾经得到法律的承认，但它们显然是依照谢菲尔德同业行会的规定而来。伦敦丝织业联合不到一年，便制定出每个师傅不得同时拥有两个以上的徒弟的规定。后来，这项规定被议会废止。

以前，欧洲的行业公会把学徒期限定为七年，而这种公会都被称为"university"，它是公会一词的拉丁文原名。在古代城市的特许状中时常见到铁匠"university"、缝工"university"等等。现在的"university"特指大学，因大学在设立之初，参照行业公会的学徒年限，把获取文艺硕士学位的年限也

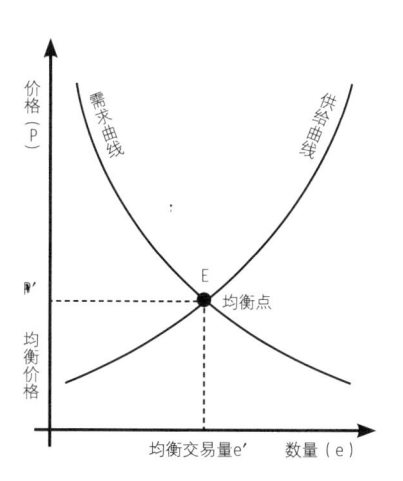

"看不见的手"

"看不见的手"是《国富论》中的一个著名比喻，它的原意是，个人在经济生活中出于自身利益考虑，受"看不见的手"驱使，即通过分工和市场的作用，可以达到国家富裕的目的。在这种机制下，人人都有获得市场信息的自由，通过自由竞争为己谋利，无须政府干预经济活动。这一比喻后来被推广到市场经济各领域，如供给和需求的关系就由此支配。

定为七年。一个人，若想在某个行业里获得称师受徒的资格，就得在有授业资格的师傅门下做七年的学徒。同样，一个人若想成为文艺硕士、教师或学者，获得收学生或门徒的资格，也得在有授业资格的学者门下做七年的学生。

伊丽莎白一世在位第五年，英国政府颁布的学徒年限法令规定：要想在英格兰从事手工业，至少得做七年的学徒。于是，英格兰行业公会的规定变成了市镇所有行业的公法。该法令用词笼统，似乎包括整个王国，而在解释上，其适用范围却只限于市镇。按解释，农村劳动者可以

从事不同的手艺，而不必每种手艺都从师学习七年。为了便利农村居民起见，允许农村居民可以兼习几种手艺是必要的，要是规定了学习每种手艺的人数，农村人口肯定不足。

如果严格解释这条法令，那么其适用范围只限于英格兰境内，伊丽莎白一世在位第五年之前所增设的行业，而不包括其后新增的行业。这种限制，使一些政策规定的区别显得很愚蠢，比如，由于英格兰在伊丽莎白一世在位第五年以前就已经存在车轮制造业，因此马车制造人既不能自造车轮，也不能雇人制造，而必须向车轮匠购买。但车轮匠却不受此限制，因为马车制造业是在学徒法令颁布后才出现的。曼彻斯特、伯明翰和沃弗汉普顿的制造业亦可凭此理由摆脱学徒法令的限制。

关于学徒年限，法国各地各行业皆不相同。在巴黎，大部分行业的学徒年限都是五年。然而，若想取得某行的师傅资格，至少还得再做五年帮工。做帮工的这五年被称为伙伴期，而他也被称为师傅的伙伴。苏格兰没有就学徒年限作任何具有约束力的法律规定。行业不同，年限亦不相同。人们一般通过支付少额货币来缩短学徒年限和购买公会会员资格。苏格兰的主要制造者，如亚麻布和大麻布工人，以及其他附属于这类制造者的各种技工，如车轮制造者、纺车制造者等，无须支付用以缩短学徒年限和购买会员资格的钱，便可在自治城市操业。自治城市的市民，均可在法定日自由贩卖家畜。苏格兰的学徒年限一般是三年，即使一些需要非常精巧技艺的行业也是这样。据我所知，欧洲各国的同业行会法律都没有苏格兰宽松。

劳动所有权神圣不可侵犯，是其他所有权的主要基础。一个穷人，他的全部财产，就是他的体力与技巧。若不允许一个穷人在他不妨碍其邻人的前提下，以正当的方式使用他的体力和技巧，那显然是在侵犯他的劳动所有权。而且，这不仅会侵害和妨碍他作为劳动者的正当自由，也会侵害和妨碍劳动雇佣者的正当自由。无疑，雇主可以自行决定雇用何人,若政府以防止雇主雇用不适当的劳动者为由,出面干涉雇主自由选择雇工的权利,那显然不仅是压制,更是僭越。

长期学徒制,不能保证市场上不常出现劣质商品,要是市场时常出现不良商品,那一般都是因为欺诈。学徒年限再长,也不能保证消除欺诈。因此,人们需要一条完全不同的法规来防止这种弊害。在金属器皿上刻有纯度记号,给麻布和呢绒印上记号,给消费者的保证要远大于学徒法令。购买者辨别货物,一般只看记号或检印,他绝不会认为,制造货物的工人做过七年学徒,就值得信任。

长期学徒制并不利于少年人养成勤劳的习惯。按件计资的劳动者,由于多劳多得,自然会趋于勤勉;而学徒,因利不关己,反而可能流于怠惰。一般情况下,从事底层职业的劳动者,其乐趣完全来自劳动报酬,越早享受到劳动的乐趣,就越早对劳动感兴趣,也就越早养成勤勉的习惯。少年人若长期不能享受因劳动带来的利益,当然会厌恶劳动。慈善机构送去做学徒的儿童,其学徒年限一般比普通人要长,结果大多成了懒惰无用的人。

古代没有学徒制,学徒制始于近代。罗马法中尚未规定师徒义务,直到近代才出现相关规定。在希腊语或拉丁语中,没有"学徒"的概念。所谓"学徒",是指为了学习某种技艺,在一定年限内无偿为师傅工作的人。

其实,学徒年限不必很长。即使要掌握复杂的技能,也不需要很长时间。年轻人若以帮工的身份工作,按工取酬并赔偿损坏的材料,他们必然会更加勤勉。这样的教育效果会更好,所需的时间和费用也更少。但是师傅和学徒都将因此损失很多。师傅必须支付学徒工资,而学徒则因竞争激烈而收入减少。各种手艺人都受到了损失,社会却将因此而得利,各种工艺制品的价格也将更低廉。

同业行会及行会条例就是要限制自由竞争,阻止价格的下降,从而阻止工资和利润的下降,而自由竞争势必导致价格的下降。旧时,在欧洲多数地区设立公会,只需得到当地城市的准许。在英格兰,还须得到国王的特许;但国王的这项特权,似乎不是为了防止垄断行业侵犯自由,而是为了向臣民勒索钱财。一般来说,只要向国王缴纳若干罚金,就能得到国王特许。设若某一类技工或商人,不经国王特许而成立同业行会,未必会因此受到取缔,但须每年向国王缴纳罚金。一切同业行会以及行会条例,都归公会所在地的自治城市直接监督。所以,对公会的管制,通常不是来自国王,而是来自当地的上层公会组织。

自治城市的统治权,当时完全掌控在商人和技工的手里。他们制定规则,使自己的产品在市场上供不应求,从而抬高价格。每个行业都只能从本城其他行业购买价格偏高的产品,同时也能以较高的价格出售自己的产品。这样买卖相衡,各行业之间的交易都不会蒙受损失。但与农村交易时,他们都能获取暴利,正是这种交易维持了城市的繁荣。

城市的食品和原料全都来自农村。城市补偿农村主要有两种方式:其一是把城市制造的部分产品送还农村;其二是把国内外输入城市的部分产品送往农村。由于附加了工人工资和商人利润,这些产品的价格就远远高于原料和货物的原价。城市就是通过制造业和国内外贸易这两种方式,获取商业利益。任何能增加工资和利润的规则,都能使城市以较少的劳动量购买到较多的农村劳动量。这些规则使城市的商人和技工比农村的地主和劳动者享有更大的利益,因而破坏了城市与农村商业的自然均等。每年社会劳动的全部年产品,都是在市民和农民之间分配的。这些规则,给了市民前所未有的较大份额,导致农民所占份额变小了。

城市对农村输入的食品和原料的实际偿付,乃是它向农村输入的制造品和其他商品。后者的卖价越高,前者的买价就越低,就对城市产业越有利,对农村产业越不利。

我们无须精密计算,只需通过简单的观察即可明白,欧洲各地的城市产业都比农村产业更为有利。在欧洲各国，我们可以看到，同样以小额资本起步，因经营城市产业获取巨额财富的至少有一百人；而因经营农村产业获取巨额财富的仅一人而已。可见，城市产业的资本利润必然高于农村，其劳动工资也相对较高。资本的天性是追逐最高利润，因而资本必然会从农村涌入城市。

城市居民聚居一地便于联合。城市中最小的行业也都联合起来，即使从未有过联合的地方，也普遍存在联合精神，换句话说，他们嫉妒外乡人，不愿意招收学徒，把手艺传授给别人。这种联合精神往往使他们自发结合起来，阻止自由竞争。从业人数较少的行业，最容易形成联合。例如，如果6名梳毛工生产的羊毛就足够1000名纺工和织工使用，那么这6名梳毛工联合起来，就能独占整个行业，其劳动价格也会远远高于其实际价值。

腓特烈大帝视察建筑工地

图中，18世纪的普鲁士腓特烈大帝在阿尔让侯爵的陪同下，视察位于波茨坦的无忧王宫的建筑工地。这种大规模的城市建设，形成了新兴的大城市中心经济模式。

相比之下，农村居民分散于各地，相隔较远，因此很难联合起来。他们不仅从未联合，也缺乏联合精神，亦从不认为需要经过学徒阶段，才有资格从事农业。然而，除了所谓艺术和自由职业外，恐怕没有任何行业，像农业那样需要种种复杂的知识和经验。

用各国文字写成的数不胜数的农业书籍可以证明，连最有智慧的民众，也不认为从事农业是一件易事。而且，如果我们想从这些农业书籍中，获得普通农民通常都掌握的各种农技，也是难以办到的，虽则一些无聊作家提及普通农民，有时爱用轻蔑的言辞。相对来说，即令普通机械工艺的所有操作，也能在薄薄几页的小册子里找到，并附有插图加以说明。现在法国科学院出版的《工艺史》，对于某些工艺，就是用这样的方法说明的。此外，农业的各项操作方法，会随天气状况的变化以及诸多偶然事故的发生而随时变化，因而比之于程式化的操作需要更多的判断和深思熟虑。

与普通机械工艺相比，很多低级农业劳动也需要更多技能和经验。铜铁匠使用的工具和材料，其性质几乎完全相同；而农民耕地使用的牲畜，其健康、体力和性情在不同状态下却差别很大。土地和牲畜一样性情多变，对二者都需要具备更高的判断力。农民虽然常被视为无知和愚蠢的典型，他们却从不缺乏这种判断力。他们表面上不善交际，其声调和言语在听不惯的人听来也不免觉得粗俗，或难以理解。但农民惯于考虑多种因素的头脑，比终日只从事一两项操作的城市技工具有更高的理解力。只要你在业务关系中，或受好奇心驱使，曾与下层农民和城市居民多有接触，你就会发现前者比后者优秀得多。据说，在那时的中国和印度，农村劳动者的地位和工资，比大部分手艺人和制造工人高，要不是行会法规及联合精神从中阻挠，这种情况或许会延伸到中国、印度之外的所有地方。

欧洲各地城市产业优越于农村产业，不完全是同业行会及其条例造成的。许多其他规定也助长了这种优势。对外国的制造品和商人进口的货物征收重税也倾向于助长这种优势。

同业行会条例，使城市居民能够抬高货物的价格，抵制本国商人的竞争。对高关税等的规定，则使他们能够抵制外国人的竞争。这两项规定所造成的价格增高的部分，最终都由农村劳动者承担。农村劳动者几乎从未反抗过这种垄断，他们不愿意联合，也不适宜联合。商人和制造者的诡辩，很容易使他们相信社会的一部分私利乃是全社会的整体利益。

在英国，城市产业对农村产业的优越性正在逐渐消失。与17世纪或18世纪初相比，农村劳动者的工资更加接近城市制造工人的工资，而投资农业的资本利润也更接近投资贸易和制造业的资本利润。

这种变化是过分鼓励城市产业发展的必然结果。城市资本的积累使竞争加剧，利润就必然下降。城市利润下降，资本必然流向农村。资本流向农村，会刺激农村劳动需求量的增加，劳动工资也必然提高。这样，资本就会涌入农村，通过投资农业而部分返还农村。而这些资本中的大部分本就是以牺牲农村为代价，在城市积累起来的。欧洲各地农村的巨大进步都是城市积累的资本回流农村带来的。尽管有些国家已经相当繁荣，但这个过程自身极缓慢、极不稳定，而且极易受到意外事件的影响。

维多利亚时代

从1837年维多利亚女王即位到她1901年逝世的63年间，是英国工业革命的巅峰时期，其工业生产能力曾一度超过除其之外的全世界的总和。维多利亚时代以崇尚道德修养和谦虚礼貌而著称，也是一个科学、文化和工业都繁荣昌盛的太平盛世。这一时期，英国中上层社会人士推崇前所未有的优雅生活，极度追求餐饮品质，盛行下午茶，成就了一个传奇般的黄金时代。

同业人士，即便为了消遣和娱乐，也很少聚会，偶尔聚会也是为了阴谋对付公众，或谋划提高价格。法律无法正当地阻止这种聚会，但法律也不能为之提供便利，更不能使之成为必需。要求同业人士在本城的公共登记簿上登记姓名、住址，这项规定为聚会提供了便利。它使原本互不相识的人能够取得联系，并使同行的每个人都能借此找到其他人。要求同业人士缴纳税款，以救助同业中的贫病鳏孤，这项规定因关乎他们的共同利害，就使聚会成为必需。同业行会不仅使这种聚会成为必需，而且使多数人通过的决议对全体都有约束力。在自由行业中，只有取得同业者的全体赞同才能建立有效的组织，而且只有全体成员的意见一致，该组织才能继续存在。与以往的自发结合相比，行会可以制定规则和惩罚条款，它能更有效、更持久地限制竞争。

事实上，行会并未起到很好的管理作用。对工人真正有效的监督是顾客的监督。失业的恐惧促使他们不敢欺诈和马虎懈怠。行会因为排外，反而会削弱这种监督力量。在行会的保护下，特定群体的工人无论表现好坏都会被雇用。因此，很难在城里找到让人满意的工人。郊区的工人因为没有行会保护，只能凭本事做事，技术反而更高。如果你想做出满意的产品，就不得不到郊区定做，然后再把产品偷偷运回城里。

第一，欧洲政策限制了自愿加入某些行业的人数，因而在劳动和资本各种用途的所有利害上，它导致了极大的不均等。

第二，欧洲政策扩大了职业间的竞争，并使其超越自然限度，从而导致劳动和资本用途产生其他不均等。

人们认为，有必要为某些职业专门培养人才，为此很多公共团体和私人捐助者设立很多补助金、奖学金、贫穷津贴等，使这些行业的从业人数大大超过了自然限度。基督教国家的牧师大多是公费教育，完全自费接受教育者很少。而自费完成昂贵教育的人，由于与穷人竞争，所以未必能获得相应的报酬。如助理牧师或教区牧师与熟练工人的工作性质完全相同，都是按工取酬。根据国家宗教会议的决定，直到14世纪中叶，英格兰助理牧师的年薪通常还是5马克，其含银量相当于现在的10镑；而泥瓦匠和其帮工的日薪分别是4便士和3便士，相当于现在的1先令和9便士。若他们能经常受雇，其收入要比助理牧师高得多。即使泥瓦匠有1/3的时间歇业，其年收入也与助理牧师相当。

安妮女王十二年（1713年）第十二号法令规定：助理牧师应有充分

的给养和奖励。鉴于某些教区助理牧师给养很微薄，兹特授权各地主教，以签字盖章，发放充足数额的生活津贴，每年不得超过50镑，也不得低于20镑。然而现在，待遇优厚的助理牧师年收入也仅40镑，多数助理牧师年收入还不足20镑。而伦敦的制鞋工年薪可达40镑，同城任何行业的勤劳工作者，其年薪几乎都不低于20镑。20镑的数额，的确没有超过诸多农村教区普通劳动者正常收入的数额。无论何时，法律一旦规定工资标准，结果总是使工资降低，而不是升高。法律虽多次试图提高助理牧师的薪酬，并命令各地主教发放生活津贴，但似乎都毫无效果。法律既不能阻止助理牧师因竞争激烈而甘愿接受低于法定薪金的工作，也不能阻止普通劳动者因雇主的竞相雇用而获得超过法定薪金的收入。

尽管教会中的下级职员境况窘迫，但高级职员的优厚俸禄和尊严却能保持教会的崇高地位。人们对教会职业的尊敬，正可补偿下级职员收入的微薄。在英格兰和所有天主教国家，教会实际带来的好处要比表面大很多。因此，即便收入中等，教会职业的易得性也会吸引大批博识之人前来充任圣职。

国家不提供常俸的职业，如律师、医生等，如果公费教育也很普遍，职业竞争就会立马激化，从业者的收入就会大大减少，自费教育也就变得很不值。这些职业，将完全由慈善机构培养的人来充任。他们人数众多且贫穷，故不得不满足于极低的报酬。原本极受尊崇的法律、医师等职业，其地位也将彻底沦丧。

落魄文人阶层的境况正是如此。在欧洲各地，大部分文人都想供职教会，但因种种原因未能实现。他们通常都是靠公费受教育，且人数众多，因而劳动价格极低。

印刷术发明之前，文人的唯一职业就是公私教师。印刷术发明之后，这一职业仍比执笔卖文的职业更体面，收入更高。优秀教师的付出，不比律师和医生少，但报酬却比律师和医生低得多，因为教师行业挤满了靠公费接受教育的穷人，而律师和医生只由少数以自费接受教育的富人担任。公私教师工资虽低，但若再加上执笔卖文者的竞争，他们的工资将更低。印刷术发明之前，学者和乞丐几乎是同义语。当时，各大学校长似乎常给学生发放乞食证。

古代没有公费教育使贫穷子弟有机会就读神学、医学和法学，卓越教师的报酬，似乎就比上面所说的高许多。苏格拉底在反驳诡辩学派时，曾指责教师的言行不一：他们对学生作了最冠冕堂皇的承诺，承诺把学生训练成智慧、快乐和公正的人，却只收4或5迈纳[1]的微薄报酬。教人智慧的人，自身无疑应是智慧的，但若一个人能以如此低廉的价格出卖如此好的货色，那他显然是个傻瓜。对当时的教师工资，苏格拉底的确没有夸大其词。我们相信，当时教师的薪酬，正如他所言。4迈纳，相当于今天的13镑6先令8便士；5迈纳，相当于16镑13先令4便士。当时，雅典优秀教师的普通薪酬，绝不低于5迈纳。苏格拉底自己向每个学生收10迈纳作为报酬，即33镑6先令8便士。据说，他在雅典教当时很流行的修辞学时，一次讲座的收入就有1000迈纳。普鲁塔克的酬金，通常也有1000迈纳。当时的许多其他名师，似乎也都收入颇丰。乔治阿斯曾向德尔菲神庙捐赠了一座以自己为模型的纯金塑像。我们不可认为，他自己的这座塑像，与其真身一般大。在柏拉图看来，乔治阿斯、皮阿斯和普罗特格拉斯的生活，可谓极尽豪奢。柏拉图自己的生活，据说也很阔气。亚里士多德曾是亚历山大王子的教师。王子和他的父亲菲利普，对他奖赏颇丰，为大家所公认。

亚历山大却认为，回到雅典再开学园更为划算。当时授业解惑的教师，不及这之后的数十年多。这之后的数十年，教师人数激增，竞争加

---

［1］迈纳：迈纳（Mina）是古代西方白银的主要计量单位，1迈纳=480克白银。

剧，不仅教师的工资降低了，人们对教师的尊崇也略有下降。即便如此，当时优秀教师的待遇，也比现在优厚。雅典市民曾派遣学院派大师卡尼阿德斯和斯多葛学派的大师狄奥根尼隆重出使罗马。尽管雅典当时已经衰落，但其地位仍十分显赫；卡尼阿德斯是巴比伦人，雅典又以嫉妒外人担任公职著称，而他们居然派遣他出使罗马，足见他们对这位大师的敬仰和爱慕。

竞争的加剧虽然降低了公职教师的地位，但教师工资的下降对民众显然有利。如果欧洲的学校和学院组织更合理，民众会受益更多。

伦敦的穷人

欧洲历史上的工业革命时期，也是贫富差距迅速扩大和各种社会问题迅速滋生的时期。英国工业革命催生了新的阶级和新的生产力，极大地解放了劳动力，社会生产效率得以空前提高。资本家们大量占有工人们创造的剩余价值，新的生产效率下大量剩余价值的被侵占直接导致两大对立阶级贫富差距的出现。当时的贫富差距之大，社会公正之少，令人发指。在许多名著里面都有关于这一时期欧洲各国贫富差距的描述，如狄更斯的《双城记》、雨果的《悲惨世界》、德莱赛的《嘉莉妹妹》等。

第三，欧洲政策限制劳动和资本在不同职业、不同地方自由活动，导致劳动和资本的用途产生不均等。

《学徒法》妨碍劳动者的自由活动，甚至劳动者不能在同一地方的不同职业间转移。同业行会的排外特权妨碍劳动者的自由活动，甚至使同一职业的劳动者不能在不同地方之间转移。

某种制造业的工人工资很高，而另外一种却只能满足温饱。前者处于前进状态，需要不断增加工人；而后者处于衰退状态，工人过剩。这两种制造业在同城时，会因学徒法令而无法协助；在同城附近时，会因学徒法令和同业行会的排外特权而无法协助。如果没有这些荒谬的规定,劳动者便可很容易地转换职业。

比如,织素麻和素丝的技术几乎完全相同,但与织素羊毛的技术略有差异, 故麻织工或丝织工经过几天的学习便能成为基本合格的毛织工。如果这三种主要制造业中的任何一种正在衰退,那么该制造业的工人便可以转移到其他两种,而其工资既不会涨得太高也不会降得过低。英格兰的麻布制造业因特别法令而开放,但它还没有得到大力推广,故其只能给其他衰退制造业的工人提供有限的就业机会。在实施学徒法令的地方,衰退制造业的工人一般只得请求教区救济。

妨害劳动者和资本自由流动的因素相同。一种行业能够使用的资本量,大多取决于该行业所能使用的劳动量。但是同业行会法规对资本在地域间自由流动的妨碍程度,要小于它对劳动的影响。在自治城市,富商取得经商权要比贫穷技工取得劳作权容易得多。

欧洲普遍存在同业行会法规妨碍劳动自由流动的现象。据我所知,《济贫法》对劳动自由流动的妨碍是英格兰特有的现象。《济贫法》颁布之后,贫民出了所属教区就既难取得居住权,又难找到工作。同业行会法规只妨碍制造工人和技工劳动的自由流动,而由于《济贫法》使人很难获取居住权,故它妨碍到一般劳动的自由流动。《济贫法》恐怕是英格兰最大的乱政。现在,我就其起源、发展和现状,作一些也许不是无益的说明。

英国贫民,一直是靠修道院的施舍维持生计的,修道院破毁,便使得贫民得不到这种施舍。后来,政府几度设法救济贫民,但收效甚微。伊丽莎白女王三十四年颁布的第二号法令,规定了各教区都有救济其辖区贫民的义务,而且每年要任命管理人会同教区委员,通过教区税法征收足够的金钱来救济贫民。根据这一法令,各教区都必须赡养其辖区的贫民。然而,各教区的贫民要如何计算,直到查理二世第十三年和十四年颁布的法令才规定出算法。该法令规定:只要在某教区不间断地居住超过40天，他就可以取得该教区的户籍。然而，根据教区委员或贫民管理人的陈述，治安推事[1]二人须在这10天内把新居民遣回其原居住教区。除非该贫民租有年租金为10镑的土地，或者能向治安推事缴纳脱除原属教区户籍的保证金。

据说，这种法令曾导致若干欺诈行为发生。有时，教区职员贿使区内贫民潜赴其他教区住满40天，以便脱去原属教区户籍而获取其他教区的户籍。为矫正该弊端，詹姆士三世第一年又作出如下规定：获得新教区户籍所必需的连续居住40天，一律要从本人以书面形式向当地教区委员，或贫民管理人上报其新居地址和家庭人数之日算起。但是，教区职员未必能在自己的教区做到公正。有时，他们默许这样闯入教区的人，并接受其书面报告，而不及时处置。同时，为了自身利益，教区居民都会尽力阻止这种人闯入。因此，威廉三世第三年又规定，40天的居住期要从教堂做完礼拜，并公布申请人书面报告的当周周日算起。

伯恩博士说："能在书面报告公布后继续居住40天而获得户籍的人毕竟不多。这类法令的目的在于：不使人潜入，而非让移居者获取户籍。因为，提交报告只意味着该教区可以迫令移居者迁回原教区。然而，如果一个人的威望，在能否迫令其迁回原教区上存在疑问，那么他提交报告就迫使教区要么容许其继续居住40天，而后给予户籍；要么施行权力，令其迁出。"

因此，穷人几乎不可能通过该法令取得新户籍。于是，为了不让教区的普通民众因该法令而不能在另一教区安家立业，政府又规定了无须提交报告也能取得户籍的四种办法：其一，缴纳教区课税；其二，被推

---

[1]治安推事：治安推事是英国的基层法官，负责审理轻微的民事或刑事案件，在英国司法中发挥着重要作用，也是英国司法的一大特色。

学习家政的女孩

19世纪欧美的中产阶级家庭仍然喜欢传统的生活方式,他们喜欢有专门的仆人为他们服务,做精致的饮食。图中是一个纽约教会的厨房,女孩们正在认真学习家政,以符合中产阶级家庭所需。

选为教区职员并供职一年;其三,在教区当学徒;其四,被教区雇用一年,并连续做同一份工作。

没人能够按照前两种办法取得户籍,而要取得户籍只能通过教区民众的行动。大家都清楚,按照前两种办法将一个只能劳动的人收容进来的后果。

已婚者不能按后两种办法取得户籍。学徒很少是结过婚的,而依照规定,已婚佣工又不得因受雇一年而取得户籍。所以,通过服务取得户籍极大地消除了以一年为佣期的旧习惯。从前,这种习惯在英格兰通行,时至今日,法律仍把未经协商的佣期解释为一年。然而,雇主未必都乐意因雇工被雇满一年便给他户籍,而雇工也未必都愿意接受新户籍。因为新户籍会取消从前的户籍,他们可能因此失去其出生地户籍。

显然,一个独立工人,不能通过做学徒或被雇而取得新户籍。所以,当他带着其技能进入新教区时,除非他有能力租种年租金为10镑的土地——这对仅有劳动力的人来说当然无法办到,或向治安推事缴纳让其满意的保证金;否则,无论他多么健康与勤勉,教区委员或贫民管理人随时都会让他迁出。治安推事可以自由裁定保证金的数额,但不会低于30镑。法律规定,购买价值不足30镑的世袭不动产者不能取得户籍,因为30镑保证金显然不够。以劳动维生的人没有能力缴纳30镑的保证金,其实治安推事要求的数额往往比这大得多。

为了在一定程度上恢复被《济贫法》剥夺的劳动流动自由，政府又想出了发证书的办法。威廉三世第八年和第九年的法令规定：无论何人，如果他持有其教区颁发的证书，上面署有该区委员和贫民管理人的名字，并经两名治安推事认可，同时注明任何教区都有义务收留他，那么他移居的教区就不得以他可能成为负担的借口而令其迁出，只有在他真正成为负担时才可以令其迁移。假如他被迫从新教区迁出，那么其发证教区将有义务负担其生活费和迁移费。同时，为了使持证者迁入的教区获得最大安全，该法令还规定移居者要取得户籍，必须租种年租金为10镑的土地，或者自行为教区服务满一年。但这样他就不能通过提交报告书、被雇、做学徒或缴税等方式取得户籍。另外，安妮女王第十二年第一号法令的第十八条规定：持此证书的人，其佣工或学徒都不能在其居住的教区取得户籍。

从伯恩博士富有远见卓识的话中，我们可以看出，对于被《济贫法》剥夺的劳动流动自由而言，发放证书的办法对它到底有几分恢复。他说："教区当然可以找出种种理由责令新来者交出证书。持证而来的人想要通过做学徒、被雇、提交报告书或缴税等方式获取户籍是行不通的，而他们的学徒以及雇工也没法获取户籍。假如他们变成负担，他们居住的教区当然明白把他们迁到哪儿去，而原教区便要负担他们的迁移费及迁移期间的生活费。要是他们因病不能迁移，那么发证教区也要担负起他们的生活费。如果没有证书，这些都无从谈起。但迁入教区责令他们交出证书，与原教区一般不肯发给证书的理由相同。拥有证书的民众很可能被迁回，而当他们迁回时境况要比从前还差。"

伯恩博士似乎在说，贫民要迁入的教区应该要求上交证书，而贫民要迁出的教区则不应轻易发放证书。这位极富才智的作家在其著作《济贫法史》中说，发放证书的办法存在很多残酷的事实，它赋予教区职员将贫民终身幽禁起来的权力，虽然贫民不适合在取得户籍的地方继续居

《玩骰子的贵妇》

17世纪的法国是一个纸醉金迷的国家，随处可见人们围坐在一起赌博。法国贵族妇女们被奢靡的宫廷生活和好脾气的男人们宠坏后，更喜欢在赌桌上豪赌。图为17世纪法国画家乔治·德·拉·托尔的画作，描绘了一群贵妇正在玩骰子娱乐。

住，且他所要移入的地方对他是那么有利。

尽管证书只能证明持证者所属的教区，并不能证明持证者的操行，但该证书完全是由教区职员自由裁决是否发给和收缴。有人曾建议高等法院命令由教区委员和贫民管理人来签发证书，但高等法院以理由过分离奇拒绝了该建议。

也许是由于英格兰的居住法限制无证贫民的流动劳动，故在英格兰，即使相距不远的两地，其劳动价格也很不相同。健康勤勉而无证的单身者，有时的确可以因其他教区的宽容而获得居处，但是有家庭的人这样做就不免被大多数教区斥逐。而如果单身者后来结婚，他也同样会被驱逐。因为英格兰存在居住障碍，所以一个教区的劳动力不足便不能由其他教区过剩的劳动力来补救。在没有居住障碍的国家，大城市附近或急需劳动力的地方的工资有时要高，而距离这种地方越远，工资便越接近国内的一般水平。但英格兰各地的工资，有时会突然产生令人疑惑的差异，这是其他地方没有的。与超越国家间由高山或海湾构成的自然界限相比，英格兰贫民要超越教区的人为界限更加困难。这些自然界限，会使不同国家的工资率完全不同。

强迫一个无罪的人迁出其愿意居住的教区，是有害自由和正义的。虽然英格兰的普通民众渴慕自由，但他们也从来不曾正确了解何为自由，他们在这一百年间甘受压迫而不图自救。有思想的人有时也认为民众不满《居住法》，但《居住法》不像搜查票那样成为大家公开反对的对象。搜查票无疑有害，但它却不像《居住法》那样产生普遍的压迫。我敢断言，现在40岁以上的英格兰贫民几乎都受过这种荒谬的《居住法》的残酷压迫。

以前，通过全国性的普通法律来规定工资，后来便遵循各州治安推事的特殊命令规定工资，但现在这两种办法都不用了。伯恩博士说，四百余年来的经验表明，我们应该废止将不该仔细限定性质的东西硬作精细厘定的做法。假如同行工人都领取同样的工资，那么竞争会停止，而技能或发明才能也将失去用武之地。

但是，个别法案企图规定个别行业和地方的工资。乔治三世第八年的法令规定：除国丧场合，伦敦及其附近5英里以内的裁缝业者，其日工资不得超过2先令7便士，而其雇工所获取的工资也不能超过这个金额，违者将受重罚。在规定雇主和雇工的关系时，立法当局向来都偏向雇主。因此，对雇工有利的法规是正当公平的，而实际上对雇主有利的法规一般不正当、不公平。比如，法律规定某些行业的雇主必须使用货币，而不得使用货物来支付工资。这条完全正当公平的法律并不会给雇主带来麻烦。它要求雇主改用货币支付法，而这正是他们乐意使用的方法，这一法律自然有利于劳动者。

然而，乔治三世第八年的法令却对雇主有利。当雇主为降低劳动工资而联合时，他们通常会达成一项秘密协定或同盟，相约不得支付超过定额的工资，违者将受到惩处。假如劳动者也联合起来对抗，约定不许接受低于定额的工资，违者将受到惩处，那么法律就会严厉制裁劳动者。如果法律真的公平，那么就应该对劳动者和雇主一视同仁。但是，乔治三世第八年的法律却颁行有利于雇主的法令，劳动者时常抱怨这项法令将最有能力、最勤勉的劳动者视为普通劳动者，这种抱怨完全正当。

以前，商人的利润常通过制定食品和其他商品的价格来确定。据我所知，这种旧习惯唯一的遗迹便是现在面包的法定价格。存在同业行会的地方，规定生活必需品的价格或许恰当。但在不存在同业行会的地方，竞争对物价的调节作用要远大于法定价格。乔治二世时期，政府制定了确定面包价格的办法，不过因为法律上的缺陷，它无法在苏格兰实行，直到乔治三世第三年才得以矫正。但在苏格兰，以前没有实行法定价格的地方，也没有明显不便，而至今仍然实行法定价格的地方也不见得便利。在苏格兰大多数城市，都存在自称具有排外特权的面包业行会，只是没人严密保护这一特权。

投在不同用途上的劳动与资本上的工资率和利润率之比例，似乎不受所属社会的贫富状态影响。公共福利上的变革，虽然会影响一般工资率和利润率，但终究对所有不同用途必有相同的影响。因此，不同用途的工资率和利润率的比例，必然继续相同，至少在相当长的时间内，不会因公共福利上的变革而变化。

第五章　论地租

地租，指承租人为土地的使用而实际支付的最高价格。人们可能认为，地租通常不过是地主在土地改良后所应获得的合理利润和投入的资本利息。其实，地主对土地垄断而形成的土地价格，这种价格并不与地主为改良土地而支付的费用成正比，而与土地生产物的价格成正比。地租的实质决定了它的不稳定性，如果土地生产物的价格超过生产成本，那么承租人还能够承受地租；如果土地生产物的价格不足以支付生产成本，承租人就无法提供租金给地主。因此，地租价格的高或者低都取决于市场对土地生产物的需求。

一切社会改良的目的都是直接或间接提高土地的真实地租，增加地主财富。土地生产物真实价格的上涨既是土地改良和扩大耕作的结果，也是促进土地改良和扩大耕作的原因。社会真实财富和有用劳动量的增加都有间接提高土地真实地租的倾向。这种劳动量的一部分流向土地，于是更多人力和畜力投资于耕作。结果，土地的产量便随着投入资本的增加而提高，地租亦随之增加。

论能够持续提供地租的土地生产物

人类的生存与繁衍离不开食物等生产资料，所以食物总能支配一部分劳动量，尤其是土地尚未改良时，食物几乎支配了人类的大部分劳动。不过随着土地的改良，土地所产出的食物能在维持耕种者正常消耗之外，还有剩余。这个剩余数额，足够补偿租地者雇用劳动力时所垫付的资本，以及为其提供普通利润，此外还有部分剩余，剩余的这部分就构成了地主的地租。

比如，挪威及苏格兰的荒野中生产一种牧草，依靠这种牧草人们可以饲养牲畜。牧场主把牲畜的乳汁与牲畜出售之后所获得的资本，不仅足够支付所有放牧者的工资以及维持牲畜的劳动，还能留有小额剩余作为地租。在这种情况下，牧场主租借牧场的地租，就会随着牧场的优良程度而有所增加。因为优良的牧场，不仅同等面积的劣等牧场能维持数量更多的牲畜，同时由于牲畜聚集在小面积牧地上，既便于饲养和收获，又节约了人力劳动。如此，牧场主就能从生产物数量的增加以及劳动费用的相对减少这两方面获得更多利润。

但是，同等肥沃的土地租金，又会因土地位置的不同而出现差异。一般来说，城市附近的土地比偏远地区的地租高。这是因为偏远地区的出产物，在运到市场时还要消耗一部分劳动量，因此与城市附近的土地相比，偏远地区的地租要低得多。

不过，随着交通的改善，上述这种情况已得到改善。所以人们经常说，改善交通是一切改善措施中最有实效的。便利的交通不仅能促进偏远地区的开发，同时也能动摇城市近郊农村的独占地位，因而对城市也有利。交通的改善，一方面会将许多有竞争性的产品引入农村市场，另一方面也为农产品开拓了许多新市场。另外，独占经营始终是自由经营的大敌，而交通的改善却能使自由经营观念深入农村，这就必定会促使每个人为了自己的利益而用心经营。50年前，伦敦附近的一些州郡议员曾向议会抗议，反对将收费公路延伸到偏远州郡。在他们看来，如果将公路延伸到偏远州郡，那么偏远州郡就会凭借低廉的劳动力，让其牧草和谷物以较低的价格在伦敦市场出售，进而使伦敦附近州郡的地租下降和耕作事业衰退。然而实际情况是，当公路延伸到偏远州郡后，伦敦附近州郡的地租反而增高了，耕作也改善了。

与牧场相比，农田为地主带来的地租要多得多，即使是中等农田，其为人类提供的食物也远比同面积的上等牧场多。

虽然耕作农田需要更多的劳动量，但在收回种子、扣除所有劳动维持费用后，农田所生产的剩余产品也更多。因此，如果一磅肉的价值一向都不曾被认为大于一磅面包的话，那么这意味着上述较大的剩余到处都具有较大的价值。这必将构成更多的庄园主利润和土地所有者地租。在农业发展的初期，似乎经常出现上述这种情况。

然而，面包和畜肉这两种不同食品的相对价值，在农业不同发展时期是大不相同的。比如，在农业发展初期，许多土地未被开垦，因此多用于发展畜牧业。在这种情况下，家畜肉远远多于面包，因此面包就凭着稀缺的优势，而获得了较高的出售价格。然而，随着土地改良，许多荒地被开垦，面包变得多于畜肉，后者的价格自然要高于前者。

而且，随着耕地面积扩大以及许多牧场被改为农田，家畜肉变得更稀缺。为改变这种局面，许多耕地必须用来饲养牲畜。在这段时期内，牲畜的出售价格，不仅需要足够维持饲养牲畜所花费的劳动，而且还需要满足这块土地用作耕地时，地主所获得的地租和庄园主获得的农业利润。由于牲畜肉的供不应求，其价格飞涨，无论是荒野上所产的畜肉还

淘金

1848年美国加利福尼亚发现金矿，一夜之间世界各地的人们蜂拥而至，出现了著名的"淘金热（gold rush）"。人们对金银总是有着无穷无尽的活力和热情，这种力量可以大大推进人类社会的发展。这张摄于1849年的照片所反映的，便是一位千里迢迢来到加州的淘金者。

英国中世纪的土地制度

英国中世纪的土地制度是在封君封臣制的基础上运作的。原则上国王是全国最高的封君,是全国土地的所有者。但在实际生活中,国王和其他领主一样,靠自己的领地生活。同时,小领主通过对大领主宣誓效忠、农奴向小领主宣誓效忠而取得土地,享有对土地的保有权。这种保有权能在领主自己的法庭受到保护,一般认为英国的宪政和代议制正是基于这种土地制度而产生的。

是耕地上所产的畜肉,在市场上都以相同的高价出售。长此以往,荒野土地的所有者,就会以此为借口,要求增加荒野土地的地租。不到一个世纪之前,苏格兰高地产的畜肉与燕麦面包价格几乎相等,甚或还要低廉。但是后来随着英格兰和苏格兰的统一,苏格兰高地所产畜肉开始进入英格兰市场。现在,苏格兰牲畜肉的普通价格,已经比18世纪初高出3倍,因此苏格兰高地租金的价格,也升高到同时期的3~4倍。目前,在大不列颠各地,1磅最上等的畜肉价格,一般要超过2磅上等的白面包价格;若碰到丰年,有时约与3磅乃至4磅最上等的白面包价格相同。

因此,伴随改良的推进,一些未经改良的牧场的地租与利润,必然受到已改良牧场的影响;而已改良牧场的利润,又受到谷田地租与利润的影响。但谷物一年即可收获,而畜肉则要等四五年才能收获;这就是说,同为1英亩地,家畜的产量要远远小于谷物,这必然要求提高畜肉价格以补偿产量上的劣势。若畜肉的价格超过其与谷物价格的正常比例,就会有更多土地变为牧场;反之,用作牧场的部分土地则会改为农田。不过我们需要注意一点,生产牧草与生产粮食的土地,在地租和利润上的均等，只会发生在大部分土地被改良的国家中。就其他某些国家或地区来说，情形则相反，其牧场的地租与利润远高于农田。比如，在某些大都市附近，由于城市居民对牛乳及牧草的需求量比较大，这就使得牧草价格增加到超过其对谷物价格的正常比例。也有些国家比如荷兰，由于人口密集度很高，因此这个国家的土地所能提供的牧草及谷物，不足以满足人们的正常所需。于是，他们的土地就主要用来生产那种体积大、不易从外地输入的牧草，而居民生活所需的谷物、粮食，则主要从外国进口。对于像荷兰这样人口密度大、土地面积小的国家，若使用人工牧草来饲养牲畜，那么畜肉价格过高的情形就可以得到抑制。因为在同等面积的土地上，使用天然牧草去饲养牲畜，饲养牲畜量就比较低；若使用胡萝卜、包菜等人工牧草就能饲养更多的牲畜。利用这个办法可以抑制过高的畜肉价格。事实的确如此，自从开始利用人工牧草饲养牲畜后，英国国内畜肉的价格已经远远低于17世纪。

17世纪，伯奇博士在其著作《亨利亲王传》的附录中曾记载了这位亲王购买家畜肉的价格：重600磅的牛肉通常价格为9镑10先令，即每百磅31先令8便士。然而，到了18世纪中叶即1764年的时候，英国国内每百磅牛肉的价格为24先令至25先令。与此相反的是，18世纪小麦的价格已经远远超过了17世纪。比如在17世纪初叶，温莎市场上出售的上等小麦平均价格为每亨特（合9温彻斯特蒲式耳或约为245千克，1蒲式耳合27.216千克）1镑18先令3便士。目前温莎市场上出售的上等小麦，其平均价格已经涨为每亨特2镑1先令9便士。

如果一个国家的大部分土地都用来生产粮食或牧草，那么在这个国家，生产粮食或牧草的土地所能提供的地租及利润，决定着其他用途土地的地租和利润。如果这个国家的部分土地用来栽种某些特殊生产物，其所提供的地租和利润却低于栽种粮食和谷物的土地，那么前者立即会被改为谷田或牧场；如果情况与此相反，那么许多原本用作谷田或牧场的土地，会立即用来栽种那些特殊的生产物。

假若是后面那种情况，那么为了使原本种植食物和牧草的土地能够栽种那些特殊生产物，土地拥有者就需要投入更多的改良费用和耕作费用。但是通常来说，土地拥有者投入的改良费用越大，其所获得的地租越高；此外庄园主投入的耕作费用越多，也就能获得越多的利润。比如，那些用以栽种果树及蔬菜的土地，土地拥有者从中获得的地租以及庄园主从中获得的利润，通常要高于用以种植谷物、牧草的土地。这是因为，一方面土地拥有者和庄园主投入了更多的资本；另一方面蔬菜和水果的收成，不像谷物和牧草那么稳定，其高价格用来补偿土地拥有者和庄园主的意外损失。

因此，种植这些特殊作物的土地，即使能够提供超过谷地或牧场的地租和利润，如果这些超过额，仅仅只能补偿土地拥有者和庄园主投入的高费用，那么实际来讲，其提供的地租和利润也由农田和牧场的地租和利润决定。

有时也会出现下述情形：那些适宜栽种某些特殊作物的土地较少，比如，适合种植葡萄的土地出产的葡萄无法供应市场需求，在这种情况下，葡萄的价格自然会超过土地拥有者和庄园主投入在这种作物上的资本。葡萄的这种特殊价格，除去投入其中的改良及耕作资本之外所剩下的部分，在这种情形下且只能在这种情形下，可以不与谷物或牧草的价格保持正常比例。不过，在租地人出售葡萄后所获得的价格中，大部分的超过额自然都属于土地所有者。

因此总体而言，大部分土地的地租都受生产粮食的土地的地租制约。一切生产特殊产物的土地，其能为地主提供的地租，都不会长时间低于普通土地的地租，如果是这样的话，这块土地必然会立即改为他用。此外，生产任何特殊产物的土地，其为地主提供的地租之所以高于普通土地的地租，原因在于，适合栽种这种特殊产物的土地过少，生产物不能供应市场上的有效需求。

对于欧洲国家来说，土地提供的维持人类生存的生产物是谷类。所以在欧洲，种植谷物土地的地租，能够支配其他一切土地的地租。据此，英国无须羡慕法国的葡萄园，更无须羡慕意大利的橄榄园——因为这些国家的葡萄与橄榄的价值都是受谷物价值制约的，而且英国与这两个国家相比，最大的优势在于土地肥沃，能够生产更多谷物。

同面积的土地，稻田的产量远大于麦田的产量，因此即使耕种稻田需要更大的劳动量（稻子每年收获两次），稻子的产量除去维持必要的劳动外，还能有更多的剩余。因此，在以稻米为主食的国度，地主从稻田中所获得的地租更多。

论不能稳定提供地租的土地生产物

对于无法稳定地向地主提供地租的生产物来说，其能否提供地租完全取决于土地的改良程度。比如，处于原始状态下的部落，其土地能为居民提供的衣服及住宅材料远远多于食物；但如果这些部落的土地得到开垦和改良，那么情况则相反。所以对于原始状态下的部落来说，土地所能为他们提供的衣服和住宅材料，总是有剩余的，因而不具备多大价值，甚至丝毫没有价值。但是当他们的土地改良以后，这些材料往往变得匮乏，于是其价值就会渐渐增大。在前一种情形下，由于衣、住材料过剩，其出售价格只能抵消人类花费在改造这些材料上的劳动与费用，自然无法为地主提供地租。然而，在后一种情形下，由于这些材料供不应求，于是其价格自然高于人类消耗在其中的劳动与改造费用，因此这些土地总能为地主提供若干地租。

处于原始状态下的部落，其衣物往往是用动物的皮制作而成，因此那些以狩猎为生的部落，在狩猎时既获得了充足的动物肉，又获得了大量的动物皮。如果这个部落不开展对外贸易，那么手中拥有的剩余动物毛皮，便被当作无价值的东西加以抛弃。现在随着欧洲人的脚步踏入原始部落居住地，原始部落获得的过剩毛皮就可以交换欧洲人的毛毡、火器和白兰地酒，这样，他们的毛皮才具有了若干价值。我确信，在发达的通商贸易影响下，即使那些最闭塞的部落，只要他们已经确立了土地所有制，就会在一定程度上开展对外贸易。他们的土地原产品中，一些无法在国内加工或消费的衣服原料，输入到较富裕的邻国，以至于这些原材料的价格被抬高到超过运输的费用。在这种情况下，这些原材料就能提供给地主若干地租。比如，以前英格兰国内生产的剩余羊毛，就通过贸易销售到佛兰德，英格兰的地主就能获得地租。然而那些生产水平落后于英格兰，又没开展对外贸易的国家，其原材料显然是过剩的，以至于大部分原料由于无用而被抛弃，无法为地主提供地租。

中世纪的农民

在英国，农业资本主义生产关系是在废除农奴制以后，通过16—18世纪的"圈地运动"，对农民进行长期的土地剥夺发展起来的。英国的地主贵族和新兴资产阶级，为了适应国内外市场对羊毛、谷物日益增长的需要，连续3个世纪用暴力和欺诈手段圈占农民的公有地和份地，作为大牧场、大农场，出租给大租佃农场主经营。到18世纪末，在英国农业中，资本主义的大租佃农场已经居于统治地位。图为欧洲中世纪的农民生活面貌。

与衣服类原材料相比，住宅材料由于沉重，不能轻易运往遥远的地方，因而无法像衣服原材料那般成为对外贸易的对象，于是在那些生产大量住宅材料的国家里，地主无法从住宅材料中获得地租。比如苏格兰和威尔士蕴藏着大量石矿，却无法为地主提供地租。但是，在人口密度大、耕作技术先进的国家，无花果树应用在建筑上具有很大的价值，因此能为地主提供相当高的地租；而在北美许多地方，租种林地的人民却无法为地主提供地租。所以那些住宅材料过剩的国家，其住屋材料的价值，甚至不能抵消加工时所花费的劳动和费用，自然无法向地主提供地租。如果这个国家的邻居比较富裕，且急需住宅材料，则另当别论。例如，由于英国需要木材，挪威及波罗的海沿岸生产的过剩树木，得以输送到英国，于是这些树木就给其所有者提供了若干地租。

一个国家的人口数量，并不与衣、住材料所能维持的人数成比例，而是与食物所能维持的人数成比例。如果有足够的粮食，人们就不难找到衣服及住宅。但有住宅和衣服，人们不一定能找到食物。比如，在英国的许多地方，一个人劳动一天就能建造住宅，或把兽皮制成衣服。即使是那些未开化的部落，他们耗费在住宅及衣物上的劳动量，也不会超过总劳动量的1%，而剩余99%的劳动量，都要用在获取食物上。

不过，随着目前土地的改良，以及耕作技术的改进，同等的劳动量能够生产出比过去多两倍的粮食，于是整个社会半数人口的劳动量便足以生产出满足全部人口的食物。而剩余的这一半劳动量，就能用来生产其他产品，以满足人类其他的物质和精神需求。衣、食、住以及与此配套的一些物品，便是人类物质和精神需求的主要对象。富裕人家消耗的粮食，在数量上或许并不比穷苦人家多，只是在质量上要超过穷苦人家。然而穷人与富人，在住宅条件上的差异则要大得多，富人拥有富丽堂皇的宅第、巨大的衣橱，而穷人只有陋屋敝衣，这两者无论从质还是量的方面来看，都差异巨大。人类的食量受胃支配，因而是有限的，而人们对衣、住及应用物品的需求则受欲望支配，因此是无止境的。所以人们愿意用满足有限欲望以后的剩余物品来换取无限欲望的满足。穷人为了获得食物，便竭尽全力去满足富人的欲望，为了得到食物，穷人必须竭力劳作，而且肯定会相互竞争，以使他的产品质量日臻完善，价格日趋低廉。

所以食物是地租的唯一原始来源，而在那些能够提供地租的其他土地生产物中，其价值里面等于地租的部分，也是来自生产食物的劳动生产力的改进。而劳动生产力的改进，则是土地改良的直接结果。然而，那些后来才能提供地租的其他土地生产物，并不一定能提供地租。因为即使在土地业已改良的国家，人们对这类土地生产物的需求也不会过大，因此这类生产物的销售价格，几乎不能垫付劳动工资，以及偿还资本并为资本提供普通利润。所以这类土地生产物能否提供地租，受许多条件制约。

例如，煤矿能否为地主提供地租，一定程度上受其产量的制约，另外还要受其所在位置的制约。

首先，一座矿山的产量是大是小，取决于利用固定劳动量从这个矿中获得的矿物量，是多于还是少于使用等量劳动从其他同类矿山中所能获得的矿物量。一些煤矿所处位置偏僻，因而地租较低；并由于产量过低，所产矿物的出售价格无法补偿投资费用，因此这类煤矿既不能为资本家提供利润，也不能为地主提供地租。

也有些煤矿产出的矿物，只能用于支付劳动工资、偿还资本家的开矿资本并为其提供普通利润。资本家经营这种煤矿，尚可期待若干利润，地主却无法指望由此获得地租。所以，这类煤矿只有地主自己投资开采，才可能得到普通利润，其他任何人承租这个煤矿，都无法从中获利，比如苏格兰有许多煤矿，就是由地主投资经营的。此外，在苏格兰还有些煤矿，尽管其矿产量巨大，但由于位置偏僻，缺少公路或水运通道，大量矿产无法运出去卖，因此也无法为地主提供地租。

而且，比起木材，煤炭并不是最合适的燃料，所以木材的价格也要高于煤炭的,这也正是部分煤矿无法向地主提供地租的一个原因。但是木材的价格如同牲畜价格一样,会随着农业状态的变动而变动。当农业处于原始状态时,各国大部分土地上都生长着树木,在地主看来,这些树木完全是废物;所以如果有人自愿砍伐,地主自然求之不得。但是当农业处于先进状态时,以前覆盖各国大部分土地的树林,一部分由于人类的开垦而被砍伐;另一部分则由于牲畜的增加而被毁

畜牧业

16世纪后,新航路扩大了世界各地区、各民族之间的经济和文化交往。英国地处大西洋航运的中心线上,对外贸易量急剧扩大,从而进一步刺激了英国羊毛出口业和毛纺织业的发展。随着毛纺织业的快速发展,市场上的羊毛价格开始猛涨,牧羊在英国经济中的地位日渐提高。如今畜牧业占英国农业产值的2/3,牧场面积接近全国总面积的一半,是英国最重要的出口行业之一。图为19世纪意大利画家塞冈蒂尼的画作《织女》。

灭。尤其是畜牧业的发展,更是树林遭到破坏的罪魁祸首。人类把牲畜群直接放养在林地中,任其肆意破坏森林。于是,虽然森林中的老树不会被破坏,但许多幼苗却受到致命的摧残,导致一二百年之后许多森林被破坏。由于木材短缺,木材价格自然飙升,如此,地主自然能从木材中获得很好的地租。但无论木材的价格如何,如果某个地区烧煤炭的费用等同于烧木材的费用,那么我们就可以认为,这个地区煤炭的价格已经达到了最高水平。

然而,在任何一个产煤国家,煤炭的价格都要远远低于这个最高价格,否则煤炭的价格将无法承担运输费用,能够销售出去的煤炭也只是很少一部分。所以无论是煤矿的采掘者,还是煤矿的拥有者,都会为自己的利益考虑,从而决定与其高利少销,不如薄利多销。此外,产量最

19世纪的纽约桑树街

纽约市是美国最大的城市及最大的商港，也是世界第一大经济中心，它于17世纪建成，19世纪时无数移民涌入这座城市。图为1895年的纽约桑树街，里面拥挤着大量处于社会底层的穷苦人民，他们在这里为一天的生计操劳忙碌着。

大的煤矿，其煤价通常决定了附近煤矿的煤炭价格。因为那些产量巨大的煤矿的所有者及经营者发现，只要以低于平均水平的价格出售煤炭，就能获得最大的地租与利润。如此一来，邻近这个煤矿的其他煤矿也只能以同样的价格出售煤炭。但是产量小的煤矿经营者，如果以低价出售煤炭，投资者的资本肯定受到损失，于是许多小煤矿只好停止经营。有一些煤矿经营者则由于无法提供地租而只能把煤矿移交给煤矿所有者。

对于煤矿的所有者来说，一个煤矿的价值既取决于煤矿的产煤量，也取决于煤矿所处位置。但是对于金矿的所有者来说，其价值很大程度上取决于产金量，而非金矿的位置。另外，金属矿石尤其是贵金属矿石，由于本身所具有的高价值，即使矿山位置偏僻，也能抵消长时间、长距离的运输费用。比如，日本的铜，可以运到欧洲；西班牙的铁可以成为与智利、秘鲁贸易的商品；秘鲁的银不仅远销欧洲，而且可以通过欧洲输送到当时的中国（清朝）。

距离很远的煤矿之间，几乎不会影响彼此的煤炭价格，比如，西莫兰和什罗普郡的煤炭价格对纽卡斯尔的煤炭价格几乎不产生任何影响。但是距离很远的金属矿产物，彼此之间却存在着互相竞争的可能；因此金属产量最多的国家，其普通金属价格特别是贵金属价格，肯定会在一定程度上影响世界各地的金属价格。例如，日本是产铜量最多的国家，其国内市场上铜的价格如果变化，则欧洲市场上铜矿的价格也会随之变化。如此看来，各个矿山产出物的价格，在一定程度上都受世界上产量最大的矿山的制约。所以大部分矿山产出物的价格，仅能补偿其采掘费用，而无法对地主提供地租。在大部分矿山所产的贱金属价格中，地租只占微小的部分；至于在贵金属价格中，地租所占的部分更小了。

以产量丰富而闻名的康沃尔锡矿的平均地租，据这锡矿区副监督波勒斯称，高达锡矿总产量的1/6。波勒斯还说，有些矿山的地租高于这个比率，有些低于这个比率。苏格兰许多产量颇丰的铅矿的地租，也占总产量的1/6。

康沃尔锡矿的全部平均地租，对秘鲁银矿的全部平均地租，是13：12。可是，现在秘鲁银矿连这么微薄的地租也支付不起了。即使银税在1736年由1/5减至1/10，与1/20的锡矿税比较，做走私生意的商人也还是宁愿走私锡矿。就走私而言，走私贵重的，比走私容积大的便利。因此才会有人说，西班牙国王收不到税，而康沃尔公爵却靠着收税赚得盆满钵溢。故此，就地租在价格中的占比来说，锡矿的地租占比高过银矿的。在偿还矿产的开采资本和普通利润后，留归矿山所有者的剩余，贱金属似乎高过贵金属。

在秘鲁开采银矿，所得利润通常也不是很大。据说在秘鲁着手开采新银矿的人，都注定要倾家荡产，以致大家都躲着他们。看来开矿在秘鲁就像买彩票，中彩的少，没中彩的多，但是仅有的几个大彩，却吸引了许多投资者冒着倾家荡产的风险前来投资，做一无所获的尝试。

可是，由于秘鲁国王的收入几乎全部来自银矿，因此他必定设立法律鼓励发现、开采新银矿。他在法律中规定：凡是新银矿的发现者，无论何种身份，都可以获得一块长246英尺（1英尺约合0.305米）、宽123英尺的矿区，在这个矿区内，他可以自行开采，无须偿付地主地租。同

"契约奴"的解放

在北美殖民地有一个特殊群体叫"契约奴",他们是被迫与殖民者签订契约、从欧洲移民美洲的白人。在服役期间,"契约奴"必须完全服从主人的指挥,服役期满后可获人身自由和释放费。"契约奴"移民占北美殖民地时期全部移民的60%～77%,北美独立战争后,"契约奴"获得了完全自由。此图展示的是美国独立战争后,切萨皮克湾的"契约奴"获得自由的情景,这位拿大铁锤的"自由劳动者"举目远眺,为自己能成为这个新国家的主人而高兴。

样,秘鲁国王也奖励新金矿的发现与开采,而他的金税只占标准产量的5%。原来金税和银税同为20%,后来减至10%,然而从开采的情形来看,10%的税率也已经是过重了。据说在秘鲁,由银矿发财者少见,由金矿发财者更少见,这5%的金税,实为秘鲁金矿的全部地租。

在市场上出售的贵金属的最低价格,即贵金属在市场上所能交换的最小其他货物量,受经营者投资在贵金属矿上的资本量制约,所以这个最低价格必须能够补偿经营者的投资,并能为这些投资提供普通的利润。但是市场上贵金属的最高价格却不受任何他物制约,而只取决于贵金属本身的实际供给量。如果供给量少,则价格高;反之,则价格低。所以,贵金属的最高价格不受任何外在条件制约。在这点上它不同于煤炭,因为煤炭价格受木材价格制约——除木材外,其他任何东西都无法使煤炭价格上涨。所以,如果我们把金的产量控制在一定程度内,那么即使最小一块金的价值都可能高于金刚钻,并可能换得更多的其他货物。

市场上,人们对贵金属的需求,一方面是由于贵金属具有实用性,另一方面则是由于其质地精美。就其实用性来讲,贵金属易于保持清洁,且不易生锈,所以人们往往用其制作餐具。但贵金属最主要的价值，却是在于其质地精美。贵金属的这个特质，决定了它可以用作衣物或家具的装饰。其他任何金属，都不具备贵金属那般光亮的色彩，而且贵金属的稀缺使其变得更有价值。在许多富人看来，如果拥有许多贵金属装饰品，就能炫耀自己的富裕；换句话说，由于搜集相当多的贵金属需要很大的劳动量，而雇用这么大劳动量的资本，只有富人才能承担得起。所以贵金属本身具有的实用性、美丽外观以及数量稀少等特质，是贵金属具有高价值的根本原因；而且在贵金属用作货币之前，它已具备极高的价值。

由于世界各地的贵金属价格要受世界上产量最高的矿山产物价格支配，因此贵金属矿山所能提供的地租，并不与其绝对的生产力成比例，而是与其相对的生产力成比例；换句话来说，和它在同类矿山中的优越程度成比例。如果发现了新矿山，而新矿山又优于波托西矿山——如同波托西矿山优于欧洲矿山，那么银价自然就会下降，甚至波托西矿山也将失去经营价值。

最丰富的矿藏，无论是贵金属还是宝石，都不能为世界增加财富。一种产品的价值，主要是因为它的稀缺性。因此其价值也因为它的丰富性而降低，这时金银餐具，以及其他用贵金属制作的奢华装饰物，就能以低于以前的劳动量或商品量买入；这就是世界能从这种金银珠宝中获得的唯一好处。但是就土地财产来说，情况并不是这样的。土地的生产物和地租的价值，与它们的绝对产出成正比，而不是与它们的相对产出成比例。生产一定数量的衣服、食物、住房的土地，总能养活一定数量的人。而且，无论地主所得的比例是多少，他都能支配一些人的劳动，以及他们的劳动所能供给他的商品。即使最贫瘠的土地，其价值也不会因为邻近有最肥沃的土地而减少，相反其价值通常会增加。肥沃土地所养活的大量人口，为贫瘠土地的生产物提供市场。而贫瘠土地上的生产物，在靠自己的产物养活自己的地方，是无法找到市场的。

任何在生产食物时，增加土地肥力的东西，它不仅增加了被改良的土壤的价值，而且也给其他土地的生产物提供了新需求，也同时增加了那些土地的价值。由于土地的改良，人们有大量的剩余食物，这是增加对贵金属和宝石，以及衣服、住宅、家具和装备方面一切便利品和装饰品需求的原因所在。食物不仅构成了世界财富的主要部分，而且富余的食物，也赋予了其他财货重要价值。

论总是付得起地租的生产物与有时付得起地租的生产物这二者价值间的比例变化

由于土地的不断改良和耕作面积的增大，粮食日益丰富，这必然增加人们对非粮食的一切使用物和装饰品的需求。因此，随着改良的扩大，我们可以预测到这两种生产物的相对价值，只会出现一种变动形式。换句话说，与总能付得起地租的土地生产物相比，有时付得起地租、有时付不起地租的土地生产物的价值将不断上升。随着技艺和产业的进步，衣料和建筑材料，地球上有用的化石和矿物，以及贵金属和宝石的需求也必定增加，它们所能交换的食物量也必定增加，或者说它们将越来越昂贵。

比如砂石矿的价值，必然会随周围地方的改良以及人口的增加而增加，尤其是当砂石矿没有竞争对手时。但是即使周围没有与之竞争的对手，银矿的价值也不一定会随矿山所在国的改良而增加。这是因为，一个独立的砂石矿产物的市场通常只在本地几英里以内，它是与其所在地区的改良程度以及人口数量成比例的；但银矿产物却可以扩展到世界市场上流通。因此，除非全世界的经济状况不断改善，人口大幅度增加，否则，即使矿山所在国的经济进步也难以增加人们对白银的需求。而且即使世界经济总体上都在改善，但如果在改善过程中发现了更多的新矿藏，那么，虽然白银的需求必然增加，但供应量的大量增加，也可能导致这种金属的实际价格逐步下降。

白银最大的市场属于世界上商业繁荣和文明的地区。如果随着世界经济的总体改善，市场对白银的需求增加，而同时白银的供给却没有以同一比例增加，那么白银的价值就会与谷物的价值成正比。任何给定数量的白银，都能换取更多的谷物，换而言之，谷物的平均货币价格会逐渐降低。

相反，如果由于某种偶然的原因，白银的增加量在一段时间内远远超过需求的增加量，那么白银的价值就会逐渐下降。换而言之，尽管对土地进行了改良，但谷物的平均货币价格依然会升高。

粮仓

农业是人类文明的根基。农业的诞生让粮食迅速增多，为文明的确立提供了物质前提。而剩余粮食需要相应的储存场所，因此就产生了粮仓。据考证，最早的粮仓出现在约旦河畔，它们可能建于公元前9500年。这种古老的储物方法在西方延续了上万年，现在欧洲大陆和北美仍然存在不少传统粮仓。图中便是位于当代波兰的一处。而英国由于特殊的气候，则从18世纪末开始逐步用近现代的大型库房将其取代。

但是，如果白银的增加量与其需求增加的量增长比例相同，那么白银就能购买或交换与以前几乎等量的谷物。那么，尽管土地在改良，谷物的平均货币价格将几乎继续保持在以前的水平。

以上这三种情形，似乎穷尽了改良进程中可能出现的所有组合。如果我们以发生在法国和英国的事件来判断，那么在过去的4个世纪里，这三种不同的组合似乎每种都在欧洲市场上发生过。

欧洲银价在前四个世纪的变化

第一期

1350年和之前的数年间,在英国四分之一的小麦平均价格约为每夸特[1]4盎司陶衡银[2],约合现在的20先令;从这个价格开始,之后它们似乎逐渐下降到了每夸特2盎司陶衡银,约合现在的10先令。这是我们在16世纪初时估计的价格,这个价格一直保持到了1570年左右。

1305年,即爱德华三世第二十五年,颁布了所谓的劳工法令。在序言中,它抱怨许多雇工的傲慢无礼,还试图要求他们的主人提高工资。因此,它规定,所有雇工和工人,以后应满足于爱德华三世第二十年和之前四年的工资和配给(当时的配给,不仅包含衣服,还包括粮食)。因此,配给他们的小麦,只以每蒲式耳10便士计算,而且由主人决定,可以用小麦,也可以用货币支付。在爱德华三世第二十五年,每蒲式耳10便士便被认为是非常公道的小麦价格,因为它需要一特别的法令来迫使雇工接受,以替代通常的配给。在这之前七年,或者国王在位的第十六年起,这个价格就被认为是合理的价格。但在爱德华三世第十六年,10便士相当于半盎司的陶衡银,几乎相当于现今英币的半克朗(1克朗=5先令)。因此,陶衡银四盎司,也就是现在的20先令,约合当时货币6先令8便士,必定在当时被认为是1夸特,即8蒲式耳小麦的普通价格。

1262年,即亨利三世五十一年,恢复了古老的"面包与麦芽酒价格法令"。在前言中,亨利三世说,这个法令是他的祖先,即昔时的英格兰国王制定的,它根据小麦的价格,从每夸特1先令到20先令的当时价格,调节面包的价格。可以假设,这个法令对所有偏离中间价格的偏

---

[1] 夸特:英国重量单位,相当于12.7千克。
[2] 陶衡银:英国银制货币,相当于中国古代的银锭。

差，即低于或高于中间价格的偏差都会干预。因此，在此假设中，在这个法令刚制定时，含陶衡银6盎司，当时的10先令约合现在的30先令，必定被视作1夸特小麦的中间价，而且，在亨利三世五十一年时，也必定这样认为。所以，如果我们认为中间价格不低于这个法令所规定的面包最高价的三分之一，或不低于含陶衡银4盎司的当时货币的6先令8便士，大约也不会有很大出入。

据此，我们似乎有相当多的理由得出这样的结论：在14世纪中叶，及以前相当长的一段时间内，1夸特小麦的中间价格大约不会低于陶衡银4盎司。

但大约从14世纪中叶到16世纪初，人们普遍认为小麦的价格合理而且适度，或者说，似乎已逐渐下降到这个价格的一半左右，最后每夸特的中间价格或平均价格已经下降到2盎司陶衡银，约合今币10先令，直到1570年，小麦一直都是这个估价。

1512年，在诺萨伯兰第五世伯爵亨利的家事记录中，对小麦的价格有两种不同的估算：其中一种是小麦的价格为每夸特6先令8便士；另一种是每夸特5先令8便士。

在1512年，6先令8便士的英国货币中只包含2盎司陶衡银，换而言之，当时的6先令8便士约合今币10先令。

此外，依照许多其他法令来看，从爱德华三世第二十五年到伊丽莎白一世即位的200多年间，小麦的普通或平均价格一直是6先令8便士。但是在这期间，由于英国货币——银币出现了变化，同等金额的货币所包含的银量一直在降低，然而同一时期内，国际市场上银价不断飙升，因此等额货币中减少的含银量可以由此而得到弥补。所以在政府看来，货币中银量的减少并不值得担忧。

英国政府在1436年颁布的一项法令中规定：如果小麦的价格下降到每夸特6先令8便士，即可自由输出，而无须政府审批。继而在1463年，

画作《扶锄的男子》

1862年，法国现实主义画家米勒完成了画作《扶锄的男子》，画中，在一片荒芜的土地上，一个青年农民正在扶锄喘气，那眺望的双眼流露出内心的悲苦与命运的艰辛。画家正是借这个劳动者的形象向社会发出了一声凄厉的呐喊。

政府又规定：如果每夸特小麦的价格没超过6先令8便士，则严禁小麦的输入。因为在政府看来，在小麦价格低廉的时候，如果任其自由输出，并不会对国内市场产生影响；然而如果小麦价格增高，那时允许小麦自由输入，则对市场非常有利。所以，当时6先令8便士中所含有的银量，约等于今币13先令4便士所含的银量。这个价格则是当时小麦的普通或平均价格。

1554年以及1558年，英国颁布的法令同样规定：如果每夸特小麦的价格高于6先令8便士，这时就禁止小麦输出。但是法令施行不久，政府就发现，等到麦价低落到如此程度时才允许其自由输出，实际上等于永远限制小麦输出。于是到了1562年，政府又规定：如果1夸特小麦的价格低于10先令，就可在指定的港口内自由输出。由于当时10先令货币所含有的银量，与现在的10先令几乎相同，即等于1463年的6先令8便士，因此小麦的这个平均价格等于其在1463年的价格。

由上来见，白银对谷物的相对价值一直在增高，原因一方面在于供给保持不变，而市场需求则因改良的进展而有所增加；另一方面或许在于需求保持不变，而白银的供给量却逐渐减少。如果原因是后者的话也是成立的，因为在当时，大部分已发现的银矿都被开掘采尽，如果新开拓银矿则需要投入更多资本。如果原因在于前者，那么也可以成立。因为从15世纪末期一直到16世纪初，大多数欧洲国家的政局都比较稳定，这自然能够促进产业的发展和改良；而且随着改良的进展，国家的财富越来越多，这就导致人们对贵金属以及其他奢侈品的需求不断增加。此外，随着欧洲各国年产物的增多，为了流通剩余的年产物，各国就需要铸造更多货币。

然而，欧洲许多经济学家都认为，白银对谷物相对价值的不断增高是因为白银的供不应求。在我看来，这些人之所以有如此看法，一方面是因为他们在统计古代谷物价格时犯下了错误；另一方面可能起因于一种流行说法，即一个国家所拥有的白银量会自发随财富的增加而增加。但是如果我们了解以下这几个事实，我们就能发现这些人的观点是片面与不正确的。

首先，与现在相比，古代人们在交付地租时都是以实物向地主支付。不过有时土地所有者对于年地租，既可以要求佃户以实物支付，也可以要求佃户用一定量的货币来代替实物支付。类似这种以特定量的货币来代替实物缴纳的价格，被苏格兰人称为"换算价格"。由于要实物还是要货币的选择权属于地主，因此为佃户的安全考虑，这种换算价格须低于市场平均价。直到现在，苏格兰的许多地区依然在使用这种换算法。因此，如果没有实施公定谷价制度，那么这种老的换算方法依然会被使用。我们所谓的公定谷价，就是谷价公定委员会依照国内的实际市场价格，对不同品质的谷物平均价格所制定的价格准则。这个标准的制定，既能保证佃户利益，也能为地主提供方便。或许那些经济学家在搜集往年的谷价时，会把换算价格误认为是实际的市场价格。

其次，经济学家在统计谷物价格时，往往依照古代某些记载谷物价格的法令，然而这些法令有时因为抄写潦草，就使上述经济学家们更为迷惑。例如，古代关于制定谷物价格的法令总是首先规定，在麦价最低时面包和麦酒所必须保持的价格；接着规定，如果麦价高于这最低价格时面包和麦酒应有的价格。然而，抄写员在抄写法令时由于懒惰，只抄写了法令记载的部分最低价格。

最后,在古代小麦的出售价格有时较低,这也会让上述经济学家们误解。在他们看来,既然古代小麦的最低价格要比现在小麦的最低价格低,那么古代小麦的普通价格也肯定低于现在。然而他们却忽视了,或许古代小麦的最高价格也要高于现在小麦的最高价格。

所以,这些人所谓古代银的价格高昂,与其说是由于谷物价格低廉,还不如说是由于其他许多土地生产物的价格低廉。因为谷物也是一种制造品,在农业发展的初期,谷物的价格要高于其他大部分商品,如家禽、牲畜等非制造品。在古代,这些非制造品的价格的确低于谷物。然而原因却不在于银价过高,而在于这些商品自身的价值比较低。换而言之,并不是由于单位白银量在古代能购入比现在更多的劳动量,只是由于在古代,这些商品所能代表的劳动量比较少而已。

任何物品在产出国的价格必定低于输入国,白银也是如此。由于西属美洲生产白银,因此在美洲白银的价格必然低于欧洲;因为白银输入到欧洲时,需要消耗运费和保险费。然而阿根廷的乌罗阿教授却说,目前在阿根廷国内,一头牛的价格仅为21便士。所以这些商品在美洲的低价,并不意味着美洲白银本身的真实价值高,只是意味着在美洲这些商品所代表的真实价值很低。

我们必须永远记住,衡量白银及其他一切商品的真正标准都是劳动,而不是任何一件商品或任何一类商品。

在人口稀少或者未垦土地较多的国家,大自然为人类提供的家禽、牲畜和猎物往往远远超过当地居民消费所需的数量,造成供大于求。因此,在不同的社会状态或者在不同的改良阶段,这些商品便代表或等于很不相同的劳动量。

然而与这些商品相比,谷物却不同。因为在任何社会状态下,在任何改良过程中,谷物都是制造品,即谷物是人劳动的产物。然而任何劳动产物的生产量，总体来说都与其平均消费量相适应，即平均供给总是大体上等于平均需求。而且，在相同的土壤和气候条件下，每一个不同的改良阶段，种植相同数量的谷物所需的劳动量也几乎相同；或者说，需要花费几乎相等的代价。因为在耕作条件不断改良的情况下，劳动生产力的不断提高，或多或少会被主要农具即牲畜价格的不断上涨所抵消。所以我们可以确信，在任何社会状态下，在任何改良阶段，与其他土地出产物相比，等量的谷物更能代表等量的劳动。因此，我们不难发现，在财富和改良的所有不同阶段，谷物是一种比任何其他商品更准确的价值衡量标准。因此，用谷物与白银比较，便更能正确判定白银的真实价值。

此外，在每个文明国家里，谷物或其他为人们普遍喜爱的植物性食物，都是劳动者赖以生存的主要生活资料。由于农业的发展，各国的土地上所生产的植物性食物，都比动物性食物多得多，劳动者也可以依靠更廉价和更丰富的健康食品生活。除了在最繁荣或劳动报酬很高的国家，家畜的肉只占生活的极少部分，家禽更少，而野味则少到不能计入其中。在法国，甚至在劳动报酬比法国更高的英格兰，劳动的贫民也很少食用禽畜的肉，除非是在节假日和其他特殊场合。因此劳动力的货币价格，在很大程度上取决于决定劳动者生活水平的谷物的平均价格，而不是畜禽的肉或其他土地上自然生长物的平均价格。因此，金银的真实价值，即金银所能购入或支配的劳动力的实际数量，更多地取决于它们所能购入的谷物的数量，而不是畜禽肉或土地自然生长的其他农产品的量。

然而，如果没有受到俗见的影响，仅仅因为对谷物或其他商品价格观察不仔细，或许不会有这么多聪明的作家被误导。他们犯错的最主要原因在于，他们受到俗见的影响，即各国所拥有的银量，自然随着国家财富的增加而增加，所以银的价值自然随着银量的增加而减少。但这样

1700年的弗吉尼亚种植园

从殖民地时期到1863年奴隶解放为止,美国南方一直大量使用奴隶劳动种植农作物供出口。除历史原因外,南方地势平坦、气候温和也是其种植园发达的重要条件。在独立战争前夜,仅马里兰和弗吉尼亚两个州每年向英国输出的烟草价值就超过70万镑。

的结论毫无依据。

任何一个国家的贵金属数量的增加,其原因主要体现在这两个方面:第一,贵金属产量的增加;第二,来自人民的财富的增加,即他们年度劳动所得的增加。

第一个方面的原因,必然与贵金属价值的减少有关,而第二个原因却与贵金属价值的减少无关。

当更多的矿藏被开掘,市场出现更多的贵金属。由于贵金属供应数量的增加,同一数量的贵金属所能交换的商品量必定比以前少。因此,任何国家贵金属数量的增加,都是由于矿藏开采量的增加,那么这必定将引起贵金属价值的降低。

相反,当一个国家的财富增加时,即当它的劳动年产量增加时,为了国内市场出现的大量商品的流通,这就需要更多的货币量。而人民因为有更多的商品来交换金银器,所以金银器的被购买量就会越来越大。这样,他们的钱币数量会因为需求量的增加而增加。他们对金银器数量的需求的增加,可能因为虚荣和排场,或者因为对精美雕塑、绘画和其他各种奢侈品的好奇心的增长。但是,就像雕塑家和画家在财富充裕、经济繁荣时期所得到的报酬,不太可能比贫困和经济萧条时期更少一样,金银在财富充裕、经济繁荣时期的价格,也不太可能更低。

金银就像所有其他商品一样,自然要寻找最好价格的市场,而价格最好的市场,通常每一件商品的价格都好,包括金银。我们必须记住的是，劳动力不是我们为一切货物支付的最终价格。在那些劳动力会获得良好报酬的国家，其劳动力的价格必定将与劳动者的生活水平成正比。但在富裕的国家，金银自然会比贫穷国家换取更多的生活资料，也就是说，金银在一个生活资料丰富的国家所能交换到的生活资料，比在一个生活资料匮乏的国家所能交换到的生活资料多得多。因此在一个最富裕的国家，金银自然有最大的价值；而在贫穷国家，金银只有更小的价值。同样的原因，在最贫穷而未开化的国家，金银则几乎没有价值。此外，大都市的谷物价格总是比偏远地方昂贵。但这种差价，并不是因为银价低廉，而是因为谷物昂贵。因为把银运送到大都市，所需的劳动量并不低于运往偏远地方，而把谷物运送到大都市，需要的劳动量则要多得多。

一些非常富裕的商业国家或地方，如荷兰及热那亚地区拥有发达的工业，其谷物价格过高的原因与大城市是一样的。这些国家缺乏耕种谷物的土地，他们生产的谷物不足以维持居民的生活，所以必须依靠输入；然而在这些国家市场上出售的谷物，必须从遥远的国家运来，其价格必须加上运输费用。尽管从国外输入白银的劳动力成本并不小，但总低于输入谷物的费用。

总之，在14世纪中叶到16世纪中叶这段时间内，由于欧洲各国财富的增加以及土地大幅改良所导致的贵金属增多，都没有导致欧洲任何国家贵金属价值减少的倾向。

第二期

在第一期，不管学者们关于银价变动的原因看法是多么的不同，在第二期，他们对银价变动的原因的看法却是一致的。

在1570—1640年间的大约70年内，白银的价格对谷物价格的比例变动趋势完全相反。在这一时期内，白银的实际价值下降了，它所能交换的劳动量要低于以前,相反在同一时期内,谷物的名义价格却上涨了——在第一期,谷物的平均价格是每夸特2盎司银(约合今币10先令);而在第二期,谷物的平均售价是每夸特6或8盎司银(分别约合今币30先令或40先令)。

美洲大量矿藏的发现,似乎是第二期内导致白银对谷物的比价相对降低的唯一原因。对此,每一个人都以同样的方式加以解释。在这个时期,欧洲大部分国家的工业在发展,经济在改善,因此对白银的需求必然增加。但由于白银供应的增加,远远超过了需求的增长,因此白银价格仍然大幅下降。我们可以观察到,美洲矿藏的发现,似乎直到1570年以后才对英格兰的物价产生十分明显的影响。

第三期

因美洲许多矿藏的发现而导致的白银价值下降,似乎在1636年即宣告停止,而且白银与谷物价格相比,银价下降的幅度更大。似乎直到18世纪,银价才开始在一定程度上有了上升,虽然这种上升趋势似乎在17世纪结束之前就已开始了。

根据伊顿学院的记录,1637—1700年,即17世纪的最后64年,温莎市场上的优质小麦每夸特的平均价格似乎为2镑11先令1/3便士。小麦的这个平均价格,比16年前的价格只高1先令1/3便士。在这期间,英国发生了两件事,共同导致了当时的谷物短缺,而且比气候变化所造成的要严重得多。因此,仅仅这两件事,就足够导致当时谷物价格的小幅上涨,也无须假定白银的价格会出现进一步降低。

第一个对谷物价格产生影响的事件是发生于英国的内乱。它严重影响了耕作并中断了英国的商业,使谷物价格提高了很多,远远超出了气候变化所能造成的影响。内乱的影响遍及英国国内的一切市场,尤其是伦敦附近的市场。所以,在1648年的温莎市场上,优质小麦每夸特的价格是4镑5先令，1649年的价格则是4镑。这两年谷物的价格已经超过了2镑10先令（即1637年前16年的平均价格），涨至3镑5先令。

第二件大事是1688年英国政府颁布了奖励谷物输出的法令。从表面来看，这种奖励金制度可以促进耕作，经过很长一段时间，大约总会使谷物的供应量更充足，从而使国内市场上的谷物更便宜。奖励金能在多大程度上增加谷物产量以及降低谷物价格，我将在后文加以讨论。我现在只观察到1688年至1700年之间，奖励金制度并没有产生什么影响。在这个短暂的时期内，它的唯一作用是通过鼓励每年剩余谷物的出口，反而阻碍了以前一年度的丰产来弥补后一年的歉收，从而抬高了国内市场上的谷价。从1693年到1699年，英国谷物的供给不足虽然主要是因为糟糕的气候，但是奖励金制度的存在，也在一定程度上加剧了谷物的匮乏。所以在1699年，谷物的出口被政府禁止了9个月之久。

渔业

渔业经济的发展不仅取决于本国经济和科学技术的发展水平，以及渔业资源量等社会、自然条件。当然，各国的渔业政策和渔业管理制度也对其有重要的影响，比如信贷、保险、流通形式、价格政策、税收以及国际渔业经济合作等手段的正确运用，对于扩大渔业再生产、增加国民收入、维持渔业生产秩序，以促进渔业经济的发展具有重要意义。

除此之外，在同一时期，英国还发生了第三件事。虽然这件事不会导致谷物的任何短缺，也不会增加通常实际支付在谷物上的银量，但却引起了谷物名义价格的增高。这件事就是削减银币磨毁，从而导致银币的大贬值。此事起自查理二世时期，一直持续到1695年。其产生的直接后果就是英国的银币价值大大降低。据劳恩德斯所述，英国当时通用银币的价值，比标准值平均低了近25%。但代表每一种商品市场价格的名义金额，与其说受到标准银币应含银量的支配，不如说是受银币实际所含银量的支配。因此，当铸币因削减磨损而大大贬值时，货币的名义价值便必然高于铸币的标准价值，远远大于货币接近标准价值的场合。

在18世纪，把银币削减到标准重量以下的事情时有发生，以目前情况最为严重。但是，银币磨损虽然严重，由于它可以与金币兑换，其价值仍被金币所保持。虽然金币也出现了一定程度的磨损，却不像银币那么严重。而1695年，银币的价值并没有得到金币的维持，当时，1几尼的金币能够换取磨损了的银币30先令。最近，即在金币改铸以前，每盎司银条的价格很少高于5先令7便士，只比铸币厂的价格高出5便士。但在1695年，每盎司银条的普通价格却为6先令5便士，比铸币厂价格高15便士。

因此，即使在最近金币改铸之前，与银条相比，金银两种铸币低于标准价值的程度不会超过8%。而在1695年，铸币低于标准价值的程度，据说达到25%。但18世纪初，也就是国王威廉实施大改铸之后不久，市场上流通的大部分银币，必定比现在的银币更接近其标准重量。而且在18世纪，英国也没有出现任何一种类似内乱的大灾难。实施了许多年的奖励金制度虽然会抬高谷价，但由于在18世纪，奖励金制度已有充足的时间去促进农业的发展和增加谷物产量。因此，如同下面我将论述的一样，它一方面可以稍稍抬高物价，同时也可能会稍稍降低物价。所以从伊顿学院的记录来看，18世纪最初的64年中，最好的小麦在温莎市场上的平均价格约为2镑6便士。小麦的这种价格比17世纪最后64年低约10先令8便士，换而言之，要低25%以上；比1636年之前的16年（这时美洲银矿矿藏的发现已经影响到物价）低约9先令6便士；比1620年之前的26年（这时在美洲发现的银矿矿藏尚未影响到物价）低约1先令。

从上述文字中我们可以总结出：到了18世纪，虽然比起谷物的价格，银价出现小幅度的升值，但是银价的这种上升趋势或许从17世纪末期，甚至之前就开始了。

1687年，在温莎市场上出售的最好小麦的价格约为1镑5先令2便士。小麦的这一价格，应该是从1595年至今最低的。

对于小麦的这些价格，著名学者格里戈里·金皆有所记载。他在1688年推算说：正常的年份，小麦的平均生产者价格为每夸特28先令。他所谓的生产者价格，即依照契约，农民为商人提供某一数额的谷物时所遵循的价格。

"银都"波托西

波托西位于玻利维亚西南部的波托西省，曾经是世界上最著名的银矿。它于1545年被西班牙殖民者发现，开始大量吸引欧洲的淘银者和移民，逐渐成为拉美最大的城市和享誉全球的"银都"。到1600年前后波托西已有6000多座炼银炉，白银产量占全世界总产量的一半。18世纪中期，随着矿藏枯竭，波托西开始衰落。

由于农民与商人签订了契约，因此他们能够免除出售粮食时的费用和麻烦。基于同样的理由，契约价格通常要低于平均市价。格里戈里·金所推算的这种价格，据我所知，的确是一般年份的普通契约价格。

1688年，议会通过了设置奖励金以刺激谷物输出的政策。这是因为在当时，许多乡绅占据了议会的席位。乡绅们觉得谷物价格逐渐下降时，只有依靠奖励金制度才能使谷价提升到以前的水平。奖励金制度规定：如果每夸特的谷子未能达到48先令，那么就必须继续发放奖励金。上述证据表明，17世纪末期，与谷价相比，银价已在一定程度上升高。

到了18世纪，银价的这种上升趋势，虽然在奖励金的影响下并不是那么显著，但总体来说仍在持续。

丰年时，由于奖励金能够刺激谷物的输出，因此必定能抬高谷价，而这也正是奖励金制度的最明显目的。在的确歉收的年份，奖励金停止发放。然而，即使在这样的年份，依然会有往年的谷物受到奖励金的影响。丰年生产的谷物，既然能受到奖励金的影响而加剧输出，那么奖励金就无法达到以丰年补助歉岁收入不足的另一目的。所以奖励金的实施，无论是在丰年还是在歉岁都会抬高谷价。如此说来，如果18世纪最初的64年，谷物的平均价格比17世纪的最后64年低，那么在相同的土地改良条件下，没有奖励金，谷物的平均价格则会更低。

或许有人会说，如果没有奖励金，土地的改良就不会达到目前的程度。然而有关奖励金对农业的影响，我会在后面再作论述。

或许，谷物平均货币价格的这种不均衡变化，是欧洲市场上的银真实价值日益升高的结果。正如我前文所述，在相当长的时期内，谷物是更正确的价值尺度。欧洲人在美洲发现了储量丰富的银矿矿藏后，欧洲市场上谷物的货币价格上升了3~4倍。对于此，许多人都认为并不是谷物真实价格升高，而是白银真实价值下降。同样的道理，我们也可以说，18世纪最初的64年，谷物的平均价格低于以前，原因不是在于谷物真实价值的下降，而是在于白银真实价值的增加。

在过去12年里，谷价的高昂使许多人认为白银在欧洲市场上的真实价值还将继续降低，但是这些人忽视了谷价的这种异常，分明是天时不顺的结果，是偶发的暂时的事故，不会持久。的确，英国国内的劳动货币价格在18世纪中上升了，然而，这种上升并不是由于欧洲市场上的银价降低，而是由于英国国内对劳动的需求日渐增加。

在欧洲人发现美洲后的一段时期内，欧洲市场上出售白银的价格依旧不低于以前。所以在这个特定时期内，开矿者的利润非常丰厚。然而不久后，那些运输白银的人开始发觉，输入的全部白银并不都能以高价出售，因为白银的价格开始逐渐降低到自然程度。换句话说，这时白银的价格只够支付其上市所需的劳动工资、资本利润及土地地租。

而且，自美洲发现至今，其出产的白银一直在逐渐扩大市场。

首先，白银在欧洲的市场逐渐扩大。随着美洲的发现，大部分欧洲国家社会都发生了巨大进步。英国、荷兰、法国、德国、瑞典、丹麦以及当时的俄国等，都在农业及制造业上发展较快。意大利似乎也在发展，尤其是在意大利征服秘鲁之后。或许只有西班牙和葡萄牙两国，并未因美洲殖民地的开辟而有所发展。但是我们必须知道，对于整个欧洲来说，葡萄牙只占极小一部分。所以总体来说，伴随着美洲殖民地的开拓，大部分欧洲国家的农业和制造业都获得了极大进步。伴随着欧洲各国国家财富的增加，欧洲市场上所需的银币量自然随此逐渐增加。另外，制造业的经营者由于在殖民地贸易中获利颇丰，因而他们对银制器皿和饰物等奢侈品的需求也必然逐步增加。这些情况，共同导致美洲的白银源源不断地输入欧洲。

其次，随着欧洲人进入美洲，美洲的农业与制造业逐渐发展起来，因此成为白银的新市场。而且与欧洲相比，美洲地区由于土地充裕、土壤肥沃、资源丰富，其农业、工业的发展速度比欧洲要快得多，因而这块大陆对白银的需求也大得多。比如，英属美洲殖民地就发展成为一个白银的新市场，流通到这里的白银一部分被用于铸币，另一部分则用于打制银制器皿。此外，大部分西属和葡属殖民地，如新格伦纳达、尤卡登、巴拉圭、巴西等地，现在也成为消费白银的新市场。上述事实表明，美洲已经成为白银的新市场，而且这个大陆对白银的需求必定多于某些欧洲国家。

最后，东印度开始发展成为消费白银的另一个巨大市场。自从欧洲人占领美洲之后，美洲与东印度之间的直接贸易逐渐扩大；同时，通过

制作葡萄酒

在中世纪，葡萄酒的酿制有一套独特的工艺流程。酿酒作坊往往将葡萄倒入一个大木槽里，几个人站在木槽里用脚踩压，榨出葡萄汁液，然后将汁液进行发酵。图中，人们正把酿好的葡萄酒倒入酒坛中。

欧洲与东印度的间接交易，白银消费量更是大幅增加。在16世纪中叶，与东印度进行贸易的欧洲国家只有葡萄牙；到了16世纪末，荷兰开始代替葡萄牙成为东印度的贸易主体。此外，16世纪的英国与法国已开始与东印度进行贸易；到了18世纪，英法与东印度的贸易额继续扩大。其他与东印度贸易的欧洲国家还包括瑞典、丹麦、俄国。随着欧洲人对东印度货物需求的日益增多，就促使东印度的各种产业逐渐发展起来。

尽管随着贸易的发展，欧亚之间的交流日益频繁，但是东印度诸国，尤其是当时的中国与印度的金银价值一直高于欧洲。之所以出现这种差别，原因在于当时的中国与印度是产大米的国家，而欧洲则为产小麦的国家。前者与后者相比，即使拥有同样的土地面积，所产的粮食也要丰富得多。此外，在当时的中国与印度，富豪拥有大量的剩余粮食，因此掌握着能购买更多劳动量的资源。基于此，这些富豪们能够支付更多的粮食以交换产量稀少的金银宝石。所以，为印度市场供给的银矿与为欧洲市场供给的银矿相比，即使产量相同，白银在印度市场上所能交换的粮食也更多。然而，我们前文已经说过，当时的中国与印度这两个国家的劳动的真实价值比不上欧洲。当时的中国与印度的劳动者，其工资只能购买少量的食物。既然当时的中印两国的粮食价格比欧洲便宜，那么与欧洲相比，这两国劳动的货币价格就更加便宜。

在技术相同、劳动者的劳动强度相同的场合下，各国制造品的货币价格，肯定与其劳动的货币价格成比例。中印两国的制造业技术和劳动强度，虽然低于欧洲，但差距似乎不大，前者劳动的货币价格既然这样低廉，那么前者的制造品价格必然低于欧洲。而且，欧洲货物的运输须得通过陆路，须得耗费更多的劳动，那么欧洲制造品的真实与名义价格必定增大。相反，在当时的中国和印度，由于水运通道发达，商品运输时所耗费的劳动量低，其制造品的真实与名义价格自然比欧洲更低。

综合这些因素，从欧洲运输贵金属到印度，从前利益较大，现今依然如此。因为在当时的中国与印度，欧洲的商品中只有贵金属能够卖到最高价格。在印度市场上出售的贵金属中，白银则比黄金有利，因为在这个市场上，银兑金的交换率为10∶1；而在欧洲市场上，银兑金的交换率则为14∶1。所以对于欧洲人来说，与东印度的贸易中，白银是最有利可图的贸易品。美洲所产的白银，就是在这种背景下成为欧亚贸易的中介。

为了满足上述这些市场对白银的需求量，每年从美洲的矿山中开采的白银，不仅要满足这些市场的铸币需求和器皿铸造需求，同时还必须能够弥补这些市场上银币、银器皿的磨损。

当白银用来铸币或制造器皿时，由于这些货币与器皿在流通中不断磨损，所以白银在无形中的损失是非常巨大的。仅仅为了弥补这些损失，美洲的矿山就必须源源不断地提供白银。此外，这些市场中的某些制造业也要消耗巨额的白银，比如英国的伯明翰制造业，其为镀金包银而消耗的金银据说每年为5万磅，相当于每年600万磅输入总量的1/120。而且另一个消耗白银的途径是，从美洲运输白银时，许多白银在海陆运输中失去了巨大的分量。

所以，通过以上这些途径，市场上每年消耗的白银总额，几乎与美洲银矿所产的白银总额相等，这就导致有时白银的产量甚至不足以满足市场上对白银的需求。在这种情形下，市场上的白银价格必然提高。

金和银各自价值比例的变动

在欧洲人发现美洲金矿之前，欧洲市场上纯金纯银的兑换比例约为1∶10，有时为1∶12，也就是说，每盎司纯金应该相当于10～12盎司的纯银。大约在17世纪中叶，金银的兑换比例开始调整，通常在1∶14与1∶15之间波动，也就是说，一盎司纯金应该可以兑换14～15盎司的纯银。这样看来，金的名义价格在17世纪开始增大。尽管金银的真实价值或者它们所能购买的劳动量都在下降，由于美洲金矿和银矿的产量比过去任何时候都大，因此白银购买力下降的趋势更大。

同样，每年从欧洲运输到印度的银量也非常大，使得部分英属东印度殖民地的金银兑换比例日益下降，如英属加尔各答的金银兑换比例是1∶15。在当时的中国，金银兑换比例依然是1∶10或1∶12，而日本则为1∶8。

依照麦根斯氏的统计，在输入欧洲的金银中，如果金的数量为1盎司，则银的数量为12盎司。但是，由于输往欧洲的白银部分输入到东印度，因此欧洲流通的金银比例依然在1∶14至1∶15之间。麦根斯氏认为，金银的兑换比例，似乎必然与其数量间的比例一致。所以，如果不是更多的白银输出到东印度，则欧洲市场上的金银兑换比例应为1∶22。

然而，麦根斯氏的这种推算法是荒谬的。如果市场上一头牛的价格等同于60只羊，那么市场上有一头牛就会同时有60只羊，这是不可能的。

所以，金银数量的实际比例应该比金银的兑换比例大。如同市场上低价商品的总量以及总价值一定比高价商品大一样，就贵金属而言，银是低价商品，金是高价商品，因此银的总量与总价值大于金。

此外，由于欧洲人在美洲采掘银矿时，已把埋藏较浅的矿藏开采尽了，因此，为了获得更多的白银，就必须发掘埋藏更深的矿藏。但发掘深层矿藏会增加排空积水以及其他常备设施的费用，这将导致开采成本增加，增加采银资本的投入。所以，经营银矿的资本家如果想获得利益，就必须依靠以下三种方式中的任意一种来获得补偿：通过银价依照正常比例增加而获得补偿；依靠银税按正常比例减少而获得补偿；一部分通过第一种方法得到补偿，另一部分则通过第二种方法而获得补偿。当然最常见的方式还是第三种。

或许采取第二种方式，即逐步递减的银税无法阻止欧洲市场上银价上升，但是这种方式至少能在一定程度上推迟其上升。因为减税后，以前那些因不堪重税而停止开采的矿山或许现在会继续被采掘。如此，市场上的白银量肯定会增加，同时一定数量白银的价值也必定有所降低。如1736年，西班牙推行降低银税的措施后，欧洲市场上的银价大约降低了10%。

改良进程对三种原生产物的不同影响

对第一种原生产物的影响

有些原生产物的价格，几乎无法依靠人类的劳动而有所增加，因为这类物品的产量，不会由于人类的劳动而增加，而且它们的性质决定了其容易腐坏，不易保存。这种原生产物就是稀有的鸟类、鱼类以及各种野禽、野兽和候鸟。

随着土地的不断改良以及人类财富的增加，人们对这种物品的需求肯定会增加，然而其供应量却无法依靠人类的劳动而增加，因此这种商品的价格就会因供不应求而逐渐增加。比如山鹬，即使其价格上升到每只20几尼，人类也无法依靠劳动使其产量增加。在罗马共和国的鼎盛时代，人们为什么会为珍贵动物出极高的价格，就是这个原因。而且这种物品的高价格，并非当时银价下跌所致，而是人类的劳动无法使其产量增加所致。

而且，在罗马共和国没落之前的数年间，其国内白银的真实价值要比现在欧洲许多地区都高。依照现在的标准来看，那时罗马共和国国内每夸特小麦的价格约为21先令。与此相比，尽管英国小麦的品质低于罗马，但英国小麦的普通或平均价格，却为每夸特28先令。

根据博物学家普林尼的记载，塞伊阿斯花了将近6000塞斯特斯（合英币50镑）购买了1只白夜莺，阿西尼阿斯·塞纳花费了近8000塞斯特斯（合英币66镑13先令4便士）购买了1尾红鱼。当我读到这些文章时，这些物品高昂的价格使我震惊。然而普林尼所记载的这个价格，在我看来似乎仍然比实价低1/3。所以，这两个物品的真实价格，即它们所能交换的劳动量，比其名义价格要高1/3。也就是说，塞伊阿斯在购买白夜莺时所支付的劳动支配权，约等于现在的66镑13先令4便士；阿西尼阿斯·塞纳在购买红鱼时支付的劳动支配权，约等于现在的88镑17先令9便士。

这种物品的价格如此高昂，并不是因为银价低廉，而是由于罗马剩余劳动产品过于充足，从而导致人们有能力去争相购买此种物品。

对第二种原生产物的影响

当土地尚处于蛮荒未垦的时代，人类对第二类原生产物（有用的动植物）的需求，会随着人类自身数量的增加而增加。其中，尚未开发的部分对人类几乎毫无价值。随着土地的逐渐开垦和耕作技术的进步，第二类原生产物又被迫让位于对人类更有利的物种。在社会进步的过程中，此类产物的数量日益减少，而对其需求量却日益增加。于是，其真实价值亦随之增加，以至于它与人类从肥沃而利于耕作的土地上得到的出产物一样不相上下。但是，一旦达到这一高度后就很难再增加，否则就会

磨坊

在中世纪的欧洲，多数农村都有自己的磨坊。公元1086年的《奥地志》列出了当时英国的磨坊就有5000座左右，表明英国总人口中差不多每400人就有一座磨坊。早期的磨坊曾以人力为主，随着农业技术发展，先后出现了畜力磨坊、水力磨坊和风力磨坊。这些磨坊在之后的几百年里一直是人们碾磨谷物的主要工具，到工业革命后期才逐渐被取代。图为1881年的磨坊内的劳动场景。

有更多的土地和劳动投入到此中来。

例如，当人们觉得开垦土地生产牲畜、牧草和种植粮食一样有利可图时，牲畜的价格就不能再上涨，否则将有更多的谷田被转化为牧场。相反，减少野生牧草的数量来扩大耕地，必将减少自然生长的家畜肉量。同时，那些谷物持有者的数量也会相应增加，最终导致家畜肉的需求增加，于是，家畜肉价逐渐上涨。同理，牲畜价格的上涨使人觉得种植牧草和生产谷物一样有利可图。所以，牲畜价格不断上涨的现象通常发生在人类社会发展的晚期。伦敦与合并之前的苏格兰也是如此。伦敦周边地区的牲畜价格在17世纪初期就已经达到极限，但相对较僻远之地尚未达到如此高度。如果苏格兰的牲畜只销往内地，其价格也不会达到这样的高度。在第二类原生产物中，其价格最先上升至极限的就是牲畜。

在牲畜价格达到这一极限值前，大部分土地还没有开垦。幅员辽阔之国，其大部分土地都位于偏远之地。由于人们不可能去城镇购买肥料，因此优质土地的数量与其自身所制造出的肥料量成比例，而肥料量又与饲养的牲畜数量成比例。土地的肥料来自两方面：其一是地面上的牲畜粪便；其二是牲口棚中的牲畜粪便。如果牲畜的价格不够支付耕地地租及由地租产生的利息，农民就不会饲养牲畜。如果在耕地上饲养牲畜，牲畜所需的主要食物来源于改良后的土地所生长的牧草，因为用未改良和未耕过的土地上的牧草成本太高。如果在已耕作过的土地上放牧，且牲畜的价值不足以支付该地生产牧草的价值，那么在饲养棚中饲养牲畜不可能有利润。当牲畜所提供的粪便也不足以供应全部农地肥料时，农民自然会在丰饶且位于农舍最近的土地上施肥。

结果，全部农地中只有部分保持良好的耕作状态，其余部分则将处于荒芜状态。对全部需要施肥的土地来说，牲畜的数量太少；但与土地实际产出的牧草比较，牲畜又过多。整个农场靠肥料才能保持良好状态的土地仅占1/4至1/3，有时还不足1/5、1/6，其余土地则全无肥料可施，此种经营方式当然是不尽如人意的。但苏格兰在合并以前，因牲畜价格过低而不得不采取此种经营方式。如果在牲畜价格上涨之后还继续这种经营方式，无疑是因为当地人民的无知和对旧习惯的依赖，这些都阻碍了一种高效经营方式的建立。其原因如下：第一，租地人贫困，没有足够的时间来获得足够的牲畜；第二，即使租地人有能力获得牲畜，也没有时间去改良土地，使其能够养活更多的牲畜。

总之，牲畜的增加和土地的改良，两者必须同步进行：牲畜不增加，土地便无法改良；土地无法改良，牲畜又不会显著增加。这是一个长期的革故鼎新的过程。现在，旧方式虽在逐渐被淘汰，但要在国内各地一次性全部废除，恐怕还需要半个世纪或一个世纪的时间。苏格兰从与英格兰合并中得到的最大好处,也许就是牲畜价格的上涨,它不但提高了苏格兰高地一带地产的价值,同时,又成为苏格兰低地改良和进步的主因。

在新殖民地,除饲养牲畜外,大量荒芜的土地别无他用。因此,牲畜很快就大量繁殖起来,同时其价格也变得便宜。比如,美洲殖民地的牲畜,最初都来自欧洲,但在极短的时期内,牲畜的价格因其数量的增多而变得十分低廉,甚至还出现马群无人认领的情况。这样,因肥料短缺,投在耕作上的资财与用于耕作的土地极不相称,饲养牲畜已无利可图。辟地养牲畜且有利,是殖民地建立之后,经过了漫长岁月才办到的。在那里,缺乏肥料,加之投在耕作上的资金与用于耕作的土地也不匹配,所以,农业经营的方式仍与苏格兰大部分地方如出一辙。

1749年前后,在北美的某些英国殖民地,其农业状况已经很难找出英格兰民族的特性了。英格兰民族对农业有着极端熟练的技巧,而北美当地的人民,很少给谷田施肥,当一片土地因连续栽种而枯竭后,他们就开垦另外一片土地;当这片土地又枯竭后,他们再开辟第三片土地。他们任由牲畜在林野或荒草间游荡,土地上的牧草还来不及开花结果就被牲畜消耗掉了。本来牧草是北美一带最好的植物,欧洲移民在此定居前,该地的牧草异常繁茂,高达三四英尺。以前可以养活4头母牛的草场现在却不能养活1头母牛,而且以前每头母牛的产奶量是现在的4倍。瑞典旅行家卡尔姆认为,北美的牲畜,一代不如一代的原因,不外乎牧草缺乏。这等牲畜,与三四十年前苏格兰各地可见的矮小牲畜几无差别。与其说今日苏格兰低地的矮小牲畜的大为改观是由于畜种的选择,不如说是由于饲料的丰富。

在社会发展进程中,牲畜的价格升至足以使饲养牲畜成为有利可图的行当之前,还有很长的路要走。然而,在第二类原生产物中,牲畜的价格最有可能首先达到这一有利价格,其中牛肉最先达到此价格,鹿肉

画中的"牧羊人"

基督教中的"牧师"一词,原是"牧羊人"之意,是"心灵导师",由此可以看出牧羊在西方文化中的独特地位,它对中世纪欧洲的畜牧行业也起到了一定的鼓舞作用。

最后达到。事实上,无论英国的鹿肉价格多高,养鹿场的费用都入不敷出。鹿肉如果继续成为流行食品,而英国的财富与奢侈又像过去那样继续增长,那鹿肉价格很有可能比今日还昂贵。在这一过程中,许多其他原生产物的价格都会达到其最高点,只是时间长短不同而已。

由于谷仓厩舍的废物可以饲养一定数量的家禽,因此家禽通常以极便宜的价格出售,农场主由此获得的报酬几乎是纯利。在耕作粗放、人口稀少的国家,以这种方式饲养的家禽常常可以满足全部国民需求。不过,通过这种廉价方法饲养的家禽,其总数比农场饲养的牲畜总数少得多。在社会物质充裕时期,数量稀少的物品更为人们所珍视。因此,家禽的价格就逐渐上升,以至于饲养家禽成为有利可图的事情。当这一价格到达某一高度时,就不会再继续上升,否则其他用途的土地也会被饲养家禽所用。在法国,饲养业被视为农村经济中最重要的产业。一个中等农场主有时竟在宅内养400余只鸡鸭。英格兰对于饲养家禽不像法国那样重视,所以家禽在英格兰的售价比法国高,因为英格兰每年要从法国进口大量家禽。所以,某种动物的肉食达到最高价格之前,此类动物的价格必因稀缺而昂贵。而当其产量增加以后,农场主则必须降低售价,否则就无法持续增产。

有人说,佃农和小农人数的减少,是造成不列颠猪及家禽价格昂贵的原因。此类人数的减少,又源于欧洲各地农业耕作技术的进步。最贫穷的家庭养活一只猫或狗，往往不会产生什么费用，最贫穷的农家同样也能以很少的费用养活几只家禽、一头母猪或数头小猪。他们把餐桌上的残物、乳浆、乳渣，作为这些动物饲料的一部分，而其余的饲料则由牲畜自己去田野中寻找。因此，小农人数的减少，必然会造成某些产品的数量大大减少，而这些产品往往不需什么费用就能生产出来。

任何国家，如果要使全国的土地完全得到耕种和改良，各种生产物的价格必须满足以下两点：第一，每种产品价格足以支付良好谷田的地租，因为大部分耕地的地租都视谷田地租为转移；第二，每种产品的价格足以支付农场主所付的劳动费用，即足以补偿投入的资金和利润。如果由改良而生产的物品价格，不足以补偿改良的费用，那么其结果就应视为亏损。因此，全国土地改良与耕作，如被视为所有公共利益中的最大的利益，那么就不能把这类原生产物价格的上涨视为灾祸，而应视为最大公共利益的伴随物。

上述一切原生产物的名义价格或货币价格的上涨，并不是银价下跌的结果，而是这些产品真实价值上涨的结果。这些产物上市前，需要更多的劳动和生活必需品，上市后它们代表更多的劳动量和生活必需品。

对第三种原生产物的影响

第三类，即最后一类原生产物的价格，通常随社会发展程度自然上涨。人类劳动对增加此等产物所收的实效极为有限，或根本无法确定。因此，这类产品的真实价格随技术的改良而自然上升，由于受不同偶发事件的影响，价格有时也会下跌，或在不同时期内保持同一状态，有时又会在同一时期内或多或少地上升。

某些原生产物为其他产物的附加品。因此，一个国家所能提供的前一类原生产物数量必然受后一类产物数量的限制。例如，一国能提供的羊毛或皮革的数量，必然受该国所饲养的牛羊头数的限制，牛羊的头数又必然受该国技术改良状况及农业性质的限制。

也许有人会说，在技术改良的过程中，使牛羊肉价格逐渐升高的因素也能导致毛皮价格按相同比例提高。在技术改良初期，如果毛革与家畜肉市场都局限于某一范围，则上面所说的情况，也许会成为事实。可是，这两者的市场范围是大为不同的。

家畜肉的市场，几乎都局限于本国。爱尔兰和英属美洲的某地，虽有大规模的腌肉贸易，但据我所知，在今日的商业世界里，以本土大部分家畜肉运往他国，且出口的数量大致相当的，仅有爱尔兰和英属美洲的某地。反之，在改良开始之初，毛皮的贸易就很少局限于本国市场，因为它们是很多工业品的原料，常常被销往他国。羊毛在出口时无须任何加工，生皮也只是略加调制。因此，即使出产国的产业对它们没有需求，其他国家的产业也可能对它们有需求。

在耕作粗放而人口密度相对较小的农业国，毛皮在一头牲畜价格中的占比，通常比精耕细作而人口密度相对较大的国家要大。据大卫·休谟的考察，在撒克逊时代，羊毛价格约占一头羊总价的2/5。休谟以为，这种比例，比现今羊毛价格在整羊价格中的占比大得多。据我所获知的确切报道，在西班牙的某些地方，人们宰杀羊，往往在于获取羊脂和羊毛，而对羊肉，则任其腐烂，或让肉食鸟兽吃掉。这种事情，在西班牙时有发生，而在智利，在阿根廷首都布宜诺斯艾利斯，以及西属美洲的许多地方，也是稀松平常的事。在这些地方，人们往往为获取兽皮、兽脂而不断捕杀有角动物。在法国人定居海地之初，海地的工农业技术还不发达，还不能使海地岛上的西班牙人从饲养家畜中获得价值时，他们也经常为获取兽皮、兽脂而宰杀牲畜。如今，西班牙不仅继续占领着该岛的东部海岸，而且占领着该岛的全部内地和山地。

随着农业技术的改良和居住人口的增加，牲畜的价格必定上涨。

不过，上涨对兽肉价格的影响比对兽毛兽皮要大得多。原始状态下的兽肉市场，总局限于产出国境内，因此其市场必定随本国社会的进步和人口的增加而成比例地扩大。但兽毛和兽皮往往出口到他国，其市场很少会受输出国人口数量的影响。所以，在本国的技术改进、人口增加之后，这种商品的市场可能与以前类似。不过，按事物的自然发展趋势，如果这些产品都是某些制造业的原料，社会改良会使该国市场相应有所扩展，即使扩大的范围有限，至少也会转移到比以前更接近于产地的地方。此等原料的价格至少会按所节省的运费所占比例而相应提高。因此，兽毛、兽皮的价格虽不能与兽肉价按同一比例增长，但也绝不至于下跌。

虽然英格兰的毛织物制造业很兴旺，但自爱德华三世以来，羊毛价格却大大跌落。在爱德华三世（14世纪中叶）时期，1托德（合28磅）羊毛的合理价格不低于当时货币10先令。当时，10先令含陶衡银6盎司，以每盎司合20便士计算，约合今日货币30先令。现在，即便是最优质的羊毛，其价格仅为1托德21先令。在爱德华三世时，羊毛的货币价格与现在羊毛货币价格的比例为10∶7，真实价格差距其实比这个数据还要大。以6先令8便士1夸特计算，10先令是12蒲式耳小麦的价格。按1夸特麦价28先令计算，现在21先令只能购得6蒲式耳小麦。因此，羊毛此前的真实价格与现价的比例应为2∶1。若这两个时代的劳动真实报酬相等，则昔日1托德羊毛可购得的劳动量是今日的2倍。

羊毛真实价格及名义价格的下跌是暴力和人为的结果，主因有三：其一，绝对禁止英格兰羊毛输出；其二，准许西班牙羊毛免税输入；其三，只许爱尔兰羊毛输往英格兰，而不得行销他国。这些规定，使英格兰羊毛市场局限于国内，不能随社会进步而扩大。在英格兰市场上，其他国家的羊毛与英格兰本国羊毛展开竞争。由于爱尔兰毛织物制造业遭受不公平待遇，政府只允许爱尔兰人加工小部分本地羊毛，因此，人们

画作中的"农闲时的休息"

欧洲的农村经济在稳定状态下持续了几个世纪,基本没有什么变化,人们年复一年地从事着相似的劳动。在这样的情形下,人们的生活处于一种相对平静的状态,多数人都没有太多欲望。这幅农村风俗画透过一个具体情景,表现了当时欧洲农民的生活。

不得不把大部分羊毛输往英格兰,英格兰成为爱尔兰人对外出售羊毛的唯一市场。

我们可以从伯塞斯特修道院在1425年时的账单得出结论。作为该修道院当时的副院长,弗里伍德作了如下记录:12先令买5张公牛皮,7先令3便士买5张母牛皮,9先令买36张2岁龄的羊皮,2先令买16张小牛皮。1425年铸造的12先令含有与今日24先令等量的白银。因此,每张公牛皮价格约为当今货币4.8先令的白银量。它的名义价格,远低于今日价格。以每夸特6先令8便士计算,12先令在那时可购18蒲式耳小麦。如果现在按每蒲式耳3先令6便士计算,等量小麦却值51先令4便士。因此,当时1张公牛皮可购买现在需要10先令3便士才能购得的小麦量,其真实价值等于今天的10先令3便士。当时,家畜在冬天处于半饥饿状态,我们不能设想它们长得肥大。所以,重量4英石(每英石合4磅)每张的公牛皮,虽然在今天只被视为中等牛皮,但在当时可能是上等牛皮。1773年2月,普通牛皮价格是每英石半克朗,按此价格,重4英石的牛皮今天只不过值10先令。因此,公牛皮的名义价格在今日比古代要高些,但其真实价格所能购买或支配的生活必需品的真实量却要少许多。如该账单所述,母牛皮价格接近公牛皮价格,羊皮价格则高出它许多。羊皮可能和羊毛一起出售。相反,小牛皮价格大大低于母牛皮价格。与苏格兰二三十年前的情形类似,在家畜价格非常低的国家,除为延续畜种而饲养的小牛外,其他的小牛在幼时就被宰杀。因为小牛的价值还不足以补偿牛乳价格，宰杀小牛可节省牛乳，小牛皮的价格因此就很低。

今天，生皮价格大大低于几年前。这也许与海豹皮关税的取消有关。1769年英国政府又允许爱尔兰和殖民地免税进口生皮。不过，就18世纪平均数来看，生皮的真实价格比古时略高。与羊毛相比较，生皮不易保存，故不宜远销。虽然用盐腌渍过的皮革易于保存，但由于其品质不如新鲜生皮，故售价更低。因此，生皮的价格在国内高，在向外输送的国家次之；在工业进步的国家高，在野蛮国家最低；在现代高，在古代低。英国制革业并不能像毛织业那样使人相信国家的安全在于该行业的繁荣，因而受到国人的重视就要小得多。在国内，生皮被禁止输出，并被视为违法行为，但国外的生皮却可以通过纳税而输入。虽然爱尔兰及各殖民地生皮关税被废除（期限仅为5年），但爱尔兰出售的剩余生皮，以及其他国内不能制造或加工的商品，其出口市场并不局限于大不列颠。数年前，各殖民地的普通家畜生皮只许在本国贩卖时，爱尔兰商业也没有为了要维持大不列颠的制造业而受压迫。

在进步和文明的国家里，无论什么规定，若立意于减低兽毛或兽皮的价格，势必会提高兽肉的价格。农民在改良后的土地上饲养牲畜，其价格必须足够支付地主有理由期望得自良好地块的地租和农场主有理由期望得自同一地块的普通利润，否则，农民何必饲养牲畜呢？因此，地租和普通利润，如果不能取偿于牲畜的皮毛，就得取偿于牲畜的肉。取偿于前者愈少，取偿于后者必愈多，反之亦然。地主只关心地租，农场主只关心利润，至于毛、皮、肉的价格在一头牲畜的全部价格中所占的比例，则不是他们关心的。由此看来，在进步、文明的国家里，地主和农场主不会因此等规定而受到大的影响，不过由于肉价的上涨，他们作为消费者，也会有所不利罢了。

但在社会未改良、土地未开辟的野蛮国家里，情形则迥然不同。这等国家，大部分土地都用于畜牧，除此以外，别无用途。而牲畜价格的主要部分，全由毛皮构成，肉占极少的比例。在这种情形下，地主和农场主就将大受上述规定的影响，但作为消费者，他们所受的影响则极为有限。因为该国的大部分土地，除饲养牲畜外别无他用，毛皮价格的下跌并不会导致肉价上涨。即使毛皮价格下跌，他们也只有继续饲养同样数目的牲畜，仍向市场提供同一数量的家畜肉，家畜肉的需求不会增加，故而家畜肉的价格也不会上涨。肉价保持原价，而毛皮价格下跌，于是，牲畜的整个价格就下跌，以牲畜为主要产物的一切土地（即该国大部分土地）的地租和利润亦因而下跌。所以，在当时的情形下，长期禁止羊毛出口的规定，的确是最具破坏性的规定。这一规定的实行不仅降低了国家大部分土地的真实价格，而且使最重要的小牲畜的价格跌落，在很大程度上延缓了此后土地的改良。

苏格兰与英格兰合并后，苏格兰的羊毛价格显著下降。因为自合并时苏格兰羊毛就与欧洲大市场绝缘，仅局限于大不列颠这一小市场，但家畜肉价格的上升弥补了羊毛价格的下跌。因此，在苏格兰南部各郡，主要用于养羊的大部分土地，其价格并未受这次合并的影响。

人类以辛勤劳动来增加羊毛或生皮的数量，其作用是有限的；如果用外国牲畜的产量来补充以满足实际需要，其结果也是不确定的。羊毛和生皮数量的增加主要依靠人类对牲畜的自行加工，同时，也依靠原生产物的输出是否有限制。由于这些因素与国内生产无关，故人类的勤劳在这方面的作用极为有限，并且还不确定。此外，人类的勤劳对鱼的上市数量所起的作用同样如此。该数量受当地地理位置的限制，与距离海洋远近、内地江河湖沼数量以及海洋江河湖泊中产物蕴藏的多少都有关。

随着人口增长，土地和劳动年产物增多时，购鱼者也相应增加，而且这些购鱼者有更多其他货物作为代价来购买鲜鱼。同时，扩大的市场也需要更多劳动力。例如，原来每年1000吨鱼的市场扩大到1万吨，其增加的劳动量必将超过原来的10倍才能满足需要。因为运输鱼类大都需要使用较大的渔船，而其捕鱼的工具价格也较高，所以这种商品的真实价格自然会上升。事实上，世界各国的情况与此雷同。虽然一天的捕鱼量难以确定，但某一地区的年产量是比较确定的。但是，这更多依赖于国家的地理位置，而非国家的财富及生产力。所以，两国的改良程度虽然不同，但勤劳的作用却可能相同，反之亦然。

人类开采各种金属矿物（特别是贵金属）的数量似乎不受限制，但其数量也是不确定的。一国拥有的贵金属量并不受该国地理情况（如矿藏的丰富或贫瘠）的限制，那些没有矿山的国家却往往拥有大量的贵金属。国家拥有贵金属的多少，取决于以下两种情况：第一，该国的购买力、产业状态、土地和劳动的年产量，这些因素可决定开采本国矿山的金银或购买他国矿山的金银时，雇用劳动量的多少和投入的生活必需品的多少；第二，在一定时期，向商业世界供应这些贵金属的矿山的肥瘠程度。因为贵金属体积小、价值高、易于运输、运费低廉，所以，只有距离矿山很远的国家，其贵金属数量才受矿山肥瘠的影响，比如当时的中国、印度等国的贵金属数量必然受美洲各富饶矿山的影响。

如果每个国家的金银数量都取决于上述第一种情况（即购买力），那么其与别的奢侈品和非必需品的真实价格一样，随该国的富裕及技术改良而上升，随该国的贫困与萧条而下跌。持有大量剩余劳动与生活必需品的国家，与持有少量剩余劳动与生活必需品的国家相比，在购买一定数量贵金属时，前者可以支付较大数量的劳动和生活必需品。如果每个国家的金银数量都取决于上述第二种情况（即向商业世界供应这些贵金属的矿山的肥瘠程度）时，金银的真实价格（即它们所能购买、交换的劳动量和生活必需品）随矿山的丰饶贫瘠情况而成比例升降。

但是在一定时期，向商业世界供应贵金属的矿山究竟是富饶还是贫瘠呢？这与该国的工业状态毫无关系，与世界的工业状态似乎也毫无关系。在开采技术和贸易逐渐向世界更广的地区扩展时，矿山的探索也将向更广的地区扩展，因此，发现新矿山的机会比在狭窄地区的时候更大。在旧矿山逐渐采掘尽时，能否发现新矿山是件不确定的事，人类的技术和勤劳对此也不能保证。只有实际发现矿山并采掘成功时，才能确定新矿山的真实价值。在今后一两个世纪里，也许能发现更为富饶的新矿山。但是，即便是现在最多产的矿山，其产出比美洲各矿山发现以前的任何矿山都要贫瘠。这两者中实现任何一个，对世界财富和繁荣都不具有什么重要意义，对土地和人类劳动年产物的价值也没有什么意义。年产物的名义价值（表明或代表这年产物的金银量）会有极大差异，但其真实价值（即所能购买和支配的真实劳动量）却完全一样。前一种情况下，1先令代表的劳动可能与今日1便士代表的劳动相同。后一种情况下，1便士代表的劳动与今日1先令代表的劳动相同。但前一种情况下，持有1先令的人并不见得比今日持有1便士的人富有；在后一种情况下，持有1便士的人也并不见得比今日持有1先令的人贫穷。人类从前一种情况得到的唯一好处是金银器皿的低廉和充足，从后一种情况得到的不利则是这些奢侈物品的昂贵与稀缺。

关于银价变化的结论

研究过古代货币价格的人认为，谷物及一般物品的货币价格低廉，金银价格昂贵是金属缺乏的有力证据，也是一些国家贫穷而野蛮的证据。这种观点和国家富裕导致金银富饶、国家贫穷导致金银不足的经济学体系密切相关。关于这一经济学体系，我将在第四卷中予以充分说明，在此我仅谈论以下事实，即金银价值的昂贵，仅可证明以这类金属供给世界市场的各矿山之贫瘠，不能视为国家贫穷与野蛮的证据。穷国不能像富国那样有财力购买很多金银，他们不可能为金银支付比富国还高的价格。所以，这类金属的价值，在穷国不可能比富国高。

当时的中国比欧洲任何国家都富，贵金属的价格比欧洲各国都高。固然，自美洲矿山发现以来，欧洲的财富已大大增加，同时金银价格亦逐渐下跌。但其价格的下跌，并不是因为欧洲真实财富的增加，或土地和劳动年产物的增加，而是因为发现了更为富饶的矿山。欧洲金银量的增加与制造业及农业的发达，几乎发生在同一时期，但其原因大不相同，两者间几乎没有任何关联。金银量的增加是一个偶然事件，与政治无关；制造业及农业的发达，则是由于封建制度的崩溃与新政府的成立。新政府成立后，奖励产业的发展，也就相当于保证了人们享受其劳动的成果。

康沃尔矿区

康沃尔位于不列颠岛西南端的半岛，曾是凯尔特人的领地，于11世纪被英格兰吞并。康沃尔是世界上最早的产锡区，其采矿历史始于石器时代，到12世纪就已创办了锡矿业。由于能用于制造古代最重要的金属青铜，锡在古代曾是一种需求相当庞大的矿产。中世纪末期，康沃尔矿山约达2000座，到18世纪仍然是英格兰重要的工商业基石。

封建制度残存至今的波兰，仍是一个极其贫穷的国家。然而波兰也像欧洲其他各国一样，谷物的货币价格上升，金银的真实价格下跌。所以，波兰的金属数量也在增加，并与土地和劳动的年产量成比例增长。可是，这种贵金属的增加似乎并没有增加该国的年产量，也没有改善其制造业、农业，以及居民的生活环境。西班牙和葡萄牙在美洲拥有许多矿山，而两国贵金属的价格比欧洲其他地方低。因为贵金属从这两国运往欧洲各地，要附加运费和保险费；而且它们或者被禁止输出，或者须缴纳重税，此外还要付走私费。所以，与土地和劳动年产物相比，贵金属数量在这两国必然比在欧洲其他各国要多。虽然这两国已废除封建制度,但其实际体制并不比以前好多少,导致它们比欧洲很多国家都贫穷。所以,金银价格的下跌不能证明一国的富裕与繁荣;金银价格上涨,以及一般商品如谷物价格的低廉也不能证明一国的贫穷和野蛮。

一般商品,如谷物价格的低廉虽不能证明该国的贫穷和野蛮,但家畜、家禽、野生鸟兽的货币价格更低廉的事实,却至少可证明以下两个事实:第一,牲畜的丰富程度大于谷物,由此可推知畜牧荒地所占面积比谷物的耕地大得多;第二,畜牧荒地的地价比谷物耕地的地价低廉,可推知该国的大部分土地还不曾加以耕作和改良。由此可证明,这种国家的资财和人口对其土地面积所持的比例与普通文明国不同,从而可反映出其社会较落后,尚处于初级文明阶段。总之,我们从一般商品或谷物的货币价格的高低,能推断出那时以金银供给商业市场的各矿山的肥瘠情况,却不能据此推断该国的贫富。但是,我们可以从某些商品的货币价格与其他商品的货币价格的高低差别,准确地推断出该国是富裕还是贫穷,它们的大部分土地是否作过改良,其社会状态是野蛮还是文明。

由于银价跌落,一切货物所受影响一定相同,即银价若较前减少1/3、1/4或1/5,所有货物的价格亦必然相应抬高1/3、1/4或1/5,但是各

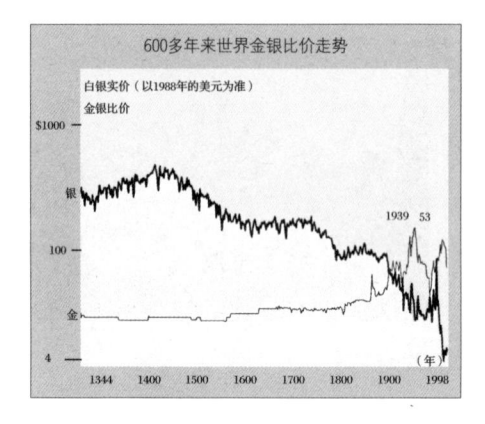

金银比价的历史

世界金融领域,金银比价一直是指导贵金属投资的重要指标。历史上金银比价曾低至15:1,而目前却高达56:1。由于受石油上涨、美元贬值等重大利好因素影响,包括美国高盛在内的世界著名投资银行均继续看涨黄金,金银比价还可能进一步扩大。

种食品价格的上涨对粮食却不产生同样的影响。以18世纪的平均数为例，谷价的上涨远不如其他食品价格上升得那么多。由此可知，后者价格的上涨绝不能完全归因于银价的跌落。

在18世纪前64年间及最近这一气候恶劣的季节以前，谷物本身的价格较17世纪后64年间略低。英国温莎市场价格表、苏格兰各郡公定谷价调查表，以及法国麦桑斯和杜普雷·得·圣莫尔二世所搜集的许多市场账簿都证明了这一事实。过去10年或12年的谷物高价，可由气候不良充分证明，但不必然据此可推测银价的跌落。因此，关于银价不断跌落的看法，并无任何确凿的根据。

或许，等量白银在今日所能购得的食品数量比17世纪少，讨论该变化产生的原因是商品价格的上涨还是白银价格的下跌，这是一种徒劳的区分；对于只带一定数量的银子去市场购物的人，或只有一定货币收入的人来说，这种区分毫无用处。

如果某种食品价格的上涨是由于银价的下跌，原因只有一种，即美洲矿山的丰饶，因为只有从这一事实才可以推断出银价的贬值。尽管如此，国家的真实财富即土地和劳动的年产物也会像在葡萄牙、波兰那样日渐衰微，或像在欧洲其他大部分地区那样日渐增加。但这些食品价格上涨的原因，如果是土地真实价值的增加或耕地的改良，我们就可以得出该国在走向繁荣进步的结论。土地是国家财富中最大、最重要和最持久的部分，若能对此部分的价值是否增加提供根本性的证据，这一区分无疑对人们有所帮助。

在规定某些下级雇员的报酬时，这一区分对公众也有益处。若某种食品价格上涨因银价下跌所致，则此等雇员的报酬应随银价下跌的幅度而增加；如果食物价格的上涨因土地的改良所致，那么如何提高其报酬或提高与否就是一个极其微妙的问题。由于改良及耕作的扩张，一切动物性食物与谷物的价格多少会有所上涨，一切植物性食物和谷物的价格会或多或少地下跌。动物性食物价格上涨，是因为生产此食物的大部分土地经过改良，已适于谷物的生产，于是就得对地主和农场主的谷田提供地租和利润。土地的产出力增加导致其产量变得更大，因此植物性食物的价格下跌。农业的改良使许多植物性食物的上市价格更低廉（因为所需的土地与劳动更少），比如马铃薯、玉米、印度小麦等。

在早期的原始农业条件下，许多植物性食物的栽种仅局限于菜园里，所用工具也仅为锄头。而农业改进后，这些植物性食物，比如芜菁、胡萝卜、卷心菜等，开始在一般农场用耕犁栽植。因此，在社会改良的进程里，如若某一种食品的真实价格上涨，那么另一种食品的真实价格就必定下跌。而判定一种食品的涨价在多大程度上可以由另一种食品的跌价来补偿，那是一件更慎重的事情。家畜肉价格一旦涨到极点（除猪肉外，其他家畜肉在英格兰大部分地方已在一个世纪前达到了极点），此后其他各种动物性食物发生的任何涨价都不会对一般下层人民带来多大影响。英格兰的大部分贫民，不会因家禽、鱼类、野禽或鹿肉价格的上涨而苦恼，反之他们会因马铃薯价格的下跌而倍感幸福。

当食物缺乏、谷价昂贵时，穷人会感到苦恼。但在普通的丰年，谷价处于平均价格时，其他原生产物价格的上涨，不会使穷人感到痛苦，食盐、肥皂、皮革、麦芽、啤酒等制造品，因课税而导致的价格上涨，也许会给他们带来更大的痛苦。

技术改良对工业制品真实价格的影响

然而，改良会产生逐渐降低一切制品真实价格的结果。随着技术的改良，一切制造业的费用，大概都会逐渐减低。机械的改进、技术熟练程度的提升、更合理的分工等，都会使所需的劳动量大为减少。虽然社会日益繁荣，劳动的真实价格大幅上涨，但劳动量的大大减少，一般足以抵消劳动价格的上涨。

诚然，有些原材料真实价格的上涨，超过了技术改良给生产带来的利润。比如，在木器的制作上，木材的真实价格由于土地改良而上涨的部分，远远超过采用机器及完善分工得到的一切利益。但在原材料的真实价格没有上涨或上涨不多的情况下，制造品的真实价格却下降了许多。

蒸汽机车

1814年，英国人史蒂芬孙发明了第一台蒸汽机车，从此，人类加快了进入工业时代的脚步。蒸汽机车成为这个时代文化和社会进步的重要标志和关键工具。

近两个世纪以来，以贱金属为原料的制造品的价格跌落最为显著。17世纪中叶，20余镑才能购得的手表，现在只需20先令。刀匠、铁匠所制成的物品，以及所有伯明翰、谢菲尔德出产的商品，其价格都下跌了很多，即使以两倍甚至三倍的价格也不能制出同样优良的产品。也许，以贱金属为原材料的制造业，比其他制造业更适宜于分工，更可对机器加以改良。因此，其制品的价格低廉，也就不足为奇了。

在同一时期，毛织业制品的价格下跌，就没有这么明显，反之，上等毛织物的价格在这25～30年间还上涨了一些。据说，这是西班牙羊毛的价格上涨所致。由英格兰羊毛制成的约克州毛织物，其价格在18世纪已下跌了许多，不过质量好坏尚有争议，这方面的信息多少有些不确定。今天的毛织业分工状况和一个世纪前大致相同，而使用的机械也无大变动，但在分工和机器这两个方面可能都有小小的改良，使毛织物的价格跌了不少。但是，我们如把这种制品现在的价格和更远的15世纪末的价格比较，则价格的下跌就会明显得多。那时的分工程度，远不及今日精细，使用的机器，也不如今日完善。

1487年（即亨利七世第四年）颁布的法令规定：1码（合0.914米）上等赤呢或花呢，其零售价不得超过16先令，违者每出售1码即罚40先令。依此推断，与今日24先令相等的16先令所含的白银量，就被视为1码上等呢料的合理价格。当时颁布此法令意在杜绝奢侈及普通售价略高的情况。每码1几尼，这在今日可视为此等织物的最高价格。这样说来，上等呢料的货币价格自15世纪末以来大大降低，何况今日最上等呢的质量还要好许多，其真实价格则跌落更大。1夸特小麦的平均价格是6先令8便士，所以16先令就是2.4夸特小麦的价格，而且是3蒲式耳多小麦的价格。现在1夸特小麦价格为28先令，则当时1码最上等呢料的真实价格至少等于现在英币3镑6先令6便士。当时购买1码这种呢料的人必须支付相当于今日3镑6先令6便士支配的劳动量与食品量。

1463年（爱德华四世第三年）颁布的法令规定：农业雇工、普通工人、市内或郊外居住的一切工匠的雇工，不得穿每码2先令以上的呢料。当时，2先令所含的银量与今币4先令几乎相同。但现在每码4先令的呢料比当时最穷的人所穿的任何衣料都要好。所以，就其品质来说，这些人所穿衣物的价格比现在昂贵。每蒲式耳小麦的合理价格是10便士。所以，2先令就是当时2蒲式耳2派克小麦的合理价格。按每蒲式耳合3先令6便士计，现在2蒲式耳2派克小麦值8先令9便士。当时，贫穷雇工购买1码这样的呢料，需支付相当于今日8先令9便士所购得的食品量。但是，该法令旨在抑制贫民浪费，可见他们当时所穿的服装比现在要昂贵得多。

根据同一法令，禁止该阶层人穿价格超过14便士（约合今币20便士）的长袜。当时，14便士约为1蒲式耳2派克小麦的价格，以每蒲式耳3先令6便士计，现在1蒲式耳2派克小麦约值5先令3便士。对今日最穷苦和下等的仆人而言，5先令3便士是一双长袜最贵的价格，而那时的下等仆人必须对长袜支付等于这个数目的价格。在爱德华四世时期，欧洲许多地方都不知道织袜技术，当时的长袜都由普通布匹制成，这也许是价格昂贵的原因之一。据说英格兰最先穿袜子的是伊丽莎白女王，其长袜是西班牙大使赠送的礼物。

以前，精呢和粗呢制造业所用的机械都远不及今日完善。数百年来，这些机械曾有过三次大的改进，此外还有多次小的改进，其次数和重要性现在难以确定。这三项重大改进是：第一，以纺条、纺锤代替纺轮，带来的结果是同量的劳动可完成两倍以上的工作量。第二，使用若干新式机械，大大方便和缩短了精纺毛线卷绕的时间。这种工作在此等机械发明之前，极其烦琐和困难。第三，用漂布机浆洗代替人工，可使布更密致。在16世纪初期，英格兰各地尚没有水车、风车，而阿尔卑斯山以北的欧洲各国亦是如此，只有意大利早些时候采用过此类机械。这些情况，也许在一定程度上可以解释精粗毛织品为何较现在昂贵。那时，此等货物上市前需要花费更多的劳动，因此上市后价格更高。

与今日工业处于发展初期的国家一样，英格兰往昔的毛织业可能是一种家庭制造业，每位家庭成员偶尔都担当工作的一部分；但他们通常只在闲暇时才从事这种工作，因为这种工作并不是他们大部分生活资料的主要来源。劳动者当作副业来生产的制品，其价格总比其生活资料完全或大部分依赖的纺织制品的价格要低廉。那时，英格兰尚未制造精毛织品，而是仰给于富裕的佛兰德。那时，该地制造精毛织品的工人，

画作《餐前的祷告》

高雅的风度、得体的言谈举止可以彰显身份。在这幅画中，一个信仰基督教的新兴资产阶级家庭的成员们正在做餐前祷告，他们神情庄重，显示出良好的修养。

大多以此为其全部或大部分生活来源。此外，当时的佛兰德制品是一种外来货，必须向国王缴纳若干的赋税，至少也得缴纳通行时的吨税和磅税。这些税不是很高，欧洲各国的政策不是用高关税限制外国制品的输入，而是鼓励进口，以便达官贵人能够享受到本国无力提供的便利品和奢侈品。上述情况，或许在某种程度上可以说明为何古时粗纺业和精纺业的真实价格远低于今日之价格。

第二卷 论财富的性质及其蓄积和用途

个人及社会的全部财富，不仅包括消费财富、固定资本和流动资本，也包括有形货物和人的才能等资本。消费财富不产生利润；固定资本不经流通就能产生利润；流动资本只有通过流通才产生利润；固定资本既来源于流动资本，又离不开流动资本的不断供给。

生产性劳动比非生产性劳动节约社会财富，储蓄有利于资本积累。资本增加的直接原因不是勤劳而是节俭。生产性劳动者的工资和就业人数同储蓄率成正比，而储蓄率又等于或至少相当于资本即投资的增长率。

第一章　论财富

个人及社会的全部财富都分成三个部分：用来满足个体基本需要的消费财富，以及固定资本和流动资本。财富的积累对各种资本的影响不同。消费财富不产生利润；固定资本不经过流通就能产生利润；流动资本只有通过流通才能产生利润。固定资本既来源于流动资本，又需要流动资本的不断供给。

货币是社会总资产的特殊部分，属于流动资本。它对社会收入的影响与固定资本相似。财富转化成资本后，可能被其所有者使用，也可能被贷给他人。资本的不同用途对国民的年产量，以及土地和劳动的年产出也会产生不同的影响。消费财富需要流动资本来补充，如果没有流动资本，固定资本就无法产生利润。所以，流动资本自身也须不断补充。不同行业都需固定资本和流动资本来经营，只不过所需固定资本和流动资本的比例不尽相同。

论财富的划分

如果一个人的全部财富仅能维系几天或几周的生活，那么他就不会选择投资，他会谨慎地消费这笔财富，并通过持续劳动满足自身的需要。这时，他的收入全都来源于他的劳动。各国的贫困者大都如此。若其全部财富足以维持数月或数年的生活，他便会将大部分财富用来投资以取得收入，仅保留小部分以满足其基本需求。

因此，财富可以被分成两部分：一部分用来取得收入或利润，称为"资本"；另一部分用来满足基本需求，称为"消费财富"。而消费财富又可分为三部分：其一是为了满足自身基本需要而留存的财富；其二是逐渐赚得的收入；其三是用以上两项财富购置的、至今尚未用完的物品，比如被服、家具等。个人的消费财富，或包含上述三项，或其中两项，或其中一项。

资本有两种使用方法：第一，用资本来生产、购买、销售货物，取得利润。商人使用资本购买货物，然后把货物卖出换成货币，再把货币转化成资本重新购买货物。商人的资本，只有不停流动才会有利可图，这种资本被称为"流动资本"。第二，用资本来改良土地，购买机械、工具或无须易主即能生利的物品，这种资本被称为"固定资本"。

柯西莫·美第奇

美第奇家族是中世纪晚期的佛罗伦萨金融巨头，他们在13—17世纪拥有足以在欧洲呼风唤雨的强大势力，其名下的美第奇银行一直是欧洲最受尊敬的银行之一。美第奇家族从经营银行开始，逐步跻身政坛、教会、贵族圈，先后登上了佛罗伦萨、意大利乃至欧洲上流社会的巅峰。这一家族长期掌握着佛罗伦萨的实权，其中还产生了三位教皇、两位法国王后和若干英国王室成员。图为家族开拓者之一的柯西莫·美第奇，他通过强大的金融实力成为了佛罗伦萨的第一位无冕之王。

不同行业需要的固定资本和流动资本之间的比例，有很大不同。例如，商人的资本都是流动资本。除了店铺和货仓外，他不需要任何机器或工具。而手工业者就必须将部分资本固定在设备上。行业不同，所需的固定资本数额也不相同。一般来说，设备的购价越高，所需的固定资本就越多。因此，裁缝需要的固定资本数额最小，鞋匠需要的相对较高，织工需要的最高。不过，这一类手工业者的资本,大部分还是流动资本,用于支付工资或购买原料。最后,流动资本再以产品价格流入,其中包含利润。

在其他行业,就需要更多的固定资本了。比如,大型铁厂需要巨额资本来配置熔铁炉、锻冶场和截铁场。至于采矿业所需的汲水机和其他设备,通常更为昂贵。

农场主购买农具的资本是固定资本,支付雇工工资的资本是流动资本,购买耕畜的资本是固定资本,饲养耕畜的资本是流动资本。农场主保有农具和耕畜可以获利,支付工人工资和饲养耕畜也可以获利。如果只是为了贩卖耕畜,那么其购买费和饲养费都属于流动资本。农场主可以通过贩卖牲畜而获取利润。如果饲养牛羊只是为了剪毛、挤奶、繁种,那么其购买费就是固定资本,饲养费就是流动资本。保有牛羊或支付其饲养费都可获利,并且其利润来自羊毛、产乳和繁殖上。可见,固定资本和流动资本都能为农场主带来利润。种子的全部价值也是固定资本,但种子并未易主,农场主仍然可以通过种子的繁殖来获利。

社会的全部财富也分为三个部分,各部分都有其独特的功能。

第一部分是消费财富。其特性是不产生利润,因而不是资本。消费者购买的各种商品和住房都属此类。出租房为房东提供收入,对房东而言,具有资本功能。但因房屋自身不能生利,租赁者还得通过其他收入来支付房租。对社会而言,房屋不能带来任何收益,因而不是资本。同样,衣服和家具有时也能提供收入,但也只对特殊个人而言才具有资本功能。在化装舞会盛行的国家,有人以出租舞会服装为业,租期为一夜;家具商人常按月或年出租家具;殡仪店按天或周租赁丧葬用品;很多人出租带家具的房屋,还要对家具收取租金。但这些靠出租物品获取的收入,最终必定源于其他方面。对个人和社会来说,消费财富中消费得最慢的是投在房屋上的财富。但不管房屋的使用年限有多长,它终归还是消费品。

第二部分是固定资本。其特性是不必流通或易主，就能产生利润。固定资本主要包括四项内容：其一，所有能便利劳动、节省劳动的机器和工具。其二，所有能产生收益的建筑，如商店、货仓、厂房、农房、畜舍和粮仓等，这类建筑不仅能为其出租人带来收益，还能成为租借者获利的手段。而这些建筑和住房不同，它们是营利的工具。其三，用有利可图的方法投下的使土地变得更适宜于耕作的土地改良费。改良过的土地和机器一样，可以便利劳动、节省劳动，使等量的流动资本产生更大的收益。相较而言，改良过的土地比易受磨损的机器持久耐用。土地经营者照最有利的方式投下耕作所需的资本以后，简直用不着再对土地进行额外的修葺了。其四，社会成员掌握的有用技能。这些技能，既是个体财富，又是社会财富。要掌握这些技能，通常须受学校的教育，耗费大笔钱财。但是，一旦掌握这些技能，便可提高工作效率，获取更高的利润。

第三部分是流动资本。其特性是只有通过流通才能产生利润。它同样也包括四项内容：其一是货币。有了货币，食品、原材料和制成品才能流通并分配到消费者手中。其二是保存在屠户、牧民、农民、粮商等手中的食品。其三是保存在耕种者、布商、木材商、木瓦匠等手中的衣服、家具、房屋等的原材料。其四是保存在各种商人手中的各种制成品。铁匠铺、家具店、金店、珠宝店和瓷器店等商铺里，到处都陈列着这种制成品。这些保存在各种商人手中的食品、原材料和制成品以及流通所需的货币，都是流动资本。投资在食物、材料和制成品上的资本，通常很快就能回收，然后转化成固定资本或消费财富。

固定资本既来源于流动资本，又需要流动资本的不断补充。一切机器和工具，都要用流动资本来购置。流动资本还提供了制造机器和工具的材料，以及工人的工资。而机器和工具被制成后，也需要使用流动资本来维修。没有流动资本，固定资本就不能产生收入。生产使用的原料

约克郡羊毛加工车间

导致羊毛加工业繁荣的主因是市场规模的扩大;但不容忽视的是,羊毛加工业的大规模生产也导致收入分配向大生产商倾斜,大生产商越来越大,而一众小生产者不得不沦为雇工。图为19世纪约克郡的羊毛加工车间,当时出现了一批被称为"蓝指甲"的手工业者,每周都要跑到雇佣市场上等着招工,其处境和地位已与靠出卖劳力为生的工人相差无几。

和工人生存所仰赖的食物,都出自流动资本。没有流动资本,即使最有用的机器和工具,也生产不出任何东西。同样,没有流动资本为农业工人的生活提供保障,无论对土地作何种改良,也不能产生收益。维持耕作和收获的工人,也离不开流动资本。

固定资本和流动资本存在的终极目的,就是维持并增加消费财富。人民的衣、食、住,没有哪一样离得开消费财富。人民的贫富,也取决于固定资本和流动资本所能创造的消费财富的多寡。

因为流动资本需要不断补充固定资本和消费财富,所以流动资本也须有不断的补充,否则便会迅速枯竭。流动资本的补充主要靠三个来源:土地、矿山和渔业。这三个来源,不断提供食物和原料,其中一部分被加工为制成品。正是由于这种供给,不断从流动资本中抽出的食物、原料和制成品,才能得到新的补充。另外,还得从矿山开采金属来维持和补充用作货币的金属。在通常情况下,货币不像其他财富(食物、原料和制成品)一样,需要不断从流动资本中抽出,但像其他物品一样,货币也难免有磨损,难免输往他国,因此仍需不断补充,只不过数量要小得多。

土地、矿山和渔业，都需要固定资本和流动资本来经营。而其产物，不仅能为这些资本带来利润，还能为社会其他资本带来利润。农民每年都为制造商补充食品和原材料，而制造商也为农民补充制成品。我们知道，农民有的是谷物、牲畜、亚麻和羊毛，缺的是衣服、家具和工具。买谷物、牲畜和羊毛的人，不一定卖衣服、家具和工具。所以，农民得先用原材料换取货币，然后再用货币换取所需的制成品。经营渔业和矿山所需的资本，也至少有一部分由土地来补充。捕鱼和挖矿，都离不开地面的产物。

土地、矿山和渔场的出产额，在自然生产力大小相等的情形下，与投资额的大小及资本使用的好坏成比例。在投资额相等、资金使用好坏相当时，它们的产量就与自然生产力的大小成比例。

在生活相对安定的国家，人们都大肆挥霍财富，追求眼前享乐或未来利润。那些用于享乐的财富就是消费财富，用于逐利的财富就是资本。获利的方法有两种：要么把财富留在手中，要么把它投出去。留在手中的财富是固定资本，投资的是流动资本。

而在动荡的社会，人们担心国家专制和君主暴虐，往往会把大部分财富藏匿起来，到灾难来临时便于避难。据说，在土耳其、印度以及亚洲其他各国都存在这种情况。在旧时的封建社会，我们的祖辈似乎也是如此。发掘的宝物，在当时被视为欧洲各国君主的一项巨大收入。凡是从土地里面挖出的、无人认领的财宝，一概归国王所有。当时，人们非常重视这种宝物；但如果没有国王的特许，这种宝物就既不属于发现者，也不属于土地所有者。金银矿产亦然，没有国王特许，人民不得随意开采，因为金银矿产不在普通土地所有权以内。但不太重要的铅矿、铜矿、锡矿和煤矿，人民可自由开采。

论作为社会总财富的一部分或作为维持国民资本的费用的货币

大部分商品的价格，都被分解为劳动工资、资本利润、土地地租三部分。诚然，有些商品的价格仅由劳动工资和资本利润两部分构成，甚至还有极少数商品的价格仅由劳动工资一部分构成。无论如何，每种商品价格势必包括上述三个部分中的一个或全部，其价格不用于支付地租或工资，就必然用于支付利润。一国年产物的总价格或总交换价值，必然要被分解为这三个部分，再分配给国内居民或作为劳动工资，或作为资本利润，或作为土地地租。

一国土地和劳动年产物的全部价值，虽然被这样分配给各居民，成为各居民的收入，但正如个人私有土地的地租可分为总地租和纯地租一样，国内全部居民的收入，也可分为总收入和纯收入。私有土地的总地租，包含土地经营者付出的一切；在总地租的基础上减去管理费、修缮费等各种必要的费用后，其余留给地主自行消费的部分，称为纯地租。换句话说，纯地租就是在不损害地主财产的前提下，留供地主当前消费的资财，地主可用它来购置衣食、住宅等。地主的实际财富，视纯地租的多少而定。

一国全体居民的总收入，包含其土地和劳动的全部年产物。而留供居民自由使用的那部分财产（即总收入与维持固定资本和流动资本的差值）便是纯收入。换句话说，纯收入是以不侵蚀资本为前提，留供居民享用的资财。这部分资财，可供日常消费，或用来购置生活必需品、便利品、娱乐用品等。国民真实财富的多少，不取决于总收入的多少，而取决于纯收入的多少。

显然，补充固定资本的费用，必须从社会纯收入中扣除。如机器、工具、房屋，都必须修补和修缮后，才能使用和居住，因此，修补和修

缮所花的材料,以及把这种材料制为成品所需的劳动,都不能算作社会纯收入。然而,这种劳动的价格也许会成为社会纯收入的一部分,因为从事这种劳动的工人可能会把工资的全部价值留作直接消费的资财。但在其他种类的劳动中,不但劳动的价格归入这种资财,而且劳动的产出物也归入这种资财。当劳动的价格归入工人留供当前消费的资财,劳动的产出物则成为他人留供当前消费的资财。别人的生活必需品、便利品和娱乐品,均由工人的劳动而增加。

漫画《投资加拿大》

近代的英国不仅有着强大的本土工商业,其海外投资也遥遥领先于他国。1850年,英国海外投资为2亿镑,到20世纪初增至40亿镑,相当于英国国民财富的1/4,占资本主义国家对外投资总额的1/2。在这张绘于1907年的漫画中,英国正带领着美国向加拿大疯狂投资。英美资金的注入使加拿大在20世纪初发展迅速,直到"一战"前都是世界上经济增长最快的国家。

增加固定资本的目的在于提高劳动生产力,即使同一数目的工人能够完成更多的工作。设备齐全和设备不齐全的农场相比较,即使两者拥有的工人数目相同,但前者所获产物必定会更多。适当花在固定资本上的费用,可带来丰厚的回报,而且由此增加的年产物价值,将会大大高于改良所需的费用。不过,改良所需的费用,得动用这种年产物的一部分。原来可直接用于增加生活必需品和便利品的部分材料和人工,现在也必须改作他用。机械学上的改良,使同等数量的工人,得以在更低廉、更易于操作的机器设备上完成同等数量的工作,这实为社会的福利。从前,维修较昂贵和复杂的机器设备,需花费一定数量的材料和人工;现在,机器改良后,这笔开支就可节省下来,还可以凭借机器的力量,增加产品的数量。譬如,某制造厂每年的机器修理费从1000镑变为

200镑，节省的费用就可用来增购材料和增加工人。这样，产品的数量自然增加，由此产生的社会福利亦随之增加。

大国固定资本的维持费，可与私有土地的修理费相比。保持土地的产出，从而保持总地租和纯地租的数额，也须常备修理费。但如若措施得当，修理费减少，而产出不减少，那么总地租也不会减少，纯地租则必定会增加。

固定资本的维持费虽然不能被列于社会纯收入之中，但流动资本的维持费却不可与之相提并论。由货币、食品、材料、制成品构成的流动资本，我们说过，其中的食品、材料、制成品经常从流动资本中抽出，用作社会固定资本或直接消费。凡是没有变为固定资本的消费品，就变作留供当前消费的物资，而成为社会纯收入的一部分。所以，社会纯收入中的任何部分年产物都不是维持食品、材料、制成品这三部分的流动资本，而是用于维持固定资本所需的费用。就这点来看，社会流动资本与个人流动资本不同，个人的流动资本不能算作个人的纯收入，个人的纯收入全由利润构成。社会流动资本虽由社会个人的流动资本构成，但不能说社会流动资本绝不能算作社会纯收入。通过其他渠道获得收入的人，可用该收入交换商人出售的货物，使商人获得利润，大家的资本都不会因此而减少。

因此，社会流动资本中，货币只有被限制流通才会减少社会纯收入，它对社会收入的影响和固定资本相似。

第一，机器和工具的建造与维持需要费用。这项费用虽然是社会总收入的一部分，但却是从社会纯收入中扣除而来。同样，货币的收集与维护也需要费用，该费用虽是社会总收入的一部分，但也是从社会纯收入中扣除下来的。作为商业工具的货币，它可以把社会生活的必需品、便利品、娱乐品，以适当的比例分配给社会上的各个人。机器和工具的维持，势必消耗一定数量的材料，即金银和一定数量的劳动。

第二,作为固定资本的机器和工具,都不是总收入或纯收入的一部分。同样,货币也不是社会收入的一部分,它只是货物借以流通的辅助手段,和流通的货物大不相同。构成社会收入的只是货物,而非货币。计算社会总收入或纯收入时,必须减去货币的全部价值。

我们通常所说的一定数额货币,意思不仅指这一数额货币所含的金块,还暗指这一数额货币所能换取的货物。如若某个人一星期的养老金为1几尼,他可用这1几尼购买一定数量的生活用品。他每星期的真实收入,绝不能同时与1几尼和1几尼所能购买的货物相等,它只能等于二者之一。事实上,与其说等于这1几尼,还不如说等于这1几尼所值更恰当。一国全体居民每星期或每年的收入,虽然都由货币支付,但他们每星期或每年的真实收入总与他们所持货币的购买力大小成比例。因此,他们收入的全部,显然不能既等于这些货币,又同时等于这些消费品,而只能等于二者之一。

我们常用一个人每年取得的货币金额来表示他的收入,但之所以这样,只因为这个金额可以决定他的购买力。换而言之,这个金额可以决定他每年所能换取的消费品之价值。但构成他收入的,是这种购买力或消费力,而不是含有这种价值的金块。

就社会而言,情况更为清楚。每年支付给个人的货币数量常常等

画作中的"中世纪贷款商"

借贷资本是放贷者为了获取利息而暂时贷给借款人使用的货币资本。生息资本家拥有货币的所有权,可以凭借这种所有权获得利息。这种"钱生钱"的野心滋生了大量的贷出人和借款人。但这种业务不一定会带来丰厚的回报,由于借款人不道德的行为和货币贬值等原因,这种理财方式也存在一定的风险。图为中世纪的犹太商人(右)在和前来借款的客户(左)商谈利息与还款时间。

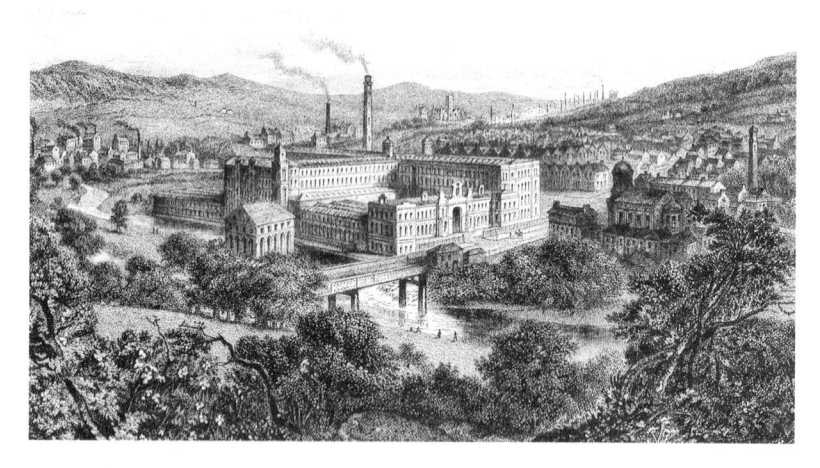

约克郡的毛纺织工业城

　　由于16—17世纪大规模的"圈地运动",既为工场手工业的生产提供了充足原料,又把被剥夺了土地的农民大批转化为雇佣劳动者,使得工场手工业有了很大的发展,特别是毛纺织业工场遍及英国各地,成了早期工业发展的主导部门。在17—18世纪,英国至少有1/5的人口靠毛纺织业生活,毛纺织品占了英国出口额的1/3。英国东部地区如约克郡等城市,集中了各大型资本主义手工工场。图为约克郡的毛纺织工业城。

于其收入,正因如此,他领取的货币金额表明了他收入的价值。但流通在社会间货币的数量,绝不等于社会全体人员的收入。比如有1几尼,今日可付给甲作为其养老金,明日可付给乙作为其养老金,后日又可付给丙作为其养老金。所以,任何国家年年流通的货币数量,总是少于年年付出的全部养老金。但购买力,换句话说,用养老金陆续买进的全部货物和这全部养老金却具有相同的价值。同样,领取养老金的所有人的收入,也必定和这全部养老金具有相同的价值。由于货币数量远低于收入的价值,因此,收入不可能存在于货币之中,但可以存在于购买力之中,存在于用货币购买的货物之中。

　　货币是商业流通的辅助工具,收入的获得也离不开货币的流通。货币是资本中极具价值的一部分，但却不是社会收入的一部分。把收入分配给应得收入者，固然靠的是内含金块的铸币的流通，但金块绝不能算作社会收入的一部分。

最后，构成固定资本的机器和工具，有些类似货币那一部分流动资本。生产和维系机器的费用之节约，如若不曾减损生产力，那就是社会纯收入的增益。同样的道理，收集和维系货币这一部分流动资本的费用之节约，亦是社会纯收入的增益。

为什么固定资本维持费的节约，就是社会纯收入的增益呢？企业的全部资本，可分为固定资本和流动资本，当总资本不变时，一部分变小必然导致另一部分增大。固定资本提供生产材料和劳动工资，在生产力不降低时，每节约一部分固定资本费用，必然增加企业投入的资金，结果就增加了土地和劳动的年产量，增加了社会的真实收入。因此，在不减少劳动生产力的情况下，节约固定资本的维持费，可以增加社会的纯收入。

用低廉的纸币替代昂贵的金银币作商业交换的媒介，是因为纸币更便于流通。但它究竟是怎样运转，并增加社会总收入或纯收入的呢？人们对此还不甚明了，因此需要进一步阐明。纸币有好几种，银行发行的流通券是最普通、最适用的一种。国民若对某一银行家的资产、行为、处事等充分信任，相信他能随时兑换他的期票，那么，该银行家发行的钞票便可在社会上通用，其作用与金银币一样。

假设某银行家把10万镑期票借给他的客户，由于这种期票和货币有同样的作用，因此，债务人自当支付利息，这利息便是银行家获利的主要来源。虽然部分期票会不断回兑，但总有部分在社会上不断流通。因此，他发出的期票只要有2万镑的金银币，就足以应付随时发生的兑现需要。这2万镑的金银币所起的作用和10万镑的金银币一样。同一数量消费品的交换、周转和分配，可通过这10万镑的期票来实现，它所起的作用和10万镑的金银币相同。因此，可从国内流通中节省出8万镑的金银币。假设国内其他银行家都如此经营，流通国内货物所需的金银币就可节省4/5。

假设某国某时代的通货总量为100万镑，该金额足够支撑该国全部土地和劳动年产物进行流通。又假定银行发行100万镑的期票，并在金柜内保留20万镑，以备不时之需。这样，流通领域有80万镑的金银币和100万镑的期票，总共180万镑。但国内土地和劳动的年产物的流通、周转和分配只需100万镑，现在国内年产物数额又不能马上增加，100万镑足以充满流通渠道。但现在流通界共有180万镑，多出的80万镑定然会溢流，因为国内无法容纳这一数额。因此，它们一定会被转移到外国去寻求其他用途。但纸币则不能转移到他国，因为它远离发行银行，就等于远离法律可强迫其兑现的国家。国内流通的渠道将由100万镑的纸币来填充，从而代替以前使用的100万镑的金银币。

送往外国的巨量金银币，绝不是无所为的，绝不是送给外国作礼物。其外流定然会换进一些供本国人消费的外国货，或转卖给别国人民消费。假设运送金银的人是甲国人民，他们用巨量金银购买乙国货物以供两国人民消费，他们所经营的就是贩运贸易，由此获得的利润当然是甲国纯收入的增益。所以，巨量金银就像新基金一样，可用以经营其他项目。国内事业现由纸币经营，金银则移转为新的基金。

用巨额金银购买的外国货不外两种：其一，闲散阶级消费的商品，如葡萄酒、绸缎等；其二，更多的材料、工具和食料，以便维持和雇用更多的勤劳人民，让这些人再生产出其年消费的价值和利润。

用于前一途径，无异于鼓励奢侈，增加消费而没有增加生产，也没有增加维持这项消费的固定资金，对社会有害。用于后一途径，却可以鼓励勤劳，虽然增加了社会上的消费，但也为维持这项消费提供了固定资金，消费者会把每年消费的价值，全部再生产出来，同时提供利润。

社会的总收入，即土地和劳动的年产物势必增加，其增加的数量，等于工人对加工材料所增加的全部价值。社会的纯收入，也必定增加，其数量相当于上述价值减去这些工人使用工具机械所需的维持费后所剩余的价值。

输往外国的大部分金银，若是用来购买本国消费的外国货，那么就有大部分一定是用来购买第二种外国货的。诚然，的确有这样的人，收入未增，却大肆挥霍；但不乱花钱的人毕竟是大多数，因为大多数人总是奉行谨慎原则。闲散阶级的收入，不会由于银行的运作而增加。因此，除少数人以外，闲散阶级的费用也不可能由于银行的运作而大大增加。闲散阶级对外国货的需求，大概一仍其旧。由于银行的运作而用来购买外国货以供本国消费的货币，亦只有极少的一部分，是用于购买闲散阶级所需的外国货的。大部分还是用来振兴实业，而不是用来奖励闲散。

计算社会流动资本所能推动的劳动量时，我们须记得，在社会流动资本中，仅可计算食料、材料、制成品这三项。而只是用来实现这三项流通的货币，不可计算在内。产业的运转离不开三件东西，即材料、工具和工资。材料是工作的对象，工具是工作的手段，工资是工作支付的报酬。货币既不是工作的材料，也不是工作的工具；工资虽用货币支付，但构成工人真实收入的是货币的价值，或者说是用金块所能换取的货物。

任何资本所能雇用的劳动量，定与该资本所能向工人供给的材料、工具以及维持生活的费用相等。货币可用来购买材料、工具和维持工人的生活费用，但该资本所能雇用的劳动量，显然不能同时等于进行购买的货币和被购买的材料、工具和生活必需品。它只能等于两者之一，与其说等于前者，还不如说等于后者。

纸币代替金银币后，全部流动资本所能提供的材料、工具和生活费

画作《谷物商人》

劳动分工起源于人们以物易物的行为。由于分工的存在,劳动者除满足自身所需的物品外,还有大量劳动产品可供出售。这幅14世纪的绘画描绘了意大利佛罗伦萨的谷物商人进行交易的场面。

的全部数量必按被代替的金银币的全部价值而增加。流动和分配的全部价值,现在被加在流通的货物的价值上面。这件事,有点像某个企业主的处境。由于机器的改良,这个企业主弃用旧机器,将新旧机器的价差附加到流动资本中,用来购置材料和支付工资。

我们无法确定一国流通的货币与对应货物之间的比例,这有可能是1∶5、1∶10、1∶20或1∶30。但是,不管货币对年产物全部价值所持的比例如何微小,年产物中只有一小部分用来作为维持产业的基金,但货币对这一部分的年产物所持的比例,却不会小。如果纸币代替金银币,流通所需要的金银量减少到原先的1/5,那么其余的4/5,若有大部分用来维持产业,当然会大大增加产业的数量,从而大大增加土地和劳动年产物的价值。

近二三十年来,在苏格兰的几乎每一座大都市,甚至某些穷乡僻壤,都设立了许多银行。国内的商业,大多把纸币用作购买和支付手段。除了兑换20先令的钞票之外,很少见到银币,金币更少见。银行多了,难免良莠不分,以至有必要敦促议会立法制裁。不过,银行的设立,为国家带来了莫大收益,却是毋庸讳言的。有人说,自银行创立以来,格拉斯哥15年来的商业竟然翻了一番。1693年,国会议决在爱丁堡创立苏格兰银行;1727年,国王敕令设立皇家银行。在此后的几十年内,苏格兰的商业规模超过了原来的4倍。真实情况是否如此,我不敢妄论。如果真的是如此，这么巨大的进展似乎不能完全归功于银行，或许还有其他原因。不管怎样，银行对苏格兰商业和工业的巨大发展所起的推动作用毋庸置疑。

在英格兰和苏格兰合并前，苏格兰境内流通的银币送入苏格兰银行重新铸造，价值为411117镑10先令9便士。金币的真实数额虽无记载，但据苏格兰铸币厂旧账簿所录，每年铸造的金币数额略多于银币。当时，许多人害怕银币进入苏格兰银行后不能收回，所以许多银币没被送入苏格兰银行；此外，还有若干流通的英格兰铸币也没能收回。所以，在苏格兰与英格兰合并前，通用的金银币价值不少于100万镑，它几乎构成了苏格兰的全部通货量，虽然当时的苏格兰银行发行了不少钞票，但在全部通货中仅占极小部分。现在，苏格兰的全部通货量估计不少于200万镑，其中金银币不超过50万镑，苏格兰的金银币虽然减少了，但其真实财富和繁荣并未受影响。相反，农业、制造业、商业和劳动年产量都有显著增长。

银行以贴现汇票的形式来发行期票，不等期满，汇票即可在银行预贷现金，银行扣除票据到期应有的利息。到期后，兑付的汇票可偿还银行垫付的价值，还带来利息形式的纯利润。银行并不以金银的形式支付给商人，而是通过期票向商人贴现。银行贴现的汇票金额越多，商人获得的纯利益也就越多。

苏格兰的商业至今仍不甚繁荣，在上述两银行创立时尤不足道。如果两银行只经营汇票的贴现，营业必不景气。所以，它们发明了另一方法来发行信用券，即所谓现金结算法。无论任何人，只要有确实信用和地产保证人担保，并承诺在银行要求偿还时，如数还清所借金额及法定利息，就可向银行借得一定数额的款项。这种放贷方法，世界各地银行都有，但苏格兰各银行所接受的还款条件特别简易。这也许是其银行业旺盛、国家得益深厚的主因。

在苏格兰，向银行借款的人可采取分期还款的方式，还款时间以首次还款日期起，至全部还完的日期止。商人和实业家都觉得这种方法很便利，因而在一切支付上都欣然接受银行钞票，并劝他人接受。在客商借款时，银行大都付给他们本银行的钞票。商人用钞票购买制造者的货物；制造者用钞票购买农场主的食料、材料；农场主用钞票支付地主地租；地主用钞票购买商人的各种商品；商人最后又用钞票向银行偿还其本人的借款。这样，全国的金钱来往几乎都用钞票进行，银行业务得以兴旺。

通过这种现金结算法，商人可以把生意做得更大。假设两个商人，一个在伦敦，一个在爱丁堡，他们所经营的业务和投入的资本相等。爱丁堡商人由于有现金结算法，因此生意规模能够做得更大，雇用的工人也更多。伦敦商人则因无现金结算法，常须在自己金柜内或银行家的钱柜内（那自然没有利息）存放一定数量的货币，以应付他人所要赊欠货款的要求。假定这笔款项是500镑，仓库内的货物价值就会少500镑（与爱丁堡商人相比）。由于他必须保留如此巨大数目的资金，那么他每年出售的货物价值总比原可出售的货物价值少500镑。故他每年的利润、所能雇用的工人都会相应减少。

反之，爱丁堡商人由于有现金结算法，他可以向银行借钱，并持续销售货物，逐渐偿还其银行债务。与伦敦商人比较，他可用同等的资本囤积更多货物，因而赚取更大的利润，同时也为市场提供更多的就业机会，国家也因此受益。

在商业状况不变的条件下，任何国家流通的货币总额，决不能超过它所代替的金银价值。例如，苏格兰通用纸币中最小的货币是20先令，那么在全苏格兰流通的通货总额决不可超过每年兑换20先令及以上的金银数额。否则，过剩的部分既不能在国内流通，又不能被输往国外，它们必须返回银行去兑换金银。既然不能把纸币送往外国，持有钞票的人们会向银行要求兑现。因为过剩的钞票被换作金银输往国外后，很容易为它找到用途。过剩的数额将全部回到银行兑现，如果银行兑现困难或迟缓，要求兑换的人将会更多。

各种企业的经营费用都少不了房租和工人、职员、会计等人员的工资。除此之外，银行持有的费用可分为两类：第一，金柜内随时保留巨额货币，以应付持票兑现的不时之需。第二，及时补充因应付不时之需而空虚了的金柜。如果银行发行的纸币超过国内流通的需要，过剩的部分就会不断转来兑现。因此，银行的金柜要增加储存的金银。对于金柜的补充尚须不断努力。大量流出的铸币不能在国内流通，因为这种铸币是为兑换超过流通需要的纸币而流出的，所以也是国内流通所不需要的。因此，它会以某种形态输往外国以寻求有利用途。但金银的不断输出又会加大银行需要金银来补充金柜的困难。这样，银行必须按照被迫增加的业务比例来增加第二项费用，而且增加得比第一项还多。

假设某银行发行4万镑面值的纸币，这恰是国内流通所需要的数目。为应付不时之需，银行金柜常常储有1万镑的金银。假使银行准备发行44000镑，增加的4000镑就会超过社会容易吸收和使用的数目，它们一经发行马上就会返回银行。这样，为应付不时之需，银行金柜应该储存的款项就会变为1.4万镑。于是，过剩的0.4万镑将毫无利益可得，银行还要负担不断收集和发放0.4万镑金银产生的费用。

如果所有银行都关注自身的利益，流通中就不会出现过剩的货币。但事实并非如此，于是流通界纸币过剩的现象就常常发生。纸币发行过多，剩余货币不断来回兑换金银。英格兰银行每年都要铸造80万～100万镑的金币，每年平均铸币85万镑。因金币磨损现象严重，银行以每盎司4镑的高价购买金块，以铸金币，而铸成的金币每盎司却仅值3镑17先令10.5便士，损失率达2.5%～3%。虽然银行免付铸币税，但铸币的一切费用全由政府负担，政府的慷慨不能完全免去银行损失。

苏格兰皇家银行

苏格兰皇家银行是世界上第一家提供透支服务的银行,成立于1727年的爱丁堡,一直和苏格兰银行是竞争对手。以当代的市场资金计,它是苏格兰最大、英国第二大、欧洲第三大,以及全球第五大的银行。

由于发行过多,苏格兰银行不得不委托代理人收集货币,其费用很少低于1.5%或2%。收集货币还附加0.75%的费用,或每100镑15先令的保险费。通常,代理人所收集的货币还不能及时补充银行的金柜。于是,苏格兰的银行就得向伦敦各银行开汇票,以筹集所需数目。在伦敦银行向它们开汇票索取贷款以及利息和佣金时,苏格兰许多的银行常常无法应付,不得不向原债权人或伦敦别家银行开第二批汇票。有时,同一金额的汇票会在伦敦和爱丁堡间往返两三次以上。债务银行须付全部金额的利息和佣金。苏格兰一些谨慎的银行有时也不得不采取这种方式。

为兑换过剩纸币,英格兰银行或苏格兰银行付出的金币同样都超过其流通的数额。于是,这些金币以铸币的形式或被熔成金块输往外国,以每盎司4镑的高价卖给英格兰银行。输往外国的金块或金币中,总是最新、最重、最好的那部分。在国内,以铸币形态存在的金银,无论轻重,其价值相同;但在外国或在国内熔为金块时则不一样,重的价值较大。尽管英格兰银行每年发行很多足值铸币,但铸币的形状却每况愈下。铸币常常被磨损或剪铰,因此金块的价格就不断提高,每年的铸币费用也日渐升高。英格兰银行用铸币供给本银行的金柜,间接供应了全国。英格兰银行金柜内的铸币以各种方式流向全国。所有由纸币过剩造成的铸币缺乏,都得由英格兰银行供给。苏格兰的各银行为自己的不慎和疏忽付出了巨大的代价。然而，英格兰银行为自己以及苏格兰各银行付出了更大的代价。

英国某些冒险家的过度经营，是造成纸币过剩的原因之一。商人或企业家应根据自身的需要向银行借款，以应付不时之需。这部分款项，既不应该是他的全部资金，也不应该是资金的大部分，只能是应付不时之需的那部分资金，企业向银行借钱应限于这个部分。如果银行按这个限度贷款，发行的纸币额决不会超过国内流通所需的金银额，也决不会导致纸币过剩。

假设银行给商人的贴现由真实债权人向真实债务人开发，到期归还的款项就可以填补银行垫付的价值。这种汇票，一经到期就会兑付，银行垫付的价值及其利息也一定可以收回。这时，银行的金柜就像一个水池，流出的水与流入的水的数量相等，水池总是保持同样的水量。这样就不需多少费用，甚至完全不需要费用来补充银行的金柜。

佛罗伦萨的毛纺工场

14—15世纪，随着资本的集中和劳动力的市场化，大量小手工业者破产，资本主义开始萌芽。伴随着15世纪地理大发现后的海外殖民扩张、西欧人口增长和大城市的飞速发展，西欧多数家庭手工业向工场手工业发展。当时英国的毛纺织业就是由这些手工业作坊组成的。到17世纪的英国，拥有几百个工人的大毛纺工场已经相当普遍。手工工场的出现，标志着企业的诞生，因为手工工场实现了资本和劳动的彻底分离。图为1570年佛罗伦萨的一家毛纺手工工场，资本主义的作业方式在这里已经初见端倪。

经营适度的商人，除银行给他的汇票贴现外，如果还允许按简单条件用现金结算，在他需要金钱时给予贷款，在他货物售出时分期偿还，那他就无须常备专款以应不时之需。当确有需要时，就可凭现金结算法来应付。不过，银行应注意自己的短期回收总额是否等于商人的借款总额。如果数量基本相等，就可放心与他们来往。这样，金柜的流出量固然很大，但流入量也很大，金柜可始终一样或几乎一样充满，反之，如果数量不等，那就不能继续与其以这种方式来往。若金柜的流出量远大于流入量，则很容易造成金柜枯竭。因此，在相对较长的时期内，银行非常谨慎地要求所有客户必须定期还贷。

这样，除不必特别破费来补充金柜外，银行还得到其他两大利益。第一，银行可以很准确地判断债务人的财政状况。债务人还债情况是否正常，大都取决于业务好坏。银行的放债对象有数百家之多，因此，除了自己账簿所提供的资料外，银行还需要了解债务人的其他情况。这也是苏格兰各银行要求债务人经常还款的重要原因之一。第二，银行不至于过剩地发行纸币。在一定时期，若顾客偿还的数额大都等于贷出的数额，那就证明银行发行的纸币额没有超过国内流通所需的金银量。偿还债务的频繁性、按时性及偿还数额都足以表明，银行发行的纸币并没有超过借款人所必须以现金形式保留的那部分资金。否则，一定时期内顾客偿还的数额与贷出的数额一定不等。也就是说，纸币的发行量超过实际所需，即超过国内流通所需的金银量。因此，过剩的纸币马上会返回银行兑换金银。

贴现汇票法和现金结算法的实施，为有信用者提供了便利，使他们无须保留资金以备不时之需。出于银行本身的利益，商业的流动资本不能全部从银行借款，即使是大部分也不行。因为流动资本以货币形式时进时出，但全部收入与全部付出的时间相距甚远，要在短期内符合银行的利益，使偿还的数额等于贷出的数额是不可能的。而固定资本就更不应该大部分从银行借款。例如，冶铁行业用于兴建工场仓库、工人住宅的资本，采矿业用于掘井排水、建筑道路车轨的资本，拓荒者用于开垦荒地、筑围墙、建农舍的资本等，这些事情所需的大部分款项，都不宜贷自银行。

固定资本的收回速度比流动资本的收回速度要缓慢得多；即使在投资方法非常适当的情况下，固定资本的费用也要经过许多年才能收回，这显然于银行不利。企业主固然可以适当使用借入的资本经营，不过为了保证债权人的利益，债务人应持有足够的资本来保证债权人资本的安全。即使债务人的项目计划操作失败，债权人也不至于因而蒙受损失，这对债权人才算公道。然而，需要等若干年才能归还的借款都不应该向银行借款，更好的办法是：债务人用抵押向那些靠借贷利息为生的私人借款，因为他们愿意把钱长时间借给有信用的人。银行把钱放贷出去时不收取抵押品、印花费、律师费，还按照苏格兰银行制订的那些宽松条件还款，这对商人、企业主来说，银行无疑是最方便的债权人。不过，对于这样的银行，这样的商人却是最不方便的债务人。

25年来，苏格兰各银行发行的纸币，完全满足国内流通所需，银行对苏格兰商人的帮助已到极限。某些企业的经营开发已有些过度。因此，银行在这方面利润已经减少了。只要企业的经营规模略为过度，就不免有此结果。然而，过分追逐利益的商人常常得寸进尺，埋怨银行目光短浅、胆小怕事。他们认为，银行有给他们提供资金的义务，但银行的意见则不同。于是，在银行拒绝推广信用时，有些企业家想出了循环划汇的办法。濒临破产的商人尤其喜欢循环划汇。在英格兰，用这种办法筹集资金，已有很长时间。由于受高利润的诱惑，在上次战争期间，商人们常常不自量力，过分扩大事业规模。于是，循环划汇的操作模式大行其道。后来，该办法又由英格兰传入苏格兰。由于苏格兰的贸易和资本均有限，因此循环划汇在苏格兰更为流行。

究竟何谓循环划汇？很多实业家对这一操作模式对银行造成的影响不甚了解。

当欧洲法律还没有强迫商人履行其契约时，商人间形成了赋予汇票

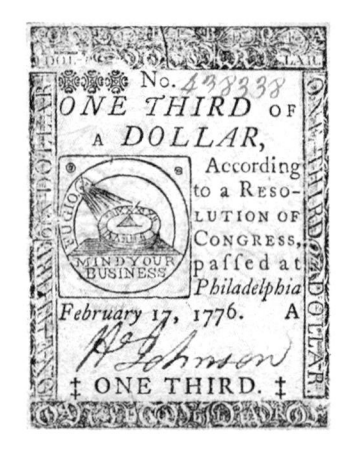

殖民地时期的"美元"

在独立战争前，北美地区的早期殖民者使用银行券流通，当时就已经出现了美元的雏形。1785年，美国国会选定美元作为基本的货币单位，1美元为100美分。图为北美殖民地在美国独立前使用的银行券。

非常权利的习惯。即它们（尤其是两三个月的短期汇票）比其他任何票证都容易借到现款。若汇票到期，即便承兑人破产也不能立即照付。遭到拒付后，汇票就回到出票人手中，如出票人不能立即支付，也会宣告破产。如果汇票在到期之前被用以购货支付、借款抵押，经过了数人之手，这些人各自在票据背面签上自己的名字（称为背书），他们对汇票负有责任，如果汇票到了自己面前而不能立即支付，也会被宣告破产。近两百年来，这种惯例已被欧洲各国法律采纳。短期汇票对持票人多少有一种保障，虽然他们都有破产可能，但不见得在这短时间内会发生。房子虽然已经倾斜了，但不见得今晚就会倒塌，因此我可以冒险住一晚，汇票持有人的心态就如同偻行者的心态。

假设爱丁堡商人甲向伦敦商人乙开出一张两个月后兑现的汇票，事实上，乙并不欠甲任何东西。他之所以愿意承兑甲的汇票，是因为在付款期限到以前，乙也可向甲出一张数额相等、两月后兑现的汇票，并外加利息和佣金。所以，在两个月的限期未满以前，乙向甲出一张汇票；同理，甲又在这汇票满期之前，再向乙开出第二张汇票；在这第二张汇票满期之前，乙照样向甲再开出汇票，都以两个月为期限，照这样循环下去，可连续至数月，甚至数年。不过，乙向甲开出的一切汇票，累积下来的利息和佣钱，都要由甲支付，利息率为每年5%，佣钱每次不少于0.5%。如果佣钱每年支付6次，单这一项，甲每年支付的费用至少也是

8%。如果佣钱高涨，那么费用更大。这就是所谓的循环划汇。

试想，国内大部分商业的平均利润率在6%～10%之间。采用循环划汇方式借钱的商人，除了支付借钱的巨大费用外，还能产生很大的剩余利润。许多规模宏大的计划就靠这个方法来获取巨大的利润。但是，当他们营业快结束时，或无力再继续经营下去时，能够实现梦想的没有几个。

甲于到期前两个月在爱丁堡银行贴现。同理，乙也于到期前在英格兰银行或伦敦的其他银行贴现。银行贴现这些循环汇票所支付的大都是钞票。爱丁堡采用苏格兰银行的钞票，伦敦采用英格兰银行的钞票。然而，为贴现第一张汇票而实际付出的价值永远没有实际归还给它贴现的银行。因为，在第一张汇票将到期时，第二张汇票又开出了，数额还更大；所以，第一张汇票的兑付完全是个名义。这种循环汇票的使用，使银行金柜在流出发生之后，一直没有流入来弥补这项空白。

银行因贴现这些循环汇票而发行的纸币，往往达到了在进行大规模农业、工业或商业计划的情况下所需的全部资金额，而不仅仅是在没有纸币的情况下，企业家以现金形式保持在手中以备不时之需的资金。所以，银行发出的这部分纸币超过国内在无纸币的情况下流通所需的金银价值。过剩的纸币马上会回到银行，要求兑换金银。银行必须尽其所能找到这部分金银。这就是那些商人巧妙地向银行搞到的资本，银行不知道或没有经过慎重考虑就同意了，银行甚至可能都没有发现曾贷给了他们这些资本。

设若甲、乙二人互出循环期票，向同一银行贴现。不久后，银行方面就能发觉他们的行径，因为他们的资本全部来自银行的贷款。但是，如果他们不常在同一家银行贴现，而且两人并不一直互开汇票，而经过几个项目经营者（他们为了自身的利益，常常互相帮忙）兜圈子，那么，就很难辨别汇票的真伪和实际债务人与债权人，贴现银行的汇票就不容易辨认。即使银行最后知道了，也为时已晚，因为已经为这种汇票贴现不少。这时，若拒绝他们不再继续贴现，他们必然破产，然而与此同时，银行也可能随之破产。因此，银行方面也只有再冒险继续贴现，同时找机会慢慢收回贷款，或加重贴现条件，迫使他们去寻找其他银行，或另筹资金，从而使自己尽快从这个循环中脱离出来。然而，就在银行开始对贴现提出较苛刻条件时，这些人开始愤怒起来，他们说国家的贫困就是由银行无能造成的，他们认为银行有义务按照他们所希望的方式借给他们资金。然后，这时银行要挽救自己的信用，挽救国家的信用，唯一可行的方法就是拒绝继续向这些人贷款。

在喧嚣扰攘和颠连趋踬之中，如果苏格兰以扶大厦于将倾为职志，开设了一家新银行。这家银行立意慷慨，它的贷借，无论是就现金结算法还是贴现汇票来说，都比别的银行宽松。不管是真实汇票还是循环汇票，它都一律予以贴现。这家银行曾明白宣示，只要有相当的保证，哪怕需要较长时期才能偿还的资本，也全部可以从它这里借取，比如土地的改良。甚至说，促进这样的土地改良，是银行之所以开办的一个爱国目标。

由于对现金结算、期票贴现采取这样宽大的政策，银行必然发行大量的钞票，其过剩的部分必然会随时回来兑换金银。银行金柜本来就不大充实，在两次的招股中募到的资本虽然有16万镑，但实际上只有80%，还是分期缴纳。大部分股东在第一次缴入股款后，即向银行申请现金结算法借贷。他们认为，股东借款应当享受同样优渥的待遇。因此，他们不过是把先从银行某一金柜提去的款项放入另一金柜。所以，该银行金柜很快耗竭，最后向伦敦银行开出汇票，当期满时，用同一地方开出的附加了利息和佣金的另一汇票来支付。银行的股东地产有几百万镑，他们在认购股份时，就把那些地产作为抵押财产。所以，银行营业仍然维持了两年多。当停业时，发出的纸币已近20万镑。

为了支持这些货币的流通，这种纸币一发出就流回银行，并一直向伦敦各银行开出汇票。到银行倒闭时，汇票价值已超过60万镑。这样，在两年多的时间里，该银行以5%的利率贷出去的金额已达80多万镑，对贷出的20万镑的纸币所收的5%的利息可视为纯利。但向伦敦银行出汇票借来的60多万镑产生的利息和佣金等却在8%以上。两相对比，银行贷出金额中的3/4要亏损3%以上的利息。

这家银行经营的结果，似乎与其创办的本意背道而驰。它的目的，原是为了支持国内有进取精神的企业，同时把苏格兰各银行挤掉，尤其是那些在贴现方面受过指责的爱丁堡银行。毫无疑问，银行给各企业家带来了暂时的救济，让他们的营业多拖延了两年左右。但最后，这家银行的损失更重，债权人的损失也更重。所以，企业和国家的困难，非但没有解决，反而加深了。为自身打算，为债权人打算，为国家打算，这家银行的大部分营业，还不如早两年停止的好。不过，这家银行给予各企业家的暂时性救济反倒成为对苏格兰其他银行永久性的救济。这家银行对循环汇票大开方便之门，苏格兰其他银行因此很容易就脱离了那个致命的怪圈。所以，这家银行经营的结果，虽然加剧了国家的灾难，却使它意欲取而代之的其他银行免遭大的灾难。

这家银行成立初期，有人认为，银行金柜虽易枯竭，但可以用借款人的抵押品来充实银行的金柜。但经验告诉我们，这个筹款方法太慢。这样易于枯竭的金柜，除了向伦敦各银行开出一次汇票，满期时再开出一次汇票，层层累积下去，使得利息和佣金愈积愈多以外，简直没有别的办法可用以充实的了。即令这一抵押贷款的办法，足以使这家银行在需要款项时，能立刻得到，但结果就是：它不仅无利可图，且必定次次受损，以致于破产。虽则破产的过程，不像采用一再出票这种耗费更大的筹款方式来得快。它不能从所发行的纸币中获利，因为纸币已经超过国内流通所需的数额，定会随时回到银行换取金银，而为了实现兑换，银行又必须不断借债，借债的全部费用，以及打探谁有钱放贷、与有钱人协商、写债券、立契据等所需费用，均须由银行负担。出入一对比，显然银行只有损失，没有收益。

这种办法，丝毫不能增加国内贷出的货币量，只能使这家银行成为全国贷款的总部。那些需要借款的人，都得向这家银行申请。私家贷借，一般不过数人或数十人，债务人谨慎与否，诚实与否，债权人尽有甄选的余地。和银行打交道的，动辄数百家，银行对其中大多数人的情况知之甚少，无从甄选，因此在贷出时不及私家明智。事实上，银行的债务人往往是爱幻想的冒险家，他们经常开出循环票据，把资金投在奢侈浪费的事业上。反之，向私人贷借的债务人，大多经营着与其资本相匹配的事业。这些事业虽不宏大，但更实在，更有利，定能赚回投入的全部本金并获取利润，定能提供足够的基金，以雇用比原先更多的劳动力。因此，即使新银行的操作模式成功，也不会增加国家的资本，只会让大部分资本投到不谨慎又无利可图的事业上去。

劳氏认为，苏格兰产业不振的原因是缺少资金投入。他提议设立一家特别银行，使该银行发行的货币等于全国土地的总价值。在他最初提出这个计划时，苏格兰议会认为不可采纳。后来，奥林斯公爵摄政法国，采纳了这一方案，并对一些地方略加修改。奥林斯公爵认为，可任意增加纸币数额的观念，就是密西西比计划的真实根据。就银行业和股票买卖生意来说，密西西比计划是世界上最奢侈、最狂妄的。在《对林托〈关于商业与财政的政治观察〉一书的评论》中，杜浮纳曾详细说明过这一计划，在此不赘述。该计划所根据的原理，在劳氏所著的关于货币与贸易的论文中已有详细说明。至今，劳氏提出的宏伟而空幻的理论在许多人的头脑中，仍留有深刻的印象。最近被认为营业毫无节制的苏格兰及其他各处银行，恐怕亦多少受了些这个理论的影响。

英格兰银行是欧洲最大的银行，于1694年7月27日由英王特许成立。当时，它贷给政府120万镑，每年可向政府支取10万镑，利息为96000镑，利率为8%，4000镑作为年管理费。革命建立起来的新政府用这样高的利息借款，想必其信用一定很差。

1697年，银行增加了1001171镑10先令资本。这时，其总资本达22001171镑10先令。据说，这次增资是为了维持国家信用。1696年的国库券有40%、50%或60%的折扣（贴水），而银行纸币要以20%折扣。这时，国家正在大量重铸银币，银行认为应该暂时停止纸币的兑现，而这无疑会影响银行的信用。

按照安妮女王第七年第七号法令，银行贷给国库40万镑，把原来借给政府的120万镑加在一起，总计达160万镑。1708年，政府以6%的普通利率借到款项。按照同一法令，银行购买了财政部1775027镑17先令10便士的证券。银行资本在1708年达到了4402343镑，贷给政府的总额为3375027镑17先令10便士半。

1709年，英格兰银行通过催收15%的股款，收得了656204镑1先令9便士。

1710年，通过催收10%的股款，收得了501448镑12先令11便士。两次催收，使银行的资本达到了5559995镑14先令8便士。

按乔治一世第三年第八号法令，英格兰银行又吃进200万镑国库券。此时，银行贷给政府的金额已有5375027镑17先令10便士。按乔治一世第八年第二十一号法令，银行购买了南海公司400万镑的股票。银行再次增募资本340万镑。这时，银行贷给政府的金额为9375027镑17先令10便士半，但其资本总额却不过8959995镑14先令8便士。这时，银行贷给政府的以及获得的利息，首次超过了本金。或者说，银行已开始有不分红利的资本，并且超过分红的资本。这种情况一直延续至今。1746年，银行陆续贷给政府11686800镑资金，银行陆续募集的分红利资本已达1078万镑。直到今日，这两个数字都没有改变。为延续营业执照，按

1666年的伦敦大火

1666年9月2日至5日，伦敦遭遇了历史上最严重的一次火灾，大火吞没了整个城市，持续时间长达4天，被毁建筑包括87间教堂、44家公司以及13000间民房。大火的前一年伦敦正闹鼠疫，大量市民出于对疫情的恐慌逃到乡下，这也是大火蔓延的一个原因。结果大火烧死了城里的大部分老鼠，民居也因此由木制改为石制，大大改善了伦敦的卫生条件，鼠疫从此不再有。此外城市的重建工作也大大推动了内需，小说家丹尼尔·笛福甚至指出，恰好是火灾加速了伦敦乃至整个英国的经济发展。

照乔治三世第四年第二十五号法令，银行同意赠送给政府11万镑资金。所以，银行贷出额和资本额都不曾增加。

银行红利，时高时低，根据各时期银行对政府贷款利率的高低和其他条件的变化而浮动。在过去几年，银行红利通常为5.5%，贷款利率则由8%降为3%。

英格兰银行的稳定，取决于英政府的稳定。贷给政府的金额受损，银行债权人就会有所损失。英格兰没有第二家由国会议决设立并且拥有6人以上的股东的银行，所以，它不是一家普通银行，而是一个国家机关。每年，它收付公债利息的大部分，负责流通财政部证券，垫付土地税、麦芽税的征收额。这些税款，通常要好几年后才能收缴到。在这种情况下，出于对国家的职责，它不免过度发行纸币，并贴现商人汇票。有时，不仅英格兰，就连汉堡、荷兰的巨商也向它借钱。据说，在1763年，英格兰银行曾在一星期内贷出了将近160万镑，其中大部分还是金块。额度这么大，时间这么短，我不敢妄断确有其事，但有时，英格兰银行被迫以6便士的银币来应付各种支出，却是真的。

银行增进国家产业最好的方式，不在于增加其资本，而在于使本无所用的资本变得有用，本不生利的资本大部分生利。商人不得不储存的以备不时之需的资金，是呆滞的资金，即"死钱"，对商人自己和国家都无益。银行明智的做法是：把这部分死钱变成活钱，即变成工作所需的材料、工具和食品，这样对商人自己和国家都有益。在国内流通的金银币，即国内土地和劳动生产物借以流通并分配给真正消费者的金银币，与商人手上的现金一样，都是呆滞的资金，即"死钱"。这种"死钱"，在一国资本中，虽极有价值，但不能为国家生产任何物品。

银行明智的做法是：以纸币代替大部分的金银，将其变作流动资金，变作可以为国家生产财富的资产。国内流通的金银币好比公路，国家的所有谷物通过它到达国内各市场，但它本身却不产稻谷。而银行所起的作用，是把以前不产稻谷的公路变成良好的牧场和稻田，从而大大增加了土地和劳动的年生产物。但是，我们又必须承认，这种设施虽然能使国内工商业略有进步，但却犹如在用纸币做成的翅膀上飞行，它要面临由于驾驶员粗心或者技术不佳所造成的种种事故。

比如战争失败，敌军占领首都，霸占了维持货币信用的金库。在这种情况下，靠纸币流通的国家出现的混乱比靠金银流通的国家出现的混乱大得多。由于一切税收都以纸币的形式缴纳，战败后，国王也就无法支付军饷，充实军队。在这种情形下，全用纸币的国家比大部分用金银的国家更难恢复原状。因此，一国君主不仅要防止银行发行的纸币过剩，还要设法使银行所发行的纸币不在国内流通领域占据较大部分。

插画《贫穷的工人家庭》

经济社会的发展造成社会阶层的分化是不可避免的趋势。英国资本主义经济发展时期,许多体力劳动者的家庭极为贫困凄凉。这幅反映伦敦工人家庭生活的插画正是下层劳动者生活状况的真实写照。

国内货物的流通,可分为两个不同的部分:其一,商人之间的流通;其二,商人与消费者间的流通。无论纸币还是金币,有时用于前一种流通,有时用于后一种流通;但由于这两种流通同时不断进行,因此它们都需要一定数量的纸币或金币来经营。商人之间流通的货物的价值,绝不能超过商人和消费者之间流通的货物的价值。商人所买的一切,终须卖给消费者。商人之间以批发形式进行的交易,往往需要大量货币。商人和消费者之间的交易,以零售形式进行,小量货币(如1先令或半便士)就足以应对。小量货币的流通,比大量货币要快得多,1先令比1几尼流转得快,半便士又比1先令流转得快。因此,全部消费者每年所购买的价值,虽然至少等于全部商人所购买的价值,但消费者每年购买所需的货币量却要小得多。由于流通速度较快,同一枚货币在消费者中的流通速度比在商人中要快得多。

纸币可以管制使用,既可以使它单单在商人之间流通,也可以推而广之,使商人和消费者之间的大部分交易也使用纸币。如果纸币的面额,没有10镑以下的,比如伦敦地区,那么纸币的流通,势必局限于商人之间。当消费者第一次用一张10镑的纸币购买5先令价值的东西时,他需要找零。所以,这张纸币在用去1/40以前,就已经回到商人的手上去了。苏格兰各银行所发的纸币,却有小至20先令的。在这种情况下,纸币的流通范围自然更大。在国会议决禁止通用10先令和5先令的纸币前，消费者购物通常使用小额纸币。北美洲有1先令的纸币，结果消费者买东西，几乎都用纸币，约克郡发行的纸币竟然面额小至6便士，结果如何，更不必说了。

在允许发行小面额纸币的地方，许多富人也去开办银行。5镑或1镑的期票，也许会遭到大家拒绝，但大家不会拒绝6便士的期票。这些乞丐般的银行家，当然很容易破产，以致给接受他们纸币的穷人带来毁灭性灾难。

把全国各地银行纸币的最小面额限为5镑，也许是个好办法。这样，各地银行所发的纸币就只在商人之间流通。像在伦敦一样，不发行10镑以下的纸币。5镑的纸币虽然只能买10镑的纸币一半的货物，其效果却与花费10镑的纸币一样，毕竟一次性花掉5镑与伦敦人一次花完10镑同样少见。

孟德斯鸠

尔·德·塞孔达·孟德斯鸠男爵是法国启蒙思想家、西方国家学说和法学理论的奠基人。他身为贵族，却是法国首位公开批评封建统治的思想家。他在1748年出版的代表作《论法的精神》中详细阐述道：人民应享有宗教和政治自由，国家应通过"三权分立"保证法治。这一学说对不久后的美国、法国、普鲁士等国的宪法造成了深远影响，尤其是美国政府，至今仍然采用的是典型的"三权分立"格局。

在纸币局限在商人之间流通的地方，市面上总有许多金银。比如在苏格兰，特别是像在北美洲一样，纸币的流通推广至商人与消费者之间的大部分交易，市面上的金银就会显得匮乏，人们几乎全用纸币做交易。苏格兰禁止发行10先令、5先令的纸币，曾稍使市面上缺乏金银的趋势得到了缓解；若再禁发20先令的纸币，则功效更为显著。据说，美洲自从禁发纸币以来，金银已变得比以前充足。然而，在纸币未出现之前，该地的金银还更充足。

虽然纸币主要限于商人之间的流通，但银行仍能帮助国内工商业。为应付不时之需而储存的资金，只需为商人之间的交易而准备，商人不必为他和消费者之间的交易而准备任何资金，因为他只从消费者那里取走现金，而不是付出现金。所以，虽然银行纸币的发行只需满足商人之间的流通，但银行仍然可以通过贴现真实汇票及现金结算办法，使大部分商人不用储备过多现金以应付不时之需。也许有人说，只要私人愿意接受，面额无论大小的银行纸币都应发行。政府禁止其发行和流通，侵犯了天然的自由，这是法律不允许的。因为法律不应妨碍天然的自由，而应给予支持。但无论是最民主或最专制的政府，都应对危害全社会安全的少数人加以制裁。

银行纸币随时可以兑换等值的金银，说明它的信用相当于同等价值的金银币。任何商品，用这种纸币买卖，其价格与用金银买卖一样便宜，不会贵上一分一毫。有人说，纸币的扩大发行会降低整个通货的价值；也有人说，纸币的扩大发行必然会提高商品的货币价格。这些话，不见得可信。因为多发行的纸币，会使同等数量的金银改作他用，所以通货的总量不一定会增加。从17世纪至今，苏格兰粮食价格在1759年最便宜。但那时因有10先令、5先令的纸币流通，纸币发行量比现在还大。现在，苏格兰银行业更发达了，但苏格兰粮食价格和英格兰粮食价格的比例几乎和以前一样。英国的纸币多过法国的，但两国谷物价格却几乎相等。

纸币是否能立即兑现，还得取决于发行人的诚意，或持有人的能力。要是在若干年后才能兑现且不计利息，那情形就完全不同了。这样的纸币，受兑现的难度、不确定性的大小以及兑现日期的远近影响，必然会跌至金银的价值之下。

几年前，苏格兰各银行常在发行的纸币上加印选择权条款。按此条款，凡持票求兑者可随时兑现，或见票6个月后兑现，但须加付6个月的法定利息。利用这个条款，有些银行的理事先生威胁纸币求兑者，要求他们同意兑现一部分，否则不予立即兑现。那时，苏格兰通货的绝大部分是这些银行发行的纸币。兑换的不确定性，降低了其与金银兑换的价值。在这弊病未消除期间，卡莱尔对伦敦实行平价汇兑，但距卡莱尔不到30英里的达弗里斯对伦敦的汇兑往往要贴水4%，这是因为卡莱尔用金银兑换汇票，达弗里斯用

版画《木匠铺》

因为分工，很多行业的手工业者开始依靠单纯的产品生产维持生计。各种更为细化的职业不断出现，如工匠、机工、运货人、水手等。这幅18世纪的版画描绘了当时一个木匠铺忙碌的场面，工人们正在分批制作窗户框。

苏格兰银行纸币兑换汇票。用纸币兑换金银的不确定性，使其价值跌了4%。后来，国会禁止发行5先令、10先令的纸币，又规定纸币不得附加选择权条款，所以英格兰对苏格兰的自然汇率才得以恢复。

约克郡的纸币有小至6便士的，但持票人要存票至1几尼时才能要求银行兑现。这个条件往往使持票人难以办到。故其价值低于金银的价值。后来，国会废除了该规定，并且效仿苏格兰的做法，禁止发行20先令以下的纸币。

北美洲纸币由政府发行，需经数年才能兑现。殖民地政府虽不支付持票人任何利息，却宣告纸币为合法货币。但是，在利率为6%的国家，一张15年后才能兑现的100镑的钞票，到那时也只值40镑的现金。所以，强迫债权人接受100镑的纸币的借贷业务未免太不公平，任何一个标榜自由的国家都不会这样做。很显然，这是一种债务人欺骗债权人的不诚行为。1772年，本雪文尼亚政府第一次发行纸币，试图使纸币价值与金

银相等。为此，该政府意欲通过惩罚售货时对货币与金银价值区别对待的商人，以实现这一目的；但这一霸道的法规并没有达到其预想的效果，因为法律不能强迫自由买卖者接受把1先令视为1几尼的等价物。在英国对一些殖民地的划汇过程中，有的地方出现过100镑等于130镑的通货，有的出现过100镑等于1100镑的通货。究其原因，是因各殖民地发行的纸币额差异极大，而且纸币兑现的期限与可能性的差异也极大。

可见，国会议决殖民地以后不得发行合法纸币的行为是最适当不过的，那么他们为什么不赞成这个决议案呢？据说，本雪文尼亚的纸币从来没有降到发行纸币以前的金银价值以下。但在纸币第一次发行前，本雪文尼亚就提高了殖民地铸币的单位名称，通过议会的法律允许英国5先令的铸币在殖民地可当作6先令3便士，后来又提高到6先令8便士。所以，即使在通货是金银币时，殖民地1镑的货币比1镑英币的价值也低30%以上；在通货是纸币时，其价值低于英币1镑的价值很少超过30%。他们以为这样可以防止金银外流，然而殖民地铸币的单位名称提高后，由宗主国运来的货物的价格也按比例提高，金银出口的速度还是一样迅速。

殖民地纸币可以按其面额用来缴纳本州的各种赋税，即使它要在很久以后才会被兑现，其价值也会因此增加。不过，这种增加程度视各州纸币额与缴纳赋税的大小而不同，据考察，各州纸币额都大大超过本州缴纳赋税所能使用的纸币额。

一国君主规定赋税用何种纸币缴纳，即赋予该种纸币某种价值。发行纸币的银行若把其数额控制在所需要的数额之下，那么纸币价值将高于它的面值。或者说，纸币在市场上能买到比它面值大一些的金银币。因此，阿姆斯特丹银行的理事先生故意使银行纸币额低于所需的数额，这就是阿姆斯特丹银行纸币比金银币价值高4%甚至5%的原因。但这在很大程度上并不现实。

纸币价值虽可在金银铸币价值之下，但金银价值却不会因纸币价值的下跌而下跌，因此用它来换取的货物量不会因此减少。无论在什么场合，金银价值与其他货物价值的比例，都不取决于国内通用纸币的性质或数量，而取决于当时以金银供给商业市场的金银矿藏的富饶与贫乏，换而言之，取决于一定数量金银运到市场上去所需的劳动量与一定数量他种货物上市所需要的劳动量的比例。

银行发行的纸币若保持在一定数额之内，并且可以无条件兑换，那么其业务就不会妨碍社会安全，而银行的其他业务也就可以自由开展。近年来，英格兰和苏格兰两地新增了许多银行，许多人感到忧虑。但事实上，它们的设立非但没有减少社会的安全感，反而是增加了社会的安全感。由于银行业竞争者增多，各银行的行为也就更加谨慎，所发行的纸币与现金的额数就能保持适当比例。各银行的纸币的流通限制在较小范围内，全部纸币可分别在更多区域内流通，而一家银行的失败对公众产生的影响也就较小。同时，这种竞争也放宽了银行与客户的交易条件。总之，如果任何一种行业或分工对社会是有益的，那么竞争越自由、越普遍，对社会也就越有利。

第二章　论资本积累与贷出利息

利益是资本所有者投资获利的唯一动机。对于不同性质的劳动，资本投入所能增加的劳动价值并不相同，投资于生产性劳动更有利于资本积累。农业是其他各种行业生产原料的提供者，不过经营农业很难暴富，更何况欧洲的土地远未达到需要改良的程度。从事贸易和制造业的资本所有者通常都是白手起家，但他们却能很快成为富商巨贾。所以，他们与亚洲或美洲进行贸易比固守土地更为有利，可以更快地积累财富。

个人资本通常以最有利于利润增长的方式被运用，比如用于投资或贷出取息。前者用以维持生产性劳动者，创造价值和利润；而后者则消耗原有资本。如果以贷出取息为目的，那么必然担负赔付风险。所以，资本的借贷利息包括资本产生的利润和债权人担负的风险，而借款人承担的利息通常以一定社会投资回报额为标准。

论资本积累及生产性和非生产性劳动

加在某一事物上的、能增加其价值的劳动，称为生产性劳动；如果不能增加价值，便被称为非生产性劳动。比如，制造业工人的劳动，因会把维持自身生活所需的价值，与为雇主赚取利润的价值，统统加在生产原料的价值之上，所以是生产性劳动；而家仆的劳动，虽然有其本身的价值，却由于不能带来附加值，也无法固定在特殊物品或可卖品上便于使用或出售，因而就属于非生产性劳动。

有些社会上层人士的劳动，和家仆的劳动相似，不生产价值，既不固定在特殊物品或可卖品上便于使用或出售，也不能保存起来供以后雇请等量劳动之用。比如，国王以及他的臣属和海陆军军人，都是不事生产的劳动者。他们服务于公众利益，其生计靠他人劳动年产物的一部分来维系。他们的职务，无论多么高贵，多么必要，多么有用，终究不能保存起来供以后获取等量职务之用。他们治国理政、保家卫国，功劳自是不小，但当年的政绩，买不到明年的政绩；今年的安全，也买不到来年的安全。在这一类人士中，有些人的职业很尊贵，有些人的职业却可说是不太重要的；前者如牧师、律师、医生、知识分子；后者如演员、歌手、舞蹈家。

生产性劳动者、非生产性劳动者和不劳动者，一样得靠土地和劳动的年产物为生。无论这生产物的量有多大，也是有限的。因此，用来维系非生产性人口的部分愈大，用来维系生产性人口的部分必定愈少。从而，次年生产物也会随之愈少，反之亦然。除了土地上天然生长的物品，一切年产物均为生产性劳动的结果。

非生产性劳动者和不劳动者，均需仰赖收入为生。这里说的收入，分为两项：其一，在年产物中有一部分，从一开始就被指定为这些人的

早期的银行家

近代银行出现于中世纪的欧洲，1171年在当时的世界中心意大利设立的威尼斯银行，1407年设立的热亚那银行以及此后相继成立的一些银行，主要从事存、贷款业务，大多具有高利贷性质。1694年，英国成立的英格兰银行是世界上第一家资本主义股份银行。18世纪末至19世纪初，随着资本主义生产关系的广泛确立和资本主义商品经济的不断发展，资本主义银行得以普遍设立。资本主义银行是特殊的资本主义企业，它的主要职能是经营货币资本、发行信用流通工具、充当资本家之间的信用中介和支付中介。

地租收入和利润收入；其二，在年产物中还有一部分，本是用于补偿资本和雇用生产性劳动者的，但归到获得它的人们手上时，往往被无差别地用于维系生产性劳动者和非生产性劳动者的衣食。比如，别说大地主、大富商，有时就连工资优厚的普通工人，也会雇用个把仆人，或看一两回木偶戏。这样，他就等于拿一部分收入来维系非生产性劳动者的生存了。再说，他还要纳税，而食税阶层固然尊贵，但同样是不事生产的。

复辟时期[1]的英格兰土地和劳动年产物，比伊丽莎白一世即位时多得多。在伊丽莎白时代，英格兰的年生产物又比约克和兰开斯特时代[2]多得多。再往前推，约克与兰开斯特时代又多于诺尔曼征服时代；诺尔曼征服时代又胜于撒克逊七王国统治的混乱时期。即使在这一时代早期，英国与尤利乌斯·恺撒入侵的时代相比，仍可看作是一个比较进步的国家。

可是，在每一个这样的时期中，不仅有许多私人和公共的浪费，而且还有许多耗费无度且不必要的战争，这些都使当年的生产物从用以维持生产性劳动者的生活，转而用以维持非生产性劳动者所需。有时，在国内的纷争中，这种对资本的浪费和破坏，不但会妨碍财富的自然积累，而且会使国家在混乱末期陷入更为贫困的境地。查理二世复辟以后，英国的境况是最为幸福和富裕的了，但同时又发生了许多复杂且

---

[1] 复辟时期：1658年克伦威尔去世，英国军方和议会夺权，国内动荡。苏格兰的蒙克将军与流亡法国的查理·斯图亚特达成复辟协议。1660年查理·斯图亚特重返伦敦登基，即位为查理二世，至此斯图亚特王朝复辟。

[2] 约克和兰开斯特时代：以白玫瑰为家徽的约克家族和以红玫瑰为家徽的兰开斯特家族都是英王爱德华三世的后裔。两个家族为争夺王位于1455年发动了著名的"玫瑰战争"。

不幸的事件：伦敦的瘟疫和大火，英、荷之间的两次战争，战后的革命骚扰，爱尔兰战争，1688年、1702年、1742年和1756年英国四次对法国进行的耗费巨大的战争，再加上1715年和1745年的两次叛乱。单就四次英法大战而言，英国仅欠债就超过14500万镑，再加上战争引起的各种年度特殊支出，总计耗资不下2亿镑。自从革命以来，英国每年的生产物就常有这么大的部分被用于维持数目庞大的非生产性劳动者所需。假如没有战争，那么这些浪费的资本，其绝大部分将会被用来雇用生产性劳动者，其劳动会补偿他们消费的全部价值并提供利润。由此而来，国家土地和劳动的年生产值将会逐年急剧增加，而且每年的增加又必定能促使次年的增加。这样就会有更多的房屋被修建；更多的土地得到改良，已改良的土地会得到更完善的耕作；会有更多的制造业开工，已有的制造业得到推广。国家的真实财富与收入的数目将会达到多少，真是难以想象。

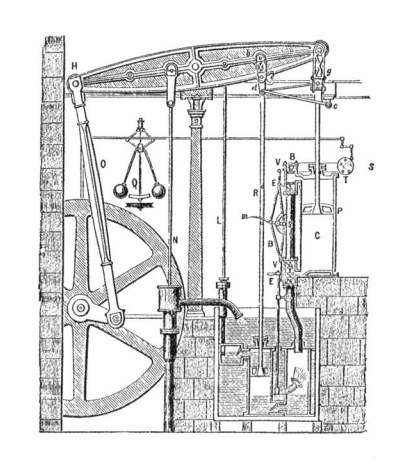

蒸汽机

人类使用蒸汽机有着相当久远的历史。早在公元1世纪，古希腊数学家希罗就利用蒸汽的原理制造了简单的机械。1679年，法国物理学家丹尼斯·巴本首次设计了蒸汽机的工作模型，同时萨缪尔·莫兰也提出了制作蒸汽机的主意。之后的托马斯·塞维利和托马斯·纽科门也进一步完善了蒸汽机的构想。1769年，詹姆斯·瓦特制造了首个工业用蒸汽机，并于1776年正式投入生产。图为瓦特蒸汽机的示意图。

虽然政府的浪费，无疑曾阻碍了英格兰趋向财富和改良的自然进程，但却没能使它完全停止发展。与复辟时代相比，英格兰的土地和劳动年生产物，无疑多得多；与革命时代比较，也是多得多的。可见，每年用以耕作土地和维持农业劳动的资本，也一定比过去多得多。这些资本，也由无数个人不断努力改善自身境况，开源节流，不动声色地逐渐累积起来。正是无数个人的这种努力，受着法律的保障，能在最有利的情况下自由发展，在几乎所有以前的时代维持了英格兰的日趋富裕和进步。可是，英格兰从来没有出现过非常节俭的政府，也没有以节俭为美德的居民。然而，王公大臣们却主张监督私人的经济，限制人们的支出，或是通过取缔奢侈行为的法律，或是禁止外国奢侈品的进口，这都是最粗暴和专横的行为。他们不知道，他们自己就是社会上最浪费的阶层。其实，他们管好自己的钱包就行了，人民的钱包不劳他们操心，可以任由人民自己去管。倘若他们的浪费不会使国家败亡，人民的浪费就更谈不上了。

节俭会增加公共资本，奢侈会减少公共资本，而支出等于收入的人既不积累资本也不挥霍资本，不会使资本增加或是减少。但有些支出方式比其他方式更能促进国家财富的增长。个人的收入既可以用来即时享用，也可以用来购买比较耐久的、可以蓄积的物品，今天买了，就可以减少次日的费用，或增进次日费用的效果。比如，有的富翁挥金如土，大吃大喝大用，室满家奴，厩满犬马；有的富翁省吃俭用，却爱修饰庄园，整饬别墅，添置和收藏家具，以及书籍图画等。假设财富相等的甲乙二人，甲用他的大部分收入来购买耐用品，乙用他的大部分收入来购买即时享用的快消品，那么到后来，甲的财富状况必定会好于乙。

正如一种消费方法比另一种对个人更为有益那样，对国民财富也是这样。富人的房屋、家具和衣服，转瞬间即可变为对中、下层人民有用的东西。当上层阶级厌倦了他们的这些物品后，中、下层民众可以买来继续使用。所以，当有产阶级一般是这样花钱的时候，全体人民的生活状况就会逐渐改善。在长久富裕的国家里，下层民众虽然不能出资建造高楼大厦，也不能出资定制上等家具，但住得上高楼大厦，也用得上上等家具。在有些发展停滞，或已经稍稍没落的古城，你很难发现一所房屋是现有居住者盖得起的,若你走进去,还能见到许多讲究的老式家具和珍贵的收藏。

把收入用于耐用品的消费,不仅有利于积蓄,而且有利于养成节俭的社会风气。简而言之,耗费于耐用品,所养就多;耗费于大宴宾客,所养就少。设若一夕宴请,靡费粮食二三百斤,其中或有一半倾于粪池,耗费不可谓不大。如将宴请的花费用来雇用泥水匠、木工等,则所费粮食相等,所养人数却变多了。工人们将锱铢必较地花钱购买这些粮食,一便士也不致浪费。一则用于维系生产性劳动者的花费,能增加一国土地和劳动的年生产物的交换价值;一则用于维系非生产性劳动者的花费,不能增加一国土地和劳动的年生产物的交换价值。

但我的意思绝不是说一种花费比另一种更为慷慨。一个富人将其收入主要用于宴请方面,即与朋友分享大部分的财富;而当他用来购买耐用品时,则常常是将所有财富用在自己身上,不与他人分享。因此,这后一种花费,尤其是用于购买珠宝、衣饰等无足轻重的物品时,常常表现出一种不仅轻浮而且卑下和自私的性格。也就是说,一种花费因其总能造成有价值的商品的某种积累,因而有利于私人节俭,从而增加社会资本;因其是用于维持生产性劳动者的生活,而不是非生产性劳动者的生活,所以更有利于国家财富的增长。

论资财的贷出取息

贷出以获取利息的资财,贷出人总是将其看作资本。他总希望借款期满时能将资财收回自己手中,同时借款人还须支付一定数量的年租以作为使用资本的代价。借款人可将这笔资财用作资本,也可以用于直接消费。如果用作资本,就会用以维持生产性劳动者,从而生产出价值并提供利润。在这种情形下,借款人在期满时无须割让或侵蚀别的收入资源，便能返还资本、偿付利息。但如果用作直接消费，借款人就成了挥霍者，将预定用以维持劳动者的钱浪费在了游惰者[1]身上。在这种情形下，他不得不割让或挪用其他收入，用以在借款期满时偿还资本及支付利息。

贷出取息的资财，无疑有时会兼有这两种用途，但前者更为常见。借钱挥霍的人不久就会毁灭，贷出人往往会后悔自己的愚蠢行为。在没有重利盘剥的情形下，这样的借贷对双方都是不利的；虽然这种情形时有发生，但由于所有人都会考虑自己的利益，因此也并不常见。在借款人之中，虽然他们并不以世界上最为节俭的人著称，但节俭和勤劳者远比浪费和游惰者多。

借钱挥霍的，唯有乡绅。乡绅借钱，通常有财产作抵押。乡绅借到钱后，大多不是用在有利可图的营生上面。不过，乡绅借钱，也不全是为了挥霍浪费。乡绅借的钱款数目，事实上早在未借之前就已花光。他们平时享用的东西，大多向店家赊欠，且赊欠很多，必须出息借钱方能还清。乡绅所借的资本，实为补偿店铺老板的资本。乡绅所收的地租，不够还清欠债，故而向他人借钱。这时他借钱，并非为了个人消费，乃是为了补偿之前花掉的资本。

几乎所有收取利息的贷款，大多是用货币支付的，或者是纸币，或者是金银币。但借款人实际需要的、贷出人实际提供的，并不是货币，而是货币的价值，换句话说，是货币所能购买的货物。如果借款人想要的是能供其直接消费的资财，那么他所借入的就只能是这种货物。如果他所要求的是雇用劳动的资本，那么他所借入的便是能为劳动者提供的必需的工具、原料和食品，以便进行生产的货物。通过贷款，贷出人就

---

[1]游惰者：指本身有劳动能力，却不愿劳动的人。

好比是将自己对土地和劳动年生产物的一部分支配权让与借款人，任其使用。

因此，在任何一个国家所能付息贷出的资财或货币数量，不是由作为交换媒介的货币（纸币或铸币形式）的价值决定的，而是由特定部分的年生产物决定的；这特定部分的年生产物，一从土地生产出或由生产性劳动者制造出来，就被指定作资本之用，并且是所有者不愿亲自操劳使用而借给别人的。

17世纪的荷兰商人

15世纪末至16世纪初的地理大发现，促进了西欧社会经济的发展。到17世纪，荷兰已经取代了盛极一时的西班牙，成为西欧海上实力最为强大、资本主义经济最为发达的国家。荷兰的商业兴旺，对外贸易高度发达。17世纪荷兰的商业特别是对外贸易的发展，比工业生产更快。荷兰依靠优越的地理条件，凭借强大的航运力量，将贸易领域迅速扩展到世界各地。

由于这种资本通常都是由货币贷出和偿还的，因此构成了所谓货币的利害关系。它不仅与农业的利害关系不同，而且也与制造业、商业贸易的利害关系不同。因为后两种场合，资本所有者是自行运作自己的资本。但即使在货币的利害关系中，货币也不过如同一张让与证书，将所有者不愿亲自运用的资本转移给另一个人。这种资本量也许要比充当转移工具的货币量大得多，货币也可能先后多次被用以充当贷款，以及被用以进行购买等行为。

用上述方式贷出取息的资本，可以被看作是一种让与，即由贷出人向借款人让与部分年生产物；作为报答，借款人须在借贷期内让与一小部分年生产物给贷出人，称作付息；在借期满后，得将最初贷到的那部分年生产物相当的资财给贷出人，称作还本。虽然货币在付息与还本时可作为让与的凭证，但与借贷双方所让与的东西完全不同。

伦敦哈洛德百货

哈洛德百货（Harrods）是当今全世界最负盛名的百货公司，贩售奢华商品，位于伦敦的骑士桥（Knightsbridge）上，在西敏和肯辛顿之间。1851年，当时创立者查尔斯·亨利·哈洛德把握在海德公园举办万国工业博览会所带来的商机，购下骑士桥附近的一个小商店，也就是在现今百货所在的位置。图为1909年的哈洛德百货，上流社会的绅士和贵妇们都云集于此。

一从土地上生产或由生产性劳动者制造出来，即被指定作资本之用的那一部分年生产物，如果增加了，则所谓的货币权益便会随之增加。资本一旦增加了，所有者不愿亲自使用但又期望以此获得收入的资本也会随之增加。换句话说，当资财增加，贷出取息的资财数量也会逐渐增加。

当贷出取息的资财增加了，利息或为使用这种资财而必须支付的价格必然下跌。这不仅仅是由于商品数量增加时，其市场价格普遍下跌这一因素，而且还是在这种情形下的其他特殊原因所致。第一，当一国资本增加，使用资本投资所获的利润必然减少。在国内将越来越难以找到使用新资本获利的方法，从而在不同资本间产生了竞争，资本所有者常会互相倾轧，努力把其他人排挤出去，但必须依靠更为合理的条件来达成交易。他不仅要贱卖，而且有时还不得不贵买。第二，维持生产性劳动的基金数量增加，对生产性劳动的需求也会日益增加。劳动者不愁找不到工作，资本持有者却难以像以前一样找到合适的雇佣者，不得不提高劳动工资，降低资本利润。当使用资本所能得到的利润下降时，为使用资本而付出的价格，即利息率（简称为利率），也必然随之下降。

当靠白银流通的商品数量保持不变时，白银数量增加了，白银的价值反而会降低。这时，商品的名义价值会上升，但实际价值依旧不变。

它们所换得的银币多了，但所能支配的劳动量，即所能维持和雇用的劳动者人数，必定依旧不变。虽然从甲到乙转移同等数量的资本，所需银量可能更多了，但国家的资本却没有增加。让与正如冗长的委托书一样变得累赘，但所让与的物品还和以前一样，只能产生一样的效果。

维持生产性劳动的基金不变，对生产性劳动的需求自然也不变。因此，生产性劳动的价值或工资，虽然名义上上升了，实际上却没有变。劳动工资通常是以支付给劳动者的银币数量计算的，银币数量增加了，工资似乎也增加了，尽管这种工资有时并不比过去更多。但资本的利润并不是通过所付银币的数目计算的，而是用银币数量同所用整个资本的比例计算的。例如，通常所说的某

约翰·洛克菲勒父子

约翰·洛克菲勒是美国石油大王，洛克菲勒财团的创始人。1853年，他从纽约州里奇福德迁往克利夫兰，开办经营干草、肉类等的代办所。1863年他兴办的第一家炼油厂，后来专营石油业。1870年与他人合办埃克森—美孚石油公司，至1880年几乎垄断了整个石油业，并形成美国第一个大托拉斯垄断集团。

国的普通工资是每星期5先令，并且这个国家的普通利润是10%。但一国内的所有资本还是和从前一样的，所分成的许多个人资本之间的竞争也和以前一样。这些不同资本在运用时，其有利与不利之处完全相同。因此，资本与利润之间的普通比例不变，从而货币的普通利息也是一样；为使用货币所能支付的利息，必然由普遍使用货币所能取得的利润决定。

与之相反，在国内每年流通的商品数量增加，而用以使之流通的货币数量保持不变，除了提高货币价值外，还会产生许多其他重要结果。

一国资本虽然名义上没变,实际上却已经增加了。它可能继续用相同的货币数量表示,但会支配较大的劳动量。它所能维持和雇用的生产性劳动数量会增加,对这种劳动的需求也会增加。劳动工资自然会随着劳动需求的增加而提高,但可能从表面上看却是在下降。

这种工资可能用较小数量的货币去支付,但所能买到的物品量却比之前还要多,资本的利润在实际和表面两方面都下降了。

一国的所有资本增加了,资本间的竞争必然随之加剧。不同资本所有者不得不满足于只得到各自所雇劳动产品的较小份额。货币的利息总是与资本的利润保持一致,而且有时可能大幅下降,尽管货币的价值,或任何特定数目的货币可能购买的货物数量已大幅增加。

有些国家用法律形式禁止收取货币利息,但由于使用资本在任何地方都会取得利润,因此在任何地方使用资本都应支付利息作为报酬。经验证明,这种法律不但不能阻止收取货币利息,反而会增加盘剥的罪恶;债务人不但要为使用货币支付报酬,而且要对债权人所冒的风险支付另一笔费用,即他要为债权人可能遭受的惩罚进行保险。

在允许收取利息的国家,法律为防止重利盘剥,往往规定合法的最高利率。这一最高利率应当略高于最低市场利率,即能够提供最可靠的保证人为借用货币所通常支付的价格。如果这个法定利率固定在最低市场利率之下,其结果几乎与完全禁止收取利息的情形相同。如果利息少于货币使用值时,债权人不会贷出,而债务人必须为债权人肯冒险贷出而支付补偿费用。如果法定利率与最低市场利率相等,不能提供稳当担保的人便不能从遵守法律的诚实者那里借到钱,只有转而接受高利贷者盘剥。现在英国,贷款给政府,年利息率为3%,贷款给私人,如有稳当的抵押品,则年利息率为4%或4.5%。像英国这样的国家,也许规定5%为法定利率,是最适当的。

必须指出的是,法定利率虽应高于最低市场利率,但不应高得过多。否则,一国的大部分资本,将离开诚实者,流向浪费者,被花费在浪费资本和破坏资本的用途上,而不是花费在有利的用途上。反之,如果法定利率仅仅略高于最低市场利率,则谨慎者普遍比浪费者和投机商人更有可能成为贷款人。因为贷给诚实、谨慎者所得的利息,与贷给浪费者的获利几乎相同,却安全得多。这样,一国的大部分资本,就会花费在有利的用途上。

没有任何法律,能使普遍利率降低到制定法律时的最低普通市场利率之下。1766年,法国国王规定利率得从5%降至4%,但人民却用种种方法逃避这一法律的监管,使民间借贷仍维持5%的利率。

土地的普通市场价格,取决于普通市场利率。有资本但不愿亲自运作,又想从此获得收益的人,对于究竟是将资本用来购买土地,还是将其贷出获息,通常会再三盘算。土地获利最为安全,并有其他一些好处。这些好处,可以抵补收入的一定差额,但也只能补偿有限的差额。如果土地地租比货币利息少得太多,那谁也不愿再购买土地,土地的普通价格就会降低。反之,如果好处在补偿差额后还有较多剩余,那愿意购买土地的人就会增多,土地的普通价格就会提高。在利率为10%时,土地售价通常为年租的10倍或12倍;利率降低至6%、5%、4%时,土地售价就会上升到年租的20倍、25倍,甚至30倍。

论资本的各种用途

所有资本,虽然都只是用来维持生产性劳动的,但同等数量的资本所能推动的生产性劳动数量,对土地和劳动年生产物所能增加的价值,却随资本的不同,使得用途也有所不同。

资本有四种不同用途:第一,用以购买社会每年使用和消费的天然生产物;第二,用来制造和准备天然生产物,以供直接使用和消费;第三，将天然生产物和制成品，从充裕的地方运往匮乏的地方；第四，将两种产品分成较小的部分，以适应需要者的随时需求。其中，第一种方法是从事农业、矿业和渔业的人的用法；第二种方法是制造者的用法；第三种方法是批发商人的用法；第四种方法是零售商人的用法。很难想象，还有其他什么资本的使用方法是没有归入这四类的。

这四种资本的用途，每一种对于其他三种的存在和扩大都是必不可少的，对社会的一般福利也是如此。

其一，若没有资本用来提供充裕的天然生产物，任何制造业和商业将无法存在。

其二，部分天然生产物往往需要加工后，方才可供使用和消费，若没有资本投入相应的制造业加工这部分天然生产物，就不会有产出，也就不可能有对它的需求；如果它是天然生长的，未经制造就不会有任何价值，不能增加社会财富。

其三，若没有资本用来将天然生产物或制成品从富饶之地运往匮乏之地，那么除了当地消费所需之外，产出不会更多。批发商的资本，使两地间的剩余产品得以交换，既鼓励了产业，也增加了两地的享用。

其四，如若没有资本用来将一部分的天然生产物或制成品分成许多较小的部分，以适应需要者的随时之需，那么消费个体就将不得不大批买入所需的货品。

把资本投在这四种用途上的人，一定是生产性劳动者，他们的劳动，若使用得当，就能固定和实现在劳动对象或要卖出的商品上，至少在其价格上一般会增加他们用以维持和消费自身所需物品的价值。农场主、制造者、批发商人和零售商人的利润，全都是从前两者所生产、后两者所买卖的货物的价格中得来的。可是，在每种用途中使用的等量资本，其直接推动的生产性劳动量却不相等，从而对所属社会的土地和劳动年生产物所增加的价值比例，也完全不一样。

零售商的资本，补偿了他从其进货的批发商的资本，连同后一资本的利润，使其能继续经营。零售商是他自己雇用的唯一的生产性劳动者，他的利润包含了零售资本的使用对社会土地和劳动年生产物所增加的全部价值。

批发商的资本，补偿了农场主和制造者的资本和利润，使其能继续经营各自行业。源于这种服务，批发商对支持社会生产性劳动和增加社会年生产物价值作出了间接贡献。他的资本还雇用了运输其货物的水手和搬运工；因此，在这些货物的价格上增加的价值，不仅有批发商的利润，还有其雇佣者的工资。这就是他的资本所直接推动的全部生产性劳动，以及对年生产物所直接增加的全部价值。其资本在这两方面所起的作用，比零售商所起的作用要大得多。

制造者的资本，有一部分用作固定资本，投在其生产工具上，补偿了出卖这些工具的其他制造者的资本，并提供了利润。他的一部分流动资本，用以购买原料，补偿了生产原料的农场主和采矿者的资本，连同其利润。但大部分流动资本，则是每年一次，或在更短时期内在其雇用的劳动者中分配的。这种资本是在原料的价值上增加的，包括劳动者的工资，以及工厂主在工资、原料和生产工具上使用的全部资本的利润。因此，比起批发商等量的资本，制造者直接推动的生产性劳动的数量又要大得多，其在社会土地和劳动年生产物上增加的价值也大得多。

农业资本家的资本，所能推动的生产性劳动数量最大。他的生产性劳动者不仅有雇用的劳动者，还有牲畜。在农业上，大自然也和人一起劳动，虽然大自然的劳动不用耗费分文，其生产物却和最昂贵的工人的生产物一样有价值。农业的最重要的作用，与其说是增加自然的产出力，不如说是引导自然的产出力，使之生产最有利于人类的植物。长满荆棘蓬蒿的田地，可能产出的植物，往往不输于耕作良好的葡萄园或谷地。耕作一事，与其说是增进自然的产出力，不如说是调节自然的产出

赛马会

自17世纪英国完成资产阶级革命后,赛马活动有了很大发展。18世纪初,由于英国女王的支持,争夺奖金的赛马活动更为盛行。1751年英国出现的"骑手俱乐部",拟订了赛马管理章程和比赛规则,并开始对英国纯种马进行登记。当时的比赛多为4英里一次性赛跑,也有日跑8英里或12英里的多日赛,参赛的马匹多为5~7岁的成年马。

力。在人类劳动之外,大部分工作还得由自然来完成。因此,农业上雇用的劳动者和牲畜,除了像制造业者一样,再生产资方雇用他们的资本及利润外,还得生产地主的地租。这种地租,是地主借给土地经营者使用的自然力的产物。地租的多少,取决于想象中的土地之自然产出力或改良后的土地之自然产出力的大小。减去所有人的劳力之后,其余的便是自然的劳力。在全生产物中,自然的劳力常占1/3以上,很少占1/4以下。任何耗在制造业上的等量生产性劳动,都不可能引出这么大的再生产。在制造业上,人做了所有的,自然什么也没做。再生产的大小,总是和导致再生产的生产要素之力量的大小成比例。因此,投在农业上的资本和投在制造业上的等量资本相比,不仅推动的生产性劳动量较大,而且,所雇用的生产性劳动量对一国土地和劳动之年产物所增加的价值,以及对国内居民真实财富和收入所增加的价值,也要大得多。在资本的各种用途上,投资农业算是最有利于社会的。

投在农业和零售业上的资本，一定是留在社会中的。这样的投资，几乎总是局限于一个固定的地点，在农业，是农场；在零售业，是商店。而且，资本的所有者大多也是本社会的居民，当然有时也会出现例外。

反之，批发商人的资本，因为要贱买贵卖商品，所以常常从一处流往另一处，不会固定或停留在任何地方，而且也没有必要这么做。制造者的资本，自然得停留在制造的场所，但在何处制造，却不确定。有时，制造的场所，离原料生产地和产品销售地一样远。

投资国内剩余产品出口的批发商，他们是本国人还是外国人，无关紧要。如果是外国人，本国受雇的生产性劳动者人数，自然要比全为本国人少，但仅少一人；本国的年生产物的价值，自然也比较少，但也仅少一人的利润。至于所雇用的水手、搬运工，可以是任何人，与批发商无关。做一国出口，无论是本国人还是外国人，以资本输出国内剩余的产品去交换国内需要的产品，对这些剩余生产物所给予的价值都是等同的，都同样有效地补偿了生产者的资本，同样有效地使生产这剩余物的人的营生，得以持续下去。这就是批发商资本对维系本国的生产性劳动和增加本国的土地和劳动年生产物的价值所做的主要贡献。

比较重要的是，制造者的资本应留在国内。这样，它推动的生产性劳动量必然会较大，增加的社会土地和劳动年生产物的价值也必然会较大。但即便不留在国内，对本国也仍然极为有用。

一个国家也如个人一样，往往没有足够的资本同时改良和耕种所有土地，制造和准备全部天然生产物以供直接消费和使用，将剩余天然生产物及制造品运往远方的国外市场以换取国内需要的物品。当任何一国的资本，不足以同时投入这三种用途时，如果将大部分用于农业，所推动的生产性劳动量将是比较大的，其所增加的社会土地和劳动年生产物的价值，也将是比较大的。除了农业之外，投入制造业的资本所推动的生产性劳动量是最大的，所增加的年生产物的价值也是最大的。投入出

画作《时髦婚姻》

17—18世纪,当时英国社会一些新兴资产阶级艳羡贵族身世,往往借助子女的买卖婚姻来实现个人目的。英国画家威廉·荷加斯的《时髦婚姻》通过描绘一个资产阶级的女儿和一个没落贵族的儿子之间不幸的婚姻来嘲弄这种现象,表现浮华生活的无聊与庸俗,讽刺这种所谓的"上流社会的结合方式"。

口贸易的资本,在三者中收效最为微弱。

没有足够的资本兼营三种事业的国家,其富裕程度尚未达到自然所允许达到的最高水平。而试图用并不充足的资本去同时兼营三种事业,必将不是获得充足资本的最佳途径,对个人与社会都是这样。一个国家的所有人民的资本,与每一个人的资本一样,有其限度,仅能维持几方面所需。国民资本的增加,也像每一个人的资本增加一样,只有依靠不断增加从自己收入中节余的部分。因此,资本的用途,若能为一国所有居民提供最大的收入,从而促使人们最快地达到最大的节余,则国民资本的增加也可能最快。但国内所有居民收入的大小,必定以他们土地和劳动年生产物的多少为转移。

英属美洲殖民地迅速走向富强的主要原因,就在于它几乎把所有资本都投在农业上。那里,除了一些粗糙的家庭制造业外,几乎没有制造业。这种粗糙的家庭制造业,随着农业的发展进步而产生,每个家庭的妇女儿童都能从事这种工作。至于美洲的大部分出口贸易和航运业,大多由住在英国的商人投资经营。甚而至于有些省份,尤其是弗吉尼亚和马里兰,经营零售生意的门面和住宿生意的客栈,也为居住在英国的商人所有。零售业不为本地商业资本经营的情况,并不多见。如果美洲居民联合起来,或用其他任何激烈的方式阻止对欧洲制品的进口,使生产同种制品的本地资本能够独占本地市场，那么本地的大部分资本必将转投制造业，这样不但不会加速增加他们的年生产物价值，恐怕还会有阻碍；不但不会促使其国家臻于富强，恐怕还会有妨害。同样，若他们试图垄断全部出口业，结果也可能是这样。

人类繁荣的进程，似乎很少能延续这么久，以使任何一个大国，可以获得足够的资本去兼营这三种事业，除非我们相信关于古代中国、古埃及和古印度的富裕和农业状况的那些原始记载。但即使被所有记载曾被推为世界上最富裕的这三个国家，也主要是以其农业和制造业方面的优势著称，而其对外贸易并不发达。这三个国家的大部分剩余生产物，似乎都是由外国人运到国外，以换回所需要的其他物品，通常是黄金和白银。

漫画中使用蒸汽动力的"马车"

工业革命对世界文明的进程影响巨大。在那个时代，人们在从前难以想象的新事物不断涌现。当史蒂芬孙第一次将他发明的机车放到铁轨上时，其速度远不及马车快，可几年后，当火车时速达到46公里时，马车还停留在原来的速度。此图是一张1831年时的漫画，人们正在观看使用蒸汽作为动力的机车到底如何启动。

这样，任何一国的同一资本，依其在农业、制造业和商业批发等方面的不同比例，推动的生产性劳动的数量有所不同，所增加的土地和劳动年生产物的价值也不同。部分资本依所投向的不同种类的批发业，其产值也有极大差别。

所有的批发业，或是大批购入以供大批出售的事业，可分为三类：国内贸易、对外消费贸易和运送贸易。国内贸易是从国内的不同地方购入和出售本国劳动产品，包括内陆贸易和沿海贸易；对外消费贸易是购买外国货物，供本国消费；运送贸易是从事各国之间的商业贸易，或将一国的剩余产品运往另一国。

投资购买国内一地生产物而在另一地出售的资本，每往返一次，一般就能补偿两个都是投在本国农业或制造业上的资本，使本国的农业和制造业不至于中断。当这一项资本，从商人居住地向销售地运送一定价值的商品时，往往至少能换回相等价值的别种商品。所以，设若交换的两方均为本国的劳动生产物时，结果当然可以补偿两种不同的用以支持生产性劳动的资本，使它能继续用来支持生产性劳动。例如，把苏格兰制品运至伦敦，再把英国谷物或制品运至爱丁堡的资本，往返一次，即可换回两个投在英国制造业或农业上的资本。

当用本国劳动的产物来购买外国货物供本国消费时，那么往返一次，投在这种贸易上的资本，也同时补偿了两个不同的资本，虽然其中只有一个资本是用以支持本国产业的。所以，即使对外消费贸易像国内贸易一样，连本带利地赚了回来，但它所给予本国产业或生产性劳动的鼓励，也仅及国内贸易的一半。

但是，对外消费贸易很少像国内贸易那样能迅速地赚回本利。国内贸易的本利回收，一般在年终可以完成，甚至一年能完成三四次。而对外消费贸易的本利回收，很少能在一年内完成，有时需要耗上两三年才能完成。因此，投在国内贸易上的资本，有时已经运作了12次，即付出而又收回了12次，而投在对外消费贸易上的资本，仅运作了1次。所以，如果两个资本相等，国内消费贸易在鼓励扶持本国产业上是对外消费贸易的24倍。

国内消费的外国货，有时不是用本国货换购，而是用第二外国货换购。但这第二外国货，如果不是直接用本国货换购，就是间接用本国货换购，也即用本国货换购第三外国货，再用以换购第二外国货。除非处于战争和征服的境况，否则外国货要么可以用本国货直接换购而得，要么可以用本国货经过两三次不同的交易间接换购而得，此外别无他法。所以，用于这种间接的对外消费贸易的资本，和用于直接的对外消费贸易的资本比较，无论就哪一点而言，效果都是一样的，只是在最后的回收时间上更长，因其必须依存于两三次对外贸易的回收。

不管购买来供本国消费的外国货是什么，就贸易的本质而言，它对本国的生产性劳动的鼓励和支持，未有丝毫的增减。比如，如果用巴西的黄金或秘鲁的白银去购买商品，这种金银也和弗吉尼亚的烟草一样，必然少不了用本国货或由本国货换购的外国货去购买。因此就国内生产性劳动而言，用金银作媒介的对外消费贸易全部利弊和其他反复迂回的对外消费贸易完全一样，其补偿资本的快慢程度也和直接用以支持生产性劳动的资本相同。不过，和其他同样的迂回对外消费贸易相比，以金银为媒介的对外消费贸易似乎有一个优点。这些贵金属由于体积小、价值大，运输费比任何其他等值的外国货都便宜，保险费也较低廉。此外，在运输过程中也比较易于保存。因此，以金银作媒介与以其他外国货作媒介相比较，我们往往可以用较少的本国货购得等量的外国货。因此，用金银作媒介，优于用外国货作媒介，可以使本国的需求得到较为充分的供给，花费也少得多。这种贸易，由于不断有金银输出，至于是否会致使国家财富减少，我将在后文详细解答。

任何一国，用于贩运贸易的那部分资本，全是从支持本国生产性劳动的资本中抽出来，转而支持外国的生产性劳动的。这种贸易，虽然每经营一次，便可补偿两个不同的资本，却全非本国的。如荷兰商人用来将波兰所产的农作物运往葡萄牙，又将葡萄牙出产的水果和葡萄酒运回波兰的资本，每经营一次，确乎补偿了两个不同的资本，但被补偿的资本都不是用来支持荷兰的生产性劳动的。它们一个支持了波兰的生产性劳动，一个支持了葡萄牙的生产性劳动。只有荷兰商人的利润，才是归到荷兰去的。有了这种贸易，荷兰的土地和劳动年产物并非无所增加，

油画《坏消息》

18世纪以后,英国的制度和英国人的趣味,成为追求理性规则的欧洲人赞扬的对象和追求的目标。在这张詹姆斯·提索斯于1873年创作的油画中,得知坏消息的人们面色略微哀伤,却又显得格外静穆。这种维多利亚式的优雅对欧洲乃至世界的审美都有着巨大影响。

但增加的也仅限于此。

当然,若贩运贸易所用船舶与水手都出自本国,那么其中用来支付运费的那一部分资本,是用来雇用该国的生产性劳动者的,也即推动了该国的生产性劳动。几乎所有进行大规模贩运贸易的国家,事实上都是这样做的。这种贸易本身,或许也是因此得名,因为这种国家的劳动人民,对其他国家来说就是搬运工。但运输所需的船舶和水手,不一定为本国所有。例如,经营波兰与葡萄牙之间贩运贸易的荷兰商人,用的不是荷兰的船舶,而是英国的船舶。我们可以假设,荷兰商人在某些场合的确是这样做的。可是,正是由于这个原因,贩运贸易被认为对英国特别有利,因为英国的国防和安全,依存于船舶和水手的数量。但同等资本在对外消费贸易中,甚至在国内贸易中(当其由沿海船只进行时),可以雇用和做贩运贸易时一样多的海员和船舶。任何特定资本雇用的海员和船舶的数量,并不依存于贸易的性质,而是部分依存于货物的体积与价值的比例,部分依存于两个口岸之间距离的远近程度,其中更主要的是依存于前者。例如,纽卡斯尔与伦敦之间的煤炭贸易,使用的船只比英国的全部贩运贸易所使用的都多,尽管两个港口相距并不远。因此,特别鼓励任何一国将比自然会有的更大份额的资本用于贩运贸易,并不一定是要增加该国的船舶数量。

因此,任何一国在国内贸易中使用的资本,与在对外消费贸易中使用的等量资本相比较，一般支持和鼓励的生产性劳动数量较大，所增加的该国土地和劳动年产物的价值更高；而后者又比在贩运贸易中使用的等量资本在这两方面好处都较多。每一个国家的财富和实力（就实力依存于财富而言），必定总与其年产物成比例，总与税收后支付的基金成比例。因此，它不应偏爱或特别鼓励对外消费贸易和贩运贸易，它不应强迫，也不应诱使资本的较大份额进入这两种渠道，应顺其自然地流入这两者。

但是，如果这三种不同的贸易部门的每一种都是顺应事物的趋势自然发展起来，没有受到任何约束或压制，那么它们不仅是有利的，而且是必要的和不可避免的。

19世纪的贵妇

混迹于19世纪上层社会的人，为了实现自己的政治野心，不得不以虚伪的面孔去和上层社会周旋应付，企图在那个社会里找到自己的位置。图中描绘了一位参加舞会的贵妇人。

当任何一个产业部门的产物超过了本国需求时，剩余部分必须被运往国外去交换本国所需。没有这种输出，本国的一部分生产性劳动必然会停止，而年产物的价值也必然会减少。英国的土地和劳动所生产的谷物、呢绒和金属制品一般超过了国内市场的需求，因此，它们的剩余部分必须被运往国外以交换本国需要的东西。只是由于有了这种输出，剩余产品才能获得足以补偿生产时所费劳动和支出的价值。大海沿岸以及所有通航河道两岸，之所以成为对产业有利的位置，也只是因为它们便于这种剩余产品的运输以及交换在本地更需要的货物。

当用本国产品的剩余部分交换得来的外国货物，也超过国内市场需

1885年的百老汇

百老汇是纽约市曼哈顿区一条大街的名称，其中段一直是美国商业性戏剧娱乐中心，因而"百老汇"这一词语已成为美国戏剧活动的同义词。这条大道早在1811年纽约市进行城市规划之前就已存在，其中心地带是在第42街"时报广场"附近，周围云集了几十家剧院。其中建于1810年的公园剧场，是现今纽约百老汇剧院的雏形。

求时，其剩余部分必须再次被运往国外以交换国内更为需要的东西。用英国产业的部分剩余产品从弗吉尼亚和马里兰购来的烟草，每年达96000大桶。但是英国的需求或许不超过14000大桶。因此，如果剩下的82000大桶不能运往国外，交换本国更需要的东西，烟草的进口必然立即停止。随之英国居民的生产性劳动也会停止，他们现在从事制造的货物，就是用来交换这82000大桶烟草的。这些货物是英国土地和劳动产物的一部分，在国内没有市场，如果剥夺了它们在国外的市场，就只得停止生产。可见，最迂回的对外消费贸易，在某些场合对于支持本国生产性劳动和增加土地与劳动年生产物的价值，也像最直接的对外消费贸易一样是必不可少的。

当一国资本增加到这种程度时，假使不能全都用来供应本国消费、支持本国生产性劳动时，其剩余部分自然便会被用于贩运贸易这一途径，为其他国家履行相同的职责。贩运贸易是国民财富充裕的自然结果和象征，但似乎不是它的自然原因。倾向于重视它并给予特别鼓励的政治家们，似乎错把结果和象征当成了原因。相对于土地面积和居民人数而言，荷兰可谓是欧洲最富裕的国家，因此它在欧洲的贩运贸易中所占份额最大。英格兰或许算得上是欧洲的第二富裕的国家，在欧洲贩运贸易中也被认为是占有很大份额的,不过英格兰贩运贸易的大多数情况只是间接的对外消费贸易。这在很大程度上,就是将东西印度群岛和北美洲的货物送往欧洲各个市场的贸易。这些货物,一般是用英国的产出物直接购来的,或是用这种货物所交换的东西去买进的,这种贸易最后购回的货物一般在英国使用或消费。用英国船只在地中海沿岸港口之间进行的贸易,由英国商人在印度各港口之间进行的相同贸易,才是英国真正的贩运贸易的主要部分。

在国内贸易中所能运用的资本大小,自然受到国内各个遥远地区剩余产品价值的限制,这些地区要求相互交换本地的产出物。在对外消费贸易中所能运用的资本数量的大小,受整个国家剩余产品价值,以及能用这些剩余产品的价值来购买的货物的价值限制。在贩运贸易中,所能运用的资本大小,受世界上所有国家的剩余产品的价值的限制。因此,它所能运用的资本与其他两种贸易作比较,可以说是无限的,能吸收最大的资本。

从个人私利出发,是决定任何资本所有者将资本运用在农业、制造业、商品批发贸易抑或是零售贸易的某一具体部门的唯一动机。资本投入这些不同用途,所推动的生产性劳动数量的不同,以及所增加的社会土地和劳动年生产物价值的不同,从来不是资本所有者会考虑的。因此,在农业是所有行业中最有利可图的国家,在改良和耕作土地是获取巨大财富的最有效途径的国家,个人的资本自然会以最有利于整个社会的方式被运用。可是,农业的利润在欧洲任何地区,都不比其他资本的用途更优越。虽然在欧洲的所有地区,近几年来曾以耕种和改良土地得到了最辉煌的利润记录,使公众产生兴趣。无须对此计算加以特别讨论,一种非常简单的观察就可以使我们相信,这些计算的结果一定是错误的。我们每天都看到,从短短一生的贸易和制造业生涯中,常常有人以微薄的资本甚至白手起家,成为最富有的人物。在18世纪中,在整个欧洲，在同一时间却难以看到一个用微薄资本经营农业而暴富的人。然而，在欧洲的所有大国中，还有许多良好的土地依然没有得到耕种，而业已耕种的大部分土地也还未得到充分改良。因此，几乎在任何地方，农业都能吸收比已经投入的还要大得多的资本。那么，是欧洲的什么政策，使城市的行业比乡村的行业占有这么大优势，从而使人们宁愿投资最遥远的亚洲和美洲的贩运贸易，也不愿投资以耕耘国内靠近自己的最肥沃的土地，我将在以下两卷详加阐述。

第三卷 论各国财富增长的不同途径

　　欧洲最早因商业致富的地区出现在意大利,新兴资产阶级和城市商业的力量彻底摧毁了地主贵族的权力,工商业城市为农村的原生产物提供了广阔的市场,从而客观上推动了农村土地的改良和农业技术的改进。

第一章　论财富的自然增长与罗马帝国崩溃后的经济状况

劳动分工不但促进了社会生产力的发展和职业的分化，而且还加快了商业贸易的发展步伐。在商业欠发达的农业社会，商贸活动主要以土地生产物进行直接交换。所以，土地是一切生活必需品及商品的唯一来源。到城市工商化时期，手工业和简单的制造业从农业中独立出来，但农村依然是其他行业原材料的供给地。国家的全部财富都来源于土地耕作者的劳动，其增长速度取决于土地所有者对土地的投入情况和劳动者的勤劳程度。

自日耳曼民族和塞西亚民族侵扰罗马帝国后，欧洲发生了重大变化，野蛮民族的掠夺中断了城乡间的贸易，即便是罗马帝国统治的富裕地区也变得荒芜。后来，随着自由市场兴起，商业日渐发展。欧洲各商业城市的居民，开始以制造品和奢侈品做交易，制造业随之发展，各国经济又逐渐繁盛起来。

论财富的自然增长

每一个文明社会的重要商业，都是由都市居民和农村居民通商而展开的。这种商业，有的是用原始生产物与制造品直接交换，有的是以货币作为媒介间接交换。农村为都市提供了生活资料及制造品原材料，都市则以部分制造品回报农村。因为都市不再生产亦不能再生产生活资

工业革命

18世纪中叶,自英国人瓦特改良蒸汽机之后,一系列技术革命引发了劳动方式从手工向机械化大生产转变的重大飞跃。这股浪潮于19世纪中期传播到法国和美国,之后带动了整个欧洲大陆和日本的改革。图为19世纪采矿业的生产情形,其采用蒸汽机作为动力,使生产的效率大大提升。

料,所以其全部财富和全部生活资料都可说是来自农村。但我们不能因此认为都市的受益是建立在农村的损失之上的,其实,二者之间是相辅相成的关系;且分工的结果,与其他方面的分工一样,对双方从事分工的不同行业的不同人群都有利。通过这种交换,农村的居民可以用较少量的劳动生产物购得较多量的制造品,因此,他们与其亲自劳动制造所需的物品,不如通过交换获取。农村剩余产物或农民派不上用场的东西,可以在都市里交换到所需要的物品。都市的居民越多,其居民的收入越高,则为农村剩余产物提供的市场也越大,对广大人民也越有利。距离都市1英里生产的谷物与距离都市20英里生产的谷物,在市场上以相同的价格出售,但后者所得售价,一般来说,既要补偿其生产费用和上市费用,又要为农业资本家提供普通利润。因此,都市附近的农业资本家和耕作者，从谷物售价中得到的不仅含有农业普通利润，还含有从远地运来出售的谷物的运费。此外，在所购物品的进价上，他们还节省了这些物品的长途运费。通过与都市相隔距离远近的比较，不难看出都市商业是如何有利于农村的。在关于贸易差额的种种谬论中，也没有哪一种敢于妄论城乡通商对城市或乡村不利。

就事物的本性而言，生活资料必先于便利品和奢侈品，因此，生产前者的产业亦必先于生产后者的产业。提供生活资料的农村的耕作和改良，必定先于提供奢侈品和便利品的都市的发展。农村居民必须先满足自己，才能以其剩余产物满足都市居民。所以，都市只有依靠这种剩余产品的增长才能发展。但都市的全部生活资料，并不一定完全依赖于附近农村，甚至不一定完全依赖于本国供给，而是可以从异国他乡运来。这虽然不是一般规则的例外，却造成了不同时代、不同国家财富增长繁荣的巨大差异。

农村先于都市的情况，在大多数国家是由需要造成的，但在所有国家又依靠人的天性来实现。如果人为的制度不压抑人类这种天性，那么在境内土地完全开垦改良以前，都市的增设决不能超过农村的耕作及改良情况所能支持的限度。在利润相等或接近相等的情况下，多数人宁愿把资本用于投资改良和开垦土地，而不愿投资于工业及国外贸易等方面。投在土地上的资本，投资人可以经常、直接去监察，其资产与商人的相比，较少受意外因素影响。而商人的资产则常常冒着巨大的资本风险，并且还要冒着人类的愚蠢与不公正行为等诸如此类更不可靠因素的风险；因为他必须给予遥远的、无法亲自监督的人以巨大信任，其品行与经营状况，是商人所无法完全了解的。相反，地主的资本却可固定在土地改良物上，可以说是达到了人事所能做到的最安全状况。因为耕作土地是人的最初使命，所以在人类存在的一切阶段，这一原始职业将永远为人类所偏爱。

欧洲16世纪的建筑工地

到16世纪，西欧进入了封建社会崩溃和向资本主义社会过渡的时期。生产力的发展和技术的复杂化，使生产活动越来越专业化。专门的石匠和建筑工人已经出现，他们把从矿山上开采出来的资源加工成为建筑材料并完成建造工作。

当然，如果没有工匠的帮助，耕作土地必然会很不方便，有时甚至得被迫停辍。因此，农民常常需要锻工、木匠、轮匠、犁匠、泥水匠、砖匠、皮革匠、鞋匠和制衣裁缝等工匠的服务。这些工匠，一方面也难免需要互相帮助；另一方面又因为不像农民那样有固定劳动场所，所以便自然而然地聚居一地，于是就形成了小市镇或村落。后来，随着需要的增加，又有屠户、酒家、面包师，以及许多给人们提供临时需要的其他工匠及零售商的加入，于是小市镇日益兴盛起来。农民和市民是相互服务的，市镇是农民不断前往、用原生产物交换制造品的市场。依靠这种交换，都市居民才获得了生产及生活原料的供给。都市居民卖给乡村居民的制成品的数量，决定了都市居民所能购买到的生产及生活原料的数量。因此，除非乡村对制成品的需求有所增加，否则市镇居民的生产及生活原料就无法增加，而这种需求的增长，仅与耕作及改良的扩展成比例。因此，如果人为制度不扰乱事物的自然趋向，那么无论在什么

政治社会里，都市财富的增长与规模的扩大，都是农村耕作及改良扩展的结果，且依照农村耕作及改良扩展的比例而增长。

在利润相等或几乎相等的条件下，人们寻找资本投资用途时，制造业明显优于对外贸易，其原因与农业自然优于制造业相同。地主或农业资本家的资本比制造商的资本更为稳妥。同样地，制造商的资本又比对外贸易的资本更为稳妥，因为其资本能够随时被自己所监察。事实上，无论在何种社会何种时期，剩余的产品，即国内无人需要的产品，都必须被运往国外，用以交换国内需要的其他产品。但运输剩余产物到国外去的资本，为本国所有还是为外国所有，却是无关紧要的。如果本国的资本不够同时耕作一切土地，以及完完全全地制造一切原生产物，则由外国资本来把本国剩余原生产物运输到外国去，对本国也有极大的利益。因为依靠这种资本，本国的资本便可全部用于更为有利的领域。

这一自然的顺序，虽然在所有进步社会中都已经在某种程度上发生，但就今日欧洲各国的情况而言，在许多方面，这个顺序却似乎完全相反。某些城市的对外贸易引进了精制造业，或适于远地销售的制造业；而主要的农业改良，也是制造业和对外贸易所导致的结果。这种反自然的退化的顺序，是由当地人的风俗习惯造成的。而他们的风俗习惯，又是由他们原来社会的统治性质造成的。后来，这种统治虽然改变极大，但对他们的风俗习惯却影响甚微。

论罗马帝国崩溃后农业在欧洲"旧状态"下所受到的阻抑

自日耳曼人和塞西亚人侵占罗马帝国西部诸省以来，欧洲旋即发生了重大变革，由这一变革引起的骚动持续了好几个世纪。野蛮民族对古代原住民的掠夺和迫害，中断了城乡间的贸易，使得城市成为废墟，无人居住，乡村亦无人耕作。在罗马帝国统治时期，极为富裕的西欧变成了一个极度贫穷、极度野蛮的地区。在持续不断的混乱状态中，那些民族的首领或贵族，占有或篡夺了这些国家的多数土地。虽然有人耕作的土地不多，但要找到一块无主的土地却不可能。所有的土地都被侵吞了，其中大部分是被少数大地主所鲸吞的。

虽然，一开始吞并荒地的危害很大，但或许只是暂时的危害。这些土地，本来可以通过继承或分割将其拆小，但长子继承法却阻止了大块土地因继承而被拆小的可能，限嗣继承法则又阻止了大块土地通过分割转让而被拆小的可能。

封建领主

在欧洲资本主义兴起以前的农业经济时期，欧洲的土地制度是封建的土地占有制。从法律上讲，全国的土地都属于国王，国王是最大的封建领主。国王把土地分封给臣属，大封建领主又把自己的封地再次分封给小封建领主，这样在全国形成了大大小小的封建领主，他们可以在自己的土地上按照自己的意愿行事。图中的封建领主的贵妇们正自在地打发休闲时光。

倘若我们仅仅把土地视作动产一样的谋生手段，那么，依照自然继承法，当然会把土地分给家中的所有儿女。因为每个儿女的生计，都是老父亲同样关心的。罗马人就是采用的这种自然继承法，不分长幼，不分男女，只要是自己养的，均可继承自己的土地。不过，倘若土地不单单是一种谋生手段，同时也是权力强弱之所系时，就会被认为不加分割地归于一人较为妥当。

限嗣继承法是实行长子继承法的自然结果。限嗣继承法旨在维护由长子继承法引出的直系继承，并防止因为子孙不肖或遭遇不幸，使得一部分遗产在赠予、遗让、割让名义下旁落的风险。对限嗣继承法，罗马人全然不知。法国的法律专家虽则喜欢以后来的制度附会罗马古制，而实际情况是，罗马人的预备继承人预定法和嘱托遗赠法均和限嗣继承法

17世纪的法国农民

17世纪下半期,由于封建势力的沉重剥削和压迫以及重商主义政策,法国的财政一度恶化,而在法国资产阶级民主革命后,由于土地分配有利于农民,独立自耕农和手工业者才得到了进一步的发展。

迥然有别。

限嗣继承法被贵族认为是保持世勋世禄之排外特权的必要手段。据说,英国习惯法极为厌弃世勋世禄的制度,因而较之欧洲其他君主国,世勋世禄制在英国受到的限制更多。但是,英国也没有完全废除世勋世禄制。据说,今日苏格兰仍有1/5以上土地受限嗣继承法严格影响。

在这种情况下,大面积的荒地不仅被少数豪门贵族所吞并,而且永无再被分散的可能。事实上,大地主很少成为大改良家。在产生这种不合理制度的混乱时期,大地主的精力几乎全部用来保护已有的领土,扩大自身对邻国的管辖权与支配权,他们确实也没有余暇来开垦或改良土地。后来时局稳定了,随着法制的确立,秩序的安定,大地主们虽然有了空闲,却普遍没心思开垦和耕作其土地,通常也没有那样的财力。如果他自身与家庭的花费,恰好等于甚至超过了他的收入(这是极为寻常的现象),那么他就没有资本可以用于开垦和耕作土地了。如果他是一个经济学家,那么他通常就会发现:与其用一年的积蓄来改良旧的土地,还不如用来购买新的土地更为合算。要想通过改良土地获利,得像其他所有商业计划那样,必须密切注意细小的节省以及小额的利润。但一个出生在富裕家庭的人,即使其天性生来俭朴,仍然不容易做到这一点。这种人的境遇,自然而然地会使他更为注意自己的装扮,而不是去注意自己没有多大需要的利润。他从小就养成了追求华丽的衣饰、豪华的马车、宽大明亮的居室、华丽阔绰的陈设等嗜好。这些业已养成的习惯，以及由此所形成的心理，在他即使想改良土地时，也会支配他反其道而行之。或许他会把住宅周围的四五百英亩（每英亩合6.07市亩或4046.86平方米）土地大加装饰一番。这一庞大花费，可能比土地改良后的获利大上10倍；同时，他

找工作的农民

随着城市工商业的兴起，以及工业革命对生产技术的颠覆，欧洲人的传统生活方式渐渐瓦解。19世纪，许多农民离开土地，进入工厂，寻求全新的工作。图为几个爱尔兰农民正在招工市场寻觅工作。

会发现，如果对他所有的全部地产都照样改良下去，也许会在改良没到1/10前，他就会因已经耗尽了他所有的财产而破产。英格兰和苏格兰的一些大块土地，从封建的无政府状态以来，一直持续到今天，依旧为少数人所占有，并没有改变过。只要把这些大块土地与其邻近的小块土地比较一下，无须其他论证，你就会相信这种大地产是多么不利于改良。

如果这样的大地主不希望改良土地，那些占有土地比他们少的人，就更不会希望了。如果说指望大地主大范围地改良土地已经很难了，那么在他们使用奴隶耕作时，更没指望要求他们改良土地了。

人类多以统治下等人为荣，而耻于俯就下等人。因此，若法律允许，工作性质也允许，在奴隶和自由民之间，大地主宁愿选用奴隶。主产蔗糖和烟草的英国殖民地，大部分工作由奴隶充任。种烟草的利润虽然比不上种甘蔗，但比种谷子还是强得多。种烟草和种甘蔗，都能提供奴隶耕作的费用，但种烟草所提供的，不及种甘蔗。所以，畜养黑奴的数目，在甘蔗产区远大于烟草产区。

继古代奴隶耕作者之后，逐渐兴起了一种农民，即被今日的法兰西称为"分益佃农"的一种农民。因其在英格兰早已被废止，所以其英文名称我已不知道了。在这种制度下，地主为农民提供种子、牲畜、农具，总之为他们提供耕作所需的全部资本。但农民离去时，地主提供的这些资本必须还给地主。土地出产物在留出被认为是维持原有资本所需要的部分之后，剩余部分便由地主与农民均分。

不过，在"分益佃农"耕作制度下，土地仍然不能得到很大的改良。因为地主不必花费任何费用即可享受一半的土地生产物，而留归"分益佃农"的部分并不多，"分益佃农"不会用自己节省下来的、极为有限的节余来对土地作任何改善。教会征收的什一税，虽然看上去不过占去了土地生产物的1/10，但这已对土地的改良产生了极大的阻碍。而抽去土地生产物半数的课税，必定成为了土地改良的巨大障碍。

继"分益佃农"之后形成的农民，可以称之为"真正的农民"。他们用自己的资本耕作，但要给地主缴纳一定数额的地租。这种农民租田都有一定租期，所以他们有时会觉得投入一部分资本来改良土地，对自己更为有利；因为他们希望在土地租期未满以前，不仅投入的资本可以收回，且还能获得极大的利润。不过，即使是这种农民的借地权，在很长一个时期内也是极不稳定的，如今欧洲许多地方的情况就是这样。

在古代，农民除了必须向地主缴纳一定数量的地租，还必须为地主提供各种劳役。这种劳役既没有明确规定于租约内，也不受任何规定的支配；只要地主需要，农民就得随叫随到。这种完全没有规定的劳役，使农民苦不堪言。苏格兰把这种全无规定的劳役废止后不到几年，境内农民的生活境况就得到了明显改善。

农民对国家提供的各种公役，并不比为地主提供的私役少。农民对国家所缴纳的税项和受到的不公正待遇，程度与劳役不相上下。耕作者在这些对农民明显不利的政策之下，很少愿意去改良土地。这一阶级的人民，尽管在自由、安全等权益方面受法律保障，但在改良土地等方面却处于不利地位。

除上述不合理的政策之外，古代欧洲的政策尚有其他不利于土地的改良与垦作之处，不论进行改良和垦作的主体是地主还是农民。其主要包括两个方面：第一，几乎所有地方都有规定，未经允许，谷物输出一律禁止；第二，通过禁垄断、禁零售、禁囤积等一系列谬法，确立集市的市场特权，限制谷物甚至各种农产物的内地贸易。古罗马统治下的土地极为肥沃，且是世界最大帝国的核心区，但其农耕事业，也不免因禁止谷物输出和奖励外国谷物输入而受到诸多阻碍。至于土地不那么肥沃、位置也不太有利的国家，其农耕事业因此受到的阻碍之大，就更难想象了。

论罗马帝国崩溃后都市的兴起与发展

罗马帝国崩溃后，都市居民的生活状况并不比乡村居民好。不过，那时候都市中的居民与古希腊、古罗马时期的居民极为不同。在这些古代共和国中，地主占居民数量的大多数，他们分占公有土地，房屋毗连，并环以围墙，用于共同防御外敌。而在罗马帝国衰落后，地主大多散居于各自领地的城堡或庄园内，住在各自拥有的佃农及属民之中。城镇中的居民，大都是商人和技工。他们处于一种被奴役或是接近奴役的境遇之中。从古时各国宪章所赋予欧洲各主要都市居民的权利中，就可充分看出他们在没有取得这些权利以前的生活处境。这些宪章赋予了人民以下权利：第一，可自由嫁女，不必经领主许可；第二，他们死后，财物可由其子嗣继承，不由领主领取；第三，死后的遗产，可遵照自己的遗嘱处置。这些权利充分证明，都市民众与农村耕作者处于几乎一样或全然一样的奴役状态。

但是，不管都市中的居民的处境是如何卑贱，与乡村中的耕作者相比，他们获得自由与独立的时间还是早得多。都市居民的人头税，归国王所有，多由国王制定比例，在一定年限内包给该市长官或别人征收。不过，市民往往也可以获得征收本市人头税的授权，对税额联合负责。这种包税制，适宜于欧洲各国国王的一般经济，因为他们本来就惯于把庄园的全部税收，交由全体佃农包办，使佃农们对全部税收负连带责任。但包税制也有利于佃农按照自己的喜好从事稽征，并通过雇员将税款纳入国库，从而免去承受国王鹰犬横征暴敛的痛苦。当时，这被视为极为重要的一件事。

起初，市民包税和农民包税一样，规定了一定年限。后来，随着时代的推进，变成无期限的了。税额一定，以后永不加征。税额既已成了永久的，即对以纳人头税为条件的别种赋税的豁免，也便成了永久的。因此，别种赋税的豁免便不会局限于个别人，而属于特殊城市的所有居民了。城市因此成为自由市，市民也因此成为自由市民或自由商人。

前面提及的种种重要权利，比如嫁女自由权、儿女继承权与遗嘱权，通常是随着这种贸易自由权一同赋予特殊市的一般市民的。那种种重要权利，是否会随着贸易自由权而赋予个别市民，我就不得而知了。也许的确如此，尽管我拿不出证据来，但我想是有这种可能的。不过无论如何，他们身上已经被解去了贱奴制度以及奴隶制度的主要属性，至少自此以后，他们享有了我们现在所说的"自由"这个词的权利。

不仅如此，市民们通常还会设立自治机关或团体，赋予这一机关或团体推举市长、设立市议会及市政府、颁布法规、修筑城堡以自卫，用军事纪律来迫使居民熟悉战事和担任守备的职能。如果遇到敌人进攻或其他意外事情发生，但凡都市居民，必须不分昼夜以尽防卫责任。在英格兰，他们通常可免受郡裁判所、州裁判所的管辖，除公诉之外的所有诉讼，都可由市长判决。在其他各国，市长所拥有的裁判权通常还要大得多。

市税由市民包办的都市，必然享有某种强迫市民纳税的裁判权。这时局势动荡，单个的城市居民没有自卫能力，只有联合起来，彼此守望相助，共同抵御大领主的压迫与欺凌。领主鄙视市民，而市民也嫉恨和畏惧领主。恰好国王也嫉恨和畏惧领主。相互的利害关系，促使国王与市民结盟以对抗领主。为了自己的利益，国王授权市民可推举市长，制定市法规，建立城堡以自卫。要使国王与市民的结盟为他们彼此提供永久的安全，则又必须有正常的政府组织和强制居民服从的权威。

画作《圣佩尔山的割麦人》

19世纪末期的法国，城市和农村的社会角色开始大变革，整个国家迅速地现代化，城市也加速实现工业化。文明、进步的北方和布满农庄和农民的南方，形成泾渭分明的态势，各大区之间几乎没有人口流动。图为法国画家莱尔米特的画作《圣佩尔山的割麦人》。

这时，都市民兵的力量，并不弱于乡村民兵，且一旦有事，将更容易在短时间内集结，所以都市中的居民通常在与当地领主发生争议时占有优势。在意大利、瑞士这些国家中，各个都市或是由于距离首都所在地很远，或是由于自然条件，或是由于其他缘故，君主已不能完全对它们进行管辖。于是，都市便逐渐成为独立的民主社会，并征服当地贵族，迫使贵族富豪拆毁城堡，而像其他平民那样居住在都市里。伯尔尼民主国和瑞士的其他许多都市的简史，皆与此类似。自12世纪末至16世纪初，意大利除威尼斯外，各个民主国也是如此骤兴骤亡。

当乡村耕作者依然受到贵族的种种压迫和奴役时，秩序良好的政府已经在都市中建立起来了，使民众的个人自由与安全得以确保。此时，处于无力自卫状态的人，自然会以只能维持自身生活的生活资料为满足。因为他们认为，如果拥有更多的财富，只会招来压迫者更为残酷的压迫和索求。相反，当他们能够独占所有自己辛勤劳动所得的产物时，即确有亲自享受的把握时，他们自然就会努力改善自身的糟糕处境，不仅要取得生活必需品，而且还要取得生活上的便利品和娱乐品。因此，以生产生活必需品以外的东西为目的的产业，在都市建立的时期，要比在农村建立的时期早得多。在贱奴状态下受领主钳制的贫苦农民，一旦稍有储蓄就会立刻储藏起来，以免被领主发现而据为己有；而且一旦有机会，农民就会携带不多的财产逃往都市。当时的法律，对市民是如此纵容，同时又如此希望削减领主对农民的权力，以至于规定，只要农民逃往都市，且一年内不被领主抓到，就可永享自由。所以，勤劳的乡村居民有了积蓄，自然会逃到都市，把都市看作唯一安全的避难所。

在欧洲，最早因为商业而使财富大量增加的，应该是意大利。当时，意大利位于世界文明和进步的中心，虽然十字军东征耗费了许多财富，使许多居民殒命或流离失所，妨碍了欧洲大部分地区的进步，但也非常有利于意大利若干城市的发展。为争夺圣地而从各地出发的大军，极大地促进威尼斯、热那亚和比萨各都市的航海业的发展。十字军常常需要由这些地方的船只来运送，其粮草供应也常由这些都市负责，简直可以被称作是东征大军的大后方。对欧洲其他各国造成极大破坏的十字军，却成了意大利民主城邦积累财富的源泉。

商业城市的居民通过把制造品和奢侈品出口到富裕的国家，往往就为富裕国家的居民提供了足以满足其虚荣心的产品；而且富人们也乐于用大量的本国生产物来交换这些奢侈品。因此，当时大部分的欧洲商业，主要都是以用本国土产物来交换他国制造品的贸易构成。英国民众通常用羊毛与法国的葡萄酒及佛兰德的精制呢绒交换；波兰的谷物，也常被用来与法国的葡萄酒、白兰地酒以及意大利的丝绸交换。

这样，这种对于精良制造品的嗜好，就通过国外贸易逐渐普及还没有这种精制造业的国家。但是这种嗜好，在国内一经普及，就会引起很大的需求。为了免去运输费用，商人自然会想到在本国也建立这种制造业。因此，罗马帝国崩溃后，西欧各地为远地销售而兴办的制造业，就是这样诞生的。

各国适合于远地销售的制造业，是由如下两种方式而被引入各个国家的：第一种，国内商人和企业家仿效外国某种制造业，而且是毫不犹豫地把资本投去经营这种制造业。因此，这种制造业是由于国外贸易而产生的结果。13世纪盛行于卢卡的绸缎制造业、丝绒制造业和织锦制造业，就是这样繁荣起来的。第二种，有时适于远地销售的制造业，是自然而然地由家用品制造业和原始生产物制造业逐渐改良而成的；即使最贫穷、最野蛮的国家，也常有这种家用制造业。

第二章 论城市商业对农村改良的贡献

农村是城市工商业的原材料基地,而工商业城市为农村的产品提供了广阔市场。一方面,农村剩余的产品通过商贸实现的利润,激励了土地的开发与改良。另一方面,城市居民所获的财富,也用以购买待售的土地,其中很大一部分,是用以购买未开垦的荒地,这种投资显然最有利于土地改良。城市工商业的发展,还使农村居民的工作井然有序,个人的安全和自由得以保障,摆脱了与邻人的争斗和对地主的依附。

在欧洲的大部分地方,城市工商业的发展是农村土地改良的力量之源,但并非其结果。这种与自然趋势相反的发展状态,较为迟缓和不确定。不过,除非其某部分已在土地耕作与改良事业上得到保障和实现,否则,任何国家通过工商业获得的资本都不能归为稳定的国家财富,因为这种财富随时可能流向国外。

论工商业城市在促进农村土地改良中的作用

工商业城市的增加与富裕,促进了农村土地的改良与开发,其贡献主要体现在以下三个方面:

首先,它为农村生产的原材料提供了广阔的销售市场,而销售市场的扩大又促进了农村的改良与开发。

当然,受益的不仅是城市附近的农村。但凡与城市通商的农村,都或多或少有所受益。城市为这些农村的原生产品和制造品提供了市场,有鼓励其改进和优化产业结构的功效。相形之下,与都市相毗邻的农村，所得实惠最大。其农产品的运输成本，较远离城市的农村为低。所以，和远离城市的农村相比，哪怕买家付给生产者较高的进价，但对城市消费者而言，取价依然可以相对低廉。

其次，工商业城市中的商人，往往通过购买待售土地而获利。当然，这些土地大部分还未开垦，而商人迫切地想成为地主，以获得对土地的所有权，谋求更大利润。一旦他们获得了土地所有权，便设法改良土地。唯有这样，他们才能获得更大的利润。商人与地主不同，地主只会奢侈消费，而从来不会想办法赚钱；商人会赚钱，他们会用赚取的利润经营自己的产业，让"钱生钱"。

画作《圣拉扎尔火车站》

19世纪，相比称霸世界的近邻英国，法国的经济增长一直较为缓慢，到1850年前后才开始提速。这一时期，拿破仑三世政府出台大量鼓励资本主义发展的政策，支持大型合股公司，实行自由贸易，并且十分重视修筑铁路、疏浚运河和加强城市建设。1850—1870年的二十年间，法国建成了以巴黎为中心，通往斯特拉斯堡、马赛、波尔多、布列斯特等大城市的铁路网。图为法国印象派画家克劳德·莫奈所绘的《圣拉扎尔火车站》，它见证了法国19世纪中后期的高速发展。

正是这种不同，决定了商人的性情与地主大相径庭：商人大多是勇敢的企业家，地主则往往过于谨慎而畏缩不前。在商人看来，大量的资本如果能用来改良土地，那么也会相应增加土地的价值。而地主则不然：一方面，地主的资本很少，即使有，也几乎没有人像商人那样去做；另一方面，地主即使改良土地，改良土地的费用也多半来自每年收入的剩余，而不是资本。这种情况在城市周围的农村，尤其是在大部分土地都没有开垦的地方尤为明显。另外，商人因经营商业而形成的讲秩序、节省、谨慎等习惯，也决定了他们更适合改良土地，不愁不能从中

兰特荷市场

随着商业的发展，市场的形式和功能也逐步发生变化。从19世纪中期起，伦敦开始区分住宅区、商业区和工业区，这一过程中涌现了一批现代化的商品交易市场，图中的兰特荷市场便是其一。它位于伦敦金融城，以食品交易为主。兰特荷市场的历史可以追溯到14世纪，1881年由当时英国著名的建筑师贺拉斯·琼斯为它设计了全新的商城，其庞大的规模和精美的装潢象征了维多利亚时代商业的繁荣。

获利。

最后，城市发达的工商业使村民在组织上愈来愈井然有序，对政府的信任度也日渐增加。最重要的是，村民们有了个人的安全和自由，摆脱了与邻人的争斗和对地主的依附。但是，除了大卫·休谟曾对此加以关注以外，余者很少对此加以关注。

在农村，由于既无国外贸易，又无制造业，地主们无法将土地上生产的剩余产品用来交换自己所需，因此，只有以农村待客的形式将其消费掉。这部分剩余物资，如能够供给100人，就供给100人；如能够供给1000人，就供给1000人，舍此不作他用。因此，成群的婢仆和门客常聚集在地主家中，地主用自己土地上的剩余产品来供给他们，而他们却没有相应的等价物与地主交换。于是，他们便像士兵服从国王一般服从地主，听其吩咐。比如，威廉·鲁弗斯的威廉敏斯特大厅常人满为患，为了不致弄脏坐地就食者的衣服，托马斯·伯格特常在大厅的地上铺以草垫。这话虽然有些夸张，但宾客数量之大由此可见一斑。就在几年前，这种规模的待客形式还盛行于苏格兰高地一带，在那些工商业欠发达的地区尤为盛行。波科克博士曾说，一位阿拉伯酋长在售卖牲畜的集市上当街宴请所有人，甚至包括乞丐。

依赖大地主的佃耕者与婢仆并无本质区别，他们即使不是贱奴，也是可以随意退租的佃农。佃耕者向地主缴纳的地租，无论是以何种形式，与土地本身所提供的生活资料并不等价。前几年，在苏格兰高地一带，缴纳一家生活的地租为1克朗、1/2克朗、1只羊或1只小羊。现在一些地区依然如此。但是相对其他地区，这里的货币购买力已大为下降。事实上，如果这些剩余产品的消费者能够像门客、家仆一样听从吩咐，那么地主在其住所附近消费一部分土地剩余产品，远比自己在家中将这些土地上的剩余产品全部消费掉划算。如此，他只付比免役租多一点的地租，却占有能维持一家生活的土地和可以随意退租的佃农。这种在佃农家里养佃农的方式，与地主直接将佃农养于家中别无二致。地主决定恩惠是否继续实施，决定奴婢和佃农的食粮是否继续供应，这使得地主可以驾驭佃农和家奴，并对其产生一种权威。这种权威构成了所有古代贵族权力的基础。平时地主是境内民众的仲裁者，战时他们是境内民众的统领者。因此，地主既是境内治安的维持者，又是法律的执行者，他们有率领境内民众抗拒不法者的权力，而其他任何人包括国王，都没有这样的权力。国王只是境内最大的地主，其他的地主出于防御共同敌人的需要而尊敬国王。假若国王想凭借强权让某地主境内的民众纳税，他们必然会在境内地主的带领下抵制国王的要求。国王要想达到目的，就需要付出相当的代价。因此，国王不得不将大部分农村的司法权和军事指挥权赐予地主。从这一意义上讲，具有司法权和军事指挥权的地主即是封建领主，这也是他们不同于普通地主的地方。

这种地方性裁判权，并非源自封建法律。在封建法律产生以前几百年间，领主就已经拥有最高的民事与刑事裁判权、募兵权、铸币权，并拥有制定地方行政法规的权力等。英格兰被征服前，撒克逊各领主所掌握的统治权与裁判权，与被征服后诺尔曼各领主所掌握的统治权与裁判权相当。在法国，领主统治权和裁判权也是先于封建法律而建立。随着

阿姆斯特丹

阿姆斯特丹是荷兰最大的工业城市和经济中心,也是荷兰第二大港。全市共有160多条大小水道,由1000余座桥梁相连,被称为"北方威尼斯"。在17世纪,阿姆斯特丹已是世界的中心,当时的荷兰处于海洋霸权的巅峰,使阿姆斯特丹也一举成为当时欧洲最热闹的海运贸易站和最富裕的城市。

上述各种财产制度及风俗习惯的产生,这些权力也会产生。比如,30年前,在苏格兰的洛赫巴,克默伦只是亚盖尔公爵的一个家臣,每年得租500镑,他既没有正式的委任状,又非治安推事,却有着对其民众执行最高刑事裁判的权力。

封建法律的颁布与实施,目的是削弱各领主的权力,使国王和领主们各司其职。该法律规定:各领主未成年时,他们的地租和对土地的管理权均由上司掌管;国王为其尽保护及教育之责任,并以监护人的身份,为其娶门当户对的妻子。但封建法律仍然无法从根本上改变由此所致的财产制度与风习,安宁的乡村秩序和良好的地方政府仍然不能建立。相对于贵族的权力,政府的权力太小,所以,虽然建立了封建制度,颁布并实施了封建法律,但大领主们仍然不听从国王的号令。他们彼此之间战争不断,甚至对国王发动战争,广大的乡村田野依然是一片巧取豪夺和战乱的状态。

然而,封建法律依靠强制力量都无法改变的状况,如今却在商业和制造业的影响下,潜移默化地得以实现。随着商业和制造业的兴起,市场上的物品种类开始增多,这使得领主们可以用自己土地上的剩余产品来交换别的物资,这些交换来的东西由领主们直接消费,而不再与佃农和家奴共享。当领主发现由自己消费所收地租的全部价值的方法之后,他们宁愿把足以维持一个人全年生活的粮食用来换取一对金刚石纽扣或其他物资，也不再愿意同佃农、家奴同享地租的价值。当然，他们也随之舍弃了自己的权威。这种区别是十分明显的：金刚石纽扣由领主享有，而粮食则至少要与1000人共享。

在没有国外贸易和制造业的国家中，那些年收入10000镑的人，其收入基本上是用以养活1000家人；然而，现在年收入10000镑的人，无须直接养活20人，却同样可以将这10000镑消费掉。事实上，他间接维持的人的数量，等同于他先前所雇用的人数，甚至更多。其全部收入虽然换回了很少的宝物，但却有许多工人直接采集、制造这些宝物，这些工人的工资和雇主的利润构成了宝物的价格。其实，他按宝物价格所支付的款项，就是间接支付工人的工资和直接雇主的利润，从而使工人和直接雇主的生活得以维持。当然，他的贡献只占工人和直接雇主全年生活费的很少一部分，少数占1/10，多数占1%，有一些则不到1‰，甚至有些还不到1/10000。虽然，他对维持工人和直接雇主的生活有所贡献，但是工人和直接雇主们却并非离不开他。相对于他而言，工人和直接雇主都是自由的。

先前，领主们是通过地租维持佃农和门客的生活。现在，他们以地租维持商人和工匠的生活时，所能养活的人数和先前基本相同，而且由于现在的消费方式，避免了乡村式待客方式的浪费；所以，领主们能养活的人甚至比以前还要多。然而平均算来，他们每个人对商人和工匠的生活费的贡献，简直微乎其微，因为每个商人和工匠的生活费来自成百上千个顾客，并非只是来自他一人。在某种程度上，商人和工匠依赖的是这成百上千个顾客，而不是依赖其中的任何一个人。

领主的个人消费逐渐增大，使得他必须减少甚至全部打发掉那些靠他养活的门客，基于同一原因，领主还必须削减佃农的数量。由于领主将佃农人数按当时土地的耕作和改良情况所需减到最少，且农田增多，领主所得的剩余也逐渐增大了。这个较大的剩余，商人和制造业者又为领主提供其他的消费方式，让他自己直接消费，正如此前消费其余部分一样。于是，个人消费欲望的膨胀，又驱使领主们渴望所获地租最好能超过改良状态下土地所能提供的数额。为此，他们必须改良土地。而要改良土地，佃农就要增加费用；而佃农要增加费用，除非租佃期限足够长，长到他能够收回增加部分的费用和利润。否则，他决不会同意地主加租的要求。而领主们为追求奢华，扩大个人消费用度，不得不将土地的租期延长。由此，长期租地权得以形成。

佃农耕作地主的土地，付给地主十足的地租，却不会牺牲自己的生命与财产去为地主服务。在长期租地权形成后，佃农除按照租约或习惯法行事外，将不承担任何对地主的义务。佃农独立了，门客又已遣散了，领主们就再也不能干涉正常的执法，再也不能扰乱地方的治安了。最终，领主们为了宝石钻戒等耳目之娱放弃自己与生俱来的权利，成了城市中的殷实市民或商人。于是，城市和乡村都成立了正常的政府，政治秩序也因此趋于安定。

论城市工商化革命

在商业发达的国家，很少存在以大宗地产传至多代的世家；而在商业欠发达的威尔士、苏格兰等地，这种状况则很普遍。当富人的收入试图养活尽可能多的人时，他们的用度往往很有节制，即使他再有爱心，也无法养活其能力之外的人数。然而，当其收入的大部分都可以用于个人消费时，他就变得毫无节制。因此，在以商业为主的国家里，即使政府制定严厉的法规制止挥霍浪费，还是很少存在长期富裕的家庭。相反，在商业不发达的国家，这种状况却普遍存在，即使政府不制定严厉制止挥霍浪费的法规，依然存在着许多富裕的世家。

因此，工商化革命对于民众的幸福至为重要。然而，促使这一革命完成的阶层却是两个不关心民众幸福的阶层，即领主和商人。因为，在工商业革命过程中，领主的唯一目的是满足其虚荣心，商人的目的则是为了一己之私。所以，领主和商人只是在利益的驱动下偶然促成了这场革命，他们根本不会理解，更不会预见这种革命。所以，欧洲大部分城市的工商业繁荣，是农村改良与开发的原因，而非结果。

1789年的华尔街街景

17世纪中期，荷兰殖民者在新阿姆斯特丹（今纽约）建起一道近4米高的木墙，以抵御印第安人和英国人的入侵；后来沿着这道墙规划出一条道路，便起名"华尔街"，本义为"墙街"。18世纪，一些交易员和投机者来到华尔街街角，开始在一棵梧桐树下从事非正式的证券买卖。美国独立后，他们在这里订立了《梧桐树协议》，宣布此地为证券交易的场所，这便是纽约证券交易所的雏形。图为1789年的华尔街街景，从中可以清楚地看到那棵梧桐树。

但是，农村工商化的改革进程，既与自然规律相违背，其进程必然缓慢而不确定。目前，那些以工商业为国富基础的欧洲各国发展缓慢，而那些以农业为国富基础的北美殖民地则飞速发展。以下实例可以证明这点：在欧洲很多地方，近5个世纪来人口数量未曾增加一倍，而在北美殖民地，人口数量在20年或25年间就翻了一番。在欧洲，大宗地产因长子继承法和各种永久所有权的限制而不能分割，致使小地主的数量不能增加。但是相对于这些大领主，小地主对自己有限的土地十分熟悉，且爱护备至，总是想方设法对其加以开发和改良。因此，他们是最勤勉的耕作者。另外，欧洲的长子继承法和永久所有权，又使诸多土地不能售卖，从而出现购买土地的资本多于待售土地的现象，以致土地不得不以独占价格出售。而通过土地所得的地租，又不足以为小地主提供支付

纽约

1613年荷兰人来到北美东海岸的一处岛屿，在这里创建了"新阿姆斯特丹"和"新尼德兰"两处殖民地。1674年它们被英国人占领，更名为"新约克"（约克为英国地名），这便是纽约的由来。独立之初，纽约曾是美国的临时首都，直至1790年被取消。1825年伊利运河开通后，纽约的经济开始快速增长，逐渐跻身世界级大都市行列。到20世纪20年代，纽约的整体发展水平已经超过伦敦，成为世界上最发达的城市。

售价的利息，更别说提供修补费用及其他意外费用了。

所以，在欧洲，购买土地获利最少。诚然，有人为了安全起见，不再经营工商业，用很少的资本来购买土地，也有专门职业家为了确保其储蓄的安全而投资购买土地。但是，如果一个不想从事工商业的青年，只是花两三千镑购买一小块土地，虽则也可以衣食无忧，但如果他想凭此成为大富翁、大名人，那是绝不可能的。若他把购买土地的资本移作他用，他倒是有可能发大财、出大名。这类青年，虽不希望成为地主，但大多也不想成为农民。这样，原本可能用于改良土地、开发土地的资本，因土地高昂的卖价而无法投到这方面来。相反，在北美殖民地开办一个农场也不过五六十镑。在那里，资本最有利的用途便是购买与开发未开垦的土地，这也成为那里最直接的致富方法。在那里，几乎不需花什么代价就可以取得大量土地。相反，在欧洲，因为土地是个人的私有财产，上述状况就很少出现。但是，当一个大家庭的家长去世时，其众子女若能平均分配遗留的土地和财产，那么这些土地和财产，大多会有出售的那一天；待售土地就会增加，并以非独占的价格出售。如此，土地的自由地租，将逐渐足以抵付买地成本的利息；以小额资本购买土地，其获利也将达到其他用途的水平。

相对于其他欧洲国家，英格兰土地肥沃、幅员辽阔，可通行的河流网络遍及全国，交通十分便利。土地的充裕，使得英国易于发展海外贸易，也易于经营远地销售的制造业。另外，自伊丽莎白一世即位以来，英国十分注重发展工商业，制定了许多维护工商业利益的法律。事实上在欧洲，包括荷兰在内，没有一个国家的法律在维护工商业利益方面比英国做得更好。因此，英国的工商业在此时得以迅速发展。当然，农村土地的开发与改良，也在不断向前发展，尽管其发展速度远远落后于工商业。在伊丽莎白时代以前，许多土地已经得到耕种，然而英国依然有很大部分未耕种的土地，即使那些已经耕种的土地，其耕作状况也大多不尽如人意。但是，英国的法律除了通过保护工商业而间接鼓励农业外，还有许多直接奖励农业的条款。除去歉收的年份，英国国内的谷物可以自由输出，并

阿姆斯特丹银行

16世纪末以来，随着欧洲的商业和贸易中心从意大利向荷兰及北欧转移，阿姆斯特丹银行（1609年）、纽伦堡银行（1621年）、汉堡银行（1629年）、斯德哥尔摩银行（1656年）等金融信用机构相继成立，其中的阿姆斯特丹银行最具影响力。阿姆斯特丹银行是世界上第一家取消金属币兑换义务而发行纸币的银行，在这个意义上，它可以说是现代银行的鼻祖。图为荷兰画家撒恩勒丹于1657年描绘的阿姆斯特丹银行。

享受政府补贴。在一般情况下,国外的谷物输入英国,须缴纳高额的关税。最近又有规定,除爱尔兰外,其他国家均不得向英国输入活牲畜。

因此,英国的土地耕作者,在两种最重要的土地生产物即面包和家畜肉上,享有他人不可染指的垄断权。英国立法当局的这种奖励,虽是出于不切实际的幻想,但可由此推知英国的立法当局,实有保护农业的美意。而最重要的是,保护农业的英国法律竭尽所能使农民得以安定与独立,得到了民众的尊敬。然而,与那些仍然存在长子继承法、什一税继续被征收、违背法律精神的永久所有权有时仍然生效的国家相比,英国算是对农业保护得最好的国家了。设若英国政府不制定相应的法律去直接保护和鼓励农业,仅仅是通过发展商业而间接地鼓励农业,任农业的状况与欧洲其他国家的状况保持同等水平,那么英国的农业又将会怎样呢?我们以法国目前的农业情况来探析。在英国成为商业大国之前的百年间,法国的海外贸易非常繁荣。在查理八世远征那不勒斯之前,法国的航海业就已经十分发达。然而总体而言,法国土地的耕作与改良远不如英国。法国政府制定的法律,从来没有直接奖励过农业。相对欧洲其他国家的海外贸易,虽然葡萄牙和西班牙依赖外国船只装运,但它们依然获利丰厚。而对其殖民地的海外贸

杜塞尔多夫

莱茵河畔的内陆港市杜塞尔多夫,是德国鲁尔工业区的中心,设在这里的钢铁、机械、化工和玻璃等工业企业享有世界声誉。杜塞尔多夫生活着许多东亚人,其中以日本人为主,是欧洲最大的日侨居住地。在近代资本主义发展过程中,由于地处欧洲经济最发达的"金三角"位置,且资源丰富、交通便利,杜塞尔多夫云集了众多的大型企业总部,成为仅次于巴黎和米兰的时尚之都。图为1900年的杜塞尔多夫景色。

易，葡萄牙和西班牙则依赖本国船只装运，因为他们有着富饶的殖民地，所以获利依然巨大。但是，葡萄牙和西班牙并没有因此在国内创建任何适于远地销售的制造业，甚至其国内还有大量的土地尚待开垦。

就欧洲各国的海外贸易来说，意大利的历史最为悠久。在欧洲，只有意大利因为海外贸易和适于远地销售的制造业，而使国内土地全部得到开发与改良。根据古西亚迪尼的记载，在查理八世入侵意大利之前，不论是肥沃的平原，还是荒芜的山区，意大利人在其上皆有良好的耕种。这种状况，与意大利所处的优越地理位置，以及存在诸多独立小邦有关。然而，对于今天的英国来说，那时的意大利土地耕作技术却落后得多。

美国的西进运动

早在北美还是殖民地的时期，向西移民的活动就开始了。美国的西进运动是在自由市场经济和领土扩张的背景下，以大规模人口迁移为基础，以交通运输业为先导，以农牧业为主要产业指向，以增长中心带动区域开发的社会经济发展过程。美国通过西进运动，在200多年间开发了数百万平方公里的土地，并在这些土地上发展起了现代化农业、畜牧业、工业，这对美国成长为世界头号经济强国产生了重要影响。

无论是英国还是欧洲其他国家，将通过工商业获得的资本用于农业总是一种难以确定的财产，除非一部分资本已经在土地耕作与改良上得到保障和实现。商人并不是某一特定国家的公民，对他而言，他在何处经营都不重要。假若他对某国心生厌恶，即使这种厌恶十分微小，他也会把从这个国家撤出的资本转移到另一个国家。随着资本的转移，由这些资本所维持的产业，也必然随资本的转移而转移。资本只有根植于地面，成为建筑物或其他永久的产物才能属于某一国家；否则，它不属于任何国家。相传，汉萨同盟的许多城市拥有大量的财富，但是这些财富，只见于13—14世纪的历史记载，此外没有留下任何蛛丝马迹。这些城市的具体地理位置，均无法确定。

相反，意大利自15世纪末至16世纪初灾祸不断，使得伦巴底和托斯卡纳的工商业大为衰落。但是，现在这些地方仍是欧洲人口最集中、土地耕作最优良的地区。佛兰德先是发生内战，之后又被西班牙统治的。虽然安特卫普、根特、布鲁塞尔的大商业被驱逐了，但这里依然是欧洲财富最多、人口最集中、耕作最发达的地方。国家富裕的来源如果仅仅是商业，那么战争与政治上的一般变革则会轻易使这个国家的财富消耗殆尽。相反，若国家富裕的来源是通过比较可靠的农业改良而产生，那么国家就会长久拥有其财富，除非出现敌国入侵而导致持续性剧变，比如，罗马帝国崩溃前后西欧的大变化。

第四卷 论政治经济学体系

在本卷中,亚当·斯密既驳斥了重商主义者片面强调国家储备大量金币的重要性,也否定了重农主义者将土地视为创造一切社会财富的唯一来源,首次提出了劳动创造社会财富的重要观点,对后世的经济学发展产生了极其深远的影响。

第一章　论重商主义

重商主义的发展，经历了早期和晚期两个阶段。早期的重商主义产生于15—16世纪，主张限制国外商品的输入和国内货币的输出，力求通过行政手段控制货币流通，以积蓄金银，其学说被称为"货币差额论"。晚期的重商主义盛行于17世纪上半期，虽允许国内外商品在政府监督下自由贸易，但强调必须以保证贸易顺差为前提，其学说被称为"贸易差额论"。

亚当·斯密认为，重商主义者混淆了财富和金银的概念。国家的真实财富并不以金银计量，而以商品和劳动衡量。商品除用来交换外，还有其他用途；而货币除了购买商品外，别无他用。国家应通过贸易来扩大生产，而不仅仅是以限制贸易的方式来获得金银。他否定了经济管制政策，主张自由放任。追求个人利益最大化的结果符合社会的最大利益，它保证了每种生产要素的使用都能发挥其最大效用。

论重商主义的原理

人们通常认为财富是由货币或金银构成，因为货币本身能起到交易媒介和价值尺度的双重作用。作为交易媒介，货币比任何商品都更便于满足我们的需要；作为价值尺度，货币可以用来估算其他商品的价值。正是因为货币的这些作用，才出现了富人与穷人的划分——拥有大量财富或货币的人是富人，几乎没有任何财富与货币的人是穷人。总之，按照这个通俗的说法，财富与货币，无论从哪一点来看，都具有同样的涵义。

像富人一样拥有大量货币的国家，也被认为是富足的国家。因此，许多国家都认为储备金银是致富的捷径。在美洲被发现后的一段时间里，西班牙人每到一个陌生的海岸，首要的任务就是探寻附近有无金银矿。在他们看来，那些拥有大量贵金属矿藏的国家，才有被殖民乃至被征服的价值。以

商船

> 重商主义者认为贵金属是衡量财富的唯一标准，一切经济活动的目的就是为了获取金银，除了开采金银矿以外，对外贸易是货币财富的真正来源，要使国家富强，就应尽量使出口大于进口，因为贸易出超才会导致贵金属的净流入。而一国拥有的贵金属越多，就会越富有、越强大，因此，政府应该竭力鼓励出口、不进口或者限制商品进口。

前，法兰西国王特遣神甫普拉诺·卡尔比诺去见成吉思汗的一位王子。后据普拉诺·卡尔比诺说，蒙古人最关心的问题是法兰西王国的牛羊有多少。所以，世界上有殖民野心的国家，都希望知道另外的国家是否富足、是否值得征服。在蒙古人这样的游牧民族看来，牲畜是交易的媒介，也是价值的尺度，所以财富是由牲畜构成的。这如同在西班牙人眼里，财富是由金银所构成的一样。不过，和西班牙人相比，蒙古人对财富的看法也许更接近我们所能接受的真理。

洛克曾经指出货币与其他动产的区别：其他动产都很容易消耗，所以由此构成的财富都不可靠，今年其他动产富有的国家，如果奢侈浪费，即使禁止输出，明年都有可能缺少这等动产；与此相反，以货币为财富的国家，虽然货币会由这个人转给那个人，但如果只让它在国内流

通，就不容易浪费消耗。因此，在洛克看来，金银是一国动产中最为可靠的部分。洛克进而认为，增加金属货币是一个国家政治经济的重要目标。

不过也有人认为，如果一国经济与世界市场没有联系，那么无论国内流通多少货币都无关紧要。通过货币流通的可消费物品，只能换取数额不等的货币。这样的国家是贫是富，都取决于此等可消费物品的稀少或丰饶。然而，对于那些同其他国家发生联系，且有时不得不对外作战，需要在远地维持海陆军军需的国家，这些人又有不同的看法。

他们认为，要维持远地的海陆军，只有送出货币来支付军需，但送出货币又以国内已有许多货币为条件。因此，每个国家都需要在和平时期尽量累积货币，非常时期才会有财力对外开战。

这些观念的盛行，使欧洲各国都极尽所能地研究在本国累积金银的方法，尽管实际上并没有多大成效。为欧洲提供这类金属的主要矿山，大多被西班牙和葡萄牙所占领，而这两个国家曾以苛刻的关税或最严厉的刑罚禁止金银输出，寄望于以此保有国家财富。以前，大多数欧洲国家也都采用过类似的禁令，作为保持国家财富的政策。让人惊奇的是，在古代苏格兰某些议会法案里，也曾以重刑禁止金银输出国外；古时的英国和法国，也曾采用过相同政策。

不过，这些措施同样无效。因为当这些国家发展成商业国时，这种金银禁令就会让商人们感到不便。商人用金银向其他国家购买所需物品，输入到本国或运往别国时，往往比用其他任何商品作为媒介更为便利，因此商人反对这种妨碍贸易的金银输出禁令。

他们提出以下一些观点来反对这种禁令：

第一，因购买货物而向外国输出金银，不必然会减少国内的金银量，相反金银量还有可能增加。托马斯·孟把这种国外贸易的作用，比喻成农业的播种和收获——"当人们只看见农夫播种时把大量优良谷物播撒到土里去，一定会把他当成一个疯子；但当人们看到他收获更多谷物的时候，才会发现他的行为是非常有价值的。"

第二，这些禁令并不能真正阻止金银的输出。因为金银体积小、价值大，很容易向国外走私，只有适时注意全国的贸易差额，才有可能防止其发生。当一国输出的货物价值，大于输入的货物价值时，那外国欠它的差额，必然以金银偿还，如此，国内的金银量就有了增加。相反，当输入的货物价值大于输出的货物价值时，它欠外国的差额也会以金银偿还，那国内的金银量就会减少。在这种情况下，禁止金银输出，不但不能奏效，反而会再增加一笔费用。因为在这一禁令下，汇兑对有逆差的国家更不利；购买外国汇票者，不仅要承担运送货币的风险、周折与费用，还要对因禁止金银输出而产生的意外风险付出代价。对一个国家来说，汇兑与贸易差额的不利因素成正比。贸易逆差国的货币价值，相应地比贸易顺差国的货币价值低得多。以英、荷两国间的汇兑来说，若汇兑时须以英银105盎司购买荷银100盎司的汇票，那么就是有5%不利于英国；英银105盎司只能购得价值荷银100盎司的荷兰货物，相反，荷银100盎司却能买到价值英银105盎司的英国货物。这种汇兑的差额，造成售给荷兰的英国货物价格低，而售给英国的荷兰货物价格高；英国货物所换回的荷兰货币少，而荷兰货物换回的英国货币却多得多。因此，贸易差额必然在很大程度上不利于英国。为了弥

16世纪的钱币制造

重商主义者认为，货币是衡量财富的唯一标准，一切经济活动的中心就是获取金银。在这种思想的影响下，大量的铸币厂应运而生。

补差额，英国只能把大量金银输往荷兰。

商人的这些观点，有些有道理，有些却毫无道理。其中，认为贸易上的金银输出往往有利于国家，以及禁令不能防止私人金银的输出，这两个观点都是正确的。毫无道理的观点有以下两种：第一，需要政府关心的是保持或增加本国的金银量，而保持或增加本国其他有用的商品量却不重要，因为自由贸易自然能确保这些商品的供应量；第二，汇兑的高价，必然导致更多的金银输出，加深贸易差额的不利程度。可以肯定的是，这种高价对欠外国债务的商人极不利，他们要以高得多的价格，付给银行金银购买外国汇票。不过，虽然银行会索取额外费用，却未必会向外国输出更多货币。因为这种费用通常是在国内支付，不会在汇出的数目上有所增加。商人面对汇兑的高价，自然会尽量平衡他们的输出与输入以缩小支付额。还有一点，汇兑的高价必定会起到类似课税的作用，因为它使外货的价格增高，人们自然就会减少此种消费。因此，汇兑的高价不但不会增加所谓的贸易逆差额，反而有可能减少，从而使金银的输出也相应减少。

尽管如此，商人向国会、王公会议、贵族和乡绅们陈述的这些观点，仍让听取的人深信不疑。贵族及乡绅从经验中得知，国外贸易有利于国家的富强，但其富国的本质，他们却不清楚；商人虽然明白国外贸易如何让自己富裕的，但不关心国外贸易如何让国家富裕。商人只有在请求国家修订国外贸易法案时，才会考虑这个问题，因为他们必须陈述国外贸易的有利因素和现行法案是如何束缚了贸易发展的。他们会向负责此法案修订的官员游说，国外贸易本可以带货币回国，但现有的国外贸易法，却使带回来的货币变少。这种说法行动官员们，于是商人们达到了预期效果。英国和法国的金银输出禁令，不控制外国铸币和金银块的输出，仅以本国铸币为限；而荷兰和其他一些国家，金银输出禁令甚至包括本国铸币。政府从对金银输出的监视，扩大到对贸易差额的

威尼斯

威尼斯位于亚得里亚海西北岸,这一战略性的地理位置使它与拜占庭帝国及伊斯兰国家有着密切的贸易活动,是中世纪连接西欧与近东地区的重要枢纽。因此从9世纪开始,威尼斯的经济就得到了很好的发展,到13世纪末已经是全欧洲最繁荣的都市。在势力与财富最巅峰的时期,威尼斯拥有近40000名水手和超过3000艘船,并且主宰了中古时代的商业活动。图为18世纪威尼斯的繁荣景象。

监视,并且把贸易差额看作唯一能引起国内金银量增减的原因。托马斯·孟所撰的《英国得自对外贸易的财富》一书,成为英国和其他一切商业国家政治经济的基本准则。而国内贸易,特别是那种投入同量资本却能产生最大收入,又能使本国人民获得最大就业机会的贸易,却仅被视为国外贸易的辅助。理由是国内贸易既不能把货币从外国带回来,又不能把货币从国内带出去。因此,除非国内贸易的盛衰已经对国外贸易的状况产生了间接影响,否则,它就不可能改变国家的富裕程度。

没有葡萄的国家,必须和外国交换葡萄酒;没有金银矿的国家,也只能从外国交换金银。政府不必因此去注意某一物品的缺少,因为一个实力国家,总能获得它所需要的物品。金银必须以一定的价格购买,这和其他商品相同,而其他商品也是以金银为价格。我们完全相信,自由贸易即使不被政府关注,也会给我们提供所需的葡萄酒;同理,自由贸易也总会按照人们的购买能力、使用程度,提供给商品流通或其他用途所需要的全部金银。

在任何国家,人们通过劳动所能购入或生产的每一种商品量,都会按有效需求来自我调节。因有效需求而发生的这种自我调节,在金银这种商品上,体现得最容易、最准确。原因是:金银体积小、价值大,很容易从不同地方运送;从廉价的地方运到昂贵的地方,从超过有效需求的地方运到尚未达到有效需求的地方。例如,如果英国本土所拥有的黄金未达到有效需求,那么就可以用一艘客货两用的邮轮,从葡萄牙的里斯本或其他地方运来50吨黄金,这50吨黄金可以铸成500万几尼;但如果有效需求需要同等价值的谷物,以5几尼换1吨谷物计算,这批100万吨的谷物,需要1000艘载重1000吨的船只才能运完。

一方面,当一国所拥有的金银量超过有效需求时,无论政府怎么控制,都无法阻止其向外流出。即使是葡萄牙和西班牙实施了严厉的刑法,也无法阻止金银外溢。因为这两个国家不断从秘鲁和巴西输入金银,造成国内金银量超过有效需求,使其金银价格比邻国低。另一方面,某国的金银量供应未满足有效需求,那么就会使金银的价格抬高到别国之上,这时用不着政府操心,自然会有金银从价低的国家输入。

因为体积的关系,有许多商品不能随意由货源充足的市场,转移到存货不足的市场,但金银的转移却很容易。金银的价格虽不像其他大部分商品会因存货过多或不足而不断变动,但也不是完全没有变动,只是变动大多是渐进的。要想在短时间内改变金银价格,从而使其他一切商品的货币价格也有明显改变,除非发生一些类似发现美洲的事件,才能给商业带来革命性变化。

尽管如此,假如一个国家缺乏金银,其补充难度定然小于普通商品。如果工业制造的原料不足，那么工业必然面临瘫痪；如果粮食不足，那么人民必然会忍饥挨饿。但如果货币不足，则可考虑以物易物的方式；还可以先赊账，等到了月底或年底再结算；甚至可以用一定量的纸币来加以弥补。第二、三种方法比第一种方法方便，特别是第三种方法，有时还会带来一定利益。因此，不管从哪个方面来讲，任何国家的政府部门都无须把注意力放在保持或增加国内货币量上。

但是，依然有很多人抱怨缺少货币。有资力又有信用的人，一般很少有缺乏货币的感觉；只有那些既没有购买货币的能力，又没有借贷信用的人，才会常常感到缺乏货币。有时，整个商业城市及周边地区，会普遍感到货币紧缺。经营过度是造成这一现象的原因。如果有人不按照自己的资本情况，制订不切实际的经营计划，那么在计划实现以前，他们的资产和信用就会耗尽。即使人们普遍抱怨货币稀少，也不能凭此证明国内流通的金银量失常，仅能说明那些人没有获取货币的能力。

如果非要证明财富不是由货币本身构成，而是由货币所购物品构成，并且只在购买货物时才会产生价值，那就太可笑了。我们已经说过，货币虽是国民资本的一部分，但只是很小的一部分，并且是无利可图的一部分。

商人通常觉得用货物交换货币较难，用货币购买货物较易。这并不是因为货币是构成财富的主要部分，而是由于货币作为交换媒介，交换所有物品都很容易，但要取得却很难。货物通常比货币易于磨损，保存起来的损失可能会大得多。更何况商人的直接利润出自卖货的多、买货的少，因此会更急于以货物交换货币。过多的货物积压在商店，无法及时售出，有可能导致商人破产，但整个国家或某个地区，却绝不会遭受这种灾难。因为商人的所有资本，往往由容易损坏、用来换取货币的货物构成；而一国土地和劳动的全年所得，用来从邻国购买金银的却只有一小部分，大多数是在国内消费、流通的。因此，对于一个国家或地区来说，预备用于换取金银的货物即使无法卖出，也不至于破产。虽然可能会遭受某些损失与不便，从而不得不为货币不足采取某种弥补的措施，但是土地和劳动的年产物却同往常一样，因为它有几乎等量的可消费资本来维持。虽然用货物交换货币相对不便，可是从长远的角度来看，这种交换却更有必要。因为货物除了换取货币，还拥有其他功用；但货币除了购买货物，就毫无用处了。所以，货物并不总需要追求货币，而货币必然追求货物。购买货物的人通常是自己使用消费，大多不会再出售，可售卖货物的人却会再购买。前者购买货物，通常完成了全部任务；而后者售卖货物，却只能完成他的小部分任务。所以，人们对货币的需求，并非是因为货币本身，而是因为货币能购买需要的物品。

有人说，金银具有耐久性，只要停止输出，在一定时期里加以累积，就会使国家的财富飞速增长，而可消费的物品却常常容易损坏。因此，以耐久的金银交换那些易损坏的物品，是最不利于国家贸易的。可是，拿本国的铁器来讲，同样是极耐久的商品，如果停止输出，可能也会在一定时期累积起来，使国内锅釜的数量猛增。但是，如果用法国的葡萄酒来交换英国的铁器，却往往不会被看成是不公平的贸易。因为我们知道，锅釜是用来烹调需要消耗的食物的。如果食物的数量增加了，只要用一部分增加的食物来购买锅釜，或增加制造锅釜的铁工就行了。所以不管哪个国家，铁器的实际用途必然会限制它的数量。同样的，所有国家的金银储存量都受限于这类金属的实际用途，通常是铸成货币使用或制成器皿放在家里。不管是哪个国家，铸币量都受国内流通商品的价值支配，一旦商品的价值增加，就会有部分商品在短时间内被运到国外，换取为商品流通所必须增加的铸币量。另外，贵族的数量与拥有的财富支配着国内金银器皿的数量。贵族的数量与财富增加了，部分增加的财富就可能会拿去购买更多的金银器皿。但是，若让贵族置备多于他们所需的厨房用具，却是非常荒谬的。一个国家以输入或保留超过它需要的金银量来增加国库，同样也是荒谬的。把钱用来购买多余的用具，必然会让家庭食物的数量和质量受损；储存多余的金银，也必然会减少用于衣、食、住、行和维持日常生活的开支。如果想增加金银的数量，那么增加金银的用途，增加可以用金银来流通、支配和制造的可消费物品，就一定能达到。一个国家的金银累积超过其所需的数量后，金银闲置带来的损失与金银运输的容易这两个因素，使得任何严厉的法律都无法阻止其输往国外。

一个国家对外战争时，要维持远征的海陆军，不一定就得累积金银。因为维持海陆军的是可消费的物品，而不是金银。国内的年产物，即本国土地、劳动、可消费资本一年的收入，就是在外国购买可消费的物品的条件。有这个条件的国家，就能维持远征的海陆军对遥远国家的战争。有三种不同的途径可购买远征海陆军的粮饷：第一种，把部分累积的金银运往外国；第二种，把部分制造业的年产物运往外国；第三种，把部分常年原生产物运往外国。

也可称为将一国累积或贮存的金银，分为三个部分：第一，流通的货币；第二，私人家中的金银器皿；第三，经多年节俭而聚存于国库的货币。

一国的流通货币不可能有多大剩余，所以金银很少能从这一方面节省下来。在所有国家，每年都有一定数量的货币用来流通货物，和将货物分配给真正的消费者，但严禁使用超过必要的数量。虽然流通的渠道

17世纪的法国银币

16—17世纪是欧洲的重商主义时期。这一时期与封建制发达的时代不同，土地作为固定资本在经济体系中起相对次要的作用，而货币这种流动资本却起着越来越重要的作用。当时人们相信货币可以在流通中增值，因此随着对货币需求量的增大，钱币制造厂迅速增加，并且制造工艺和效率也不断提高。

会吸引充足的货币额，但是一旦饱和，就不能再容纳。不过，在对外战争的情况下，会有大量的人远征他国，就会造成国内所要维持生产的人数减少。既然国内流通的货物减少，那么为流通货物所必需的货币也必然会减少。在这样的情况下，国家通常就会发行大批纸币，如英格兰的财政部证券、海军部证券和银行证券。用纸币代替流通的金银，国家就能将节约下来的较大数量的金银运往外国。如果对外战争耗资巨大，用时较长，那仅靠以上的办法来提供资源，就无法维持了。

在上次英法战争开始时，法国曾熔化私人家庭的金银器皿。使用这种办法，更无济于事，因为从这方面所得的利益，还不足以补偿重新铸造的花费。

过去，国王累积的财宝，曾是一个庞大而耐久的资源。但现在，除了普鲁士国王，全欧洲似乎没有任何国王以累积财宝为政策了。

18世纪的历次对外战争，都是历史上耗资巨大的战争。仅依靠流通货币、私人家庭的金银器皿或国库财宝的输出提供费用的情况，已不多见。在前次和法国的战争中，英国花费了9000万镑以上。这些钱中的7500万镑来自新募的国债，还包括每镑土地税附加2先令的附加税，以及从还债基金中每年借用的款项。这笔费用中有2/3以上，用在了德意志、葡萄牙、美利坚、地中海各口岸、东印度和西印度群岛。一直以来，人们认为国内流通的金银不超过1800万镑。但自从近期金币改铸后，大家才知道以往的估计太低。因此，假定我国的金银量合计有3000万镑，根据这个统计，在六七年内至少曾两次把这3000万镑全部运出运回。做这个假设，就是为了证明政府没有必要注意货币的保存。正是根据这一假定，让我们知道国内的全部货币曾在那么短的时期内，在两个不同的时间里毫无影响地有了往返。有资力换取货币的人，感觉不到货币缺乏，所以在这一段时间内货币的流通并不会比平常少。在整个战争时期，特别是在战争快要结束时，对外贸易的利润一定会比平常大。于是，同前面所谈及的一样,英国各口岸就会出现营业过度现象,接着这种现象又因为货币稀少而让人产生不满。但通常有能力换取金银的人,一般都能以他们的能力换取金银。

因此,上次战争的巨大费用的来源,主要是靠英国某种商品的输出,而不是靠金银的输出。如果一个商人汇款至外国,他就会在国外来往通汇处[1]出一张期票,为了支付这张期票,他必然会把商品运出国外。如果那个国家需要的不是英国的商品,那么他就会想方设法把这些商品运往其他国家,购买一张期票来付清所欠那个国家的款项。凡是运输金银出国,很难得到什么利润;可是把商品运往有利于销售的市场,必然会取得相当的利润。因为把金银运往外国购买商品时,商人可以得到的利润不是来自商品的购买,而是来自回去以后的售卖。如果他只是为了还债而运出金银,无法换回商品,那就得不到利润。在这样的情况下,商人自然会想尽一切办法,不用输出金银而用输出商品的办法来偿还外债。我们在

"坐长板凳的人"

威尼斯、热那亚等意大利港口城市地处欧洲贸易枢纽位置,在中世纪成为了欧洲最繁华的商业中心。各国商贩云集于意大利,将五花八门的金属货币带到这里。这些金属币品质、成色、大小各不同,兑换起来有些麻烦,于是就出现了专门为商人鉴定、估量、保管、兑换货币的人。按照当时的惯例,这些兑换人总是坐在一条长板凳上办公,久而久之就被商人们称为"长板凳(Banco)"。通过将暂时闲置的资金放贷,这些"坐长板凳的人"逐渐积累了大量货币资本,成为了最早的银行家。后来英国人借用意大利语的"长板凳",在英语中创造出"银行(Bank)"一词,作为经营货币信贷业务的金融机构名称。之后,银行的概念便在全世界广泛使用。

---

[1]通汇处:为交易双方提供流通汇兑之便而设立的金融服务机构。

《英国现状》中看到，上次战争期间，英国没有运回任何回程货物，只是输出了大量货物。

凡是在商业繁荣的国家中，一定有大量金银交替输入和输出，用来经营国外贸易。这种金银被看作大商业共和国的货币，它们灵活地在各商业国之间流通。流通本国境内的商品支配着货币的流动及方向，流通于各国间的商品则支配着大商业共和国货币的流动及方向。不论是货币还是金银，它们都是用来便利交换的，不同之处在于：一个用于同一国家的不同个人之间，一个则用于不同国家的不同个人之间。在上一次战争中，也许曾动用这大商业共和国货币的一部分来支付。因为交战国军队所需的粮饷都要在交战地点周围及邻近国家购买，所以它在战场周围流通得更多。正因为这样，无论英国每年使用了多少大商业共和国的货币，一定得用英国商品或是以英国商品换取的其他物品来购买。所以，总的来说，只有商品或者是一国土地和劳动的年产物，才是一个国家能够维持战争的基本资源。我们可以断定，一定是巨额的年产物才能支付这样大的费用。例如，1761年的战争费用便在1900万镑以上。每年这样大的费用，仅靠金银的累积是维持不下去的。即便是金银，它的年产额也不能维持这样大的开销。据可靠统计，输入西班牙和葡萄牙的金银，每年通常不会超过600万镑，有时甚至还不够支付上次战争期间中4个月的费用。

把军队派往遥远的国家，它的粮饷只能在远地购买。要购买这些东西，一定要输出很多商品。而最适合输出的商品，应该是体积小、制造精巧，但价值很高的工业品。一个国家即使没有大量金银输出，但每年能大量生产这种剩余制造品输往外国，所获取的利益，也能长久支撑一场费用巨大的对外战争。当然，每年的剩余制造品会因战争输出很大一部分，给商人带来利润，但没给国家带回任何利润。因为政府要在外国购买军队粮饷，就得向商人购买外国期票。当然，还是有一部分剩余制造品的输出仍可带回利润。战争期间,政府为了付清为购买军队粮饷而出售的期票,就要求制造业制造商品运往外国。国内的某些消费品,是向外国购买的,这些商品一旦消费掉,仍须向外国购买,因此政府又要求制造业生产商品运往外国,然后去换购这些商品。根据上次英法战争期间和在战后一段时期的不同状况来看,英国制造业的许多部门,在破坏性最大的对外战争中往往会极度繁荣,一旦战争结束又衰落下去。

用土地原生产品的输出来维持时间长、费用高的对外战争是不合适的。其原因在于:第一,原生产品运往外国以购买军队的粮饷,所产生的费用太高;第二,大多数国家的原生产品,除去维持本国居民生活所需的那部分,就所剩无几了。如果把大量的原生产品输往外国,就会剥夺人民一部分必要的生活资料。而制造品的输出就不同了,因为制造业输出的只是产品剩余部分,而制造工人的生活资料仍保存在国内。

以前的英国国王无法经常进行长期的对外战争,因为当时英国可以用来购买远征军队粮饷的,仅仅只有土地原生产品和最粗陋的制造品。国内要消费大量的原生产品,就节省不了多少;如果将粗陋制造品和原生产品输出,则运输费用又过高。英国无法长期对外作战,并不是因为缺少货币,而是缺少比较精巧的工业品。商业和制造业都不发达的国家,君主一旦遇到非常事件,所能获得臣民的援助是非常有限的。以前的君主都尽量积累财宝,以防不测。即使没有这样的情况,君主也过着简朴的生活,不受虚荣心支配。他们的消费一般用于赏赐佃户、款待家臣。据说查理十二世有名的同盟者——乌克兰哥萨克酋长马捷帕的财宝就有很多;梅罗文加王朝的法国国王都有不少财宝,分封儿子时,也把财宝分给他们。新旧朝代交替时,为获得继承权,所做的第一件事就是掠夺前朝国王的财富。在先进的商业国家,往往没有必要累积财宝,因为他们一旦遇到非常事故,会很容易得到臣民的特别援助。他们大多受虚荣心支配,用相当多的费用把宫廷装饰得金碧辉煌。这样不仅不能累

荷兰的黄金时代

随着海上贸易的兴旺,荷兰在16世纪后期成为欧洲的储蓄和兑换中心。依靠雄厚的金融力量,荷兰的股票业也十分发达,阿姆斯特丹股票市场被后人称为"17世纪的华尔街"。到17世纪下半叶,英国迅速崛起,同荷兰进行了3次争夺海上霸权的战争,才成为西欧发展的中心。图为1696年的荷兰阿姆斯特丹市风貌。

积财富,反而会挪用那些有重要用途的专项基金。所以,欧洲一些君主的宫廷,同样适用于德西利达斯曾说过的关于波斯王宫的话:"他在那里只看到许多富丽的东西,看不到什么实力;看到许多奴婢,却见不到几个军人。"

金银的输入,不是国外贸易让一个国家得到的主要利益和唯一利益。经营国外贸易会得到两种不同的利益:第一,输出其所不需要的土地和劳动结合的年产品的剩余部分,换回其所需要的其他物品;第二,通过以剩余物品换取其他物品来满足他们一部分的需要。利用这个办法,给国内过剩的劳动产品开拓了一片比较广阔的市场,这就可以鼓励他们去改进劳动生产力,增加年产品。这样不但让工艺或者制造业部门的分工,发展到十分完善的程度,而且大大增加了社会财富。

所有进行对外贸易的国家,都在不断完成这些重要的工作。经营国外贸易的商人,总会注意供应本国人民的需要和输出本国的剩余商品,而不愿关注别国人民的需要和输入别国的剩余商品。因此,商人所在的国家和通商各国,都能得到国外贸易的巨大利益。有些国家没有金银矿山但又需要金银,就得从其他的国家输入金银,这是对外贸易的一部分。但如果仅仅是为了这一业务而经营对外贸易的国家,要想获得巨大利益是不可能的。

发现美洲后，欧洲立马变得富裕起来。这不是因为输入了金银，而是因为美洲金银矿山丰富，使其价格不断走低。现在购买金银器皿所需付出的劳动或商品仅为15世纪的1/3，也就是说，花费同量的劳动和商品，能买到3倍于当时的金银器皿。正因为金银器皿价格的跌幅较大，现在有资力购买金银器皿的人数，与从前相比，也许增加了10~20倍，甚至更多。毫无疑问，直到今天欧洲获得了实在的便利。但是因为金银贬值，购买东西时须带上更多金银，所以那也只是一种微不足道的便利。但是发现美洲为欧洲各种商品开辟了一个全新的市场，这就要求实行新分工和提供新技术。随着生产力的进步，欧洲各国的产品也随之增加，居民的实际收入和财富也跟着大幅增加。对美洲和欧洲来说，彼此的商品都是新奇的，于是就发生了一场全新交易，对双方都有极大利益。不幸的是，欧洲人蛮横地侵害别人的权益，让许多国家遭到摧残和破坏。

为了寻找向西航行到达印度的航线，却发现了美洲这个巨大的市场。那时的中国、巴基斯坦、日本以及东印度，虽然没有发现较丰富的金银矿山，但是土地耕种得好，一切手工制造业和技术都较为先进，比墨西哥和秘鲁更为富裕。西班牙很多作家对那些帝国往昔的溢美之词，虽然不足以全信，但是我们必须承认这一点，与文明富国之间的贸易，比与未开发地区或国家的交易获利大。可是，欧洲从美洲贸易获得的利益，却比以往和东印度贸易所获得的利益大得多。葡萄牙人独占东印度贸易几乎长达一个世纪，在此期间，其他的欧洲国家与东印度贸易，不管是运出还是购入，都必经葡萄牙人之手。17世纪初叶，东印度遭荷兰入侵，荷兰人把一切东印度的商业交由一家独占公司经营。随后，英国人、法国人、瑞典人和丹麦人都效法他们的先例，所以欧洲任何一个大国都没有享受到对东印度自由贸易的利益。这种贸易远不及美洲贸易有利，因为美洲贸易是一切臣民都可以自由经营，而东印度公司实行的是

阿姆斯特丹证券交易所

世界上第一家证券交易所是荷兰的阿姆斯特丹证券交易所,由荷兰东印度公司于1602年创建。现代的阿姆斯特丹证券交易所是一个以金融股票为主的证券市场,而且外国股票占有相当高比例。2000年9月22日,阿姆斯特丹证券交易所与布鲁塞尔证券交易所和巴黎证券交易所合并成立了欧洲证券交易所。图为创立之初的阿姆斯特丹证券交易所。

专营特权,这让它获得了雄厚的财富和本国政府的惠益以及保护,同时也引起了不少嫉妒。这种嫉妒心理,使人们把它们的贸易看作是完全有害的,因为经营这种贸易的国家,每年都要输出大量白银。由于白银的不断输出,他们的贸易一般来说,有可能使欧洲陷于贫困。但于从事具体贸易的国家而言,通过输出一部分回程货到别的欧洲国家,这种贸易每年给本国带回的白银数量远远超过输出的白银量。由于每年有白银输往东印度,使得欧洲的银器也许会稍微贵一点,银币能购买的劳动和商品大概也会多一点。但这两者的损益其实很小,谁还会去注意这一切呢?东印度公司的贸易,为欧洲商品开辟了一个市场,换句话说,为那些商品所购买的金银开辟了一个市场,必定会增加欧洲商品的年产量,进而增加欧洲的实际财富和收入。但是,由于这种贸易处处受限,因此欧洲商品的年产量、实际财富和收入至今增加得很少。

现今流行这样一种说法:财富存在于货币或金银之中。一般说来,货币往往代表着财富。这一含混的表述,被一些人当作不容辩驳的真理。英国有几位研究商业的优秀作家指出,一个国家的财富不仅在于金银,而且还在于它的土地、房屋和各种各样可消费的物品。可他们在推理过程中,却把土地、房屋和可消费的物品忘得一干二净,仍然视增加金银为国家工商业发展的首要目标。

但是,如果说财富在于金银,没有金银矿山的国家只有通过出超,即让输出价值超过输入价值,才能输入金银,那么政治经济学的重大目的就要变成尽量减少供国内消费的外国商品的输入,尽量增加国内产业产品的输出了。所以,使国家富裕的两大手段就是限制输入和奖励输出。

限制输入的方法有以下两种:第一,供给国内消费的商品,只要本国能够生产,无论从什么国家输入,一律加以限制;第二,在和某些外国的贸易中一旦发现贸易差额不利于本国,无论是何种货物都一律加以限制。限制输入通常采取两种方法:其一是采用高关税的方法;其二是采用绝对禁止的方法。

奖励输出的方法有以下几种:第一,退税;第二,颁发奖金;第三,同主权国家订立有利的通商条约;第四,在遥远的国家建立殖民地。

在下述两种不同的情况下,可以退税:第一,关税或国产税的国内制造品,在输出时往往将课税的全部或一部分退还;第二,输入时已经课税的外国商品,如再输出则有时将课税的全部或一部分退还。

颁发奖金用来奖励某些新兴制造业,或用来奖励应受特殊照顾的某些工业。通过有利的通商条约,本国的货物或商人在外国获得了其他国家的货物和商人所不能享受的特权。在遥远的国家建立殖民地,不仅能使殖民地建立国的货物和商人享受某种特权,而且有可能让他们得到独占权。以上两种限制输入的方法和四种奖励输出的方法,是六种能有利于贸易顺差、增加国内金银量的主要手段,为重商主义者所提倡。这些手段,一方面会增加或减少国家年产品的价值,另一方面也会增加或减少国家的实际财富和收入。

论限制从外国输入国内能生产的货物

国内的产业，往往采用高关税或绝对禁止的管制办法，来限制从外国输入国内能够生产的货物，在一定程度上确保对国内市场的独占。例如，禁止从外国输入活牲畜和腌制食品，英国畜牧业者就确保了对国内肉类市场的独占；对谷物输入课以高额关税，就相当于禁止输入；对外国毛织品输入的禁止，同样有利于毛织品制造业；丝绸制造业采用这一办法也已取得了同样的利益；麻布制造业正在大踏步向这一目标迈进。同样，还有许多种类的制造业，在英国不同程度地取得了不利于同胞的市场独占权。英国所绝对禁止输入或在某些条件下禁止输入的货物，其种类相当多，对不熟悉关税法的人来说，是很难猜得出来的。

毫无疑问，独占国内市场，对享有独占权的各种产业给予了非常大的帮助，常使社会很大一部分劳动和资产转移到这个产业来。但至于这种办法能不能促进社会的全部产业发展，能不能引导全部产业走上极其有利的方向，或许还存有疑问。

社会的全部产业，不可能会超过社会资本所能维持的限度。任何个人，有能力雇用的工人数量必然和其资本成某种比例；同理，整个社会的所有成员雇用的工人数量，也必定同整个社会的全部资本成某种比例，决不会超出这一比例。不管什么商业条例，都不能使社会产业量的增加超过其资本所能维持的限度，只能使原本不属于某一方向的部分产业转移到这个领域来。至于人为刺激发展的方向是否比自然发展的方向对社会更有利，就无法确定了。

人们为自己所能支配的资本找到最有利的用途而不断努力。虽然他考虑的是自身利益，而不是社会利益，但他对自身利益的研究，可能会引导他选定最有利于社会的用途。

首先，如能取得资本的平均或比平均少些的利润，每个人都想把他的资本尽可能投在接近家乡的地方，因而都尽可能把资本用来维持国内产业。

如果利润均等，所有的批发商就都愿意经营国内贸易，而不愿经营国外的消费品贸易，更不愿经营国外的运输贸易。其主要原因是：投资国外消费品贸易，资本往往不在自己的监管下，而投在国内贸易上的资本却常在自己

英荷海战

英国政府从14世纪开始颁布鼓励发展海上贸易的《航海条例》，到17世纪中叶演变得尤为激进。1651年，英国政府针对荷兰颁布的航海条例规定，凡从欧洲大陆运往英国的货物，必须由英国船只或商品生产国的船只运送；凡从亚洲、非洲、美洲运往英国或爱尔兰以及英国各殖民地的货物，必须由英国船只或英属殖民地的船只运送。这些规定排挤了荷兰在国际贸易中的作用，危及荷兰的海上利益，成为后来的英荷战争的导火索。英荷战争先后爆发了3次，持续时间长达22年（1652—1674年），最终，英国从荷兰手中夺走了海上霸权，成为西欧绝对的海上霸主。

的监管下。商人很容易了解所信托的人的品性和地位，即使偶尔上当受骗，也因为清楚了解本国的法律，能为自己争取到赔偿。至于运送贸易，商人的资本通常分散在两个外国，没有带回本国的必要，也没有任何部分可以受自己监管和支配。例如，阿姆斯特丹的商人要从柯尼斯堡运送谷物到里斯本，再从里斯本运送水果和葡萄酒至柯尼斯堡，所以，他通常会把资本的一半投在柯尼斯堡，另一半投在里斯本，而不会投在阿姆斯特丹。这样，他自然应该长期待在柯尼斯堡或里斯本，除非出于某种特殊的情由，否则他不会选择阿姆斯特丹作为居住地。然而，对远离资本的担忧，使得他宁愿承担装卸货的双重费用，不计税金和关税的

现代海运

现代海洋运输是国际贸易中最主要的运输方式，占国际贸易总运量中的2/3以上。关于海洋运输，运量大、费用低、航道宽广是其优势所在；但较空运和陆运有速度慢、航行风险大、航行日期不易确定等不足，仍是制约其发展的关键因素。

花费，也要把原本运往柯尼斯堡和里斯本的部分货，转运到阿姆斯特丹，仅仅为了能够亲自监视和支配资本的若干部分。

因此，运输贸易市场占比较大的国家，才能成为与它通商的各个国家之货物的中心市场或总市场。为了免去装卸货物的双重费用，商人总是想方设法在本国市场售卖各国的货物，尽量使运送贸易变为国外消费品贸易。同样，经营国外消费品贸易的商人，总是愿意尽可能以均等或几乎均等的利润，在国内售卖一大部分货物，再将剩下的运往外国市场。尽量将国外消费品贸易变为国内贸易时，就可以避免部分输出的风险。这样一来，每个居民的资本不断围绕流通并经常趋向的中心就是本国。虽然由于特殊原因，这些资本有时也会从这个中心流出，在其他中心得以使用。但是，投在国内贸易上的资本，与投在国外消费品贸易上的等量资本相比，更能推动大量的国内产业，增加本国居民的收入和就业机会。与投在运送贸易上的等量资本相比，投在国外消费品贸易上的资本也有同样的优点。因此，在利润均等或几乎均等的条件下，商人自然会利用其资本，竭尽全力地支持国内产业，为尽量多的本国居民创造就业机会。

其次，商人将资本用以支持国内产业后，必然会在那个产业起推动作用，尽力使其产品的价值最大化。

劳动的结果，是指对劳动对象或原材料施以劳动后所产生的东西。劳动者利润的大小，同生产物价值的大小成正比。用资本支持产业的人，通常以谋取利润为最终目的，因此他就会通过努力，使其资本所支持产业的劳动结果获得最大价值。

可是，每个国家一年的收入，通常恰好与全部产业年产品的交换价值相等或相同。所以，人们努力管理国内产业，将资本用于支持国内产业，尽可能使本国生产物的价值最大化，增加社会的年收入。商人常常既不打算促进公共利益，又不明白他自己是在什么程度上促进公共利益。其投资支持国内产业的目的，也仅仅是为自己的资本安全作打算。商人在追求利益最大化的同时，往往能有效地促进社会利益相应增加。至于把资本投入国内哪种产业上面，才能让产品价值最大化这一问题，以当事人所处的位置，肯定比政治家或立法家判断得好。如果政治家试图去引导私人如何运用资本，不仅是自找麻烦，而且还是僭取一种不能放心地委托给任何个人、委员会或参议院的权力。

使国内产业中任何特定工艺或制造业的生产物独占国内市场，相当于在某种程度上指导私人应当如何运用他们的资本，而这种指导必定是无用甚或有害的。如果国内产业的生产物，在国内市场上同外国产业的生产物一样价格低廉，那么这种指导就是无用的；如果价格偏高，那么，这种指导必定是有害的。精明的人都知道，如果购买一件物品比在家自己生产所花费的钱少，那就没有谁会在家里生产。裁缝不会自己制鞋子，鞋匠也不会自己缝制衣服。为了自身利益，他们都知道应当把全部精力集中用在自己收益占优的方面，而以一部分劳动产品，购买他们所需要的其他任何物品。

同理，在个人家庭看来是精明的事情，在一个大国看来也很少是荒唐的。如果外国供应的商品能比我们自己制造的还便宜，那么我们最好就用国内的其他产品与他们交换。国家的总劳动既然同维持其产业的资本成比例，就绝不可能因此减少。要是把劳动用来生产那些购买比自己制造还便宜的商品，而忽视有价值的商品生产，那肯定多少都会使其年产品的价值有所减损。因此，前述指导的结果，会将国家的劳动由有利用途变成有害用途。其年产品的交换价值，不但不会顺从立法者的意志增加起来，反而会减少下去。

确实，有了高关税或绝对禁止的管制办法，某些特定制造业会比在没有管制的时候更迅速地确立起来，而且过段时间，在国内还能以相同低廉或更低廉的费用制造这类特定商品。但是，有了这种管制后，社会的劳动虽然可以更迅速地流入有利的特定用途，可国内的劳动及收入总额却不会因此增加。社会的劳动，只会随着社会资本的增加而增加；社会资本增加多少，又只看社会能在社会收入中逐步节省多少。而管制的直接结果，是减少社会收入。凡是出现减少社会收入的现象，社会资本就一定不会迅速增加；只有放任资本和劳动寻找自然的用途，才会迅速增加社会资本。

没有管制，特定制造业虽然不能在社会上确立起来，但社会在发展的任何时期，都不会因此而更贫乏。社会在发展的任何时期，其全部劳动与资本，虽使用的对象不同，但仍可能使用在当时最有利的领域。在任何时期，其收入可能是资本所能提供的最高的收入，资本与收入也许都能以最大的速度增加着。

有时，在某些特定商品的生产上，某国占有较大的天然优势，这让其他国家都认为，跟这种优势作斗争是白费心力。例如，苏格兰也能栽种极好的葡萄，酿造上等的葡萄酒，但必须要嵌玻璃、设温床、建温壁，其成本大约是从国外购买同样好品质葡萄酒的30倍。如果只为了奖励苏格兰酿造波尔多和布冈迪红葡萄酒，便利用法律来禁止输入一切外国葡萄酒，这显然是不合理的。即使苏格兰自己制造葡萄酒所需的资本和劳动，比从外国购买的费用仅多1/30，甚至仅多1/300，虽相差没那么惊人，也同样是不合理的。一个国家在某方面的优越地位，是固有的还是后来人为获得的，都无关紧要，重要的是他们能够利用自己的优势，通过商品相互交换，从而使双方都能获利。

通常，从独占国内市场获得最大好处的，是商人和制造业者；而禁止输入外国牲畜及腌制食品，对外国谷物课以高关税，虽然对英国牧畜者与农民有利，但论其程度，商人和制造业者从同类限制所得的利益却大得多。因为比起谷物和牲畜，制造品尤其是精细制造品，更容易从一国运输到另一国，所以国外贸易常以贩卖制造品为主。在制造品方面，只要能有一点利益，即使是在国内市场，外国人也会以低于我国产品的价格出售。但要在土地原生产品方面做到这个地步，除非有极大好处。在这种情况下，如果准许外国制造品自由输入，也许国内会有某些制造业受到冲击，以致完全倒闭，大部分资本与劳动不得不放弃原有用途，去寻找其他用途。但是，即使最大限度地放宽农产品的输入，也不能对本国农业发生什么影响。

例如，即使牲畜的输入变得很自由，但因为可以输入的量很少，所以不会对英国畜牧业有什么影响。海运费用比陆运高的商品，估计只有活牲畜。因为牲畜能够行走，陆运时就无须搬运；如果海运，则被运输的不只是牲畜，还包括牲畜所需的水和食物，这就难免会花更多的成本，并增加更多的麻烦。在爱尔兰和英国之间，以海运方式进行牲畜交易，主要是因为它们之间的海程距离短。

现今虽只允许爱尔兰牲畜在有限时期内输入，但即使允许其永久自由输入，对英国牧畜者利益的影响也不会太大。首先，英国与爱尔兰海临近的地方都是牧畜地，从爱尔兰输入的牲畜，必须越过那片牧畜地，才会有合适的市场，花费多且麻烦；其次，肥的牲畜无法行走太远，所以只有输入瘦牲畜。自从准许输入爱尔兰牲畜以来，其运入的量并不多，而瘦牲畜售价也没什么变化。这个事实足以证明，即使在英国培

"五月花号"

在新大陆被发现之前,"五月花号"曾是一艘进行贸易的英国货船,主要用于从法国进口葡萄酒,以及从事挪威、德国和西班牙之间的运输业务。1620年,一群英国清教徒为了寻求宗教自由,搭乘"五月花号"来到北美的弗吉尼亚。登陆之前,他们在船上写下了《五月花号公约》,计划创建一个自治政府并服从它。这份公约流露出了不少超前的民主意识,被后人视为美国政府最早的雏形。

育牲畜的地方,也不会受爱尔兰牲畜自由输入的冲击。据说,爱尔兰的普通民众曾强烈反对过输出牲畜;但是,如果输出者觉得继续输出牲畜的利益很大,只要受到法律的保护,就很容易克服爱尔兰群众的反对。

与活牲畜相同,即使最自由的腌制品输入,对英国牧畜者的利益也不会有太大冲击。腌制品不仅笨重,而且品质较鲜肉差,其价格又因为所需的劳动和费用较多而较昂贵。因此,腌制品在其本国虽与同类有得竞争,却竞争不过本国的鲜肉。腌制品有作为远洋航轮上的食物等用途,但在人们的日常饮食中,所占比例并不大。自从腌制品可自由输入以来,从爱尔兰输入的腌制品仍然为数不多这一事实,足以证明我国的畜牧业者根本用不着害怕这种自由输入。国内家畜的价格,似乎也没有什么显著变化。

同样,外国谷物的输入,也不会对英国农业资本家的利益有太大冲击。事实上,即使在歉收年,输入外国谷物也为数不多,这可让英国农民不必担心外国谷物的自由输入。根据英国谷物贸易研究者的研究,平均每年输入的谷物总量,不过才23728夸特,只有本国消费额的1/571。但是,因为有了谷物奖励金,丰年常会有超过实际耕作状态所容许的输出量,所以在歉收年,必然导致有超出实际耕作状态所容许的输入量。

这样，今年的丰收往往不能补偿明年的歉收。谷物奖励金增大了平均输出量，也必定会增大平均输入量，超出实际耕作状态所容许的输入量。取消奖励金，那么输出和输入的谷物都将比现在少。英国谷物商人将因此而失去很多生意，遭受很大损失，但对于乡绅和农业资本家来说，却没什么损失。因此，最希望奖励金制度继续实行下去的是谷物商人，而不是乡绅或农业资本家。

在所有人中，乡绅与农业资本家原本是最缺乏独占欲望的人。一个制造业的大企业家，如果知道离自己不远的地方新建了一家同类工厂，肯定会坐立不安；荷兰人在阿比维尔经营毛织品制造业，就规定在阿比维尔周围60英里内，不许有同类工厂出现。与其相反，通常农业资本家和乡绅，都愿意促进邻近各田庄的开垦与改良，而不会加以阻止。如果他们发现了有利的新方法，一般都愿意尽可能地推广给其他人。老伽图曾说，这是最受人尊敬的职业，从事这种职业的人，生活最稳定，最不为人所忌恨，也最没有不满之念。乡绅与农业资本家散居全国各地，不易于联合；而商人与制造业者聚居于城内，易于联合。商人与制造业者，在取得了不利于城市居民利益的专营特权后，就会再想办法取得全国的专营特权，用以独占国内市场并限制外国货物输入。限制外国货输入，保障国内市场独占权的方法，似乎就是商人和制造业者的发明。乡绅和农业资本家，失去宽大为怀的包容心，联合起来并要求谷物及家畜肉供给的独占权，也许正是受了商人和制造业者的影响。

实际上，以恒久的法律来禁止谷物及牲畜的输入，等于规定了一国的人口与产业，永远不能超过本国土地原生产品所能维持的限度。

但是，为奖励国内产业，而给外国产业加上若干负担，可能只有在以下两种场合是有利的：

第一，是为国防所必需的特定产业。例如，英国有多少海员与船只，在很大程度上决定了其国防实力。所以，英国的《航海法》当然会对外国航船课重税或绝对禁止外国航船，以使本国海员和船舶独占本国航运业。《航海法》的规定大致如下：

其一，凡与英国居留地和殖民地通商，或在英国沿岸经商的船舶，其船主、船长及3/4船员必须为英国公民，违例者将没收其船舶及所载的货物。

其二，体积大的输入品只能由上述那种船舶或商品出产国的船舶（其船主、船长及3/4船员为该国公民）输入英国。如果由商品出产国直接输入，那就要课以加倍的外人税；若由其他船舶输入，则会没收其船舶及所载的货物。颁布此法令时，欧洲的大运输业者是荷兰人，现在仍然是。但有了这个法令后，荷兰人就不能再充任英国的运送业者，将欧洲其他各国的货物输入英国。

德国商人吉赛

15世纪末至16世纪初的地理大发现，推动了国际贸易的发展。在资本主义产业革命以后，由于生产力迅速提高，商品生产规模不断扩大，国际贸易迅速发展，并开始具有世界规模。从17—19世纪，资本主义国家的对外贸易额不断上升。19世纪末进入帝国主义时期后，形成了统一的无所不包的世界经济体系和世界市场。图为著名画家小荷尔拜因所绘的这一时期的德国商人吉赛，他是驻伦敦的汉萨同盟商会的德国代办。

其三，体积极大的输入品，只能由出产国船舶输入，连英国船舶都禁止运输，违者没收船舶及其所载货物。可能这项规定，也是专为荷兰人而设，有了这个条例，英国船舶就不能在荷兰境内运送欧洲其他各国的货物了。

其四，各种腌鱼、鲸须、鲸鳍、鲸油、鲸脂，不是英国船捕获及调制的，在输入英国时，须课以加倍的外人税。从古至今，欧洲都只有荷兰人以捕鱼为业供给他国。在这个条例下，如果他们把鱼供给英国，就得缴纳很重的外人税。

此《航海法》制定时，英荷两国实际上还没开战，但两国间的矛盾正日趋激化，不久便在英国的克伦威尔王朝及查理二世王朝爆发了英荷战争。因此，可以说《航海法》中有几个条目就出于民族仇恨。当时的民族仇恨的目的，是削弱唯一可能危害英国安全的荷兰海军力量，而那些条目就像经过深思熟虑一样的明智。

但是，这种《航海法》不利于国外贸易。两国间的通商关系和两个人之间的交易关系一样，以贱买贵卖为利。一个国家最可能有贱买的机会是在贸易完全自由的情况下，因为只有这样，才能让其他国家把它多余的物品运来。由于同一原因，这个国家也会有贵卖的机会，因为买者麇集于它的市场，就能尽量提高货物售价。虽然《航海法》对输出英国产物的外国船只未曾课税，甚至以往输出货物和输入货物都要缴纳的外人税，由于后来的若干法令，有大部分输出品都无须再缴纳。但这一切，都无法抵消《航海法》对国外贸易的不利因素。如果因受禁止或被课取高关税，外国商人就不能来此售卖或购买货物。外国人的空船来英国装货，来路上的船费就白白损失掉了。因此，减少售卖者人数，同样也会减少购买者人数。这样，与贸易完全自由的时候相比，既增加了外国货物的购买价格，又降低了本国货物的售卖价格。

第二，是在国内对本国产品课税的时候。在这种场合，对外国同样产品课以同额税似乎也很合理。课税的结果，不会让国内产业独占国内市场，也不会让流入某特殊用途的资本与劳动比自然流入的多；仅使本来要自然流入某用途的资财与劳动，不流入别的用途。在课税后，本国产业与外国产业仍能在和课税前基本相同的条件下相互竞争。在英国，当对国内产业的产品课有这等税时，通常就会对从外国输入的同种类商品课以更高的关税，以免遭国内商人的埋怨。

关于第二种自由贸易的限制，有人认为在某些场合，不应只针对与本国课税品相竞争的那些外国输入商品，应扩大到其他外国输入商品。

田间休息

16世纪，在以农业为主的欧洲，大量人口都是从事农业生产的农民。人们以分工协作的方式进行农业生产，极大地提高了生产力。伴之而来的是社会经济水平和生活形式的巨大变革，整个社会发展加快。

他们说，要是在国内对生活必需品课税，那么不仅对外国输入的同种生活必需品课税是合理的，而且对能和本国任何产业的产品竞争的各种外国输入商品课税也是合理的。他们认为，这种课税的结果，必定会抬高生活用品价格，其结果造成劳动价格也跟着抬高。生产各种商品的劳动价格上升了，本国产业生产的各种商品，即使没直接课税，其价格都将因此而上升。所以他们认为，这种课税，虽表面上只以生活必需品为对象，可实际上已经针对国内一切产品。他们认为，对与本国任何商品竞争的外国输入商品，须一律课以与本国商品价格增高额相等的税，才能使国内产业与国外产业立于同等地位。

生活必需品税，如英国的石碱税、盐税、皮革税和烛税等，是否一定会提高劳动价格，从而提高所有其他商品的价格，将在后面考察赋税时分析。但是，先假设生活必需品税能达到这一效果，所有商品价格因劳动价格的上涨而普遍上涨的情况，在以下两方面，与特定商品由于直接课有特种赋税而涨价的情况有所不同：

第一，特种赋税能使特定商品的价格提高到何种程度，可以准确判定。但一般劳动价格的提高，能影响各种不同劳动产品价格的程度，却无法准确判定。因此，不能准确按各种国内商品价格上涨的比例，对各种外国商品课以相当的赋税。

第二，生活必需品税对人民境况的影响，与土壤贫瘠、气候不良所带来的影响大致一样。粮食价格因课税变得比以前贵，就好比在土壤贫瘠、气候不良的条件下生产粮食，需要付出更多的劳动和费用。在土壤和气候引起自然的贫乏时，指导人民如何使用其资本与劳动是不合理的；在对生活必需品课税引起人为的缺乏时，指导人民如何使用其资本与劳动，也是不合理的。面对这两种情况，对他们最有利的是，让他们尽快适应环境，寻找劳动的用途，使他们在不利的条件下，能在国内或国外市场上占领稍微优越一点的地位。他们已有过重的捐税负担，再加上新的课税，迫使他们为生活必需品和其他大部分物品支付过高的价格，这无疑将是最不合理的补救办法。

此类赋税，在达到一定程度后所造成的危害与自然灾害一样。但普遍征收此类赋税的国家往往是最富裕和最勤勉的，因为普通国家经不起这么大的波动。在欧洲，荷兰是这一类赋税最多的国家。而荷兰之所以能继续繁荣，并不是因为有此类赋税，而是由于其产业的固有优点，使得此类赋税对其继续繁荣没什么影响。

为奖励本国产业，给外国产业加上若干负担，在上述两个场合一般是有利的。但在下述两种场合，则有考虑的余地：第一，适合在多大程度上，继续准许一定外国货物的自由输入；第二，适合在多大程度上或使用什么方式，恢复已中断一定时间的自由输入。

适合在多大程度上继续准许一定外国商品的自由输入，有以下情况出现时可考虑：当某个国家以高关税或禁止的办法，限制英国部分制造品输入的时候。在这种情况下，英国自然又会对那个国家的部分或所有制造品课以同样的关税或禁止其输入。各国间常以此办法相互报复。

法国人为了庇护本国制造业，就特别喜欢用限制输入的方法对付与其竞争的外国商品。这种庇护行为，出自科尔伯特的政策。虽然科尔伯特很有才能，却似乎是受了商人和制造业者的蒙蔽，为他们争取一种不利于民众的独占权。1667年，科尔伯特公布《关税法》，对大部分外国制造品课以极高的关税。荷兰人请求减轻关税无果，于1671年开始禁止输入法国的葡萄酒、白兰地及制造品。这次商业上的冲突，是1672年两国战争的起因之一。在1678年的《尼麦格和约》中，法国减轻了荷兰的关税，于是，荷兰人也撤销了输入禁令。几乎在同一时间，这两个国家互相采用高额关税与禁止政策来打压对方产业，不肯轻易妥协。同样，1697年，英国禁止西班牙领地佛兰德制造的麻花边输入，作为报复西班牙政府就禁止英国的毛织品输入。1700年，英国撤回了针对佛兰德麻花边的输入禁令，但要求佛兰德也必须撤回禁止英国毛织品输入的条令。

为解除高关税或禁令而采用的报复政策，如果能达到目的，那就是好政策。通常大的国际市场的恢复，足以抵消因某些物品价格暂时昂贵而引起的困难。判断报复政策能否达到目的，不是靠立法者的知识，而是靠政治家的技巧。因为立法者的思想常受固定原理的指导，而政治家的思想，则受一时事件之变动的支配。在撤销这种禁令没有可能的时候，用伤害自己利益的方式来赔偿本国某些阶层蒙受的损失，似乎不是什么好办法。因为这样做，往往伤害了所有阶层的利益。当邻国对英国的某种制造品发布禁令时，英国不但禁止其同种类的制造品，而且禁止其他种类的制造品，让邻国受到大得多的影响，这样虽能给国内某些行业带来好处，替他们排挤掉一部分竞争者，但对被禁止的那个行业却没有什么帮助。相反，邻国和英国的所有阶层的人民，都将不得不支付比以前更为昂贵的价格，来购买被禁止的制造品。因此，这类法律，实际上是对全国课税，受益的仅为某些行业的人。

当外国货物的自由输入中断一定时间后，以多大程度或使用什么方式来恢复，在某些情况下是一个值得深思的问题。例如，本国的某些制造业，因为所有能和它竞争的外国货品被课以高关税或禁止输入而壮大起来。在这种情况下,只可以逐步地将自由贸易恢复起来。如果突然撤销高关税与禁令,那么低廉的商品就会迅速流入国内市场,给国内的产业带来巨大的冲击力。但是根据以下两个理由,影响可能会比想象的小得多:

第一,通常无奖励金也可输出到欧洲其他各国的制造品,不会受到外国商品自由输入的影响。这类输往国外的制造品,其售价肯定比同种类、同品质的外国商品低廉,因此在国内的售价也不高,仍能有效控制国内市场。即使有人因是外国货而偏爱,但毕竟只是少数情况。英国的毛织品业、鞍皮业和铁器业中,就有很大一部分产品,每年不依赖奖励金而输往欧洲各国,而制造业中雇用职工最多的就是这几个行业。自由贸易中受损害最大的,也许是丝制造业,其次是麻布制造业,但后者所受损失比前者要小得多。

第二,虽然有很多人会因为贸易自由的突然恢复而暂时失业,但是他们不会因此没有生计。前次海上争霸战争结束时,海陆军裁掉了十来万人,这些人虽突然失业,但他们中的大部分人受雇于其他职业。除

反《谷物法》联盟

英国曾在1815年出台一条针对谷物的进口关税制度,旨在削弱成本低廉的进口谷物的价格优势,以保护英国农夫及地主的利益,通称《谷物法》。然而一些英国中产阶级很快发现,《谷物法》在给农业带来些许恩惠的同时增加了工业生产成本,损害了更多人的利益。因此他们于1838年在曼彻斯特成立了"反《谷物法》联盟",并通过一系列斗争在八年后取得胜利,让政府废除了《谷物法》。图为1846年反《谷物法》联盟召开会议的场景。

了商船海员外，无论何种职业的劳动工资也未曾减少。这些平时用惯武器的军人，虽然环境发生了很大变化，却并没有发生什么明显的混乱。将这些军人与所有制造业工人的习惯来做个比较，会发现后者比前者转行的可能性更大。因为军人以军饷为生，而制造业工人则以自身劳动为生；前者就没有后者勤勉与刻苦，在这种情况下，后者转行肯定要容易得多。而且，大部分制造业都有性质相似的其他制造业，这让工人转行也更容易些。以前在特定制造业上雇用他们的资财，仍留在国内，按另一个方式雇用同等数量的人。国家的资本没变，劳动的需求也没变，只是地方与职业有所改变。诚然，被遣散的海陆军士兵，有在任何地方选择任何职业的自由。如果能摧毁同业组合的专营特权，废除学徒法令（这二者都是对天赋自由的实际侵害），再废除居住法，让英国的人民在失业后，也能如海陆军士兵一样，有在任何地方选择任何职业的自由；那么，因贸易自由的突然恢复而失业的人民，所受损害就会小得多。

不能期望英国的自由贸易完全恢复，正如不能期望理想国或乌托邦在英国设立一样。公众的偏见和难以克服的个人私利，是完全恢复自由贸易的阻碍力量。长时间里，英国制造业在国内的独占权，已经在很大程度上增加了制造业人数。他们像一支庞大的常备军，如果有危及他们利益的提议，那么他们不但可以胁迫政府，而且还可以胁迫立法机关。赞同加强此种独占权的国会议员，将会在此类人数和财富都庞大的阶层中受到爱戴与拥护，获得理解贸易的美誉；相反，反对此种独占权的国会议员，无论平素是多么公正与善良，有多么高的地位与社会功绩，仍然会受到侮辱与诽谤，甚至人身攻击。

大制造业经营者，如果因国内市场上突然遇到了外国的同行业竞争而放弃原业，当然会有很大损失。通常用来购买材料支付工资的流动资本可以另觅用途，但用在厂房及工具上的固定资本，则容易遭受损失。出于对此种情况的考虑，自由贸易的变革不能操之过急，只能逐步恢复。要是立法机关为人民的普遍利益考虑，不被个别独占利益者的反对而左右，那么就应既不允许建立任何新的独占，也不允许推广已经建立的独占。这样的法规会在某种程度上给国家带来混乱，其善后问题也难免引起另一种混乱。

对外国商品输入课税是为了筹集政府收入，而不是防止输入，这是后面考查赋税所要关心的问题。但为防止输入，甚至为了减少输入而设的税，则肯定是既破坏贸易自由，也破坏关税收入的。

论对于贸易逆差国货物输入的异常限制

超出重商主义原则的异常限制

重商主义所提倡的第二个增加金银储量的方法，是对贸易逆差国的几乎一切货物的输入加以异常限制。例如，西利西亚的细竹布，缴纳了一定的税，就可以输入英国，供英国人消费；可是法国的细竹布，却只能输入伦敦港过站以待输出，不得输入英国。法国葡萄酒输入所须负担的税，也比其他国家都高。

以1692年的输入税作比较，一切法国商品都要缴纳25%的税，但其他各国大部分货物的税率很少超过5%。虽然法国葡萄酒、白兰地、食盐、醋，不在高额输入税征收范围内，但根据相关法律却要缴纳沉重的特种税。1696年，英国又认为25%的税率还不能完全阻止法国商品输入，于是又对白兰地以外的法国货物再征收25%的税，同时对法国葡萄酒每大桶征收25镑新税，对法国醋每大桶征收15镑新税。法国货物也从未省免大部分货物必须缴纳的一般补助税或者5%的税。要是把1/3补助税和2/3补助税也计算在内，那全部要缴纳的补助税就有5种。

因此，在开始这场英法战争之前，法国大部分农产品和制造品，至少要负担75%的税，很多货物负担不起。因此，征收这样的重税无异于禁止其输入。当然，法国也针锋相对地以同样的重税，加在英国的货物及制造品上。这种相互限制，几乎断绝了两国间所有公平贸易，使得英法两国的贸易往来主要都靠走私。前面章节所考查的各原则，起源于私人利害关系和独占精神；在这章所要考查的各原则，却起源于国民的敌意与偏见。因此，这一章将要考查的原则更不合理，就是在重商主义的原则基础上来说，也是不合理的。

第一，即使英法间自由通商的贸易差额对法国有利，我们也不能因此就断言，这种贸易将对英国不利；也不能因此便断言，英国全部贸易的总差额都会因为这种贸易而对英国更不利。如果法国葡萄酒比葡萄牙的葡萄酒物美价廉，麻布比德意志的麻布物美价廉，那么英国所需的葡萄酒与外国麻布，当然以向法国购买更为有利。从法国每年输入的货物价值虽然增加了，但因为同品质的法国货物比葡萄牙、德意志两国便宜，所以全部输入品的价值必然减少。而减少的数量与法国货物的低廉程度相称，即使输入的法国货物完全在英国消费，情况也是一样。

第二，输入的法国货物中，有大部分可能会再输出到其他国家，去作更为有利的贩卖。这种再输出，也许会带回与法国输入品价值相等的回程货。人们常说的关于东印度贸易的情况，对法国也适用——东印度的货物，虽有大部分是用金银购买，但由于其中一部分货物的再输出，所赚回来的金银比全部货物的原始成本还多。现在，荷兰最重要的贸易之一，就是运输法国货物到欧洲其他国家。英国人喝的法国葡萄酒，也有一部分从荷兰和新西兰走私。如果英法贸易自由，或法国货物在输入时与欧洲其他各国缴纳同样的税，并在输出时收回，那么英国可能就会像荷兰一样得到这一贸易的好处。

第三，没有一个明确标准，可判定两国间的贸易差额究竟对哪国有利，也即哪个国家输出的价值最大。关于这类问题，我们的判断是根据国民的偏见与敌意，而这往往是被个别企业家的私利所左右的。在这种情况下，人们往往使用两个标准，即关税账簿与汇兑情况。由于关税账簿对各种商品所评的价格大部分不准确，因此现在大家都认为这个标准靠不住；至于汇兑情况，可能也同样不可靠。

据说当伦敦与巴黎两地以平价汇兑时，那就表明两地间的债务恰好相互抵销；相反购买巴黎汇票，如果在伦敦给付汇水[1]，那就表明伦敦欠巴黎的债务，不能被巴黎欠伦敦的债务所抵销。因此，伦敦必须把差额部分以货币支付给巴黎。因为输出货币既危险又麻烦，还需要给付费用，所以代汇者要求汇水，汇兑人也需要给付汇水。据说这两地间，债权与债务的普通状态，必然受彼此间商务来往的普通情况所支配。由甲市输入乙市的数额，如果恰好等于由乙市输出到甲市的数额，则彼此间债务与债权相互抵销。但若甲市从乙市输入的价值大于输出的价值，则债权债务不能相互抵销，于是债务大于债权的方面，必须输出货币。汇兑的普通情况，既表示两地间债务与债权的普通状态，又表示两地间输出与输入的普通情况，因为两地间债权债务的普通状态，必然受两地间输出输入普通情况的支配。

可是，即使汇兑的普通情况，可以充分表示两地间债务与债权的普

---

[1]汇水：按汇款金额征收的手续费。

通状态，但也不能因此便断言，这个状态若有利于某个地方，贸易差额也对它有利。两地间债务与债权的普通状态，不一定完全取决于两地间商务来往的普通情况，而常受任何一地对其他各地商务来往普通情况的支配。比如，英国购买了汉堡、但泽、里加等处的货物，要是常以荷兰汇票支付，那么英荷间债务与债权的普通状态，就不完全受这两国间商务来往一般情况的支配，还要受到英国和其他地方商务来往一般情况的影响。在这种情况下，即使英格兰每年对荷兰的输出远远超过输入的价值，即使贸易差额有利于英国，英国每年仍然要输出货币到荷兰去。

另外，按照通常计算汇兑平价的方法，也不能充分表示，如果汇兑的一般情况被认为有利于某个国家，那么债务与债权的一般情况也对它有利。换句话说，真实的与估计的汇兑情况可能大不一样，而且事实上也的确如此。所以，在很多场合，关于债务债权的一般情况，无法根据汇兑的一般情况得出正确结论。

假如你在英国支付的一笔货币，按英国铸币厂标准，包含若干盎司纯银，而你所得的汇票，在法国兑付的货币额，按法国铸币厂的标准，其中所含的纯银量恰好相等，人们就说英法两国以平价汇兑。如果你所支付的多于兑付所得，那就是付了汇水，这次汇兑对英国不利；如果你支付的少于兑付所得，那就是得了汇水，这次汇兑对法国不利。

但是，我们不能常按照各国铸币厂的标准，来判断通用货币的价值。各国通用货币因为磨损和削剪，低于标准含量的情况各不相同。一国通用铸币与他国通用铸币的相对价值，应该看各自实际的纯含银量。在威廉时代改铸银币之前，英荷两国间的汇兑，依照普通计算法和各自铸币厂的标准，要英国贴水25%。但据朗迪斯的调查研究可以发现，英国当时通用铸币的价值，却低于其标准价值25%。因此，当时两国间的汇兑按照通常计算法，只是在表面上看来对英国不利。实际上，在英国支付较小量纯银所购得的汇票，却可在荷兰兑换到较大量纯银。表面上兑付了汇水的国家，实际上可能得了汇水。在英国金币改铸之前，法国铸币比英国铸币的磨损程度小很多，而法国铸币接近标准的程度，也许比英国铸币大2%或3%。如果英法间的汇兑，不利于英国的程度没有超过2%或3%，则真实的汇兑是对英国有利的。事实上，自金币改铸以来，汇兑总是有利于英国的。有些国家的铸币费用是由政府支付，而有些国家铸币费用则由私人支付。在私人支付的情况下，拿银块到铸币厂铸造，不仅要支付铸币的费用，有时还要给政府提供收入。在英国，铸币费用由国家支付，即如果你拿1磅重的标准银到

18世纪的酿酒厂

由于机械在酿酒行业中使用较晚，所以18世纪60年代仍主要采用手工劳动，不过这种状况在此后的20年间发生了根本性的改变，尤其是到了19世纪初，不仅法国，几乎整个欧洲的葡萄酒产业都实现了机械化生产。图为法国18世纪60年代的酿酒厂。

铸币厂，则可取回62先令，里面含有同样的标准银1磅。在法国，铸币需要扣除8%的税，这不仅足够支付铸币费用，而且还可以给政府提供部分收入。在英国，因为铸造不收费，故铸币的价值不会超过铸币内含纯银量的价值。在法国，加工增加了铸币的价值，就像加工增加了精制金银器皿的价值一样。因此，包含一定重量纯银的法国货币，比包含等量纯银的英国货币价值更大。所以，这两国的铸币，虽同样接近各自铸币厂的标准，但包含等量纯银的英国货币，未必就能购买包含等量纯银的法国货币，因而未必就能购买在法国兑付这货币额的汇票。如果为购买一张汇票，英国所支付的超额货币，恰好能补偿法国铸币费用，那么两国间的汇兑，事实上就是平兑，债务与债权则能互相抵销。虽然按照

计算，这两国间的汇兑有利于法国。如果为购买这张期票，英国所支付的货币少于上述数额，那么两国间的汇兑，按计算对法国有利，实则有利于英国。

再者，如阿姆斯特丹、汉堡、威尼斯等地方，都以所谓的银行货币兑付外国汇票；如伦敦、里斯本、安特卫普和勒格亨等地方，则以当地通用货币兑付。所谓银行货币，其价值总是比同一数额的通用货币更高，例如，阿姆斯特丹的银行货币1000荷兰盾，就比当地通用货币1000荷兰盾有更高的价值。二者间的差额，被称为银行的扣头，这在阿姆斯特丹大约是5%。

假设两国通用的货币，同样接近各自铸币厂的标准，但一国以通用货币兑付外国汇票，另一国则以银行货币兑付外国汇票；这两国间的汇兑，即使事实上有利于以通用货币兑付的国家，但按照计算，仍可能有利于以银行货币兑付的国家。这好比两国间的汇兑，虽然事实上是有利于以较劣货币兑付外国汇票的国家，但按照计算，仍可有利于以较良货币兑付的国家。

下面顺便谈谈储金银行，尤其是阿姆斯特丹的储金银行。如法国、英国等大国，其通用货币几乎全由本国铸币构成。如果这种通用货币因磨损、剪削或其他原因，使其价值降至标准价值之下，国家就可通过改铸恢复通用货币的原貌。但像热那亚、汉堡那样的小国，其通用货币很少用本国铸币，大部分用的是与本国居民有贸易往来的邻国铸币。因此像热那亚、汉堡那样的小国，只能改良其铸币，未必能改良其通用货币。这种通用货币，因为本身性质极不确定，价值也极不确定，所以在外国，其评价必然低于实际价值。因此，这些小国用这种通用货币兑付外国汇票，汇兑就一定对它大为不利。

这种不利的汇兑，必然也对商人不利。小国一旦注意到了贸易的利益，为使商人们不吃亏，往往规定凡有一定价值的外国汇票，只允许用特定银行的银票兑付或在特定银行的账簿上转账。这种银行是靠国家的信用和支持才得以设立的，它的兑付汇票完全按照国家标准，以真正的良好货币兑付。威尼斯、热那亚、阿姆斯特丹、汉堡和纽伦堡等地的银行，曾经就是为了这个目的而设立，尽管有些在后来有所改变。这种银行的货币，因为优于这些国家的通用货币，必然会产生贴水[1]；而贴水的大小，依通用货币与国家制定的标准差距而定。据说，汉堡银行的贴水，一般约为14%，这14%就是国家标准良币与由邻国流入的劣币之间的差额。

在1609年以前，阿姆斯特丹的众多贸易从欧洲各国带回来大量磨损的外国铸币，使阿姆斯特丹通用货币的价值比铸币厂新出良币的价值低约9%。在这种情况下，往往新币一铸造好即被熔解或输出。拥有大量通用货币的商人，常常无法找到足够的良币来兑付他们的汇票。尽管有了若干相关法规，但这类汇票的价值在很大程度上仍然是不确定的。

为了转变这种不利状况，1609年，阿姆斯特丹市政府在全市的保证下设立了一家银行。这家银行既要接受外国铸币，又要接受本国少量被

漫画中"巴黎街头的流动小贩"

　　流动小贩是欧洲早期商业活动中一个相当重要的组成部分。他们大多挂着箱包或是推着小车在城市里沿街叫卖，有时也会在集市摆摊设点。在动荡不安、战乱四起的中世纪，人们绝大部分的商品交换都是通过流动小贩来实现的。十字军东征时期，流动小贩更是很多地区的居民购买货物的唯一途径。

---

〔1〕贴水：贴水通常指货币的远期汇率低于即期汇率的情况。

磨损的铸币。在价值中扣除必要的铸币费和管理费后，就按照国家的标准良币计算其内在价值。在扣除上述的小额费用后，所剩价值就作为信用在银行账簿上记入，这种信用就叫作"银行货币"。银行货币与铸币厂标准相同，所以有同一的真实价值，而其内在价值又比通用货币大。同时还规定，必须是银行货币，才能兑付或卖出阿姆斯特丹600盾以上的汇票。这种规定，立刻消除了所有汇票价值的不确定性。因为每个商人想要兑付他们的外国汇票，就不得不与银行来往，就必然需要银行货币。

银行货币除了固有的通用货币的优越性，以及因为上述需要而必然产生的增加价值外，还具有其他几种优点：首先，它没有遭受火灾、劫掠和其他意外的可能；其次，阿姆斯特丹市对它负全责，它的兑付仅需通过单纯转账，不用计算，也不用冒险转运。因为它有以上优点，相当于从一开始就产生了贴水。但是大家宁愿把货币储存在银行，也不愿意将其在市场上出售而获得一项贴水。铸币厂新造出的先令，在市场上购得的货物，不会比普通的磨损了的先令更多，所以，从银行取出来的良好货币和通用货币混在一起使用，其价值也不会高于通用货币。当它存在银行时，它的优越性是公认的；当它流入私人手里，要确认它的优越性就不是那么容易了。此外，银行货币一旦从金柜中提出来，它的种种优点也必将随之丧失。此外，只有预先支付了保管费，才能从银行金柜里提取货币。

银行最初的资本，或者说银行货币所代表的全部价值，就是这种铸币存款。一般认为，那只是现今银行资本中极小的一部分。为了方便用金银贸易，多年来银行采取的办法是给予储存金银条块的人信贷。这种信贷，一般约比铸币厂的价格低5%。另外，银行还会提供一张受领证书或收据，使储存金银的人或持证人，于6个月内的任何时间取回所存金银，条件是将等于那笔信贷的银行货币交还银行，并给付25‰（白银）

或50‰（黄金）的保管费。同时规定，如果到期不能进行这种支付，则所存的金银条块就按收受时的价格或按信贷时的价格，归银行所有。这种储金保管费，也可当成一种仓库租金。至于为何黄金比白银的仓库租金高那么多，也有几种理由。据说金的纯度比银的纯度更难确认。比较贵重的金属，易于作假，由作假而引起的损失也较大。此外，银是标准金属，据说国家的意图是鼓励储存银，而不怎么鼓励储存金。

　　金银条块的价格略低于平常时，储存量相对较大；到价格升高时，就多会被提出。荷兰金银条块的市场价格通常比铸币厂价格高，这跟英格兰金币改铸以前的情况一样，理由也相同。据说其差额一般为每马克6～16斯泰弗，也就是银8盎司，其中包含纯银11分，合金1分。对于银的储存，银行所给的价格即信贷，则为每马克22盾；铸币厂价格约为23盾，市场价格则为23盾6斯泰弗至23盾16斯泰弗，超出铸币厂价格2%乃至3%。金银条块的银行价格、铸币厂价格及市场价格基本上保持着相同比例。有的人为了这个差额，往往会出售受领证书。而在6个月期满后，还不把储金提出来或忘记支付保管费，让银行按收受时的价格把储金收为己有的现象极为少见，但偶有发生，且在存金的情况下比在存银的情况下发生的概率高些。因为银的保管费较少，金则因是比较贵重的金属，其保管费也较高。

　　以储存金银条块来换得银行信用与受领证书的人，汇票到期时就以银行信用兑付。至于出卖或是保留受领证书，那就看他对金银条块价格的涨跌是怎么判断的了。大多数人不会也没有必要长久保留这种银行信用与受领证书。有受领证书并要提取金银条块的人，老是发现有许多银行信用或银行货币，让他以普通价格购买；同样，有银行货币并要提取金银条块的人，也会有同样多的受领证书得以购买。

　　银行信用所有者和受领证书持有者，是两种不同的银行债权人。受领证书持有者，不把与被领金银条块价格相等的银行货币给银行，就无法提取受领证书上所登记的金银条块；如果他没有银行货币，就得向有银行货币的人购买。银行信用所有者，如果不向银行出示受领证书，就无法表示自己所需要的数额，他也不能提取金银条块；如果他没有受领证书，也得向有受领证书的人购买。受领证书持有者购买银行货币，实际上就是购买提取若干金银条块的权利。此种金银条块的铸币厂价格比银行价格高5%。因此，他为购买银行货币而支付的那5%贴水，是为了一个真实的价值而支付的。银行信用所有者购买受领证书，实际上也是购买提取若干金银条块的权利。此种金银条块的市场价格往往比铸币厂价格高2%～3%。因此，他因购买受领证书而支付的价格，同样也是为了一个真实的价值而支付的。受领证书及银行货币这两种价格合起来，就构成了金银条块的全部价格。

在银行存入国内流通的铸币，银行既给予银行信用，又发给受领证书，但通常这种受领证书没什么价值，也不能在市场上出售。例如，在银行存入值3盾3斯泰弗的达克通，能换来的信用只值3盾，比流通价值低了5%。虽然银行同样发给受领证书，让持票人在6个月内任何时间里，支付25‰的保管费，并提出存在银行的达克通，但这种受领证书往往卖不出价。虽然3盾银行货币能在市场上售得3盾3斯泰弗；但因在提出之前要缴纳25‰的保管费，所以得失恰好抵销了。不过，如果银行贴水降为3%的话，这种受领证书在市场上出售便可得到价值的1.75%了。但现在的银行贴水基本上都在5%左右，所以，这种受领证书往往在期满后归银行所有。至于储存金达克通所得的受领征书就更是如此，因其仓库租金高达5%。通常这类铸币或金银条块的储存归银行所有时，银行可得利5%，而这5%的得利可看作是永久保管此种储存物的仓库租金。

银行货币中受领证书过期的数额是很大的。假设银行最初的全部资本，从第一次存入后，就没有谁想要调换新的受领证书，或者提出储金；根据上面列出的理由，不管采用什么方法都是有损失的；但这一数额无论再大，在全部银行货币中所占份额，都是很小的。在过去几年里，阿姆斯特丹银行都是欧洲最大的金银条块仓库，但其受领证书却很少过期，或很少归银行所有。大部分银行货币或银行账簿上的信用，是在很长一段时间里由商人不断储存、不断提取而创立的。

没有受领证书，就无法向银行要求什么。证书过期的少量银行货币，和受领证书有效的大量银行货币相混，因而没有受领证书的银行货币量虽然不少，但某一特定部分银行货币永远没有人来提要求的情况是绝不会有的。银行不能为同一事物而对两个人负担债务人的义务，没有受领证书的银行货币所有者在购得受领证书以前，不能要求银行付款。在平常要按照市场价格购得一张受领证书是很容易的。这种价格，和铸币或金银条块能在市场售卖的价格通常是相同的。

可是在国难时期，情形就不一样了。例如，1672年法国入侵时，储户都想从银行提出储金自己保管，因此大家都需要受领证书。这样一来，受领证书的价格就会应市而涨。受领证书持有人，可能要求的不再是受领证书上所记明全额的2%或3%，而是50%。在这种非常时期，银行会打破只对受领证书的持有者付款的常规。没有银行货币但有受领证书的人，只领取受领证书上所记明的储金价值的2%或3%。因此，有人认为，在这种情况下，银行应毫不犹豫地对有银行货币但没有受领证书的人支付全部价值；同时，对只有受领证书的人支付2%或3%，因为这个数目在这个时候已经是他们所应得的全部价值了。

平时，受领证书持有者的利益在于降低贴水，以较低的价格购买银行货币（从而以较低价格购买金银条块），或以较高的价格把受领证书卖给有银行货币并希图提取金银条块的人。受领证书的价格，通常与银行货币和金银条块的市场价格之差相等。相反，银行货币所有者的利益在于提高贴水，以高价出售其银行货币或以低价购买受领证书。这样相悖的利害关系，往往会滋生投机倒把的欺诈行为。为了防止这种欺诈，近几

版画《伦敦码头的工人罢工》

1880年，英国"大萧条"使工人的失业率急剧上升，工人的工资也遭到削减，于是工人们纷纷罢工，走上街头，要求提高待遇、改善工作环境。在罢工的压力下，公司很快就同意将每日工作时间从十二小时减至八小时。1889年，伦敦码头工人在全伦敦举行游行示威，罢工工人要求规定最低工资限额——每小时16便士。最后，英国政府不得不第一次插手干预，码头工人终于取得了完全胜利。图为1889年英国工人因不满工资待遇而举行罢工的版画。

年银行决定，不管何时卖出银行货币以换取通用货币都得贴水5%，而再次买进则要贴水4%。这个决定，导致贴水既不能超过5%，也不能低于4%；不管在什么情况下，银行货币与通用货币二者间的市场价格比例都很接近它们原有价值间的比例。但在没有此种规定前，银行货币的市场价格高低不一，按照市场因这两种不同利害关系受到的影响，贴水有时上升到9%，有时又下跌到与通用货币平价的水平。

阿姆斯特丹银行宣称，不会贷出储金的任何部分；每在储金账簿上记下1盾，就在金库内保藏与1盾价值相等的货币或金银条块，受领证书没有失效前随时可来提取。事实上，不断流出和流入的那部分货币与金银条块，全保藏在金库内，但受领证书已满期的那一部分资本是否也是这样，却值得怀疑。可是，在阿姆斯特丹，有一盾银行货币即有一盾金银存在银行金库这一信条，在所有信条中算是奉行得最有力的了。这个信条的保证人，是阿姆斯特丹市长。银行由4个现任市长监督，每年改选一次市长，新任的市长要比照账簿、调查银行金库后，再宣誓接管。在这个宗教国家，宣誓制度迄今没有被废止。这种更迭，是对一切不正当行为的预防。党争在阿姆斯特丹政治上引起过很多次革命，但所有革命里占优势的党派，都没攻击过他们前任在银行管理上的不忠诚。因为对于失势党派的信誉，没有比这种攻击更致命的了。我们可以断定，如果这种攻击有真凭实据，也一定会有人提出来的。

1672年，当时的法王在乌德勒支需要一笔钱，阿姆斯特丹银行迅速付款，让所有人都不会怀疑它履行契约的忠诚。当时，从银行金库中提出的货币，有些还是被市政厅大火烧焦过的。据此可判定，这些货币准是一直都保存在银行金库内，即令发生了党争之类的变革，也不曾丢失。

关于银行的金银总额究竟有多少，好事者很早就在猜测。通常认为，同银行有账目来往的，约有2000人；假设每人平均存入1500镑（最大的假设），那么银行货币总额，也就是银行金银总额，大约有300万镑，以每镑11盾计算，大约是3300万盾。这样大的数额，足以应付最广泛的流通，但比有些人夸大的猜测要小得多。

银行为阿姆斯特丹市带来了高额的收入。除了仓库租金，凡在银行首次开来往账户的，须缴费10盾；每次开新账，须缴费3盾3斯泰弗；每次转账，须缴费2斯泰弗；为防止小额转账频次过高，转账数目不足300盾，则须缴6斯泰弗。每年清算账目不足2次的，罚25盾。转账的数目若超出储存的账目，须缴纳等于超过额3%的费用，其请求单还会被搁置。据估计，受领证书期满，归银行所有的外国铸币与金银条块，在有利时出售，能获利不少。另外，银行货币以4%的贴水买入，以5%的贴水卖出，也能提供不少利润。这些各种利得，大大超过了开支管理费用和支付职员薪俸。据说每年单只储存保管费一项，就有15万～20万盾的年纯收入。不过，设立银行的目标原本只是为了公益，不是为了收入，其目的是使商人不因不利汇兑吃亏，由此而生的收入，可以说是在意料之外。

为了说明缘何汇兑大多有利于用银行货币兑付的国家，不利于用通用货币兑付的国家，我不知不觉说了这么多无关的冗言赘语，现在，我该回到主题上来。用银行货币兑付的国家，用以兑付汇票的货币，其固有价值不变，与其铸币厂标准相符；用通用货币兑付的国家，用以兑付汇票的货币，其固有价值持续变动，且多少都低于其铸币厂标准。

任何原则下的异常限制

根据重商主义原理，对贸易差额于本国不利的外国货物的输入，我们不必给以异常限制。因为这种限制，以及诸多其他商业条款所依据的整个贸易差额学说，都是极不合理的。贸易差额学说认为，两地在通商时，若贸易额平衡，则两地皆无得失；若贸易额略不平衡，则必有一方得利，一方受损。但是，这两种说法都是错误的。和我后面要谈的一样，奖励金与独占权，虽是基于本国利益而设立，但事实上由此所促成的贸易，却可能不利于本国。相反，在自然、正常的情况下进行的两地间不受限制的贸易，必定对两地有利，虽然有利程度未必同等。

所谓"利益"，不是指金银量的增加，而是指一国土地和劳动年产物交换价值的增加，或是一国居民年收入的增加。

如果两地的贸易额既是平衡的，且贸易又全是由两国国产商品交换构成，那么在多数情况下，它们不仅都会得利，而且得利大多相等。这样，彼此都为对方一部分剩余生产物提供了市场。甲方为生产这一部分剩余生产物而投下的资本，将由乙方补还；乙方投下的这种资本，将由甲方补还。因此，两国的部分居民，都将间接地从另一国取得收入与生计。假设两国间所交换的商品价值相等，则在多数情况下，两国投在这种贸易上的资本都相等或几乎相等。另外，因为都是两国的产品，所以两国居民由此而分配的收入与生计，也相等或几乎相等。按照商务来往大小的比例，双方提供的这种收入与生计有多有少。

假设甲、乙两国间的贸易，就与此性质相同，即甲国输往乙国的货物为国产商品，乙国输往甲国的回程货则为外国商品；在这种情况下，两国都以商品偿付，彼此的贸易额仍然是平衡的。两国仍然享有利得，但利得的程度不一。从此贸易中取得最大利益的，是只输出国产商品的甲国居民。例如，法国输往英国的是国产商品，但英国却没有法国所需要的国产商品，无奈只能以大量的外国商品（如烟草与东印度货物）来偿付。这种贸易虽也能给两国居民提供若干收入，但给英国居民所提供的收入，肯定没有给法国居民所提供的多。法国投在此次贸易上的资本，全部都分配给法国人民。但英国投在此次贸易上的资本，只有用来生产英国商品与外国商品交换的那部分资本，是分配给英国人民的；其资本的大部分，都是用来补偿当时的弗吉尼亚、印度和中国的资本，并为这些遥远国家的居民提供收入与生计。即使英、法两国所投资本相等或几乎相等，但法国资本的使用为其人民所增加的收入，要比英国资本的使用为其人民所增加的收入多得多。因为法国所经营的，是对英国的直接消费品的国外贸易；而英国所经营的，是对法国的迂回消费品的国外贸易。这两种国外贸易所产生的不同结果，前面已经详细分析过了。

但两国间的贸易，可能既不会双方全为国产商品的交换，也不会一方全为国产商品，一方全为外国商品。几乎所有国家间相互交换的，都是以一部分国产商品交换一部分外国商品。不过，国产商品比外国商品

"公平"的税赋

经济学意义上的税收在现实中的体现几乎被颠倒。税收的初衷是为平衡社会各阶层的收入，也就是收入的二次分配。但事实上，税收却加重了社会的贫富分化，国家赋税在用于公共建设和社会必要开支外，有很大一部分则被富余资本所绑架，成为其进一步攫取财富的工具。此图是体现资本主义税收政策的一幅漫画，左边的瘦子因担负繁重的赋税而直不起腰，而右边提着威士忌的胖子正享受着酒精刺激带来的惬意，同时他还拿着政府的补贴。

的交换品比例大的国家,总是主要的得利者。

假如每年英国用金银来偿付法国的输入品,那么贸易额便是不平衡的,因为不是以商品偿付商品。实际上,这种情况也能给两国人民提供若干收入,只不过给法国人民提供的要比给英国人民提供的多。英国人民能从中取得收入,是因为生产英国商品以购买金银而投下的资本,即在英国部分人民间分配,给他们提供收入的资本,也可因此而补偿。和输出其他任何等价商品一样,输出一定价值的金银,不会减少英国资本总量。相反,在很多情况下,还会增加英国资本总量。只有当其国外需求被认为比国内需求大,而其回程货在国内的价值大于输出品在国内的价值的商品,才运到国外去。例如,烟草在英国仅值10万镑,但输往法国后再购回的葡萄酒,在英国却值11万镑,那此次交换就可使英国资本增加1万镑。如果英国以10万镑货币所购得的法国葡萄酒,在英国也可值11万镑,则这种交换也可使英国资本增加1万镑。在酒库中有值11万镑葡萄酒的商人,比有值10万镑烟草的商人、金柜中有10万镑的商人更富裕,能推动更大的劳动量,并能给更多人民提供收入、生计与职业。但是国家的资本等于全体人民的资本,而一国每年所能维持的劳动量,又等于这一切资本所能维持的劳动量。因此,大多会因这种交换,而增加一国资本及其每年所能维持的劳动量。从英国的利益来看,用国产的铁器及宽幅厚呢来购买法国葡萄酒,比用弗吉尼亚烟草或用巴西与秘鲁的金银购买要有利得多。直接的消费品国外贸易,肯定比迂回的消费品国外贸易更有利。但和以其他商品进行的迂回的消费品国外贸易相比,以金银进行的消费品国外贸易不会更不利。有资力购买烟草的国家,不可能长期缺乏烟草;同样,有资力购买金银的国家,也绝不会长期缺乏金银。

有人认为,工人与麦酒店的交易不公平,这跟制造业国和葡萄酒产国之间的交易性质一样。我认为,工人与麦酒店的交易,不一定是赔本的买卖。此种贸易，就其本身的性质和利益来说，与其他任何贸易都相同。酿酒家的职业，甚或小酒贩的职业，与其他职业同是必要的部门分工。工人所需的麦酒，与其亲自酿造，不如向酿酒家购买。如果他很穷，那么他所需的麦酒，与其向酿酒家大量购买，不如向小酒贩少量购买。虽然贸易自由可能被滥用，但无论如何，对工人来说，贸易自由总是有利的。尽管有人会因嗜酒过度而倾家荡产，可是无须担心一个国家会出现这种情况。虽然在每个国家，都有不少人，在酒这个方面的花费超出了其资力所允许的限度，但也有更多的人，其花费小于其资力所允许的限度。根据经验，葡萄酒低廉的原因往往是节酒造成的。出产葡萄酒的国家通常有着欧洲最节酒的人民，例如西班牙人、葡萄牙人以及法国南部各省人民。相反，在过热或过冷，以致无法种植葡萄树从而造成葡萄酒异常稀少而昂贵的国家，酗酒才会成为普遍恶习，如北方民族、热带民族（如几内亚海岸的黑人）。据说，当法国军队从法国北部开拔至南部，从葡萄酒昂贵区域开拔至葡萄酒低廉区域后，起初也因物美价廉的葡萄酒而沉溺，但在数月后，大部分士兵也像当地居民一样节酒了。以此看来，如果把外国葡萄酒税、麦芽税、麦酒税、啤酒税一律取消，降低酒的价格可能会暂时在英国中下等阶层人民中出现酗酒的风气，但也许不久后就会养成一个恒久的节酒习俗。现今上流社会中有财力饮酒的人，几乎已经没有酗酒的恶习了。此外，英国对葡萄酒贸易的限制，与其说是为了防止人民酗酒，不如说是阻碍了人民购买最物美价廉的货品。据说这种限制是为了抵制法国，照顾葡萄牙。因为对于英国的制造品销售，葡萄牙人照顾了我们，而法国人却抵制了我们。这种小商人的卑鄙策略，居然成为了一个大帝国政治设施的原则。大商人不拘小节，只在最物美价廉的地方购买货物；只有小商人，才会把卑鄙策略当作对待顾客的规则。

按照这样的原则，各国都会嫉妒与其通商的国家的繁荣，认为自己的利益在于让所有的邻国变得穷困；把别国的得利当作自己的损失。国际通商，本应和人与人之间的通商一样，是团结与友谊的保证；但现在，却成为不和与仇恨的源泉。在17世纪与18世纪，商人和制造业者狂妄的嫉妒心对欧洲和平所造成的危害，比政治家的野心与反复无常所造成的危害还大。自古以来，人间支配者的暴力和不公，就是一种祸害。这种祸害，按照人事的性质，也许是无法除去的。至于商人和制造业者，不是也不该是人间的支配者，其独占观念和卑鄙贪欲，虽然改正不了，但至少得设法防止他们去扰乱人民的安宁。

在任何国家，人民大众只有向售价最低廉的人购买自己所需的各种商品才是最有利的。如果没有商人和制造业者自私的诡辩，混淆了人们的常识，这其实是个很简单的问题，费心去证明它反而显得滑稽。但是，商人和制造业者的利益，在于保有自己对国内市场的独占权，与人民大众的利益相悖。因此，在英国以及欧洲大多数国家，对于几乎所有输入本国并与本国制造品竞争的外国制造品，都课以极重的税或者一禁了之。对于贸易差额被认为不利于本国的国家，或者说是对与本国的民族仇恨异常激烈的国家的商品输入，更是加以苛刻的限制。

战时，邻国的财富可使对方能够维持强大的海陆军，对我国形成威胁；但在平时，邻国的财富必能使他们和我们交换更大的价值，为我国产业的直接生产物或用这种生产物购进的商品提供更好的市场。经营同种制造业的富人，虽然会对邻近的同业者不利，但是他的花费却能给邻近的其他人提供良好市场。勤劳的富邻居是比穷邻居更好的顾客，富裕的邻国也是这样。经营同种制造业的富人，固然是其相邻同业者的对手，但他的开销可给相邻的其他一切人提供良好的市场，因此他对大多数邻人也是有利的。而且，较穷的同业工人又将因此而降低其卖价，这对所有人有利。同样，富国的制造业者肯定会成为邻国同种制造业者极具威胁的竞争者，但是这种竞争对大众有利。富国的花费也能在其他方面给大众提供良好的市场，使他们得利。想发财的人一定会住在首都或大商业都市，而不会隐居于穷乡僻壤。因为他们知道，在财富流通少的地方发财的机会就少，而在财富流通多的地方发财的机会也多。应该让大家明白，邻国的富足是本国致富的机会。当邻国都是富裕勤勉的商业国时，想通过国外贸易致富的国家才最易于成功。一国的周围，倘若都是未开化的贫穷的游牧民族，那么靠着自种自收自营或许能使国家致富，但要通过国外贸易致富，就不可能了。古埃及人和近代中国人，好像就是靠耕作本国土地、经营国内商业而致富的。据说，古埃及人极不注重国外贸易；近代中国人极度蔑视国外贸易，而不给予国外贸易以正当的法律保护，这是众所周知的。以将一切邻国陷于贫困为目标的近代外国通商原则，如果能够催生它所希望的结果，那么就一定会使国外贸易陷于被人忽略的境地。

工业革命前的欧洲农业

此图选自法国启蒙思想家丹尼·狄德罗编著的《百科全书》，其中反映的是工业革命之前，西班牙和荷兰传统的农业生产方式。狄德罗的《百科全书》是18世纪启蒙运动的象征，是一部以字母顺序排列的多卷本汇编图书，几乎囊括了欧洲有史以来的哲学、科学、神学等方面的全部信息。亚当·斯密在欧洲大陆旅行期间就曾专门拜访了这位百科全书派大师，他后来在《国富论》中还简述了孟德斯鸠和狄德罗的启蒙思想。

法国和英国之间的贸易受到诸多阻碍与限制，就是这等原则所致。如若英、法两国能抛弃商业的嫉妒和国民的仇恨，考察其真正的利害关系，那么对它们来说，彼此的贸易将比欧洲其他任何国家的贸易更有利。英国最近的邻国是法国，英国南部沿海各地与法国北部及西北部沿海各地间的贸易，几乎与国内贸易一样，每年最多可以往返6次。那么，两国间投在这种贸易上的资本，比投在其他国外贸易上的等量资本，能够推动多达6倍的劳动量，雇用和养活多达6倍的人数。英、法两国间相隔最远的两地贸易，每年至少也可往返一次，也同样比我国对欧洲其他大部分地方的国外贸易有利。若与英国对北美殖民地的贸易（一般要3~5年才能往返一次）比较，至少要有利3倍。法国比北美洲富饶，据说其居民有2300万人，而我国北美殖民地居民才不过300万人。因此，法国所能提供的市场，约相当于北美殖民地的8倍；加上往返更频繁，利益比值就扩大到24倍。按照两国财富、人口与邻近的程度，英国的贸易也同样对法国有利。这就是两国智者所认为的宜阻止和宜鼓励的贸易间的差别。

但这种对两国有利的互相自由开放的贸易环境，却成为给两国贸易带来障碍的原因。因为双方既是邻国，又是敌国；对方的富强既是增进国民友谊的有利因素，又是激化民族仇恨的原因。每个国家的制造业者与商人，都担心在技术活动上遇到别国的制造业者与商人竞争，商业上的嫉妒又与民族仇恨相互助长。两国的商人都自私地宣扬着，不受限制的国外贸易必生出不利的贸易差额，而不利的贸易差额又一定会导致国家灭亡的谬论。

在欧洲，这些谬论引起了各商业国的忧虑，各商业国几乎都试图改变贸易差额，使其对本国有利而对邻国不利。但似乎没有一个欧洲国家，曾因上述原因而变得贫困。和重商主义者预料的相反，实行门户开放并允许贸易自由的国家与城市，不但没有因此灭亡，反而因此致富。从某些方面来说，今日的欧洲虽有几个配称自由港的城市，但还没有配称自由港的国家。最接近的也许要算荷兰了，尽管还有些距离。荷兰不仅国民财富全部来自对外贸易，而且大部分生活资料也来自对外贸易。

前面已经谈论过，年生产与年消费的差额，和贸易差额极不相同。一国的盛衰，要看这差额是有利还是不利。如果年生产的交换价值高于年消费的交换价值，那么每年的社会资本必然会按照这个超过额的比例增加。在这种情况下，社会在其收入内维持生存，每年节省下来的部分自然会加到社会资本中去，并用来进一步增加年生产物。相反，如果年生产的交换价值低于年消费的交换价值，社会的支出超过了社会的收入必定会侵蚀社会资本。随着资本的减退，其产业年产物的交换价值亦减退。

生产与消费的差额与贸易差额完全不同。它可以在没有对外贸易、不与世界往来的国家内发生，也可以在财富、人口与改良都在逐渐增进或逐渐减退的全球内发生。假如贸易差额不利于一个国家，出现输入的价值大于输出的价值，流通的铸币减少而以各种纸币替代，甚至对各主要通商国家所负的债务逐渐增加等情况，但是它的真实财富及它的土地劳动年产物的交换价值仍可能在这期间增加起来，生产与消费的差额仍能有利于这个国家。

对重商主义所作的结论

鼓励输出和抑制输入，固然是重商主义者提出的两大富国手段，但对于某些特定商品，重商主义者反而鼓励输入和抑制输出。无论如何，重商主义的目的都是通过某种方法获得有利的贸易差额以使国家富裕。比如，为了使本国处于有利地位，英国的重商主义者决定抑制工业原料以及职业用具的输出，以便商人们能在国外市场上低价出售自己的商品。至于限制少数价值不大的商品输出，其目的是使更多的商品在输出时，无论在数量上还是价值上都有更大的优势。对工业原料的输入进行奖励，则是为了让英国民众能廉价地得到这些原料，并把这些原料制成廉价的制造品，从而阻止别国制造品大量输入。当制造业发展到某一高度时，职业用具会成为制造业重要的追逐目标，所以对职业用具的输入进行任何奖励，都会极大地妨碍本国制造业的利益。因此，不仅不能对这种输入进行奖励，而且还应该加以禁止。事实正是这样，在英国的全部法律中，我从未发现过鼓励职业用具输入的法令。与此相反，工业原料的输入通常都免税，有时甚至会得到奖励金。

从大多数国家输入羊毛，从所有国家输入棉花，从爱尔兰和英属殖民地输入生麻、大部分染料和生皮，或从英属格陵兰渔场输入海豹皮，或从英属殖民地输入生铁和铁条，若正当报关，都可免除课税。这一免税条例，以及许多其他商业条例，也许都是为了保护我国商人和制造业者的自身利益而制定的，应是比较正当和合理的。然而，若从国民的需要出发，这类条例还完全可以推广到一切工业原料。

但我们也应该注意到，由于实业家的贪欲，免税的内容有时也大大超过了正当加工原料的范围。比如，乔治二世第二十四年第四十六号法令规定，每输入1磅外国黄麻织纱，仅纳税1便士；而此前每输入1磅帆布麻织纱，须纳税6便士；每输入1磅法国和荷兰麻织纱，须纳税1先令；每输入100磅普鲁士麻织纱，须纳税2镑13先令4便士。这样的减税，并不能满足英国制造业者的贪欲。

于是，乔治二世第二十九年颁布的第十五号法令再度让步，免除了对黄麻织纱输入的轻微征税。其实，用亚麻制成麻织纱比用麻织纱制成麻布需要更多的劳动量。除去亚麻栽种者和亚麻梳理者的劳动量以外，要保证一个织工的工作量，至少要配3~4个纺工；制造麻布所需要的劳动，有80%以上是用在麻织纱的制造过程中。而英国的纺工大多是妇女，或别的廉价劳动者。实业家不是从纺工的制品中获取利润，而是靠从销售织工的完全制品中得利。因此，他们总把利润最大化寄望于：一方面以尽可能低的价格购买原材料；另一方面则要求立法当局对他们的麻布输出给予奖励。同时，对一切外国麻布的输入课以高关税。为了以更低的价格购入纺工制品，他们要求奖励外国麻织纱的输入，来与本国的同类产品竞争。与他们压低纺工的工资一样，他们一心只为压低织工的工资。所以，无论他们是为提高完全制造品价格或是为降低原料价格努力，都不是为了劳动者的利益最大化。因此，重商主义倡导奖励的，都是权贵人士所经营的产业。

工业原料的输入会得到奖励金，主要是针对从英属美洲殖民地输入的原料，即18世纪初用于建造船桅、帆桁、牙樯的木材，以及大麻、柏油、松脂、松香油等。而每输入1吨船桅用的木材所发的20先令奖励金（这种奖励也包括从苏格兰输入英格兰的船桅木材），以及每输入1吨大麻所发的6镑奖励金，按原额继续发放，直到期满为止。大麻输入奖励金于1741年1月1日国会议期终结时止，船桅木材输入奖励金于1781年6月24日国会议期终结时止。而柏油、松脂、松香油的输入奖励，在其有效期间内却有几次变更。起初，柏油和松脂每吨输入得4镑奖励金，松香油每吨输入得3镑奖励金。后来，除按特殊方法制造的柏油仍为每输入1吨奖励4镑外，其他商用柏油减为每输入1吨奖励44先令。松脂减为每吨奖励20先令，松香油减为每吨奖励1镑10先令。

乔治二世第二十一年颁布的第三十号法令，第二次针对英属殖民地蓝靛的输入给予奖励金。这个法令规定，当殖民地所产蓝靛，仅为上等法国蓝靛价格的3/4时，每输入1磅可获得6便士的奖金。但这个奖励金的颁发，曾经数次延期，并最终减到了每磅4便士，其期限为1781年3月25日国会议期终结时止。

乔治三世第四年颁布的第二十六号法令，针对英属殖民地大麻或生亚麻的输入给予奖励金。执行期限为从1764年6月24日到1785年6月24日，共21年，7年为一期，共为三期：第一期，每输入1吨奖励8镑；第二期，同等输入奖励6镑；第三期，同等输入奖励4镑。苏格兰虽亦种麻，

让-巴普蒂斯特·柯尔贝尔

让-巴普蒂斯特·柯尔贝尔是路易十四时期法国最著名的人物之一,他长期担任财政大臣和海军国务大臣。柯尔贝尔按照重商主义的经济理论,鼓励发展本国工商业,并且提高关税来予以保护,重商主义因此也被称为"柯尔贝尔主义"。尽管柯尔贝尔堪称重商主义流行时期最杰出地实践了这一经济理论的人,但在柯尔贝尔去世之后,他采取的军费开支政策使政府出现了财力枯竭等状况,使国王也因此受到很多指责。

却总因气候原因不能丰产,且品质也不佳,所以从苏格兰输入是不予奖励的。但从苏格兰输入英格兰,却可以得到奖励,虽然这对联合王国南部的亚麻生产影响很大。

乔治三世第五年颁布的第四十五号法令,针对美洲木材的输入给予奖励金。其执行期限为1766年1月1日到1775年1月1日,每3年为一期,共三期:第一期,每输入120块松板奖励20先令;每输入50立方英尺(1立方英尺=0.0283立方米)方板奖励12先令。第二期,每输入120块松板奖励15先令;每输入50立方英尺方板,奖励8先令。第三期,每输入120块松板奖励10先令;每输入50立方英尺方板,奖励5先令。

乔治三世第九年颁布的第三十八号法令,针对英属殖民地生丝的输入,给予奖励金。其执行期限为从1770年1月1日到1791年1月1日,共21年,每7年为一期,共三期:第一期,每输入价值100镑的生丝奖励25镑;第二期,对同等输入奖励20镑;第三期,对同等输入奖励15镑。但在当时,养蚕造丝很费工时,且工价又高,所以即使这么大额的奖励金,也没能对生丝输入量的提高产生大的影响。

乔治三世第十一年颁布的第五十号法令,针对英属殖民地的酒桶、大桶、桶板、桶头板输入给予奖励金。其执行期限为从1772年1月1日到

1781年1月1日，为期9年。3年为一期，共三期：第一期，输入上面各物一定量奖励6镑；第二期，对同等输入奖励减至4镑；第三期，对同等输入奖励减至2镑。

乔治三世第十九年颁布的第三十七号法令，针对爱尔兰大麻的输入，给予奖励金。其中从1779年6月24日到1800年6月24日，为期21年，7年为一期，共三期。其中每期的奖励额，与第三次美洲大麻的输入奖励额一样。唯一不同的是，没包括从美洲输入的生亚麻。对从爱尔兰输入的生亚麻进行奖励，会极大地伤害英国栽种者的利益。在对输入爱尔兰大麻给予奖励时，并非是英国议会和爱尔兰议会之间的互信度高，其实此时双方议会关系还没有乔治三世第四年鼓励从美洲输入大麻时，英国与美洲的关系融洽。

西荷海战

荷兰独立战争是历史上第一次胜利的资产阶级革命，建立了第一个资产阶级共和国。革命推翻了西班牙的专制统治，争取了民族独立，摧毁了封建势力，为资本主义发展扫清了道路。荷兰军队的几次重要胜利战役，包括荷兰海军获胜的直布罗陀海战（1607年）使西班牙元气大伤，被迫于1609年4月签订《12年停战协定》，事实上承认了荷兰共和国的独立。

一些商品，如果从美洲输入，我们就给予奖励；如果从其他国家输入，我们便征收较高关税。我国的利益与美洲殖民地的利益，总被认为是一致的。我们总是习惯于把他们的财富视为我们的财富。据说，输入美洲的货币会由于贸易差额全部回到我国。把钱用在美洲，如同用在英国，会增加我们的财富。这一制度的愚妄，已被经验证明是完全错误的。

妨碍工业原料输出的两种情况为：其一是绝对禁止；其二是高关税。

我国呢绒制造者曾试图说服国会，国家的繁荣有赖于其业务的成功。他们说服国会，一方面要绝对禁止外国呢绒输入；另一方面则禁止活羊及羊毛输出。这等于让他们独占了一切生产资源。但是这种资源的独占，不仅会使消费者受损，而且会伤害牧羊者及羊毛生产者的利益。还有人指斥英国为保证岁入的法律，严惩那些在法律未颁布前被认为无罪的行为，过于严酷。但我断言，即使是最严酷的岁入法律，与我国商人和制造业者为谋求独占权而吵闹着要国会颁布的某几种法律相比，可能也是较为宽松的。可以这么说，支持独占权的法律才是真正嗜血的法律。

伊丽莎白一世第八年颁布的第三号法令曾规定，如果输出羊，初犯即没收其全部货物，并在某一集市日截断其左手，钉在市镇上示众，同时监禁一年；再犯即判处死刑。此法律的规定，旨在防止英国羊种在外国繁殖。查理二世第十三年及第十四年颁布的第十八号法令，又规定输出羊毛亦是重罪，输出者会受重罪刑罚，并被没收货物。

从维护人道的角度，我们希望上面两则法令都不曾颁布。伊丽莎白一世第八年颁布的第三号法令，法学家霍金斯认为至今仍有效；但也有人认为，这实际上在查理二世第十二年颁布的第三十二号法令中已被取消。在查理二世的这则法令里，虽然没有明确取消前法令所规定的刑罚，却规定了一种新刑罚，即凡是输出或企图输出一头羊，处罚金20先令，并没收这头羊及其所有者对船只的部分所有权。查理二世第十三年及第十四年颁布的第十八号法令，则在威廉三世第七年及第八年颁布的第二十八号法令中被撤销。该法令宣布：查理二世第十三年及第十四年颁布的禁止羊毛输出的条款，因为刑罚过重，对犯罪者的控诉也难依法办理，故该法令关于该犯罪行为定为重罪一节，应立即明令撤销，宣告无效。

但这则较为缓和的法令及过去法令所制定的刑罚，包括在这则法令中依然没有撤销的刑罚，仍然十分严酷。输出者每输出或企图输出1磅羊毛，除了没收货物，还会处以货物价格4至5倍的罚金，即每磅处罚3先令。而且它还规定，犯此罪者不得向任何代理人或其他人索取债务或要求清还账目。这实际是希望，犯此罪者因此而完全破产。犯此罪者，如果在判决后3个月内不能交付罚款，便会处7年的流刑，此间若逃归，将视作重犯。该法令还规定，若船主知罪不告，将处没收船只及其设备。船长、水手知罪不告，将处没收所有动产和货物，并处3个月的徒刑，后又改为6个月的徒刑。

为了有效防范羊毛的输出，在英国境内的羊毛贸易也受到了极为苛刻的限制。比如，羊毛不得装在箱内、桶内等，只能用布或皮革包装，外面须大字写上"羊毛"或"毛线"，否则将处没收货物，并处每磅3先令的罚金。除了白天，羊毛不可以由马或马车搬运，也不可以在离海岸5英里以内的陆路搬运，否则将处没收货物及车马。此规定范围内的海边小城，不管是由小城或经过小城而运出羊毛的人，须在一年内提出控诉。若涉案羊毛价格不及10镑，则处以罚金20镑；若羊毛价格在10镑以上，则处以3倍于总价的罚金，并处3倍的诉讼费。倘若有人私通小城官吏，以求减免罚金，则处5年徒刑，且规定任何人都可告发。

肯特及萨塞克斯两郡则对此限制得更为繁琐。距海岸10英里以内的羊毛所有者，必须在剪下羊毛后3天内，将数量及存放处以书面报告的形式送到最近的海关。即使所有者将卖出一小部分，在卖出前也必须将捆数及重量、买家的姓名、住址及运达地址，作同样的报告。在这两郡内，凡住在距海岸15英里外的人，须向国王保证，将羊毛出售给距海岸15英里内的人以前，不去购买任何羊毛。倘若没有报告或未作保证，即将羊毛向海岸的方向输运，一经发现，即没收其羊毛，并处每磅3先令的罚金。羊毛存放在距海岸15英里内者，只要未作报告，发现即查封没收。倘若因不服而提起诉讼，一旦败诉，除了其他处罚，还须交付3倍的诉讼费。

在英国境内贸易限制这么严,我断定,沿海贸易必将毫无自由。羊毛所有者要输运羊毛到任何港埠,在羊毛运至出口港5英里前,必须先到出口港,报告输运羊毛的包数、重量及记号,否则没收羊毛、马匹、马车或其他车辆。各种禁止羊毛输出的法律及各种罚则迄今仍然有效,但威廉三世第一年颁布的第三十二号法令,却又表现得十分宽松:"在剪毛10日后,如果所有者将羊毛的真实捆数及存放地亲自报告给最近的海关,并在羊毛迁运前3日,亲自向最近的海关说明其意图,就可把羊毛从剪毛地运回家里,即使剪毛的地点是在距海岸5英里以内的地方。"

我国的呢绒制造者,为了证明他们要求国会施行限制是完全正当的,竟宣称英国羊毛比任何其他国家的羊毛都好;还宣称如他国的羊毛不掺入英国羊毛,就无法制造出品质较高的制造品;甚至还宣称精良呢绒非英国羊毛不能织成。他们希望通过这样的方式,让英国政府帮助其完全控制本国羊毛的输出,从而独占全球呢绒市场;并在短期内,会因拥有最有利的贸易差额而获取巨额财富。

这种学说,过去为大多数人所信奉,而且至今盲目信奉者仍有不少。其实,英国羊毛不仅不能制造精良呢绒,而且还很不适合制造精良的呢绒。较好的精良呢绒都是由西班牙羊毛织成的,并且把英国羊毛掺到西班牙羊毛中去织造,还会在一定程度上降低呢绒的品质。

本书已经指出过,那些不合理的法规,不仅使羊毛的价格跌到了现时应有的价格之下,而且还使其大大低于爱德华三世时的实际价格。英格兰与苏格兰合并,使苏格兰羊毛的价格因此跌了一半。《羊毛研究报告》的作者约翰·斯密是一位极其精明的研究者。他说,最好的英国羊毛价格,比阿姆斯特丹最劣质羊毛的通常售价还低。正是这些法规,使得这些商品的价格跌至应有市场价以下。

也许有人会认为,人为压低价格,会损害羊毛生产者的热情,会极大地减少这些商品的年产值。但我相信,其年产值虽然会受到这些法规的影响，却不会有很大的影响。羊毛的生产不是牧羊者使用其劳动和资本的主要目标，因为除了羊毛，他们在羊肉中会获得更大的收益。在多数情况下，羊肉的平均或普通价格，可以弥补羊毛的平均或普通价格的不足。本书在第一卷第五章中曾经说过："不论何种规定，如果他降低羊毛和羊皮价格至自然应有的水平之下，那么在耕作发达的国家，羊肉的价格必然会有一定提高。只要是在改良的耕地上饲养，无论是大牲畜还是小牲畜，其整体销售价格必然能保证地主的合理地租得以支付，并留给自己合理的利润。所谓合理的利润，就是有理由从改良的耕地上取得他所希望的利润，否则，谁会养羊呢？所以在耕作发达的国家，这些规定虽然会导致食品价格的提高，使消费者受到一定的影响，但地主和农民的利益，却不会受这些规定的影响。"

掘金

进入20世纪，人类采金的能力突飞猛进，20世纪初最高年产量是700吨，30年代最高达1300吨，60年代是1500吨，80年代突破2000吨，现在每年基本在2500吨左右。

虽然人为压低价格对年产量影响不大，但也许有人会认为，对品质的影响非常大。与过去相比，英国羊毛的品质虽然并未降低，却未能达到现代农耕技术下的应有品质。也许有人认为，低品质与低价格仍然成比例。羊毛的品质，既取决于羊的品种和牧草品质，也取决于管理与清洁投入；而牧羊者对此是否愿意投入，又取决于羊毛价格的高低，即投入的回报率。羊毛的优劣，在很大程度上取决于羊的饲养水平；健康和发育良好的羊，在肉质提高的同时，羊毛自然也会得到改良。英国羊毛虽然价格低，但在今天，随着肉质的改良，羊毛的品质也明显改善了。

所以，此等规定，对羊毛年产量及其品质的影响似乎没有人们预期的那么大；但我认为，这对羊毛品质的影响，也许大于对产量的影响。因此，羊毛生产者的利益虽受到一定的伤害，但就其整体收益而言，其伤害也并不如想象的那么大。这样的结论，决不能证明绝对禁止羊毛输出是正当的，只能证明对羊毛输出课以重税有一定的依据。

一国君主，对其各阶层人民应给予公平的待遇。为了维护某一阶层的利益而伤害另一阶层，显然违反社会公平原则。此种禁令，正是为了维护制造业者的利益，而伤害羊毛生产者的利益。

各阶层人民都有纳税义务，每输出38磅羊毛，应纳税5先令甚至10先令。这一税赋，也许不像禁止输出羊毛那样大地降低羊毛价格，但对羊毛生产者的利益依然有一定损害。这种法令，给制造业者提供了足够大的利益空间。他们虽然必须以比禁止输出之地高的价格购买羊毛，但相对于外国制造业者，他们至少能够少支付5~10先令，而且还可以不支付外国制造业者所必须支付的运费和保险费；既能保证国家或君主有很高的收入，又不加重国人负担的赋税政策是不曾有过的。

这类禁令，虽然含有许多防止输出的措施，却没能真正起到防止羊毛输出的有力作用。羊毛在外国市场与本国市场的巨大差价，对于秘密输出的诱惑是这么大，以致严酷的惩罚也无济于事。但是这种输出，仅对秘密输出者本人有利。而课以赋税的合法输出，既能给君主提供收入，又可在保证总税额的情况下，使其他赋税减弱，这对国内各阶层人民都有利。

因为漂白土是呢绒制造及漂白的重要原料，所以输出漂白土所受的处罚几乎和输出羊毛所受的处罚相同。烟管土与漂白土相似，而且漂白土有时也被人用作烟管土蒙混输出，所以同样被禁止输出。

查理二世第十三年及第十四年颁布的第七号法令规定：除了靴、鞋或拖鞋，一切生皮和鞣皮都禁止输出。这一法令无异于给予英国靴匠和鞋匠以利益独占权，尽管它明显伤害到了畜牧业和鞣皮业。此后，法律条文又规定，每120磅鞣皮纳税1先令，即可摆脱这种独占。他们可以输出未加工的鞣皮，也可以在输出时，收回所纳国产税的2/3。而一切皮革制造品的输出，都是免税的，输出者在输出时还可收回所纳国产税的全部。同时，我国的畜牧业者却继续受着旧时独占权的损害。畜牧业者散居各地，彼此隔离，要团结起来逼迫大家接受他们的独占，或摆脱他人可能强加在他们身上的独占，极其困难。相反，制造业者住在大都市，很容易团结起来。如禁止输出牛骨，即使如制角器和制梳那样不重要的行业，也享有一种会妨害畜牧业者的独占权。

以禁止或高课税限制半制成品的输出，并非皮革制造业独有的特权。我们的制造业者，总以为原材料的加工和生产，应当由他们来完成。羊毛线与绒线和羊毛一样，是禁止输出的，甚至输出白呢绒，也得纳税。在这一点上，我国的染业也因此拥有了一种伤害呢绒业的独占权，而我国的呢绒制造者为摆脱这类损失，多半会选择兼营染业。

爱德华三世、亨利八世以及爱德华六世的一些法令规定，除铅、锡外，其他一切金属禁止输出。允许铅、锡输出，是因为这两种金属在英国有极为丰饶的储量。威廉三世第五年颁布的第十七号法令，为了奖励开矿，不再禁止输出英国制造的铁、铜和黄铜。后来，威廉三世第九年和第十年颁布的第二十六号法令规定：无论产自英国或产自他国的铜块，都允许输出。但对未加工的黄铜，却仍然禁止输出，因为黄铜是制造枪炮、钟铃和货币的主要原料。

限制输出的工业原料，往往在输出时被课以重税。

乔治一世第八年颁布的第十五号法令规定：除明矾、铅、锡、鞣皮、绿矾、煤炭、梳毛机、白呢绒、菱锌矿、各种兽皮、胶、兔毛、马匹、黄色氧化铅矿外，无论是英国生产或制造的一切货物，都可以免税输出。这些不能免税输出的货物，大都是工业原料、半制成品和职业用

波尔多

波尔多是法国西南部阿基坦大区和纪龙德省首府所在地,是欧洲大西洋沿岸的战略要地。波尔多港是法国连接西非和美洲大陆最近的港口,是西南欧的铁路枢纽。波尔多处于典型的地中海型气候区,夏季炎热干燥,冬天温和多雨,有着最适合葡萄生长的气候。因常年受阳光的眷顾,波尔多人开垦出了大片的葡萄庄园,其生产的葡萄酒更是享誉全世界。

具。该法令规定:这些货物的输出,依然要缴纳原有的补助税和1%的出口税。

依照上述法令,西尼加胶或阿拉伯胶也可以免税输入,但在再输出时,每112磅要缴纳3便士的轻微税。当时,法国独占西尼加周边生产这种染料的国家的贸易,英国市场难以直接从原产地输入这种染料。因此,乔治二世第二十五年又规定:西尼加胶可以从欧洲各地输入(这与航海条例是严重违背的)。颁布这一法令的目的,并非鼓励这种贸易,因为它规定在输入时每112磅须纳税10先令;而在输出时,又没有任何返税。这违反了英国一贯的重商政策。

取得1755年战争的胜利后,英国在这些国家也得以享有专营贸易的特权。而英国的制造业者,就急不可待地想拥有一种有利于自身,却有损于商品生产者及输入者的独占权。乔治三世第五年为此颁布的第三十七号法令规定：从英王陛下所属的非洲领土输出的西尼加胶，只许运往英国。

这与我国限制美洲殖民地和西印度殖民地的产品一样，我国制造业者意在把这些产品全部运至英国，为使自己能以任意的价格收购这些产品，又规定除费用过高的产品外，其他一律不准输出。事实上，费用过高的产品本身就是很难输出的。与其他许多时候一样，这种受贪欲驱使的做法，会让结果适得其反，因为重税必然招致疯狂的走私。在当时，这种商品有许多是由英国和非洲走私到欧洲各制造国的，尤其是荷兰。因此，乔治三世第十四年颁布第十号法令，把此产品的输出税减为每112磅纳税5先令。

按旧补助税所依据的地方税则，每件海狸皮的税大约为6先令8便士。1722年以前，每输入一件海狸皮所纳的各种补助税和关税，约等于这一地方税的1/5，即1先令4便士。但在输出时，除旧补助税的一半即2便士外，都可退还。这样重要的工业原料，在输入时所纳的关税，依然被认为太高了。于是在1722年，地方税被减为2先令6便士，输入税减为6便士。但输出时，同样仅能退还此额的一半。1755年的战争，使英国占领了重要的海狸产地，而海狸皮又是列举商品之一，所以它从美洲的输出，便只能针对英国市场。不久，本国制造业者便找到了利用这次机会的办法。1764年，每输入一件海狸皮，输入税便减为1便士，输出税则提高到每件7便士，并且不得退还任何输入税。同一法令还规定：海狸毛或海狸腹部皮的输出，每磅须纳税1先令6便士，英国人用本国船输入的海狸皮，所纳的税仍在4~5先令之间。

作为工业原料或职业用具的煤炭，它的输出要缴纳重税。现在（1783年）是每吨纳税5先令以上，或每纽卡斯尔煤衡量纳税15先令以上。

对真正的职业用具，限制其输出的最有效办法，不是通过高关税，而是通过法律的绝对禁止。比如，威廉三世第七年和第八年颁布的第二十号法令，禁止输出织手套和长袜的织机或别的机械，违者不仅会被没收织机，而且会处罚金40镑，其中的一半归国王，另一半归告发人。比如，乔治三世第十四年颁布的第七十一号法令则禁止输出棉制造业、麻制造业、羊毛制造业和丝制造业使用的一切用具，对违者处没收货物，并处罚金200镑。知情不报者和提供船只的船长，也会被处罚金200镑。

在职业用具的输出受到重罚的同时，职业技工的流动也受到极为严格的限制。所以，乔治一世第五年颁布第二十七号法令则规定：凡有介绍英国技工或制造业工人到外国去工作或传授技术者，初犯处100镑以下的罚金，并处3个月徒刑，在3个月内未缴清罚金者，继续拘禁；重犯即由法庭判决，除处以高额罚金外，并处12个月的徒刑。在此期间未缴清罚金者，则处延长拘禁，直到罚金缴清时为止。乔治二世第二十三年颁布的第十三号法令更加重了这种处罚，即对初犯者处罚金200镑，并处12个月徒刑。此间未缴清罚金者，则处延长拘禁，直到罚金缴清时为止。对重犯处罚金1000镑，并处两年徒刑，此间未缴清罚金者，继续拘禁，直到罚金缴清时为止。

按前一个法令，即乔治一世第五年颁布的第二十七号法令，如有证据证明某人曾介绍某一技工，而该技工的确曾答应或订立了出国工作的文件，那该技工必须向法庭提出不出国的保证，但在向法庭提出保证前，首先会被法庭拘禁。如果身为技工私自出国，并在国外工作或传授其技术，在受到英王陛下的驻外公使或领事警告后，须在6个月内回国；否则，剥夺一切国内财产的继承权，并剥夺其在国内所享有的任何人的遗嘱执行人或财产管理人资格，更不得继承或购买国内任何土地。他自己所有的动产和不动产，都将被没收，不再受国王保护。

英国自诩为保护自由的国度，但这等规定与其宣扬的自由精神是多么矛盾。毫无疑问，为了商人和制造业者的利益，自由被牺牲了。

这一切的法令及规定，确实促进了英国制造业的发展。但其成功之处，不是通过改进本国的制造业，而是通过阻碍邻国制造业的发展，并竭尽所能地消除所有竞争者而取得的。英国制造业者认为，他们应当独占本国技工的技能，并限制某些职业在一定时间段里所雇用的技工人数，还规定一切职业都必须有较长时间的学徒期。他们还限制传授各职业的专业知识，企图使其仅为少数人所掌握，而且绝不乐见这少数人中的一人将技术传授到国外。

加利福尼亚的淘金者

1839年，瑞士人约翰·萨特向加利福尼亚总督购得美洲河地带5万英亩的土地。1848年1月24日，萨特雇用的木匠詹姆斯·马歇尔在此偶然发现了黄金。于是，人们蜂拥而至，从美洲河到内华达山脉，到处都是黄金矿。一些淘金者就地加工，将黄金铸造成金币出售。加利福尼亚的黄金产值由1848年的500万美元增加到1853年的6500万美元。到1855年，美国的黄金产量几乎占全世界的45%，美国由此成为世界上产量最大的产金国。

生产的唯一目的是为了满足消费的需求，而生产者的利益，只有在消费者的利益得到有效维护时，才会变得重要。但在重商主义的主导下，消费者利益几乎都因维护生产者利益而被牺牲了。重商主义似乎从不把消费看作一切工商业的终极目的，而把生产看作一切工商业的终极目的。

对与本国产品和制造品竞争的一切外国商品，在输入时加以限制，其目的是为了维护生产者的利益，其结果却会极大地损害国内消费者的利益。对于本国的某些生产品，在输出时发给奖励金，也全是为了扩大

托马斯·格雷欣

16世纪英国伊丽莎白一世时期的铸币局局长托马斯·格雷欣是一位著名的重商主义经济学家。他有一个著名观点：消费者会把成色好的货币保留储存，而将成色差的货币用于流通消费；其结果就是市面上的货币将越来越差，呈现劣币彻底驱逐良币的倾向。这个理论被称为"格雷欣定律"，它在经济学领域被广泛运用并加以引申。

生产者利益。而国内消费者先要缴纳为支付奖励金而征收的赋税，还得缴纳在国内市场上商品价格被抬高后所产生的更大赋税。

与葡萄牙签订的通商条约，因为关税过高，英国消费者不能向邻国购买国内不能生产的商品，反而向一个距离本国更远的国家购买这类商品。为了使本国生产者能在更有利的条件下输出某些产品到该国，国内消费者不仅要承受不能享用此类产品的诸多不便，而且由此引起的商品涨价，最终也得由他们支付。

为了维护生产者的利益，也为更好地管理英属美洲殖民地和西印度殖民地而订立的诸多法律，与英国所有其他通商条例相比，其对国内消费者的利益损害更大。

随着大英帝国殖民地的不断增多，英国本土却成了一个"顾客之国"，全世界都在购买我国的商品。我国生产者获得的种种独占权，仅仅换来商品价格的些许提高；而我国消费者不仅要负担维持帝国的全部费用，还要护卫这个帝国。如英国仅最近发生的两次战争，就耗资2亿镑以上，借款1.7亿镑以上。其借款的利息，不仅大于独占殖民地贸易所能获得的全部利润，而且还大于这些贸易的全部价值，即大于英国每年平均输出到殖民地货物的总价额。

由此看来，重商主义学说体系的设计者绝对不会是消费者，因为消费者在其间无利可得。那么，受益者不就是生产者吗？因为生产者利益在其间得到了最为全面的维护。而在生产者中，我断言，商人与制造业者是这些结合最主要的构思者。在这一章所讨论的商业条例中，制造业者的利益得到了特别保护，而消费者的利益，或不如说其他生产者的利益，就这样被牺牲了。

论重农主义主张的财富来源

目前，只有少数法国学者认为，农产品是各国收入及财富的唯一来源或主要来源，但任何国家、政府都没有采用过这一观点来制定相应的经济政策。

路易十四有一位名叫科尔伯特的能臣，作为一位著名的重商主义者，科尔伯特将法国的公共收入与支出管理得井然有序。我们知道，重商主义的本质是一种限制与管理的学说，对于科尔伯特这类惯于管理、制裁与监督的人来说，重商主义正合他的口味。科尔伯特给某些产业部门以特权，让这个国家的工业及商业在不公平、不自由的环境下发展。他支持城市产业，压抑农村产业，鼓励制造业和国外贸易，以便城市居民可以廉价购买食物。此外，他还禁止谷物输出，以防农村居民将谷物输出到国外市场去卖。而且，他还制定了一系列限制各省间谷物运输的法规，并对民众征收沉重的赋税。于是，在他的管理下，法国的农业生产受到了极大的限制。

俗话说，矫枉必过正。法国重农主义的学者们，似乎采用了这一格言。在他们看来，是科尔伯特过度重视城市产业而忽视农村产业，从而导致法国陷于衰退的，如果想扭转这种趋势，就只能采取与科尔伯特相反的策略，也即轻视城市产业而重视农村产业。这些重农主义学者进一步主张，把农业视为收入和财富的唯一来源。

于是，在重农主义学说的指导下，他们把对土地和劳动年产物有所贡献的人民，分为三种阶级：第一种，土地所有者阶级；第二种，耕作者、农业资本家和农村劳动者阶级（即重农主义者所谓的生产阶级）；第三种，工匠、制造者和商人阶级（即不生产阶级）。

土地所有者阶级之所以对劳动年产物有贡献，是因为他们把资本投在土地和农村设施的改良上。这样，耕作者就能以同样的资本生产更多的生产物，用以支付更多的地租。这种涨上来的地租，可视为地主前期投入的资本应得的利息或利润——重农主义者将此称为土地费用。

耕作者或农业资本家，之所以对年产物有贡献，是因为他们投入了资本以耕作土地。他们所投入的资本，在重农主义体系中被称为"原始费用"和"每年费用"。原始费用是指第一年耕作期间或土地有收获前所需的维持费，其中包括农具、耕畜、种子、雇工及其家属所产生的费用。每年费用是指种子、农具的磨损、雇工、耕畜和家属每年的维持费。于他们来说，在支付地租后所剩余的土地生产物，首先，应该足以补偿相当时期内的全部原始费用，并提供资本的普通利润；其次，应该足以补偿他全部的每年费用及提供资本的普通利润。如果一个农业资本家辛苦一场，经常连原始费用和每年费用都赚不回来，更别说赚得合理的利润了，那么他就无法与其他同业者竞争，必然会放弃这种职业，从而削减了农业的生产力量。

所以，政府应维护得以让农业资本家持续工作的那部分土地生产物，并视为发展农业的神圣基金，如果地主对此加以侵害，土地的产物必然会减少，久而久之，就会使农业资本家无法承担过于苛酷的高额地租，甚至连应当支付的合理地租也支付不起了。地主应得的地租，只是把先前用于生产总产物所需的一切费用减去之后剩下的纯产物。因为耕作者付出劳动之后，不但可以付清这些必要的费用，还会提供这种纯产物，所以重农主义学说将这等阶级尊为生产阶级。同理，由于原始费用和每年费用不但可以补偿自身价值，还能使纯产物每年再生产出来，因此重农主义学说又把这两种费用尊称为生产性费用。

土地费用，就是地主用来改良土地的费用，重农主义学说亦将其尊称为生产性费用。总之，在重农主义学说中，被称为生产性费用的，就是地主的土地费用、农业资本家的原始费用和每年费用这三种。

依照一贯的看法，工匠和制造业者的劳动，是最能增加土地原生产物价值的。然而，在重农主义学说看来，这类人的劳动所创造的价值，只够偿还雇用他们的成本并为资方提供普通利润，所以，是完全不生产的阶级。他们的劳动需补偿雇用他们的资本，并为资本提供普通利润。雇用他们的资本，是指雇主为他们垫付的原材料、工具与工资，是用来雇用和维持他们的基金。其利润是指用以维持雇主的基金。所以，雇主不但要垫付他们劳动所需的原材料、工具与工资，还要垫付维持自己所需的费用。他所垫付的维持自己所需的费用，通常和他在产品价格上所期待的利润成比例。如果工匠生产出来的产品，其价格不够补偿他所垫付的维持自己所需的费用，以及为工匠垫付原材料、工具与工资，那就意味着雇主无法收回他的全部投资。因此，制造业资本的利润，不像土地的地租，是偿清所有费用之后留下的纯产物。农业家的资本，如同制造者的资本一样，为资本所有者提供利润。不同的是，农业家（或相当于农业资本家）能为他人提供地租，而制造者不能。所以，雇

各国的金币

金的化学性质非常稳定，在低温或高温时都不会被直接氧化，不会生锈变形。常温下，黄金与单独的无机酸（包括硫酸、盐酸、硝酸等强酸）均不发生作用，具有近乎完美的耐腐蚀性。如果将金加热到1000℃左右，黄金就可以像铁一样熔化，便于分割、铸造。这些性能都使黄金成为天然硬通货的不二之选。图为英国、加拿大和澳大利亚等国的金币。

佣和维持工匠的费用,只能延续其自身价值,并不能生产任何新价值,所以,重农主义者称其为全无生产或不生产的费用。

同理,和制造业资本一样,商业资本也是不生产任何新价值的,只能延续自身价值的存在。商业资本的利润,不过是对投资人收取报酬前为自己垫付的维持费的补偿。换句话说,不过是对投资所需费用的部分偿还。

工匠和制造业工人,对土地原产物全年产品的价值无所增益。虽然他们对土地原产物中某特定部分的价值的确有所贡献,但在劳动过程中,他们也会消费掉其他部分的原生产品。也就是说,他们的产生量与消费量相互抵消了。所以,他们的劳动对土地原产物全年产值无所增益。例如,制造服装的人,有时会把仅值几便士的麻布提高到30镑,表面上看,他把一部分原生产物的价值增加了大约7200倍,但其实他土地原产物全年产额的价值毫无增益。制造这种花边,也许要花费他两年的劳动。花边制成后,他获得的那30镑,只够补偿这两年来他自身所消耗的价值。而且,从事这个行业的劳动者大多很贫穷。据此,我们可以断定,在一般情况下,其制造品的价格不会超过他们生活资料的价值。但对于农业家和农村劳动者来说,情况就大为不同了。农业家和农村劳动者的劳动,不但可以补偿他们的全部开支,而且还可以生产出另一个价值——地租。

工匠、制造业工人和商人阶层,只能靠自我剥夺其生活资料基金的一部分来增加社会的收入或财富,这与农业家和农村劳动者不同。因为后者既可享受自己全部的生活资料基金,还可每年提供纯产物以增加社会的收入或财富。所以,以地主和耕作者为主的法国和英国,能靠勤劳致富;而以商人、工匠和制造业工人为主的荷兰等国,就只能靠节俭致富了。境况如此不同的这两类国家,其普通国民性也极不相同:在前一类国家,国民性是宽大、坦率和友爱的;在后一类国家,国民性则是褊狭、卑鄙和自私的。

土地所有者阶级和耕作者阶级，向商人、工匠、制造业工人等不生产阶级提供工作材料、生活资料基金，以及后者工作时所消费的谷物和牲畜，并支付后者的工资。所以，不生产阶级都是地主和耕作者的佣工，和家仆没有太大区别，其唯一的区别在于：前者在户外工作，而后者则在室内工作。商人、工匠、制造业工人，都依赖主人出资来养活，他们的劳动，不但不能增加土地原生产物的价值，还得从这一总额中支取一部分。

但是，不生产阶级对于其他两个阶级而言，也是非常有用的。首先，由于地主与耕作者通常不会自己制造或输入国内外物品（如果他们这样做，便会花费更多劳动量），因此他们一般用较少的劳动产物向不生产阶级购买所需的国内外物品。其次，耕作者会靠着不生产阶级的帮助专心耕作土地，使产品增多，以便补偿自己和地主所要支付的不生产阶级的全部费用。这样，不生产阶级便间接为土地生产物的增加作了贡献。

所以，从任何角度来说，限制或阻碍不生产阶级的产业，都无法使地主及耕作者获益。相反，不生产阶级越自由，他们之间的竞争越激烈，其他两个阶级所需的国内外产品就越低廉。

此外，在荷兰这些商业国家和地区中，不生产阶级是其重要构成部分。尽管在这些国家中，不生产阶级依然是由地主及土地耕作者来维持和雇用的，但其中有一个区别就是地主和耕作者与不生产阶级之间的关系并不密切。也就是说，其他国家的居民，才是不生产阶级工作材料和生活资料基金的供应者。尽管如此，这些商业国的存在，依然对其他国家有重要的用处。因为其他国家的居民，由于国家政策存在某种缺陷，商人和工人这类阶层人数稀缺。有了商业国之后，就能在一定程度上弥补其他国家的商业缺陷。

基于此，如果对这种商业国的贸易，或商业国供给的商品征收高关税,并不能为农业国带来任何利益。因为关税推高了这些商品的价格,便会降低用以购买商业国商品的它们自己土地的剩余生产物或其价格的真实价值。这样,便妨害了商业国这等剩余生产物的增加,进而妨害它们自己土地的改良与耕作。但是,如果让商业国享受贸易自由,便会使这种剩余生产物的价值得以提高,从而促进其国内土地的改良与耕作。

当农业国的土地生产物不断增加,经过一定时期的积累,农业国所产生的新资本必定会转投在国外贸易上。与商业国相比,农业国商人更具有优势,因为后者在贸易时能从本国直接寻找到货物、原料和食品,而前者必须从远处寻求货源。所以尽管农业国航海技术较为落后,但同样可以与商业国家在同等低廉的价格上出售货物。如果它们的航海技术与商业国家相当,它们所出售的商品就会更加低廉。因此在国外贸易这个板块,随着时间推移,农业国商人能逐渐同商业国商人竞争,直至把商业国的商人全部挤出市场。

根据这个推断,给予商业国商人完全的贸易自由,更能提高农业国剩余土地生产物的价值。而且在这一过程中,农业国可以不断筹集起一笔资本,使其能顺利培养本国的工人和商人,以便发挥农业国本身的优势。

但是,假使农业国以高额关税和其他贸易法令限制对外贸易,就必然会损害本国利益。首先,如果提高一切外国商品和各种制造品的购买成本,会使本国所产出的剩余土地生产物价值必然被削弱;其次,如果支持本国商人和工人的独占,就会提高商业利润,同时也会降低农业利润,如此,国家原来投放到农业上的部分资本就会转移到工商业上去。所以限制商业国的自由贸易,将会对农业国的发展产生不利影响,这表现为:第一,农产物的真实价值被降低,从而利润率也被降低;第二,提高其他一切资本用途的利润率,也会使商业与制造业的利益随之提高,农业就会成为利益较少的行业。在自我利益为重的前提下,人们都会主动将投入农业的资本转移到商业与制造业。

上述这些重农主义学说，被它的创始人魁奈用一些数学公式表示出来了。魁奈所阐述的重农主义内容包括：土地一年的产物在三个阶级之间是如何分配的；不生产阶级只对他所消费的价值予以补偿，而不对全部价值的增加承担责任的原因。在这些公式中，魁奈将第一个公式命名为"经济表"，他想象在最自由、最繁荣的状况下，用第一个公式将各阶级在纯产物中应享有的部分表示出来。至于其他几个公式则是表述在各种规章和条例的限制下，耕作者阶级的利益会因为受地主阶级和不生产阶级的侵蚀而减少。按此学说，在完全自由状态下所建立的分配，会随着每一次的占有和侵蚀，而不断减少年产物的总价值。社会收入和财富也会相应减少，其减少的程度及被削弱的速度取决于阶级之间财富的侵蚀程度和自然分配所受的侵害程度。

在魁奈看来，只有在完全自由、公平的制度下，国家才能变得繁荣起来，反之就不会走向繁荣。但他忽视了国家内部，人们为改善自身境况而发挥出的一种力量，而这种力量在一定程度上，可以预防和纠正被压抑的政治经济所产生的不良后果。尽管这种不良后果多少会阻碍国家的发展，但也不会太严重。魁奈这种学说的最大缺陷在于，他把工人和商人看作是无生产或全部不生产的阶级。我这样说的理由如下：

第一，这一学说本身也指明，此阶级会生产用以维持自身消费的必需品。仅这一点，就足以说明此阶级并非无生产或不生产。这就如同婚姻，若一对夫妇只生育一个孩子，就不能叫没有生育的婚姻。虽然，农业家与农村劳动者，会在商人和工人所生产的产物之上，再多生产出地租，如同生育多个儿女的婚姻，比只生育一两个儿女的婚姻更有生产力。但是，这并不意味着多生产阶级可以使其他阶级成为无生产或不生产阶级。

第二，把工人和商人归纳为家仆是极其不妥当的。因为，家仆不像

画作中"美洲金矿的印第安矿工"

自美洲发现金银矿之后，国际贸易关系发生了彻底变化，世界贸易成为大三角贸易，欧洲将工业品运到美洲，从美洲把白银运到那时的中国，再把中国的丝绸和茶叶运回欧洲。西班牙人用抽丁式的方法迫使印第安人在银矿做工，造成了印第安人的大量死亡，于是西班牙人用美洲的黄金买非洲的奴隶，然后运到美洲干活。当时，全球白银的80%来自美洲，但金银的过度积累却最终导致西班牙制造业的衰落，最终被英国、荷兰所取代。

工匠和商人那样能自身创造资本，他们是由主人雇用。而家仆的工作，也不会产生任何实物性的商品，以补偿所耗工资和维持费用的价值。

第三，在任何假设条件下，关于工人和商人的劳动没有增加社会的真实收入的说法都是不对的。因为存在这样的可能：这一阶级在相当的时间里，所消费的价值和所生产的价值是相当的。例如：某个工匠，在6个月的时间里收获了价值10镑的作业，当他将这10镑消耗在粮食和其他必需品上时，实际上也为社会土地和劳动年产物增加了10镑的价值。在他消费的同时，他又生产了另一个等价值的产品，所以在这6个月里，他所生产的价值就应该是20镑。但如果这10镑的价值由一个士兵或一个家仆所消费，那么在6个月之后，所留下来的价值，就会比工匠所产生的价值少10镑。所以，无论何时，市场上所存在的价值，都有赖于工匠的生产。

第四，如果农业家和农村劳动者不节俭，那么他们也不能增加社会的真实收入，这与工人和商人是一样的。任何国家的土地和劳动年产物，如果想增收，只能通过以下两个途径：其一，增加社会上有用的雇佣劳动量；其二，提高社会上雇佣劳动量的生产力。

第五，如果一国居民所获生活资料构成了他们的收入，那么在同等情况下,工商业国的收入将多于无工业或无商业的国家,一国每年通过工商业渠道从国外输入的生活资料数量,就会大于耕作情况下土地所能提供的。城市居民,不用耕作土地,也能靠其劳动得到工作原料和生活资料基金等土地原生产物。荷兰就是按此模式得到大部分生活资料的——其谷物来自各欧洲国家,牲畜来自霍耳斯廷及日德兰。工商业国通常以少量的制造品,购买大量的原生产物;而无工商业的国家,就得以本国的原生产物,购买少量的外国制造品。前者的输出品仅供少数人使用,但输入品却为多数人使用,这类国家的居民,所享受的生活资料多于耕作状态下所得。而后者,输出品是多数人的生活资料,输入品是少数人的生活资料,这类国家的居民只能享用很少的生活资料。

这一学说虽有许多缺点,但也有可取之处,凡研究此原理的人都对它十分留意。首先,此学说公正地认为社会劳动每年所生产的可消费货物构成了国民财富;其次,这个学说还正确地认识到完全自由可以刺激每年的再生产。正是这个学说的部分准确性,才使得法国农业状况得到改善:土地的租期由原来的9年延长至27年,国内各省的谷物可以自由运输。

由于重农主义与重商主义在这些观点上的不同,而且对于孰优孰劣又无定论,因此世界上有些国家奉行重商主义,比如近代欧洲各国,其所主张的政治经济学,就较有利于城市产业、制造业和国外贸易等;而也有些国家则奉行重农主义,比如当时的中国。据说在清朝时期,中国农业劳动者的待遇要优于地方工匠,这与欧洲相反。当时的中国人都想尽可能多地拥有或租借土地,国家也会给租借土地提供一系列的优惠政策。当时的中国只与日本进行很少的贸易,与其他国家几乎没有贸易往来。当时的中国的官员还非常轻视到北京请求通商的俄国公使兰杰,并以惯常的口吻对他说:"你们这乞食般的贸易。"当时的中国允许国外船只进入的海港,也只有一两个。这样,国外贸易就被局限在很小的范

画作《牧羊者家庭》

在世界近代历史上，英国是第一个迈进现代社会的国家，它是18世纪和19世纪世界发展的领头羊。英国近代工业起步于纺织业，由于当时西班牙、葡萄牙以及荷兰对羊毛制品的需求越来越大，英国国内的羊毛纺织业也随之成长了起来，并在荷兰向英国转移工业的同时成长为一个强大的行业。《牧羊者家庭》是英国画家瑞诺兹的晚年之作，它再现了工业革命前英国牧民的生活状况。

围内了。

制造品与大部分原生产物相比，有体积小、价值高的优势，其运费自然较低。所以，制造品在国外贸易中占有主导地位。必须记住的是，制造业的完善，全然依赖于分工，而分工程度又受市场范围大小等因素支配。在国内贸易并不发达且市场狭小的国家，分工肯定也发展得不好，需要国外贸易来支撑。

而中国幅员辽阔、人口众多、气候不一、产物多样、交通便利等优势，足以支持一个庞大的制造业，并且允许非常可观的分工程度。当时中国的国内市场，如果加上世界各地的国外市场，形成更广大的国际贸易，必能大幅增加中国制造品，大幅改进其制造业的生产力。倘若这种国际贸易，大部分由当时的中国来经营，则效果更明显。现在的中国，在很多方面都只是模仿邻国日本，但相信通过更广泛的航行后，中国人自然能学会其他国家更高超的机械技术，在技术上和产业上作出各种改良。

古埃及和印度政府所颁布的政策，似乎较利于农业，不利于其他行业。这两个国家，把全体国民分成了若干阶级或部族，祖祖辈辈世袭某一特定职业。僧侣的儿子必是僧侣；士兵的儿子必是士兵；农民的儿子必是农民，以此类推。在这两个国家，地位最高的是僧侣，其次是士兵，再次是农民，而商人和制造者的地位都低于前三个等级。

此外，从其他很多方面，也可以看出这两国政府对农业的重视程度。如古埃及国王在尼罗河边兴修水利工程，以灌溉农田；印度古代各王公也在恒河及其他河流边兴修水利，用于灌溉。这些地方，以盛产粮食而闻名，在丰年除了自给外，还能输出大量谷物到国外去。不过，这些地方的人口也都较为稠密，有时也会出现粮食不足的情况。

但是，由于古埃及人和印度人受迷信或宗教束缚，对海水敬而远之，因此他们都自我设限，没有作远洋的航行。这样，古埃及人和印度人就只能依赖外国的航海业，来输出他们的剩余生产物。这种依赖限制了市场，必然阻碍剩余生产物的增加，对制造品生产的阻碍尤甚。因为制造者每年生产的制造品，只有少部分是供自己及家人使用的，绝大部分需要出售，这样就需要一个更大的市场供其交易。在任何一个大国，无论哪种工匠，其比例不会超过国内居民数的1/5或1/10。据一些作家计算，英法两国的务农人口占全国居民的1/2，有的认为是1/3，但还没有人计算出是低于1/5的。这两国的农产物多是由本国消化，照此推论，一户农民的劳动生产物，只需一两家，最多四家来购买即可。所以，在有限的市场里，农业比制造业更有优势。在古埃及和印度，国内航运的便利会开拓国内市场，以弥补国外市场狭窄的不足。印度幅员广阔，国内市场也较大，足以支持许多制造业。所以，印度的孟加拉省就因为输出了许多制造品，而引人注目。可古埃及的情况与印度正好相反，虽然它也输出了若干制造品，但还是以输出大量谷物而闻名于世。

而且，古代中国、古埃及和古印度，其君主的收入全部或大部分都是来自地税或地租。这种收入据说包含了1/5的土地生产物，人民也可以选择交付实物或货币，租税也会按每年的收成情况而定。因为农业的盛衰影响着这些国家君主的收入，所以，农业在这些国家中被重视是理所当然的。

不过，类似古希腊雅典共和国和古罗马等幅员较小的国家，如果实行重视农业的政策，就会妨害制造业和国外贸易。希腊古代各国，禁止国外贸易，并大肆贬低制造业，不许市民经营这两种职业，只许奴隶经营。罗马、雅典等国，虽没有明令禁止，但事实上，依然是不允许人民大众去经营通常被视为贱业的各种职业的。富人的奴隶，会为其主子的利益而去经营这等贱业，但奴隶们不懂得如何改良技术。由于这些富人有财有势，奴隶们仰赖其保护，使得贫穷的自由市民生产的产品，无法与富人奴隶的产品竞争，尽管他们懂得在机械、工作安排及分配方面加以改良。倘若哪个奴隶提出这类改良方法，不但得不到主人的奖励，还会被主人认为是偷奸耍滑，是牺牲主人的利益，这样这个可怜鬼不但不会得到奖赏，反而会受到责罚。所以，同样的产品，奴隶需要用比自由人更多的劳动量来完成，其价格也会比自由人的产品昂贵。

孟德斯鸠说过，土耳其的矿山只由奴隶开采，没有使用任何机械，开采费用较高。而匈牙利的矿山是自由人开采，并使用了许多机械，开采费用较低，获取的利润也较大。古希腊和古罗马时代的制造品价格，我们虽然所知甚少，但可以肯定的一点是，精良的制造品是非常昂贵的。在当时，丝绸与黄金同样昂贵，原因是欧洲不产丝绸，全是从东印度长途运输而来，需要消耗昂贵的运费。但据说，当时的欧洲贵妇人往往会以同样高的价格，购买极精致的麻布，而麻布大多是欧洲制品，其来源至多远到埃及。所以，这种高价只是缘于机械非常粗笨，故而制造这种极精致的麻布需要足够的劳动量。此外，精制呢绒的价格虽不这么昂贵，但与现在比，价格还是高出许多。普林尼说过，按不同方式染的呢绒，其价值是不一样的。其中一种，1磅（罗马磅仅为今日常衡量12盎司）值100迪纳里，即3镑6先令8便士；另一种，1磅值1000迪纳里，即33镑6先令8便士。这样的高价，不仅是因为染料昂贵，还因为呢绒本身的价格也是非常高的，这样，附属物与主要物的价值才会均衡。普林尼还说过，放在长椅上的毛织枕垫有些值3万镑以上，有些值30万镑以上。

这种高昂的价格，想必也不全是染料所致。亚巴斯诺博士认为，因为古时男女服装样式极少，所以较之今日，价格会比较低廉。但这个理论并不妥当，古时生产服装需费很多生产力，其花样必定很少。现今，由于技术的发展，生产服装花费不高，花样便多起来了。

城乡间的贸易，是任何一国的贸易中最重要的部分。城市居民会将一部分工作材料及生活资料基金，制成适用的物品送还农村。城市居民和农村居民间的贸易，其实是一定数量的制造品与一定数量的原生产物相交换。其制造品价格越高，土地原生产物价格就越低，一定数量的原生产物或其价格所能购买的制造品越少，这些原生产物的交换价值必定越小，地主和农民得到的奖励也会随之减少，

画作中的"纳税者"

在中世纪，欧洲教会的税收制度在本质上是一种权力关系。英国教会处于教权与王权二元权力体系的统治之下，百姓不得不向两个权力主体履行纳税义务。16世纪，宗教改革引发了教会权力大规模转移，教会从此处于至尊王权的一元权力体系统治之下，教职界的税收成为政府重要的财政来源。该画作就是反映教会权力向王权转移时期的代表作。上图中一位书记员正在登记神职人员缴纳的税收。

进而使农业生产受到严重危害。另外，一个国家若减少工人，便会缩小国内市场。这个市场，也是原生产物的最重要市场，因而就会进一步伤害农业。

所以，主张以限制制造业及国外贸易来发展农业的学说，不但不能达到他们想要的结果，反而会间接地妨害农业的发展。就这一点而言，其矛盾性还大于重商主义。重商主义的一系列活动，虽然妨害农业的发展，但它确实促进了制造业和国外贸易的发展。

如此看来，任何一种学说，如果想要特别鼓励或者限制某种特定产业，都会与其目的背道而驰，违反自然规律，阻碍社会发展，不能增加土地和劳动的年产值。当这些特惠或限制性的制度一经完全废止，一种较适宜的自由制度便会建立起来。每一个人，只要他不违反正义的法律，就应听任其完全自由，容许他用自己的方式，追求自己的利益，以其资本或劳动和其他人或阶级相竞争。

这样，君主们监督私人产业、指导私人产业，使之最符合社会利益的义务，就被完全解除了。君主们对私人产业的监督和指导，没有不犯错的。按照适宜的自由制度，君主应尽的义务只有三个：第一，保护社会，使其他独立社会无法侵犯；第二，设立公正的司法机关，尽可能保护社会上的每个人不受侵害或压迫；第三，为了维护公共利益，由国家建设并维持某些公共事业及某些公共设施，其事业与设施的利润和所消耗的费用相抵且有余，但若由个人或少数人经营，就绝不能补偿所消耗的费用。履行这些义务还需一定的收入来支持，这笔费用来源将在下一章中加以说明。

第二章　论退税制度与奖励金制度

商人并不以独占国内市场为满足，他们希望为自己的货物谋求更广阔的国外市场。但他们不可能独占国外市场，所以只好请求政府奖励输出。在各种奖励中，所谓退税似乎最合理的；因为这种奖励方式并不需要国家给予其现金，只在商品真正输到外国，而不再输入国内时，退税制度才为其带来益处。这既增加了商品在国外市场的竞争力，又为国家带来了财富。

基于商业利润的考虑，商人也希望政府给予其输出奖励金。所以，建立奖励金制度的法律，一向被人称赞。英国的改良与繁荣，常被视为是这些法律的结果，其实英国的法律保证了一切人都享有其劳动价值的权利。这些法律都保证了英国产业的安全和自由，虽不能说完全自由，至少其自由度是其他欧洲国家不可比拟的。

论退税

一般而言，商人多向政府请求奖励输出，因为他们并不只满足于占有国内市场，还期望商品能输出到庞大的国外市场；但由于政府没有其他国家的管辖权，他们无法独占国外市场。

他们向政府要求的诸多奖励，只有退税似乎颇为合理。所谓退税，是指商人在向国外输出他们的商品时，政府退还全部或部分对本国产品征收的国产税或国内税。政府颁布的退税措施，并不会使货物的输出量

英国工厂纺织工

18世纪下半叶,产业革命首先从西欧的纺织业开始,机器的发明使工人从手工劳动中初步解脱出来,为利用动力驱动的集中型大工业生产方式准备了条件。图为采用固定纺锤的纺织作坊,当时的纺织机不仅需要2~3人操作,而且效率低下。

多于无税时货物的输出量,也不会破坏社会上各种资本用途间的自然平衡,更不会破坏社会上劳动的自然分配;相反,却会保存这种分配。在大多数场合下,保存这种分配是有利的。

商人从国外输入的货物,再输出到其他国家时,也可以申请退税。在英国,商品的退税,与商品输入税的最大部分相当。英国的《旧补助税法》规定:任何国家的商人,其所有物品,除却已领有其他津贴的葡萄酒、小葡萄干和丝精制品外,都可以在将货物输出时收回一半的旧补助税。但是,《旧补助税法》又规定:英国商人的货物应当在12个月内输出,国外商人的货物则应当在9个月内输出。

当这一旧补助税开始实施后,政府对各类商品所课的税,在商品输出时全部退还。因此,当一些输入到国内的外国商品数量,远远超过了国内消费的数量时,政府为了保证剩余商品的顺利输出,规定这些商品输出时,课税全部退还,甚至保留的旧补助税也不超过一半。比如,当我们垄断了马里兰和弗吉尼亚的烟草市场时,我们从那里输入了大概96000大桶的烟草,而同期我们国内消费的烟草却不到14000大桶。为了使这么巨额且必要的输出得以实现,政府规定:但凡在3年内输出者,其所纳关税全额退还。

西印度群岛的砂糖市场也几乎被我们所垄断,政府也规定,砂糖假若在1年内输出，均可退还砂糖在输入时所缴纳的税；而砂糖若在3年内输出，除了其在输入时缴纳的一半旧补助税外，其他一切税均可退还。也有一些货物，由于对国内的制造者构成一定威胁，政府禁止其输入。如果这些货物缴纳一定的税，那么这些货物就可以向国内输入，但这些货物在输出时，所缴纳的税是不退还的。比如，当我们从法国输入亚麻布以及上等细麻布等物品时，必须缴税，但是当这些物品又转而从英国输出时，将不退还缴纳的赋税。

法国一向被我们视为敌人，我们宁可不赚取任何利润，也不会让法国人获利。对于输入英国的法国货物，当其输出时，政府既不退还那一半的旧补助税，也不退还那25%的附加税。

此外，英国政府为奖励葡萄酒运送业，曾在旧补助税附则第四条中规定：所有葡萄酒在输出时的退税，必须大于其在输入时所缴税额的一半。另外，其他的一些附加税、新补助税、1/3补助税、2/3补助税、1692年关税、葡萄酒检验税，都可以在输出时全部退还。然而，除附加税与1692年关税外，其他的税都需要缴纳现金。然而葡萄酒的输送贸易利息很高，因而获利甚少。但即便如此，政府对法国葡萄酒的输入依然征收大量的税额，比如1745年、1763年和

画作中"贪婪的收税官"

"Publican"一词源于古希腊语，其原意是"效劳"，后来演化为收税人、酒店老板等意思。在古希腊早期，税收原本是对付出劳动者的奖赏。到古罗马时期，收税人由执政官统一任命，成为服务于政府的专门职业。奥古斯都（屋大维）时期，地方总督任命一些有固定薪水的人做收税人。弗拉维王朝时期，为了促进进行省罗马化，并提高其地位，统治者紧缩财政，广开税源，收缴繁捐重税，连上厕所都上税，从此产生了一句罗马谚语"钱无臭味"。此漫画中的收税官大腹便便，衣服上的纽扣都已无法合扣。

1778年的税法规定，对每大桶法国葡萄酒所课的25镑税，输出时均不退还。以上规定，除去英属北美殖民地，在其他任何地方都适用。

此后，查理三世第十五年，英国颁布了第七号法令，即《贸易奖励法》。该法的颁布，使我国拥有了包括葡萄酒在内的欧洲所有产物或制造品，在供给殖民地时的独占权。但北美殖民地、西印度殖民地海岸线是如此地辽阔而遥远，而政府的权力则显得有些鞭长莫及了。政府最初只允许这些殖民地的商人，以自己的船只向欧洲各地运输那些政府没有列举的商品。后来又允许殖民地的商人，把商品输出到菲尼斯特雷角以南的欧洲各国。然而，他们很难将欧洲的葡萄酒输入到那些盛产葡萄酒的地方，尤其是他们在将欧洲的葡萄酒输入课税沉重、输出时又不能退还的英国，更是困难重重。

但政府未列举的商品，可以在美洲、西印度群岛与马德拉岛自由交换，所以美洲与西印度群岛可以直接输入马迪拉群岛的葡萄酒。因而，在1755—1763年爆发的英法战争期间，英国的军官将这种饮用马德拉葡萄酒的嗜好带回了国内。而此前，国内还不流行马德拉葡萄酒。战争结束后，1763年，乔治三世第四年法令第十五号第十二条规定：所有的葡萄酒在输出到殖民地时，将所缴纳的3镑10先令以外的税予以退还，但法国的葡萄酒除外。

此外，这项法令还规定，只有葡萄酒、白棉布及细棉布退还一半的旧补助税，其他所有欧洲或者东印度生产制造的商品，其旧补助税均不予以退还。由此可见，除法国葡萄酒的税收政策外，殖民地从这则法令中获利甚多；但就大部分其他货物的退税而言，殖民地获利甚微。

设立退税制度，是为了奖励输送贸易。在大多数情况下，货物的运费是由外国公司支付，所以，人们通常认为，输送贸易最能给国家带回金银。输送贸易虽然不应该受到特殊照顾，但退税制度的存在似乎十分合理。因为存在退税制度，绝对不会使输送贸易的资本大于在没有输入税时的贸易资本。所以，我们可任由输送贸易发展。而且，对于那些既不投在我国农业，又不投在我国制造业；既不投在国内贸易，又不投在海外贸易上面的资本，输送贸易也为之提供了一种出路。退税将不会危及关税收入，相反因为一部分关税在退税时得以保留，所以关税的收入会因之增加。由此可知，对我国货物和外国货物所课的关税，即使全部予以退回也是合理的。当然，国产税的收入会受到一定损失，关税更是受损严重。但是，受课税影响的产业却会因此而趋于平衡。

以上只能说明：在货物完全输出到国外（不包括所属殖民地）时，退税才是合理的；而在货物输出到我国商人、制造业者享有独占权的地区时，退税是否合理却无法得知。比如，我国的商人在美洲殖民地享有独占权，所以当欧洲货物往美洲输出时退税，并不能使输出额大于无退税制度的输出额；这往往意味着国产税及关税收入的白白损失，而贸易状态并不能得到丝毫改变。至于这种退税在何种程度上，将有利于我国殖民地产业，在后面论述殖民地时再详细探讨。但必须指出的是，退税制度只有在我们的货物真正输出到国外（不包括所属殖民地）而不再以各种形式重新输入到国内时，才会给我们带来好处！一些退税，特别是烟草的退税，多被人滥用。一些有害于收入、有害于商业公正的欺诈行为，由此而产生。

论奖励金制度

常常有人就英国一些产业的产品向政府请求输出奖励金。政府偶尔也会同意他们的请求，据说这是出于与外国商业竞争的需要；因为只有借助政府的奖励金，我们的商人和制造业者才能在海外市场上，以与竞争者同样低廉或更为低廉的价格出售其货物。由此，我们的输出量才能增大，从而扩大贸易顺差。然而，我们不能垄断海外市场，或强迫外国

联名反对《谷物法》

为了阻止欧洲大陆的廉价农产品输入英国而危害其自身利益，土地贵族促使议会在1815年通过了《谷物法》。该法令规定在国内谷物价格未超过每夸特80先令时，禁止谷物进口。这就使得国内谷物得以维持高价。《谷物法》有利于土地贵族，却不利于工业资本主义的发展，也加重了群众的生活负担。在此情况下，要求改革的呼声进一步高涨。在一些工业城市，发生了群众集会要求改革的事件。

人购买我们的货物，于是我们想出了一个办法，即补贴外国消费者购买我们的货物。这种以贸易差额富国富民的法子，正是重商主义学说提倡的。

一些人认为，奖励金应该发给那些无奖励金就不能经营的商业部门。然而事实并非如此，因为任何商业部门，他们出售的商品若能偿还制造这些货物上市所投入的资本，并能提供普通利润，那么即使在没有政府奖励金的情况下，这些商业部门也能继续经营。因此，政府奖励金只应发给那些所售货物的价格不足补偿其资本，并为其提供普通利润的商业部门，或售货价格不足抵偿货物上市实际费用的商业部门。

在这里应该指出的是，只有那些货物售价少于货物上市实际费用的商业部门才能得到政府的奖励金。但如同重商主义所提倡的其他各种办法的结果一样，政府奖励金迫使一国商业背离了自然发展的轨道，最终不利于本国商业发展。其实，假如商家没有政府的奖励金来补偿其损失，出于自身的利害关系，他们也会马上改变资本用途，或寻找其他能以货物售价偿还货物上市所用资本，并提供其普通利润的行业。

有人曾在谷物贸易论文集里指出：自谷物输出奖励金设置以来，按照一般价格计算，输出谷物的价格将超过输入谷物的价格。而按照高价格计算，则其超出额，将远远超过这期间政府的奖励金额。由此可以证明，这种以奖励金为基础的强制谷物贸易将大大有利于国家，因为谷物的输出价值远远超出了输入价值。但事实并非如此，这种奖励金仅仅是社会为输出谷物所花费的极小部分，而且也没有将农场主用来栽种谷物的资本考虑进去。假如在海外市场上所售的谷物价格，不够补偿这种奖励金及农场主的普通利润，那么其差额便是社会的损失。而政府奖励金发放的理由，恰恰是在海外市场上谷物的售价不够作上述那样的补还。

据说，谷物的平均价格已随着政府奖励金的设置而迅速下跌。我曾预言，17世纪末，谷物平均价格将会下跌，18世纪最初的64年间，谷物平均价格将继续下跌。假如事实真像我所预言的那样，这种结果就不可能是奖励金的作用。以法国为例，法国政府对谷物不发放奖励金。而且在1764年以前，禁止谷物输出；然而现在，法国谷物的平均价格依然呈下降趋势。由此可见，谷物平均价格下降的趋势，归根结底在于金银的真实价值的回升，而非政府政策的影响。

此外，奖励金的设置，其目的是为了提高谷物的货币价格（谷物的货币价格不受谷物丰歉的影响），使其略高于无奖励金时国内市场上谷物的货币价格。奖励金的这种趋势，在现有的耕作状态下，是必然存在的。然而一些人认为，奖励金有助于鼓励耕作。因为奖励金给农场主开辟了广大的海外市场，这使得谷物的需求量不断增加，从而有助于谷物的生产。另外，奖励金使得农场主获得的谷物价格，远高于他们在无奖励金时的谷物价格，从而有助于耕作。这些人进而推断，奖励金制度的实施大大增进了谷物的生产，并使国内市场上谷物价格降落的幅度远大于奖励金提高的幅度。

然而，事实真的如此吗？答案是否定的。因为虽然依靠奖励金，谷物大量输出到海外市场，但是同时却牺牲了国内市场。我之所以这样说，是在于如果没有奖励金，这些谷物本可以留在国内市场上以降低谷

碾磨水稻

水稻是人类重要的粮食作物之一,耕种与食用的历史都相当悠久。如今全世界有一半的人口食用水稻,主要集中在亚洲、欧洲南部和热带美洲及非洲部分地区。水稻的总产量占世界粮食作物产量第三位,低于玉米和小麦,但能维持较多人口的生活。图为近代日本人碾磨水稻的情景。

物的价格,但奖励金的存在改变了这个趋势。而且,谷物奖励金实际上是以两种不同的课税在大众身上体现:其一,大众为了支付奖励金必须向政府纳税;其二,国内市场上谷物价格提高而产生的税,也必须由大众承担。因为大众都得购买谷物,所以就谷物来说,第二种税重过第一种税。我们假定逐年平均计算,每有1夸特小麦输出,给予奖励金5先令,只是使国内市场上小麦的价格,比在无奖励金时的实际价格每蒲式耳高6便士,也就是每夸特高4先令;那么大众除了须担负每夸特小麦的输出奖励金5先令之外,还得在自己每消费1夸特小麦时多支付4先令的代价。但据上文提及的那位谷物贸易论文作者所述,输出国外的谷物与国内消费的谷物的比例,平均比例不超过1∶31。因此,如果他们缴纳的第一种税是5先令,那么他们缴纳的第二种税准是6镑4先令。把这么重的税课于某一生活必需品,必然会导致抬高他们用以购买生活用品的成本,或必然会导致货币工资也将随着生活用品价格的提高而提高。就前者来说,生活用品涨价,必然会降低穷人抚育子女的能力和意愿,进而使国内人口的增长也随之受到抑制;就后者来说,货币工资提高,雇主雇用穷人的能力也必然随之降低,进而使国内产业的发展也随之受到抑制。这样,奖励金所带来的谷物的异常输出,不仅会减少国内市场和国内消费,而且由于国内人口和产业受到压抑，最终必然倾向于压缩国内市场，使其无法壮大。总之，对谷物输出的奖励，只会缩小谷物的整个国内市场和整个消费量。

有一些人认为，谷物价格的上涨，有利于农场主，必然会鼓励农场主生产更多的谷物。但事实恰好相反，奖励金的结果，不会提高谷物的真实价格，使农场主能够以同量谷物，维持更多劳动者的生存，奖励金所提高的仅仅是谷物的名义价格。这种课税于大众奖励输出的法子，对纳税人是苛重的负担，对收受人也益处不大。奖励金的真正作用，与其说提高了谷物的真实价值，不如说是压低了银的真实价值，也就是说，使等量的银不仅只交换较小量的谷物，而且也交换较小量的其他一切国产商品，因为一切商品的货币价格都受谷物的货币价格支配。

另外，谷物的货币价格还决定着劳动的货币价格，而劳动的货币价格，必须使劳动者能够大方地、适度地或节俭地购买一定数量的谷物来维持自己及其家庭的生活。而雇主也必须根据社会的进步、退步或停滞等情况，按照或大方、适度或节俭的生活方式来维持劳动者的生活。

谷物的货币价格，支配着所有其他土地原生产物的货币价格，于是也支配着几乎所有制造业原料的货币价格；谷物的货币价格，支配着劳动的货币价格，于是也支配着制造技能或勤劳的货币价格。因此，它也支配着完全制成品的货币价格。劳动的货币价格，一切土地生产物或劳动生产物的货币价格的升降比例，必然会随着谷物货币价格的升降比例而变化。

因此，奖励金虽然可以提高农场主售卖谷物的价格，并向地主缴纳与谷物提高的货币价格相当的货币地租，但结果却是：现在4先令能够购得的一切国产商品，和先前3先令6便士所能购得的国产商品相比，几乎相差无几。因此，奖励金的实施，并不会使农场主与地主的境况发生根本改变。谷物价格的提高，虽然可以让他们在购买外国商品时获利，可在购买国产商品时，他们却不会获利。但是，农场主的费用几乎全部用于购买国产商品，甚至地主的费用也大部分用于购买国产商品，所以他们不会获得丝毫利益。

金银价格的下跌，将使一切货币价格升高。相对于以前，目前金银器皿的价格较为低廉，然而，其他一切物品的真实价值却没有发生变化。如果是个别国家的特殊情况或政治制度造成了银价的下跌，那么就会产生比较大的影响：它不会让人们变得富裕起来，相反，却会使人们变得贫穷。一切商品货币价格的升高，将会或多或少地对国内的各种产业产生阻碍作用，因而使外国国民在出售货物时所索取的银价，小于该国工人所能出售的银价，无论是在国内市场，还是国外市场，都低于该国售价。

西班牙和葡萄牙有着大量的金银矿山，是欧洲各国最主要的金银输出国。所以，金银的价格在西班牙和葡萄牙略为低廉，在欧洲其他国家则略为昂贵，但差额不应大于运输费和保险费。因为金银体积小、价值大，运输费不会很高，保险费也一定与一切其他等值货物的保险费相等。由此，西班牙和葡萄牙如果不以政治手段加剧这种特殊情形的不利，那么他们由此蒙受的损失也不会很大。

对于金银的输出，西班牙课以赋税，葡萄牙则加以禁止，以致只有走私才能输出，且必须承担走私费用。这样，从西班牙和葡萄牙两国输出金银，必然导致金银在其他国家的价值高于西班牙和葡萄牙；而高出的那部分价值，正好相当于秘密输出时所花费的全部费用。然而，禁止金银输出，并不能在本国保留够本国使用的金银量。禁止金银输出的手段就如同用堤坝堵塞河流，坝内河水一旦满了，必然会外溢。

正因为如此，西班牙和葡萄牙虽然严格限制金银的输出，但每年从西班牙和葡萄牙输出的金银，几乎等于其每年输入的金银。正如坝内的水必比坝外的水深一样，西班牙和葡萄牙对金银输出的限制，必定使得国内的金银量远远超过其他各国的金银量。或者可以换种说法，即坝内外水的深度差必然随着坝头的加高而增大。所以，西班牙和葡萄牙对金银的课税愈高，禁令所立的刑罚愈严峻，警察执行法律愈严密；则相对于其他各国，西班牙和葡萄牙的金银，对土地和劳动的年产物所持的比例差额也将越高。这也是我们在西班牙和葡萄牙可以看到许多金银器皿的原因，而这样的现象却鲜见于其他国家。

贵金属过剩必然会使金银低廉，也使一切商品的价格变得昂贵，而这一趋势，必将有损于西班牙和葡萄牙的农业和制造业，从而使得外国能以相对西班牙和葡萄牙国内生产或制造所费的更低的金银量，供给西班牙和葡萄牙许多种类的原生产物，以及几乎所有种类的制造品。对金银的课税和禁止向国外输出，不仅使得西班牙和葡萄牙贵金属的价值大大降低，而且由于它们保留了不应保留的那部分金银，使得其他各国贵金属的价值略高于原来的价值，从而使其他各国在与西班牙和葡萄牙的通商贸易中大获其利。

与不断增加水坝的高度相反的是，假如打开泄洪的闸门，那么坝内的水将迅速减少，坝内外的水将很快平衡。同样的道理，假如西班牙和葡萄牙取消对金银的课税与禁令，那么它们国内的金银量就会减少，其他各国的金银量就会增加。金银的价值，以及其对土地劳动年产物的比例，很快就会在西班牙和葡萄牙以及其他国家间变得相等或几乎相等。虽然名义上，西班牙和葡萄牙因金银的输出而受了损，其国内货物的名义价值，以及土地和劳动年产物的名义价值将下跌，但其真实价值将保持不变。由此，所余金银的真实价值将增加，也就是说，现在用较小的金银量，达到了先前为商业流通而使用的较大金银量。自西班牙和葡萄牙国内流往国外的金银，必然会带回同等价值的各种物品，这些物品绝不是一些奢侈品和消费品，也许有大部分，至少也有一部分是材料、工具、粮食等可用以雇用和维持人民的生活资料。而人民必能再生产他们所消费的全部价值，并带来利润。由此，社会固定资产的一部分就变为

收割小麦的挪威人

由于自然条件恶劣，挪威的农业自古以来就很落后，许多农业经济作物根本不能在挪威生长。即使是在18世纪，由于其宗主国丹麦在战争中频频失利，挪威的经济得以全方位发展，其农业也只是取得了略微的进步。现代挪威为了扶持农业，采取了限制农产品进口、政府补贴农业、调节税收等手段。近年来由于谷物产量的不断增长，挪威的食品自给程度及国产化率也得到了大幅提高。

流动资产，从而推动产业的发展，使土地和劳动的年产物增加。而这样一来，也就消除了加诸西班牙和葡萄牙国内产业的负担。

类似于西班牙和葡萄牙对金银制定的不合理政策，谷物输出奖励金亦是如此。不管耕作的实际状况怎样，国内市场上的谷物价格，总是会在奖励金的作用下略高于无奖励金时的价格，并使外国市场上的谷物价格略低于无奖励金时的价格。因为所有其他商品的平均货币价格，都受谷物平均货币价格的支配，所以国内白银的价值也会由此降低，从而稍高于外国白银的价值。对此，马太·德克尔先生曾明确指出：这种奖励金使得外国人，尤其是荷兰人，不但能以比无奖励金时他们所出的更廉价的价格，而且能以比有奖励金时我们自己所出的更低廉的价格，吃到我们的谷物。这使得我们的工人不能像在无奖励金时那样，只以少量的白银就可以获得他们的货物，但却使得荷兰人能以少量的白银获得我们的货物。如此一来，我们的制造品，无论在何处，都比无奖励金时昂贵，相反，荷兰人的制造品，无论在何处，都比无奖金时低廉，因而，使荷兰人的产业享受到了双重的利益。

因为这种奖励金，在国内市场上所提高的不是我国谷物的真实价格，而是我国谷物的名义价格。其所增加的，只是一定量的谷物所能交换到的白银量，而不是一定量谷物所能维持和所雇用的劳动量。由此，我们的制造业必然会受损，而我们的农场主和地主却也无利可获。当然，农产主和地主会获得较多的货币收入；但货币所能购买的劳动量、食料量和各种国产商品量都减少了。

在整个国家里，能够从这种奖励金中获得实际利益的，只有谷物商人或谷物的倒买倒卖者。奖励金必然使谷物在丰年的输出量，大于无奖励金时的输出量；而且，由于今年谷物的丰收接济不了明年的不足，奖励金必然使谷物在歉年的输入量大于无奖励金时的输入量。这样，无论丰年歉岁，谷物商人或谷物的倒买倒卖者的业务都会有所增加。但在谷物歉收的年份，奖励金不但使他能输入比无奖励金时（即在今年丰收可多少接济明年不足时）所能输入的更多谷物，而且能以较好的价格出售，因而大获其利。因此我说，最支持发放此等奖励金的，正是谷物商人。

表面看来，地主对输入的外国谷物课以重税，对输出的本国谷物给予奖励金时，似乎是在效法我国的制造业者。课以重税的方法，使地主们垄断了国内市场；给予奖励金的方法，使得他们可以迅速输出积压的谷物。总之，他们试图提高谷物的真实价值。在这一点上，他们的手法和制造业者如出一辙。然而，他们没有注意到，谷物和其他货物之间有着天壤之别。

以垄断国内市场的方法，或者以奖励输出的方法，使毛织品以在无垄断权或无奖励金时更高的价格出售是完全可能的，因为这样做，不但可以提高这些货物的名义价格，而且可以提高这些货物的真实价格，使这些货物与较多的劳动量和生活品量相当，既增加了这些制造业者的名义利润、名义财富和名义收入，也增加了他们的真实利润、真实财富和真实收入，这样他们就能过上较优渥的生活，雇用较多的劳动力以扩大生产。事实上，这等于奖励这些制造业者，使他们能够雇用的国内劳动者比之没有这一制度时为多。然而，如果这一制度应用到谷物上，那提高的就只是谷物的名义价值而非真实价值。这样做，农场主和地主的真实财富和真实收入都不会增加，谷物的耕作也不会因此得到奖励。归根究底，谷物有一定的真实价值，不会随货币价格的改变而改变。以垄断国内市场的方法，或者以奖励输出的方法，都不能提高谷物的真实价值。当然，最自由的竞争也不会使它的真实价值下降。就世界范围而言，谷物的真实价值与它所能维持的劳动量相当；就个别地方而言，谷物的真实价值与谷物按照当地维持劳动者生活的一般方式，即大方地、适度地或节俭地维持其生活的方式所能维持的劳动量相当。

对一切输出的国产商品以奖励金作补贴，难免遭人非议。其主要在于：第一，重商主义者所实行的这些方法，大多违反了自然趋势，以致国内一部分产业转向获利较少的用途，这当然引人非议。第二，对一切输出的国产商品以奖励金作补贴，招致的非议尤其大，因为它不仅迫使国内一部分产业转向获利较少的行业，而且迫使流入实际亏损的用途。无奖励金就经营不下去的生意，必定是亏本的买卖。为谷物输出而设的奖励金，无论从哪方面来说，都未能促进谷物的生产。地主们模仿商人和制造业者，要求设立这种奖励金；但商人和制造业者完全理解他们的利害关系，其行动通常受利害关系的指导，而地主却不会完全理解这种利害关系。他们货物的真实价值，不会因为耗费了大量的国家收入而增加了广大人民的税负。而且，因为白银的真实价值下降了，一般货物的真实价值也将下降，在一定程度上使国家的一般产业发展受阻。因为土地的改良程度受制于一般产业，所以他们这么做，非但没有促进土地的改良，反而或多或少妨碍了土地的改良。

于是有人认为，实施生产奖励金比实施输出奖励金更能直接奖励商品的生产。人民只需缴纳一种用以支付奖励金的税即可，且他们用以支付奖励金的税可以得到一定补还。此外，商品在国内市场上的价格，不会因生产奖励金而提高，相反，价格还会有降低的倾向。然而，生产奖励金并不经常补还,而且货物输出又被看作是最直接的带回货币的方法,所以生产奖励金也不可行。又有人认为,相对于输出奖励金,生产奖励金更易产生欺诈行为,这种说法可靠吗?我不能确定。但输出奖励金常常被用于搞欺诈行为,却是不言自明的。然而,商人与制造业者的利益却在于:他们的货物不至于在国内市场上积压过多。所以,输出奖励金常常成为重商主义者的最佳选择。一些行业的经营者,常常拿出一部分钱来奖励他们一定部分货物的输出,这虽然大大增加了国产商品的成本,却仍能在国内市场上使他们的货物价格提高一倍以上。然而,若谷物奖励金真的降低了谷物的货币价格,其作用必定大不一样。

画作中"中世纪的英国商人"

在工业革命之前,英国还是一个农业国,农业在整个国家中占的比例最大。绝大多数英国人都居住在农村,他们基本上都过着自给自足的生活,其日常生活用品大多也是自己制造或本地生产的。需要通过商业市场获得的东西一般都是贵重的物品,这些物品的消费人群多为贵族或富人,所以商品交换的媒介也多为金币。此图所表现的是12世纪的英国商人,左侧的妇女可能正在清点从东方运来的茶叶。

可是,在一些特定场合,类似于生产奖励金的奖励金却在推行。比如,从事捕捞白鱼及鲸鱼的渔民,他们所得的按渔船吨数计算的奖励金就可视为具有这等性质的奖励金。据传这等奖励金能够使国内市场上此种商品的价格比没有这等奖励金时更低廉。从别的方面来看,我们不得不承认,其结果与输出奖励金的结果是一样的。有了这部分奖励金,国内的一部分资本将会被用来使这种货物上市。然而,其价格却不能补偿其费用,并且也不能提供资本的普通利润。

虽然按渔船吨数计算的奖励金不会增加国民财富,但由于可以增加船舶及水手数目，故而可认为这将有助于国防。据此，有人认为用这种奖励金来维持国防，其所需费用比维持一个庞大的常备海军要小得多，但事实远非如此，原因在于：

其一，发放给捕捞白鱼渔船的奖励金太多。按照规定，白鱼渔船的吨数奖励金为每吨30先令。从1771年冬季渔汛开始至1781年冬季渔汛完毕的十一年间，苏格兰白鱼渔船捕捞的白鱼总数为378347桶。在海上捕获即行腌存的白鱼（海条），如果运到市场去售卖，必须再用一定数量的盐加以腌制，使其成为商用白鱼。这样一来，3桶白鱼常常改装为2桶商用白鱼。因此，在这十一年间，所捕获的商用白鱼，总共是252231$\frac{1}{3}$桶，相应付出的吨数奖励金总共是155463镑11先令，即白鱼每桶为8先令2$\frac{1}{4}$便士，商用白鱼每桶为12先令3$\frac{3}{4}$便士。

在腌制白鱼时，渔民有时用苏格兰产的盐，有时用外国产的盐，但是均可免缴一切国产税。然而，现在苏格兰盐每蒲式耳须缴纳国产税1先令6便士，外国盐每蒲式耳须缴纳10先令。如果用外国盐，白鱼每桶须用大约1$\frac{1}{4}$蒲式耳；如果用苏格兰盐，平均须2蒲式耳。假如白鱼是向国外输出的，那么盐税就无须缴纳；假如白鱼是供国内消费的，那么每桶只须缴纳包括外国盐和苏格兰盐的1先令的盐税。在苏格兰，外国盐一般只用来腌制鱼。

1771年4月5日—1782年4月5日，共输入936974蒲式耳（每蒲式耳重84磅）外国盐，而同期输入的苏格兰盐仅168226蒲式耳（每蒲式耳仅56磅）。由此看来，渔业主要用外国盐。此外，每向外输出一桶白鱼给付奖励金2先令8便士。2/3以上渔船捕获的白鱼是输向国外的。综上所述，在这十一年间，渔船每捕获一桶白鱼，如果用苏格兰盐腌存，那么在其向国外输出时，政府将向其补贴17先令11$\frac{3}{4}$便士，在其供国内消费时，政府将向其补贴14先令3$\frac{3}{4}$便士；如果用外国盐腌存，则其在向国外输出时，政府将向其补贴1镑7先令$5\frac{3}{4}$便士，在其供国内消费时，政府将向其补贴1镑3先令$9\frac{3}{4}$便士。

其二，捕捞白鱼的奖励金是一种吨数奖励金，只按捕鱼船的载重量来发放。这导致许多船舶只以捕奖励金为目的，而非以捕鱼为目的。1759年，白鱼业的奖励金为每吨50先令，然而苏格兰全部渔船所捕获的白鱼仅为4桶。单就奖励金而言，政府在每桶海条上面就耗费113镑15先令，而每桶商用白鱼则耗费159镑7先令6便士。

其三，有吨数奖励金的白鱼业大都用大渔船或甲板船，这种源自荷兰的船载重20～80吨，实际上并不适宜于苏格兰。因为大渔船或甲板船可以携带充足的水与食物远海航行。而在苏格兰的赫布里迪兹群岛或西部群岛、设得兰群岛以及北部海岸与西北部海岸经营白鱼业的主要地区，处处都是海湾，十分适宜小舟作业。但每吨30先令的奖励金，固然可以给大船渔业以较大的奖励，但必定会阻碍小舟渔业。小舟渔业没有这等奖励金，就不能与大舟渔业在同等条件下以腌鱼供应市场。因此，原本雇用不少海员的小舟渔业现在全然凋零了。关于这种小舟渔业，从前究竟达到怎样的规模，却不得而知；因为小舟渔业没有奖励金，所以关税吏和盐税官对其也不曾留下什么记录。

其四，在固定的时令，白鱼成为苏格兰许多地方的主要食品。政府若就此发放奖励金，可平抑国内市场上白鱼的价格，由此救济许多并不富裕的人家。然而，大白鱼渔船的奖励金却不能产生这等功效，它损坏了最适宜供应国内市场的小舟作业；每桶2先令8便士的附加输出奖励金，又使2/3以上的大渔船所捕的白鱼输送到了国外。三四十年前，还没有设置大渔船奖励金时，每桶白鱼的普通价格为16先令。10至15年之前，小舟渔业尚未完全衰落之时，每桶白鱼的普通价格为17先令至20先令。最近5年间，平均每桶白鱼的普通价格为25先令。当然，苏格兰沿

梅耶·罗斯柴尔德

拿破仑战争对欧洲金融界产生了巨大的影响，著名的罗斯柴尔德（Rothschild，按德语发音应译为"罗特席尔德"）家族便崛起于这场战争。这一家族发迹于18世纪后期的法兰克福，家族创始人梅耶当时是威廉二世的理财师。战乱的机遇使他大发横财，成为欧洲最著名的金融家。在19世纪前半叶的几十年间，梅耶·罗斯柴尔德和他的五个儿子先后在法兰克福、伦敦、巴黎、维也纳、那不勒斯等欧洲著名城市开设银行，建立了当时世界上最大的金融王国。时至今日，世界的主要黄金市场仍是由罗斯柴尔德家族所控制。图为意大利漫画家佩莱格里尼笔下的梅耶·罗斯柴尔德。

海各地实际上缺少白鱼业是其中一个原因。此外，这与白鱼同时卖掉的桶（那种桶价计算在上述各种价格内）也有关。自美洲战事以来，这种桶价已经上涨了近1倍：由原先大约3先令涨至大约6先令。不过我所收集到的有关价格的记载，也并非完全一致。有人曾说，50多年前，每桶优质商用白鱼普通价格为1几尼。其实，至今这还是可以看作商用白鱼的平均价格。总之，大渔船奖励金并没有起到平抑国内市场上白鱼价格的作用。

有人可能据此认为，从事捕鱼业者在获得了奖励金后，假如还是以先前价格出售白鱼或者高一些的价格来出售白鱼，他们当然可以获得丰厚的利润。就一些人而言，情况可能是这样。但总体来说，我有理由相信，情况绝不是这样的。这种奖励金，通常奖励的是那些轻率的冒险经营的企业家，但政府所发放的丰厚的奖励金，总是弥补不了他们因为怠惰无脑而引发的损失。1750年，乔治二世第二十三年第二十四号法令规定：每捕捞1吨白鱼，将给予30先令的奖励金。之后又设立了一个合股公司，资本50镑，规定纳资人（除其他各种奖励，如上述的吨数奖励金、每桶2先令6便士的输出奖励金，以及盐税一律免纳）需在14年之内，每纳资100

镑，每年收取3镑。除此之外，又规定在国内各海港设立的资本总额不少于1万镑的渔业公司为合法。这些较小的渔业公司虽自负盈亏，但在年金以及各种奖励金方面，他们均可享受与大公司同等的待遇。很快，大公司的资本就满额了，国内各海港也同时设立了好几家渔业公司。可是，这些或大或小的公司虽有各种各样的奖励，却陆续失去了全部或大部分资本。

现今，这种公司已踪迹全无，白鱼渔业几乎全由私人投机家经营。

对于英国制造的帆布及火药的输出奖励金，可以据此来辩护：假如某一种制造业是国防所必需的，那么就不能通过邻国来供给；假如这种制造业必得通过奖励才能在国内维持，那么针对其他一切产业部门课税也是必需的。

通向黄金的港口

19世纪50年代后，大部分西方国家相继实行金本位制。私人持有黄金的，可以向银行申请，按国家规定的货币含金量铸造金币，金币持有者也可以将金币改铸为金块，银行券可以自由兑换金币或黄金。图中港口里停泊的正是那些为追逐黄金而来的船只。

为支持个别制造业者的产业，而对人民大众的产业课税于理不合。但是，在大家都十分富裕且对其财富不知如何正确使用的情况下，政府颁发这样的奖励金也不足为怪。然而，在整个国家经济都十分困难的时期，政府还继续此类浪费就很难说得过去了。

奖励金，有时就是退税，但不能把它与真正的奖励金相混淆。比如，输出精砂糖的奖励金，就是退还赤砂糖、黑砂糖所课的赋税；输出精丝制品的奖励金，就是退还生丝、捻丝的输入税；输出火药的奖励金，就是退还硫黄硝石的输入税。根据关税规定，退税是指那些在向国外输出时，其形态和输入时相同的货物所得津贴。反之，如果货物在输入以后，其形态被某种制造业所改变，名称也随之改变，归于新的项目，那么对其所发放的津贴可以称为奖励金。有专长的技术人员与制造业者所获得的奖金，也不能全部称为奖励金。对一些特殊的技巧与技能加以奖励，虽能提高各行业中现有工人的竞争力，但是不能让一国的资本违反正常的自然趋势以过大的比例转向其他行业。这种奖金，能够使各行业的制品臻于完善，而不破坏各行业间的均衡。此外，奖金花费很小，而奖励金花费却十分庞大。仅就谷物奖励金而言，每年的花费就达30万镑以上。如同退税有时被称为奖励金，有时奖励金也被称为补贴金，但这只是名称上的变化。

论奖励金制度下的谷物贸易和谷物条例

对于规定谷物输出奖励金的法律，以及与之相关的一系列规则，人们大多赞赏有加。这种赞赏的态度正确吗？当然不正确。下面我们通过研究谷物贸易的性质，以及研究与谷物贸易有关的英国主要法律，来看一下奖励金制度的真实状况。

按照性质以及分工的不同，谷物商人的贸易可分为：第一，内地贸易；第二，国内消费品输入贸易；第三，供国外消费的国内生产物输出贸易；第四，运输贸易，即输入谷物以待输出。

下面，我将逐一分析这四种不同的谷物商人的贸易：

第一，就内地商人来说，从表面看来，无论其利益怎样不同于人民大众的利益，但实际上，他们的利益都是根据谷物真实的歉收情况，将谷物价格控制在一定限度，即使在大荒年也不例外。如果超出了这一固定限度，他们的利益就会受损。如果提高谷物的价格就会阻碍消费，使

斯陶尔山谷和泰德汉村

18世纪晚期，英国哲学家洛克关于知识源于感觉的学说开阔了人们的视野，激发了回归自然、享受自然风光的愿望。达官贵人纷纷修建带有田园风光的园林以备自己休闲享乐。这股浪潮使英国人很早就开始重视自然的和谐，即使是在工业革命时期也没有对田园进行大肆破坏。图为当时英格兰东部萨福克郡的斯陶尔山谷和泰德汉村，优美的景色是人们逃避工业社会种种负面效应的温馨家园。

所有人，尤其是下等阶层的人们节省食粮、减少消费。如果将谷物的价格提得太高，那么消费将会受到很大阻碍，致使一季的供给远远超过一季的消费。即使下次收获物已经上市，上次收获物仍有大量剩余。谷物不但会因自然原因损失很大部分，而且剩余部分也将被迫廉价出售。然而，如果谷物的价格提得不够高，那么就会助长消费，结果则是一季的供给很可能不够一季的消费，由此一部分本应获得的利润也必将失去，人民也将面临饥饿的威胁。

为了民众利益，当尽可能与一季的供给保持相应比例，商人的利益也是如此。商人尽自己的判断力所及，按比例供给人民谷物，他售卖谷物的价格就可能最高，当然获利也可能最大。谷物的收获情况怎样，谷物每日、每星期和每月的销售如何，他都了如指掌，这使他能够在一定程度上判定人民实际上所需的谷物。如果商人出于一己私利考虑，丝毫不顾及大众利益，有时把谷物价格提高到超过谷物在荒歉季节所应有的限度，就会加重人民的困难。而谷物商人也将深受其害：一方面，他将招致大众的厌恶；另一方面，他手上剩余的谷物，会因为下一个丰收季节的来临，而不得不低价出售，从而让他获利甚微甚至亏损。

假如商人们垄断了一个国家全部的谷物，那么他们将会为了自己的利益，毁坏和扔掉大部分谷物，荷兰人处置马鲁古群岛的香料便是如此。然而，即使通过法律，也很难大范围垄断谷物，在法律准许贸易的自由之地，谷物则最难被少数大资本势力所垄断。即使他们有少数购买的能力，但是又会因为其生产方法，全然不能实现此种购买。谷物在一切文明国家中，均是年消费额最大的商品，每年用以生产谷物的劳动远远大于每年用以生产其他物品的劳动。从土地上第一次收获谷物以来，谷物必然在更多的所有者中间分配。这种所有者，不像诸多独立制造者聚居在一处，而是散居在国内各处。最初的谷物所有者，将谷物直接供给邻近地域的消费者以及其他内地的谷物商人。包括农场主和面包师在内的内地谷物商人，其人数远远多于经营其他商品的商人，且他们分散在全国各处，使得他们不会结成任何团体。由此，在谷物歉收的年份，假如其中有一个商人发现他的谷物不能按时价在季节末售完，那么他将廉价抛售自己的谷物，以期在新收获到来之前售完自己的谷物，绝不会按时价售卖，致使竞争者获利而自己受损。这种动机和利害关系，支配着所有的商人，逼迫他们根据自己的判断，按照谷物对季节丰歉最为适宜的价格，售出各自的谷物。

根据18世纪及之前的两个世纪欧洲各地关于粮食不足与饥荒状况的记载，我们可以看出：粮食不足的情况，并不是因内地谷物商人的联合所致，而是由于谷物的年成不好，或是由于战争的耗费；而饥荒，则是政府以粗暴手段来克服粮食不足所带来的困难所致。

在有着自由通商和自由交通的广大产麦国内，即使出现真正的粮食不足，也不会引发饥荒。如果人们能够省吃俭用，那么即使遇到谷物歉收的年份，养活一样多的人口一年也不成问题。通常来说，干旱和多雨是造成谷物收获不好的最大因素。但由于麦子可种植于高地，也可种植于低地，而高地干旱，低地潮湿，因此，多雨虽然不利于低地，却有利于高地；干旱虽然不利于高地，却有利于低地。这样，虽然干旱或多雨之时的收获，都不及风调雨顺的季节，但无论是干旱还是多雨，国内谷物在某处的损失，均可在一定程度上，由另一处的收获来加以补偿。产米国的稻谷，不仅需要润湿的土壤，而且在生长期内，还需浸在水里长一段时间。所以，产米国最怕干旱；然而，即使这样，干旱也不至于引发产米国的饥荒。只要政府允许自由贸易，饥荒就可避免。几年前，孟加拉干旱，之所以因粮食不足引发饥荒，就是因为东印度公司人员以不适当的条例限制米的贸易。

假如政府为了救济粮食不足所导致的饥荒，命令所有商人以他们认定的价格出售他们手中的谷物，那么结果必然有二：其一是商人不向市场提供谷物，以致在季节之初即爆发饥荒；其二是商人向市场提供谷物，鼓励人们寅吃卯粮，以致到了季节的末期，谷物因过度消费而出现匮乏，爆发饥荒。因此，减轻和防止因粮食不足所导致的饥荒，谷物贸易自由是最好的方法。真正粮食不足的痛苦，是不能除去而只能减轻的。谷物贸易，最该由法律予以充分的保护，也最需要法律的保护，因为没有任何一种商业，比谷物贸易更易于引起人们反感的了。

在谷物收成不好的年份，人们多将粮食不足所导致的困苦归结于谷物商人的贪婪，以致谷物商人成为众矢之的。但是人们不知道，如果出现这种状况，谷物商人不但无法获利，而且常有因仓库被民众暴力劫

马六甲

马六甲是马来西亚历史最悠久的古城,马六甲州的首府;它位于马六甲海峡北岸,马六甲河穿城而过。马六甲海峡是印度洋与太平洋之间的重要水道,主要深水航道偏于海峡东侧,可航行吃水深度达20米的巨轮。两岸地势低平,有很多红树林海滩,东西海岸线每年可伸展60~500米。西岸多为大片沼泽与广大的泥质岛屿,大船不易靠岸;东岸有零散的岬角或岩岛,便于船只停泊。通航历史达两千多年,是环球航线上的一个重要环节。

掠毁坏而彻底破产的危险。然而,谷物商人获取暴利也是在谷物收成不好的年份。谷物商人通常会与一些农场主订立契约,约定在一定年限内,农场主按一定价格提供一定量的谷物,价格则是按照平均价格拟定的。如果在上次谷物歉收年份以前,小麦的平均价格为每夸特28先令,那么,其他各种谷物每夸特的契约价格也将依循这个标准。因此,谷物商人在谷物歉收的年份,以平均价格购买谷物,并以远远高于平均价格的定价出手,这是一种暴利。但是,这种暴利仅够使他的行业与其他行业维持平等地位,补偿他在其他场合,因这种商品的易腐性或其价格意外变动的频繁性而造成的损失。这样的事实,只要看看谷物生意没有别的生意那么好发财,就明白了。谷物商人只能在谷物歉收的年份获取暴利,但却也因此成为众矢之的,这使得稍有道德品质及财产的人,大多

不愿经营这一行业。于是，只有听任一群下流商人经营这一行业了。

对此，以前欧洲各国非但没有采取措施去消除人们对谷物贸易的反感，似乎还将这种反感视为正当，并予以鼓励。爱德华六世第五年及第六年第十四号法令规定：凡购买谷物再拿出来售卖的人，初犯判罚两个月监禁，处以等于谷物价值的罚款；再犯判罚6个月监禁，处以等于谷物价值两倍的罚款；三犯判罚枷、手枷刑和监禁，监禁期限长短由国王决定，并没收其全部财产。欧洲其他国家的政策和英国的政策简直如出一辙。

19世纪的尼罗河

尼罗河是由卡盖拉河、白尼罗河、青尼罗河三条河流汇流而成。尼罗河下游谷地三角洲是人类文明的最早发源地之一，古埃及就诞生在此。至今，埃及仍有96%的人口和绝大部分农业生产集中在这里。几千年来，尼罗河每年6—10月定期泛滥，8月份河水上涨最高时，会淹没河两岸的大片田野，之后人们纷纷迁往高处暂住。10月以后，洪水消退，会给三角洲留下丰沛的土壤。在这些肥沃的土壤上，人们栽培了棉花、小麦等农作物，在干旱的沙漠地区上形成一条"绿色走廊"。

我们一直认为，向农民购买谷物远比向谷物商人购买便宜。因为谷物商人除了要付给农民一定代价外，还得从中牟利。因此，我们希望谷物商人不存在，并尽可能地防止生产者与消费者间的一切中间人。对谷物商或谷物运送者经营的行业所加的诸多限制，即是着眼于此。人民如果没有经营该种行业的特许状为其诚实公正作保，就不许经营这种行业。按照爱德华六世的法令，如果想取得经营该种行业的特许证件，必须经过三个治安推事的认可才可以。然而，这样的限制仍被视为不够严格，因为依照伊丽莎白一世的一个法令，只有一年开庭四次的法庭，才有权颁发经营该种行业的特许证件。

先前，欧洲各国试图以这种方式来管理农业。当然，管理的原则全然不同于制造业的管理原则。根据这种管理原则，农民除了消费者或谷商及谷物运送者外，不能再有其他任何顾客。这就使得农民不但要行使农民的职务，还得行使谷物批发商和零售商的职务。相反，制造业管理原则规定，禁止制造业者兼营开店生意，不许他们零售他们自己生产的商品。前者的本意，是使谷物趋于低廉，以维护国家的一般利益，然而人们却不知怎样操作；后者的本意，是促进开店人的利益。人们认为，开店人的商品之所以贱卖，是受了制造业者的连累，若允许制造业者零售，开店人将会破产。

制造业者后来虽然被允许开店零售其货物，但是他们的售价不会低于一般店铺老板的售价。不管他投在店铺上的资本是多是少，也必定是从制造业中抽取出来的。如同他那一部分资本必须取得制造业者的利润一样，他这一部分资本也必须取得开店人的利润。只有这样，他才能够站在与他人同等的地位上经营他的业务。比如在其居住地，制造业资本和小卖业资本的普通利润假如均为10%，那么在制造业者自行开店零售时，他须取得20%的利润。当他自工厂将货物运至店铺时，他对货物所估的价格必然是他给零售店老板的批发价格。假如他对货物所估的价格低于给零售店老板的批发价格，那么他的制造业资本的利润便会受损。当他在店铺内卖货时，假如货物的售价低于其他店铺的售价，那么他所获取的利润也会受损。表面上看起来，他好像取得了加倍的利润，但事实上取得的只是单一利润，因为这种货物曾先后充作两个不同资本的一部分。假如他所获得的利润比这少，那么他就是损失者，即他所投下的全部资本，没能获得与大部分邻人同等的利润。

然而，农场主却可以在一定程度上经营不许制造业者经营的事。他可以将一部分资本用于谷仓及干草场上以供应市场的不时之需，其余部分则用于耕作土地。但是，他在后者上面所得的利润，不能少于农业资本的普通利润。同样,他在前者上面所得的利润也不能少于商业资本的普通利润。不管是农场主还是谷物商人,他们实际用来经营谷物生意的资本都要有相同的利润。否则,他们的投资就不能得到补偿,他们的职业就不能与其他职业立于同等地位,他们也就不会继续经营这一行业。所以,兼营谷物商业的农场主的谷物售价,不能低于其他谷物商人在自由竞争时的售价。

对劳动者而言,将全部劳动付诸单一操作上面,可以让他们精通一种技巧并且以同样两只手完成比别人多得多的作业,这对

手工业者之间的争斗

在生产过程中,究竟是谁的劳动拥有市场控制权,曾引起了各个行业的手工业者的争斗。在中世纪后期,甚至上升到西欧城市之间的贸易权益争斗,这时候就出现了不少城市同盟法。城市同盟法主要是欧洲各商业城市为保证共同的贸易权益,协调和规范相互关系而采取的法律措施。这些法律措施构成城市同盟法,对参加同盟的城市均有约束力。图中,妇女们正在一个纺织车间工作。

他们是十分有利的。同样,对于商人而言,以全部资本投在单一行业,可以让他们学得一种简便的买卖货物的方法以同量的资本经营比别人多得多的业务,这对他们也十分有利。由此,劳动者一般能够廉价出售他们的产品,而商人也一般能够廉价出售他们的货物。大部分制造业者,大都不能像整批地购买货物,再零星地出售货物的小买卖商人那样,廉价出售自己的货物。大部分农场主,也大都不能像整批地购买货物储存于大谷仓内,再零星地出售的谷物商人那样,廉价出售自己的谷物。

综上所述,禁止制造者兼营小卖业,强迫农场主兼营谷物商业都是失策的。从社会的整体利益考虑,不应强制此类事情。以劳动或资本兼营无经营必要的行业的人,不会以低于邻人的价格出售自己的货物。法

各国商人在费城

费城是美国古都，也是第四大都市。在18世纪中叶，费城是起草与签署《独立宣言》的地方，也是第一次和第二次大陆会议的召开地。其实，18世纪的费城是比纽约更大更繁华的城市。

律应该让人民自由选择，让其自发地维护自己的利益，因为人民比立法者更能了解自己的利益。强迫农民兼营谷物商业的法律最为有害，而且土地的改良与耕作也会因此受阻。强迫农场主兼营二业，即是强迫他把资本分作两部分，用于耕作的仅仅是一部分资本。然而，如果他将收获的全部农作物自由地卖给谷物商人，那么他的全部资本就会马上回到土地。如此，他可以用这些资本购买更多耕牛和雇用更多佣工，从而就能更好地改良土地和耕作土地。可是，法律却强迫他零售自己的谷物，迫使他不得不把一大部分资本保留在谷仓及干草场中，不能够以全部资本用于耕作土地。这样，土地不会得到改良，谷物也绝不会廉价出售。相反，谷物生产会因此减少，谷物价格会因此上涨。

除去农场主的业务有利于谷物栽种事业之外，适当地保护及奖励谷物商人的业务，也有利于谷物栽种事业。这个道理，如同适当保护批发商人的业务，就能促进制造业者的业务一样。这是因为，批发商能为制造业者提供现成的市场。制造业者的货物，一经制成就被他们买去，而且有时，他们会给制造业者预付货款，使得制造业者能够把他的全部资本，甚至更大的资本用于制造业，从而使他所制成的货物比直接卖给消费者和零售商获利更多。此外，在一般情况下，批发商的资本能够补偿许多制造业者的资本。他们之间的这种往来，促使一个大资本所有者从自身的利害关系出发，愿意支持许多小资本所有者并帮助他们渡过难关。如果农场主和谷物商人之间的来往得以广泛建立，那么结果对农场主也必然有利。由此，农场主能够以其全部资本，甚至更多的资本用于耕作。农场主这种职业，最易遭受各种意外，然而一旦农场主和谷物商人之间的来往得以广泛建立，那么无论他们遭受何种意外，都会得到富裕的谷物商人的帮助。由此，他们将不再依赖地主的宽容和地主管家的慈悲，这对国内全部土地的改良产生的影响是难以估量的。

所以，爱德华六世的法令企图尽量减少生产者与消费者之间的中间商，以减少对最终消费者的盘剥，就是尽量取消有利的贸易。这种贸易，如果自由开展，不仅可减轻粮食不足的痛苦，而且也可预防饥荒。最有利于谷物生产的，除了农场主的工作，就数谷物商的工作了。

幸而之后的几个法规，使爱德华六世的严峻法令和缓了许多。这些法规，先后允许在小麦价格不超过1夸特20先令、24先令、32先令或40先令时，谷物商可囤购谷物。接着，查理二世第十五年第七号法令规定：小麦价格如果不超过48先令1夸特时，只要不是垄断者，即不囤积谷物或购买谷物后于3个月内在同一市场出售，都被认为合法。乔治三世第十二年的法令，则几乎废止了其他一切取缔囤积及垄断的古代法令；不过，查理二世第十五年法令所设的限制，未曾废止，因此继续生效。

查理二世第十五年的法令，在一定程度上认可了两个极不合理的世俗偏见：

（1）小麦价格涨至1夸特48先令，其他各种谷物也相应上涨，则囤积谷物可能对人民不利。然而由上可见，无论谷物的价格怎样变化，内地谷物商的囤积都不会于人民不利。1夸特48先令的价格，虽然看起来有些高，但是在谷物歉收的年份，这却是在刚刚收获以后常有的价格。那时，新收获物还没有出售，必然不会被囤积以妨害人民。

（2）在一定价格下，谷物最易为人所囤积，当其在同一市场出售时便会对人民不利。然而，假若商人在某一市场上大量收购谷物以便之后在这里再出售，那是因为他断定，这里的粮食供给不足，谷物会很快涨价。假如他的判断失误，那么他将失去他投在这上面的全部资本和利润，而且储藏谷物需要一定的费用，他势必也会遭受损失。所以，他投在储藏谷物上面的资本也将受损。由此，他所受的损失，将远远超过个别民众所受的损失。当然，个别民众会因为他对谷物的囤积在某一阶段可能得不到谷物供给。然而，之后他们将会得到足够的谷物供给，谷物价格也将会比较低廉。相反，假如商人的判断正确，那么他将造福于人民，使人民尽早感受到粮食不足的困扰，不致后来突然地、猛烈地感到粮食不足的痛苦。假如眼下谷物价格低廉，人们又不顾季节的实际情况而大量消费，之后定然会饱尝粮食不足的痛苦。假如目前粮食真的不足，那么出于为广大人民考虑，最好把这种粮食不足的痛苦，尽可能平均分配到一年的每月、每周、每天里去。谷物商与此存在的利害关系，会使他尽可能准确地来处理这件事，而其他人与此不存在利害关系，也没有这方面的知识，更没有相应的能力来准确处理这件事。因此，至少在国内市场的供给上，政府应鼓励谷物自由贸易。

人们对囤积与垄断的恐惧，如同对妖术的恐惧。但是，因妖术而被问罪的人是无罪的；同样，因囤积垄断而被问罪的人也是无罪的。法律取缔告发妖术，使人们不能因为自己的恐惧，而以想象的罪名控告他们的邻人，从而有效地消灭了人们对妖术的恐惧。同样，人们对囤积与垄断的恐惧，也可以通过恢复内地谷物贸易完全自由的法律予以消除。

查理二世第十五年第七号法令，虽然存在一些不足，但对于充实国内市场供应以及增进耕作却有着重要作用。相对于输入贸易和输出贸易，内地贸易可以更为有效地促进国内市场的供给及耕作。根据那位谷物贸易论文作者的计算，英国每年平均输入的各种谷物量与每年平均消费的各种谷物量的比例为1∶570。据此计算，在国内市场供给方面，内地贸易的重要性必570倍于输入贸易。又根据计算，英国每年平均输出的各种谷物量占年产额的1/30。由此，在给本国产物提供市场以奖励耕作方面，内地贸易必30倍于输出贸易。我引述这些，意为谷物的国内贸易十分重要！在奖励金设立前几年，谷物价格的低廉一定程度上应归功于查理二世的那项法令。

至于其他三种谷物贸易部门，我只需少许论述就足以阐明其状况。

第二，至于输入外国谷物供国内消费的贸易，有助于国内市场的直接供给，对人民也有利。当然，谷物的平均货币价格会因此降低，然而谷物的真实价值将保持不变，即谷物所能维持的劳动量将保持不变。假如谷物能够自由地输入，那么农场主每年出售谷物所得的货币将大为减少；然而他们的货币将会升值，因此可以买进更多物品，雇用更多劳动力。虽然他们的真实财富与真实收入在表面上表现为较少的银量，但是不会低于现在的收入。他们所能耕种的谷物，也不会少于现在所得的收入。反之，白银的真实价值因为谷物货币价格的下跌而升高，并将一切其他商品的货币价格降低，从而使国内产业在海外市场上获利，进而可以推动其国内产业的发展。然而，国内谷物市场价格的范围必然与产谷国的一般产业保持一定比例。在所有国家，国内市场均是谷物销售最近和最方便的市场，也是最大和最重要的市场。谷物平均货币价格的下跌导致的银价升值，有助于扩大这个市场，也将促进谷物生产。

查理二世第二十二年颁布的十三号法令规定：在国内市场上，小麦价格如果在1夸特53先令4便士以下，每输入1夸特小麦须纳税16先令。小麦价格如果在1夸特4镑以下时，每输入1夸特小麦须纳税8先令。据我所知，前一价格只在一个世纪以前小麦非常匮乏时发生过；而后一价格则从未发生过。然而，根据这项法令，小麦却要在未涨至后一价格前，便缴纳这样的重税，而小麦在未涨至前一价格以前所纳的税，相当于禁止其输入。至于限制其他各种谷物输入的税率与关税相对于其价值也是十分苛重的。之后，这种税又进一步加重。由此，人民在谷物歉收的年份

手工业的发展

11—15世纪，西欧各地的手工业有了很大的发展，手工业技术不断提高。法国的马赛、波尔多、里昂等城市已有相当发达的手工业，如棉织业、制革业、毛麻纺织业等；英国的手工业以毛纺织业为主；德国、意大利的手工业生产也都较发达，并出现了资本主义萌芽。图为中世纪时期的木匠。

所受的困苦很大。然而，在谷物歉收的年份，这种法律会因暂时条例停止施行，这些暂时条例允许外国谷物将在一定的限期内输入，而且需要行使暂时条例，充分说明十三号法令的不恰当。

虽然在奖励金条例设置之前，就设立了这种输入的限制，但是制定这种输入的限制时所依据的精神与原则，却与后来制定奖励金条例的精神与原则全然一致。而这种输入的限制，在奖励金条例设置以后就成为必需。如果国外谷物，在1夸特小麦价格不到48先令时能够自由输入，或者其输入时只缴纳少量的税，那么就可能有人为获得奖励金将谷物输出，这只会使国家收入受损，而且也搞乱了以推广本国产物市场，而不是以推广国外产物市场为目的的制度。

第三，虽然输出谷物供外国消费的贸易，对国内市场的充足供给没有直接作用，但有间接作用。国内市场的供给，只有在国内通常所生产的谷物或通常所输入的谷物多于通常所消费的谷物时，才会充足。但在一般情况下，假如不能将剩余谷物输出，那么生产者将会只按照国内市场需求生产，而无意多生产；输入者也会只按照国内市场消费需要输入，也无意多输入。这样，供给这种商品的商人，无不担心自己的货卖不脱，以致市场上存货不足。输出的禁止，限制了国内土地的改良与耕作，使谷物的供给不得超出本国居民的需要；输出的自由，却推广了国内土地的耕作，使谷物的供给得以惠及外国居民。

查理二世第十二年颁布的第四号法令规定：在1夸特小麦价格不超过40先令，同时其他各种谷物的价格也与此价格成比例时，谷物将自由输出。查理二世第十五年又规定：在小麦价格不超过每夸特48先令时，谷物将自由输出。查理二世第二十二年又进一步规定：无论小麦的价格如何，谷物都可自由输出。当然，这得向国王缴纳港税，但港税额很少，1夸特小麦仅需缴纳1先令，1夸特燕麦仅需缴纳4便士，其他各种谷物仅需缴纳6便士。设置奖励金的第一年，奖励法令公布以后，在1夸特小麦不超过48先令时，实际已不再征收这种小额税。威廉三世第十二年第二十号法令则彻底取消了这种小额税。

由此，输出商的贸易不仅受到奖励金的鼓励，而且拥有比内地商人的贸易更大的自由度。根据最后一个法令，谷物均可囤积以待输出，但前提是1夸特谷物的价格，必须不超过48先令。我们上面曾提到，内地商人的利害关系和广大人民的利害关系是一致的，但输出商的利害关系却可能和广大人民的利害关系相反。比如，在本国粮食不足时，邻国也面临这种状况，那么输出商人则可能把大量谷物输往邻国，进一步加重本国粮食的匮乏。这种法令的直接目的是，尽可能地提高谷物的货币价格，使国内市场上的粮食更匮乏，而非充实国内市场的供给。阻止谷物输入，即使在国内市场谷物大大不足时也是这样，结果必然是国内市场只能依靠本国生产。在谷物价格已高至1夸特48先令时，还鼓励输出，甚至在国内市场谷物大大不足的时期也是这样，结果必然导致国内市场享受不到本国生产物的全部。由此，英国不得不实施在有限期间内禁止谷物输出，并在有限期间内免除谷物输入税的暂行法律，这充分说明英国的一般法律的不适当。

如果所有的国家都采用自由的输出和输入制度，那么各国就会如同一个国家的各省。一般而言，大国内各省之间的自由贸易，可以缓和粮食的匮乏从而防止饥荒。

画作《收获者的午餐》

18世纪，法国的传统农业经济发展已经走到尽头，经济形势十分险恶。贵族和僧侣大肆兼并土地，导致土地高度集中，全国土地的2/3被总人口不过34万的特权阶层占有，而2300万农民却只分摊剩下的1/3。日渐沉重的苛捐杂税使农民苦不堪言，以致农村一片凋零，不少农民弃家外逃。到1777年，法国竟有10万多名乞丐。图为法国画家米勒的代表作《收获者的午餐》。

同理，各国间的自由贸易，也可以缓和粮食的匮乏从而防止饥荒。国家范围越大，水陆交通越便利，遭受粮食匮乏和饥荒的可能性便越小。一国的匮乏，很容易由另一国的丰足施以救济。然而，却鲜有完全采取这种自由制度的国家！几乎所有地方，都限制谷物贸易的自由。许多国家因为采取了限制谷物贸易的不合理法律，结果常常加重粮食的匮乏，并进而引发饥荒。即便这些国家迫切需要谷物，邻国也难以向它们供应，因为邻国也担心自己会陷于同样可怕的灾难。如果一个国家采用了这种不良政策，往往会使其他国家认为，沿袭历史上的好政策不一定稳妥，至少是不慎重的。然而对大国而言，无限制自由输出的危险不是很大，因为大国的生产量大，不管其谷物的输出量如何，国内供给受到的影响都不会很大。也许，在瑞士的一个州或者意大利的一个小自由邦里，限制谷物的自由输出是必要的。但是，在英国和法国这样的大国，限制谷物的自由输出就没有必要了。而且，为攫取暴利或出于国家的某种需要，禁止农场主把货物运到最好的市场，这显然背离了正义的一般法则。这种禁令，除非万不得已，否则是最不该有的。假若真的要禁止谷物的输出，那么只有在谷物（因供给不足）价格暴涨的时候才应该禁止。

关于谷物的法律，无论何地，都与关于宗教的法律相近似。对如何维持现世的生活，以及如何达到来世的幸福，人民是那么关心。因此，政府有责任听从人民的意见，建立人民所赞成的制度以确保公共秩序的安宁。但是，面对人民对现世和来世的关切，我们很少看见哪个政府因此建立起了一种合理的制度。

第四，输入外国谷物以备再输出的运送商的贸易，对国内市场的供给也是有利的。这种贸易的直接目的，虽然不是在国内出售谷物，但是运送商却常常愿意这样做，即使获利不多，他也愿意。因为这样做，他可以免去上货及下货、运送及保险等费用。因主营运送贸易而成为他国仓库堆栈的国家，其居民很少有匮乏感。运送贸易虽可平抑国内市场上谷物的均价，但不会因此动摇其真实价值，只是银的真实价值，会稍有提高。在英国，一般情况下是禁止运送贸易的；因为外国谷物输入时须纳重税，而其中大部分又不能退还。当国内粮食供给不足时，我们通过暂行法律停止征收这些税，此时，输出谷物又多被禁止。所以，实施这一类法律，结果常常是不分场合地禁止谷物的所有运送贸易。

因此，建立奖励金制度的这一类法律，毫无可取之处。英国的改良与繁荣，并不是这类法律的结果。英国法律保证，所有人都享有自己的劳动果实。只要有这种保证，就能使英国繁荣，尽管存在上述种种不合理的商业禁令。每个人为改善自己的境遇而激发出来的力量，是十分强大的，足以使国家走向繁荣富强，甚至克服诸多阻挠这种努力的自由、弱化这种努力的安全的愚蠢法律的侵害。相对于欧洲各国，英国的产业是安全而自由的，虽然还说不上完全的自由。英国最繁荣、最进步的时期，是在那些和奖励金有关的法律实施以后出现的，但我们绝不能因此随便说是这些法律造就了英国的繁荣与进步。

与奖励金有关的这一类法律，和西班牙与葡萄牙的政策，都倾向于降低贵金属的价值。然而，西班牙、葡萄牙与英国不同，西班牙与葡萄牙也许是欧洲最贫穷的国家，而英国无疑是欧洲最富裕的国家。这是因为：其一，西班牙对金银输出收取重税，葡萄牙则禁止金银输出。而由此导致的国内金银贬值的幅度，远大于英国实施谷物条例所导致的金银贬值的幅度。其二，西班牙和葡萄牙没有一般的人民自由与安全来抵消不良政策的影响。在西班牙和葡萄牙，产业既不自由，也不安全，民政制度也不完善，即使其通商条例是好的，也无济于事。

关于谷物条例，乔治三世第十三年第四十三号法令规定：中等小麦价格涨至1夸特48先令，中等黑麦、豌豆或蚕豆的价格涨至1夸特32先令，大麦的价格涨至1夸特24先令，燕麦的价格涨至1夸特16先令时，凡供国内消费的输入均可免以小额税来代替高关税。对小麦1夸特课税6便士，其他各种谷物以此为准。由此，就各种谷物尤其是小麦而言，外国供应品能以比从前低得多的价格供给国内市场。之后，法令又规定：小麦价格涨至1夸特40先令时，小麦输出的全部奖励金（5先令）将停止发给；大麦价格涨至1夸特22先令时，大麦输出的全部奖励金（2先令6便士）将停止发给；燕麦粉价格涨至1夸特14先令时，燕麦粉输出的全部奖励金（2先令6便士）将停止发给；黑麦的奖励金减至3先令，其价格涨至1夸特28先令时奖励金将停止发给。之后的法令还规定：在谷物价格最低的情况下，如果把输入的谷物堆在货栈，那么要用两把锁（一把属于国王，一把属于输入商人）锁住，就准许为再输出而免去输入谷物的税。不过，上述规定只在英国25个主要的海港内行使。

附表

以下两个报表可以解释本章关于白鱼渔业奖励金所说。

表4.2.1记载了苏格兰十一年间的大渔船数、运出的空桶数、所捕获的白鱼桶数、每桶海条及每桶满装时平均所得的奖励金。

表4.2.1　1771—1781年间苏格兰渔业的相关数据表

年　份	大渔船数	运出的空桶数	所捕得的白鱼桶数	对各大渔船所付出的奖励金		
				镑	先令	便士
1771年	29	5948	2832	2085	0	0
1772年	168	41316	22237	11055	7	6
1773年	190	42333	42055	12510	8	6
1774年	248	59303	56365	16952	2	6
1775年	275	69144	52879	19315	15	0
1776年	294	76329	51863	21290	7	6
1777年	240	62679	43313	17592	2	6
1778年	220	56390	40958	16316	2	6
1779年	206	55194	29367	15287	0	0
1780年	181	48315	19885	13445	12	6
1781年	135	33992	16593	9613	12	6
总计	2186	550943	378347	155463	11	0

表4.2.2记载1771年4月5日—1782年4月5日输入苏格兰的外国盐量，制盐厂无税交给渔业的苏格兰盐量以及两者的年平均数。

表4.2.2　1771年4月5日—1782年4月5日输入苏格兰的外国盐量表

期　间	输入的外国盐（蒲式耳）	制盐厂交给渔业的苏格兰盐（蒲式耳）
1771年4月5日—1782年4月5日	936974	1168226
每年平均	85179	15293

以上规定，显然比旧法令要好。但法令又规定：燕麦价格不超过1夸特14先令时，每输出1夸特燕麦可得2先令奖励金。之前，不曾发放此种谷物的奖励金。还规定：小麦价格涨至1夸特44先令时禁止小麦输

宪章运动

1830年，英国辉格党（代表中产阶级，关心商业利益，后发展成自由党）和托利党（代表贵族和土地所有者，后发展成保守党）在一个关于代表问题的改革法案上争执不休，因为自17世纪以来下议院就没有重新划分选区。自工业革命后，尽管城市人口急剧增长，人数少甚至根本没人的乡村地区仍然在往下议院派出他们的代表。这些选区选民极少，通常由地主或者国王控制，已失去原有的政治作用。由于改革法案没有让工人受益，他们组织了一场代表工人阶级和中产阶级的改革运动。

出；黑麦价格涨至1夸特28先令时禁止黑麦输出；大麦价格涨至1夸特22先令时禁止大麦输出；燕麦价格涨至1夸特14先令时禁止燕麦输出。这些价格都太低，且以强迫输出为目的而发给的奖励金而言，在其停发的那个价格上完全禁止输出并不是一个好的举措。停止发给奖励金的价格要低一些才合理，否则，就应在高价格上面允许谷物输出。

以上规定，显然又不如旧法令；不过就当时的利害关系、偏见和倾向而言，这已是最好的规定。

第三章　论通商条约及其对铸币业的影响

随着商业贸易的扩大，各国为保护本国商人的利益而制定了互信互守的通商规则，即"通商条约"。富国主导的通商条约，其实是对穷国进行掠夺的一种手段。尤其是在重商主义盛行的时期，确保国家对金银的积累成为制定通商条约的前提。就商业贸易国之间的贸易额而言，都希望货币差额对自己有利，于是设法取得本国商品在销售国的独占权，从而增强其竞争力、增加贸易出超额。

重商主义鼓励通过贸易顺差积累金银货币。但是，如果长期保持贸易顺差，流入国内的货币量就会急剧上升。在商品量没有增加的情况下，物价上涨、本国商品的竞争力降低、出口减少、进口增加、贸易顺差减小甚至转为逆差，势所必然，其结果就是只得输出金银偿付差额。因此，在金银可以自由流通而国内物价弹性又充分的情况下，通过贸易顺差而积累金银的做法并不可取。

论财富的自然增长

如果一国受通商条约的约束，只许输入某国的特定商品，而禁止输入别国的同一商品（对其他国家的这种商品征收高额关税），那么该商品输出国的商人和制造业者，必将大大受益。这些商人和制造业者，在这个大度对待他们的国家里，就享有一种独占权。于是，这个国家就成了他们商品的一个更广阔、更有利的市场。更广阔是指其他各国的货物一旦输入这个国家就会被课以高额的关税。更有利是指受惠国的商人在那里享有一种独占权，能以比自由竞争更有赚头的价格售出他们的货物。

这种通商条约，虽然有利于受惠国的商人和制造业者，却不利于施惠国的商人和制造业者。因为，这样一来，等于把一种有害于自己的独占权给予某一外国，使自己不得不以比自由竞争时更高的价格来购买所需的外国商品。同时，施惠国用以购买外国商品的那一部分本国产物，就必须以更低廉的价格出售；因为当两个物品互相交换时，一个物品昂贵，必然使另一个物品低廉。由此，它的年产物的交换价值就会减少，只不过这种减少，是本来可得到的利益的减少，而非绝对价值的损失。虽然它出售货物的价格，低于无通商条约时的价格，但是售价总是要在成本以上的，否则这种贸易就难以为继。所以，就施惠国而言，这种贸易也是获利的，只不过获利程度不如自由竞争时大。

有些通商条约，根据与此很不相同的原理制订，却被认为是有利的。有时，商业国希望在两国间的全部贸易上，每年本国货物的输出都大于输入，使金银的差额每年都对自己有利，于是就给某一外国某种商品以有害于本国的独占权。1703年《英葡通商条约》便是这样，以下便是这条约的内容：

（1）葡萄牙国王陛下，以他自己及其承继人的名义约定在受法律禁止以前，永远准许英国呢绒及其他毛制品自由输入葡萄牙，但英国必须遵循以下条件。

（2）英国国王陛下以他自己及其承继人的名义，以后必须永远准许葡萄牙产的葡萄酒输入英国，无论何时，无论英法两国是和是战，无论输入葡萄酒时所用的桶是105加仑（1加仑在英国约合4.546升）桶、52.5加仑桶或其他，都不得以任何名义直接或间接要求此种葡萄酒比同等法国葡萄酒缴纳更多的关税；而这种关税，与同等法国葡萄酒相比还须少纳1/3。如果将来任何时候，上述关税的减除以任何形式被侵害，则葡萄牙国王陛下禁止输入英国呢绒及其他毛制品将正当而合法。

（3）两国全权大使相约负责取得各自国王的批准，并约定在两个月内交换批准文件。

从这一条约我们可以看出，葡萄牙国王有义务准许英国毛织物输入，不得提高税额；但他没有义务，要以比任何其他国家如法国、荷兰毛织物输入条件更好的条件准许输入英国毛织物。而英国国王却有义务，要以比法国葡萄酒输入条件更好的条件准许输入葡萄牙的葡萄酒，即比法国葡萄酒少纳1/3的关税。就此而言，这显然有利于葡萄牙而不利于英国。

然而，这个条约的签订，却被称为英国商业政策上的一项杰作。葡萄牙每年从巴西所获得的黄金多过以铸币及器皿形式用于国内贸易的数量，如果不使用剩余的黄金又是一种浪费，但在葡萄牙国内又没有合适的市场。所以，尽管葡萄牙政府禁止黄金输出，但人们还是偷偷将黄金运出以交换在国内市场上更有利的产品。其中，大部分黄金输往英国以交换英国货物或间接从英国交换其他欧洲各国的货物。据巴勒特所言，从里斯本到英国的周期邮船，每周都带来约5万磅以上的黄金。如果确是如此，那么一年流入英国的黄金总量，当在260万磅以上，比巴西每年所能提供的数额还要大。

几年前，由于葡萄牙国王失去了对英国商人的好感，一些非经条约规定而由葡萄牙国王特赐的权利被侵犯或被撤回。所以一些人认为，这种贸易并不像通常所认为的那样对英国有利。他们说，每年输入英国的黄金并非有利于英国，因为每年从葡萄牙输入英国的水果与葡萄酒，几乎抵消了输往葡萄牙的英国货物的价值。

即便事实的确如此，我们依然不能说，这种贸易比输出品价值等于输入品价值的其他贸易更为有利。或者可以这样认为，这些输入的黄金，只有一小部分是每年用来增加国内器皿或铸币，其余的则输往国外以交换某些消费品。但是，这种消费品，如果是直接由英国生产物购买，那么就一定比先以英国生产物购买葡萄牙黄金，再以黄金购买可消费物品划算。直接的消费品国外贸易总比迂回的消费品国外贸易有利，且从国外运送一定价值的外国货物到本国市场，前者所需资本要比后者所需资本少得多。假如我们国内产业，只是以很少一部分生产适合葡萄牙市场需要的货物，以较大部分生产适合其他市场需要的货物，那么对英国民众获得所需要的可消费品就更有利了。如此一来，英国就可以花较少的资本获得自身需用的黄金及消费物品，而将节省下来的资本用于推动更多产业和生产更多的物品。

与其他商品无异，任何人都可以购买到其所需要的黄金数量。即使英国完全不与葡萄牙通商，英国依然可以获得在器皿、铸币或国外贸易上所需要的黄金。而且，葡萄牙每年依然要输出剩余黄金，虽然它们不会由英国买去，但是必然由其他国家买去，而这一国家又以相当的价格再卖出这部分黄金。当然，无论是直接购买葡萄牙黄金，还是间接购买其他各国（除了西班牙）黄金，出价可能略高但差额微乎其微。

应当指出的是，我们从某一国输入的黄金越多（我们的黄金大都来自葡萄牙），则从其他各国输入的黄金就会越少。如同对其他各种商品的有效需求一样，任何一个国家对黄金的有效需求也是有限的。如果我们从某一国输入这有限量的9/10的黄金，那么从其他各国输入的黄金，就不过是这有限量的1/10。而且，每年从某些国家输入的黄金，越是超过我们在器皿、铸币上所必要的分量，我们向其他各国输出的黄金就越多。就某些国家而言，贸易差额越是有利于我们，那么站在其他国家的角度上来看就越对我们不利。

法国和西班牙在与英国晚近的战争结束后，认为英国为了方便与葡萄牙的贸易才驻军在其海港，所以他们就没有要求葡萄牙驱逐英国船只，也没有派遣守备队进入葡萄牙海港以防御英国入侵。假设葡萄牙接受了西班牙的条件,即驱逐英国船只离开葡萄牙各海港,让法国和西班牙派遣守备队进入葡萄牙海港以防御英国入侵。那实际上,英国反而就此可以摆脱一个很大的负担,无须去保卫一个——倾尽全力也不能有效保卫的国家。丧失对葡萄牙的贸易,仅仅是会让经营此贸易的英国商人在一两年间有所损失,但损失比起驻军费用来就微不足道了。

论通商条约影响下的铸币业

我们每年大量输入金银,是为了国外贸易,而不是为了制造器皿和铸币。迂回的消费品国外贸易,以金银为媒介最为有利。金银体积小、价值高,便于运输,且最易为人所接受,故而成为普遍的商业手段。葡萄牙贸易的主要利益,在于使英国的各种迂回消费品贸易更为便利。于一国而言,器皿和铸币所需的金银,每年输入极少量的金银就足够了,这是显而易见的。就器皿而言,英国的金匠业虽然十分发达,但每年售出的大部分新器皿大都由旧器皿熔解制成,因此所需的金银极少。铸币也是这样,金币改铸前的十年间,不可能将每年80万磅以上的金银用来铸币。在铸币费用由政府支付的国家,铸币内含金银有一定的标准重量,其价值不会比等量未铸金属的价值大许多。

任何国家流通的铸币,大多有磨损,或由于其他原因而低于其标准重量。在英国,金币低于标准重量的程度,常在2%以上;银币低于标准重量的程度,常在8%以上。然而,如果44几尼半的铸币是1磅金的标准重量,只能购买1磅未铸的金块,那么,没有1磅重的44几尼半就不能购买1磅重的未铸金块。因此,金块的市场流通价格就不是46磅14先令6便士,而大约是47磅14先令或者是48磅,和铸币厂的价格不一致。在大部分铸币都低于标准重量时,新从铸币厂出来的44几尼半的铸币,不能在市场上购买比其他普通几尼更多的商品,当它们与其他货币一同混入商

珍惜时间

宗教改革以后，原始的资本主义精神气质在新教徒上日渐出现。譬如劳动成为一种天职、浪费时间可耻等。图中的巴黎男孩在引导一对异国夫妇游览伦敦，通过自己诚实的劳动换取微薄薪酬，而在他身后的男人则看着手上的腕表，精密地计算着时间与即将支付的薪酬。

人的金柜时就难以辨认了，即使能辨认，所费亦必多于所值，故而其所值亦不多于46镑14先令6便士。但是，如果将它们倒入熔锅，就可以生产出1磅的标准金。而这些标准金，无论何时，均可换得47镑14先令乃至48镑的金币或银币，其效用也等同于当初熔解的铸币。由此可见，熔化新铸币就可以获利，而其熔化速度之快，非政府可以预料。所以，铸币厂的工作只是补替熔化最好部分的铸币，而非逐日增加铸币，这就如同潘内洛普的织物：白日织，晚间拆。

如果是私人拿金银到铸币厂铸造，自己支付铸币费用，那么金银的价值就会增加。因为政府在一切地方都有专门的铸币特权，没有任何铸币能以比它更低的价值提供市场铸币税，所以铸币税不是很高，那么就可将全部的铸币税加入到金银条块之内；如果铸币税太高，所征的税就远远大于铸造所需劳动与费用的真实价值，那么金银条块与金银铸币间价值巨大的差额，就会使得国内外私铸货币者把大量的伪币投入市场，以降低官铸货币的价值。法国的铸币税，虽然高达8%，但是还没有发生官铸货币贬值的现象。这是因为与6%或7%的利润相比，法国的私铸货币者面临的危险远远超过其利润所得。但法国的铸币税使铸币价值高于按纯金含量比例所应有的程度，政府于1726年1月颁布敕令，规定24克拉纯金的铸币厂价格为740利弗9苏1

迪尼厄，合巴黎8盎斯的1马克。如果将铸币厂所花的费用扣除，那么法国金币含有纯金21克拉及合金2克拉，也就是说，1马克标准金只值大约671利弗又10迪尼厄。但在法国，1马克标准金铸为30金路易，每个金路易合24利弗，共计720利弗。故铸币税所增加的1马克标准金的价值，即为671利弗又10迪尼厄与720利弗之差，即增加了48利弗19苏2迪尼厄的价值。

熔化新铸币的利润常因铸币税而减少，甚至完全丧失。这种利润，多是由通用货币应含纯金银量与实含纯金银量二者之差而形成。这一差额，如果小于铸币税，则熔解新铸币就会有损失；如果等于铸币税，则熔解新铸币不得也不失；如果大于铸币税，则熔解新铸币可获得利润，但少于无铸币税时的利润。比如，金币改铸前铸造货币，如果纳税5%，则熔解金币就会损失3%；如果铸币税为2%，则熔解金币不得也不失；如果铸币税为1%，则熔解金币可获得1%的利润，不会获得2%的利润。在货币以个数不以重量授受的地区，铸币税是防止熔解铸币及输出铸币的最有效方法。为获取最大的利润，被熔解或被输出的铸币大都是最好最重的铸币。

查理二世，制定了以免税方法奖励铸造货币的法律，但该法律的时效有限，以后迭次延期，直到1769年，才改定为恒久的法律。当初，英格兰银行因为要以货币补充其金柜，常常拿金银条块到铸币厂铸币。英格兰银行认为，由政府担负铸币费比由自己担负铸币费要划算一些。因此，以免税方法奖励铸造货币的法律才改定为恒久的法律。

如果称金的习惯被废除，如果英国金币以个数结算，那么英格兰银行将不会赚取丝毫的利润。先前英国的通用金币，比其标准重量低2%，因为没有铸币税，其价值也比应含标准金量的价值低2%。因此，英格兰银行购买金块以铸币时，所出价格一定要比铸成后金币的价值多2%。如果铸币税为2%，那么通用金币虽然比其标准重量低2%，依然与标准金量具有相等的价值。在此，铸造的价值抵消了金币重量的减少。

英格兰银行虽然必须支付2%的铸币税，但他们也只受2%的损失。如果征服铸币税为5%，而通用金币低于其标准重量2%，那么英格兰银行将获利3%。如果它必须支付5%的铸币税时，那么它依然有2%的损失。如果铸币税为1%，而通用金币低于其标准重量2%，那么银行将损失1%；然而，因为它须支付1%的铸币税，所以银行依然有2%的损失。如果铸币税适中，而铸币同时又是标准重量，那么英格兰银行在铸币税上虽有所损失，但在金块价格上必有所得；在金块价格上虽然有所得，但在铸币税上必有所失。由此，银行将处于和没有课税时完全相同的境地，不得也不失。

一种适中的商品税不会奖励走私，商人虽然必须垫付此种赋税；但因为他可以在商品价格中取回，所以他并不是真正的纳税者，消费者才是真正的纳税者。对货币而言，所有人都是商人，我们购买货币的目的是将它再次出售，且一般情况下不会有最后的购买者（消费者）。如果铸币税适中，不至于使伪造者获利，虽然所有人都垫付赋税，但因所有人都在提高了的铸币价值中取回了各自垫付的数额，则没有一个人将最后支付这种赋税。不管怎样，适中的铸币税不会增加银行或任何持金银条块的私人铸币者的费用；当然，其费用也不会因为适中的铸币税而减少。如果通用货币是标准重量，那无论有无铸币税，所有的人都不会因铸造而受损；如果通用货币的重量低于标准重量，那么铸造所费将是铸币应含纯金量与其实含纯金量之差。因此，在政府支付铸币费时，政府不仅负担小额费用，而且也将损失应得的小额收入，而这又不会使银行或一切私人获利。

在目前铸造金币以重量为标准的情况下，银行不会因为征收铸币税而获利。但是，如果废除称量金币的习惯，而金币的质量又低落到最近改铸以前，那么银行将会因为征收铸币税而获利丰厚。唯独英格兰银行把大量金银条块送到铸币厂去铸币，由此，每年的铸币费也将全由银行负担。如果每年都铸币，那么只要5万镑，至多不过10万镑就可以弥补因铸币造成的损失。然而，如果铸币低于标准重量，那么就要年年铸币，以补充铸币由不断被熔化及输出而产生的巨大缺额。

为此，金币改铸前的10至12年间，每年铸币平均都在85万镑以上。但是，如果当时能够征收4%或5%的铸币税，就能避免这一损失，银行每年也就不会损失21250镑以上的金币。议会每年拨的铸币费仅仅14000镑，而政府实际的花费不过一半左右。表面看来，节省这样一笔小数额的费用，似乎意义不大。然而，这笔费用是完全可以节省出来的，即使对英格兰银行而言，也具有重大意义。

我之所以将上述所言放在本章，是因为奖励铸造的法律源于重商主义的流俗偏见。重商主义认为，货币是构成一切国家财富的东西，那么，奖励货币的生产就是这种重商主义的富国妙策之一，相应的货币生产奖励金应该是最符合重商主义精神的。

第四章 论殖民地

从殖民地性质上看，可分为拓殖型、资源掠夺型和商业贸易型三种类型。古希腊和古罗马建立的海外殖民地是宗主国的延续，属于拓殖型殖民地。15—17世纪，建立殖民地是为了掠夺资源，属于资源掠夺型殖民地。17世纪以后，建立殖民地是为了通过商业贸易获得财富，属于商业贸易型殖民地。

15世纪前后，出于对财富的渴望，欧洲各国决定探索通往东方的海上航线。为了保证对被占领国资源的持续掠夺，各占领国在占据点派军驻守。这些被占据地区逐渐失去了政治、经济、军事和外交上的独立权，完全受宗主国控制。哥伦布发现美洲大陆后，西班牙在美洲建立了大片的殖民地。这些殖民地为欧洲提供原材料，同时又成为欧洲制造品的主要销售市场。在欧洲政策的影响下，欧洲各国的所属殖民地自身也得以快速发展。

论开拓新殖民地的动机

欧洲人在美洲及西印度建立殖民地的动机，不如古希腊、古罗马建立其殖民地的动机那么明显。

古希腊由许多面积较小的城邦组成，这些城邦之间相互制约，任何一个单独的城邦都无法扩展领土。而且，当一邦人民增多到超出本邦领土的承载能力时，部分人民便会被遣送到别的地方，寻找新的居住地。

比如多里安人就迁徙到意大利和西西里岛，在那里建立殖民地，而伊沃尼亚人和爱沃里亚人（希腊另外两大部落）大部分则迁徙到小亚细亚及爱琴海各岛，并在那里建立殖民地。在这些地区建立殖民地的古希腊人，并不直接统治所属殖民地，相反，他们给予所属殖民地极大的恩惠与援助，让其自决政体、法律和官吏。更重要的是，殖民地还有权决定如何处理与他国的关系，所以各个殖民地对古希腊殖民者都十分拥护。

至于罗马共和国，其国家制度建立在一种土地分配法上，即国家中的市民按照法律，可分配到一定比例的公有领地。但由于结婚、继承、割让和迁移等诸多因素，原来的分配法被打乱，于是一个市民可能占有原本是几个市民的土地。为纠正这种弊端，罗马人制定了限制市民所占土地量的新法律，其内容为：各市民所占土地量，不得超过350英亩。但据我所知，该法律的施行，结果并不理想，共和国内财产的分配，并没有因此而变得公平，多数市民依然没有足以维持自身独立自由的土地。

如果是现在，那些没有土地而有少量资财的人，可租耕他人的土地，或经营某种零售业。即使没有资财，也可以当技工和农村劳动者，由此得以生存下去。然而，在古罗马时代，富豪人家的土地都是由奴隶在监工的监视下耕作的，而监工本身也是奴隶，所以无土地的自由民几乎没有机会成为农村劳动者。一切商业、制造业和零售业，亦都是由奴隶经营，贫穷的自由民很难涉足这些领域。因此，无土地的自由民的生活唯一来源，就是每年选举时，候选人施舍给他们的赠金。这些候选人，一旦当选为护民官，便鼓动人民反抗富豪，并宣称：共和国的基本法律中，有限制私产的规定。在这些护民官的鼓动下，无地的自由民自然会声讨富豪，吵着闹着要求分土地。但是，富豪们依然不会把土地分给他们。

为了缓和与自由民的矛盾，富豪们提出建立新殖民地的主张。于是，大部分自由民被迁徙到各个被意大利征服的地区，并在此建立起殖民地。不过在这些殖民地上，自由民无权建立独立的共和国，最多可以成立一个自治团体。这些自治团体，虽然可以制定地方法律，但必须接受母市的统治和惩罚。此外，母市还可以在这些殖民地建立守备队。所以，罗马殖民地完全不同于希腊殖民地。

与古希腊和古罗马建立殖民地的动机相比，欧洲人在美洲及西印度开拓殖民地的动机，则不是那么明显。尽管欧洲人也从殖民地中获得很多利益，但直至今日，人们也无法确定这种利益的性质、范围及界限。而且，欧洲人建立殖民地的动机，也并不完全是源于上述利益。

14—15世纪期间，威尼斯人在埃及购买香料及其他东印度货物，然后销往欧洲各国，借以获取极大利润。当时，高加索军人是埃及的统治者。由于威尼斯人和高加索军人都是土耳其人的敌人，这种一致的利害关系，再加上威尼斯人对高加索军人的资助，使得他们得以结盟。这样，威尼斯人在埃及就近乎享有一种贸易独占权。

威尼斯人所得的巨额利润，诱发了葡萄牙人的贪欲。但由于威尼斯人在埃及享有贸易独占权，葡萄牙人不得不另外开辟一条通往东印度的通道。于是，在整个15世纪期间，葡萄牙人相继发现了马德拉群岛、卡内里群岛、亚速尔群岛、佛德角群岛、几内亚海岸、卢安果、刚果、安哥拉和本格拉各海岸，最后，发现了好望角。发现好望角，为葡萄牙人直航东印度提供了想象空间。于是瓦斯戈·达·伽马于1497年从里斯本港启航，经过11个月航行，到达印度斯坦海岸。一个世纪以来，葡萄牙人的不懈努力，终于得偿所愿。

在此几年前，当欧洲人还在质疑葡萄牙人的计划时，一个热那亚舵手提出了一个大胆的计划，即向东航行到达东印度。当时的欧洲，并不了解东印度各国情况，少数欧洲旅行家为了炫耀自己的航海能力，便夸大了与这些地方的距离，让一些从未去过这些地方的人，觉得更加遥不

荷兰商船

16世纪后期荷兰爆发了世界上首次资产阶级革命，成为世界上第一个资本主义国家。17世纪初，人口不足200万的荷兰拥有全欧洲商船吨位的4/5，是英国的5倍，法国的7倍。1609年阿姆斯特丹银行成立，开始广泛地收集社会闲散资金。股份制和金融业的发展把广大居民的利益和海外贸易直接结合起来，荷兰全国从上到下各阶层都卷入海上贸易的大潮中。荷兰在近代的海上霸主地位，与它在经济方面的领先有着密切的联系。图为17世纪初荷兰东印度公司旗下的商船。

可及了。哥伦布很有把握地对西班牙女王伊萨伯拉说，既然向东走，要走很远才能到达东印度，那么，向西走便会很近。他说服了女王，使女王相信他的计划一定能实现。在得到女王的支持后，哥伦布于1492年8月从帕罗斯港出航，经过两三个月的航程，先发现了小巴哈马群岛，即庐克圆群岛中的若干小岛，然后又发现了圣多明戈大岛。

但哥伦布的这次航行，没能到达东印度。不过，他却在圣多明戈以及他曾经到过的新世界的其他所有地方，发现了一个还未开化的地方（即美洲），居住着许多赤条条的穷苦野蛮人。但他不大愿意相信，自己到达的地方不是马可·波罗描写的中国和东印度。尤其是当他发现圣多明戈的一座西巴奥山的名字，与马可·波罗所提到的西潘各有些相似时，更是以为自己到达了印度，并进而推断，自己到达的地方离恒河，离那些富庶的国家不远了。所以，他写信给裴迪南及伊萨伯拉，说自己发现了印度。后来，他还沿着火地岛海岸，向达里安地峡航行，继续去探寻那些富庶的国家。

由于哥伦布的这一错误，从那时起，这些国家一直被叫做"印度"。当后来真正的印度被发现时，才改称前者为西印度，后者为东印度。但这些对哥伦布来说都不重要，重要的是自己必须向西班牙的统治者陈述这个地方如何重要。然而，当时构成欧洲各个国家财富的基础，都是土地上的动植物，但美洲的动植物对于欧洲人来说，首先是不那么充足，其次是也不为欧洲人所认识，因此无法借以佐证这里是富得流油的地方。

比如，科里是当时圣多明戈最大的胎生四足兽，介于鼠与兔之间。法国博物学家布封认为，科里和巴西的阿帕里亚是同类，数量从来就不多。据传，西班牙人的犬和猫，在此地吃掉了大量包括科里在内的一些小型动物。然而，科里和一种所谓"伊文诺"或"伊关诺"的大蜥蜴，就是此地最主要的动物性食物了。

由于此地农业技术水平低下，因此居民没有丰富的植物性食物；尽管这里有玉米、芋、薯、香蕉等，但并不为欧洲人所知。而且，欧洲人也并不十分重视那些植物，认为它们的营养不会高于本地所产植物的营养，所以这些植物性食物，也不能影响到欧洲国家财富的增减。

诚然，这些岛屿上产的棉花，是一种重要的制造业材料。但对于当时的欧洲人来说，由于他们还没有棉织制造业，因此在欧洲人看来，这种作物也不是那么重要。

哥伦布看到此地的动植物，都不足以证明其重要性，于是便把目光转移到矿物上。他听当地居民说，在山下的溪流中经常会发现金片，他便认为此地的山中有丰富的金矿。因此圣多明戈就被他说成了西班牙取之不尽的财富源泉。在哥伦布第一次航海回国的凯旋仪式上，他被引见给了克斯梯及亚拉冈国王。隆重的欢迎仪仗队带领着他和他的战利品迈入皇宫。在这些战利品中，有价值的只是一些金饰品和几捆棉花，其余都是一些欧洲人从未见过的东西，譬如，个头极大的芦苇、羽毛美艳的鸟、大鳄鱼、大海牛皮等。而且，哥伦布随船带回来的几个肤色奇怪的土著人，也让欧洲人有了些新奇感。

听了哥伦布的陈述后，克斯梯的枢密院决定占领这些国家。枢密院决定，以传播基督教的名义，使这种非正义的占领计划成为神圣事业，但真正目的是想得到此地的宝藏。哥伦布提议，从美洲挖掘出的黄金的一半，都归国王所有。这一提议，亦为枢密院所采纳了。

哥伦布向国王承诺的财富，都是从当地土著人那里劫掠而来的，在这种残酷无情的劫掠下，不到6年或8年，当地土著人所拥有的黄金就被完全剥夺干净了。因此，如果还想获得更多的黄金，殖民者必须掘矿。然而，掘矿的成本非常高，西班牙殖民者要兑现对国王承诺的重税，就无法再向土著人征收。据说，这种重税曾使圣多明戈的矿山完全停产。于是不久，金税就减少至金矿总生产额的1/3，再减至1/5、1/10，最后减至1/20。至于银税，长期以来为总生产额的1/5，直到18世纪，才减至1/10。最初的冒险家们，似乎不那么重视比黄金低贱的物品，包括白银。

继哥伦布之后的西班牙冒险家们，在到达某个前人未曾发现的新海

克里斯托弗·哥伦布

意大利航海家克里斯托弗·哥伦布（约1451—1506年）十分崇拜马可·波罗，从小就对《马可·波罗游记》中所描述的亚洲非常向往。他相信地球是圆的，认为向西远航最终一定能抵达东方。在西班牙国王支持下，他先后四次出海西行，结果虽未能到达亚洲，却于1492年发现美洲大陆，因此成为著名的航海家。

插画中的"北美种植园"

18世纪中期,英国在北美的殖民地大量开辟奴隶制种植园,主要集中于马里兰、弗吉尼亚、南卡罗来纳、北卡罗来纳、佐治亚等南部地区。这些南部殖民地主要由英国贵族支配,他们经国王特许得到大量土地;加之南方的平原广阔、土地肥沃、气候温暖,适宜粗放的大规模经营,因此往往采用技术低下的黑奴劳动。这种经济形式一直延续到南北战争时期。图中,黑奴们正在种植园主的监督下收获棉花。

岸时,首先调查的就是当地的金矿储存量。如到达里安地峡的奥伊达、尼克萨、瓦斯科·努格尼斯·德·巴尔博,到达墨西哥的科特兹,到达智利和秘鲁的亚尔马格罗和皮查罗,当他们到达这些地区时,首先探掘的就是当地金矿,并以当地所藏黄金的多少来决定自己的去留。

但是,开掘金矿具有相当大的风险,所以有人将探索新的金银矿山,比作世界上获益最少的彩票。因为大部分人开矿,不仅不能补偿开矿所投入的资本并提供资本的普通利润,而且连资本和利润都打了水漂。因此,开矿的计划是希望增加本国资本的立法者所不愿鼓励的,但人们常常认为自己很幸运,所以只要有一线可能,人们就会拿出很大一部分资本来投入开矿的事业。

由于人类的贪欲,那些原本以冷静、理智与经验就可判断其行不通的事情，现在忽然变得可行了。许多人对金钱的荒唐欲望，让他们没有考虑到，黄金是由于其本身蕴藏量的稀少及开采难度较大才贵重的。相反，他们却以为金矿的含量如铜、铁、铅一般丰富。华尔特·罗利夫爵士的黄金国美梦，就证明了这一点。

现在看来，西班牙人最初发现的殖民地中，并不包含多少富有开采价值的金银矿山。最初冒险家们所发现的金属量及各矿山的产出力，都被夸大了。但这些失实的报道，彻底激起了本国人民的贪欲，掀起了一股淘金热。每个航行到美洲的西班牙人，都盼望发现一个黄金国。然而，只有少数人能够得到命运女神的眷顾，这些幸运儿，在墨西哥和秘鲁被发现与被征服时（一个是在哥伦布第一次航行大约三十年之后，另一个是在大约四十年之后），找到了这类丰饶的贵金属。

一个与东印度通商的计划，使欧洲人发现了西印度；一个征服的计划，又使西班牙人在这些新发现的国家里大兴一切设施。然而，他们征服这些地区，不过是为了得到金银矿山。这个计划，又因着一系列意料不到的事情，使这些殖民者获得了异样的成功。

欧洲其他各国的冒险家，受同样的发财欲望驱使，也企图前往美洲殖民，但他们并不怎么成功。巴西在第一次殖民百余年后才发现金、银和金刚石矿山。英国、法国、荷兰、丹麦等国在其殖民地中，至今依然没有发现值得开采的金属矿山。英国最初在北美的殖民者，都许诺将发现的1/5金银赠送给国王，比如华尔特·罗利夫爵士，伦敦公司及普里木斯公司等，都因此得到了国王所颁布的特许证。这等殖民者，既希望发现金银矿，又希望找到通向东印度的西北通道，但两者都没有成功。

论新殖民地繁荣的原因

文明国家的殖民地，土地荒芜、人口稀少。如果土著人对新来的殖民者臣服，那么这个地方往往比任何其他人类社会发展得快。

殖民者带来的农业知识和技术，远远超过土著人几千年的自发积累。不仅如此，殖民者还带来了先进的政治观念。在未开化的野蛮民族中，政治的自然进步比技术的自然进步还要慢。在殖民地，只需付出很小代价就可获得生产力极高的荒地，因此每个殖民者占有大量土地，而且无须支付地租，甚至不需纳税。没有地主分享他们的利益，君王所分掉的通常也很少。为了使自己得到更多利润，他们就必须设法增加土地的产出。

由于所拥有的土地非常广阔，而通常缺乏足够的劳动力，因此，他们迫切希望从各地征集劳动者，并以最优厚的工资来支付报酬。但如此优厚的报酬，加上丰饶低廉的土地，不久就会使那些劳动者离开他，自己做起地主来，再以优厚的工资，雇用其他劳动者。如此反复，带动了当地经济发展，使这个地方的人口越来越多。更多的移民在此结婚，并定居下来。他们的子女在幼年时期就得到很好的照料和训练，到长大时，他们劳动的价值大大超过其抚养成本。成年后，劳动的高价和土地的低价，又可以让他们像其祖先那样自立。

在公元1世纪到2世纪期间，古希腊殖民地迅速富强的原因大概也出于此，一些地区的富裕程度几乎能与宗主国抗衡，甚至超过宗主国。西西里的塞拉库西及阿格里琴托、意大利的塔伦图及洛克里、小亚细亚的埃弗塞斯和密理图斯等，这些地方几乎在所有方面都不逊于古希腊的任何都市。虽然起步较晚，但一切技艺、哲学、诗学及修辞学却和宗主国任何地区的发展水平一样高。值得指出的是，两个最著名的希腊学派——达理士学派及毕达哥拉斯学派，并不是建立在古希腊，而是在亚细亚和意大利的殖民地。

罗马殖民地的历史，似乎没有这般辉煌。尽管其中有些曾一度发达，如佛罗伦萨。在罗马崩溃之后，佛罗伦萨发展成为一个大的商业地区，但进步的速度没有希腊殖民地迅速。罗马殖民地，大多建立在被征服的地方，那里人口已十分稠密，能分给新殖民者的土地不多，而且由于殖民地不能独立，没有自治权，以致他们不能按照自己认为的最有利的方式来自由处理他们的事务。

就占有大量耕地这一点而言，欧洲人在美洲及西印度所建立的殖民地和古希腊殖民地十分相似，面积甚至超过了古希腊殖民地。就附属于宗主国这一点而言，它们虽与古罗马殖民地相似，但因远离欧洲的宗主国，在一定程度上降低了其依附程度，也使它们在较小程度上受宗主国的监视和支配。在它们按自己的方式谋求利益时，欧洲可能并不知道，或由于欧洲的宗主国不了解而被忽视了；有时也因为相距太远，难于管束，欧洲只好容忍。所以，就连像西班牙那样强暴专横的政府，也因害怕引起殖民地动乱，而撤回对所属殖民地政府的命令或稍作修改。这样，欧洲殖民地在财富和人口上都有了非常大的进步。

由于国王也能分享从殖民地获得的财富，因此西班牙一直很重视殖民地的建设，而欧洲其他国家长期未予重视。不过，西班牙并未因此而较其他国家的殖民地繁荣。按土地面积比例，西班牙殖民地的人口与农业发展，不如欧洲其他国家的殖民地，但西班牙殖民地在人口与农业改良方面的进步却非常迅速。基托是印第安原来的一个小村落，西班牙将其发展成十万人的城市。这个数目，大大超过了英国殖民地三个大都市的居民数，即波士顿、纽约和菲拉德尔菲亚。在墨西哥或秘鲁未被西班牙人征服以前，连适当的驮畜也没有。当地的土著没有耕犁，木锄是他们的主要农业用具；没有铸币，亦没有任何固定的通商媒介，贸易是原始的物物交换。18世纪中期，当地已经会用铁和耕犁，并掌握了许多欧洲技术。所以，土著自被征服以来，虽横遭残杀，但人口仍比从前多，其人种自然也大有改变。所以不得不承认，西班牙人种在许多方面都比古印第安人种强。

玻利瓦尔

西蒙·玻利瓦尔（1783—1830年）是南美洲北部地区民族独立战争中最为重要的领导人，也是整个拉丁美洲反抗殖民统治的革命运动中最为杰出的领袖。为了永远纪念这位功勋卓越的革命者，他被授予了"解放者"的光荣称号。

除西班牙人的殖民地外，葡萄牙人在巴西的殖民地，算得上是欧洲人在美洲最早的殖民地了。但由于在巴西很久没有找到金银矿，因此葡萄牙王室所能获得的收入也很少，甚或没有，也就很长一段时间没有引起葡萄牙人的重视。然而，就在这种不被重视的情况下，它发展成了强大的殖民地。在葡萄牙还被西班牙统治时，巴西为荷兰人所占领。巴西的十四个省，荷兰人占据一半。荷兰人本来要夺取其他七省，但不久葡萄牙恢复独立，布拉甘查王朝执政。当时，作为西班牙敌人的荷兰人，成为葡萄牙人盟友，所以荷兰人就同意把巴西其余未被征服的那七省让给葡萄牙，葡萄牙人也同意把巴西已被征服的七省留给荷兰人。但好景不长，不久后，荷兰政府开始压迫葡萄牙移民，引起葡萄牙移民的不满，迫使他们拿起武器来对付他们的新主人。他们虽然没有得到葡萄牙的公开援助，但在宗主国的默许之下，靠着自己的勇气和决心，最终把荷兰人逐出了巴西。这样，葡萄牙人拥有了整个巴西。在这个殖民地内，据说有60万以上的居民，其中有葡萄牙人、西印度人、黑白混血种人、葡萄牙族及巴西族的混血。当时，没有一个美洲殖民地包含如此多的欧洲血统。

在15世纪末和16世纪的大部分时间内，西班牙与葡萄牙是两个海军强国。虽然威尼斯商船来往于欧洲各口岸，但其舰队却几乎不曾跨出地

塞维利亚

西班牙塞维利亚城建于公元前43年。1248年，卡斯蒂亚国王费尔南多三世在"光复战争"中夺取该城，赶走了摩尔人，从此塞维利亚城逐渐繁荣起来。1492年，哥伦布发现美洲大陆后，这里曾设有"印度群岛（即美洲）交易之家"，垄断着西班牙海外贸易，这是塞维利亚的鼎盛时期。"交易之家"于1717年迁至加地斯后，18世纪以来塞维利亚城曾一度衰落，19世纪末在现代工业的推动下，再次出现生机。图为现代的塞维利亚城。

中海一步。没有哪个国家的海军敢和西班牙与葡萄牙的海军为敌，因此都不敢在南美洲建立殖民地。企图在佛罗里达殖民的法国人，多次被西班牙人打败。但自"无敌舰队"在16世纪末被打败以后，西班牙的海军力量日益衰落，再没有能力阻止其他欧洲国家殖民了。在之后的17世纪中，英国、法国、荷兰、丹麦、瑞典等一切有海港的大国都希望在新大陆上殖民。

瑞典人在新泽西建立了殖民地。如果这个殖民地能得到瑞典保护，可能会很繁荣，但瑞典不重视这块殖民地，不久就被荷兰人的纽约殖民地所吞并，而荷兰人的纽约殖民地又在1674年被英国人所吞并。

丹麦人在新大陆上仅占有圣托马斯和圣克罗斯两个小岛。这两个小殖民地，由一个专营公司统治。只有这个公司有权购买殖民者的剩余生产物，并提供殖民地所需的外国货物。所以，在交易上，这家公司最大限度地剥削当地。这种专营虽然不能阻止当地进步，却使其进步较为迟缓。后来丹麦国王谕令解散这家公司，之后这两个殖民地就非常繁荣了。

荷兰人在东印度和西印度的殖民地原来都由一个专营公司统治。同丹麦的专营公司管理一样，荷兰人的公司破坏了当地经济的发展。因此，与大部分新殖民地比较，其发展缓慢。即使还算可观的苏里南殖民地，都还不如其他欧洲国家的大部分蔗田殖民地。现今分成纽约和新泽西二州的诺瓦-伯尔基亚殖民地，移居者常通过走私，避免公司占有他们的大部分利益。现今，公司允许一切荷兰船只缴纳货物价值2.5%的税，领得特许状后即可与苏里南通商，但非洲与美洲间的直接贸易——那几乎全是奴隶买卖——依然为其独占。公司专营特权的减少，也许是这些殖民地能够如此繁荣的最重要原因。有了相对自由的贸易环境，荷兰的两大岛库拉索亚和尤斯特沙也空前繁荣起来。

在17世纪大部分时间和18世纪一部分时间内，法国在加拿大的殖民地也被一个专营公司所统治。在如此不良的行政管理下，其进步必然很缓慢。但在所谓密西西比计划失败后，该公司就被解散了，此后这些殖民地的发展也更加迅速。到这些殖民地后来被英国占领时，其人口较二三十年前几乎增加了一倍。

法国在圣多明戈的殖民地，最先由海盗建立。他们在很长时期内都不承认法国政府。后来，这批盗匪接受了政府的招安，承认了法国对这一殖民地的所有权。虽然法国政府在接手该殖民地后，也采用了专营公司管理的方式，但公司制很快又被废除了，从而保证了圣多明戈快速的人口增长和技术发展。现在，那里是西印度最重要的蔗田殖民地了，其产量比全部英属殖民地的蔗田总产量还大。

在所有殖民地中，英国北美洲殖民地发展得最快。新殖民地的繁荣有两大原因：其一是大量的良田沃土；其二是较宽的自治权限。就前一点来说，英国北美洲殖民地虽有很多优良的土地，但不如西班牙人、葡萄牙人和法国人的一些殖民地。但是英国殖民制度却比其他殖民地制度更有利于土地的改良与耕作。其具体包括：

第一，英国殖民地法律规定：各个地主都有义务在限期内改良并耕作一部分土地，而在不履行义务时，可把该土地交给任何人。这种法律虽执行得并不严格，但对提高土地的利用率相当有效。

第二，在宾夕法尼亚不施行长子继承权，土地像动产一样平均分配给子女。新英格兰只有三省的法律允许长子得双份。在这些省中，虽有时有个别人独占大量土地，但只要经过一两代，土地的占有就会逐渐平均。在其他英属殖民地，长子继承权依然存在，但在所有英属殖民地，土地的借用权使得土地易于割让。为了自己的利益，大块土地的领受人纷纷割让大部分土地，只保留小额免役地租。在西班牙和葡萄牙殖民地，凡附有勋爵称号的大地产，其继承法都有长子继承权。这种大地产，全由一人继承，实际上都是限定继承的，而且不可割让。

法属殖民地都遵循巴黎习俗，在土地继承方面，比英国法律更有利

荷南多·科尔特斯

科尔特斯（1485—1547年），墨西哥征服者。1485年出生在西班牙麦德林，1518年被任命为向墨西哥进军的远征队队长，1519年9月进入墨西哥首都特诺奇蒂特兰（现在的墨西哥城）。1520年6月30日，特诺奇蒂特兰爆发了一场起义，赶走了西班牙军队，但很快科尔特斯又充实了部队，重新攻陷该城。此后，西班牙人维持着对墨西哥的控制，特诺奇蒂特兰市得以重建，改名为墨西哥城，成为西班牙殖民地的新首都。

于幼子。但在法国殖民地中，有骑士尊号和领地称号的贵族保有地，若有任何部分割让，那么在限期内，按照赎买权，须由领地继承人或家族继承人赎回。国内绝大部分土地都是贵族保有地，那必然妨碍割让。但在新殖民地上，未开垦的大地产通过割让似乎比通过继承分割快得多。肥沃土地的丰饶与低廉，是殖民地迅速繁荣的主因，但土地的垄断破坏了这种丰饶与低廉。此外，对未开垦地的大量垄断又是土地改良的最大障碍。对社会提供最多和最大价值的生产物的，乃是用来改良土地和耕作土地的劳动。在这种情况下，劳动的生产物，不仅支付它自己的工资和雇用劳动的资本的利润，而且支付劳动所耕土地的地租。所以，英国移民的劳动，用来改良土地和耕作土地的，比其他任何一国都多。因此，所提供的产品无论从数量还是从价值上说，都较其他三国大。

第三，在美洲的殖民地中，英国很少对殖民地的英国移民课以重税，让劳动者占有大部分利润；并且提供用于殖民地建设的费用，使移民可将更多的财富投入生产。殖民地的海陆军费及行政费用，几乎都由英国政府提供，本地提供的费用并不需要太多。在现今扰乱事件开始以前，马萨诸塞每年的行政设施费往往仅为18000镑；新罕布什尔及罗得岛的行政设施费各为每年3500镑；康涅狄克为4000镑；纽约及宾夕法尼亚各为4500镑；新泽西为1200镑；弗吉尼亚及南卡罗来纳各为800镑。诺瓦斯科舍及乔治亚的行政费，一部分由议会每年拨款支付。而诺瓦斯科舍每年仅出殖民地行政费大约为7000镑；乔治亚每年仅出大约为2500镑。总之，北美全部的行政设施费，不过为每年64700镑。统治300万人的开支如此少，而且统治得很好。在欢迎新总督及新议会开幕之际，殖民地政府的仪式虽十分隆重，但不铺张浪费。他们的教会也同样节俭，没有什一税。为数不多的牧师靠微薄的薪俸或信徒的捐赠维持生活。上述所有方面，其他三国在各自的殖民地上都不及英国做得好。

第四，欧洲其他国家几乎都企图垄断其所属殖民地的贸易，因此禁止外国船舶和它们通商，禁止它们从外国输入欧洲货物。相反英国采取了较开放的政策，加之其广阔的市场，使其比欧洲其他国家更有优势。

有些欧洲国家将其殖民地全部贸易交给一个专营公司经营。殖民地人民必须向这个公司购买他们所需的货物，并只能把他们需要销售的货物全部卖给这个公司。专营公司故意压低收购价，尽可能以高价销售殖民地人民必需的消费品，以获取巨额利润，这有损于殖民地人民的生产积极性。这种公司制，一直是荷兰奉行的政策，虽然荷兰公司在18世纪已不行使其独营权；丹麦、法国也曾经采用过这种公司制。最近，大部分欧洲国家普遍意识到这种政策不合理，从而开始放弃，只有葡萄牙在一部分殖民地区仍奉行此种政策，至少在巴西两大省，即伯南布哥及马拉尼翁豪仍实施此种政策。

虽然有些国家没有设立专营公司，但往往会对殖民地的贸易加以限制，仅允许其与宗主国某特定港通商；只能在一定期限内准许船队出航，或准许有特许状（大多是靠付出很高代价获得的）的单船出航外，其他船舶都被禁止从此特定港出航。诚然，这种政策使宗主国全体居民都能从事殖民地贸易，只要他们是在适当的港口和适当的时间，使用适当的船只进行就可以。这样，移民们不得不以极高的价格买进商品，而以极低的价格卖出自己的产品。在基托，1磅铁卖价大约4先令6便士，1磅钢卖价大约6先令9便士。但殖民地售卖自己的产物，主要是为了要购买欧洲的产物。就这一点来说，葡萄牙对于伯南布哥及拉尼翁这两省以外的殖民地所采取的政策，和西班牙的政策完全一样，而对于这两省近来则变本加厉。

有些国家，允许其全体人民经营殖民地贸易。宗主国人民可以利用本国任何港口与殖民地通商，除了海关的一般证件外，不需要任何特许状。这些国家经商者众，而且散居各地，彼此间竞争激烈，使得他们不能榨取到非常高的利润。在这样宽松的政策下，却给殖民地带来较为合理的价格，售卖他们自己的生产物、购买欧洲的商品。自从普里木斯公司解散以来，英国也开始采取这样宽松的政策（那时英国殖民地还在摇篮时期）。而自从英国人通常所称的密西西比公司解散以来，法国也开始遵循这样的政策。所以，英、法两国经营殖民地贸易的利润并不是很高，要是准许其他各国自由竞争，利润也许还要低些。这两国大部分殖民地的欧产商品价格因此也不算异常地高。

在英国殖民地剩余生产品输出方面，只有一定种类的商品，限定输到宗主国市场。这种商品，因曾列举在航海法及此后颁布的其他法令上，故名为列举商品。其余称为非列举商品，可直接输出到他国，但规定运输的船，须为英国船或殖民地船，此种船只，须为英国人所有，并使英籍船员占到该船全体船员的3/4以上。

美洲及西印度有几种极重要产物，亦包含在非列举商品中，例如各种谷物、木材、腌制食品、鱼类、砂糖及甜酒。

谷物自然是一切新殖民地最初的和主要的耕种对象。法律准许殖民地有极广阔的谷物市场，并鼓励他们推广这种耕作，使其产量大大超过稀少人口的消费量，从而预先为不断增加的人口储存丰富的生活资料。

在林木葱郁的地方，木材价格十分低廉，有时甚至没有价值。林木反而成为土地利用的主要障碍。在人口稀少、农业生产落后的地方，牲畜的繁殖量自会多于当地居民的消费量，因此牲畜往往价值低廉，乃至没有价值。牲畜的价格与谷物的价格必须保持一定比例，才能保证一国的大部分土地得以有效开发。通过法律使美洲的死牲畜和活牲畜都有最广阔的市场，以此来提高牲畜的价值，因为牲畜价格的上涨，对于土地改良是非常重要的。然而乔治三世第四年第十五号法令，把皮革和毛皮定为列举商品，又降低了美洲牲畜的价值。

通过发展殖民地渔业来增强本国航运业和海军力量，似乎是英国议会的目的之一。因此，这种渔业便取得了自由制度所能给予的一切奖励，且大大繁荣起来。新英格兰的渔业，在最近的变乱之前，也许是世界上最重要的渔业之一。捕鲸业在英国虽有高额的奖励金，但成绩并不显著，在一般人看来（但我不想做这种意见的证人），通过它获得的全部价值与每年所付奖励金的价值相差无几。而在新英格兰，虽无奖励金，但捕鱼业的规模较大。

砂糖本来也是只许输出到英国的列举商品。但1731年，经甘蔗栽种者陈请，取消了砂糖输出地的限制。但在允许这种自由时，附有各种限制，而砂糖价格在英国又很高，所以这种自由没产生多大作用。英国及其殖民地，依然几乎是英国蔗糖殖民地所产砂糖的唯一市场。砂糖的消费量，增加得很快，在这二十年内，输入英国的砂糖，仍大有增加，而输出国外的，据传也不比从前多。

甜酒是美洲与非洲沿岸通商的重要商品，而用同种方式带回美洲的，还有黑奴。

如果美洲各种谷物、腌制食品和鱼类的全部剩余生产物，都定为列举商品，强迫输入英国市场，那对我们本国人民的劳动生产物的冲击将是十分严重的。此等重要商品，非但没有定为列举商品，而且除了稻米，一切谷物及腌制食品，在一般情况下，都被法律禁止输入英国，那

中国上海外滩的西式建筑

上海外滩位于中国上海市中心区的黄浦江畔，东临黄浦江，西面为哥特式、罗马式、巴洛克式、中西合璧式等52幢风格各异的大楼，被称为"万国建筑博览群"。1840年以后，上海作为五个通商口岸之一，开始对外开放。1845年英国殖民主义者抢占外滩，设立了英租界。1849年，法国殖民者也抢占外滩建立了法租界。自此到20世纪40年代初，外滩一直被英租界和法租界占据。这种风格的建筑在新中国成立后也受到了保护。

殖民地的黑奴

自17世纪中叶起，由于欧洲资本主义工场手工业的发展以及人们生活习惯的改变（例如，咖啡成为主要饮料，蔗糖消耗量激增等），欧洲对热带产品的需求量与日俱增，从而促使西印度群岛及美洲大陆生产热带产品的奴隶制种植园获得巨大发展。为了满足那里发展热带作物种植园及开发矿藏对劳动力的需求，大批的黑人奴隶被贩卖到西印度群岛和美洲。图为西班牙殖民地区的黑奴，这些黑奴主要在甘蔗种植园和矿山劳作，他们生产的产品都被作为原材料运往欧洲加工。

也许并非为了关心美洲的利益，而是为了防止这些产品对英国本土产生过大的妨害。

非列举商品，原本可输往世界各地，但也受到法律限制。木材和稻米，曾一度被定为列举商品，之后又定为非列举商品，但准许输往的欧洲各国，仍限于菲尼斯特雷角以南。照乔治三世第六年第五十二号法令，所有非列举商品都同样受限。菲尼斯特雷角以南的欧洲各国，制造业都不强。所以我们不担心殖民地船从这些地方把妨害我国制造品的东西运来。

列举商品分为两类：第一类是美洲特有的产物，或是宗主国所不能生产的产物。属于这一类的有蜜糖、咖啡、椰子果、烟草、红胡椒、生姜、鲸须、生丝、棉花、海狸皮和美洲其他各种毛皮、靛青、黄佛提树及其他各种染色树木。第二类是非美洲所特有的产物，虽然宗主国也能生产，但其产量不足以供应其需求，大部分要求购于外国。属于这一类的，如海军用品，船桅、帆桁、牙樯、松脂、柏油、松香油、生铁、铁条、铜矿、生皮、皮革、锅罐、珍珠灰。即使第一类商品最大量的输入，也冲击不了宗主国任何生产物的生产与销售。

英国商人不仅想限制这种商品，使其仅能输入本国市场，并因着这种限制，使自己能在殖民地低价买进，在国内以较高的价格卖出。而且想在殖民地与他国之间，设立一种有利于以英国为中心的运送贸易。也就是说，这等商品要输入欧洲，必先输入英国。第二类商品的输入，据传也须妥当安排，使之不妨害本国同种产品的售卖，而仅妨害外国输入品的售卖。因为，课以适当的税，商品的价格总会比前者更加昂贵，但仍比后者低廉得多。限制这等商品，使仅能输入本国市场，并非要妨害英国的产品，所妨害的乃是贸易差额被认为不利于英国的那些国家的产品。

禁止殖民地将船桅、帆桁、牙樯、松脂、柏油输到英国以外的任何国家，自然会降低殖民地的木材价格，因此增加开拓殖民地土地的费用，而这也是土地改良的主要障碍。1703年，瑞典松脂柏油公司规定，除非它的商品由它的船只装运，按它自定的价格，并按它自认为适当的数量运出，否则禁止其输出，它企图通过这些办法来抬高其出口到英国的商品的价格。为了对抗这一个针对英国的商业政策，并使英国尽可能不依赖瑞典和其他国家，英国对于美洲海军军需品的输入，采用发给奖励金的制度。这种奖励金，抬高了美洲的木材价格，以至于大大超过木材限定输入国内市场所能降低的程度。因为这两个规定同时颁布，且有连带作用，有力地推动了美洲土地的开拓。

无论是就列举商品还是非列举商品，英属美洲殖民地及西印度间的贸易都较自由。这些殖民地现在如此富庶，以至彼此都能提供广大的市场。但英国对其殖民地贸易所采用的宽松政策限于原料或粗制品的贸易。至于殖民地产物更精致的加工，英国商人和制造者要自己经营，并请求国会对其课征高额的关税来加以抵制，使这些制造业不能在殖民地壮大。

例如，从英属殖民地输入粗制砂糖，每百斤纳税6先令4便士，白糖纳税1镑1先令1便士，单制或复制的精制糖块，纳税4镑2先令5便士。在课税繁重时，英国是英属殖民地砂糖输出的唯一市场。这种高额关税，起初等于禁止白糖或精制砂糖输出，使之不能供应外国市场，现在又等于禁止制造白糖或精制砂糖，使之不能供应那些许可销售其全产量9/10以上的市场。虽然法国殖民地有很发达的砂糖精制业，但在英国殖民地上，除供应殖民地本地市场的精制业外，几乎没有其他砂糖精制业。当格林纳达被法国人占领时，其他甘蔗园至少也有砂糖漂白厂；但当被英国人占领时，这一类制造厂就几乎全部被放弃了。

在钢铁方面，虽然英国一方面允许免税从美洲输入生铁，以鼓励美洲的钢铁产业；另一方面却又绝对禁止在任何英属殖民地上兴办炼钢厂，甚至不允许其殖民地人民为自身消费而制作钢铁制品，却要他们向它的商人和制造者购买这类必需品。

它又禁止美洲殖民地贩卖本地生产的帽子、羊毛和毛织物。这种条例，很有效地使这个殖民地不能增设这一类商品的制造业，这样，殖民地人民只能经营通常仅供自用或其同省邻人使用的那些粗糙物品的家庭制造业。

禁止人民制造他们所能制造的物品，不能按照自己的意愿把资财与劳动，投入自己认为最有利润的领域，这显然是侵犯了最神圣的人权。这种禁令虽不太公正，但对殖民地的发展妨害程度并不大。土地价格仍旧那么低廉，劳动价格仍旧那么昂贵，以至于他们依然能以比自己制造更低廉的价格，从宗主国输入几乎一切种类的精制品。这是宗主国商人和制造业者，由于无根据的嫉妒，毫无道理地加在他们身上的无礼的奴役标记。但在比较进步的情况下，这种禁令很可能成为不能容忍的压迫。

英国限制殖民地的几种极重要产物的出口，作为补偿，它又对由他国输入的同种产物课以高关税，而对由殖民地输入的同种产物给予奖励金。按前一种方法，它在国内市场给予殖民地的砂糖、烟草和铁上述好处，按后一种方法，它给予殖民地的生丝、大麻、亚麻、靛青、海军用品和建筑木材以输入奖励金。这种以奖励金奖励殖民地产物输入的方法，是英国所特有的。而葡萄牙不满足于仅以高关税限制烟草从殖民地以外任何其他地方输入本国，还干脆禁止其输入，对违者予以重罚。

关于欧洲货物的输入，英国对于殖民地的管理，也比其他任何国家宽松。对于外货输入时的所纳税，英国政府准其在再输出时退还一半以上，有时甚至全部退还。如果外货输入英国时须课以极重的税，而在再输出时又不许退还任何部分，那就没有哪个国家愿意再输出商品了。所以，除非在出口时退还部分税，否则，重商主义提倡的输出贸易便会告终。

英国取得了以一切欧洲商品供给其所属殖民地的专营权利，也可像其他国家对付殖民地一样，强制其所属殖民地承受在输入宗主国时被课以重税的商品。在1763年以前，大部分外货，在输到英国殖民地时和输到任何独立外国时一样要退税。不过，1763年乔治三世第四年第十五号法令，在很大程度上取消了这种宽松政策。它规定："欧洲或东印度的农产品、工业制品，在从本国输出到任何英属美洲殖民地时，旧补助税不得退还，但葡萄酒、白洋布、细洋布除外。"在这条法律颁布之前，有许多种外国货，在殖民地购买比在宗主国购买更便宜。

在制定关于殖民地贸易的大部分条例时，由于主要顾问是经营殖民地贸易的商人，因此这些条例很注重这些商人的利益，较少注重殖民地或宗主国的利益。商人们有专营特权，可以运输欧洲货物供应殖民地，又可以购买殖民地而不妨害他们宗主国贸易的那部分剩余生产物。这种专营特权，显然是以牺牲殖民地利益来满足商人的利益。他们在把欧洲及东印度大部分货物再输到殖民地去的时候，又像再运到独立国家去一样享有退税。按照重商主义的利益观念，这种退税同样是牺牲宗主国利益来满足商人的利益。商人利益在于：对运送到殖民地去的外国货物，尽可能减少纳税；对输入英国的外国货物，尽可能收回所垫付的税款。这样，他们就能在殖民地售卖等量的货物，得到较多的利润，或售卖较大数量的货物，得到同样多的利润。殖民地利益同样在于：以尽可能低的价格取得尽可能多的这一切货物，但宗主国利益，未必总是这样。退还此等货物输入时所纳税的大部分会影响宗主国的收入，由于有了这种退税，外国货物更方便运到殖民地，使得宗主国的制造品在殖民地市场跌价销售，这就会影响宗主国的制造业。人们常说，德国的亚麻布再输到美洲殖民地的退税，大大阻碍了英国的亚麻布制造业的进步。

非洲殖民军队

19世纪末，非洲的法属殖民地士兵主要由当地的土著黑人组成，指挥官由欧洲的白人担任。他们是宗主国殖民地政策的最大保障者，为欧洲的商业公司在殖民地攫取资源和掠夺财富提供武力支援。图中描绘的是非洲的法属殖民地的边境哨所。

虽与其他各国一样，英国的政策同样受到重商主义精神的支配，但不像其他国家那么褊狭、苛刻。英属殖民地人民除了对外贸易，其他各方面都享有完全自由，可以按自己的方式来处理他们自己的事务。在所有方面，他们的自由都和国内同胞的自由相等，而且同样有一个人民代表议会来保证这种自由，人民代表议会是唯一有权力课税以维持殖民地政府的机构。该议会的权力超越了行政权力，即使最卑贱或最可憎恶的殖民地人民，只要遵守法律就用不着担忧总督或省内文武官吏来找他们。行政机关也许无力收买议会，而且因为行政机关经费由宗主国支付，也没有收买议会的必要。所以这种议会，也许更受选举人的意旨影响。殖民地参议院与英国贵族院相当，但不是由世袭贵族构成，而是由人民代表推选。没有一个英属殖民地，有世袭贵族。在所有殖民地，老殖民家族的后裔，虽比拥有同等功勋与同等财产的暴发户更受人尊敬，但也止于受人尊敬而已，并无叨扰邻人的特权。在现今的变乱开始以前，殖民地议会不仅有立法权，而且有一部分行政权。在康涅狄克及罗得岛，总督亦由议会选举。在其他殖民地，议会规定的赋税，由议会直接派员出去征收，征收员对议会直接负责。所以，人民在英属殖民地比在宗主国更为平等，更有民主共和的精神，尤其是新英格兰那三个省级政府，民主共和的精神更为明显。

反之，西班牙、葡萄牙和法国的专制政治，却又在它们各自的殖民地上建立起来。这种政治，大多以独断权授予一切下级官吏。由于相隔太远，这等独断权的执行比平常粗暴得多。我们知道，在一切专制政治之下，首都相对来说更为自由。首都为君主所在地，下级官吏有所忌惮，不敢太猖獗；但在偏远的地方，人民的怨声不易传到君主的耳中，这使得下级官吏敢为所欲为，无所顾忌。也许只有英属殖民地政府，能给其辖区里那些遥远地区的人民以完全的保护。

法国殖民地的行政，与西班牙、葡萄牙两国殖民地的行政相比，较为宽宏温和。这种较好的政治，与法兰西民族的性格相称，也和一切民族的性格相称；他们政府的性质与英国政府相比，虽较为专横，但与西班牙、葡萄牙相比，算是比较守法、自由的了。

英国殖民政策的优越，主要表现在北美殖民地的进步上。法国蔗糖殖民地的进步与英国大部分蔗糖殖民地的进步，至少是相等的，甚或更胜一筹。更重要的是，他们的政治制度使其对黑奴的管理有更好的方法。不过，法国没像英国那样阻碍殖民地的砂糖生产。

在所有欧洲殖民地，甘蔗都由黑奴栽种。据说，生长在欧洲温带的人民的体格，不适合在西印度的炎日下从事挖土劳动。就今日情况而言，栽种甘蔗都是手工劳动。许多人认为使用锥犁可以提高劳动效率。但犁耕的利润与成效，在很大程度上取决于对牛、马的良好管理；奴隶耕作的利润与成效，必同样取决于良好的管理。我觉得法国种植者比英国种植者更擅长于管理奴隶。给予奴隶一些基本的法律保护，使其少受主人的奴役，似乎在政治十分专制的殖民地，比在政治完全自由的殖民地实施得更为有效。在设有不幸的奴隶法规的国家，地方长官在保护奴隶时，就在一定程度上，干涉了主人的私有财产管理。

在自由国家，主人或为殖民地议会代表，或为代表的选举人，所以地方长官非经充分考虑，是不敢干涉他们的。地方长官不得不高看他们一眼，这样就使他难以保护奴隶了。但在政府十分专制的国家，地方长官常常干涉个人的私有财产管理，要是个人不依他的意见管理，他可以发出拘票逮捕他们；所以，他要保护奴隶，便容易得多。地方长官的保护，使主人不敢轻视奴隶，因而不得不重视奴隶，给予比较温和的对待。温和地对待奴隶，不仅使奴隶们更诚实，而且使他们在劳动时更卖力。

在专制政治下，奴隶比现在更自由，境遇也更好。古罗马第一个保护奴隶的人就是皇帝。维迪阿·波利奥要在奥古斯丁皇帝面前把犯了小过失的奴隶截成小块喂鱼，皇帝震怒，命令立即将其释放。在共和政治下，长官没有权力保护奴隶，更谈不上处罚其主人。

应该指出的是，用以改良法国殖民地特别是圣多明戈各大殖民地的资本，几乎全部来自这等殖民地日积月累的改良和开垦。那几乎全是土地和殖民地人民劳动的产物，换句话说，是由良好经营而逐渐蓄积并用以扩大再生产的那部分产物的价格。但英国蔗糖殖民地改良和开垦的资本，却大部分来自英国，并不全部是土地和殖民地人民劳动的生产物。英国蔗糖殖民地的繁荣，主要是英国财富的一部分溢出到这些殖民地所致。但法国蔗糖殖民地的繁荣，纯属殖民地人民的良好经营。在这一点上，法国移民优于英国移民。这在奴隶的良好管理上，可以清楚地看出来。

以上所述，都是欧洲各国对所属殖民地的政策的大纲。所以，关于美洲殖民地最初的建立及此后的繁荣（仅就内政方面而言），欧洲的政策几乎没有什么值得夸耀的地方。支配着最初计划建立这等殖民地的动机似乎有失正义，为了寻找金银矿，损害淳朴土著人的利益，足见其不义。后来建立殖民地的冒险家，似乎除了妄想寻觅金银矿山外，可能还有其他比较合理、值得称赞的动机；但就是这等动机，也是不光彩的。

因在国内受限，英国清教徒逃往更加自由的美洲，并在新英格兰建立了四个政府；受到更为不公对待的英国天主教徒也逃至美洲，在马里兰建立政府；教友派教徒则在宾夕法尼亚建立政府。葡萄牙的犹太人因受宗教法庭的迫害而被剥夺了财产，且被流放到巴西，他们以身作则，在原为流犯与娼妇居住的殖民地引入了某种秩序与产业，并教他们栽种甘蔗。所以，使人民侨居美洲并从事耕作的，并不是欧洲各国政府的智慧与精明。相反，是他们的乱政与专横。

对于殖民地的开拓与建设，欧洲各国政府毫无功绩可言。墨西哥的征服，不是西班牙枢密院的计划，而是古巴总督的计划。而使这一计

加勒比殖民地的拓荒者

英国曾将加勒比殖民地作为国内产品的原材料产地，同时又将产品销往殖民地，从与殖民地的贸易中获得了巨大利益。由于英属加勒比殖民地大量投资甘蔗种植园，发展单一经济，给殖民地带来了严重后果。种植单一农作物对土地结构造成的破坏在之后很长一段时间都难以修复。

划变成现实的，乃是大胆的冒险家。在征服美洲时，智利及秘鲁的征服者，甚至美洲大陆上的所有征服者，除西班牙国王许以他们名义外，其他国家都不曾许以任何奖励。实际上，这帮冒险家，全是自费冒险。而西班牙政府对他们来说，没有任何支助。至于英国政府，对其所属北美殖民地的拓殖，也同样没有支助。

但当这些殖民地建立后，利益相当可观，足以引起宗主国政府的注意时，宗主国便对其颁布一些条例，企图保证该国政府独占这等殖民地的贸易，牺牲殖民地的利益以扩大自己的市场。因此，与其说政府的介入是为了促进它们的繁荣，倒不如说是加以压制。不过，欧洲各国施行这等独占的手法并不相同，这就是欧洲各国殖民政策大相径庭的一点。其中，最宽松的是英国。但英国的殖民政策也只是在一定程度上不像其他国家那么褊狭和苛酷而已。

这样说来，欧洲政策到底在哪些方面有助于美洲各殖民地的繁荣呢？在一个方面，且只在一个方面有很大帮助：哺育并造就了能够完成如此伟业、建立如此伟大帝国的人才。世界上，没有任何其他国家的政策能够造就这种人才，实际上也不曾造就这种人才。这些殖民地，应当把它们富有积极进取心的建设者所受的教育，与它们之所以具有伟大眼光归功于欧洲政策。

美洲的发现和东方航线的开辟对欧洲的影响

欧洲从美洲的发现和殖民地的开拓中，所获利益如何呢？这些利益，大致可分为两种：第一，欧洲从殖民地获得的一般利益；第二，各殖民国获得的特殊利益，即对所属殖民地的统治权。

就第一种利益而言，又大体分为两类：其一是为欧洲带来大量的享乐用品；其二是扩大了欧洲的产业。美洲的剩余产品，给欧洲居民提供了大量商品，促进了西班牙、葡萄牙、法国、英国等国海上贸易产业的发展。那些不直接与美洲通商的地区，也通过英、法、葡、西等国将产品输送到美洲，这必然也增加了这些地区剩余生产物的输出量。美洲殖民地，对匈牙利和波兰等不曾把生产物输出到美洲的国家之产业发展，是有促进作用的。尽管这种促进作用并不明显，但的确存在。然而，殖民地为宗主国所提供的利益，却因所属宗主国的专营贸易而受阻，继而引发其他欧洲各国产业的停滞。因此，专营贸易是一个障碍物，它不仅抑制了宗主国之外的国家的发展，而且还限制了殖民地贸易的拓展。

特殊利益也有两种：其一是各国从所属殖民地获得的一般利益；其二是专营贸易。第一种特殊利益又可以分为两种形式：其一是殖民地可以为宗主国提供保卫帝国的兵力；其二是殖民地可以为宗主国提供维持帝国生存的民政收入。不过，有些殖民地需要同时为宗主国提供这两种利益，有些殖民地只为宗主国提供一种利益。

大部分美洲殖民地都不向宗主国提供任何兵力，因为它们的兵力还不足以保卫自身。只有西班牙和葡萄牙所属的殖民地能为宗主国提供若干民政收入。英国从殖民地中获得的收入与投资大致相当，如果要用从殖民地所得收入支付战时摊派在殖民地上的费用，则是天方夜谭。所以，这种殖民地对其宗主国是负担，而非财源。

综上所述，美洲殖民地只能为宗主国提供专营贸易。这就使所属殖民地的剩余生产物可以直接输往宗主国，而不能输往其他国家。其他国家只有向专营贸易国购买，才能获得这类商品。于是，这类商品在宗主国的价格必定低于其他国家，宗主国在以本国剩余生产物交换这等商品时，必然得到更优惠的价格。与其他国家相比，英国制品能换取更多的砂糖与烟草，所以英国能获得更为丰厚的利益。然而，这种利益只是相对而非绝对的利益。例如，英国独占了马里兰和弗吉尼亚的烟草，所以英国能以低廉的价格收购。至于法国，其需要的大部分烟草，必须从英国转购，所以价格比较昂贵。假设法国和其他欧洲国家都能自由地与马里兰和弗吉尼亚通商，那么烟草不但能以更低的价格输入其他国家，而且也能以更低的价格输入英国。当烟草价格下降，便会迅速推广开来，这样，英国和他国家就能以同量商品购买更多的烟草。

所以，英国不仅牺牲了它和其他国家本应从这种贸易中所能获得的绝对利益的一部分，而且也使它在其他贸易上忍受着绝对和相对的不利。

当英国在殖民地开始专营贸易时，以前投入在同类贸易上的他国资本只能全部撤除。由此，以前只经营部分此类贸易的英国资本，现在必须掌管全部。先前只需向殖民地提供部分欧洲产物的英国资本，如今须向殖民地提供全部的欧洲产物；于是由英国资本所提供的商品必然在殖民地以高价出售，而且原先购买殖民地部分剩余生产物的资本，现今要用来购买其全部剩余生产物。这些资本，必然以非常低廉的价格来购买殖民地的剩余物。于是，这就造成了英国贸易商能以高价出售殖民地所需的欧洲生产物，而以低价购买殖民地的剩余生产物。所以，其利润必然丰厚，并远远超过其他贸易部门的利润标准。在丰厚利润的吸引下，其他贸易部门的部分资本就会投入到该贸易部门。这样，其他部门资本的转移必然会加剧殖民地贸易中资本的竞争，同时也将逐渐降低其他贸易部门中的资本竞争。因此，前者的利润必然逐渐降低，后者的利润必然逐渐提高。

专营贸易所产生的双重结果主要有以下方面：

首先，专营贸易的独占权吸引了其他贸易资本，并使之转移至殖民地贸易中。自订立航海条例以来，英国的财富虽然大幅度提高，但并未与殖民地贸易额的增幅保持一致。虽然英国几乎垄断了殖民地的全部贸易，但其资本却没与殖民地贸易量同比例增加。因此，订立航海条例之后，英国的殖民地贸易不断增加。而其他国外贸易部门，尤其是英国与其他欧洲各国的国外贸易却持续衰落。对此，德克尔爵士以及其他许多

加尔各答

19世纪中期以来,英国调整了对印度的殖民政策,改变了过去那种赤裸裸的殖民掠夺和压迫,在印度掠夺工业原料的同时也适当开发基础工业,这使印度经济在一定程度上得到了缓和及带动。尽管如此,英国对印政策的调整并非是为了促进被殖民国家的发展,而是以经济手段进行另一种形式的殖民掠夺。图为英属印度末期的加尔各答市景。加尔各答在英属时代是印度的经济中心,也是英国政府的殖民中心。

作家将其原因归结于赋税过重、课税方法不当、劳动价格昂贵和奢侈增加等。然而,过度膨胀的殖民地贸易才是主要诱因。

有人认为,英国之所以能成为商业大国,完全是专营贸易的结果。其实,在殖民地贸易繁荣之前,英国就已是商业大国。因为,在航海条例颁布之前,英国与欧洲及地中海沿岸各国的贸易来往非常频繁。

其次,专营贸易必然会提高英国各种贸易部门的利润率,并使这种利润率远远超过其他可与英属殖民地自由通商的国家的自然利润率。

由于英国在殖民地的独占贸易,在巨额利润的驱使下,大部分英国资本必定违反自然规律,流向殖民地贸易。然而,独占贸易必定降低殖民地贸易中资本竞争的烈度，所以，此贸易部门的利润率必定提高。同时，由于殖民地贸易吸取了大量其他贸易部门的资本，使得这些部门的资本缺乏竞争，其利润率也必定提高。然而，在航海条例订立后，英国的普通利润率又大幅下降。因此，如果没有这个条例所规定的独占权，普通利润率就会降得更低。然而，英国执意违反这个自然规律，人为提高其普通利润率。这种做法直接导致的后果就是，英国许多无独占权的贸易蒙受绝对或相对的损失。

之所以会蒙受绝对的损失，是因为如果这些贸易部门的英国商人不高价售卖外国输入品及本国输出品，他们就无法获得这种利润。之所以蒙受相对的损失，是因为在这个贸易部门中，那些不蒙受绝对损失的国家，与英国相比将更有利，于是能够利用节省下来的绝对损失去生产更多商品。而且，由于英国单方面提高了其生产物在国际市场上的价格，导致其他国家的商人能在国际市场上以低价出售自己的商品，就把英国那些不享有独占权的贸易部门从国际市场上排挤出去了。所以，有一部分英国资本被不曾享有独占权的贸易部门，尤其是欧洲贸易和地中海沿岸各国贸易中吸引过去；同时，也有一部分被这些部门排除了。

也许有人会说，殖民地贸易比任何贸易都有利于英国。而且，独占

达·伽马

在中世纪的欧洲，香料是非常贵重的交易物，来自东方的香料更是王宫贵族和大商人青睐的奢侈品，其中印度的黑胡椒最受欢迎。早在15世纪中期，为了找到获取香料的捷径，不少欧洲商人开始探索非洲大陆一带乃至更东边的海域。1498年，葡萄牙航海家达·伽马成功抵达印度，在印度西岸的卡利卡特港（今科泽科德）登陆，宣告印度航线的开辟。这一成就使达·伽马暴富，也为葡萄牙取得欧洲海上贸易的主导地位提供了条件。

可以吸引大量资本进入这种贸易领域，因而能使这些资本变得对英国更有利。这个观点是错误的，原因如下：

对于国家来说，资本的最大用途是能够维持最大生产性劳动量，以及能够增加土地的劳动年产物。我在前文中已指出，应用于消费品国外贸易的资本，其能维持的本国生产性劳动量，与其在两国间往返的次数成比例。例如，1000镑的资本，如果应用在一年往返一次的消费品国外贸易上，那么这份资本也能雇用1000镑的本国生产性劳动量。如果这份资本应用在一年往返2次或3次的消费品国外贸易上，那么其所能继续雇用的本国生产性劳动量，等于1000镑或3000镑所能维持的本国生产性劳动量。因此，一般来说，与邻国进行消费品贸易的利润，远大于对远方国家的贸易。因此，直接的消费品国外贸易，其利润远大于迂回的消费品国外贸易。然而，对殖民地贸易的独占，却使英国的资本从近国的消费品国外贸易流入远国的消费品国外贸易中，从直接的消费品国外贸易流入迂回的消费品国外贸易中。所以这种贸易独占是英国资本的巨大损失。

首先，殖民地贸易的独占，迫使部分英国资本从欧洲及地中海沿岸各国转向美洲。美洲贸易不仅距离远，往返次数少，而且这些殖民地需要持续输入资本，以改良土地，所以它们尽量向宗主国举债。然而，殖民地人民向宗主国借款的常用手段，不是立据向富人借款，而是尽可能拖欠往来客商，也就是以欧洲货供给他们的商人的款项。他们每年的还款额，往往只有欠款额的1/3，甚至更少。于是，从事殖民地贸易的商人，垫付给他们的所有资本，很少能在三年内归还，有时甚至不能在四五年内归还。但是，五年一次往返的英国资本1000镑，其能雇用的英国劳动，也只及一年一次往返的英国资本1000镑的1/5。这1000镑资本，一年内所能继续雇用的劳动量，也只相当于200镑资本一年内所能继续雇用的劳动量。美洲移民以高价购买欧洲货，以高利息购买远期期票，以大量的佣钱调换短期期票，虽可弥补往来客商因他拖延付款而蒙受的损失，甚至弥补这损失后还有所剩余，但也只能弥补往来客商的损失，不能弥补英国的损失。

其次，殖民地贸易独占，迫使一部分英国资本，从直接的消费品国外贸易领域，转入间接的消费品国外贸易领域。因为从殖民地输入到英国的独占商品，其数量远超英国的消费额。于是，英国不得不把其中一部分输送到别国，这样就使得一部分英国资本，不得不流入迂回的消费品国外贸易领域。比如，英国从马里兰和弗吉尼亚输入的烟草，每年约为96000桶以上，然而，英国居民每年最多消费14000桶。于是，剩余的82000桶烟草就得输送到法国、荷兰等国。如果英国投在这些烟草上的资本，三四年后才能回到英国，那么投在迂回消费品国外贸易上的资本，也只有在三四年后才能回到英国。如果把这些资本应用在其他用途上，如改良英国的土地、增加制造业或扩张商业等，则可以使英国在这些领域获得更优越的地位。

再次，对殖民地贸易的独占，也在一定程度上使部分英国资本不得不从消费品国外贸易领域流入运送贸易领域。这样，那些本来用以维持英国产业的资本，就不得不用以维持殖民地产业，或者用以维持他国产业。因为，用这剩余的82000桶烟草所换来的货物，很大部分并不用于英国居民的消费。比如，利用剩余烟草从德意志和荷兰换回的麻布，必须运到殖民地销售。

最后，殖民地贸易的独占，使英国大部分资本违背自然规律，大量转入殖民地贸易，导致英国其他产业的自然均衡受到破坏。因为，在独占贸易的高利润刺激下，英国的产业开始脱离小市场，转入一个相适应的大市场。英国的贸易开始脱离小的商业系统，被纳入一个大的商业系统。长此以往，英国的整个工商业系统将会失去安全性。因此，如果殖民地市场持续排斥英国商品，英国的贸易会衰退；英国的制造业会遭受重创；英国大部分工人会失业。

如果想使英国摆脱这种危险，如果想使英国从殖民地贸易中撤回一部分资本，使之应用在利润较少的行业中，并逐渐扩大至其他产业部门，唯一的方法是适度地、逐渐地放弃贸易独占权，直到殖民地贸易开始自由化为止。然而，如果英国立刻开放殖民地贸易，这不仅会带来许多暂时困难，而且会使现今投放在这个领域中的劳动与资本蒙受巨大的永久损失。其他姑且不论，单就那剩余的82000桶烟草突然弃之而不用，就会使商人蒙受巨大损失。如何逐步开放殖民地贸易，如何恢复完全自由与正义的自然制度，希望后来的政治家和立法者能以极大的智慧去解决。

哥伦布宣布占有殖民地

15世纪末到16世纪初，西班牙殖民者们追随哥伦布的足迹进入美洲。哥伦布所到之处，都以西班牙王室的名义宣布加以占领。西班牙控制了西印度群岛以后，以这里为基地，向美洲大陆扩张。16世纪中期，殖民者继续在今天的智利、哥伦比亚、阿根廷、巴拉圭等地建立起一个个据点，实行殖民统治。图中，哥伦布正将所到的"蛮夷之地"据为己有。无论这位航海家的本意到底是什么，他的探索发现都给欧洲带来了繁荣，也给更多地区带去了灾难。

以上，分析了殖民地贸易独占对欧洲，尤其是对英国的影响，下面我将分析殖民地贸易对欧洲的影响。我们必须细心地区分这两者，对于欧洲来说，英国总是殖民地贸易的受益者，而欧洲本身总是受害者。

欧洲与殖民地贸易，如果处于自然与自由的状态下，那么，欧洲所生产出来的剩余生产物，可以输送到一个虽然很远但很广阔的市场，即美洲市场。而且，当殖民地贸易处于这种状态时，英国就无法从原来运销邻近各市场的产物中抽取任何部分利益。相反，殖民地人民会不断以

波士顿倾茶事件

1773年，英国为倾销东印度公司的积存茶叶而颁行《救济东印度公司条例》，该条例赋予东印度公司向北美殖民地销售积压茶叶的专利权。由于英国政府对东印度公司的茶叶免征高额进口关税，东印度公司在北美低价倾销茶叶的行为让美国同类企业遭受毁灭性打击。反英人士在波士顿港将东印度公司价值18000镑的茶叶倒入大海。英国政府下令封锁波士顿港口，这更激起殖民地人民的强烈反抗，使英国政府与北美殖民地之间的矛盾激化。图中，北美殖民地的居民正将茶叶扔入海中。

新等价物去交换英国等欧洲各国的剩余产品，从而刺激欧洲人民不断增加其剩余产品。此外，处于自然与自由状态的殖民地贸易，可以促使欧洲各国进入殖民地市场，从而扩大竞争，使新市场或新行业的利润率不会超过一般水平。

反之，在殖民地实施贸易独占，会排斥他国竞争，从而提高贸易利润率，势必导致资本从旧产业中转入这个新产业。贸易独占的目的，本来是为了增大宗主国在殖民地贸易中的份额，如果宗主国实施独占贸易后，其份额并未增加，那么独占贸易就没有理由存在。所以，如果殖民地贸易，不是以独占为目的，那么我们通过殖民地贸易开拓的新市场与新行业，比因独占而丧失的那一部分旧市场与旧行业要大得多。通过殖民地贸易而创造的新产业与新资本，在英国所能维持的生产性劳动量，远比独占贸易时多得多。

但是，欧洲各国在美洲殖民地开辟的新市场，在更大程度上是制造品市场，而非原生产物市场。因为，与欧洲相比，美洲殖民地农业的发展更超前——这里的土地价格低，有利于发展农业。于是，美洲殖民地中拥有丰厚的土地原生产物，它们不仅不需要从欧洲输入土地原生产物，而且还有大量的剩余产品输出到欧洲。此外，殖民地的农业占用了大量劳动力，使从事其他职业的劳动力变得匮乏，尤其是制造业，所以美洲人觉得从欧洲进口手工业产品更划算。从这个角度来讲，是新殖民地的开辟直接促进了欧洲制造业的发展，至于其对欧洲农业的支持，则是间接的。

然而，西班牙和葡萄牙在殖民地贸易中的垄断，却未能使他们的制造业得到维持和发展。这两个国家在未开辟殖民地之前就属于工业国，但是当它们占领世界上最富饶的殖民地后，反而不再是工业国了，究其原因在于独占贸易变成了罪魁祸首。葡萄牙、西班牙两国在美洲实行独占贸易，加上施于殖民地的其他错误政策，足以把殖民地贸易的良性影响抵消掉。这些错误政策，包括其他各种方式的独占、对输出品征收高额税，尤其是不公正的司法制度。这种制度，只保护有钱有势的债务人，使债权人无法向其追债，进而使工商业者不敢制造货物以供这些债务人消费。

相反，对英国来说，在各方面因素的作用下，殖民地贸易的良性影响，在某种程度上抵消了独占带来的恶性影响。这些因素包括：首先，相对自由的殖民地贸易。尽管英国对殖民地贸易设置了若干障碍，但与葡萄牙、西班牙两国相比，却有更大的自由度。其次，英国的商品输出自由度更大。在英国，几乎任何种类的商品，在输出到任何国家时，都可以免税。再次，英国生产的商品在本国自由流通时，可以享受无任何限制的自由。最后，英国确立了平等公正的司法制度，使英国国民的权利得到了法律的保障，从而也保证了各自的劳动果实，这样，就对各种产业的发展提供了强有力的保障，这一点至关重要。

如前所述，在殖民地实施专营贸易的策略，如同重商主义者的其他有害的卑劣策略一样，都阻碍着英国产业的发展。首先，专营贸易会使英国资本无法维持其原本能够维持的生产性劳动量，并无法给劳动大众提供原本固有的收入。其次，专营贸易提高了殖民地贸易的利润率，妨碍着土地的改良，因为投资于土地改良的资本，其利润是土地目前生产额和加投资本后土地生产额之间的差额。但这种差额能为资本所带来的利润，远远小于殖民地贸易的利润，所以后者就从前者中吸收大量资本。诚然，专营贸易能够提高商业利润率，因此英国商人的利益得以增加。但同时，专营贸易又削弱了其他行业的利润率，比如，它降低了劳动的工资、土地的地租和资本的利润。所以，我们可以说专营贸易只能使一个小阶层获益，却会损害大部分阶层的利益。

讲到此，有人会说，既然英国已经实施了专营贸易，那么如何才能让社会各阶层都能从专营贸易中获利呢？答案只有一个，那就是提高普通利润率。然而，一般来说，过高的利润率必然给国家带来严重的负面影响。过高的利润率会刺激商人抛弃原有的节俭品性。因为当利润很高时，商人肯定会变得穷奢极欲。而这些商人又是全国实业界的风向标，他们的生活方式，会直接影响到民众。如果商人生活节俭，那么民众也会这样。反之，如果商人骄奢淫逸，那么民众也会追风模仿。如此一来，那些本来善于蓄积的人不再有蓄积，国家的资本便会逐渐枯竭，资本所能维持的生产性劳动量也会日益减少。比如，在西班牙的加的斯和葡萄牙的里斯本从事贸易的商人，他们获得了高额利润，却未能增加西班牙和葡萄牙的国家总资本。

尽管有这些前车之鉴，英国依然在殖民地实施专营贸易。而且，英国开拓殖民地的主要目的，或者说唯一的目的就是维持自己在殖民地贸易上的独占。不过，如前所述，英国所开拓的殖民地，既不能为英国提供收入以维持内政，也不能为英国提供兵力以维持国防。殖民地能为英国带来的主要利益，就是独占经营，而是否能够在一个殖民地维持独占，也正是判断这个殖民地是否隶属英国的主要标志。因此，英国花费在殖民地上用以维持这种隶属关系的费用，其实质就是用以维持独占。然而英国用以维持独占的费用，究竟能否大于其从独占中获得的利润，对此我将予以详细的计算。

首先，这些费用需用以维持殖民地的军费；其次，还必须用以运输殖民地军民的生活所需。

由于英国在北美的殖民地，拥有长达数千英里的海岸线，为防范其他各国船只出入殖民地，必须有强大的海军。但是，这些花费只是英国耗费在殖民地统治上的极小部分，如果要计算其费用总额，还必须加上英国为保护殖民地所花费的款项的利息，以及上次战争的全部花费以及这次战争的全部花费。其中，上次战争是为了镇压殖民地人民的暴乱，其所耗用的费用总数在9000万镑以上，这不仅包含新债，而且包含每镑附加1先令的地税，以及每年动用的减债基金。至于这次战争，即爆发于1739年的对西班牙战争，其目的是阻止殖民地与西班牙商人的贸易。投资在这次战争上的花费，相当于维持独占的奖励金。尽管英国政府声称，这次战争的另一个主要目的是支持英国制造业、商业的发展，然而，战争实际的结果却导致英国的商业利润率大幅提高，从而使英国商人的大部分资本流入往返迟缓、运转周期较长的贸易部门。

所以，综上所述，如果英国继续实施现行政策，那么这对其在

乔治·华盛顿

北美殖民地于18世纪逐渐繁荣起来，并开始寻求独立发展其自身的经济，以减轻对英国本土的依赖。这使英国当局害怕失去北美殖民地这一廉价的原材料供应地及商品倾销市场，因此采取很多高压政策以阻遏殖民地经济的自由发展，如禁止殖民地居民向西开拓、禁止自主发行纸币、课征重税甚至解散其议会等。这一系列做法使得殖民地民众与英国的矛盾日益激化。最后殖民地民众于1775年爆发了起义，这被后来的美国称为独立战争。在这场战争中，乔治·华盛顿任大陆军总司令，为美国的独立作出了巨大贡献，成为美国的首任总统。

烟草种植园

随着地理大发现的推进和黄金的流入，市场上对烟草制品的需求进一步扩大，为此，美洲各地的殖民者开垦出大量新的烟草种植园。他们通过低廉的人力价格和土地成本，攫取了丰厚利润。图中，西印度群岛上的奴隶正在烟草种植园劳动。

殖民地的统治只有坏处，没有好处。

因此，我建议英国自动放弃对殖民地的统治权，让殖民地人民自己选举地方长官，自己制定法律，自己决定与他国的和与战。我的这一建议，或许不会为任何国家所采纳，因为没有国家愿意自动放弃对一个地方的统治权，尽管这个地方非常难以管理，尽管这个地方为国家提供的经济利益远低于国家在它身上的花费。可能在一些政治家看来，放弃殖民地统治权虽然符合国家利益，却会损害国家威信。当然，更重要的是，放弃对殖民地的统治权往往会损及统治阶层的私人利益。如果我的建议有幸被采纳，那么英国不仅能收回投资在殖民地上的所有资本，而且能与殖民地签订通商条约，使英国商人与殖民地间的自由贸易得到法律保障。这种方略，与当前的贸易专营相比，虽不利于商人，但利于人民大众。而且放弃统治权，也会使殖民地与英国的关系正常化。英国与殖民地近几年来的隔阂就会消除；殖民地人民不仅会尊重英国，而且当英国与他国爆发战争时，殖民地人民将在军事、经济上援助英国，成为我们最忠实、最亲密、最宽宏的盟友。

但是，在英国放弃对殖民地的统治权之后，如何去管理殖民地，以及英国如何从殖民地获益呢？下面我将逐一阐述。

附属于帝国的某个地区或省份，比如殖民地，如果想为帝国提供利益，那么它平时提供给国家的收入，其总额不仅要足够支持帝国分拨给它的军费，而且要依照固定比例向帝国交付款额以供帝国自由使用。所以，帝国如果想从殖民地获利，必须要求殖民地或多或少地为帝国总经费的增加作出贡献。对此，目前的情况却是那些附属于英国的美洲殖民地，不能为大不列颠帝国提供这些收入。但是，有人说英国在殖民地的贸易独占已经增加了英国国民的私人收入，也就同时增加了国民的纳税能力，如此就能作为殖民地对英国的补偿。然而，我前面已经说过，这种独占只能增加英国特定阶层的收入，却不能增加国民大众的收入；所以国民的纳税能力不仅没有提高，反而在下降。而且，因独占而大获其利的那个特定阶层，其向帝国缴纳的赋税也有固定比例，帝国想要求他们缴纳超出比例范围的赋税是不现实的。

英国军官一家在印度

古老的文明国家印度，在16世纪后就被英国当作征服远东的跳板。英国的东印度公司从本国政府那里获得贸易独占权，而且拥有军队（包括舰队），在殖民地建立军政合一的殖民机构，对殖民地进行残暴的政治压迫、经济掠夺甚至贩卖奴隶、毒品的贸易。图为18世纪的英国少将罗伯特·克莱芙与其家人在印度殖民地。

于是，有人说可否在殖民地设置议会，让议会代替帝国课税。此种方略，当然也行不通。

如果在殖民地设置议会，帝国不可能保证自己对这个议会有操纵权，从而能要求它向殖民地人民征收足够维持生存的公共收入及军费，更不能保证这个议会能依照适当比例向英帝国提供经费。即使在英国国内，我们也是经历了很长时间才建立了直接受君主监督的国会，而且又经过了很长时间，我们的国会才能为帝国提供足够的税收。因为君主只有通过把军政、民政权力分配给国会议员的方法，才能取得对国会的直

弗拉·毛罗地图

弗拉·毛罗是15世纪的威尼斯湖圣米歇尔岛的制图师、威尼斯宫廷地图绘制师,为葡萄牙的佩德罗主教服务。此图为他于1459年绘制的地图,这是人们在发现美洲新大陆前对地球最全面的认识。弗拉·毛罗绘制了这幅著名的世界地图,并把它送给了葡萄牙的敦·佩德罗,即著名航海家亨利亲王的兄弟。该地图还精确地绘制了好望角,比欧洲第一位来到此地区的巴特洛莫·迪雅士整整早了30年。历史学家们现在认为弗拉·毛罗当时一定是参考了中国的航海地图,所以才能把开普敦绘制得如此精确。

接控制。然而,在殖民地设立的议会,由于离君主很远、数目众多且分散于各处,所以,君主即使利用同样的手段,也无法控制议会。更何况君主绝对不会这样做——他绝对不能把英帝国的大部分民政、军政职权分配给殖民地议会议员,使议员有权向选民征税或征兵以控制英帝国。

此外,殖民地议会也无法对英国的国防经费及维持费作出正确判断,因为对于这类大事务,英国不可能邀请殖民地议会共同讨论。比如,英国所属的某个省的议会,它只能对所属地域的事务作出正确判断,至于全帝国的总体事务,它们却无法作出正确判断。即使对于本省在全国中的重要程度以及是否比其他省更富裕,它们都无从得知,因为它们并不能监督和指挥其他省。于是,有人提议,英国国会负责决定向殖民地征税,而殖民地议会则依照实际情况来决定征税方式。或者说,国会负责督导全帝国事务,而殖民地议会则负责管理本地事务。这样,即使殖民地议员不出席英国国会,但是,国会从他们的报告中也能判断征税是否合理。然而,事实并非如此。因为即使对那些没有议会的殖民地,英国也从未征收过重税。相比之下如根西及泽西二岛,它们虽无议会,但居民却能缴纳低于其他地区的税收。

各个地区纳税的标准不同,一些地区由君主决定抽取方法,另一些地区则由省级议会来决定，这种方法在法国实行过。在法国有些地区，国王不仅决定纳税额，而且决定抽取方法；也有些地区，国王只决定纳税额，而抽取方法则由省议会决定。如果英国也在殖民地实施这一征税方法，却不妥当，尽管它有利于殖民地人民。因为法国已经巩固了其在有议会地区的统治，但英国对于许多殖民地却尚未确立统治权。所以，在殖民地设置议会并由议会决定税收，殖民地议会将不乐意缴税，并找出许多借口来拒绝英国国会的派征。比如，当英法战争爆发时，英国必须征纳1000万镑军费来保卫国土，依照常规方式，这个款项必须由国会以某项基金为担保，向人民进行有息借款。对于这项基金，国会提议一部分在英国国内征收，另一部分则向各个殖民地议会征收。然而，各个殖民地由于远离战场，而且对战争持观望态度，那么殖民地议会是否会依照英国国会的要求缴纳税收呢？如果它们拒绝国会的要求，英国在战时所借的债务将全部由国内居民来承担。自开辟殖民地以后，或许只有英国无法从殖民地获得更大利益，而其他国家大都把帝国军费的大部分强加在殖民地人民头上，从而减轻了国内居民的负担。

然而，如果英国国会剥夺了殖民地议会的征税权，那么殖民地议会的重要性也就不存在了，而这些议会中某些重要议员的政治地位也就丧失了。于是，这些议员就成为英国国会的奴仆，他们更会拒绝国会征收赋税的计划。如果国会继续催促，他们宁愿以武力来保卫自己的重要地位。

在罗马共和国日趋衰落时，那些负责保卫罗马安全的同盟国，都要求共和国赋予其市民与罗马市民同等的权利。当罗马共和国拒绝这些要求时，内战就爆发了。战争导致罗马共和国不得不授予这些同盟国特权，按它们的独立程度授予。现在，英国国会要求向殖民地征税，却遭到拒绝，它们的借口是自己没有派代表出席国会。设若对意欲脱离联盟的各殖民地，英国均允准其按纳税比例选代表，而且因着纳税，使之与本国公民相等——其代表人数，随纳税比例的增加而增加——那么，各殖民地的领袖，就有了觊觎高位的新办法。这样，由于他们常常高估了自己的才干和幸运，其权力野心必将日益膨胀，不再甘于在殖民地中个小彩，而企图在英国的政治舞台上中个大彩了。

很明显，按纳税比例选代表的方法，最能保持美洲各殖民地领袖的重要地位，满足其权利欲。如果我们不同意他们的这一要价，以流血的方式强迫他们服从我们，那流出的每一滴血，都是国民的血，或者就是愿意成为我国国民的人的血。那些认为能以武力征服殖民地的人，实在非常愚钝。

比较而言，我还是赞成殖民地派代表参加国会。因为我们不像罗马共和国那样，当共和国赐予其同盟国特权时，就完全破坏了罗马共和国——由于罗马共和国同意任何性质的暴民参加人民议会，因此这些暴民有可能赶走了真正市民，并俨然以真正市民自居来决定共和国事务。然而，即使美洲殖民地派出50个，甚至60个代表出席英国国会，我们依然能够判断出谁是真正的国会议员。所以，罗马共和国的组织结构会由于共和国与同盟国之间的联合而遭到破坏，但英国的组织结构却不会因英国与殖民地的联合而遭受丝毫的破坏。相反，同意美洲殖民地派代表出席国会更能完善我们的组织结构，因为国会负责讨论并决定帝国的一切事务，所以只有各个地区派出代表参加国会，国会才能正确判断总体事务。但是，上述的联合议政方式是否能够顺利实行，以及执行时是否会出现困难，我不敢妄论。然而，我相信这些困难肯定可以克服，因为主要困难只是大西洋两岸人民的偏见和成见。

所以，住在大西洋此岸的英国居民，没必要忧虑众多的美洲议员将会破坏组织的均衡——过度增加国王的势力，或过度增加民主的势力。因为美洲代表越多，他们所缴纳的税就越多，这也就意味着被我们统治的人数增多。被统治的人越多，统治手段也就越多。所以，尽管有越来越多的美洲议员参加国会,但是国会中君主的势力与民主的势力依然可保持均衡。

同理,大西洋彼岸的美洲居民,也无须担心自己因远离政府而可能遭受更重的压迫。因为,他们派出的代表一定会保护他们,使其免受一切压迫。路途的遥远并不会使这些代表脱离人民,因为在前者看来,是后者的选拔才使自己成为议员的。所以,前者为保证后者的拥戴,定会以国会议员的权力申诉后者所遭受的不公。而且,美洲殖民地的人民也有这样的看法,即他们不会长期远离中央政府。因为他们觉得自己的财富、人口以及土地改良快速进步,或许在一个世纪之后自己的纳税额将远远超过英国本土,那时帝国首都自然会迁到纳税最多的地方。

总体说来,发现新大陆以及由此而开辟的绕好望角直达东印度的通路是人类历史上尤为重要的两件大事。然而,由于这两件大事的发生距今只有两三百年,所以,在如此短的时间内其影响力并未完全表现出来。此外,这两件大事,带给人类的将是福运还是不幸,我们依然无法预知。不过就目前来看,它们在一定程度上联合了两个相距很远的地区,使这两个地区互相交融,救济彼此的贫乏,增加彼此的福乐,促进彼此的产业,其影响一般是有利的。不过,这两件大事于西印度和东印度的土著来说,商业上的利益却被由此引发的不幸抵消了。或许,这些不幸只是偶发性的,因为当美洲及东印度的航道被发现时,欧洲人可以凭借自己的强势肆意作为,在如此遥远的地方干出各种非正义的事体。不过,以后这些地区的土著也许会强盛起来,同时,欧洲人在这些地区的势力也会日趋衰弱。这样,双方出于同等实力引起的彼此忌惮,从而使一方凌驾于另一方的专横消失殆尽。然而,最能建立起同等实力的方法,就是互相传授知识以推动技术改良。这样的结果,自然会或者说必然会随着全球化的商业交往而实现。

另外,这两件大事的发生所带来的另一个重要结果便是,使重商主

哥伦布用月食恐吓印第安人

1503年，西班牙人与印第安人的冲突升级，哥伦布在"饥饿与叛乱"中困守牙买加一年。哥伦布是个很好的天文学家，他准确推算出1504年2月29日晚上将会发生月食，所以他召集素有日月星辰崇拜的印第安人首领到他那里。他宣告：我是天神（上帝）派来的白人大酋长，为了惩罚你们，今天就把月亮摘下来。月食按时发生了，从此以后印第安人很顺从地执行了给"大酋长"哥伦布送粮的任务，并且开始信奉"上帝"。

义发展和壮大到如此显著的程度。重商主义的目的，不是通过土地改良及耕作而富国，而是通过商业和制造业而富国；不是通过农村产业而富国，而是通过都市产业而富国。因此，这两件大事的发生，不仅使许多的欧洲商业都市发展为世界范围内的制造业者和运送业者，而且为他们的产业开拓了两个日益扩大的新市场。

确实，那些占据美洲殖民地，并与东印度直接通商的国家，表面看来享受了许多商业利益；但其他国家虽然受到这些国家的排挤，却往往享受了更大部分的商业利益。例如，西班牙和葡萄牙在其殖民地，提供给其他国家产业的真实奖励，远比本国产业多。仅就亚麻布来说，属于西班牙、葡萄牙两国的殖民地每年都要花费300万镑以上，而这类物品，几乎全部依靠法国、佛兰德、荷兰、德意志提供，因为西班牙、葡萄牙两国只能提供较少量的亚麻布。依靠在美洲殖民地销售大量亚麻布，法国、佛兰德、荷兰、德意志获得了大量资本，并把这些资本分配给国民，提高了国民收入。对于西班牙和葡萄牙来说，它们仅仅获得了这些资本的利润，而且这些利润只是运到国内供加的斯和里斯本的商人维持奢侈的消费。

即使某些国家订立了保证其所属殖民地贸易的独占法令，也往往在更大程度上损害了自己的利益，而对于此种法令所要妨害的国家，则只有微小的危害。同样，这个法令的最初目的是为了压制他国产业。然而最终却是自食苦果，破坏了其自己的产业。比如，英国曾制定了航海条约，而据此条约，汉堡商人如果想向美洲输送亚麻布必须首先送往伦敦；如果他们想从美洲输入烟草，必须从伦敦转输。这么做，使这些商人不得不以低价出售自己的亚麻布，而以昂贵的价格从伦敦买进美洲产的烟草，以致减少了他们的利润。但是，从另一个角度来说，以伦敦作为中转枢纽，汉堡商人的资本往返往往比直接与美洲贸易时快得多。这样，阻止汉堡商人与美洲间的自由通商，反使汉堡商人的资本能在德意志继续雇用更多的劳动力。因此，即使汉堡商人的个人利润减少了，但德意志的国家资本却在增多。然而，对英国来说，情况就截然不同了。独占自然会吸附伦敦商人的资本，使之流入对己有利而对国家不利的用途，因为往返的效率低。

所以，尽管欧洲各国都企图利用专营贸易来获得所属殖民地贸易的最大利益，但任何一个国家从殖民地中获得的利润，扣除其用于维护殖民地安全的费用外还能有所剩余。相反，由于殖民地给宗主国带来了许多困难，加上必须与他国分享由这些殖民地贸易产生的利益，对于那些对殖民地实施独占的国家来说，实在是得不偿失。

我在前面说过，任何国家的商业资本都会投在最有利于国家的用途上。如果这些资本投在运送贸易上，那么其所属的国家，自然会成为它所经营的货物的最重要的贸易市场。而这些资本的拥有者，自然会尽最大努力让这些货物在国内售完。如此，他就能免去输送货物时的麻烦、危险与费用，所以，他会尽量使运送贸易变作消费品国外贸易。同理，如果他的资本投在消费品国外贸易上，那么他也会尽力把搜集来准备输到外国市场去的国内货物，主要放在国内销售；因此，他会尽量使消费品国外贸易变成国内贸易。总之，任何国家的商业资本，都自发地寻找近的、往返次数多的用途，而规避远的、往返次数少的用途，都在寻求

给奴隶烙上印记

1441年，由安陶·贡萨尔维斯率领的葡萄牙探险队在布朗角劫掠了10名非洲黑人，带回里斯本出售，是为黑奴贸易的开始。此后几个世纪，欧洲殖民者从非洲贩运的黑奴每年数以十万人计。这些烙有印记的黑奴被贩运到大西洋上的岛屿，以及在西印度群岛新开辟的甘蔗种植园中工作。非洲黑奴的后代同样为奴，到一定年限后，他们也被烙上印记或留或卖。图中，一位白人正为黑奴家庭的长子烙上可识别的印记。

能雇用所属国或所在国最大生产性劳动量的用途，而规避只能雇用所属国或所在国最小生产性劳动量的用途。总之，在一般条件下，资本永远都是趋利避害的。

资本应用于殖民地贸易时违背其自然规律，而流向较远的用途，所以在一般条件下这不利于国家。不过，如果其中有某一种用途的利润提高到足够抵销近的用途的利润，那么在高利润的驱使下，资本就会从近的用途流向远的用途，一直到各种用途的利润都回到自然水平。所以，当等量资本投在远的用途上和投在近的用途上时，虽然其雇用的生产性劳动量不同，但或许这同样是社会的需要。比如，许多由远的用途经营的货物，是许多近的用途经营所必需的。然而，如果经营这类货物的利润超过自然水平，那么这些货物就必然以高过自然价格的价格出售。这种高价或多或少会使从事近的用途的人受到排挤，以致那些受排挤的人把若干资本从近的用途撤回，然后投入到远的用途，使利润恢复到自然水平，并进而使价格下降到自然水平。因此，在这类异常的情况下，受公共利害关系影响，部分资本肯定会从对公众有利的用途中撤回，转而投入到对公众无利的用途中。同样，在这种异常情况下，个人利害关系与公共利害关系相同，于是使商人把资本从近的用途中撤出，投入到远的用途。

但是，在这种自然倾向的影响下，如果商人把过多资本投在远的用途上，其利润肯定下降；投在其他用途上的资本，其利润则升高。当商人看到这种趋势后，将立即改变这一错误分配。所以，无须法律干涉，这种利害关系自然会指引商人把社会的资本尽量按适合于全社会利害关系的比例分配到各种用途中。

重商主义者所实施的法规多少会扰乱这种资本分配趋势，尤其是有关美洲及东印度贸易的重商主义法规，更能扰乱资本分配的自然趋势；因为这两大贸易吸收了数目超过其他任何部门的资本。

欧洲各国对于美洲贸易，都在尽量地独占其所属殖民地的全部贸易，并完全排斥其他国家，阻止他国与殖民地直接通商。在差不多整个16世纪，葡萄牙人都在运用这种独占，企图控制东印度的贸易，他们声称自己拥有印度各海的唯一航行权，因为他们率先发现了这条通路。同时，荷兰也继续限制，甚至是阻止欧洲其他国家与荷兰所属产香料的岛屿进行通商。所以，欧洲各国对殖民地实施的独占，显然妨害了其他欧洲各国自由经营本来有利可图的贸易，并使其他国家必须以比自己直接与产地进行贸易时更高的价格购买这些专营贸易所经营的商品。

然而，自从葡萄牙开始衰落以来，欧洲国家都不再要求独占东印度的贸易了。所以，现在印度各海的主要海港能向欧洲各国开放。但是除了葡萄牙和法国，目前欧洲各国在东印度的贸易都受到一个专营公司的限制，这个公司就是东印度公司。成立东印度公司，就是为了维持独占，因此它妨碍了其所属国家的发展。比如，自英国成立东印度公司以来，英国的居民不但无法从事这种贸易，而且还必须以高昂的价格购买来自东印度的货物。东印度公司的这种独占，使其获得了超额利润；而且由于公司的规模巨大，在处理公司事务时难免发生弊端，比如，难免出现异常的浪费。这种异常的利润以及异常的浪费，最终都是靠本国消费者支付。所以，这种独占明显不合理。

航海家亨利

15世纪中叶，随着航海技术日益成熟，葡萄牙出现了一位名叫亨利的航海家。亨利为葡萄牙的王子，他对权力没有野心，很少去里斯本宫廷，在激烈的王室争权夺利斗争中置身事外。他把整个身心投入到航海探险事业上。在萨格里什，他成立了一所非正式的学校来传授航海知识。他与助手搜集和研究了水手与旅游者的记述，派遣船只，开始了他航海探险的历程。在他的支持下，葡萄牙船队在非洲西海岸至几内亚一带，掠取黑奴、黄金、象牙，并先后占领了马德拉群岛等地。

欧洲各国在东印度的独占，可以分为两类：第一类独占方式表现为，总是违反自然规律，而吸引大量的社会资本流入享有独占权的贸易领域；第二种独占方式表现为，依据不同情况，有时吸引社会资本流入享有独占权的贸易领域，有时又拒绝社会资本流入这种贸易领域。在穷国，独占总是表现为第一种方式；在富国，则表现为第二种方式。

比如，如果没有一个专营公司来限制东印度贸易，类似瑞典和丹麦那样的穷国，也许不会派遣商船到东印度去。但是这个专营公司设立后，必定吸引许多冒险家——由于独占权，他们不仅在国内市场上可以抵制竞争者，而且在外国市场上和他国贸易者拥有同样的机会。如此，他们能够轻易获得超额利润，所以如果没有这种刺激，瑞典和丹麦的商人或许没有胆量把小资本投在像东印度贸易那般遥远和不确定的事业上。相反，类似荷兰这样的富国，如果没有东印度公司的存在，他们或许会派遣比现今更多的商船到东印度。但是荷属东印度公司限制荷兰境内的资本流入这种贸易。假如东印度贸易是完全自由的，那么荷兰境内许多过剩的资本都会流入东印度，因为东印度市场是一个比欧洲、美洲合起来更大更广的市场。

所以，如果不存在专营公司，虽然个别国家无法与东印度直接贸易，但我们不能由此说，必须在东印度设立专营公司。相反，我们应该说，那些无法与东印度通商的国家，在这种情况下不应该与东印度直接通商。之前，葡萄牙与东印度的贸易已经充分告诉我们，专营公司通常并不是经营东印度贸易所必需的。因为，葡萄牙未设置任何专营公司，却几乎独占东印度贸易达一个世纪之久。

虽然单独一个商人无法拿出足够的资本支付给东印度各港的代理人或经理人，使其为自己不时开往东印度的船只购置货物。然而商人必须这么做，否则到岸再购置货物往往贻误船期。而这种因延误所带来的耗费，不仅让商人损失利润，甚至让他们的资本无法全额回收。或许，这种说法的目的是证明没有一个商人能不借助专营公司而自己经营。对于一个大型贸易部门来说，任何私人的资本量都不够经营主要贸易部门的附属部门。但是，当一个国家出资经营某个大贸易部门时，自然就会有些商人投资在其主要部门或附属部门。所以，当一个国家出资经营东印度贸易时，自然有商人付出资本分别投资在这个大贸易的不同部门。其中，有些商人出于自己的利益考虑，要住在东印度并投下资本给其他商人提供货物。欧洲各国在东印度建立殖民地时，如果能限制专营公司的贸易权力，让贸易权直接掌握在

弗朗西斯科·皮萨罗

弗朗西斯科·皮萨罗是西班牙最著名的殖民地征服者之一。1531年，他听说秘鲁的印加帝国有大量财富时，便决定前往。皮萨罗召集了180人，出发去征服秘鲁。当时，印加文明高度发达，有着良好的道路和组织有序的贸易。但印加人唯一的武器是矛，他们根本不是拥有火枪的西班牙的对手。皮萨罗利用印加王室内部的倾轧，于1532年杀死了印加王阿塔瓦帕。到1533年，印加的统治宣告结束，建立了新的西班牙城市利马。

君主手中，那么本国商人的利益就会得到保证。如果在某段时间，一个国家投资在东印度贸易上的资本无法维持此贸易的各个部门，这就意味着这个国家还没有经营这种贸易的资格。所以，这个国家最好通过其他国家购买所需的东印度货物，尽管付出的价格要昂贵些，但这种损失比从其他重要用途中抽出资本来经营东印度贸易的损失小得多。

虽然欧洲各国在非洲海岸及东印度建立了许多重要的殖民地，然而这些地区的殖民地远没有美洲各岛及美洲大陆那么富裕。这是因为非洲，以及东印度地区的居民都是野蛮的游牧民族。而且，这些地区的人口密度如此之大，超过了土地的承受能力。相反，生活在美洲各地的民族——除了墨西哥及秘鲁——都是狩猎民族。如果土地肥沃程度相同、面积相同，这块土地所能维持的狩猎人数远大于游牧人数。那么欧洲在非洲及东印度建立殖民地时，如果想驱逐这片土地上的原有居民，并从欧洲移民过来就显得非常困难。而且，由于专营公司的精神不利于新殖民地的增长，这些或许都是东印度殖民地无法进步的主要诱因。葡萄牙在非洲及东印度殖民地未曾设立专营公司，这些殖民地，如非洲海岸的刚果、安哥拉和本格拉，以及东印度的果阿，虽然由于独占外的其他原因未能获得发展，但是依然有许多葡萄牙人在这些地区居住了好几个世代。荷兰在好望角以及巴达维亚开拓的殖民地，如今应该算是欧洲人在美洲及东印度最大的殖民地了。这两个殖民地，都处于重要的战略位置。好望角是欧洲和东印度之间的中转站，任何从欧洲出发到东印度的船只，都需要在此添购各种新鲜食品、水果、葡萄酒，就这点来说，殖民地的剩余生产物都可以得到快速消费。而巴达维亚则是东印度各大国间的交通驿站，往返于当时的欧洲与中国、日本间的一切船只都要在此停泊，补充给养。而且，这里又是东印度国家贸易的主要市场，欧洲与亚洲的货物在这里实现了交换。所以，基于这种有利地位，虽然荷兰在这里设立了专营公司，亦无法压制这两个地区的发展。

除了上述这两个殖民地，英国和荷兰在非洲以及东印度都不曾建立大的殖民地，即使如此，专营公司所固有的精神被明显表示出来。据说，荷兰人为了抑制产香料岛的香料数量，往往把自己消费额之外的剩余香料加以焚毁，在这些策略的影响下，天然生长在这些岛屿上的丁香及豆蔻幼花几乎绝种。他们之所以这么做，是因为如果这些领岛的香料超过市场所需，他们害怕土著居民会把部分香料走私到他国。于是，在他们看来，维持独占的最好办法就是使香料产量不超过市场所需。英国的公司目前还未在东印度实施这些破坏制度，不过依照他们的规划，有这种趋势。我相信，这些公司的头脑们为了自己的利益，通常会强迫农民销毁罂粟苗以栽种稻米或其他谷物，其借口是预防饥饿，然而真实原因则在于能够高价售卖手上的大量鸦片。有时，这些公司也会命令农民销毁稻苗或其他谷物苗以栽种罂粟，前提是公司看到售卖鸦片可获得超额利润。如果政府允许公司继续这么做，它们肯定会限制自己想独占的特殊商品的生产量，使售卖价格异常高昂。

然而，公司的这些行为，对于其所属国家的利益是一种巨大破坏。因为任何国家统治者的收入都来源于人民的纳税，人民从土地中获得的劳动年产物越多，他们所能缴纳的税额就越高。因此，统治者要想获得最大利益，必须尽量使农民获得丰厚的土地年产物。此外，土地地租也是统治者利益的最大来源，而地租与生产物的数量和价值成比例。但生产物的数量与价值又受市场制约，购买力竞争越激烈的市场，生产物的价格越高。所以，统治者如果为自己的利益考虑，他必须为国家的生产物开拓最广泛的市场，准许最自由的贸易。此外，他不仅应废除独占，且应鼓励本国生产物的异地交换贸易、鼓励本国生产物输出到外国、鼓励能与本国生产物交换的任何商品输入。唯有如此，才能使生产物的数量与价值最大化，从而使自己的收入也最大化。

但是，商人不同于一个国家的统治者，他们只从自己的角度考虑问题。在他们看来，自己的主要业务是贸易——买与卖，他们甚至还认为统治者是为自己服务的。或者说，统治者必须使商人能低价购买印度货物，并高价在欧洲出售。为了达到这个目的，商人们力图在殖民地市场上驱逐一切竞争者。或者减少殖民地人民生产的剩余生产物，以便出售时获得高额利润。如此，商人出于自己的习惯在任何情况下都只为自己考虑，而忽视国家利益。

然而，这些商人忘记了自己的本来职责，忘记了自己是受国家的委托出售欧洲货物，并购买印度货物。换句话来说，就是尽量高价出售欧洲货物，低价购买印度货物，从而尽可能在他们买卖的特定市场排除一切竞争者。

不过，如果国家要求一切公司的行政人员放弃公司利益，也是无效的。因为这些行政人员既有经营贸易的手段，其办公地点又远离国家监视，几乎全然不受国家督导。要求他们立即放弃一切只图一己之私的贸易，放弃一切发财机会，只满足于国家所认可的，而且通常只与贸易所得真实利润相称的薪酬，那实在太愚蠢了。因为对于这种情况，限制公司职员为自己牟利的贸易，只会导致上层人员借口执行国家命令来压迫不幸的下层人员。这些人员，自然会尽力效仿公司贸易，而设立同样有利于个人的贸易独占。如果任其自由作为，他们将明目张胆地独占，并禁止其他一切人员进入这个贸易领域。如果国家明令禁止这种行为，他们就会秘密地、间接地独占，如此给国家带来的损失更甚。因为，如果有人举报他们以代理人为借口秘密经营职权以外的贸易部门，他们就会使用国家的权力迫害举报人。但公司人员的个人贸易销售的商品种类，远比公司贸易多。公司贸易仅限于欧洲的贸易，而公司人员的个人贸易可推广到一切国外贸易部门。所以，公司的独占只会阻碍要输往欧洲去的那些剩余生产物的自然生长；而公司人员的个人独占，将损害供国内消费或输出的一切生产物的自然生长，其结果就会导致国家的耕作事业遭到破坏，居民人口下降。

这些公司职员，由于自己所处地位的性质，一定会使用比公司头目更为苛刻的手段来维护自己的利益，并同时危害所属国家的利益。在他们看来，国家只是属于公司头目的而不是自己的，所以头目们当然要特别注意宗主国利益。如果这些职员能够认识到公司利益其实与属国利益完全一致，如果他们能认识到公司头目压迫属国主要是出于无知、卑陋的重商偏见，那么他们就不会只为自己考虑了。然而，这些职员的真实利益并不与国家利益一致，所以，即使他们有最完全的认知，也不能停止对属国利益的侵害。欧洲各国所制定的条例，虽然比较脆弱但是大多带有善意，而东印度公司的职员所制定的条例，虽然适合殖民地，但很少带有善意。这是个非常奇怪的公司，工作人员都想尽量脱离殖民地，当他们离开殖民地，自己的财产亦全部搬出之后，即使地震把殖民地全部毁掉，也与他们的利益毫无关系。

所以，就任何角度来讲，专营公司的存在对国家是有害的，设立这种公司的国家总会出现困难、不幸，而受这种公司统治的殖民地人民总会受到迫害。

第五卷　论君主或国家的收入

国家的财政状况主导着公共权力的资源配置，政府权力的运作必然建立在一定的财政基础之上。国家的财政不仅仅是政府经济收支的反映，更体现着经济资源在国家及国民间的分配状况。在财政领域，国家权力与国民权利的关系集中表现为国家财政权和私有财产权的冲突与协调。

第一章　论君主或国家的开支

如果一个国家没有可靠的安全保障制度和司法制度,那么民众对政府就难以信任,对他人能否遵守契约心存疑虑,甚至对自己的人身和财产都没有安全感。在这样的国家,不仅商业和制造业不能持续发展,而且连国家本身能否稳定都让人担忧。所以,维护本国安全,使每个国民免受他人欺压,促进国民教育进步,便利各种商业的发展等,都是君主或国家必须履行的义务。

不过,履行此等义务势必需要一定的费用。维护国家安全、司法行政以及国民教育是出于全民利益,因此其费用应由全民分摊;交通运输可保证贸易的顺畅,其受益者是商人和消费者,所以其费用由商业利润支付,即收取通行税或海关税。而随着社会的进步和国家体制的健全,这些费用的来源从一般社会收入逐渐演变成向全民定额收取的赋税。

论国防开支

维护国家安全,并使之免受他国侵略是君主的首要义务,而诉诸武力则是完成此项任务的唯一途径。不过,在不同的社会发展时期,战备与战时的军费差异很大。

狩猎民族处在人类发展的初级阶段,是最原始、最野蛮的民族。在这种社会中,既无君主,也无国家。例如,北美土著人,其所有的人既是狩猎者,也是士兵。当他们为保护社会或为社会复仇而战时,所需的费用由自己承担。

游牧民族较狩猎民族进步，但情况与之大抵相同。该类部族的所有人既是游牧者，又是士兵。例如，鞑靼人和阿拉伯人，他们居无定所，每年因季节变迁或偶发事件而时常迁移。因而，整个民族习惯于流浪生活，即使在战时，其生活方式与平时也无区别。所以，一旦发生战争，无论男女老少都可成为士兵。如果获胜，敌方全种族的一切都成为战利品。反之，己方一切，包括牲畜乃至妇女、儿童，全都成为敌方的战利品。

水晶宫

工业的进步给人们的生活方式和思想观念带来了巨大的变化，伦敦水晶宫便是集中反映这一伟大成就的标志性建筑。水晶宫建成于1851年，用于在伦敦举办的首届世界博览会上展示大不列颠的强大国力。它以钢铁为骨架、玻璃为主要建材，是19世纪世界上最超前的建筑之一。遗憾的是它在1936年11月底毁于一场火灾，似乎也暗示了大英帝国的没落。丘吉尔当时惋惜地表示道："这是一个时代的终结。"

鞑靼人或阿拉伯人的日常劳作、日常操练，都可以视为备战。他们参加竞走、角力、耍棒、投枪、拉弓等户外游戏时，仿佛就是在战斗。在实际作战时，他们仍依靠自己的牲畜维持生活，酋长或君主并不为训练他们而支付任何费用。他们所期待的唯一报酬就是作战时掠夺的战利品。

由于狩猎所能获得的生活资料很不确定，如果很多人长期生活在一起，生存就会出现问题。因此，狩猎者的队伍一般为二三百人。而游牧者以放牧为生，当一处的牧草被吃尽时，他们可以转移到其他牧草丰美的地方继续生活。在干燥季节，他们迁往河岸；阴湿季节，他们又退回高地。当他们上战场时，他们并不把牲畜交予老幼妇孺照看，也不把老幼妇孺安排在作战队伍的后面，加以保护和供养。他们往往可以二三十万人生活在一起。战时，士兵似乎可以无限制地增加。因此，狩猎民族对其文明的近邻，并不构成太大的威胁，而游牧民族，却不可小觑。例如，印第安人在美洲的战争，最不可怕；最可怕的，是塞西亚人或鞑靼人对亚洲的侵略。修昔底德曾断言，无论欧洲还是亚洲，都无法抵抗团结起来的塞西亚人，历史对此已作了有力证明。游牧民族的团结，往往以某些地方惨遭其蹂躏为标志。如生活在广阔原野上的塞西亚人或鞑靼人，他们往往在一个征服者部落或种族的酋长统治下团结起来，大肆侵犯亚洲很多地方，直至将那里的人征服或消灭。此外，出于对宗教的狂热，生活在阿拉伯大沙漠的游牧民族也曾在穆罕默德及其后继者的统治下有过类似的团结。有人说，如果侵犯美洲的不是狩猎者，而是牧羊者，那么邻近他们的欧洲各殖民地居民，一定不会像现在这样安安稳稳地生活下去。

在较为进步的农业社会，每个农民都可成为士兵。他们在劳作中锻炼出了坚韧的性格，养成了战时所需的忍耐品质。一旦爆发战事，他们可将在农业上练就的本事熟练地应用于战争。例如，他们开沟凿渠的本领正适合用来修筑防御工事。农民平时的消遣像游牧人的游戏一样，但俨然是在为战争作准备。与游牧民族相比，虽然农民不像游牧民族那样悠闲，也不像游牧民族那样骁勇善战，但他们的君主也不需破费以训练他们。

农民都有固定的住所，如果一旦丢掉住所，他们势必蒙受重大损失。因此，农耕民族作战，不像狩猎民族和游牧民族那样全员出征，只有符合兵役年龄的男子奔赴战场，而其余老幼妇孺均留守在后方。如果战争开始于农作物播种之后，结束于收获之前，后方的留守人员就承担起所有农活，这样农业生产不至于蒙受太大损失。因此，在短期战役中，农民并不需要君主或国家提供经费。所以，无论是训练之时还是作战之际，君主或国家都无须为其提供费用。第二次波斯战争开始前，古

格林尼治公园

公共开支当中，很重要的一部分是用于建设方便公民的基础设施，如公园、剧院、桥梁等。格林尼治公园是英国最著名的公园之一，它位于伦敦东南、泰晤士河南岸，为地球经线的起始点。而所谓的本初子午线，除了是格林尼治标准时间制定的依据，同时也将地球划分成东西两半。格林尼治公园占地广大，周围邻近的重要景点，包含旧皇家天文台、航海博物馆、格林尼治码头在内的整片区域，以"Maritime Greenwich"为主题，在1997年时被联合国教科文组织列为世界珍贵遗产。图为从格林尼治公园的小丘望向金丝雀码头的景色。

希腊城邦的市民就属于这种情况。伯罗奔尼撒战争发生前，伯罗奔尼撒人以及共和国初期的罗马人也都是以这种方式服兵役。维伊之围后，罗马人让留守者承担服兵役者所需的费用。罗马帝国衰落后，欧洲各国的大领主及其奴隶往往也是自己出资为国王服务。

随着制造业和战术的改进，服兵役者自己逐渐无力负担作战费用。如果远征作战，对农民来说，只要战争始于农作物播种之后终于收获之前，那战争就不会给其农业收成带来太大影响。但是，远征对一般技术工人的影响却非同一般。因为，他们的一切工作都须亲自去做，一旦远征，他们就断了生活之源。因而，这类人服兵役时，其耗费只能由国家负担。随着社会的进步，战争的技术已是日新月异，战争连绵不断且变得持久。这样，服兵役者便很难自行担负参战期间的费用，必须由国家提供。所以，第二次波斯战争后，雅典军队实行佣兵制度，其佣兵的耗费全由国家负担。维伊之围后，罗马留在前方的军队也享有一定的报酬。在各封建政府统治下，大领主及其扈从都要出资雇用他人代替自己完成一定的兵役任务。

在文明社会里，服兵役人数与国内人口总数的比例，比人类处于未开化社会时期小很多。如古希腊的小农业国中，士兵与全民人数之比高达1∶4或1∶5。但在近代文明的各国中，这一数值不超过1%，否则，过重的军费负担将危及国家经济。

由国家承担役兵费用的制度始于持久战。此前，国家用在军事训练上的费用并不多。在古希腊，国家只提供训练场所，连教官的报酬也不承担。古罗马的情况也与此类似。此后的封建政府，也曾命令市民进行军事训练，但效果并不理想，于是这种由民众自己承担费用的方式逐渐被废止。

可见，在相当长的历史时期内，士兵都不是一种独立的职业。人们平日从事自己赖以谋生的职业，战时充当士兵。随着战争技术的改良，军队和士兵职业化成为必然。战争技术的发展程度，对战争的结果起了相当重要的作用，使士兵职业独立却是让这种技术达到完美的关键。不过，士兵职业的独立需要国家智慧，而非个人能力所及，也只有国家才能使个人花费大量时间去从事这一技术的改良。

社会越来越进步，人们的空闲时间越来越少，军事训练难免被人们所忽视。另外，蓄积的财物往往会引起邻国的觊觎和侵略。因此，国家就必须对国防加以改革，采取设立民兵和常备军等新措施。设立民兵，指无论从事何种职业者，只要他处于兵役年龄内，政府就会依法强迫其参加军事训练。设立常备军，指国家使士兵职业独立，维持并雇用一部分公民，对其予以持续的军事训练，从而使士兵职业脱离于其他职业而独立存在。这两种军人的本质区别在于：其一，对于常备军来说，进行军事训练是其唯一重要之事，其生活费用由国家提供；对于民兵来说，军事训练只是临时工作，其日常收入则源于其他职业。其二，对于常备军来说，军人的性质优先于所有其他职业的性质，而对民兵来说，他们更多的是充当工人、工匠及商人等角色。

就民兵来说，各国的形式又有不同。有些国家的民兵平时只参加训练，并不被编制成独立队伍，没有正式、固定的长官。例如古希腊、古罗马的民兵，参战之前，他们多在各自家乡自由散漫地操练，不属于任何特定部队。有些国家的民兵全都被编入伍，都有正式、固定的长官来指导训练，如英国、瑞典以及近代设有不完全兵备的欧洲国家。

在火器发明前，军队优越性取决于使用武器的熟练程度，以及技巧的掌握与运用程度。同时，军人体力状况和动作的敏捷度是决定战斗胜败之关键。使用武器的熟练和技巧，和今天的剑术一样，不是混在众人里能学会的，只有单独地或与本领相同的朋友一起进入特定学校，师从特定教师，才能熟练地掌握使用武器的技艺。在火器发明后，军人操作火器的水平已接近同一水准，操作技巧和熟练程度也不必单独去学，而可在大部队中获得。

近年来，对军队战斗的命运而言，士兵的纪律、秩序和迅速服从命令比士兵对武器使用的技巧和熟练程度重要得多。最近的战争，火器所发出的响声、烟雾以及看不见的随时可能到来的伤害，都令士兵恐惧，令其时时感受到死神的威胁。因而，战斗一开始，军队的纪律、秩序及服从性往往就很难保障。而火器发明之前的战斗则非如此，在整个战斗中，对军队纪律及秩序的维持都比较容易，因为这种战斗除了人的呐喊声、武器的碰撞声外，很少有其他因素干扰，对于敌人手中武器的指向大家都可清楚看到。因而这种战斗给士兵造成的心理恐惧要小得多，因此军队的纪律、秩序的维持也相对容易得多。

不过，只有在大部队中才能训练出良好的纪律性、秩序性，以及对命令的服从性，民兵在这方面难与常备军匹敌。同样，在武器使用的熟练程度上，民兵也绝对不可能与常备军相当。民兵每周或每月才受长官指挥一次，而常备军的所有行为都在长官的监控或指挥下，因而其对于长官的敬畏程度、对于命令的服从率都远远超过民兵。因此，无论在武器的使用上还是纪律上，民兵都远远不如常备军。

但是，鞑靼、阿拉伯和苏格兰高地的民兵却有所不同。当他们随酋长作战时，他们对长官的尊敬和对命令的服从都与常备军接近。不过，苏格兰高地的民兵与鞑靼和阿拉伯的民兵相比又不同。其主要包括两个方面：第一，他们在服从命令上远不如后两者，他们有固定住所，不愿离家远征，也不愿持久作战；他们获取了战利品后就会马上要求回家，而酋长的权威却无法阻止。第二，在武器使用上的技巧与熟练程度以及在军事训练上也不如后两者，因为他们已习惯稳定生活。

但是，任何民兵只要经历几次作战，就可以成为合格的常备军。因为他们每天都操练武器，他们将很快获得常备军的作战经验，并习惯于服从长官的命令。

可见，常备军比民兵更有利于国家的国防安全。世界上最早的常备军是马其顿国王的军队。这支队伍历经无数次战斗后，成为一支训练有素、纪律严明、勇猛无敌的常备军。他们曾打败了希腊和波斯帝国的民兵，最终导致这两大帝国走向没落。

人类历史上的第二次大革命是迦太基的没落与罗马的崛起。从第一次迦太基战争结束到第二次迦太基战争爆发期间，哈米尔卡尔、哈斯德拉巴和汉尼拔相继率领迦太基军队进行了惩罚叛变奴隶、平定非洲叛乱、征服西班牙等战争，其军队在战斗中得到了像常备军那样的严格训练。而当时的罗马军队未经历过像样的战斗，与迦太基的军队相比，他们简直就是民兵，因而最初连连失败。不过，罗马军队在与迦太基的长期战斗中逐渐锻炼成长为训练有素的常备军。而相反，汉尼拔军队未能得到充分的补给，其优越性日益消失，逐渐难以抵抗罗马军队。这时，虽然哈斯德拉巴率领西班牙的常备军增援汉尼拔，但因误入生疏之地而全军覆没。这样，罗马统帅西皮阿趁机率领军队进攻西班牙，并将其征服。此后，罗马军队又在非洲连连获胜，虽然这些非洲败军又加入了汉尼拔的部队，并与罗马军队进行了第二次迦太基战争，但这已经无法改变迦太基战败的命运。迦太基最终走向没落已成为必然，罗马帝国也由此崛起。

在第二次迦太基战争结束到罗马共和国没落期间，罗马军打败了马其顿、希腊、叙利亚、埃及等国的民兵。虽然塞西亚或鞑靼民兵是第二次迦太基战争后罗马军队最可怕的敌人，但罗马军队最终征服了他们，并成为当时最为强大的军队。不过，罗马军队后期的纪律有所松懈，其战斗力也有所下降。造成这种结果的原因很多：其一，军队的纪律过于严厉，罗马军队天下无敌后，士兵纷纷抛下了沉重、坚硬的铠甲，中断了刻苦的训练；其二，罗马各代皇帝统治下

玛丽·安托瓦内特

玛丽·安托瓦内特是奥地利皇帝弗朗索瓦一世的女儿，14岁入主法国凡尔赛宫。1770年，年仅15岁的她成为了法国国王路易十六的妻子，美丽迷人的她就这样成为奥地利与法国险恶政治之间的牺牲品。她拥有一头金色的波浪卷秀发、嫣红的双唇、吹弹可破的雪白肌肤、迷人的双眼，衣着奢华，举止优雅，被誉为奥地利最美的公主，是当时全欧洲的时尚化身。到法国宫廷后，她热衷于舞会、时装、玩乐和庆宴、修饰花园等，有"赤字夫人"之称。深宫中的她过着无忧无虑的天真生活，全然不知战火已经逼近，更不知自己正是众矢之的。1793年法国大革命爆发，她于次年10月被愤怒的民众判处死刑，送上了断头台，然而事实上，她是法国历史上最愿意体恤民情的一位王妃。

的常备军屡屡反对皇帝，拥立自己的将军，从而对皇权构成了威胁。为了消除这种威胁，有的皇帝将屯驻边境的常备大军召回内地，将其分化为小股势力，散布于各省。这样，由于军队的驻扎地常为商业、制造业繁荣的都市，士兵们逐渐成为商人、技工或制造业者。于是，罗马军队失去了战斗力，被日耳曼和塞西亚民兵打败，西罗马帝国灭亡。导致这一结果的重要原因在于，游牧国民兵比由农夫、技工、制造业者组成的民兵更优越。希腊民兵打败波斯民兵，瑞士民兵打败奥地利、勃艮第民兵都源于此。

西罗马帝国没落后，日耳曼民族和塞西亚民族建立的国家在罗马帝国的废墟上崛起。起初，这些国家的军队依然由牧民和农民组成，具有相当的纪律性，在酋长的带领下转战南北。但是，酋长的权威在技术及产业前进的脚步声中渐趋衰微，有时间参加训练的人也大大减少。为此，他们着手建立常备军，以挽危局。之后，各国纷纷效法，以确保国防安全。

常备军的勇武显而易见。有时，没有作战经验的常备军可与有作战经验的民兵相抗衡。例如，1756年，俄国进攻波兰时，俄军虽然已有二十年未经历过战争，从未参加过战斗的士兵占大多数，但他们却可与强大而老练的普鲁士士兵抗衡。1739年前，英国军队已经有28年没有作战，但在与西班牙的战争中，训练有素的英军仍然非常勇武。所以，即便是和平时代，只要管理得法，坚持训练，士兵也可保持军人的勇武。

历史证明，编制常备军是文明国家使其自身免受野蛮民族侵扰、保持国防安全的唯一手段，因为野蛮国家的民兵总是优于文明国家的民兵，而有纪律、有训练的常备军却优于任何民兵组织。

纪律严明的常备军既能抵御外来侵侮，又可使一个野蛮国家很快变得相当文明。同时，其威慑力又可将君主的法令推行到帝国最偏远的地方。在无政治可言的国家，军队可使正规的统治得以维持。彼得一世变法时，常备军的建设就是各种设施的枢纽，是使其法规、法令得以执行、维持的工具。因而，常备军的存在也为俄国赢得了长期的和平。

如果统兵将官的利益和维持国家宪法无多少关联，常备军则往往会给国民的自由造成威胁。恺撒的常备军破坏了罗马共和国，克伦威尔的常备军解散了英国议会，这些都是实证。但是，如果君主独揽军权，各军队的主要将官由显贵担任，也就是说，如果全国的兵力掌握在享有大部分民主权力的人手中，那么常备军就不会给自由造成任何危险。相反，它或许还会有利于自由。其原因在于在常备军的护持下，君主不再忧虑自身的安全，也不会担心市民扰乱和平而时时予以监察。他可以对民众粗暴的抗议置之不理，也愿意放手。所以，只有这些国家中的公民才享有绝对自由，君主也无须拥有压抑这种自由的权力。

总之，君主首要的义务就是保障本国社会的安全，使其不受其他独立社会的横暴与侵犯。随着社会进步，完成这种义务所需的费用日益增加，已从任何时候都无须君主出资发展到任何时候都必须由君主出资来维持。

进入火器时代，军队的训练费用和武器装备的费用都大大增加。与长矛、弓箭以及弩炮或石炮相比，短枪、大炮、臼炮的价格要高得多。而且，训练所用的火药去而不返，耗资巨大。而从前练兵时所投射出的长矛与箭矢不仅价格低廉，而且多可回收，因而耗资微薄。另外，与弩炮、石炮比，大炮、臼炮造价高，运费也高；并且，因其威力大，要防御它的攻击，困难大得多，因而耗资也非昔日可比。诚然，国防费用的日益增大是事物发展的必然结果，但是战争技术革命对国防费用的增加却起到了极大的促进作用。火药的发明，似乎有害于文明的持久与继续，而实际上却正有利于此。其发明改写了历史，改变了富裕文明的国家受贫穷野蛮的国家侵略而难以抵抗的处境，使其立于不败之地。

论司法开支

上节所述，维护国家安全，并使之免受他国侵略是君主的首要义务，这项义务是基于国家的整体利益而言。君主的第二项义务是基于国家的内部事务，即建立严明公正的司法行政机构，以保护每个国民都免受他人欺侮或压迫。完成此项义务所需费用，因社会所处的发展时期不同而有很大差异。狩猎民族并不需要固定的审判官或常设司法行政机构。因为人们几乎没有什么财产，除了能够侵犯他人的名誉或身体外，并无实际利益可言。况且，只有嫉妒、怨恨、愤怒等情绪能对他人产生过激行为，而人们也会对这种情绪加以克制。从而，它们也就不能支配人们的行动。所以，即使无司法官，人们也可在安定状态下依其本性共同生活。不过，欲侵害他人财产的情绪却常被富人的贪婪、穷人的好逸恶劳所激发。

任何社会，巨额财富所在之处就是不公所在之处，少数人的富裕，建立在大多数人的贫穷基础之上。富人的阔绰，往往会激怒穷人，而且匮乏和嫉妒也往往会促使穷人对富人的财产加以侵犯。对富人来说，即使他不去激怒那些满怀欲望、觊觎其财富的人，那些人也有可能随时对其财产加以侵犯。所以，只有依赖有力的司法保护才可能避免侵害，而司法官是一切违法行为的惩治者。因此，大宗财产的拥有必然要求民政政府的建立。在无财产可言，或者至多只有值两三个劳动日价值的财产的社会，就没必要设立这种政府。

任何民政政府，都一定要先取得人们的信服。人们为什么会服从某些人的支配呢？为什么会形成这种自然的服从性呢？其原因有四个方面：

第一，个人资质上的优越性。

它包括身体上和精神上的优越。身体上的优越包括个人资质、体力、容貌、动作敏捷性等方面。精神上的优越包括智慧、道德、正义性、刚毅性、克制性等。只有当肉体有了精神优越的支持，才可能取得更高权威。单靠体力只会使个别弱者服从，德智兼备之人才可获得非常高的权威。不过精神上的品质难以确切判断，总有引起争议之处。因而，身体品质与精神品质的俱优往往是确立等级及制定服从法则的依据。

第二，个人年龄上的优越性。

和那些与其身体、财产、能力等方面都相同的年轻人比，老者总能博得人们更多的尊敬。在北美土著中，年龄是判定身份及地位的唯一标准。

16世纪的印刷厂

15世纪末以来，一个受过良好教育的中产阶级在欧洲开始形成。出于对知识的渴求，他们希望有一种能大规模生产印刷物的方法，于是印刷手工业开始走上迅速发展阶段。但是在大规模工业化生产之前，这一行业仍然保持着一种行会性质的模式。图为1568年的印刷厂。

在文明富有的国家，如果其他方面都相同，而且除年龄之外再无确定身份的条件时，那么年龄就成为确定身份的唯一条件。在兄弟姐妹中，当继承难以分割，且东西又须全部归一人占有时，几乎都是长者优先。

第三，个人财产上的优性。

在野蛮社会，富人有更大优势。鞑靼酋长保有的牲畜是一笔巨大的财富，可是他自己无法消费这些东西，除供养1000人之外别无他用。由于这1000人完全靠他生活，因而无论平时还是战时都须服从他。这样，他自然就成为其统帅和裁判官。酋长的地位，就是其财富优越的结果。在文明社会，即使一个人拥有比他多得多的财产，而且他也维持一群人的生活，但是他所能支配的人或许也只是一些家仆而已。因为从他那里所获得东西的那1000人都已向其支付了代价，没有人认为完全靠他生活。但在文明社会，财产的权威仍然很大，年龄、个人资质等权威往往无法与之匹敌，这种状况存在于平等社会的任何时期，它常常引起人们的不满。在狩猎社会时期，人们的财产普遍匮乏，造成普遍的平等，年龄、个人资质等方面的优越性是拥有权威的绝对条件。到了游牧民族社会，社会财产出现不平等，财产的优越性对权威的影响达到最大限度，如阿拉伯酋长、鞑靼可汗的权威都极大。

第四，个人门第上的优越性。

这种优越以其先辈财产上的优越性为前提。在任何地方，传统世家都拥有巨额财富，或因财富而获得了声誉。与暴发户相比，传统家族更能赢得社会尊敬。因此，人们情愿服从传统强势家族，如果要对素来没有优势的家族表示服从，则会气愤难平。

狩猎民族不会因财富悬殊而产生显贵门第。不过，与愚昧怯懦者的后嗣相比，即便贤明勇敢者的后嗣之本领与前者相当，他们也会得到更多人尊敬。事实上，仅凭智慧和德行而保有其家世荣誉的大家族并不多。

门第与财富是人们显贵的根源，也是人类自然产生支配者与服从者的主因。二者的作用在游牧民族中得到了淋漓尽致的发挥。游牧民族存在显贵门第的原因是人们并不懂得挥霍资财，所以很多家族都能世代保有大笔财富，因而显贵家族也以这个时期为多。那些大家族拥有巨额财富，供养的家奴众多，从而也能博得更多人尊敬；同时，其家族成员又因其高贵出身，从而很容易受到崇拜。这样，在同群或同族的畜牧者中，他便拥有更高的权威。因而他可以团结更多的人，并拥有强大的兵力。在战争时期，人们更愿意集结于其门下，听其指挥。于是，他们凭借门第与财富自然获得了行政权。与此同时，对其所团结和支配的人中侵害他人的，他能强迫其赔偿他人损失。这样，无防御能力者自然希望寻求其保护，他对纠纷所作的评判更容易让人信服。于是，他们凭其门第与财富又获得了司法权。

综上所述，始于游牧民族时的财产不平等，导致了某种程度的权力与服从，导致了维持权力和服从所必要的民政组织的产生。由此可见，民政组织的产生似乎与由君主设立的民政组织无关。但事实上，君主设立民政组织对权力和服从的维护作用极大。特别是富人更愿意维护这种制度，也只有这种制度，才能保护其既得利益。中等富足者认为，只有联合起来保障豪富者的财产，豪富者才会保障中等富足者的财产。所有的牧民都认为，大牧场主的财产安全是他们自身财产安全的前提；维持大牧场主的权

17世纪的荷兰教师

欧洲早期的教育大多以宗教为依托，中世纪的很多学校都是由教会创建，由神职人员任教，而神学也是其中的重要课程。到了17世纪，基森大学的两位教授最早提出了"教师专业化"概念，即呼吁重视教师作为一个独立职业的意义。欧洲的教育观念由此发生转变，班级授课制在欧洲日益流行，初等教育的入学率迅速提高。图为这一时期荷兰的一名教师。

力又是他们的小权力得以维持的保障。只有自己完全服从大牧场主，比自己地位低的人才会服从自己。这样就出现了小贵族。小贵族又认为，只有保障小君主的财产，维护小君主的权力，他们自己的财产和权力才会得到小君主的保障。由此看来，民政组织的建立实际上就是为了保护富人，帮助其抵抗穷人；也可以说是保护有产者，帮助其抵抗无产者。

在很长时期内，君主的司法权成为其收入源泉。求其解决纠纷的人总会送礼，以为酬谢。君权确立后，违法者不但要赔偿受害人损失，还

法国驻西班牙大使居烈·马德

"大使"一词最早出现于恺撒所著的《高卢战记》中。最早的常驻大使出现在14世纪的欧洲，1341年，意大利的曼图亚城邦向巴伐利亚王国宫廷派遣大使，被认为是现代意义上的大使的起源。此后，西班牙、法国、英格兰、神圣罗马帝国等国纷纷互派大使。1559年法国国王和西班牙国王签订《卡托—康布雷齐和约》时，首次出现向国际会议派遣的大使。图为18世纪末的法国驻西班牙大使马德。

要向君主交付罚金。因为其行为增添了君主的麻烦，搅扰了君主的生活，破坏了君主的和平统治。

最初，司法裁判权只由君主或酋长自己行使；后来，为了省去自己的麻烦，他们就委托给代理人、执事或裁判官。不过，代理人要向君主或酋长提交司法收支报告。从亨利二世给巡行裁判官的训令中可看出，巡行裁判官到全国各地巡行的目的就是要为国王增收。当时，行政司法机构为君主提供的收入是君主取得的主要收益之一。这样，司法行政成为敛财组织，从而滋生许多弊端。例如，如果执法者收受礼金，那么其公正性就会受到怀疑，而且很难在执法过程中保持公正；如果送礼者的礼金未能让执法者满足，那么他们所得到的可能就谈不上公道。为了多得礼物，执法者往往延宕案件，久久不予裁决。为获取被告人的罚金，他又往往错判、冤判。这些弊端，在欧洲各国的古代史中比比皆是。

君主或酋长，通常享有最高权力，没人有资格对其予以责问。如果他们滥用司法权，其行为将无法矫正。但是，如若他们将司法权交由代理人行使，其行为或许还有矫正的可能。如果代理人为了自身利益而举措失当，他不可能每次都得到君主或酋长的原谅。不过，如果代理者的不当之举出于君主或酋长的利益，即为了向委其重任者献媚，那么这种行为一般难以得到矫正。所以，无论在圣君还是昏君的治下，野蛮国度的司法行政都极度腐败，都难以公正平等地实施国家法令制度。

游牧民族的君主或酋长，其实就是他们集团或氏族中最大的畜牧主，其生活来源就是他们自己拥有的畜群。到农耕社会，君主或酋长不过是该国最大的地主。与普通地主一样，君主或酋长的生活来源完全依赖其私有土地，其臣民只有在受豪强欺压，并需要他对这类豪强予以惩处时，才会送

19世纪的劳合社大厅

1688年，英国商人劳伊德在泰晤士河畔开设了一家咖啡馆。17世纪是英国航运业迅速发展的时期，当时的伦敦商人经常聚集在咖啡馆里，边喝咖啡边交换有关航运和贸易的消息。劳伊德为了招揽更多的客人到其咖啡馆来，从1696年开始出版《劳伊德新闻》，并使咖啡馆成为了航运消息的传播中心。后来，咖啡馆的79名商人每人出资100镑，于1774年租赁皇家交易所的房屋，在劳伊德咖啡馆原业务的基础上成立了劳合社，兼营保险业务。1871年，经议会批准，劳合社正式成为一个保险社团组织。它也是世界上最早的保险组织之一。

他礼物。这种情况下所收的礼物可以说是其全部收入，也可以说是除紧急情况外，他所能支配的全部外来财物。据荷马所说，因友谊关系，阿伽门农赠给阿喀琉斯七座城池。在他拥有的七座城池中，阿喀琉斯所能获得的唯一好处就是人们的献礼。所以，这些礼物如果是君主的通常收益，那么就很难让他放弃。可见，如果此种状态继续存在，司法行政的腐败则万难消除。

此后，随着国家军队的常备化，国防费用不断增加，君主私有土地的收入已不足以支付国家的行政费用。于是，国家开始征收各种赋税以补国家经费的缺口，这才有了君主、君主代理人及审判官均不得收取

任何礼物的规定。当然,审判官此时已有薪俸,薪俸相当于其先前享有的礼物。不过,君主对薪俸也要征以税赋。至此,国家免除了审判费。实际上,任何国家的审判都不是免费的,至少诉讼当事人不该让律师及辩护人白白为其服务,否则当事人难以得到满意的结果。而当事人付给律师及辩护人的费用比审判官的薪俸多得多。所以,虽然国王承担了审判官的薪俸开支,但诉讼当事人需要支付的费用并未减少。禁止审判官向诉讼当事人收取礼物或手续费的规定,显然是社会趋于完备的一种体现,这种方式在一定程度上起到了防止腐败的作用。

审判官的报酬虽少,但因它是一个名誉官职,所以很多人喜欢做。就连地位低于审判官的治安推事一职,很多乡绅也竞相争取,尽管这一职位负责的事务异常繁杂且毫无报酬可言。在各文明国家,所有司法人员的薪俸及一切行政司法费用,只占国家所有经费的极少部分。

另外,所有司法经费都很容易从法院手续费中支出,这样不但会使司法行政腐败减少,而且也为国家节省了一笔开支。但是,如果法院手续费的一部分由君主等享有大权的人支配,并成为其绝大部分收入的来源,那么这种费用就很难被有效规范。而如果支配这项资金的主要是审判官,情况则不同。与君主相比,审判官更能遵守法律。实际上,与停收法院手续费相比,征收此项费用也同样可以避免腐败。这就要求对此费用有严格的规定与管理。在诉讼期间,要将其全部缴入出纳机构;只有当诉讼结束后,此费用才可按比例分配给审判官。这样,所有司法费用的开销,就都可由这项工作的手续费来担负,而且不会增加多少诉讼费。审判官在诉讼结束后,才可支取所应得的手续费,这是为了激励审判官,使其在处理案件的整个过程中能恪尽职守。如果以审判官在处理案件的过程中的付出来决定其酬金多小,则更可激励其勤勉。在法国,审判官的绝大部分收入来自于此。土鲁斯高等法院是法国的第二大高院,其审判官每年所得之薪俸,仅与当地仆役的年薪相当,但精明、勤奋的审判官却能够过上安乐的生活，而怠惰者则不然。并且，法国高等法院还从未受过人们的指责，似乎也从未有过腐败丑闻。

英国各法院的主要经费，最初也出于此，因而每个法院都尽力兜揽诉讼案件。例如专为审理刑事案件而设的高等法院，有时甚至连不归其受理的民事案件也要越权处理。其受理依据是：原告认为，被告对其所行之不义犯了非法侵害罪等。王室特别法院是为国王征收收入，强制人们偿还所欠国王债务而设的。不过，特别法院在这种经济利益的诱惑面前，居然也会越权受理与契约有关的所有债务诉讼。其受理的理由是原告认为被告不偿还拖欠自己的债务，自己就无法偿还国王的债务。

托马斯·阿尔瓦·爱迪生

著名的美国发明家托马斯·阿尔瓦·爱迪生，在他的一生之中获得了1093项专利，被誉为"发明大王"。同时他还是一位大商人，如今在全球享有盛名的美国通用电气公司，就是他一手创办。他还是汽车巨头亨利·福特的好朋友，两人的别墅都位于佛罗里达，还是邻居。

如此，很多案件最终由哪个法院受理，就全看诉讼当事人的选择。这使得各法院在案件的处理上能够力求迅速、公平，以求招揽得更多的诉讼案件。现在，英国的法院制度为人所赞赏，这大概源于法院之间的竞争。在处理违反契约的案件时，普通法院不过是责令被告按契约上的规定赔偿对原告所造成的损失，而特别法院对此所能作出的判决也不过如此。因此，普通法院所能给予原告的救助是充分的。但并不是任何时候都如此，如果佃户控告地主非法夺回其租地，那么他所能得到的赔偿绝对不是去占有土地。对此，普通法院对原告的救助就显得勉为其难，这类案件就得由特别法院受理。不过，为了免去这等损失，普通法院后来发明了扣留土地的令状，对非法剥夺、侵占土地的案件可予以有效救助，从而也就获得了这类案件的受理权。

各法院收取诉讼案件的印花税，既可以提供司法行政费用，又不会增加社会一般性收入的负担。但是，这样却可能使审判官在案件上增加各种不必要的手续，以求得最大限度的印花税。近代欧洲，辩护人及书记员的报酬，大多以其在记录案件、审理内容时所写公文纸的页数决定。因为这种纸张每页的行数、每行的字数都有规定，所以为多得报酬，他们往往会故意增加许多不必要的语句，使法院的公文显得冗长而陈腐。同样的诱惑，可能也会使诉讼手续的形式变得腐化。

无论司法行政费用出自何处，对其财源的管理责任及支付责任都无须委托行政当局。如果法院由地租维持，那么管理地产的责任就不妨由各院自行担负；如果法院由货币利息维持，那么贷出货币的责任也不妨由法院自行担责。在苏格兰，巡回法院的小部分耗费就出自货币利息。不过，这种财源的稳定性不足，用其来维持本应永久维持的机构的经费有欠稳妥。

司法权与行政权的划分，是因社会进步而引起的社会事务增加所致。社会事务日益增多，增加了司法行政的复杂性，担当此事务的司法人员已无精力去处理其他事务。同时，担当行政职责的人也因无精力处理私人诉讼案件而将其交由代理人去处理。例如，兴盛时期的罗马帝国，政务繁忙的执行官因没有更多时间过问司法行政，于是就任命民政官来代理此职务。罗马帝国没落后，欧洲各国君主及大领主也都将司法行政之职交由代理人或审判官去执行，以摆脱这种繁杂且有失身份的事务。

如果想要司法权主持公道，不为世俗政治势力所左右，那么就必须让司法权从行政权中脱离出来独立行使。司法人员肩负着国家重任，有时为了国家利益，他会置诉讼者个人利益于不顾。然而，每个人的自由以及他的安全感都需要司法行政的公平来保障，为了让所有人感到自己应享有的一切权利都有保障，司法权就应当完全脱离行政权而独立行使。而且，审判官一职不应由行政当局任意罢免，其报酬也不应该受行政当局之意向或经济政策所影响。

论公共工程和公共机关开支

一个国家，除需要国防和司法等公共工程及设施外，还需建立性质与之相同，且有利于商业发展和促进国民教育的工程及设施。教育方面的设施，大体可分两种：其一，针对青年的教育设施；其二，针对各年龄段国民的教育设施。国家怎样才能妥善安排各项工程及设施所需的费用呢？本节将分三项予以阐述。

第一项　论有利于商业的公共工程和公共设施

便利一般商业的公共工程和公共设施

一个国家商业的发展，有赖于便利的交通。在不同时期，社会发展水平各异，国家建设和维持道路、桥梁、运河、港湾等公共工程所需的费用，也存在着很大的差异，公路的建设和维护费用，随国家土地和全年劳动总产量的增加而增加；桥梁支撑力大小的设计，取决于可能从其上面所经过车辆的数量和载重量；同理，运河的深度、水量和港湾的大小，也得与其将要承受的运载量相适应。

建设和维持这类公共工程所需的费用，完全可以依靠工程自身的收入提供，而不必增加社会一般性收入的负担。比如，建设和维持公路、桥梁、运河和港湾的费用，可通过适量征收车辆、船舶的通行税获得。对车辆、船舶而言，则根据其载重量大小，按比例收缴通行税，并将这些税款用来支付各项工程的损耗。所征收的税费，虽然由贩运者支付，实际上是加在货物的价格之上，最终由消费者承担。但是，这并未增加消费者的负担，因为这些公共工程极大地降低了货物运输的费用。即使加上通行税，消费者购买货物的价格，也比未建设这些工程之前低得多。这样，这笔税费的最后支付者，其所得超过所失，而且所得也随着支出的增加而增加。若想获得这种好处，他就必须首先舍弃这部分支出。

在很多国家的铸币设施及邮政局，除能保证其自身的开支之外，都会为君主创造很大一笔收入。

就车辆方面而言，如果以重量为标准，使奢华的车辆、四马大马车、驿递马车等所缴纳的道路通行税稍高于二轮运输马车、四轮马车等不可缺少的车辆，那么就可以大大降低货物的运费，从而使富人不自觉地对穷人施行救济。

建设和维持公路、桥梁、运河等工程设施的费用，应该由这些工程的受益者来承担。因此，这类工程只宜建在商业需要之地。同时，建造的费用必须适度，即与那些商业的负担能力相称。也就是说，开阔的大道绝对不应该修建在荒凉的国境内，也不能为某个人而建；宏伟的大桥绝对不应该架设在无人通行的地方，也不能单为增添附近宫殿凭窗远眺的景致而架设。事实上，这种事情时有发生，且这些公共工程建设费用由国家的一般收入来担负，而不是由该工程本身的收入提供。

在欧洲的许多地方，运河通行税或开闸税成了私人财产。为了保有此利益，这些人对运河的维护尽心尽力。因为如果运河无法通航，他们从运河通行税中所获得的利益也将随之消失。相反，如将此项通行税交由那些利不干己的委员，他们对运河的维护又怎会像个人那样尽心竭力呢？兰格多克运河造价高达1300万利弗。按照17世纪末期法国货币价值计算，1300万利弗约合英币90万镑。在运河竣工后，人们认为最稳妥的办法是：把运河的通行税交给设计并监督此项工程的技师，让他在运河日后的使用过程中予以长期维护。现在，这笔通行税已经成为其子孙后代的一项大收入。因此,他们对运河的维护也从未懈怠。如果当初把此项通行税交给那些委员管理,那么,这些税款恐怕都被用在不当之处,而运河也只能任其自行毁损。

但是,公路的通行税却不宜随便交给个人,而应交由委员或保管员来支配。因为运河如不加以维护,会逐渐变得无法使用,而公路却不然。即使管理者对公路不予任何维护,公路也不会变得完全不能通行,而依然能为其提供同样多的通行税。在英国,人们对保管员在支配道路通行税方面所存在的问题常有不满。据说,所征收的道路通行税比维护这些道路所需的费用要高出两倍多,而实际上,道路却未得到很好的维护,甚至从未得到维护。当然,用道路通行税来维护道路的制度尚在初创时期。因此,即使出现一些问题也无可厚非。若假以时日,定能避免不当之人被任命为此项税收的管理者,管理者滥征通行税等问题,都将得到解决。

英国所征收的道路通行税,大大超过维护道路所需的费用,多余的税款若不随便动用,还可以用作国家紧急之需。有人认为,收税道路由政府管理收效会更大。征用士兵维护道路,士兵的报酬只须在其饷金上略有增加即可;如果雇用工人,其生活资料完全依赖维护道路所得的工资。所以,有人主张收税道路由政府管理,在不增加人民负担的情况下,政府每年将获得50万镑的收入,可以补充国家的一般性费用。

政府管理收税道路可得的收入,即使达不到计划所预期的数额,但最终肯定会从中获取一笔较大的收入。不过,这一计划本身也存在很多重大的缺陷。其具体包括如下几点:

第一,如果把道路通行税当作国家急需的一个财源,那么,此项税收定会随着想象的急需程度而迅速增加。因为,这一大笔收入能如此轻松获取,政府定然会认为:从现行通行税中是否能省出50万镑来?如果将此项税收增加两至三倍呢?况且,此项收入的征缴并不需任命新税官。但是，收税道路的设立本是便利商业的行为，如果通行税这样不断增加，则定然违背道路修建的初衷，成为商业发展的大碍。这样，笨重的货物的异地运输费用将迅速增加，导致此类货物的市场大大缩小，生产大受其害。最终，国内重要的产业部门或许将归于消亡。

第二，按车的载重量对过往车辆征收道路通行税。如果以维护道路为其唯一目的，这种税的征收则是公平的；如果以供应国家的一般急需为目的，这种税就极不公平。因为按车辆对道路损耗的程度征税，并将所征的税用于对道路的维护是合理之举，如将此项收入用于他处则超出了车主应该承担的义务。而且，这样还使得货物价格的增长不以其价值比例提高，而按其重量比例被迫提高。所以，粗劣笨重商品的消费者成为此项税收的承担者，也就是说，为国家紧急之需而征收的道路通行税最终会由穷人来承担。

第三，如果政府没有尽力维护道路，那么强制将通行税用于修路势必相当困难。法国维护道路的基金，由国家行政当局直接管理。该基金由两部分组成：一部分是由农民提供的劳役，这种劳役按天数规定；另一部分是从国家收入中支付的专用修路费。

欧洲大多数国家，按照现行法律规定：农民提供的劳役和为特定地域或特定税区维护道路所征收的基金都由州长管理；州长由枢密院任免，接受枢密院的管理。随着专制政治的深入，行政当局逐渐包揽了所有用作公共事务的资金。在法国，连通国内各主要城市的驿路都十分平阔，可是大部分乡下道路却无人维护，交通极为不便。因为，维护道路的官吏如果把王公贵族常行之路维护好，他得到的不仅仅是赞赏，更有利于其地位的提升；而无论如何维护好偏僻乡村的小工程，他们几乎得不到什么好处。

许多亚洲国家的行政当局掌管着公路建设和水道通行。据说官员颁布勤力治河、修路的训示，并以奉行的优劣作为其升黜依据。所以，这

枫丹白露宫

1137年，法国国王路易六世下令在塞纳—马恩省的枫丹白露镇修建城堡，用作狩猎行宫。"枫丹白露"原意为"蓝色的泉水"，该地风景绮丽、森林茂盛、古迹众多，是著名的旅游胜地。后来的君王一再改建、扩建、装饰和修缮，使枫丹白露宫成为一座富丽堂皇的行宫。

些国家的公路、水道治理得都较好，特别是当时的中国。但这些说法是否可信，则难以知晓。法国大小公路的管理一塌糊涂，亚洲各国的真实情形大概也应如此吧。另外，当时中国和印度等国君主的收入主要来自土地税、地租税，土地的耕种状况、年产量、地产物价值必然直接影响君主的收入。因此，君主会尽可能从地产物中获得最多收入。这就需要提供自由、便利、低价的水陆交通，从而开拓广阔的市场。然而，欧洲各国君主的收入对土地的依赖是间接的，所以，他们不像亚洲各国君主那样，为开拓土地生产物的市场而急于维持良好的水陆交通。如此，我们就不能奢望所有地方行政当局都能把事情管理好。

一项只造福于某地、某区的公共工程，如果其自身难以维持，那么把它放在地方行政当局的管理下，由地方财政来维持比较妥当。如果伦敦市的照明费、铺路费由国库支出，那么路灯和街道还能像现在这样完好吗？此费用如果由国库承担，则只能从国家的一般收入中支取，其结果是无端增加未受益者的负担。

如果将地方收入和州收入交由地方政府和州政府来管理，难免生出一些弊端。但是，这比管理一个大帝国的收入所产生的弊端小很多，也更容易矫正。在英国，维护公路的事由地方或州治安推事掌管，当地百姓每年服六天劳役来整修道路，从未发生过百姓受欺压的事件。在法国，此项劳役由州长管理，强征勒索的事时常发生。这种强迫劳役制已成为悍吏欺压残害百姓的主要工具。

便利特殊商业的公共工程和公共设施

上述公共设施和公共工程建设的目的，在于便利一般商业。而某些特殊商业若想求得便利，则有赖于特别设施和特别费用。

与落后国家通商，常常需要特别保护。为防止土著的抢夺，在非洲西部海岸从事贸易的商人，都要在货物存储处修筑一些防御工事。例如，英法两国就是以防备暴力、保护生命财产为由在印度修建了堡垒。一个国家，如果有强大的政府，定然不会容许他国在本国领土内修建堡垒。这种情况下就应该互派大使、公使或领事，以解决自己国民与驻在国国民间发生的争讼。他们可凭外交官的资格给国民以保护，这种保护比从任何私人那里得到的都强。因此，出于商业上的利益考虑，国家常在外国派驻大使，设立大使馆。英国在君士坦丁、俄国等地派驻大使，其最初目的就是为了商业利益。欧洲各国在所有邻国长期派驻公使，也是为了解决各国国民之间不断发生的商业利害冲突。该制度最初产生于15世纪末或16世纪初，即在商业刚刚扩展到欧洲大部分国家，各国开始注意商业利益时。

国家为保护某一商业部门所支付的费用，通过向该商业部门抽征适当的税收予以弥补，应当不失公允。比如，对商人征收小额营业税，对进出口货物按比例抽取特定关税等，都应是合理的。如果从一般贸易中抽取税费作为保护该贸易的费用是合理的，那么从特殊贸易中抽取税费用以保护特殊贸易也应合理。保护贸易是行政当局应尽的义务，因此，为保护特殊贸易而征收的特殊税款也应该由行政当局管理，事实上各国的做法常常是矛盾的。欧洲大部分国家就成立了许多商人集团，他们说服立法机构，包揽了行政当局在这方面的一切义务及权利。

这些公司自费创办政府不敢贸然尝试的行业，因此，他们对该行业的创建或许有所帮助，但最终全都因为经营不当或范围过于狭窄而成为累赘，或失去作用。这种公司有两类：一类为合组公司，加入者无共同资本，只要具备相应资格、承诺遵守公司规约、缴纳相应的入伙金即可，但公司成员的资金自行经理，贸易风险也自负；另一类为合股公司，成员以共同资本进行贸易，贸易上的利润或损失都按成员参股比例分摊。上述两类公司，对于专营权时有时无。

弗朗索瓦-马利·阿卢埃

18世纪法国启蒙思想家、哲学家、作家阿卢埃，以其笔名"伏尔泰"享誉世界，被称为"法兰西思想之父"。他不仅在哲学上有卓越成就，也以捍卫公民自由，特别是信仰自由和司法公正而闻名。尽管在他所处的时代审查制度十分严厉，伏尔泰仍然公开支持社会改革。他的论说以讽刺见长，常常抨击基督教会的教条和当时的法国教育制度。伏尔泰的著作和思想与托马斯·霍布斯及约翰·洛克一道，对美国革命和法国大革命的主要思想家都有影响。

合组公司与欧洲的同业组合相类似，同为一种扩大的独占团体。在一般情况下，如果不是合组公司的成员，任何人无权经营该公司任何部门的国外贸易。这种独占权的强弱与入伙该公司条件的难易，以及公司董事权的大小相应。在合组公司服务多年的学徒，不交或少交入伙金就可以成为公司成员。只要法律允许，公司组合的精神就横溢于一切合组公司之中。公司也总会巧设各种苛刻规章，把竞争限制在尽可能少的人数之间。但当法律禁止此种行为时，它们则变得没有任何作用。

英国对外贸易的合组公司现今仍有五个：汉堡公司、俄国公司、东方公司、土耳其公司和非洲公司。近些年，汉堡公司已无权约束公司贸易的规约，因此入伙该公司已经十分容易。而这之前则不然，17世纪中叶，汉堡公司的入伙金高达50至100镑，且公司行为极其专横，导致该公司因阻碍贸易、压迫国内制造业而被诉于国会。自那之后，专横之行大有收敛。俄国公司、东方公司的入伙金都依法令而大大降低；同时，东方公司在瑞典、丹麦、挪威乃至波罗的海北岸所有国家的专营权皆被取消。这些制裁，应该都是公司极端专横的行为所致。现今，这类公司已不再那么专横，作用尽失。

土耳其公司规定：26岁以下者的入伙金为25镑，26岁以上者的入伙金为50镑；凡非纯粹商人，以及住在伦敦市20英里以外、未取得该市市民权者，都不得加入。这就把所有店员、零售商和一切没有伦敦市市民权者统统排斥在外了。同时还规定，英国运往土耳其的制造品，非经该公司船舶装载、伦敦港起锚，就不许输出；该公司船舶的上货、起锚日期，全由该公司董事会决定。这些规定都表明该公司已成为专横的垄断组织。对此，国会颁布法令，规定自愿入伙者一律只缴纳20镑即可。并且，除禁止的货物外，入伙者可以在英、土两国之间从任何港口自由输入或输出货物到任何地方。不过，入伙者需缴纳普通关税和为支付该公司费用所需的特定税，须服从英国驻土耳其大使或领事的合法训示，遵守公司制定的正式章程。但在公司章程制定后的一年内，若该公司成员中有任何七人感觉到了章程的压迫，就可以向殖民贸易局申请修改。此法令通过之前，若有七个成员对公司制定的章程存在异议，在法令实施后的一年内也可申请修改。

当然，所有合组公司的大部分章程都是为了阻碍其他竞争者从事同一贸易而制定的。因为只有这样才能限制竞争，才能让消费者感到货物的短缺，从而满足公司利润日益增长的目的。高达20镑的入伙金或许不能阻止一个想永久从事土耳其贸易的热心者加入该公司,但却足以阻止一个只想试做一次的投机者。此外,公司还会使用其他方法达到此目的。降低商业利润至合理水准的唯一方法,就是让一般投机冒险者加入竞争。国会的整个法令,使英国对土耳其的贸易有所开放,但远未达到自由竞争的局面。英国在土耳其派驻了一名大使和两三名领事。公使和领事,本为国家官吏,其所需费用理应由国家收入来承担。因而,英国对土耳其的贸易,也应该对国王治下的一切臣民开放。但英国把维持任务交给了土耳其公司,该公司则独揽了英国对土耳其的全部贸易。而且,为了维持公使和领事的费用以及其他目的,该公司征收了各种杂税。事实上,合组公司从未在其所在贸易国组建过任何守备队。相反,此任务却常常由合股公司承担。由此看来,这一任务实在不应由合组公司承担。其主要在于:第一,保卫堡垒是为了维护该公司一般贸易的繁荣,而此贸易的繁荣,对合组公司的董事并无好处。相反,如果此贸易衰退,其竞争者便会减少,他们就可以贱买贵卖以获得更大利益。而对于合股公司的董事来说,他们的个人利益完全包含在其共同资本所产生的利润中,他们的利益同公司贸易的繁荣,以及对保障这种繁荣的堡垒的安全息息相关。因

1947年的伦敦

随着英国商业的繁荣,伦敦在17世纪成为欧洲最大的都市。1666年的伦敦大火毁坏了城内大部分建筑,但大火后仅10年时间伦敦就基本完成了重建,包括圣保罗大教堂在内的标志性建筑都是在此期间动工的。维多利亚时代,伦敦经历了大规模发展。世界上第一条地铁的开通、公共汽车的营运,以及联系四方的铁路线,使伦敦成为世界上最先进的城市。"二战"期间,伦敦遭到严重轰炸,大部分旧城被破坏,这也促使伦敦在后来出现了大量新颖的现代建筑。

此，与合组公司相比，他们更能坚持不懈、严谨地对堡垒予以维持。第二，如果堡垒需要增补设置，那么合股公司的董事就会划出部分股本来使用。可是，合组公司董事的手中除了入伙金和组合税外，无任何可用资本。所以，即使合组公司董事的利益与堡垒的维持息息相关，即使董事对堡垒的维持予以密切关注，也无济于事。此外，对合股公司的董事来说，维持驻外使官的费用更是小菜一碟。因此，就合股公司的性质和能力而言，对堡垒的维持由其承担最为合适。

1750年，英国又成立了一个合组公司，即现在的非洲贸易商人公司。该公司最初担负非洲沿岸由布兰角至好望角之间英国的所有堡垒耗费，后来只担负鲁杰角至好望角间的费用。从政府法案中可看出，成立此公司至少有两个明确目的：第一，抑制合组公司董事的压迫和独占思想；第二，强迫公司董事对维持堡垒一事的关注。

对于第一个目标，法案限定该公司入伙金为40先令，公司不得以合股经营的身份独立从事贸易，不得以公印借入资本；所有英国伙员皆可在各地自由贸易，公司不得限制。公司的管理权掌握在九人委员会手中。委员会每年从伦敦、布里斯托尔、利物浦三市的公司伙员中各选三名，委员连任不得超过三年。若委员的行为失当，殖民贸易局可由枢密院委员会接管，可免去其职务。该委员会不许从非洲输出黑奴，也不能

让-雅克·卢梭

卢梭是瑞士裔法国思想家，18世纪思想启蒙运动的先锋，其代表作《社会契约论》是西方传统政治思想最有影响力的著作之一。卢梭的启蒙思想渗入社会风气，成为时尚。年轻人模仿《爱弥儿》，要做"居住在城里的野蛮人"，连路易王子也按照卢梭的观点教育他的儿子，学一门手工匠人的手艺。据说，这就是路易十六那个著名的嗜好——业余锁匠的由来。

把非洲货物运往英国。但为了维持驻扎在非洲的堡垒，可以从英国向非洲输出各种与该任务有关的货物及军需品。委员从公司支取的资金不得超过800镑。如果公司支付工作人员的薪俸、房租及各种杂费后，资金还有剩余，则用作委员的酬劳。法规虽如此严密，却未切实达到限制独占的效果。乔治三世第五年第四十四号法令宣布：取消该公司对桑尼加及其属地，以及由南巴巴利的萨利港至鲁杰角海岸的管理权，改由国王管理。这是因为该公司有限制贸易、建立某种不当独占权的嫌疑，这在下院的议事录中有记载。委员会委员都是大商巨贾，各堡垒及殖民地的大小官员都仰承他们的鼻息。因此，那些官员都可能特别关注他们在商务及事务上的嘱托。这样，就自然而然地形成了独占的局面。

对于第二个目标，该法令规定：国会每年支付该公司13000镑用作堡戍维持费。对这笔资金的使用，委员会须每年向国库主计提出报告，国库主计再向国会报告。但是，对这微不足道的13000镑的使用，国会自然不会多加关注，而国库主计对这笔资金的使用得当与否也未必能完全明了。当然，海军部可以通过海军舰长或其委派将官的报告了解堡垒实情，但海军部对该委员会无直接管辖权，也无权干涉其行动，而且舰长等人也未必深谙筑垒之事。所以，这些委员如果未侵吞公款，即使行为失当，对其最重的处罚不过是撤职。更何况委员任期短，所得酬劳有限，怎会对与之无关的守戍事务予以关注呢？为修缮几内亚海岸卡斯尔角的堡垒，议会曾几度支出国库的剩余费用。可是，该委员会修筑的堡垒质量极差，完全有推倒再筑的必要。鲁杰角以内的堡垒耗费由国家支出，其管辖权也隶属于行政当局。但令人费解的是，鲁杰角以南堡垒的管辖权别有归属，而其耗费至少部分还由国家支出。直布罗陀及米诺卡堡垒的任务是保护地中海贸易，它们始终由行政当局管辖，政府从未对其管理疏忽过。虽然米诺卡被夺，但人们从未把责任归咎于该行政当局管理上的懈怠。我并不是在暗示，把它们从西班牙手中夺过来有多大意

伦敦的火车站

欧美国家现存的火车站大多建于19世纪。这些车站反映了当时的建筑风格。它们规模宏伟，建筑得美轮美奂，是铁路公司乃至整个城市的瑰宝。但也可以说，它们是当时的铁路公司及大城市炫耀财富的方式。图为1862年的伦敦帕丁顿区火车站。

义。相反，这使英国被同盟者西班牙所弃，且使法国波旁王室两大支流结成超血缘关系的更密切、更永久的同盟。

股份公司的设立，有的是国王下令许可的，有的是由议会通过的。就公司的性质来说，此类公司与合组公司及私人合伙公司有许多不同之处。其具体包括如下几点：

第一，未经全公司许可，公司的合伙人不得将股份转让他人，不得介绍新人入伙。如欲退出，须事先声明，经过一段时间提回股本。而股份公司却不允许股东取回股本，但股东可以转卖股票和介绍新人入股。股票的价值，随市场价格的变动而涨跌，因此，股票所有者的实际股金，与入股时注明的金额常有出入。

第二，责任公司运营上的全部负债，将由私人合伙公司的合伙人承担，而股份公司中各股东只承担自己股份范围内的责任。

股份公司的经营由董事会掌管。在执行任务时，虽然董事会受股东大会支配，但股东大多不了解公司业务，他们大多满足于董事会每年或每半年分配给他们的红利，因而很少找董事的麻烦。这样既省事，而且风险仅限于所投资金额。所以，大多数人都愿意投资于股份公司，从而使股份公司吸收的资本往往超过任何合伙公司。例如，南海公司的营业资本曾超过33080万镑，现在的英格兰银行分红股本高达1078万镑。但在资本和管理上，合伙公司的成员完全为自己打算，而股份公司的董事却在为他人尽力。因此，对公司资本用途的监督，后者不会像前者那样卖力，疏忽和浪费就在所难免。正因为如此，在与私人冒险者的竞争中，从事国外贸易的股份公司总是难以取胜。所以，无论股份公司是否取得了专营权，成功的都很少。无专营权者，往往经营不善；有专营权者，不但经营不善，而且限制了专营商品贸易的发展。皇家非洲公司（即英国非洲公司的前身）、哈德逊湾公司的专营权都未通过议会审议，而是通过国王颁给的特许状获得。在作为贸易公司期间，南海公司始终享有专营权，现在和东印度进行贸易的联合商人公司也是如此，它们的专营权由议会审议通过。

非洲贸易开放后不久，皇家公司自知竞争不过私人冒险者，于是以这些人无营业执照为借口，对其加以迫害。1698年，政府对私人冒险者经营的一切贸易均征收10%的税，税款由公司充作堡垒耗费。尽管如此，皇家公司仍不是私人的对手，其资本及信用日益减退，至1712年，皇家公司负债累累。为了公司及债权人的安全，议会制定了方案：皇家公司债务的偿付日期，以及关于债务的其他必要协定只需公司债权人2/3以上的决议通过即可。至1730年，公司业务陷入极度混乱，已无力维持其堡垒和守备队。为此，议会决定每年拨款10000镑来帮其维持，直至公司解散。1732年，由于公司连年亏损，政府决定终止对西印度的黑奴贸易，转而从事非洲内地的金沙、象牙、燃料的贸易。但是，公司仍日渐衰退，直至破产，其堡垒和守成由现今在非洲贸易的商人所组织的合组

马丁·路德

16世纪初,为了募捐资金建造罗马圣伯多禄大殿,教会向民间发行赎罪券,任何人只需花钱就可以赦免自己的罪孽。在1517年万灵节前夕,神学教授马丁·路德发表了《九十五条论纲》,公开宣布他反对赎罪券。路德的本意只是将赎罪券提出来讨论,结果在整个欧洲引起轩然大波,最后甚至演变成一场宗教革命。

公司管理。在皇家非洲公司之前,已有三家股份公司在非洲进行贸易,它们也都持有特许证件,但也都以失败而告终。

在上次战争前,哈德逊湾公司远比皇家非洲公司幸运。它所维持的人数不过120名,所支出的必要费用少得多。但是,在公司货船未到之前,足够装满货船的货物却能够收集妥当,这是私人冒险者十数年都难以办到的。当地海口结冰期长,货船很少能停泊七八周以上,因此,不预先积货,哈德逊湾的贸易就无法经营。也正因如此,虽然该公司的资本不到11万镑,却几乎垄断了其所在贸易区的所有贸易及剩余生产物销售。也就是说,该公司实际上享受了专营贸易的利益。另外,该公司是一个只有少数股东的小额资本股份公司,其在经营上的谨慎程度,不亚于合伙公司。以此看来,在上次战争前,该公司贸易的成功就丝毫不足为怪了。不过,《商业上历史和年代的推断》的作者安德生认为,该公司的利润并没有达到多布斯所想象的程度,或者并未大大超过普通贸易的利润。这一结论是安德生研究多布斯关于该公司多年输出输入的全部报告,并参考该公司所冒的风险和所付出的开支后得出。

南海公司虽不必负担大笔的堡垒耗费,但因其股本过大、股东极多,导致整个经营过于迂腐、疏忽和浪费。就其商业计划而言,并不比其诡诈、无节制的招股计划好多少。它首次经营的贸易是把黑奴输往西属西印度，并取得了这项贸易的专营权。但是，专营权的取得，却不见得于这项贸易有多大益处。在该公司之前，经营同一贸易、享有一样专营权的葡萄牙及法国两家公司早已倒闭。为此，南海公司每年派遣一定吨数的船舶与西属西印度直接通商，以求弥补。然而，公司所派遣的船舶，仅10%获得巨额利润。该公司营业的失败，恐怕多半缘于代理店及代理人的浪费和掠夺，他们在一年时间内就获得了巨额财富，却把失败归于西班牙政府的强夺和压迫。1734年，公司以利润微薄为由，向英王请求许其将贸易权和船只等价卖给西班牙国王。1724年，该公司开始经营捕鲸业，该公司的船舶在八次格陵兰航行中仅一次获利。之后，公司被拍卖，最终损失竟高达237000镑之多。1722年，该公司请求议会将其贷给政府的3380万镑资金分成两部分：一半用作政府的公债，公司董事不得用其偿付债务或弥补损失；另一半仍然用作贸易资本，也可用以还债或弥补损失。1733年，公司又向议会提出请求，把贸易资本的3/4用作公债，仅留1/4用作营业失败的补偿资本，这样，留下的1/4资金就只有3662788镑8先令6便士。1748年，根据《亚琛条约》，该公司放弃此前根据《阿西恩托约定》从西班牙国王获得的一切权利。至此，该公司与西属西印度之间的贸易走到了尽头，其所有剩余贸易资本全都被化为公债。

每年到西属西印度进行贸易是南海公司期望多多获利的唯一途径。但这项贸易在国内外都有竞争者。南海公司运出的各种欧洲货物，西班牙商人都会从加的斯运往卡塔赫纳、贝洛港、拉维拉克鲁斯等地；公司运往西属西印度的各种货物，英国商人也会由加的斯输入。诚然，西班牙和英国商人的货物要支付较重的税，但公司人员的疏忽、浪费和贪污，恐怕是一种更重的税。至于说，要是私人贸易者能公开地、正当地和股份公司相竞争，股份公司仍能从国外贸易的经营中获利，那就有违我们的一切经验了。

1600年，伊丽莎白女王特许设立了旧东印度公司。在其前12次印度航行中，该公司船舶为共有，而贸易资本则为私有，这与合组公司的形式相似。直到1612年，个人资本才合为公司共同资本。因公司持有专营特许状，所以经营多年也未受其他商人侵扰。另外，公司的资本和营业规模不是很大，在经营上不会产生大的疏忽、浪费或贪污。所以，连续很多年，该公司营业额还算令人满意。

随着对自由逐渐深入的理解，人们开始思考，由女王发给而未经议会审议的特许状能赋予专营特权吗？法院的决定随政府权力的消长及各时代民意的变迁而时有变动。在这种情况下，私人贸易者对公司特许权的侵犯日益深入，到查理二世晚年、詹姆士二世统治时期和威廉三世初年，公司经营都很艰难。1698年，有人以购买公债者得以设立专营特权的新印度公司为条件，贷给政府200万镑，年息8厘。旧东印度公司也提出愿以年息4厘贷给政府70万镑。最终，政府采纳了新公债应募者的建议，新东印度公司得以设立。不过，旧东印度公司的贸易权可延续至1701年，同时旧公司巧妙地认购了新公司315000镑的股本。关于应募者的资本是否应合为共同资本的问题，给予新印度公司特权的议会法案没有明说。于是，少数私人应募者坚持自用资本、自担风险及责任进行贸易。到1701年，旧公司仍有使用其旧资本进行独立经营贸易的权利。在这前后，该公司的私人贸易者也有使用投入新公司的资本独立经营贸易的权利。新旧公司及私人贸易者间的竞争，差一点使他们全部毁灭。1730年，有人主张开放印度贸易，使其由合组公司管辖。对此，东印度公司以其激烈言辞陈述了开放后上述竞争将演化成的恶果：将使印度土货价格涨至不值得采购的地步，而英国又会因该货物存量过多，其价格将致无利可图。不过，市场货物充足，其价格大跌，百姓获利这一点是可信的；但若说采购者多，而使印度市场土货价格猛涨却不尽可信。因为，由此竞争引起的异常需求对印度只不过是九牛一毛而已。更何况需求的增加将会激励生产，促进生产者的竞争，各生产者会设法改良生产分工和生产技术以减低生产成本,使其产品价格更低廉。这样,印度公司的竞争恶果正是政治经济学所要促进的结果,即消费的便宜和对生产的鼓励。

其实,这种竞争也并未持续多久。1708年,依据议会法案,这两家公司即

美国的铁路建设

铁路是经济增长的重要推力之一,它为经营大规模商业运作的新的发展铺平道路,创造了一个为未来商业所使用的蓝图。铁路企业最先遇到管理的复杂性、工会问题及竞争问题。由这些问题带来的彻底革新,使铁路成为最早的大规模商业企业。图为美国19世纪的早期铁路。

现在的东印度贸易商人联合公司,到1711年米迦勒为止,其间各独立私人贸易者可继续营业。同时授权该公司收购私人贸易者7200镑的资本,限期三年,而把该公司的全部资本变成共同资本。1743年,公司又贷给政府100万镑,这笔贷款由公司发行公债得来,并未增加股东要求分红的资本,但与公司另外的300万镑一样,对公司的亏损和债务也要负责。自1708年以来,该公司独占了英国在东印度的贸易,利润可观,股东每年都能分得红利。1741年,英法战争爆发,东印度卷入战祸和政治斗争,以至丢掉了它在印度的主要殖民地马德拉斯。随后订立的《亚琛条约》才使马德拉斯复归。这时,该公司在印度的工作人员都充满了战斗与征服的精神。1755年法兰西战争爆发,英国在欧洲连获胜利。在印度,该公司不但捍卫了马德拉斯,占领了庞迪彻里,收复了加尔各答,而且获得了更广阔领土的收入。据说该收入每年达300万镑以上,公司安享此利很多年。公司的红利已由6%逐渐增至10%,每年红利额已由19.2万镑增至32万镑。

1767年，政府认为，该公司所占领土及其收入应属于国王，因而迫使公司每年向政府提交40万镑作为回报。此时，公司计划把红利增至12.5%。可是，议会不许其增加红利的法案，其目的是促使公司加速偿还已达六七百万镑的债务。在这种情况下，公司与政府议定的法案延期五年实行，这五年里，公司可逐渐将红利增至12.5%，但一年之中最多只能增加1%。这样，即使红利增至顶点，公司每年支付股东及政府的金额总计也不过608000镑。而依据1768年东印度贸易船"克鲁登敦号"提出的报告，除去一切费用，公司在占领地的纯收入也达到了2048747镑。此外，公司还有不下439000镑来自土地及在殖民地所设的海关的收入。从公司董事长和会计证言来看，当时公司每年的营业利润至少也有40万镑。如此高的收入，公司应该有能力每年增付608000镑，并提供一项减债基金。可是，至1773年，公司的债务大大增加，以致公司不得不将股息一下子降至6%，向政府请求免去其年纳40万镑的约定税，并借款140万镑以救急。拓展殖民地，增加收入，这确实增加了公司的财产，可是，对于公司人员来说，财产越大就越有浪费的借口，也就越好从中作弊。

在这种情况下，议会经调查后，对公司进行了改革。在印度方面，将马德拉斯、孟买和加尔各答等主要殖民地交由总督统治，设评议会辅佐总督，由4名顾问组成。第一任总督和顾问由议会指派，常驻加尔各答。现在，加尔各答与以前的马德拉斯一样，成了英国在印度的最重要的殖民地。加尔各答裁判所的权限，被缩小至只审理该市及其周边的商业案件，另设1名法官、3名审判官组成的最高法院来替代它原来的地位。在欧洲方面，股东须出1000镑的股金才能获得股东大会投票权，比原来增加了一倍。此外，这种投票权，如果是由自己出资购买而得，则须在一年后才能使用，其期限较改革前延长了半年。公司的董事由每年改选，变为每个董事四年改选一次。但在24名董事中，每年须有6人交替进出，出去的董事，次年不能再入选。

改革后，股东大会及董事会在执行任务时郑重稳健得多。可是，他们大多数人的利益与印度的利益毫不相干，要想让他们尽心地促进印度的繁荣，几乎不可能。从各方面来看，他们不配统治一个大帝国，甚至连参与这种统治也不配。那些以1000镑购得东印度公司股票的人，往往是为了取得股东大会的投票权，进而参与掠夺印度，或参与任命掠夺印度者。这种任命权，虽然被董事会操控，但股东势力对此也有一定的影响。也就是说，股东可选举董事，对董事会关于派驻印度人员的任命也有否决权。如果一个股东能几年都享有此权利，他就可以在公司内安插若干故旧。那么，投票权所给予他权利来参加统治的大帝国的繁荣，他又怎么会重视呢？按照人的本性来说，任何君主对于被统治者的幸福或悲惨，领土的改进或荒废，政府的荣誉或耻辱的关注，总不会像该公司大部分股东那样冷漠。议会经调查后所制定的种种新规，并未减少这种冷漠。例如，下院决议案规定，当公司所欠政府债务140万镑还清，所欠私人债务降为150万镑时，须对股本分派8厘的股息。另外，把该公司留在国内的收入和纯利润分成四部分，其中三部分上缴国库，一部分用于公司还债或作为公司应急基金。可是，当所有收入及利润都归公司所有和支配时，公司将弊病丛生，而今又将其仅有的

葡萄牙商船

15—16世纪是葡萄牙的全盛时代，其探索的足迹遍布亚、非、美，并占领了大量殖民地，成为当时欧洲最富裕的国家。1514年，葡萄牙的航海家到了远东的中国和日本。三年后，葡萄牙商人及官员费尔南·佩雷兹·德·安德拉德到了广州，与大明朝廷交涉，被称为近代中国与欧洲接触的开端。1542年，葡萄牙人还意外发现了日本，之后很多欧洲商人和传教士被吸引到日本，而葡萄牙在明治维新以前的很长时间里都垄断着欧洲和日本之间的贸易。图为当时日本画家笔下的葡萄牙商船。

1/4置于他人的监督之下，动用又需他人同意，这样，公司的财务状况就很难改进。

对公司来说，与其把分派八厘股息后剩余的部分交给一群与其利益不相干的人，倒不如交给自己的雇员或隶属人员。另外，在股东大会中，公司雇员及隶属人员可能拥有很大的势力。因而，有时股东竟会帮助那些侵犯自己权益的贪污舞弊者。对大多数股东来说，他们竟会把拥护那些人看得比拥护自身权益还重要。因此，1773年的规定未能改变公司的混乱局面。例如，公司曾在加尔各答金库积存了300多万镑。可是这之后，虽然它将自己的侵掠扩大到了印度好多肥沃而富庶的地区，但是，其所得都照旧被随便滥用、任意侵吞。因此，当发觉海德·阿利侵入之时，公司竟毫无防备，无力阻止与抵抗。至1784年，公司已趋于破产。为救此危难，只得向政府求援，议会对公司业务经营的改善提出了各种计划，这些计划以及公司自身都认为，公司无能力也不配统治它的占领地。

政府允许那些自担费用、自冒风险与蛮荒之地进行贸易的人组成股份公司，并在其经营走上正轨时给予一定年限的独占权，这是合理的。而且，政府以这种方式对这种既费钱又冒险，且日后会造福大众的尝试予以酬劳容易而且必要。这种暂时的独占权与发明专利权、出版权一样，但是限期一满，此权利就应被取消。如果堡戍仍须继续维持，则应移交政府。而当地的贸易则应由全国人自由经营。如果公司长期独占当地的贸易，就会给当地人以不合理的压迫。这种压迫，表现在两方面：第一，独占必然使有关货物的价格提高；第二，对大多数人来说，可能是便于经营、利于经营的某种业务，现在却不能涉足。人们承受这种压迫，却是为了使某公司能维持其懈怠、浪费，乃至侵吞公款的雇员。而这些人的胡作非为，却使公司分派的股息降到了比其他自由事业的普通利率还低的地步。

如果没有独占权,对于任何外贸生意,股份公司恐怕都难以长期经营。将货物从一地运往别地出售是为求利,可是两地竞争者都很多,这需要时刻关注需求、供给、竞争等各方面的变化,需要巧妙的手腕和正确的判断。这就像一场不断变化的战争,如果不时刻关注、时刻警惕,就无胜利可能。然而,股份公司的董事们又有谁能这样做呢?所以,当东印度公司偿清借款,专营权被取消后,虽然议会仍允许其在印度与其他商人一起竞争,但私人冒险者的关注和警惕基本不会让其在短时间内进入到对印度的贸易之中。莫雷勒修道院院长对经济学很有研究,他曾指出,1600年之后,在欧洲设立的外贸股份公司几乎都因管理不当而失败。

股份公司似乎只有在其营业方式简化为成规,或很少变化,或无变化时才能在没有专营权的事业上取得成功。这类事业为:银行业、水火兵灾保险业、修建通航河道或运河、储引清水供给城市。银行业的实际业务都可定为成规以供遵守,而如果置成规于不顾,往往会使银行陷于无可挽救的境地。从事实来看,与私人合伙公司相比,股份公司更能遵守成规,因而也更适于从事银行业。在欧洲,主要银行都属股份公司的性质,它们虽无专营权,经营上却非常兴旺,如英格兰银行、爱丁堡银行等。

由火灾、水灾和战祸引起的损失可以估算,因此经营这方面的保险业可订出一套严密的规则和方法。所以,无专营权的股份公司去经营保险业可能会很顺利,如伦敦保险公司、皇家贸易保险公司等。通航水道、运河及供给城市用水的各种工事不仅效用大而普遍,其所需费用也很巨大,个人财力难以办到。

总之,只有同时具备上述三个条件,设立的股份公司才合理。论及英国制铜公司、熔铅公司和玻璃公司的效用,未必有多大、有多特别。论及它们所需的资金,也不见得是个人财力难以承担的。至于它们所经营的业务，能否定出严密的法则和方法，使之适于股份公司管理；能否获得它们所自夸的丰厚利润，我不敢妄言。此外，矿山企业公司早已破产，再看看那些为促进国家某种特殊制造业而设立的股份公司，它们不但因经营失当而使得社会总资本减少，而且在其他各方面也是害多利少。它们对某些特定制造业的偏爱不可避免地妨害了其他制造业，定会使某些产业与利润间的自然比例受到破坏，这种自然比例是对国家一般产业最大和最有效的奖励。

第二项 论青年教育的开支

维持青年教育所需的费用，可由教育本身的收入支配，学生给教师的学费或谢礼就属于这类。即便教师的报酬不是全部出自这些收入，也并非要由社会的一般收入支出。在许多国家，这收入的征集和运用，由行政当局负责。就欧洲的大多数国家而言，普通学校和专门大学的基金，并不依赖社会的一般收入。即便有依赖，数目也很小。教育经费主要来自地方收入，来自地租，或来自专项专款的利息。而专款或由君主拨给，或由私人捐助，交由专人管理。

这类捐赠，曾对教育设施的改进有所贡献吗？曾激励教师的勤勉、增进教师的能力吗？曾改变教育的自然过程，使其转向对个人和社会更有益的目标吗？对诸如此类的问题，我想作一个大概的回复。

大多数人在其职业上所作的努力大小，总与其作这些努力的必要性大小相称。因境遇不同，这种必要性也有所不同。一个人的职业报酬，如果是其所期望的财产，或普通收入及生活资料的唯一源泉，那这种必要性就很大，他每年都要为取得这些财产或为糊口而努力完成一定量的有一定价值的工作。如果是自由竞争职业，那么相互竞争就会迫使每一个人把自己的工作尽力做得更好。有些职业，其目标往往很伟大，这也会使一些意志坚强、目光长远的人去努力。实际上，最大的努力往往不是靠大目标来敦促,即便是卑微的职业,竞争和比赛也能使胜过他人成为其最大动力。相反,如果只有大目标,却无促其实现的必要,就很难以激发人们的动力。例如,精通法律是人们实现许多野心的必要条件,但富家之子又有几个在这方面崭露头角的?

一所学校,如果拥有一项捐助基金,那么其教师勤勉的必要性必然会降低很多。如果教师生计的维持只靠每月的薪水,那么表明他们所靠的是与其教学成绩和名望毫不相干的基金。

有些大学教师的薪水只占其所有报酬的极少部分,学生的谢礼或学费才是其报酬的主要来源。在这种情况下,教师的诲人不倦还是必要的,因为这关系到他的名望。此外,他还须尽力而勤勉地履行各项任务,以博得学生对他的敬爱和好评。

有些大学,不允许教师接受学生的谢礼或学费,薪水就是其职务收入的唯一来源。在这种情况下,教师的义务和利益是相当对立的。就每个人的利益而言,在于如何过得更安逸,如果有一种非常难以履行的义务,无论履行得如何,其报酬完全一样,那么教师将全然不去履行它。即使有某种权力迫使他去完成,他也会在那种权力容许的范围内敷衍塞责。如果他天生精力充沛,那还不如做点其他有利可图的事。

教师应当服从某种权力。如果这种权力掌握在法人团体之手,而他又是这个法人团体中的成员,同时其他大部分成员也是教师或可为教师者,那么他们彼此就会以容许自己疏忽义务为前提,而宽容他人对义务的疏忽。他们会认为这样做是在维护他们共同的利益。近年来,牛津大学的大部分教授就连教师的样子也不装了。

如果教师服从于主教、州长或阁员等外部人士,那么教师要全然忽视其义务则不大可能。不过,这些人让教师所尽的义务不过是上一定时间的课,作一定次数的演讲。至于演讲效果如何,这就要看其所要努力的必要性的程度。而且,这种外部来的监督往往因监督者的无知、无常

干净整洁的荷兰小镇

在西欧,污迹容易发霉,加之黑死病的惨痛教训,人们很早就开始重视清洁卫生,并养成爱整洁的习惯。在荷兰的黄金时代,各个城市的大街小巷都在力所能及的范围内尽量保持干净,合理利用狭小的空间,给人以极其清新的感觉。

而变得任意而专断。他们既不去听讲,又未必懂得教师所教的学科,因而,想让他们精明地行使这监督权则太难了。另外,因这种权力而生的傲慢往往令其对教师动辄训斥,甚或开除。这样,教师就需要有力的保护,这种保护是由向监督者意志的曲意逢迎换来的,而非来自其个人在教学上的能力和勤勉。教师甚至要时刻准备为此种意志牺牲其所在团体的权利及名誉。如果你能长期留意法国大学的管理,就定然会见识到如此专横的外来监督会产生的后果。

如果不管教师的学问和名望如何,而使一定数量的学生进入某专门学校,那么教师拥有学问和名望的必要性就会减弱。如果在某些大学住够一定年限就可以拥有艺术、法律、医学或神学等学科毕业生的特权,那么就会有一定数量的学生不去考虑该校教师学问、名望的高低而去入住。这种毕业生特权是徒弟制度的一种,就像其他徒弟制度有利于技术或制造的改进一样,这样的特权也同样有利于教育的改良。

如果大学能为学生提供研究费、奖学金、困难补助及慈善基金,那么就会使一定数量的学生不考虑该校名誉如何而贸然进入该校学习。这类学生如能自由选择大学,也许就会引起各大学之间一定程度的竞争;相反,如果连各大学的自费生也不能自由转入他校,那么这种竞争也就消失殆尽。

如果导师由学院指派,而不是由学生自由选择;如果怠慢无能的教师不经校方允许,学生不能将其换掉,那么就会大大减少导师之间的竞争,使他们勤勉任教、关注学生的必要性大打折扣。这类教师,即使接受了学生提供的丰厚酬劳,也会像未接受学生酬劳或除薪水以外别无报酬的教师那样一样,玩忽职守,误人子弟。

如果教师能意识到他讲给学生的是一些无意义的内容,他定会不快;如果他的课学生从来不听,或以轻蔑、嘲笑的态度来听,他也会不快。因此,他必会对其所必作的演讲力求完善,以作弥补。不过,在教学时,他可以采行几种取巧的方法以免因讲出愚蠢可笑的内容而遭到轻蔑或嘲弄。例如,对所教学科,他可以拿来与之相关的书籍不加说明地讲读;如果那书籍是用外文写的,他只向学生译述就行了;更省力的方法是让学生解释,自己旁听,间或插几句话,这样,便可以吹嘘说是自己在讲授了。同时,那些校规又会强制学生都规规矩矩地进入课堂,并在他上课的全部时间里,以一种最礼貌、最虔敬的态度来听他讲授。

大学的校规,多半是为了教师的利益,而不是为了学生的利益,更恰当地说,是为了维护教师的权威而设计出来的。无论教师履职尽责的情况如何,学生都要像教师们已尽了最大的勤勉和能力那样,对他们保持崇敬。这似乎表明教师拥有完美的智慧与德行,而学生则愚笨不堪,缺点累累。事实上,如果教师尽心尽职,多数大学生是不会疏忽必尽之义务的;如果教师的讲授值得一听,那么其讲授无论何时进行,学生都会自动走进课堂。当然,对于年幼的孩童则需要一定的约束性规定才能使其获得必须的教育,但对于十二三岁以后的学生就不必强制,教师只要尽职就可以。如果学生感到教师在尽力让自己获益,那么即使教师在课堂上出现一些失误,也会被原谅,甚至会替教师遮掩其疏忽与怠慢。

在英国,公立学校固然免不了腐败,但比大学还是要好得多。在公立学校,青年学到或至少能学到希腊语和拉丁语。也就是说,学校声明开设的课程,教师都会教给学生。但在普通大学,学生既学不到学校应该教给他们的知识，也找不到学习这些知识的正确方法。公立学校教师的报酬，在某种特殊情况下，几乎全部来自学生的谢礼或学费。这种学校是没有排他特权的。对于想要获得其学位的学生，他并不需要向学校出示在某公立学校已学过一定年限的证书；学校也不必考虑他从哪里学来了这些东西。

可以说，普通大学的课程都不怎么样，但如果没有这些大学，这类课程恐怕就没人教。如果教育缺少这一重要的部分，无论对个人还是对社会都是一种损失。现在，欧洲大部分大学都是由罗马教皇创办的，其初衷是为教育僧侣。起初，学校师生都受罗马教皇的直接保护，不受所在国民事法庭的约束，只服从宗教法庭。学校所设置的课程，毫无疑问，其所学即便不是神学，也是为学习神学作准备。

基督教由法律定为国教之初，在西欧各国的教堂中，无论举行礼拜还是诵读圣经，全都使用拉丁语。罗马帝国被推翻后，由于外族的入侵，拉丁语才在欧洲各地不大通行了。但是，虔诚的人们却把那些既定的宗教形式和仪节保存下来，在教会做礼拜时仍然使用拉丁语。这样，在欧洲就有两种语言同时被使用，这就是僧侣的语言和常人的语言，即神圣者语和凡俗语。因此，僧侣必须懂得拉丁语，从而也使拉丁语在大学的教育中始终占据重要的地位。

教会曾宣称，拉丁语译成的《圣经》和希腊语、希伯来语的原书一样，同为神的灵感口授，因而有同等权威。这样，希腊语和希伯来语的知识，对于僧侣就不是必不可少的了。这就导致在很长时期内，对希腊语和希伯来语的研究都没能进入大学的普通课程。最初的宗教改革者发现，原版希腊语的《新约全书》和希伯来语的《旧约全书》比拉丁语的《圣经》对他们的主张更有利。可以想象，拉丁语翻译的《圣经》已对原文作了改动，逐渐成为一些用来支持天主教教会的东西。于是，改革者们开始指出译文的错误，迫使罗马天主教的僧侣们出来辩护或说明。

但是，无论如何，最终对这两种语言的研究，逐渐被很多大学列为应开课程，无论他们是拥护还是反对宗教教理的改革。

对希腊语的研究与各种古典研究密切相关，直至宗教着手改革教理之时，对古典的研究已成为时尚，研究者则不限于最初的天主教徒及意大利人了。因此，在多数大学里，学生学习了一定的拉丁文后，就开始学希腊文，之后才修习哲学。至于希伯来语，因其除《圣经》外，无有价值的书籍，所以其与古典研究关系不大。这样，希伯来语的讲授就被放在了哲学研究之后，即在学生进行神学研究时才开始。

最初，各大学只要求学生掌握希腊语及拉丁语的初步知识，直到现在，一些大学也如此。而另外一些大学则认为，对这两种语言中的任何一者，不仅要具备初步的知识，而且要作进一步研究的准备。现在，这进一步的研究已成为这些大学教育中极重要的部分。

古希腊哲学由三部分组成，即物理学或自然哲学，伦理学或道德哲学，及论理学。自然中存在许多令人惊异的伟大现象，必然会唤起人类的好奇心，促使人类探究其奥秘。最初，人们因为迷信，认为一切伟大现象都是神的作为。后来，人们便努力用哲学的观点去解释它。因为这些现象是人类好奇心的最初对象，对其予以解释的科学自然就成为哲学最初开拓的领域。历史上最早留下记录的哲学家，好像都是一些自然哲学家。

任何时代的人，总会对同伴的性格、意向和行为多加关注，总会一致认同人类生活行为的高尚准则，然后予以确认。到写作开始流行时，人们便以这种方式来努力增加已被确立的和受人敬重的准则，同时表达自己对某些行为得当与否的看法，如《伊索寓言》《所罗门金言》，以及提西奥尼斯的诗歌等。但是，他们从未试图把这些准则系统地整理出来。最初把各种观察用若干普通原则联结起来成为一个系统，则出现在古代自然哲学方面的若干简单、浅显的论文中。之后，类似的事情又出现在道德方面。如同对自然现象的研究一样，人们把日常生活的准则也按某种次序整理好，并用少数共同原理联结、综合起来了。研究这些起联结作用的科学，被称为道德哲学。

作家为自然哲学和道德哲学提供了各种不同的体系，但支持那些体系的论说，往往是极其无力的盖然论，甚至是毫无依据的诡辩。不管什么时代，思辨体系采用推论，也都是关乎没有什么金钱利害的事情，无法对有常识者的观点起决定作用。在哲学思辨方面，诡辩的影响虽然较大，但对于人类的观点几乎不会有任何影响。对自然哲学体系及道德哲学的拥护者而言，自然会力求寻找异己者言论的不足，并将其公之于众。在他们讨论异己者的观点时，必然想到盖然论与论证的论说，似是而非的论说与决定性论说之间的差异。由此，必然产生一种讨论正确与错误推论的一般原理的科学，即论理学。人们似乎觉得，学生要想在物理、论理这样极为重要的主题上从事推论，必须预先理解正确推论与错误推论之间的区别，因而，虽然论理学比物理学、伦理学产生得晚，但在大多数哲学学校，论理学常常先于二者教授。

古代哲学分为三部分，但在欧洲大部分大学中则分为五部分。在古代哲学中，关于人类精神或神之本质的内容，几乎都属于物理学体系；而关于这精神或本质的构成却属于宇宙大体系，人类对这两方面作出的所有论断与推测，似乎成为说明宇宙大体系如何起源、如何运行的科学。因而，在欧洲的大学中，将其作为极其重要的两部分知识加以详细教授，并不断使其充实，分出详细的章节体系来。这样，在哲学体系中，曾经极少被人知晓的精神学说便具有了和广为人知的物理学说同样的篇幅。于是，这两种学说被视为截然不同的两种科学。在两者之中，所谓形而上学或精神学不但被看作比较崇高的科学，而且就某一特定职业而言，又被看作是较有用的科学。在这种情况下，几乎已无人再留意那些只要小心注意便可引出的有用主题。而除少数极其简单的真理外，无论如何注意也只能发现含混而不确定的东西,且因此只能产生狡智和诡辩的主题,并被人们大力研究。于是,第三种科学便在人们对二者的比较中产生了,这就是本体学,它讨论两种科学主题的共同特质及属性。但是,如果说形而上学或精神学有大部分是狡智与诡辩,那么本体学则全部是狡智与诡辩。

人的幸福与至善究竟何在?古代道德哲学认为,人生的各种义务都是为了人生的幸福与至善。但是,在学校只是为了神学而教授道德哲学、自然哲学时,人生的各种义务却被说成主要是为了来生的幸福。古代哲学则认为,一个人拥有了尽善尽美的德行,必然会使其人生得到完美的幸福。而近代哲学却认为,这种德行与今生的幸福几乎总是矛盾的,一个人只有通过忏悔、禁欲、修行和谦卑才可进入天国,而单凭慷慨、宽大、活泼的行动是办不到的。在各个大学中,道德哲学的大部分内容被良心学和禁欲道德占去,而哲学中最重要的部分却被曲解。在这种情况下,在欧洲的多数大学中,哲学教育的内容依次变为:伦理学、本体学、精神学、道德哲学,最后才是粗浅的物理学。

南海泡沫

1711年成立的南海公司,表面上是一间专营英国与南美等地贸易的特许公司,但实际上是一所协助政府融资的私人机构,分担因西班牙王位继承战而欠下的债务。南海公司于1720年通过贿赂政府,向国会推出以南海股票换取国债的计划,促使南海公司股票大受追捧,股价由年初的约120镑急升至同年7月的1000镑以上,全民疯狂炒股。结果,市场上涌现不少"泡沫公司"浑水摸鱼,试图趁南海股价上升的同时分一杯羹。为规范管理这些不法公司,国会在当年6月通过了《泡沫法案》,炒股热潮随之减退,并连带触发南海公司股价急挫,至9月暴跌回190镑以下的水平,不少人血本无归。这次事件被称为南海泡沫事件,与密西西比泡沫事件、郁金香狂热并称欧洲早期三大泡沫之一,"经济泡沫"一词便是由此而来。

欧洲各大学如此修改古代哲学的内容，其目的就是为了僧侣教育，为了使哲学成为适合研究神学的基础。但是，课程中所增添的狡智与诡辩，所导入的良心学与禁欲道德，对绅士或一般世人悟性的发展及情感的改善并未起到更好的作用。这种课程，在现今欧洲多数大学中仍在讲授，只是其程度的高低深浅随各大学教师在这方面之勤勉必要性的大小而定。

在近代，哲学的很多部分都有改进，并在很多大学得以实施；可是还有大部分大学并不愿意改革，它们充当了那些被推翻的体系和陈腐偏见的避难所。它们基本上是最富有的且拥有捐赠基金最多的大学。而那些比较贫困的大学改革起来则更容易，因为其教师的衣食住行大多依赖自己的名声，所以不得不更加注意与时俱进。

虽然欧洲公立学校的设立只是为了僧侣职业，虽然它们并未用心教授那些从事这职业所必须的科学，但几乎把所有受教育的人都吸引进去了，特别是绅士和富家子弟。人从幼年到其事业的开始有很长一段时间，这期间最有力的消费当为进入大学学习。

然而，各学校教授的内容，对学生所从事的事业并不是最适当的准备。中学毕业生被送到国外游学，已成俄、日、英等国当时的风尚，因为父母已不信任国内各大学的教育，他们不希望孩子在自己的面前无所事事地堕落下去。一个从17岁出国至21岁归国的青年，虽然在国外会学得一两种在国内很少能流利说写的外语，但同时也变得骄傲而放荡。如果他们不出国，而是进入国内大学读书，则绝不会这样。因为处在这一年龄段的学生，如果没有父母的督责与引导，通常会把人生中最宝贵的时光消磨在放荡无聊的生活上，以前的良好习惯也会渐渐消失。

在其他时代，各国也有各种各样的教育方法和教育设施。在古希腊，自由市民都要在国家官吏的指导下学习体操和音乐。学习体操在于强健体魄，增加勇气，养成能在战时忍受疲劳和危险的能力。据记载，古希腊的民兵，是当时世界上最强悍的民兵之一，这表明古希腊的国家教育完全达到了目的。另外，学习音乐是为了让人通情达理、性情柔和，为了让人能够具有履行各种社会义务、道德义务的思想。

古罗马也有体操训练，也收到了与古希腊相同的效果。不过，在民间没有类似于古希腊的音乐教育。但是从整体上看，无论在个人生活上，还是在社会生活中，罗马人的道德都远远优于希腊人。个人生活上的优越性曾被坡里比阿和狄奥尼西阿证明过，他们都通晓两国国情。社会道德上的优越性则可从希腊和罗马全史的内容中得到实证。在党派间的争执中，希腊人动不动就表演流血惨剧，而罗马人到格拉齐时代也从未有过这种事情。所以，不管柏拉图、亚里士多德和坡里比阿拥有多么令人敬重的权威，孟德斯鸠支持这权威有多么聪明的理由，音乐教育对希腊人道德的改善似乎并不显著。事实上，在古罗马，甚至在古希腊的雅典，教授学生音乐和体操的教师似乎都不由国家任命，其薪水也不由国家提供。当国家要求自由市民进行军事训练时，国家除了提供一处供市民操练的运动场所外，什么也不管，就连教师也要由市民自己安排。

在古希腊及古罗马初期，除以上科目外，学生还要学习读、写及算术。这些科目，富家之子往往请家庭教师教授，而贫民子女都到学校学习。不过，无论孩子们以怎样的方式学习这部分教育内容，国家都不予任何监督和指导，这种责任须由每个孩子的父母或监护人来承担。索伦在法律中曾规定，如果做父母的忽视了让其子女习得有用职业的义务，则其子女就可以不履行对他们的赡养义务。

随着文化的进步，哲学和修辞学成为流行学科，上流人士常把子弟送到哲学家和修辞学家所设的学校学习，但国家在相当长的时期内未给予这类学校任何支持。因而，教师需求量极小，所以教授此专业的教师很难找到固定工作，不得不在城与城之间往返穿梭，比如埃利亚的曾诺、普罗塔哥拉斯、戈吉阿斯、希皮阿斯等学者。后来，随着需求的增多，雅典等城市才相继设立这类学校，使这类学校由流动变为固定。可是，对于这类学校，国家除了拨给一定场所作为校址外，也没有进一步的奖励。这些学校的校址，有时也有私人捐赠。柏拉图学园、亚里士多德讲学地及斯多噶学派创立者基齐昂的芝诺的学府是国家赠予，而伊壁鸠鲁的学校，则是他自己将自家花园改成的。至少到马卡斯·安托尼阿斯时代为止，无论什么教师，国家都不曾为其提供任何薪俸；除了学生给的谢礼或酬金，教师别无报酬。这类学校毕业的学生，并无任何特权，欲从事某一特定职业或事业的人，也没有必要到这里来学习。这类学校对学生的吸引全靠声誉和口碑，教师对学生的权威亦全凭其优越的德行和才能来博得。

在罗马，关于民法的研究只存在于少数特定家族的教育中，国家没有开设可学到这一知识的学校。但值得一提的是，十二铜表法虽然大多抄自古希腊，但法律并不曾在古希腊的任何一个共和国成为一门科学；而在罗马，法律早就成了一门科学。但凡通晓法律者，皆可博得美誉。

在古希腊，普通法院都由许多混乱的团体组成，在判决时，它们常以宗派或党派精神为依托，可是，它们不正当裁判的坏名声，分摊到很多人身上不算什么。与之相反，古罗马的主要法院由一个或少数几个裁判官组成，裁判官所作的判决若是草率、不公，其人格就会受到极大损害。因而，若遇到疑难案件，法院常以本法院或其他法院前任裁判官所留的先例或判例作护身符，以避免世人非难。这正是罗马法能够形成如此有规则、有组织的体系，而且流传至今的原因所在。就性格来说，罗马人优于希腊人，这应该源于较好的法律制度。据说对誓言尊重是罗马人的传统美德，不过在法院前发誓的人比在一般集会前发誓的人更尊重自己的誓言。

与现代人相比，希腊人、罗马人在行政上和军事上的能力不相上下。希腊的音乐教育对这些能力的形成，并没什么作用。不过，两国的上流人士如果想学习被认为必要或有益的技术和科学,却很容易找到教师。对这种教育的需求,促成了满足此需求之才能的产生,而竞争又使此种才能得以完善。因而,与古代哲学家相比,近代哲学家好像更能吸引听讲者的注意力,更能控制他们的意见与心机,也更能对听讲者的行为、言论赋予某种格调与风格。

近代,公立学校教师处于不用太关心业绩的环境,就算他们的勤勉有一定程度的不足,其优厚待遇也使私人教师无法与之竞争。在许多国家,只有听公立教师的讲授才能获得毕业生的特权,这对从事的职业需要有此学问的人,以及需要这种学问教育的人是必不可少的,而私人教师教出的学生却无资格获取特权。正是由于以上各种原因,教授普通课程的私人教师被视为学者中的卑微者,其职业被视为低贱的。这样,捐赠基金在减损了公立教师之勤勉的同时,也使优秀的私人教师大为减少。

英王爱德华召开议会

从1295年英王召集"模范议会"算起,英国议会到现在已经有超过700年的历史。仅就英国议会历史之长而言,世界上还没有哪一个国家议会能望其项背。而英国议会历史的可贵之处还不仅仅在于其时间之长,更在于它所经历的矛盾之深刻、复杂,在于它所积累的经验、教训之丰富。因此英国议会也被称为"议会之母"。图为中世纪晚期英王爱德华召开议会的场面。

那种并非完全必要的学科,如果公立教育机构一点也不讲授,那就不会有人讲授。那种已被推翻或流为陈腐的科学体系,那种无用、卖弄、胡说的学问只可能在公立教育机构中存续,私人教师传授它毫无益处。我敢说,假设国家未设任何教育机构,绅士如能勤勉地完成当时最完善的教育，那么他在普通问题上定然不会一无所知。

公共教育机构中没有女子教育，因而，女子所学内容都是其父母或监护人认为她应该学的。这些内容的选择都以"有用"为目的，如增添女子形体的风姿，培养其谨慎、谦恭、贞洁、节俭等美德，授以妇道，以使其将来不愧为人妇等。这样，女子一生都感到她所受的教育给她带来的好处。至于男子，虽然他们接受的是极其痛苦、麻烦的教育，可终身受益的人却不多。

至此，国家不应对人们的教育给予关注吗？如果关注，不同阶层人所应关注的教育内容又是哪些呢？该如何关注呢？在某种情况下，尽管国家不去关注，但是社会的状态必然会把大多数人置于一种境地，使其自然养成适应当时环境的几乎所有能力和德行。而在其他情况下，由于社会状态不能把大多数人置于那种境地，因而政府就必须对其予以关注，以防堕落或退化。

随着社会分工的到来，大多数劳动者的职业往往被局限于极其单一的操作中。可是，人类的大部分智力养成于他所从事的日常职业中。如果人一生都消磨在只产生相同影响的单一操作中，那么他的智力就因遇不到困难而得不到发挥，其努力也不会用到寻找解决困难的方法上。这样，他的努力习惯就会自然失去，从而变得愚钝无知。在这种无知觉的精神状态下，对于一切合理的思想不但不能领悟，而且一切宽容、高尚、温顺的情感也无法拥有。最终，他对个人的日常义务和国家的利益也将失去辨知能力。其生活消磨掉了他精神上的勇气，毁坏了他肉体上的活力。可以说，是以牺牲智力、交际能力、尚武品质为代价，换来对自身特定职业的技巧和熟练。

可以说，在所有文明进步的社会，国家如不尽力予以防止，大多数人最终都会陷入这种状态。但在狩猎或游牧社会，甚至农耕社会则无此情形。在这些所谓的野蛮社会中，个体的工作都多样化，这就令其必须拥有应对各种工作的能力，必须随时找到解决不断发生的问题的方法，因而人们的心智也不会变得呆滞无觉。人们虽然没有文明社会中一些人所具有的大智慧，但是他们每个人都既是士兵，又是政治家。他们对社会的利益及统治者的行为都能作出比较准确的判断，他们都明白酋长平时是什么样的裁判官，战时是什么样的指挥官。虽然每个人都须应对多种职业，但社会中职业的种类并不多，几乎每人都具备可以应对社会所有单纯业务的知识、技巧以及发明的才能。相反，在文明社会中，虽然多数人的职业比较固定，但是社会中职业的种类却多得数不清。那些从事特定职业的人，如果有时间、有意志去研究，那么他就可以把这繁杂的职业作为研究对象。观察这种对象，就会使他自己的智能在用尽心思的比较、组合之中，变得异常敏锐、广泛。不过，尽管少数人有很大的能力，但如果他没有极特殊的地位，他的能力对于社会未必会有多大贡献。同时，对多数人来说，人类所有的高尚品质，仍然会在很大程度上受到减损。

在文明的商业社会，有身份的人开始从事借以扬名的特定职业，一般都在十八九岁之后。此前，他们有足够的时间去获取使其能让世人尊重，或是值得世人尊重的知识；至少有足够的时间充实自己，使其在将来能得到这些知识。为获取这些知识所需的费用，在多数情况下，他们的父母或监护人都会毫不犹豫地支付。如果他们不能一直得到适当的教育，其原因一般多为经费使用不当，而不是不足；一般都源于教师的不负责任和无能，或是当时不易或无法找到更好的教师，而非教师缺少。另外，与普通人单一、缺少变化的职业不同，有身份者的职业基本都相当复杂，以脑力来工作。从事这类职业的人，其理解力一般不会变得迟钝。何况，他们从事的职业也不会使他们终日忙碌，他们有的是大量空闲时间来进一步钻研其早年已有的基础知识，从而完全掌握。

但是普通人却不同，他们基本没有受教育的时间。幼年，其父母几乎无力予以供养；一旦有能力工作，他们便马上就业以谋生。他们的职业大多单一而无变化，所需智力甚少；他们的劳动连续而紧张，根本无暇旁顾他事。

不过，在任何文明社会，像诵读、书写和算术等重要的教育内容，普通人在其就业前都有时间习得。因此，国家只需提供极少的经费，就几乎能便利和鼓舞绝大多数人，强制他们接受这最基本的教育。

在各教区，国家可设立小学。学校的收费须在普通劳动者的承担能力之内。这样，普通人才易受到那样的基本教育。在这类学校中，国家不宜全部担负教师的报酬，以免他们怠惰。在苏格兰和英格兰，这种教区学校设立后，几乎所有人都学会了诵读，大部分人学会了书写和计算。只是英格兰的这类学校并不常见，所以受益者并不像苏格兰那样普遍。如果这类学校的儿童读本，比现在普遍使用的更具教育意义。如果以几何学、机械学的初步知识替代对普通孩子来说没有多大用处的拉丁语，那么普通人受的教育或可达到其所能达到的最高极限。所有普通职业都会为几何学、机械性的原理提供应用机会，它们也都会使普通人渐渐了解这些原理。那些学业比较优良的普通儿童，如果国家能对其予以奖励，那么获得这最基本教育内容的行为，也必会受到奖励。

如果国家规定，所有人在加入某种同业组合前，或在其有资格在自治村落或自治都市中经营某种业务前，都必须接受国家的考试或检定，那么几乎所有人都能被强制学习最基本的教育内容。

古希腊和古罗马就是用这个办法来便利人民、鼓舞人民、强制人民进行军事训练的，并以此来维持民族的尚武精神。为了便民，各共和国都会为训练提供场所，也会给予一些教师训练的特权。不过，这类教师既无国家提供的薪水，也无排他权，其报酬完全来自学生的学费和谢礼。无论在公立体育馆或演武场训练的市民，还是师从私人教师得到训练的市民，都无法律上的特权。另外，各共和国对成绩特别优秀者给予奖励，如奥林匹克运动会、地峡运动会、纳米安运动会等，都有竞技奖赏，获奖者及其亲友都会获得直接或间接的荣誉。只要受征召，共和国的任何市民就得在军队中服务一定期限。为了能胜任此义务，所有市民都不得不接受军事训练。

政治教化和军事训练均须政府予以相当大的支持，否则难免日渐懈息，导致绝大多数人民的尚武精神随之衰退。任何社会的安全，在一定程度上仰赖于绝大多数人民的尚武精神。在近代，如果没有精干的常备军，只靠人们的尚武精神，社会的安宁显然是得不到保障的。但是，如果所有公民都具有军人精神，常备军就可以减少许多；而且，军人精神又会大大减少人们对常备军危害自由的忧虑。至少，这种尚武精神、军人精神，一方面在外敌入侵时可以大大便利常备军的行动；另一方面，即便常备军真的做出违反国家宪法的事体，它也可以予以强力阻止。

在维持多数人民的尚武精神上，与近代所谓的民兵制度相比，希腊和罗马过去的制度似乎要有效得多。它们的制度非常简单，确立之后，不须政府关注就会以最完全的活力维持下去。而近代民办制度的规则复杂，若要使其维持在一定水平之上，政府就必须长期关注。否则，这些规则就会被忽视，甚至被废弃。此外，古代制度影响范围相当广泛，全民都会用武器作战。近代，除瑞士外，恐怕其他各国接受训练的人也仅为国民的小部分。然而，如果不能保卫自己，不能为自己复仇，那么他就是个怯懦者。他缺少人性中最重要的部分，其精神方面是残缺而畸形的。这无异于肉体上的残缺或畸形，甚至比肉体上的不健全更不幸、更可怜。因为，人之苦乐全由心生，精神健全与否对其影响最大，肉体的影响次之。在社会防御上，即使不再需要人们的尚武精神，但由怯懦所必然引起的精神上的残废、畸形或丑陋，政府则必须予以关注。因为，可怕的东西会在人们之间像疫病一样蔓延，危害极大。

即使在当今的文明社会中，这种观点也适用于那些无知而愚昧的下

蒸汽机

19世纪初出现的蒸汽机车彻底改变了人类的长途交通，这项技术一直沿用到"二战"后，才逐渐被内燃机车所取代。第一部蒸汽机车是由英国人特里维西克在1804年2月21日制造，之后经过多年改进，蒸汽机车的经济效益才足以在商业上营运使用。乔治·史蒂芬孙在1830年制造的"火箭号"是最早在商业成功使用的蒸汽机车。图中所示的便是史蒂芬孙的"火箭号"。

层人。人们如果不能恰当地使用其智慧，则比怯懦者还可耻，那是对人性中更重要的组成部分所造成的残缺与畸形。为防止下层人完全陷入无教育状态，即使国家得不到什么益处，下层人的教育仍值得关注，更何况教育会使国家大大受益。在无知的国民间，狂热和迷信常常会引起最可怕的扰乱。在一般情况下，人们所受教育越多，越不会为狂热和迷信所惑。此外，受过教育的人往往比无知而愚笨的人更懂礼节、守秩序。他们会认为自己的人格更高尚，更能得到他人尊敬；反之，他们则更加尊重他人。他们对那些企图煽动群众或搞派别之争的利己言行更有鉴别力。因此，那些放肆且不必要的反政府论调，很难欺骗他们。在自由的国度，人们对政府所持有的友好意见是维持政府安全的依靠。对政府而言，人们不作轻率的判断极为重要。

第三项 论各年龄段国民教育的开支

为各种年龄段国民所提供的教育设施，主要是宗教教育设施。牧师是此类教育的从事者，与其他普通教师一样，牧师的生活费完全出自听讲者的奉献，有的出自地产、土地税、薪水等国家法律认可的财源。如果新教徒攻击历史悠久的老旧体系，那么新教牧师往往会占得较大的便宜。因为旧教牧师有圣俸，对维持多数人信仰和皈依热情的教务关注得不够，而且因其一贯的懒惰，即使对自己的教会，他们也很少会奋起保护。那些拥有大量捐赠财物的历史悠久的国家教会，其牧师常为博学、文雅之人，具有绅士或足以使其博得绅士一样受尊敬的品质；但同时，对使其所信仰的宗教得以称为国教的品质，即那些对下层人民有权威和感化力的品质，他们很容易失去。当他们遇到一群或是众望所归，或是愚昧无知的勇猛者的攻击时，就会像那些懒惰、软弱、饱食终日的国民遭遇活泼、坚忍、饥饿的野蛮人一样，毫无自卫的能力。在这种危急情形下，牧师通常只会向行政长官申诉，称攻击他们的新教徒扰乱社会治安，并要求对他们加以打击、消灭或驱逐。例如，罗马天主教对新教徒的打击，英格兰教对外国教派的打击都是用的这种方法。

啤酒厂工人

在19世纪的美国，体力劳动工人稳定的年收入很少能达到1000美元，并且大部分人要远低于这个水平。当时费城的工人工资比大多数城市要高，在1880年熟练工人年平均收入也不到600美元，非熟练工人平均只有375美元。有三四年经验的男性店员或办公室职员按薪水付酬年收入一般都会在1000美元以上，然而会计、销售经理、市区零售商以及其他小商人一般都会大大超过这个标准。图为19世纪末美国一家啤酒厂工人的生活场景。

事实上，已被定为国教的宗教，其教义教律都会受到某一新宗教的攻击。而它们自己都无力抵抗，只能请政府出面解决。在这种情况下，从学问的角度来说，国教派有时会占优势。但是，与之相比，反对国教派更工于心计，更擅长收买人心、拉拢教徒。可是，英国国教教会的牧师对这些技术早就弃之不顾了。现在，只有反国教派的牧师和美以美派教徒还在培养这些技术。不过，许多地方的反国教派牧师依靠自由捐赠、信托权利以及其他逃避法律的行为，得到了独立生活的资料，其热情与活力也因之而大大减少。其中的很多人似乎已变得非常有学问、非常机敏、非常高尚，但实际上却不再是众望所归的传道士。而与之相比，那些学问远远不如他们的美以美教派教徒却更得人心。

在罗马教会中，底层牧师出于强烈的利己动机，其勤勉和热心较之基督教教会的牧师，显然活跃得多。很多教区牧师，赖以维持的报酬大多来自人们的自愿捐献，不过秘密忏悔又使他们多了一条增收的途径。托钵教团的生活资料，就全部来自这类捐献。他们犹如那些轻骑兵一样，不行劫掠就没有给养。有些教区牧师，与收入一部分来自薪水，一部分来自学生所交学费的教师类似，常需仰赖于其勤勉和名声。托钵教团，也有类似于那些专靠勤勉以换取生活资料的教师，因而不得不用尽各种手段来促使普通民众皈依。据马基弗利尔记载，在13—14世纪期间，圣多米尼克和圣佛兰西斯两大托钵教团，曾复活了人们对天主教教会日渐式微的信奉和皈依。在罗马天主教各国，这种信奉和皈依，完全依靠修道僧及贫苦教区牧师的支持。而那些教会的大人物，尽管具有绅士及通达世故之人的所有艺能，有的甚至还具备学者的艺能，并对维持底层牧师的必要纪律也十分关注，但对民众的教育却没几个肯去劳神费力。

一位著名的哲学家兼历史学家曾说：在一个国家中，大多数技术和职业都具有促进社会利益、有用于或适合于某些人的性质。在这种情况下，国家所订立的法规应该给职业以自由，应把鼓励职业的任务下放给因此职业而获益的个人，除非这一职业或技术刚刚传入。

工艺制造者如果知道他们的利润来自顾客的光顾，那么他们又怎么会不尽力增加自己业务上的熟练和勤奋呢？无论何时，如果不被有害因素所扰，商品的供求总会保持基本协调的比例。有些职业虽然有用于国家，甚至必不可少，但不会给个人带来任何益处或快乐。对于从事这类职业的人，最高权力机构不得不给予其特殊待遇，即为维持他们的生活，须予以奖励；为防止他们懈怠，须予以特别荣誉；或者制定严格的等级，以为陟黜；或者采取其他方略，以为敦促。从事财政、海军及政治的人，均属于这一类。

表面上看，或许我们会认为，牧师、教士的职业和律师、医师的职业一样，属于第一类职业。他们所获奖励，多半来自于信奉其教义、受其服务者的布施，这无疑会促进他们勤勉于此。同时，他们不断丰富的实践，必然会使其职业技巧和控制民众思想的智慧日益增加。但是，牧师这种利己的勤勉，是所有贤明的立法者需要防止的。因为，除了真正的宗教外，其他所有宗教都非常有害，都倾向于把迷信、愚昧的想法和幻想强烈地灌输到真正宗教之中，并使其走上邪路。这些宗教的从业者，为了使自己在教徒眼中显得更加高贵神圣，总是向其信徒宣称其他教派如何蛮横、残暴，并不断伪造新奇，鼓励其信徒的信心。

与此同时，其教义中的真理、道德或礼节均被他们忽视，而蛊惑人心的教理却被他们尊奉了。为了诱使人们前往，各种反国教的集会总是不惜以新的技巧煽动群众的情绪，骗取群众信任。最终，政府就会发现，不给教士们提供固定薪俸，对政府来说看似节省，实则代价很高。政府若想和这些教士结成互利关系，就要为其提供固定薪俸，以贿赂、诱引其懈怠，使其感到除防止他的信徒改信其他宗教之外，再做任何事都是多余的。这样，虽然宗教上的定俸制度最初是为了宗教，但结果却对社会政治利益大有好处。但是，无论利弊如何，制定牧师、教师定俸制度的人大概不会考虑这么多。宗教论争激烈的时代，往往也是政治斗争激烈的时代。此时，各政党就会发现，或想当然地认为，和相互争斗的某一教派结为同盟一定会有好处。

不过，只有尊奉或赞成某特定教派的教理才能达此目的。如果侥幸站在了胜利党派那边，它就会凭借同盟者的赞助和保护，很快使它的敌对教派在一定程度上沉默或屈服。这些敌对党派，几乎都是胜利党派政敌的同盟，因而它们也是胜利党派的敌人。这样，特定教派的教士就成为战场上的支配者,其势力与权威达到最高点,甚至对胜利党派的领袖和指导者都有足够的威压,已足以强制政府来尊重他们的见解和意向。他们首先要求政府为其制伏一切敌对教派,其次会要求给他们提供独立的经费。他们为同盟的胜利立了功,要求分享战利品似乎是合理的;再说,他们已经厌烦了以迎合民众之心去换取生活资料的日子。这样,他们提出这个要求完全是为了自身的安逸与幸福。然而,政府不愿意把这些东西分给他们,因为政府宁可自己去获取和保存。政府在为了自身利益而不得不屈服时才会同意他们的要求,往往还要几经拖延。

但是,如果党派相争时,各党派都没有求助于宗教;同时,取胜党派也没有采用某一教派的教理,那么胜利党就会平等地看待一切教派,会让民众按自己的意愿自由选择牧师与宗教。在此情形下,各教派定会和谐共存。这时,那些牧师就必须大卖力气,逞能使巧,维持或增加其信徒的数目。不过,每个牧师都大卖力气,逞能使巧,结果就是他们中的任何人取得的成功都不会很大。正如前面所说,牧师积极的利己心,只有在社会只承认一个教派,或只存在两三个教派时才会带来危险和麻烦。而如果社会拥有数以千计的小教派,那么任何教派的势力都将无法扰乱社会,牧师的勤勉,对社会也就全无害处了。在这种情况下,各教派的牧师就会发现其周围敌人少得多。

于是,那些为大教派牧师所忽视的笃实与中庸,就会引起大家的注意。在政府的支持下,大教派的教理博得所有人的尊敬,其牧师周围也将布满信徒和崇拜者,而没有一个持异议的人。小教派的牧师,因着发现自己孤立无援,通常会与其他教派牧师互相尊敬,结成适意的互让关系。结果,这就可能使其大部分教义剔除所有荒谬、欺骗或迷惑的杂质,从而成为纯粹、合理的宗教。这样的宗教,世界各时代的贤者无不希望其成立,但成文法从未使其成立,而且将来恐怕也不会有一个国家看得到其成立。因为无论何时,世俗的迷信与狂热,对有关宗教的成文法多少是有些影响的。这种教会管理方案，准确地说就是建立所谓的独立教派，这无疑是一个信徒极其狂热的教派。英国在内战结束时，曾有人建议成立这种教派。假如真的成立了，虽然其起源是非哲学的，但时至今日，也许它会使所有的宗教教义都呈现出一派和平与适中。据说，实施了这一方案的宾夕法尼亚就产生了这种效果。

平等对待各教派，纵使不能让各教派全体或大部分产生此种和平气质及适中精神，起码也能让每个教派的势力都不足以扰乱社会治安。各教派对自己教理的过度热心，不但不会产生不良后果，反而有很大益处。如果政府能给予所有宗派自由，并禁止任何教派干涉其他教派，那么原有的教派就会迅速分裂成更多的小教派。

农场主的晚餐

英国近代农业包含了大租地农场、小型家庭租佃农场、大地主地产、庄园制残余等多种经济结构成分。一些经济学家认为，英国农业保留了若干封建残余和非资本主义经济结构的成分。第二次世界大战后，英国农业曾一度受制于发展的瓶颈，政府出台了农业改革的相关政策。图为英国在19世纪80年代鼓励农业投资的画册封面，从政府宣传的意图看，投资农业肯定可以获得丰厚的回报。

在阶级类别完全确立的文明社会，往往存在着两种不同的道德体系：一种是严肃或刻苦的体系；一种是自由，甚至放荡的体系。前者一般为普通人所赞赏和服从，后者则为名流尊奉和践行。我想，对过度纵情所生出的恶德而言，其非难程度是这两种体系的主要区别。自由或放荡的道德体系，对于无节制的寻欢作乐、有损名节之行为，只要不致败坏风气，不流于虚妄或不义，往往都会予以宽恕或原谅。不过，对这些放荡之行，严肃体系是极其厌恶的。这种轻浮的恶德，总会给普通人带来灭顶之灾，即使一个星期的放荡与靡费，也往往会让一个贫穷的劳动者永远沦落，并最终因绝望而铤而走险、触犯法律。所以，贤明善良之人因为知道这些放荡行为会给他们以致命打击，因而对之厌恶至极。相反，上流人士经历几年的放荡靡费生活，未必会没落。这个阶层的人很容易视某种程度的放荡为其财产上的一种利益，视放荡而不受责难为地位上的一种特权。因此，与其处于同一阶层的人，对这放荡只会予以轻微责备，甚至是默认。

所有的教派，几乎都始自民间。其新旧教徒，几乎都由民间吸收而来。因此，这些教派所采用的大多是严肃的道德体系。因为严肃的道德体系是各个教派最容易博取首先向其提出改革旧教理方案的那个阶层人士之欢心的体系。为博取这些人的信任，多数教派不惜多方努力，将这一严肃的体系变本加厉地予以改进，甚至会做到有些愚蠢和过分的程度。这种过分的严格，往往比其他任何方式更能博得普通人的尊敬与崇拜。

有身份有财产的人是社会中坚，拥有显赫的地位，其言听视动，无一不受社会的关注。因此，他不得不随时检点自己，以免行差踏错。社会对他的尊敬程度，关系到他的权威与名望。所以，但凡社会上的污名失信的事体，他都不敢妄为，他必须谨慎地践行社会要求于他的那种道德。相反，社会底层人士就不必如此小心。在其所在的乡村，也许有人注意他的行为，他或许有必要注意自身的言行，以使其名声免受污损。一旦进入大的社会，他的行为就再也无人关注。在这种情况下，有人往往会放纵自己，陷于一切卑劣的游荡与罪恶之中。一个人若想摆脱其卑微的地位，引起体面社会对他的关注，最有效的方法莫过于做一个小教派的信徒。那样，他就会立刻得到几分从未有过的尊重。而这时，他的所有教友都会关注他的行为，以防止他给教派的名誉带来污损。如果他做了无耻的事，或者其行为违背了同门教友所要求的严肃道德，他就会受到通常被看作极其严厉的处罚，即开除教籍。因此，小教派往往特别有规则，有秩序，比国教严肃得多。但是，这类道德处罚往往过于严格、缺少人情味，令人生厌。

不过，对于小教派道德上的不合人情、严肃过度的缺陷，而无须使用暴力，国家只要运用下面两种极为容易、有效的方法就可以矫正：

第一种方法，是强制国内上流人士去研究科学和哲学，对他们的教师也不提供定额薪俸。具体做法是：在他们从事某种职业，或成为某种名誉、有酬职务候选人之前，必须通过某种高深艰涩学科的考查或测试。这样，又会迫使他们自己去寻找更好的教师，从而也促成了教师的勤勉。对狂妄与迷信来说，科学是强有力的消毒剂。当上流人士被拯救出来之后，下层人士也得救了。

英国MilkLink乳业公司的牧场

工业革命以前，农业和畜牧业是英国最主要的经济部门。由于牧羊业的迅速发展与农牧业的商品化进程的直接推动，英国逐步确立起了"地主—租地农"式的土地关系体系。这种土地关系体系以农牧业生产的商品化，亦即地租与利润的结合为其存在的经济基础，因而具有合伙关系的性质。英国近代农牧业一直继承了这种生产方式，英国乳业巨头MilkLink乳业公司就是其中最典型的代表，其年产值占该国同行业总产值的44%。图为该公司在澳大利亚的牧场。

第二种方法，是让群众有更多的娱乐。迷信与狂妄，常出自忧郁、悲观的情绪，而绘画、诗歌、音乐、舞蹈、戏剧表演等，正可消除多数人的这种情绪。因而，出于自身利益而从事这一技艺的人，只要其行为不至于伤风败俗，国家就可予以鼓励或默许。惯于煽动群众的狂信者，总是恐惧和厌恶公众娱乐。娱乐所带来的快意、舒适，与其煽动群众以达其目的所需的心理，是全然相反的；再者，戏剧表演对其奸诈狡猾手段的揭露，常使其成为公众嘲笑或憎恶的目标。因此，戏剧比之其他娱乐，更受他们嫌弃。

如果法律对国内所有宗教的教师都平等相待，不分轩轾，那么这些教师就无须和君主或行政当局保持什么从属关系，后者也无须插手教师职务上的任免之事了。君主或行政当局唯一需要做的，就是阻止他们互相侵害、欺侮或压迫，维持他们之间的和平。但是，如果国家中存在国教或统治的宗教，而君主又无强有力的手段来控制该教派的多数教师，那么他将永无宁日。所有的国教都有一个大的法人团体，这个团体往往会在一个人的领导下，依靠一种计划、一种精神来为其求得利益，这利益就是那基于两种设想之上的对人们的绝对权威。这两种设想为：其一，设想其全部教义都是确实且重要的；其二，设想对其全部教义予以绝对的信仰，人们才能永远摆脱悲惨处境。如果君主胆敢做出令教士认为有失体面的事，或胆敢反对教士所提出的任何一项要求，或对教士有侵犯行为，那么他就相当危险了。比如，君主若对教会的教义有些微嘲笑和怀疑，或是对某些嘲笑者和怀疑者予以保护，那么他们就会以渎神之罪去迫害他，并使用各种恐怖手段让人们去忠顺另一位较驯服的君主。即使这君主对教会再如何表示谦顺、服从，他也难以免除异端、伪道的罪名了。所以，对于宣传颠覆君权教义的教士，君主只有凭借常备军的武力去镇压，其权威才可能得以维持。有时就连这常备军也会被教会的教义所腐化，希腊和罗马教士就曾引发多次暴乱。历史证明，一国之君若无控制国教或统治宗教教师的适当手段，那么他的地位就极其危险了。

很明显，宗教信条以及所有与心灵有关的事件，往往都不是君主管得了的。君主纵然有资格保护人民，却很少有人认可君主有资格教导人民。在关乎宗教信条及心灵的事件上，君主的权威往往抵不过教会的权威。但是，社会的和平安宁以及君主自身的安全，又常常系于教士们关于这些信条和事件所认定的教义。君主既然不能直接与教士对抗，就只有采取令教士们既恐惧战兢又有所期待的方法来与之周旋。革职或其他处罚，是他们所恐惧的；升位增禄，是他们所期待的。

基督教牧师的圣俸，可说是他们终身享有的不动产。这种享有，如果因得罪君主或达官贵人而被取消，那么人们对其教导的真诚就会失去信心。但是，如果取消的原因是君主滥用暴力，那么这种迫害则会大大增加被迫害者及其教义的声誉，从而使君主招来更多的烦恼与危险。任何时候，恐怖手段总是治国御人的坏工具，不适用于对独立自主的权利有那么一点点要求的人。否则，只会徒增其反感，坚定其反抗。而如果能对此反抗多些宽容，或许事情还好解决。法国政府常用暴力强迫议会或最高法院公布违背民意的布告，但基本都未成功，于是，他们就对顽强不屈者统统予以监禁。英国斯图亚特王室各君主也曾以类似手段控制议会议员，但最后也不得不改弦更张。大约在十二年前，奇瓦塞尔公爵曾做过一个极小的实验，以近日英国控制议会的方法来操纵巴黎的最高法院。结果证明，这样做更易于操纵法国所有的最高法院。但这一实验没能坚持下去。傲慢的人类总是不屑于采用权谋、劝说这等行之有效的手段，却对强制与暴力情有独钟，法国政府就是这样。经验证明，对国教教会中受尊敬的牧师施以强制与暴力，其导致的危险或毁灭，实有过于对其他任何阶层的人民施以强制与暴力。与其他有相同身份、财产的人相比，牧师的权力和自由更受人尊重，也更不会受到暴力威胁。但是，只要君主以提升牧师的权力为手段，那么其自身的安全及社会的稳定都将得到保障。

旧时，各教区的主教均由教区所辖的牧师和教众共同选举，但人民的这种选举权，保有的时间并不长。而且，即令在保有选举权的时期里，教众也多半是唯牧师的马首是瞻。在关乎心灵的事件上，牧师们俨然以人民的导师自居。不过，如此操纵人民，牧师们很快就厌倦了。他们觉得这样做是一件麻烦事，不如撇开教众，由他们自己选举来得容易。同理，大部分修道院的院长，也都是由各院修道士选举产生。同时，教会中的一切有薪水的圣职均由主教任命。这样，一切升迁大权就全部掌握在主教手中了。在这种情况下，君主对教会的选举事项，虽有一些间接的权力，然则鉴于教会关于选举乃至选举的结果，有时也会请求君主恩准，以致君主没有直接的理由或充分的手段去操纵主教的选举。因此，期望升迁的牧师所要讨好的对象，自然是其教会中人，而不是君主。

最先，罗马教皇把欧洲大部分的主教职、修道院长职等有俸圣职的任命权，一一揽在手中；之后，又以种种计谋把各教区下辖的有俸圣职的任命权也揽在手中。这样一来，各教区主教除了对所辖牧师还有少许管理权外，再没有别的权力了。同时，教皇的这种做法，也使君主的境况变得更坏了。欧洲各国的牧师由此自成体系，有统一的首领，有统一的计划，有统一的安排，简直堪比宗教军团了。每个国家的牧师，均可视为这个宗教军团的一个分支，任何分支有所动作，都会很快得到四周各个分支的声援。每一个分支既独立于其驻在国以及供养他们的君主，又隶属于别国的君主。而别国的君主则可以随时鼓动他们对驻在国的君主反戈一击，并动员其他分支为其撑腰打气。这种团体的力量简直可怕到了极致。

过去，当欧洲的技艺及制造业尚不发达时，牧师们相当富有，这使他们拥有了一种近乎诸侯之于其家臣、佃户及扈从的权力。诸侯在他的领地上拥有司法权，同理，牧师们在皇族及私人捐赠给教会的土地上，也拥有司法权。在这么大的领地范围内，牧师和其执事，无须仰仗君主即可维持和平，但如果没有牧师们的支援，哪怕是君主，也维持不了和平。因此，如同俗世大领主对其领地和庄园保有的司法权一样，牧师们的司法权也独立于君主，不在国家司法管理的范围内。牧师们的佃户，几乎完全隶属于牧师，因此，牧师们一旦有争斗，他们必定一呼百应。牧师们的收入有两部分：其一是来自所有地的地租；其二是来自什一税。这两种收入，大半以实物缴纳，比如谷物、葡萄酒和牲畜。其数量之巨，远远超过了牧师们所能消费的限度。当时，没有什么艺术品或制造品可资交换的，于是他们除了像诸侯处理剩余收入一样，用之以宴宾客、行慈善，便再无别的用途。这样，他们既维持了贫民的生活，又使一些无以为生的骑士或绅士得到救助。牧师间的团结，远远超过俗世领主间的团结。前者受正规的纪律和从属关系约束，服从于罗马教皇的权威；后者彼此猜忌，且不盲从于国王。而且，牧师们宴宾客、行慈善，不但增强了他们对教众的世俗支配权，也增强了他们对教众的精神支配权，以致获得了一般下层民众对他们的最高崇敬。这些下层民众，大多是由他们赡养。一切属于或有关这个或那个大人物的事物，它的所有物、特权及教义等，在这些下层民众的眼中，都是神圣而不可侵犯的。谁要是有所冒犯，通通罪不容赦。这样，君主对其治下的牧师们的威胁，往往束手无策，因为牧师们除了自身的力量和民众的力量可凭借外，还有各个邻国的同等力量为其声援。在这种情况下，君主也不得不甘拜下风。

昔日牧师有不受世俗司法支配的特权，在今日看来是多么不合理。一个有罪的牧师，如果他的教会有意保护他，那么，君主最明智的做法，莫如将犯罪的这位牧师交给教会法庭去审判。实际上，教会为了保全其名誉，也必定会尽力鞭策每一位牧师：大罪固然不许犯；即令引人反感的丑事，也当视若重罪。

在10—13世纪前后相当长的时期里，罗马教会组织可以说是一个前所未有的可怕团体。它反对政府的权力，反对人类的自由、理性和幸福。在这种只手遮天的制度下，教会所宣传的极为愚昧的思想，也能得到很多精致利己观念的支持，以致人类的理性也动摇不了它，因为理性无力瓦解精致利己之心的牢固结合。然而，无论其如何强大且牢不可破，最终也逃脱不了事物发展的必然规律，现今它已然衰萎，并将逐步瓦解。

到了技艺、制造业及商业发达的时代，昔日欧洲牧师所拥有的世俗权力便难以为继了。这时，牧师们由征税而来的生产物有了可交换的对

中世纪末期的印刷技术

15世纪中期，德意志商人古登堡在欧洲首次使用活字印刷，这一技术很快普及全欧，在50年中用这种新方法就已经印刷了3万种印刷物，共1200多万份印刷品。古登堡使用的字母由铅、锌和其他金属的合金组成。它们冷却得非常快，而且能够承受印刷时的压力。印刷本身是使用转轴印刷法，印的是纸和羊皮纸。新的印刷术使得印刷品变得非常便宜，速度也提高了许多，印刷量也迅速增加了。这为科学文化的传播提供了方便，使得欧洲的文盲大量减少。

象，其收入也有了可以挥霍一空的途径。这样，他们的施舍和款客之举便较原来大大缩减。其众多扈从，也渐渐散去。为了维持奢侈的生活，为了满足自身无尽的虚荣与欲望，他们便与租地人订立租种契约，以获取更多地租。可是，这又使租地人得以摆脱原有的从属关系而独立出来。于是，牧师对民众的支配权迅速瓦解。这时，教会所剩下的就只有心灵上的权威。在下层民众的眼中，他们也不再是望之不可及的神圣人物了。相反，他们的虚荣与靡费，还会激起民众的怨愤与嫌恶。

这时，欧洲各国君主纷纷颁布法令和诏书，以收回对教会重要圣职的支配权。14世纪英格兰制定的许多法令及15世纪法国颁发的基本诏书，目的都在于此。君主们恢复了副主教及牧师选举本教区主教、修道士选举本修道院院长的权利，但是，选举的进行和被选人的走马上任，均须由君主同意才能生效。这样，君主就限制了罗马教皇对教会重要圣职的任免权，加强了对教会的控制。在16世纪，罗马教皇与法国国王达成协议，规定：对于教会一切重要圣职，法国政府均有绝对推荐权。之后，法国普通牧师对教皇命令的忠心已大不如前，基本都站到了君主一边。在欧洲，曾动摇甚至颠覆君权的教会圣职任免权，就这样渐趋衰弱了。在牧师操纵人们的权威日趋弱化之际，国家对牧师的控制力却在日益加大。之后，牧师对社会的影响力也就越来越弱了。

在法国，宗教改革所主张的教义，一开始就受到了人民的欢迎。新教之所以能够在短时间内成为主流，一方面得益于教士们热烈奋发的精神气；另一方面也得益于在与旧教论争时，新教牧师们既熟悉旧教的掌故，也比较了解旧教的权威所树立的思想体系之起源和沿革。而且，新教牧师一以贯之的严肃态度，也为他们博得了普通民众的尊敬。再说，曾被旧教牧师视为博取名望和吸收信徒的种种艺能，也被新教牧师高明地运用着。新教教义之新奇，以及新教牧师在传布这一教义时的雄辩和不经意间流露出的对旧教牧师的憎恶与轻侮，最能引发广大人民的共鸣，虽有时难免流于粗野下流，却也更接地气。

新教教义的成功使旧教教会逐渐倾颓，甚至被颠覆。当时与罗马教廷有龃龉的君主，凭着新教的教义，整顿旧教教会。由于旧教教会已失去下层民众的尊崇，基本没怎么反抗。德意志北部的若干小君主，一向受罗马教廷的轻视，因此，他们就在自己的领地里进行宗教改革，将欺压、迫害他们的大主教逐出国境。在这种危机四伏的情状下，教廷不得不求救于法国和西班牙的暴君。仗着暴君的支援，教廷才得以将风起云涌的宗教改革运动弹压住。英王亨利八世时，英国也进行了类似的宗教改革。但由于亨利八世对新教教义不尽全信，因此他只是镇压了领土内的旧教教会，借以消除罗马教会的权威。至其嗣子继位，政权落入宗教改革论者之手，亨利八世未竟之功，就由这些人轻而易举地完成了。

有的国家，政府衰弱，且不得民心，比如苏格兰就是这样。那里的宗教改革，不仅推翻了罗马教会，也推翻了企图支持罗马教会的政权。

罗马教会的普世权威被打倒后，欧洲各国的新教信奉者形成了许多教派，其中有两个主要的教派，即路德派和加尔文派。在欧洲各地，教

日内瓦的酿酒工业

欧洲的酿酒业在中世纪初期开始出现,当时的一些家庭会私下酿造啤酒。到了中世纪中期,一些封建庄园开始发展出私人酿酒工业。随着封建经济关系的解体和商品经济的兴起,在欧洲出现了像日内瓦这样的酿酒业重镇。

理和教律以法律形式加以规定的也只有这两个教派。教会之所以分裂,是因为他们没有形成一个拥有绝对权威、能够解决信奉者之间争议的组织。当国家的宗教改革信徒因教会的统治、圣职的任命等若干问题发生争论时,却没有总揽全局的裁判官来予以解决,久而久之,便会分成不同教派。

在路德派和英格兰教会中,君主是教会真正的首脑,其中所有主教及教会牧师的任免均由君主裁决。这种教会管理制度铲除了骚乱或内讧的根源,既有利于营造良好的社会秩序,也有利于培养人民对君主的服从。在此种教会管理制度下,牧师们为了升迁,常常去讨好君主、宫廷及国中贵族豪绅,因为这些人的意向与他们的升迁息息相关。他们通常会在学识、风度、社交谈吐以及对狂信者的攻击上下功夫,因为这最易博得有身份、有财产之人的敬重。但是，这类牧师却全然忽略了维持他们对人民的感化力和权威的传统艺能。这样，当其受无知的狂信者攻击时，他们往往不能对其教义作出有效的、令听众信服的防卫。

加尔文派的牧师，交由各教区人民来选举，若有出缺，随时可以补选。牧师之间没有从属关系，完全平等。这一管理制度，在其极盛时期曾导致一定程度的混乱无序，牧师和信徒的道德双双沦丧。

表面上看，牧师的选举权归于人民，实际上，人民的意志却常以牧师的意志为转移。这些牧师最富于党派精神，且最为狂热。为了保持他们对民众的影响力，他们大多成了狂信徒，或者佯装成狂信徒，鼓动人民信奉狂信主义，并常常把好位置授予那些最狂热的候选人。一个教区牧师的任命原本是本教区的一件小事，结果却动不动就惊动所有的临近教区，酿成激烈的争斗。这种争斗，往往又会使该教会分裂成两个或多个派别。设若该教区所在的城市是个小城邦，或某小共和国的首府，那么这种无聊的争斗，还会在国家内部形成新的党派。因此，许多小共和国的政府，就把牧师推荐权揽在自己手中，以求维持好社会治安。在苏格兰，威廉三世曾颁布了一个设立长老会的法令，这个法令事实上撤销了这种推荐权。这个法令，使各教区某些阶级的人，得以以少许代价，购买本教区牧师的选举权。这一法令推行的普选制，大约存续了二十二年，导致社会混乱失序。于是，安妮女王继位后，在其执政的第十年又颁布第十二号法令，废除普选制，恢复推荐制。根据该法令，凡有推荐权者所推荐之人士，法律一概给予被推荐者牧师职位，但教会在授予被推荐人士以灵魂监督权或教会管辖权之前，须征得民众的同意。

长老制建立了两项平等制度：其一为教会管辖权平等；其二为圣俸平等。事实上，圣俸的平等并没有完全做到，只是差别不太大而已。在牧师推荐权完全确立了的长老教会中，牧师们大多是靠自身的学问、严格有序的生活及忠诚勤勉的工作态度来博取上级的垂青，而不会曲意逢

圣彼得教堂

这是全世界最大的教堂,是欧洲天主教徒的朝圣地与梵蒂冈罗马教皇的教廷,是几个世纪以来最高教权的象征。它不只是一个符号存在,其本身还沉淀了无数真实的历史。

迎、阿谀奉承自己的上级。因此,荷兰、日内瓦、瑞士及苏格兰长老教会内的多数牧师,无疑是最有学问、最有礼节、最有独立精神,且最值得敬重的了。

圣俸的平等对教会本身极为有利。一个小有产者,只有拥有可为人模范的德行才可维持其威严。因此,小有产者不得不遵循普通人所遵循的严肃道德体系。他博得普通人好感和敬意的生活方式,就是他的利益和地位引领他去遵循的生活方式。一个人,如果他的情况和我们自己的情况相近,而且在我们看来,他优于我们,那么这个人就容易赢得我们的好感和敬意。所以,普通人之于小有产者,正如我们之于牧师。而牧师,因为能够设身处地地为人考虑,在教导人们时也会变得很小心,并知道如何帮助和救济才是有效的。他甚至不会蔑视大家的私心偏见,像富裕教会的傲慢牧师那样,动不动就以轻侮睥睨的态度对待大家。所以，与任何国教教会牧师相比，长老教会的牧师，对于普通人思想的支配力，要优胜许多。因此，只有在实行长老教会制的国家，才能见到普通人不用受胁迫而改信国教的景象。

看一个国教教会圣俸的多少，即可大概知晓其牧师的才学水平。如果圣俸的大部分都很一般，那么优秀牧师就会去大学任职，全国的知名学者就将云集于大学。相反，如果圣俸的大部分非常可观，则大学中的许多知名学者就自然会去为教会服务。这时，想要在大学中找到一些出色的学者可能就很难。据伏尔泰观察，基督教徒波雷，原本算不得什么了不起的人物，但在法国的大学教授里，还只有他的著作尚可一读；著名的加桑迪，在其才华崭露头角之时，便放弃了大学教职，转而投身于适合其从事研究的教会。我相信，伏尔泰的观察，不仅适用于法国，也适用于一切罗马天主教国家。在诞生了这么多著名学者的国家里，竟然没有一个是大学教授，这看起来是不是有几分怪异？除了不大受教会欢迎的法律、医学人才外，你恐怕难以在这些国家的大学教授里找出一位知名学者。罗马教会之外，在所有基督教国家中，英格兰教会算是最富有的基督教会——凭着雄厚的财力，几乎吸纳了英格兰所有最优秀的学者。当此之时，若想在英格兰大学找出一个学问闻名于欧洲的学者，几乎是不可能的。相反，在日内瓦、德意志新教各邦、荷兰、瑞士、瑞典、丹麦等地，最著名的学者虽然不是全部，但至少有一大部分是大学教授。在这些国家，教会里大量的知名学者，也不断被大学吸引过去。

除特定土地或庄园收入外，各国国教教会的其他收入也属于国家一般收入，不过，这笔一般收入没有像国家其他一般收入那样被用于国防。国家紧急支出的资源几乎全部出自地租，而教会收取的什一税就是地租的一种。这样，教会收取的地租越多，国家得到的就越少，国家防御外来侵略的能力就会越弱。在许多新教国家，特别是在瑞士的信奉新教的州中，政府发现以往属于罗马教会的收入，即什一税和教会所有地的地租，不但足以支付国教牧师的开支，甚至略加补充，或不加补充就足以开销国家的其他所有费用。特别是强大的伯尔尼州政府，把先前用以供给宗教的数百万镑资金，一部分存在国库，一部分投资欧洲各国的国债以生息，主要是法国和英国的国债。伯尔尼或瑞士别的新教州各教会，究竟每年消耗国家多少经费，我不敢冒充知情人。据一种可信的估算，1755年，苏格兰教会的牧在基督教国家中，基金贫乏的苏格兰教会为维持多数人信仰的统一、皈依的热忱，每年要供给944名牧师相当的生活资料，加上教堂和牧师住宅的修葺和建筑支出，合计每年亦不会超过8万乃至8.5万镑。苏格兰教会基金的贫乏，由此可见一斑。可是，就维系多数人民信仰的统一、皈依的热忱，以及秩序、规则和严肃的道德精神而言，苏格兰教会可谓首屈一指，没有任何基督教国家的富裕教会比得上。凡被认为国教教会所能带来的一切好的结果，社会方面也好，宗教方面也罢，只要其他教会可以带来，苏格兰教会也同样可以带来。虽然瑞士新教教会未必比苏格兰教会富有，但瑞士新教教会更能带来有益于宗教和社会的结果。在瑞士大部分信奉新教的州里，几乎没有人会宣称自己不是新教教徒。否则，他就会被逐出该州。当然，如无勤勉的牧师事先诱导大多数人去改信国教，在这样的国度，国家几乎不可能使用某种严峻的法律压迫人们改宗。

任何职务，要履责良好，其报酬或薪资须尽量与职务的性质相称。报酬过少则容易受奉职者的低劣无能损害，报酬过多则容易受奉职者的懈怠疏忽损害。高收入者往往会认为，他应当和其他高收入者一样过同样的生活，把大量的时间消耗在寻欢作乐、追求虚荣及放荡纵欲之上。但是，对于一名牧师，这样的生活方式是不适宜的，否则他不仅会消耗大量本应用于尽职的时间，而且会丢掉人格的尊严，使自己声名扫地。而他们正是凭借其人格的尊严，获得适当的势力与威信来执行其职务的。

第二章 论一般收入或公共收入的来源

国家收入除了支付国防开支、司法开支以及公共工程和公共机关开支外,还要负担其他必要的政府开支。国家收入有两个来源:其一是专属于君主或国家,与国民收入无关的资源;其二是来自国民的收入,也就是赋税。专属于君主或国家的收入,来源于资本和土地,而赋税来源于地租、资本利润和劳动者的工资。国民纳税须遵循一定的原则,即按其收入的比例纳税,税额确定,不得任意变更。征收赋税须保证与国家收入的数额相当,各种赋税的缴纳日期及方法,当以纳税者的最大便利为前提。

否则,因为部分税收用于支付税吏的薪俸,税吏可能苛索民众,增加民众负担。税吏的稽查与访问,也会给纳税人带来不必要的麻烦。另外,民众也可能减少或停止对自身事业的资金投入,使社会失去这些资本原本可能创造的价值。

专属于君主或国家的收入来源

鞑靼或者阿拉伯酋长的收入由畜牧利润构成。他们是本集团或本部族里的主要牧业人,他们亲自监督饲养牲畜,从牲畜的乳汁和增殖获取收入。但是,只有在最原始的政权状态下,这种利润才是组成国家公共收入的主要部分。

小共和国的收入有相当大的部分是来自商业经营的利润。据说,汉

农业税

农业税是指国家以农产品和农业生产工具等物资为征收对象的赋税。中世纪前期，西欧国家的农业税在税收体系中居于中心或主体地位。随着贸易往来日益密切，农业税的比重开始逐渐下降；与此同时，商业税比重日益增长，开始取代农业税而成为主要组成部分。随着社会转型的加速，农业税收日益边缘化，成为税收主体的从属或无关宏旨的补充。图为中世纪农民劳动的场景。在中世纪，农业还是经济中具有决定性意义的因素。

堡的大部分收入，来自公营酒库和公营药店。君主做酒与药的买卖，说明国家不是很大。公立银行的利润，往往是较大国家的收入来源，比如威尼斯与阿姆斯特丹就是这样。有人认为，就连英格兰这样的帝国，也从未忽视这种收入。比如，英格兰银行的股息为5.5%，按总资本1078万镑计算，每年除去营业费用后所剩的纯利润，可达592900镑。如果政府用3%的利率把这项资本借来，由自己掌控银行，那么政府每年会获得269500镑的纯利润。经验证明，像威尼斯和阿姆斯特丹这种贵族治下的有序、谨慎、廉洁的政府，最适合经营这种事业。但像英格兰这样的政府，不论其优点如何，却从未以善于理财而闻名。君主国经营这种事业，在和平年代，总是会因怠惰和疏忽而造成浪费；而在战争年代，又常因欠缺计划而造成浪费。这种事业必须以一种类似项目管理的方式来经营，君主国能否愉快地胜任，至少得打个大大的问号。

在各类政府所经营的商业项目中，邮政局可能算是最为成功的一种。政府预先垫款，建立邮政的运营架构，并购买或租赁各种用于送递的车辆和马匹。这笔垫款，不久便由邮费偿还，而且政府还会获得一大笔利润。这笔垫款不是很多，其业务也很简单，回报可靠且很快。

然而，各国君主为了改善其财务状况，往往还会冒险从事其他商业项目，但是成功者寥寥无几。君主经营一种业务，不免铺张浪费，怎么可能成功呢？君主的代理人，又往往以为君主有无尽的财富，不去精打细算，对货物的进价、卖价以及运输费用不去关心，行事草率。他们不但过着与君主一样奢侈的生活，有时还会做假账以窃取君主的财富。据马基雅维利说，麦迪西的洛伦佐并非昏君，但由于他的代理人管理不善，多次欠下巨额的债务，使得佛罗伦萨共和国不得不为其偿还。后来，洛伦佐一改前非，把剩下的财产和可由他支配的国家收入，全部投在与其地位相匹配的事业和用度上。

商人性格和君主性格是那样迥然不同，比如，英属东印度公司，当它作为商人时，它可以成功管理好贸易，而且还可以每年给股东分红；但当它成为当地统治者之后，虽说还有300万镑以上的年收入，却要政府给予援助以免破产。以前，该公司在印度的人员，都把自己看作是商人的伙计；现在，他们却视自己为君主的钦差。

一国公共收入的若干部分，有时来自货币利息和资本利润。如果国家集聚了一笔财富，就可以将其中一部分贷给其他国家或本国臣民。伯尔尼联邦将一部分财富用于投资欧洲各国（主要是法国、英国）的公债，获得了相当大的利润。但要保证投资安全，首先要看发行该公债的政府信用度如何；其次要看与债务国保持长期和平的可能性大小。在战乱时，债务国最初采取的敌对行动恐怕就是没收债权国的公债。据我所知，将货币贷给外国是伯尔尼联邦的特有政策。

德国汉堡市已经兴办了一种公共当铺，贷款给那些送交质押物的国民，收取6%的利息。而当铺则向国家提供15万克朗的税收，按照每克朗可以兑换4先令6便士来计算，这些收入大约合33750镑。

宾夕法尼亚政府没有什么资产，于是它发明了一种向国民贷款的方法来聚集财富，即贷给民众一种货币等价物——证券。国民要获得这种证券，要以两倍价值的土地作为担保，并支付利息。此证券规定15年后赎回。在此期间，此证券可以像钞票一样流通，而且由议会法律宣布为本州的法定货币。节俭的宾夕法尼亚政府可以从上述证券发行中获得相当多的收入，而该州每年的支出不过4500镑。不过，这种方法的效果如何，取决于以下三种情况：第一，对金银货币之外的其他交易媒介有多少需求，或者说对于必须用金银向外国购买的消费品有多少需求；第二，政府的信用如何；第三，信用证券的全部价值绝不能超过在没有证券的情况下，流通领域所需金银的全部价值。在美洲的其他几个殖民地，也曾采用过这种办法，但由于滥用无度，结果多半是害多利少。

只有那些稳定的、持久的收入，才能够维护政府的安全与尊严。至于不稳定也不持久的资本及信用，绝不能把它当作政府的主要收入来源。

土地是一种比较稳定和恒久的资源。因此，一切越过了游牧阶段的大国，大多会以国有土地的地租为其公共收入的主要来源。古希腊及意大利各共和国，其大部分必要的开支，在很长一段时间里，就是从国有土地的产物和地租中获取的。而以往欧洲各国君主的大部分收入，在很长的一段时间里，也是取自王室领地的地租。

在近代，战争及备战这两件事情，占用了所有大国的大部分必要开支。但是在古希腊和意大利各共和国，每个市民都是士兵，服役和预备服役的费用，都是个人自备，国家无须支出。所以，一笔数额不太大的地租，就足够开支政府的一切必要费用，且绰绰有余。

在古代欧洲的君主国中，当地人根据习惯法，对战争大多有所准备。一旦参战，按照封建的租地条件，他们要么自己支付自己的费用，要么由直属领主代为出资，不会给君主带来额外开支。政府的其他费用，大多非常有限。司法行政一项，不但不会有开支，而且还是收入来源，我在前面已经说过。每年收获前或收获后，乡下人得提供三日劳动，以建造和维护商业活动必须的桥梁、道路及其他土木工程。当时君主的主要费用，就是他自身家庭和宫廷的维持费。宫廷中的官吏，如户部卿为君主收取地租，宫内卿和内务卿为君主的家庭掌管出纳。君主的厩舍，则交给警卫卿和部署卿分别料理。君主所住的宫室通常是城堡，看起来就像一个要塞，这些城堡的守护，由卫戍总督负责。在和平时期，君主要出资维持的军事官员，就是这些人。在这种情况下，一大宗土地的地租通常就足够一切开支了。

欧洲多数发达君主国的所有土地，被管理得就像全属于一个人，所有土地提供的地租金额，绝没有各国和平时期向人民征收的普通税那么多。以英国为例，普通收入不仅用作每年的必要开支，而且还要支付公债利息，并偿还一部分公债。这些费用每年达1000万镑以上。然而，按照每镑4先令收取的土地税，还不到200万镑。按照设想，这所谓的土地税，不仅包括一切土地地租的1/5，而且包括英国一切房租和资本利息的1/5。可以免纳此税的，只限于国家贷款和土地耕作的资本。这种土地税，很大一部分来自房租及资本利息。例如，按照每镑征4先令计算，伦敦市的土地税可达到123399镑6先令7便士；威斯敏斯特市的可达63092镑1先令6便士；白厅宫及圣詹姆斯两宫殿的达30754镑6先令3便士。在英国的其他城镇，部分土地税也是按这种方法来计算的，而且这部分税收几乎全部来自房租、商业资本及借贷资本。

这样算来，英国土地税既然不到200万镑，则全部地租、房租、资本（贷给政府及用于耕作的资本除外）利息收入总额当然不会超过1000万镑，也就没有超过英国在和平时期的税收总和。英国为征收土地税对各种收入所作的估算，虽然在一些地区该估算数额和实际值很接近，但就全国而言，该估算无疑与实际价值相差很大。

不少人随意估算，他们只计算土地地租一项而不包括房租和资本利息，但其每年总额有2000万镑，我认为估算过高。假设在目前的耕作状态下,英国全部土地所提供的地租每年没有超过2000万镑,那么如果这些土地属于某个人,在他的怠慢、浪费和专横的管理之下,很可能有1/4的地租收不到,更别说2000万镑的1/2了。何况,英国现今王室领地所提供的地租,还达不到所有土地归属于一个人时所能提供地租的1/4。倘若王室领地扩大,其经营方式定会更加恶劣。

人民在土地上获得的收入,不与地租成比例,而与土地产品成比例。除播撒的种子外,土地的全年农产品或者直接被人们消费,或者用于交换所需要的其他东西。不管是什么原因导致土地产品的减少,人民收入减少的程度总是大于地租。在英国,土地地租,就是农产品中属于土地所有者

画作《秋收》

这幅画出自一本16世纪的法语祈祷书,其中描绘的是中世纪末期的收获场景。秋收之后,农民们要以此缴税、还债,并且为寒冬储备粮食;一旦遭遇天灾而歉收,生活的种种负担便将接踵而至。

的部分,很少有达到全部农产品1/3以上的。如果在某种耕作条件下,土地一年能提供1000万镑地租,而在另一种条件下能提供2000万镑地租。又假设在这两种情况下,地租都占农产品的1/3,那么,土地所有者的收入在前一种耕作条件下所受的损失只不过是1000万镑,而人民收入因此所受到的损失则达到3000万镑。这里没有考虑的,只是种子的损失。如果农产品减少了3000万镑,其人口数量也会减少,各阶层人民生活开支也会相应减少。

尽管在欧洲近代文明国家中,以国有土地地租作为大部分公共收入的情况已不复存在,但君主拥有大片领地的情况还是大量存在的。如果

巴黎露天市场

17世纪法国的普通民众生活还相当贫困,一些偏僻地区仍以以物易物的交易为主;但定期集市上却有越来越多的商品出现,销量也日渐上升。图为1660年前后,巴黎大奥古斯丁河畔的一个露天市场。

欧洲各国君主出售其私有领地,则会获得一笔可观的收入;如果再用于清偿国债,收回担保品,从中所得到的收入恐怕会更多。在土地改良和耕种很好的国家,出售土地也能得到丰厚的收入,土地的售价相当于此土地30倍年租。没有经过改良、耕植的土地,地租较低,售价可相当于40倍、50倍或60倍的地租。君主以此价格来赎回国债担保品,就立即可以享受此担保品所提供的收入。而在几年之内还会有其他收入,土地由王室领地变为个人领地,几年之内就会得到很好的改良和耕种。农产品的增加会使人口增长,人民的开支和收入也会增加,君主的收入也会随着税收的增多而提高。

文明国君主从其王室领地获得的收入,虽然看起来对人民个体没有损害，但其实对社会全体的损害不小。因此，为社会全体利益考虑，不如拍卖王室领地，分配给人民，而君主以前从其领地获得的收入则改由其他税收来代替。而以游乐与观赏为目的的土地，如公园、花圃等，不仅不是收入源泉，而且还须经常出资修葺。依我看，在大的文明君主国，只有这种土地才应该属于王室。专属于君主或国家的公共资本和土地，它们带来的收入既不适合也不够承担任何文明大国的必要开支。那么，这必要开支的大部分，就应该从各种税收中获得。也就是说，人民必须从自己的收入中拿出一部分来交给君主或国家，作为公共收入。

论赋税

个人的私有收入来自三个方面，即地租、利润和工资。每种赋税都是由这三个方面来支付的。下面将论述各要点：第一，原本打算附于地租的税；第二，原本打算附于利润的税；第三，原本打算附于工资的税；第四，原本打算不作区分地附于这三项收入源泉的税。由于要分别分析这四种赋税，本章第二节就要分为四项，其中三项还要细分为若干小项。我们可以在后面看到，诸多这等赋税原本打算附加于某项基金或收入源泉，结果却由其他方面来支付，所以不得不细细讨论。一般来说，赋税得遵循以下四个原则：

第一，国民必须按照自己收入的比例缴纳国税。如同大地产的公共租地者，按照在地产上所受利益的比例提供管理费一样。所谓赋税的平等或不平等，就要看是否遵守这种原则了。任何赋税，如果仅由个人收入的某部分负担，或者地租，或者利润，或者工资，其他二者不受影响，那一定是不平等的。

第二，国民应缴纳的赋税必须是确定的，不得随意更改。纳税日期、方法、数额，都应该让所有纳税者及别的人了然于胸。否则，税吏如果滥用权力，就会损及纳税人。赋税如果不确定，就会诱使税吏腐败，借故加重赋税，或者借加重赋税来恐吓与勒索纳税人。何况税吏这类人，本来就不得人心。根据许多国家的经验，我相信，赋税再不平等，害民尚浅，而赋税不确定，害民就深了。所以，一定要确定赋税额度。

第三，各种赋税的缴纳日期及方法，当以纳税者的最大便利为前提。如房租税和地租税，应该在大众普遍缴纳房租、地租的时候征收。对于奢侈品一类的消费品税，由于此类税出自消费者，因此在消费者购物之际缴纳最为便利。

第四，一切赋税的征收，必须设法保证人民缴纳的税额与国家收入的税额相等。如果民众所缴纳的税多于国家的实际收入，则会有以下四种弊端产生：其一是一部分税收用于充当税吏的薪俸，税吏征收正税之外有可能会苛索民众，增加民众负担；其二是缴纳赋税过多，会抑制民众对各种事业的投资；其三是对逃税未遂者的罚没措施，使社会失去了这部分物资原本可能创造的价值；其四是税吏的频繁稽查与访问，常给纳税人带来不必要的麻烦乃至精神上的困扰和压迫。总之，赋税之所以给人民带来困苦而对国家收入无益，不外乎以上四个原因。在制定税法时，国家对上述四个原则，都应予以关注，设法使赋税尽可能保持公平，务求确定纳税日期和方法，并且便利纳税者，使人民在缴纳正税以外，不再受其他勒索。

第一项 地租税

地租税即加在土地地租上的赋税，有两种征收方法：其一，按照某种标准，评定某一地区的地租税，既已评定，不再变更；其二，地租税跟实际地租一起变动。

英国采用第一种征税方法。英国各个地区的土地税，是根据一个不变的标准来评定的。这种固定的税最初设置时是平等的，后因各地方的耕作和收入情况不一样，逐渐变得不平等。有的地区在设定之初就不平等，如英格兰由威廉及玛利第四年法令规定的各地区和各教区的地租税。因此，这种赋税违反了第一项原则，符合其他三项原则。征税与纳税在同一时期，缴税与交租在同一时期，对纳税者来说是便利的。地主是真正的纳税者，但税款通常由佃农垫支，好在地主在收取地租时会把它退还给佃农。由于这个地区要缴纳的地租税是固定的，因此地主改良土地产生的利润就不用上缴君主。这样一来，土地产量及生产物价格都不会受影响，对农民的收入也无坏处。

英国地主因土地税固定而得到利益，但这利益主要源于外部，与赋税本身无关。英国自从固定土地税以来，各地经济繁荣，地租收入相继增加。地主从现时地租税与旧时地租税之间的差额中获益。如果地租下降，地主就无法得到这个差额。在英国革命以后，固定的土地税，有利于地主而不利于君主，如果情况相反，则有利于君主而不利于地主。

国税是以征收货币来完成的，因此对土地的评估也以货币多少来体现。自从作了固定评估后，银价就很稳定，铸币的法定标准也没有变更。如果银价升值较快，则评估的恒久性将使地主吃亏。如果银价大大降低，则君主的收入会因而减少。此外，如果铸币的法定标准变动，则会使地主或君主的利益受损。例如，原来1盎司银可铸造5先令2便士，而现在却是铸造2先令7便士或10先令4便士，那么降低名义价格后将会损害君主利益，而提高名义价格后则会损害地主利益。

因此，在当时的实际情况下，这种对土地评估的恒久性，会给纳税者或国家造成极大的不便。时间一久，这种制度必然会发生变化。所以，国家的任何制度，不能仅仅有利于某种形式，而应当务求能够应对一切必然发生的紧急情况。

法国经济学派认为，最公平的地租税是随着地租的变动而变动，或依据耕作情况的好坏而变化的。他们主张一切赋税最终落在土地地租上。下面我将评述：何种赋税最终出自地租；何种赋税最终出自别的来源。

如在威尼斯境内，一切以租约形式租给农家的可耕种土地，征收地租1/10的税。租约要登记入册，并由各地税吏保管。如果土地所有者自己耕种土地，则地租由官吏来估算，然后减去税额的1/5。因此，土地所有者缴纳的土地税就不是既定地租的10%，而是8%。与英国的土地税相比，这种土地税要公平许多。但是在估算税额上则会耗费大量人力。设计一种管理制度，既能够在很大程度上防止上述不确定性，又能在很大程度上减轻上述费用，也许是可期的。比如，规定地主和佃农必须同时在公家登记入册，如果其中一方有隐瞒行为，则须缴纳一定罚金，并且将罚金的一部分给予告发者。这样，就可以有效地防止佃农和地主合伙骗取国家税收。而一切租约情况，也可由此登记册看到。

有些地主在重订租约时，不求增加地租，只求一次性收取续租金。这种做法使佃农一下子失去很大一部分资本，大大束缚了佃农耕作土地的能力，而佃农的耕作能力受损，又会使国家土地税的收入受损。对于地主来说，这种做法也使地主损失了很大一笔将来的收入。总之，要求续租金是一种有害行为。如果国家对这种续租金，收取比普通地租更重

伯尔尼

伯尔尼城建于公元1191年，到19世纪中期被定为瑞士联邦的首都。据称当时选择伯尔尼作为首都，是因为它处于瑞士法语区和德语区交界的地方，以此表示平衡。"伯尔尼"一词在德语里是"熊"的意思，因此它也被称为"熊城"，其市徽上也可以见到熊的形象。如今，伯尔尼也有"表都"的美名。

的赋税，或可阻止这种行为，而一切与此有关的人，比如地主、佃农、君主，乃至整个社会，均会受益。

有的租约规定了佃农在整个租约期间所应采取的耕作方法及所应轮作的谷物。这项规定大多源于地主过于相信自己的知识与判断。佃农如受此限制，就如同承受额外的地租，只不过是以劳务为缴纳形式罢了。若要阻止这种愚蠢无知的做法，只能对其征收更高的税。

有些地主要求以实物地租或劳务地租来取代货币地租。实行这种地租的国家，佃农大多会越来越穷。如果此地租形式收取比普通货币地租更高的税率，则有可能改变这种情况。

当地主自己耕种土地时，地租可由邻近的农民和地主来估定。如果估定的地租超过某一额度，那么可以参照威尼斯的办法，略微减少其税额。奖励地主自主耕种是非常重要的。因为地主资本多于佃农（虽在耕作技术上不如佃农），所以常常能够得到较为丰厚的收入。地主以财力进行实验，如果不成功，则仅损失他投入的有限资本；如果成功，则有利于全国耕作改良。这种借减税政策鼓励地主自耕的方法，只可以诱使其耕种部分土地，不可大部分由其耕种。否则，那些技术娴熟的佃农就可能被地主管家所取代，而地主管家采用的经营方式必然会使耕地荒废。这样，受其影响的不仅仅是地主的收入，全社会的收入也会因此减少。

针对上述管理制度，有两点可以借鉴：一方面是它可以解除税收不确定性带给纳税者的压迫与不便；另一方面是它可以引导人们在土地的经营上寻求改良方法。

随地租变动而变动的土地税，其征收费用肯定比固定土地税要多。因为随地租变动而变动的土地税制度，需要在各地设置登记机构；地主决定自耕土地时，也必须重新评定地租，这两者都需要增加费用。不过，这些费用大多比较轻微。

可变化的土地税会阻碍耕地的改良，因为如果君主不分摊改良费用，却分享所得利益，地主肯定不愿改良土地。这种阻碍是可以消除的，在地主改良土地以前，如果能与税吏商定土地的实际价值，以及在一定年限内改良费用能够得到补偿，这样地主就不会拒绝改良土地了。这种赋税能够产生的主要利益之一，是促使君主在关注自身收益增加的同时关心土地的改良。对支付地主赔偿金所设定的年限，也应该依具体情况而论。总之，君主应该在其权力范围内采取多种手段鼓励地主及佃农，让地主和佃农能享受勤劳的报酬；以及设置安全便利的水陆交通，使土地生产物有更大的销售市场。

如果这种管理制度能够促使土地改良，那么地主就会把缴纳土地税当作一种义务。无论社会状态如何变化，这种赋税都应趋于平等，其最适当的方法就是为这种赋税制定一种不变的规则，成为国家的基本法。

有的国家不采用土地租约登记法，而是采用丈量全国土地的方法。以前普鲁士征收土地税都是以实际丈量及评估为准。根据当时的记载，对普通土地所有者，税赋为其收入的20%~25%；对于教士，税赋为其收入的40%~45%。据说，西里西阿土地的丈量及评估非常精确。按照这一税收标准，属于布勒斯洛主教的土地，征收其地租的25%；新旧两教教士的其他收入，征收50%；条顿骑士团封地及马尔达骑士团封地，征收40%；贵族保有地，征收38.33%；平民保有地，征收35.33%。

波希米亚地区的丈量及评估，据说进行了100年以上，直到1748年才由现在的女王命令限期完成。查理六世时开始进行的米兰公国领地的测量，直到1760年以后才完成。据传，这次丈量的精确性前所未有。

在普鲁士王国，国家对教会领地征收比普通土地高得多的赋税。教会收入的大部分来自地租，但是这些收入被投到改良土地或提高生产力方面的不多。也许正是基于这个原因，国家才规定教会应该负担更多的税赋。而有的国家却免征教会的租税，或者征收很轻的税。1577年以前，米兰公国内的一切教会土地，仅征收其实际收益的1/3作为地租税。

在西里西亚，对贵族保有地的征税比其他平民保有地的征税要高3%。国家对此税的征收差异大概是出于这两个方面考虑：因贵族享有各种荣誉及特权，以此能减少他们的赋税负担；而平民地位低下，没有权利与荣誉，因此在赋税方面给予一些弥补。不过，在其他国家的赋税制度中，情况则相反。例如，在沙廷尼阿国王领地内，赋税全部由平民保有地负担，贵族保有地则免税。

通过实际丈量及评估的土地税，开始时显得很公平，但实行不久后就慢慢变得不公平了。为防止这种情况的发生，政府要时刻关注国内各农场及生产物的变化。但关注过这种情况的普鲁士政府、波希米亚政府、沙廷尼阿政府以及米兰公国政府等，不但没有采取措施对纳税人给予帮助，还引起了更多麻烦。

例如，在1666年，芒托本课税区所征收的贡税以精确的丈量及估价为准。到1727年，税收标准却完全变成不公正的了。为解决这个问题，政府在全区追加征收12000利弗的附加税。这项附加税，只在依照旧估算税额纳税过少的地方征收，来弥补纳税过多的地方之损失。比如，现有两个地区，其中一个实际应纳税900利弗，另一个应纳税1000利弗。按照旧的估价税额，两个地方都应该纳税1000利弗。在征收附加税后，两者税额都定为1100利弗，但缴纳此税的只有先前纳税少的地区，而此前纳税多的地区就通过这项附加税得到补偿。这样，后一个地区所缴纳的实际税额仅为900利弗。附加税因为是用来解决旧税额所致的不公平，所以对政府来说无得亦无失。

与土地生产物成比例的赋税

对土地生产物征税，实际就是对地租征税。这种赋税最初虽然由农民垫支，但最终却是由地主负担。当把一部分土地生产物用来缴纳赋税时，农民必然先计算出这一部分土地生产物的大体价值，然后从付给地主的租额中扣除相当的数目。向教会缴纳的什一税就属于这一类。没有农民会在交出每年生产物前，不预先估算其价值的。

什一税和其他类似的土地税看似公平，实则极不公平。在不同的情况下，一定比例的生产物实际上相当于部分地租。肥沃的土地，往往会产出丰盈的生产物，一半的生产物就能够支付农耕资本；而在无什一税的情况下，另一半生产物是足以用来向地主缴纳地租的。但是，如果租地者把生产物的1/10用来付什一税，那么他将要求减少1/5的地租，否则他就会失去一部分资本和利润。在这种情况下，地主的地租就不会是全部生产物的一半，而是4/10。贫瘠的土地费时多、产量低，以至于要用全部生产物的4/5来作为农耕资本和普通利润的偿还。在这种情况下，即使没有什一税，地主所得的地租也不会超过全部生产物的1/5。如果农民又用土地生产物的1/10缴纳什一税，他就要从地租中减去相应的数额。这样，地主所得仅相当于全部生产物的1/10。在肥沃的土地上，什一税只等于每镑1/4或每镑4先令的税；而在贫瘠的土地上，什一税有时仅等于每镑的1/2或每镑10先令的税。

什一税通常是加在地租上且不公平的税，因此是地主改良土地和农夫耕种土地的一大障碍。教会不支出任何费用，却享受如此大的利润，这样，地主就不肯进行最重要但费用很高的土地改良，农夫也不愿种植

关税的起源

关税是一种古老的税种，欧洲的关税最早出现在希腊。公元前5世纪时，雅典成为地中海、爱琴海沿岸的强国。这一地区的商品贸易往来很频繁，外国商人为取得在该地的贸易权利和受到保护，便向领主送礼。后来，雅典以使用港口的报酬为名，正式对进出口的货物征收2%~5%的使用费，便是关税的起源。

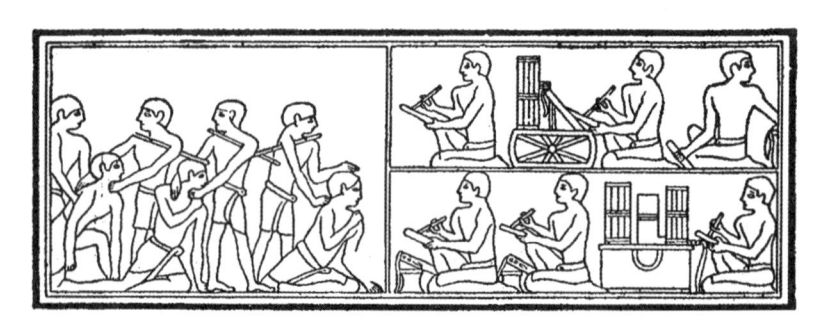

古埃及农民因为没有缴税被捉拿

几乎是在人类文明初具雏形的时候，征税就已经出现了。各个时期各个国家的统治者，对个人或组织无偿征收实物或货币便是征税。图中几名古埃及农民因为没有按规定缴税而被捉拿。

那些最有价值、最昂贵的谷物。欧洲自从实施什一税以来，栽培茜草并独占此原料的只有荷兰，因为它是长老教会国家，没有开设这种糟糕的税项。最近英格兰议会规定茜草地每亩只征收5先令的税来代替什一税，因此英格兰也开始栽培茜草了。

亚洲的许多国家，和欧洲大部分教会一样，其主要收入都依靠征收与土地生产物成比例的土地税。中国历史上的那些皇帝的主要收入，由国家一切土地生产物的1/10构成。不过，这1/10没有超过许多地方一般生产物的1/30。据说，印度还没有被东印度公司统治之前，孟加拉政府征收的土地税约是土地生产物的1/5。另据说，古埃及的土地税为1/5。

亚洲土地税的征收方法，使君主们都关心土地的耕作和改良。据说中国以前的皇帝、孟加拉君主、古埃及君主为增加国内生产物的数量和价值，都曾竭尽全力地建设和维护公路及运河，使所有生产物能畅通无阻地输送到国外。在欧洲实施什一税的教会则不同。因为各个教会所分得的什一税数量都很少，所以没有一个教会像亚洲君主那样关心土地的耕作和改良。一个教区的牧师，绝不会向国内偏远的地方修建运河或公路来拓展本教区的产品市场。因此，如果用什一税来维持国家，那么它所带来的利益可以抵消它所带来的损失；如果用这种税来维持教会，那么根本没什么利益可言，带来的只有不便。

对土地生产物征税，有的征收实物，有的则是依据某种估价征收货币。

教区牧师和居住在私人庄园里的小乡绅，有时候会觉得收取实物作为什一税或地租会有一些好处。因为征收的数量和区域很小，所以自己能够亲自监督。但一个住在大都市拥有大资产的豪绅，要向分散在各地的田庄征收实物地租，就要承担承办人和其代理人"怠慢"的风险，尤其是这些人舞弊的风险，这样所产生的损失比因税吏滥用职权所带来的损失还要大。

如果通过征收实物获得公共收入，那么国库收入会受税吏的腐败影响，导致实际入库量只有人民所纳税的小部分。据说，中国以前的公共收入的若干部分就是这样征收的，中国以前的大小官吏，都赞成保留这种征税制度，因为这种方式比征收货币更容易舞弊。

土地生产物的税是以货币形式缴纳的，有的按照市场价格的变动而估价，有的一直不变。例如，市场上价格无论怎样变动，1蒲式耳小麦总被估算为同一货币价格。以前税法规定征收的税额，是随着耕作者的勤懒对实际生产物产生的影响而变动。后来税法规定征收的税额，会随着土地生产物数量、金属价值，以及各时代同名铸币所含的贵金属分量的变动而变动。因此，按照以前的税法，税额和土地生产物的价值保持同一比例；而按照后来的税法，税额与土地生产物价值的比例在不同时期是大不相同的。

按照一定比例征收货币来代替所有赋税或什一税，这与英格兰的土地税性质相同。这种税不会随着地租上涨而上涨，也不会影响土地改良。在许多教区，不以实物而以货币征收什一税，这种税法也与英格兰

伦敦海德公园

  海德公园位于伦敦市中心的西敏寺附近，是伦敦最大的皇家公园。它从16世纪开始成为亨利八世的狩猎园，到19世纪被建设成向公众开放的大型公园。1851年举世瞩目的伦敦世博会便是在这里举办的。海德公园的一大名胜是演说者之角，除了批评王室和颠覆英国政府的两个话题之外，在这里可以自由就任何话题发表演说。

的土地税相似。在孟加拉回教政府时期，它管辖的大部分地区，据说是以相当少的货币来代替实物纳税，这些实物一般为土地生产物的1/5。此后，东印度公司的某些人借故把公共收入恢复为原有数额，在若干地区把货币纳税改为实物纳税。但实物纳税的管理方法，不仅阻碍了耕作，而且为税吏营私舞弊提供了机会。

  房租税

  房租可以分为两个部分：其一是建筑物租；其二是地皮租。建筑物租，是指建筑房屋时投入资本的利息或利润率。为了使建筑行业与其他行业处于同一水准，建筑物租就必须做到以下两个方面：第一，能够给建筑业者足够的利息，相当于他把这些资本放贷出去后所能得到的利息；第二，能够在一定年限内收回建筑房屋时所费的资本。

因此，各地建筑物租金或建筑资本的利润率会受货币利息的支配。在市场利率为4%的地方，建筑物的租金除去地皮租之后，还能提供相当于全部建筑投入资本6%或6.5%的收入，这就满足了建筑商对利润的要求。在市场利率为5%的地方，利润率要能达到全部建筑投入资本的7%或7.5%，建筑商才能满足。利润与利息是成比例的，如果建筑物的利润率大大超过上述比率，则其他行业资本将会大量转移到建筑业上，直到其利润率下降至正常水平。反之，如果建筑物的利润率大大低于上述比率，建筑行业的资本则会转移到其他行业，直到建筑业的利润率提高到正常水平。

全部房租中超出合理利润的部分归为地皮租，当地皮所有者与建筑商不是同一个人时，这部分税多数要付给前者。这种剩余资金是住户为自己所得利益而负担的代价。在远离大都市的大片空地处，地皮租几乎为零，其所得利润几乎相当于此地用于农业耕作所得。大都市附近的郊外别墅，地皮租有时比较昂贵，特别是在那些交通便利或风景秀美的位置。在一个国家的首都，尤其是对房屋需求大的特殊地段内（不管这些需求是营业、游乐或仅满足虚荣和时尚），地皮租大都是最高的。

如果房租税由住户支付并与房租租金成比例，那么该税在长时间内不会影响建筑物租。但如果建筑商得不到利润，他就不得不离开这个行业；这样一段时间后，社会对建筑物的需求上升，建筑行业利润恢复，并与其他的行业利润保持同一水平。房租税往往可以分为两部分：一部分由住户支付；另一部分由地皮所有者支付。

假设一个人每年支出60镑房租，又假设他支出的房租税为每镑4先令，即全租金的1/5，其60镑租金的住宅，就要花费72镑；如果他认为这12镑税额超过了他所能承受的范围，那么他将可以选择一套租金为每年

50镑的房屋，这50镑，加上必须支付的房租税10镑，恰恰是他每年能负担的60镑。

为了节约12镑的房租税，他得放弃那个较贵房屋所提供的便利。但是也因为有了房租税，他以50镑的价格租到的房屋比未加房租税时50镑租到的房屋好。因为房租税的缘故，会减少一些租房竞争者，以此类推，租金就会有所降低。在一定时间内会有其他房屋加入出租竞争，其结果是房屋租金下降。租金的减少，在相当长的时间内不会影响建筑物租，所以这部分就必然落在地皮租上。因此，一部分房租税会落在住户身上，另一部分会落在地皮所有者身上。但这两者之间以什么比例分担，也许不容易分得清。大致的原因是，住户及地皮所有者在不同情况下分配不同，而且他们因此税所受到的影响也很不同。

地皮租所有者因此税所受到的不平等影响，完全是上述分担比例上的不平等所致。但住户因此税所受到的不平等，除了分担比例的原因，还有其他原因。房租在全部生活费中的比例因财产的多少而有所不同。大致是财产最多，比例最高；财产减少，比例也逐渐下降；财产最少，比例最低。

贫穷者的开销，大部分用于生活必需品，因为他们在获得食物时常遇到困难。而富人的收入大都花费在奢侈品上。因此，房租税的负担，一般富人最重。这种税赋的不平等，应该不算违理。富者按照收入比例为国家提供税收，再多贡献一些也算合理。

房租在若干方面与地租相似，但在有一点上，却与土地地租完全不同。农民付出地租，是因为在土地上使用了自己的生产力。而租户付房租，却没有在里面使用生产力。

所有支付房租的人，他们的收入都来源于与房屋毫不相关的行业。只要房租税落在住户身上，它的来源就与房租本身的来源相同，不管这收入是来自劳动工资、资本利润或土地地租。只要房租税是由住户负担,它就不单独在一种收入来源上征收,而是无区别地在一切收入来源上课税,这种税的性质与任何消费品税完全相同。

就一般而言,房租更能反映一个人的奢俭程度,这是其他费用或消费不能相比的。对这种特殊消费对象征税,所得收入也许比现今欧洲任何其他税收都多。但是,如果房租税过高,大部分人会选择较小的房屋来避免这种税,以便把资金用在其他方面。

如果采用确定普通地租的方法来确定房租,那么就能使房租非常准确。无人居住的房屋,应当免税。如果要对其征税,那么应该由房屋所有者负担。如果房屋所有者自己居住,那么其纳税额应按照社会平均房租为准,而不应该以建筑费为准。如果根据建筑费为准纳税,那么每镑3先令或4先令的税,加上其他苛捐杂税,足以把全国所有富裕人家毁掉。并且,我确信其他一切文明国家如果这样做,将得到同样的结果。任何人只要留心观察本国富户的城中住宅或别墅就会发现,如果征收这些地宅原始建筑费的6.5%或7%作为税收,其费用将约等于他们地产所收的全部净租。他们所建造的豪宅,虽是经过数代经营,但与原始建筑费相比仍只有很小的交换价值。

地皮租相对地租来说是更妥当的课税对象。对地皮租课税不会抬高房租,而地皮租税全部由地皮所有者负担。地皮所有者都是独占者,对

啤酒的历史

啤酒是世界上最古老、消费量最大的酒精饮料,也是仅次于水和茶的第三大饮料。啤酒由含有淀粉的谷类酿造而成,多数添加啤酒花来调味,有时候还会添加一些香草和水果。啤酒很早便见诸文字记载,《汉谟拉比法典》中就有关于啤酒和啤酒馆的法律;苏美尔人的《酒神颂》既是经文,还能让文化较低的人记住酿酒的方法。到了现代,酿酒工业已是全球性的重要产业。

其地皮会倾向于获取最大的租金。其所得租金的多少取决于争用地皮者的贫富,也就是取决于他们能够出多少钱。在所有国家中,争用地皮的有钱人大多在首都,因此首都中的地皮常常能得到最高的租金。但是竞争者的财富不会因地皮租税而有所增加,所以他们也不愿出更多的租金租用地皮。地皮租的税,是由住户垫支还是由地皮所有者垫支,这无关紧要。住户所纳的税越多,他们付出的地皮租就越少。地皮税的最后支付,完全落在地皮所有者身上。无人居住的房屋,不应课地皮租税。

在许多情况下,地皮租及普通土地地租的所有者不用劳神费力便可获得收入。因此,从他们的这种收入中拿出一部分作为国用,对任何产业都不会有害处。在对地皮课税的前后,全社会的劳动年产物,即民众的财富与收入不会有所变化。这样看来,地皮租和普通土地地租最适宜负担特定税收。

单从这点来看,地皮租比普通土地地租更适合作为特定税的对象。因为在许多情况下,普通土地地租受地主的关注程度和经营状况影响。如果地租税过重,则对土地生产有害。而地皮租则不同,它会因为君主政策的限定而超过普通土地地租的数额。君主的这种政策在保护若干特殊住民产业的同时,会使这些住民对所占地皮支付远远大于实际价值的租金。对于那些借助国家政策而存在的资源,对其课较高的税以为国用

赶集

欧洲各国的"集市"一词(如英语的fair、法语的fête等)大多源自拉丁语的"节日"(festa)。中世纪的人们习惯于在休息日到某一特定的临时地点,同邻近几个村庄的村民进行一些农产品、牲畜或是手工艺品等小规模的交易。

是完全合理的。

据我所知，欧洲各国大多征收房租税，没有一国征收地皮租税。这可能是因为税法设计者难以明确规定房租中什么部分属地皮租，什么部分属建筑物租。英国有所谓的年土地税，按照税法，房租税的税率应与地租税税率相同。不同教区和行政区的征税标准通常是一致的。原来那些不公平的标准，现在依然在实行。从全国范围来讲，这类税课征在房租上的比课征在地租上的要轻一些。据说，仅在原来税率很高而房租较低的少数地区征收每镑3先令或4先令的土地税，这与实际房租比例相等。许多无人居住的房屋，尽管法律规定要纳税，但在大多数地区都被税吏免除了。但这不会影响全地区的税率，仅是某些特定房屋的税率有小变动。如果修理房屋建筑，则租金会增加，而房租税不增加，这就会使特定房屋的税率发生较大的变动。

波希米亚

中世纪中期，神圣罗马帝国附属的波希米亚王国因国王无后，而让哈布斯堡家族以外戚身份继位。宗教革命后，波希米亚人改信新教，而哈布斯堡家族坚持信奉天主教。为了维持统治，哈布斯堡王族一直尊重公民的信仰，直到17世纪初狂热的天主教徒斐迪南二世继位神圣罗马皇帝。他无法容忍他的子民信奉异教，推出残忍苛刻的政策，迫使波希米亚人起义独立。斐迪南二世为此出兵波希米亚，导致了三十年战争的爆发。现在，波希米亚属捷克共和国中西部地区。

在荷兰领土内，所有房屋不论房租多少，或有无人居住，一律都征税2.5%。那些空屋，也需纳税，这对房屋所有者来说不免有些苛刻。荷兰的市场利率仅为3%，而对房屋则要课征2.5%的重税。那么在大多数情况下，所课征的税就达到了建筑物租金的1/3以上，或全部租金的1/3以上。虽然征税标准不平等，但是大多低于房屋的实际价值。若房屋再次修建或扩大，就要重新对其房租税予以评估。

英格兰各个时期的房租税设计者，都想精确判定各房屋的实际房租，但这是非常困难的。因此，他们规定房租税时，就根据大多数房屋的房租来设计征税额度。

英格兰以前有炉捐，即每炉收取2先令。因为要确定每户家中有几炉，所以税吏必须挨室调查。这种令人生厌的调查，使这一税种成为人们讨厌的对象。在英国革命后，这一税种就被废除了。

继炉捐后，还有一种对每个住屋课征2先令的税。如果房屋有14个窗户，还要增课4先令的税，有20个或以上窗户的，增课8先令的税。后来此税有所变动，凡有20~30个窗户的房屋课10先令的税，有30个以上窗户的房屋课20先令的税。这种税额的多少只需在室外数窗户即可判定，不必像入室数炉那么惹人讨厌，因此，此税比炉捐要受欢迎一些。

后来，炉捐被窗税所替代。窗税设立后也有几次变更。至1775年1月，英格兰和苏格兰对每个房屋分别要征收3先令和1先令的税，除此之外，还有若干窗户税，且税率是逐渐上升的。在英格兰，原先对不到7个窗户的房屋征收2便士的税，后来升至对25个及以上窗户的房屋征收最高2先令的税。

许多税遭到人们的反对，其原因在于不公平。最不公平的是对贫民的课税比对富人的课税重。比如，在乡间市镇上仅为10镑租金的房屋，其窗户比在伦敦租金为500镑的房屋还要多。不论乡间市镇的住户怎么穷，或者伦敦市区的住户怎么富，但是窗税已经规定下来，就得按照规定负担相应的国家费用。这类税就违反了前面四项原则中的第一项原则。不过，没有违背其他三项原则。

在征收窗税及其他房屋税后，理论上都会产生降低房租的效果。这就是一个人纳税越多，他所能负担的房租就越少的原因。但据我所知，自英国施行窗税以来,几乎所有市镇乡村的房屋租金都有一定的提高。这是因为各地房屋的需求量增加,使房租提高的程度超过了通过窗税调节使其减低的程度。从这点可以看到,居民收入有所增加,国家更加繁荣。如果没有窗税,房租也许会提得更高。

第二项 利润税

一般利润税

一般利润税,即加在资本收入上的赋税。资本收入或利润包括支付利息和支付利息后的余额。

支付利息以后的剩余部分是不能直接作为课税对象的。因为这一部分利润是在风险投资后获取的报酬,相对来讲也相当微薄。如果投资者不能获得报酬,从其自身利益考虑,他们是不会对投资产生兴趣的,更不会继续投资。如果按照整个投资利润的比例对他直接征税,那么他将不得不提高利润,或少付利息。表面上虽然全税由投资者支付,在投资者自己来掌控投资的情况下,实际上还是由以下两类人群之一来支付。如果投资者投资在土地生产上,他就会想办法通过减少地租来保留较大部分土地生产物或其价值,从而保证其利润率。最终,此税的支付将落在地主身上。如果投资者投资在商业或制造业上,他就会通过提高货物价格来保证其利润率,最终,此税的支付将完全落在消费者身上。如果不提高商品的利润率,投资者就只有将此税务转到货币利息上去,即对本金相应地少付利息。那么,所有的税务最终只能由货币利息来担当。

这样看来,货币利息似乎和土地地租一样,是能够直接课税的对象。因为货币利息是除去了投资风险和困难应得报酬后所得到的纯收入。同样,地租税不能使地租提高,因为偿还农业主资本及其合理利润后所剩下的纯收入,税后绝不可能大于税前。同理,货币利息税也不能使利率提高。在同一个国家，一定数量的资本或货币，与同一数量的土地，都应该在税后和税前保持一致。本书的第一卷讲过，普通利润率，由总资本量与使用资本量的比例支配，也可以说是受可供使用的资本量，对必须使用资本来进行的营业量比例的支配。但是资本使用量或使用资本进行的营业量，绝不会因为任何利息税而有所增减。如果可供使用的资本量不变，那么普通利润率就必定与原来保持一致。投资者投资风险和困难的报酬部分，同样会与原来保持一致，因为投资的风险和困难度并没有改变。因此，属于投资者的货币利息剩余部分，也必然保持不变。所以，货币利息看起来和土地地租一样，是能够直接纳税的对象。然而，与地租相比，货币利息是不宜直接纳税的，这有两种情形：

第一，个人所有土地的数量与价值是公开的，通常能够准确确定。而个人所拥有的资本数量则是保密的，并且资本数量很容易发生变动，因此很难准确得知。

第二，土地无法移动，而资本却容易移动。土地所有者必定是地产所在国的公民，而资本所有者可以将资本转移到利于自己的国家。如果资本向国外转移，本国的土地地租和劳动工资都会相应减少。

因此，对资本收入课税的国家，大多条件较宽松，不会采取严厉的调查方法，而是采用估算的方法征收。这种课税方法极不确定、不公平，只能用极低的税率来征收。因为这样做，每个人都会觉得自己所纳的税比实际收入要低很多；即使别人所纳的税比自己低一些，他也会觉得可以理解，不会太在意。

英格兰的土地税原打算与资本税采取同一税率。当土地税率为每镑课4先令，即预算地租的1/5时，对于资本税，也要课其预算利息的1/5。现行土地税初行时，法定利率为6%，因此，每100镑资本就应该缴纳24先令税，6镑的1/5。自从法定利率缩减为5%时，那么每百镑资本就只缴纳20先令税。土地税的总额，是由乡村及主要的市镇分摊，其中大部分由乡村来分担。市镇分担的主要是对部分房屋的税收。对市镇上的资本或营业所征税的部分，远低于资本或营业的实际价值。但这种估定税额的不公平并没有引起社会动荡。如今国家逐步繁荣，许多地方的土地、房屋和资本的价值不断提高，然而各地区却依然继续采用原来估定的税额，现在看来这种税额的不公平已无关紧要了。再加上各地区的税率长时间没有变动，个人的资本税也相对减少了。

水力织布的工厂

18世纪中后期，英国钟表匠阿克莱特发明了水力纺纱机。水力纺纱机有四对卷轴，以水力作为动力，纺出的纱坚韧结实，但比较粗。这一发明对英国纺织业和英国工业革命的发展都起到了巨大的促进作用。

如果英格兰的大部分土地税额没有依照实际价值的一半去估定，那么英格兰大部分资本税额也就没有参照实际价值的1/50去估定。在很多市镇，比如威斯敏斯特，土地税都是在房屋上征收，但不征收资本和营业税，而伦敦则不同。

无论哪个国家，都小心谨慎地回避调查私人财产。

在汉堡，每个居民都得对政府缴纳私人财产2.5‰的税。由于他们的财产形式主要为资本，因此这项税也可以看作是一种资本税。每年应缴纳的税额由自己估定，并宣誓那是他所有财产总额的2.5‰（但不需要宣布其财产的总额，也不受任何审查），然后在地方官员面前交入国库。缴纳这种税赋一般都是靠公民的忠诚，因为在此共和国中，人民完全信任地方官员，都觉得赋税是必要的，并且相信他的赋税将会用于国家。这种自行纳税办法，也不只是汉堡在实施。

瑞士翁德沃尔德联邦，遇到自然灾害等紧急情况时，人民会聚集在

壁画《古埃及的农业税赋》

以实物的形式缴纳农业生产的税赋在人类历史上经历了相当长的时期。在很多古代国家中，农业的税赋收入直接影响国家稳定，是统治者最重视的问题。这幅古埃及陵墓中的壁画描绘的是，官吏们正在记录当年上缴到法老谷仓中的谷物。

一起，如实地宣布其财产数额，然后据此纳税。在久里奇，法律规定如遇紧急情况，每个人都有义务公布其收入数额，并依据其收入比例纳税。在巴西尔，政府的主要收入来自出口货物的小额关税。每个市民宣誓每三个月按规定缴纳税款。商人每三个月就在计算单上登记所卖出的货物量，在算出税额后送缴国库官吏。

在瑞士各联邦中，市民能够很容易地公开其财产额。但是在汉堡，从事贸易的商人却很怕公开其财产状况，因为他认为这会导致其信用被破坏与企业经营困难。而那些质朴节约的普通市民则不会有这样的顾虑。荷兰在奥伦治公爵就任总督后不久，对全民财产征收2%的税，即50便士缴纳1便士的税。与汉堡相同，市民自己估算财产，选择纳税方法；因为当时荷兰是刚从暴动中独立的新政府，征收这种税，是为救济国家紧急之需；因为荷兰当时的市场利率很少超过3%，如果要永远按这个税率征收，人民税负就会过重。如果荷兰政府对一般资本的纯收入征收2%的赋税，也就是说每镑要征收13先令4便士，这样过重的税赋会让人民再也无力支持国家。虽然当国家处于危难时刻，人民为了大局可能会放弃一部分收入，但是不可能长久如此。

英格兰依据土地税法所缴纳的资本税，虽然与资本额成比例，但并不会减少资本。只是按照地租税的税率，缴纳相等的货币利息税。如当地租税是每镑4先令时，货币利息税也是每镑4先令。汉堡、翁德沃尔德、久里奇所征收的税，同样是以资本的利息或纯收入为征收对象，而不是以资本为对象。荷兰的征税对象则是资本。

特定营业利润税

有些资本投资在商业或农业上，某些国家对这类资本利润征收特别税。

在英格兰，对小商贩及行商，对出租马车及肩舆（高级轿子），以及销售麦酒、火酒的零售酒店主所征的税，都属于特殊商业部门利润税。在最近的战争中，曾有人提议对店铺征收特别税，理由是战争保护了本国商业，商人由此获利，所以应该纳税。

对特殊商业部门资本所课的税，最终都不是由商人负担，而是由消费者负担。这是因为商人必须有合理的利润，在自由竞争的商场，商人的所得很少能超过合理的利润，所以，他们会把自己承担的税额部分转嫁到消费者身上。当这种特殊商业部门资本税与营业额成比例时，最终的税款是由消费者支付；当这种税与商人营业额不成比例时，虽然对一切商人征税，但是最终也由消费者支付。这种税的征收方法，对于大商人有利，对于小商人来说则不公平。如对于每辆出租马车，每周课税5先令；对于每乘出租肩舆，每周课税10先令。采用这种由车、舆所有者分别纳付的税法，因为与他们各自的营业额成比例，所以这样的税赋是公平的。但是，如果对领麦酒贩卖执照所课的税，每年为20先令；对于领火酒贩卖执照所课的税，每年为40先令；对于领葡萄酒贩卖执照所课的税，每年为80先令。这种税制对大小不同的零售酒店一视同仁，大营业者的销量远高于小营业者，但纳税额一样，显然这对于小营业者不公平。不过，因为税率轻微，所以虽不公平，也无关紧要。而在许多人看来，可以通过征税来阻止小麦酒店林立。课于店铺的税，是没有办法将大小店铺分开的。如果这种税要精确地按照各店铺的营业额比例课征，那除了采用让人无法接受的调查外,别无他法。如这种税课得过重,将给小商人造成巨大的压力,并会使全部零售业归于大商人手中。如果没有小商人,大商人独占这个行业,这些大商人一旦联合起来,就会把利润大大提高到纳税所需额度以上。这样一来,店铺税的最后支付,就是由消费者承担,而不是由店主承担。故在1759年,就不再征收店铺税,而以补助税代替。

在法国,有种被称为个人贡税的税,这可能是对农业资本利润最重的课税,在欧洲所有地方都征这种税。

在过去欧洲封建统治的混乱局面下,君主迫于形势不得不对无力拒绝纳税的民众课税。君主国内的各大领主,只愿意在危急时刻帮助他们的君主,绝不会接受永久纳税,而君主也无实力强迫其纳税。欧洲的土地所有者,最初大部分是农奴。后来农奴逐渐被解放,其中一部分人在国王或大领主之下,以贱奴的身份获得地产保有权。其他没有获得保地权的人,则在他们领主之下租得土地来耕种。大领主们看到这些下层人民逐步繁荣、独立起来,既瞧不起,又不甘心,因而非常赞同君主对他们课以赋税。在不少国家,这种税的征收对象,仅限于那些贱奴保有的土地。在这样的地方,这种税算是不动产的贡税。沙廷尼阿故王设定的土地税,在兰多克、普冯斯、多菲那及布列塔尼各州,在芒托本课税区,在亚琛及康顿选举区,以及在法国的其他很多地区,其贡税的课征都是在上述保有地上进行的。在其他各国,则以那些租用他人土地者所得的评定利润为课征对象,与土地保有条件无关。在这样的地方,这种税可以算作个人的贡税。法国的选举区各州,大都执行此种税法。对于不动产的贡税,只是对一国部分土地进行课征,这必然是不公平的;虽然不公平,但还不是很离谱。个人贡税是按照民众的利润比例予以课征的,但利润的多少只能通过推算而得,所以必然会导致不公平。

1775年,法国所实行的个人贡税,是每年在选举区的20个课税区内课征，共计达40107239利弗16苏。各州负责调节税额比例的变动，都取决于枢密院所收到关于各州收获情况以及其纳税能力的情况报告。在每个课税区都有很多选举地域，选区按照在全课税区所分担的比例，再将课税分配于各选举地域；每年各选举地域分担的额度不同，这也是取决于枢密院收到的纳税能力报告。照此看来，枢密院立场虽客观，但还是不可能做到完全正确地判定当年度各州、区、地域的实际纳税能力。首先，无知与误报会使枢密院错下判断。再则，一个教区在全选举地域所应分担的课税额比例，以及每个人在所属教区所分担的课税额比例，每年都不同。在前一种情况中，可由选举地域的收税员判定；后一种情况，则由教区的收税员判定。这两者或多或少受州长的指导和影响。

据说收税员对纳税能力的误判，不仅是源于无知和误报，而且有时是由于党同伐异，甚至个人私怨。所有纳税者在税额未评定前，都无法确知纳税额度；甚至在纳税额被评定以后，还不能确切知道。如果对一个可以免税的人课税，或者对纳税人课征了比实际要高的税额，那么这些人暂时会付出税额。但是，如果这些人申诉，并证实其所受到的不公平待遇，那么次年全教区便会追征一个附额来补偿这些人。如果纳税者无支付能力或破产，那其税由收税员垫支，教区在次年追征附额并补偿给收税员。如果该教区的收税员自身破产了，就由选举地域的总收税员来负责。总收税员一般不会自找麻烦地去控诉该教区，他往往先选五六个该区中最富的纳税人，叫他们先补偿该收税员无力支付的损失，而后再向全教区追征附额以补偿他们。

当一种税课在特定商业部门的利润上时，商人们都会考虑上市的货物量，以保证所卖数量能够获得足够利润支付相应要缴的税额。他们有的在营业上撤回部分资本，减少市场上的供给。货少了，价格就会随之上涨，这种税也就转嫁到了消费者身上。

但是，当一种税课在农业资本利润上时，农民如果撤回部分资本，一定不会有利益。农民占有一定量的土地，就要对此支付地租。要使土地耕作适宜，还需投入必要的资本。如果他把这些必要的资本撤回一部分，他将没有能力支付此地租或赋税。从付税及自身利益这两个角度来说，他决不会采取减少农作物产量或减少上市农作物供给量的方法。因此，这种税不会使他抬高农产品的价格，而会使他把税转嫁给消费者。不过，农民也与其他营业者一样须有合理的利润，否则他就会放弃这种职业。在他承担此赋税后，他只有少付地租才能得到合理的利润。如果他必须缴纳的赋税越多，则其能够提供的地租就越少。如果这种税在租约期满以前课征，那无疑会使农民陷于贫困甚至破产。但是当此赋税在租约期满时课征，那么赋税就会转嫁给地主。

在施行个人贡税的国家，通常农民所纳的税与其在耕作上使用的资本量成比例。因为这个缘故，农民便常用低劣的、无价值的农具耕作。他们一般不信任估税员的公正，因害怕估税员对其课征重税，所以总是装出无力付税的贫困样子。农民的这种心理，表明他们大多没有考虑清楚自身利益得失。他们采用低劣农具会减少生产物而损失利润，这部分利润恐怕比减少赋税所节省的资金还要多。而且这种耕作方法还会使市场上农产品的供给减少，从而引起商品价格上涨，这样一来，恐怕连补偿生产物的损失都不够，更不用说拿地租交给地主了。采用这种耕作方式，无疑会使国家、地主和农民都蒙受损失。这就是个人贡税在很多方面的危害，使国家财富源泉受到阻断。

在北美南部各州及西印度群岛有所谓的人头税，这是每年对黑奴所课征的税。准确地说，是课在农业资本利润上的一种赋税。因为农业耕作者大部分都是农民兼地主，所以这种税的最后会由地主来负担。

对农奴课税，以往全欧洲都实行过，至今在俄国仍有这种税。因此之故，人们将各种人头税看作是奴隶的象征。但是对于纳税者来说，这反而是一种奴隶自由的表征。一个人纳税，表明他隶属于政府，其自身

基督教的赋税观

　　基督教对欧洲的税制产生过多方面的影响，其中最主要的便是什一税的征收。根据这种税制，信徒必须按照教会当局规定或法律要求，奉献本人收入的十分之一供宗教事业之用，或以作物、牲畜等形式缴纳。征收到的什一税将用于神职人员薪俸、教堂日常经费以及赈济。尽管曾遭到激烈的反对，但随着基督教传遍欧洲，什一税还是成为了没有商量余地的强硬规定。

拥有若干财产。加在奴隶身上的人头税与加在自由人身上的人头税是截然不同的。后者是自行支付，前者则是由奴隶主来支付。加在自由人身上的人头税是任意征收的，完全不公平。而加在奴隶身上的人头税，因不同奴隶的价值不同，所以在很多方面也是不公平的；但是它不是任意征收的。因为主人知道奴隶人数，所以能确定应纳税额。但是两种税都使用人头税这一名称，所以很多人以为其性质也是一样的。

　　荷兰对男女仆役所课的税，是加在开支上的，类似于消费品消费税。英国最近的仆役税与荷兰相同，对每个男仆课税21先令。仆役税的负担以中产阶级为最重；因为年收入100镑的人可能要雇用1个男仆，而每年收入过10000镑者，却不会雇用50个男仆。另外，这种税是不会影响到平民的。

　　对特定营业上的资本利润课税，绝不会影响到货币利息；因为资本贷出人，不会因为借款人所借资本用于纳税或其他用途而改变利息。如果政府企图用正确的比例对各种用途的资本收入课税，那么在多数情况下，这种税就会落在货币利息上。

法国有一种二十取一（即20便士取1便士）的税，这种税以土地、房屋、资本收入为课税对象。这与英格兰所谓的土地税相同，但是在资本方面的课税却比英格兰土地税所课在资本方面的税正确；因为在许多情况下，它完全落在货币利息上。在法国有一种永久年金，人们常将钱投资在这种年金契约上，债务人可根据自身情况随时偿还债务，而债权人一般能要求偿还。这种二十取一的税，虽然也对年金课税，但似乎对年金率的提高并没有帮助。

第三项　土地、房屋以及资本价值附加税

当财产属于同一个人时，对这些财产所征收的税，只是财产收入的一部分，而不是意在减少或者取走财产的任何价值。但当财产改换主人时，就得取出财产价值中的一部分用来交税。

由死者转给生者的一切财产，以及由生者过渡到另一个生者的不动产，如土地、房屋，其转移性质总是公开透明的，因此国家对这种对象是可以直接征税的。至于生者之间，在借贷关系上发生的资本或不动产的转移，却常是隐秘的。对于这种隐秘的转移，直接征税不容易实现，所以国家采取两种间接的方法：第一，规定债务契券，转让时必须在已支付过一定额度的印花税的羊皮纸上写出，否则不具有法律效力；第二，规定此种彼此间的授受行为，必须在一个公开或隐秘的登记簿上登记，且缴纳一定注册税，否则不具有法律效力。对于死者转移给生者的财产，或生者转移给生者的不动产，这些都需要相关证件来证明，且常须缴纳印花税和注册税。

在罗马，皇帝奥古斯塔斯曾设定了一种20便士取1便士的遗产税，这类税就是对那些由死者转移给生者的财产课的税。对于这一税种，迪昂·卡西阿斯有过详细记述。据他说，这类税是课于因死亡而发生的一切继承、遗赠和赠与行为，但如若受惠者是最亲的直系亲属或穷人，则此税可予以豁免。

荷兰的继承税，与这类税同属于一类。凡旁系继承，征税时常根据亲疏程度，对其继承的全部财产，课以5%～30%的税。遗赠旁系的财产，也采用这种税法。夫妻间的遗赠，课1/15的税；直系继承，如果是后辈传给长辈，则只课1/20；如果是长辈传给后辈，则无需纳税。父亲之死对子女来说，有很多不利因素，父亲的劳动力以及在世所享有的官职和年金都受到损失，子女的收入相对来说不但不会增加反而会减少，如果还要对遗产课税不免过于残酷。但是对于那些已经分家享有独立财产和财源的子女，情况就有所不同。在这种情况下，父亲死后的财产会增加子女的收入，所以对这类财产课以继承税，情理上是说得通的。

封建法规规定，对死者遗留给生者和生者互相转让的土地，都要课税。一直以来，欧洲各国的主要收入之一都来源于此。对于有国家封地者的继承人，在继承封地时，必须付相当于一年地租的税额。如果继承人是未成年人，则在未成年期间的地租归国王所有，国王需赡养未成年人，并将死者的遗产交付其妻子。当继承人成年后，需向国王支付一种交代税，税额也大概相当于一年的地租。就目前的情况来看，如果未成年人年龄较小，可以解除地产上的所有债项，因为在过去没有此法时，曾造成大量土地荒芜。

根据封建法规规定，采地保有者在未经领主同意前，不得转让给他人。因为领主同意转让时，一般会收取一笔款项。对于这笔钱款，最初是随意指定额度，但是后来许多国家都将其规定为土地价格中的固定部分。土地让渡税在许多封建惯例被废的情况下仍然存在，且成为君主收入的一大来源。在伯尔尼联邦，这类让渡税税率极高，贵族保有的土地让渡税占其价格的1/6，平民保有的土地让渡税占其价格的1/10。在卢塞恩联邦，有一种土地变卖税，但这类税并不普遍，仅局限于一定地区。如果一个人因迁居而变卖土地，则其卖地所得将被征收1/10的税。不同国家的土地变卖税有所不同，有的对一切土地的变卖都课税，而有的则是根据一定条件对保有土地的变卖课税。无论怎样，这些税收都成为君主的一项重要收入。

在上述交易中，可用印花税或注册税的形式课征，但是这类税税额与转移物的价值没有比例关系。

例如英国的印花税，就不是按照转移财产的价值来课征的，此类税是按照契据的性质来决定税额高低。最重的印花税是每张纸贴6镑的印花。此种赋税，多半是以国王敕许的证书和某些法律手续为课税对象，而不管转移物价值是多少。英国不会对契约或文件的注册收税，不过要收取管理此册据的手续费。此手续费一般都很少，不会超过该管理者的合理劳动报酬。

在荷兰，印花税和注册税同时存在。这类税在很多地方是按照转移财产的价值比例来征收的，但在某些地方却不按照比例征收。书写遗嘱的印花纸价格是与所处理的财产成比例的。因此印花纸就有不同价格的种类，纸张的价格为3便士、3斯泰弗或300弗罗林一张都有可能。如果使用的印花纸价格低于其本应使用的印花纸价格，那么继承的财产将会被全部没收。这项税是除了继承税以外的附加税。除了汇票以及其他商用票据外，所有的票据或借据都要缴纳印花税。但是，这类税不会随转移物价值的高低而增减。房屋、土地的变卖及其抵押契据等都需要注册，并且要缴纳2.5%的注册税。例如，载重200吨以上的船只，无论内部装备如何，在变卖时都要缴纳此税。依法变卖的动产，也需缴纳2.5%的印花税。

法国也同时征收印花税与注册税。印花税为国内消费税的一部分，由征收消费税的税吏征收。注册税为国王收入的一部分，由其他官吏征收。

在欧洲实行印花税和注册税的制度虽然还不到100年，但是印花税几乎已遍布欧洲，注册税的实行也是相当普遍的。如何搜刮人民的钱财，政府间彼此效仿的速度是最快的。

对转移财产课税，其最终的负担都落在接受财产者身上。对土地变卖课税，其最终的负担却是完全落在卖者身上。因为变卖土地者往往是被迫的，所以他们不得不接受较高的赋税和较低的卖价。而买者的选择较多，他们只出自己觉得合理的价格。并且，买者会把买土地的花费与所要交的赋税一起计算，如果需要付出的赋税越多，则买者所愿意出的价格就越低。这种税通常是由那些经济困难的人来负担。对变卖新房课税，一般由买方支付，因为建筑商总得获取利润才会从事这一行业。如果此税暂时由他垫支了，那么买者也会偿还他。对

将黑奴运出非洲的货船

1518年，第一艘来自非洲的贩奴船到达西印度，开始了非洲与美洲之间直接的黑奴贸易。这些装黑奴的货船每次可以运输数百名黑奴，就像是运送货物一样将他们塞进船舱。船舱里极其拥挤，黑奴们几乎无法挪动身体，也没有任何卫生设施，很容易造成疾病的流行。为了控制运输的死亡率，确保利润，奴隶贩子一般会把那些感染了传染病的黑奴直接扔进海里。这样的贸易持续了数百年，因为在很长时间里，美洲都需要源源不断的新黑奴来填补那些因为劳累和受虐待而早死的黑奴留下的空缺。

变卖旧房屋课税，一般由卖者负担。卖者大多是因特殊情况而卖房，并以此获得方便。新房的销售量受买者的需要影响，而旧房的销售量多是受偶发事故影响，与买者需要无关。对变卖地皮所课的税，也由卖者负担。对于借据、契约之类的印花税及注册税，全部由借款人来负担。对于诉讼事件的印花税及注册税，由诉讼人负担。但是课征此税不免会造成争诉对象资本价值的减少。为争取某些财产而花费得越多，到手的纯

苏黎世

苏黎世是瑞士联邦第一大城市,也是瑞士最重要的商业和文化中心。作为瑞士银行业的总部,苏黎世还是世界金融中心之一,瑞士联合银行、瑞士信贷银行和许多私人银行都将总部设在这里。目前在诸多关于人居环境和生活质量的国际调查中,苏黎世受到普遍热捧,是公认的世界上生活条件最舒适的城市之一。

价值就越少。

某些财产的转移税,在减少财产资本价值的同时,也减少了维持劳动生产的资源。人民的资本是用来维持生产性的劳动者,而君主的收入则大多是用来维持非生产性的劳动者。这种税,实际上是在牺牲人民的资本来增加君主收入。

如果按照转移物价值的比例来征收此税,还是不能做到公平。这是因为相等价值的财产并非都是做相同次数的转移。那些不按照价值比例征收的税,比如大部分印花税与注册税,就更加不公平。但是,此税在任何地方都是明确且固定的,而不是任意征收的。虽然有些时候这类税难免会加在无力负担的人身上,但是支付的时间大概还是便于纳税者的。到了支付日期,纳税人一般都有钱来纳税。此外,这类税的费用较少,一般不会给纳税者带来不便。

在法国，人们对注册税多有怨言，不像对印花税那样满意。因为注册税的收税人员多借势勒索，而且这种勒索是任意的、不定期的。现在，许多反对法国现行制度的刊物，多以注册税的弊害为攻击主体。

对抵押契据以及不动产的注册，使债权人与买入者的权利得到保障，对大众是有利的。但是对于其他大部分契据的注册，不仅对大众无益，而且还会引起不便。作为保密的数据，一般认为是绝不应该拿去注册的。个人信用的安全，不应当仅靠基层税务人员的正直与良心来维护。但在注册手续费成为君主收入来源的情况下，任何契据都需要注册，以致国家无限制地增设了许多注册机关。法国就存在许多秘密注册簿。这种弊害，都是因注册税而生。

英国在纸牌、骰子、新闻报纸以及定期印刷物等上面所课的印花税，其实都是消费税。这些税，最后是由消费这些物品的人负担。对于麦酒、葡萄酒以及火酒零售执照所课的税，最后也是由消费者负担。这类税虽然也称为印花税，都由收税人员采用同一方法征收，但是其性质完全不同，并且有不同的负担者。

第四项 劳动工资税

我曾在本书第一卷说明过，低级劳动者的工资，在任何地方都受两种情况支配，即劳动的需求和食物的平均价格。劳动的需求支配着劳动者的生活资料，决定着生活资料的多少和质量。

食物的平均价格，决定雇主应该付给劳动者货币的数量，以保证他们每年能购买必需的生活资料。如果劳动需求及食物价格没有变动，那么对劳动工资直接课税的结果就是工资将会提高到税额以上。

比如，假设有一个特定的地方，那里的劳动需求及食物价格，使劳动普通工资为每周10先令。又假设劳动工资税为工资的1/5，即每镑纳4先令。如果劳动需要及食物价格保持不变，劳动者每周必须获得10先令货币购得的生活资料,也即必须在付过工资税之后,还有可自由支配的每周10先令的工资。但是,为确保课税后劳动者能有这个工资额,该地方的劳动价格必须提高到12先令6便士。这个意思是说,为了能够支付占工资1/5的劳动工资税,工资就必须提高1/4。不论工资税率如何,在所有场合,工资会按照比劳动工资税税率高一点的比例增加。比方说,如果劳动工资税税率为1/10,那么劳动工资不久就会上升1/8,而不是上升1/10。

对劳动工资直接课税,可由劳动者支付,但是严格地说,劳动者都不用垫支。在课税后,如果劳动需求及食物价格仍然保持课税前状态,那么就和上述情况一样。在这种情况下,工资税以及其他超过这项税额的很多款项,都直接由雇主垫支。至于最后的支付,根据不同的情况,由不同的人负担。制造业劳动工资因课税而提高的数额,由制造业主垫支。制造业主有权把劳动工资课税的垫支额以及应得的利润,转嫁到货物价格上。因此,工资提高的数额以及利润增加额,最终都是由消费者支付。乡村劳动工资因课税而提高的数额,由农业资本家垫支,农业资本家如果要使用与以前相同人数的劳动工人就必须付出比以前大的成本。为了收回这笔较大的资本以及其应获得的普通利润,农业资本家就要留下较大部分的土地生产物,或较大部分土地生产物的价值,导致的结果就是农业资本家对地主少付地租。所以,劳动工资提高额及利润增加额,都由地主支付。总之,对劳动工资直接课税会使地租大为缩减,也会使制造品价格大幅上涨。这比征收一种与该税收数额相等的税所造成的影响要大得多,比如可以适当地分配:一部分课于地租,一部分课于消费品。

如果对工资直接课税,不会使工资相应增高,那么就是一般劳动需求减少了。农业衰退、就业率降低、土地劳动年产物减少,大概都是征收工资税的结果。不过,劳动价格总是会比没有此税前的劳动价格高。

并且这些增加的劳动价格以及由此产生的额外利润，最终都由地主和消费者来垫支。

对乡村劳动工资所课的税，不会因此税而提高土地生产物的价格，其原因与农业资本家利润税不会因工资税上涨而提高一样。

这种税虽然不合理，也有很多害处，但是许多国家还在实行。法国对乡村劳动者以及日工劳动所课的贡税，也属于这种税。这些劳动者的工资是根据他们所在地的普通工资率计算的，并且为避免他们承受额外负担，每年只按照不超过200日的工资估算。每人所纳的税，依各年度的情形而有所不同，这主要取决于收税员。1748年，波希米亚开始变革财政制度，其结果是对手工业者的劳动课征一种很重的税。手工业者按照四个等级来纳税：第一级年税为100弗罗林，每弗罗林按1先令10便士半来换算，共计9镑7先令6便士；第二级年税为70弗罗林；第三级年税为50弗罗林；第四级年税为25弗罗林。这其中包括乡村手工业者及城市最低级的手工业者。

我在本书第一卷说过，优秀艺术家及自由职业者的报酬，相对于比较低级的职业来说，占有一定比例。因此，对这些报酬课税的结果，就是使该报酬按照略高于该税的比例提高。如果报酬没有这样提高，那么这类职业就与其他职业不能列于同一地位，从而导致从事这些职业的人数减少。

对于政府官吏的报酬并不总是保持适当的课税比例，其原因在于这类职业并不像其他普通职业者那样受自由竞争的影响。在大多数国家，这种报酬大都高于该职业性质所要求的限度。国家掌权者对自身乃至其从属者，大都给予超过限度的报酬。因此，在大多数情况下，对官吏的报酬可以课相对较多的税。当大官的人报酬较高，在各国一般都是人们嫉妒的对象。对他们的报酬课税，即使比其他收入所得税高一些，民众也不会反对。比如，在英格兰，如果按照土地税法是每镑征4先令时，

埃菲尔铁塔

埃菲尔铁塔是资本主义经济繁荣的象征。它是巴黎的标志性建筑之一，它和纽约的帝国大厦、东京的电视塔同被誉为发达资本主义世界的三大著名建筑。1889年，在法国大革命100周年之际，法国人在巴黎举办了国际博览会，展示了他们最引人注目的成果——埃菲尔铁塔。

而对于年薪过百镑的高薪俸官吏的每镑征收5先令6便士，是极得人心的。对劳动工资，英格兰没有抽取其他直接税。

第五项　其他收入附加税

这里的其他收入附加税，即是无区别地加在各种收入上的赋税，主要包括人头税和消费品税。这种税收是从所有纳税者各种收入中再次征收而得，无论纳税人的收入是来自地租、资本利润还是其劳动工资。

人头税

如果想按照各纳税者的财富收入比例来征收人头税，那是不可能准确的，因为个人财富每天都会变化。如果不加以细致调查，或者说至少每年调查一次，那就只有全凭推测。因此，在大多数场合都是依赖税务人员一时的判断，那样这种征税就必然会是任意而不确定的。

如果人头税不按照纳税人的财富收入比例征收，而按照纳税人的身份征收，那就完全不公平了。因为同一身份的人，其富裕程度常常会不一样。

因此，如果要使这类税公平，就要使其成为灵活的、变动的；如果是确定而非灵活的，那么此税也就不公平。不论税率是高还是低，不确定总会引起不满。对于较轻的赋税，人们也许可容忍这种不公平；但对于重税，一丁点不公平都会引起强烈反对。

在威廉三世统治时期，英格兰曾推行过各种人头税。大部分纳税者所纳税额，都是根据身份而定的。身份的等差，有公爵、侯爵、伯爵、子爵、男爵、士族、绅士、贵族、长子、末子等。一切行商坐贾，只要财富在300镑以上，都缴纳同样额度的税。考虑他们的税额时，都是从他们的身份角度来定的。

而有些人的人头税，起初是按照推定的财富量来课税的，然后又改成按其身份课税。法律家、辩护人、代诉人，起初是按其收入课人头税每镑3先令，然后又改为按身份课税。在课税过程中，如果所课税不是太重，即使相当不公平，也没有什么问题；而如果不确定，就会引起很多人不满。

法国18世纪初推行的人头税，到70年代还在执行。民众中的最高层，所课税率不变；最底层民众则依其推定的富裕程度，每年税率各不相同。宫廷中的官吏、高等法院的裁判官以及官吏、军队的士官等，实行第一种课税率不变的方法；各州的较低层民众，则以第二种方法课税。法国的高官贵族，对于那些对他们有些影响的税一般都能接受，只要这些税不是太重，即使很不公平也没关系；但是他们一点也不能忍受州长任意估算税额的做法。但是不管在哪个国家，下层民众都会接受来自国家官吏的课税。

英格兰的各种人头税，从未收足本应收到的金额。而法国的人头税，却总是能收足其所期望的金额。英国政府是温和的，当它对各阶层民众课征人头税时，都能满足于所征得的金额；不能完纳或不愿完纳的人（这种人很多），可能因其法律宽松，不会强制完税。即使国家蒙受一些损失，也不要求其补偿。法国政府则对每个课税区，课以一定金额，并且州长必须竭尽所能地收足金额。如果某州申诉所纳税额太高，可以在次年的估定税额上，按照前年度多纳的比例予以扣减，但本年度估定的税额，是必须缴纳的。州长为了确保收足本税区的税额，有权规定征收额度大于国家的估额。这样一来，有纳税人破产或无力完纳的部分，就可以由其余纳税人来负担。这种格外课税的决定，由第一任州长裁决，至1756年废止。但在这一年，这种权力回归枢密院。据法国赋税记录人员观察，各州贵族及享有不纳贡税特权的人，负担的人头税比例最轻。最大部分的人头税，则是课在负担贡税者身上。其具体征收办法是依据他们所付贡税的多少，每镑课以一定金额的人头税。在底层民众身上课征的人头税，就是一种对劳动工资课征的直接税，但征收这种税有很多不便之处。

征收人头税，无需很多费用。如果例行征收，会为国家提供一项很确定的收入。因此，不充分考虑底层民众生活及安全的国家，人头税的推行极其普遍。不过，一个普通帝国由此取得的收入，只不过是公共收入的一小部分。而且，此税所征得的最大金额，可由其他对民众更便利的方法来征得。

消费品税

没有哪种人头税，能按人民收入的比例来征收。因此，这就引发了消费品税的发明。国家不能直接按比例对人民的收入课税，就间接对他们的支出课税。对他们的支出课税，也就是把税加在支出购买的消费品上。

消费品也许是必需品，也许是奢侈品。

这里说的必需品，不仅是维持生活必不可少的商品，而且是一个国家习俗已经认定，如果缺少它，就连最底层的人民也觉得有伤体面的那类商品。

例如：麻衬衫严格说来并不算是生活上必要的物品，但是在欧洲大部分地区，一个工人如果没有穿上麻衬衫，是羞于见人的，没有衬衫表示他穷到了丢脸的地步。在英格兰，同样的习俗使皮鞋成了生活必需品，哪怕最穷的人，他们如果没有穿上皮鞋，是不会出去献丑的。

所以在必需品中，不仅包括最底层人民生活所必需的物品，还包括那些习俗使其成为最底层人民都必需的物品。

此外，还有些物品叫作奢侈品，当然并不是因为使用它有什么困难。比如，英国的啤酒、麦酒，甚至在葡萄酒产地出产的葡萄酒，我都称为奢侈品。因为这类饮料并不是维持生活的必需品，而且各国习俗也没有使其成为有关面子的必需品。

钢铁工业

工业化是繁荣的资本主义经济重要基础。在近代历史上，钢铁工业是每一个强盛国家不可或缺的支柱产业。它所创造出的巨大物质力量完全改变了客观世界的面貌，从而使人类社会进入了全新的时代。

由于劳动工资受劳动需求和生活必需品的平均价格两部分决定，因此，只要提高生活必需品的价格，就会提高工资，使劳动者有能力购买当时的各种必需品。对此必需品所征的税，必然会提高其价格，并且提升部分要略高于税款，因为垫付此税的商人除了要收回垫金外，还要得到利润。因此，这类必需品税，必定使劳动工资按此必需品价格上涨的比例提高。

因而，对生活必需品和劳动工资课税，所产生的影响一样。开始劳动者虽需自己支付此税，但是从长期来看，甚至不用他垫付，最终都会通过工资的增加而由其雇主返还给他。

如雇主是制造商，他将把增加的工资连同一定的增加利润转到货物

西里西亚

西里西亚是中欧的一个历史地名，位于今波兰、捷克和德国三国交界处。西里西亚在中世纪时，最初属于波兰皮亚斯特王朝；后来被波希米亚王国夺得，成为神圣罗马帝国的一部分。1526年起，它随着波希米亚王国归奥地利哈布斯堡王朝统治。1742年，普鲁士的腓特烈大帝在奥地利王位继承战争中取胜，从奥地利获得西里西亚的大部分，这些地区后来组成了普鲁士的西里西亚省。1945年之后，西里西亚绝大部分并入波兰。小部分位于德国萨克森自由州，而过去由奥匈帝国统治的部分现在位于捷克。

价格上，所以，此税的增加利润的支付，最后将由消费者负担。如果雇主是农场主，则此税将由地主负担。

对穷人的奢侈品课税有所不同，课税品价格的上升并不一定会增加劳动工资。例如，同为富人和穷人的奢侈品——香烟，对其课税就不会使劳动工资提高。在英格兰香烟税达其原价的3倍，在法国达15倍，但劳动工资并没因税率高而受到影响。在英格兰和荷兰，茶、砂糖已成为最底层人民的奢侈品；在西班牙，巧克力糖也是如此。对其课税与对香烟课税一样，也不会影响工资。没有人去考虑对各种酒类所课的税有没有对劳动工资产生影响，浓啤酒每桶征附加税3先令，致使黑麦酒价格陡增，而伦敦工人的工资并未因此提高。

这类高价商品，不一定会降低下层人民养家的能力。对于朴实勤劳的贫民而言，这种课税可以使他们不用那些奢侈品。此举不但没有降低他们养家的能力，反而是提升了。

一般来说，主要都是勤劳的贫民养活大家庭及提供劳动力。当然，那些胡作非为的贫民，在奢侈品价格上升以后，仍将不顾家庭困难依然像以前一样购买。这样的人一般不能养家，连他们的孩子大概都会因照料不周、营养不良而夭折。孩子即便身体健康，生活在一个父母品行不好的家庭，多少也会染上不良的德行，长大后也可能会危害社会。

所以，贫民奢侈品价格的上升，虽然会给这种行为不端的家庭带来困苦，降低他们养家的能力，但并不会减少国家的有效劳动人口。

然而，如果劳动工资不随必需品价格上升而增加，必然会降低穷人养家的能力和有效劳动力的提供。

对奢侈品课税，只会增加这件商品本身的价格。对必需品课税会提高劳动工资，也就会提高一切制造品的价格，从而降低它们的消费量。奢侈品税，最终是由课税品的消费者无偿支付，它们将平摊在土地地租、资本利润及劳动工资等收入上。

必需品税，有一部分最终是由地主以减少地租的方式为其支付，另一部分是从提高制造品价格中由富有的消费者或地主等为其支付。中等和上等阶层人士，为了他们自身的利益一直反对生活必需品税，因为这些税收最终全要他们支付。其中，地主的负担最重，他们常以两种身份支付此类税：其一是以地主身份减少地租收入；其二是以消费者身份增加消费支出。

马太·德克尔关于生活必需品税的观察十分正确。他认为，某种税转移到商品的价格上，有时会重复累积四五次。就如买一双皮鞋，你不但要支付这双鞋的皮革税，而且还要支付生产者在生产这双鞋时所消费的生活用品税。

在英国，要缴税的生活必需品主要是盐、皮革、肥皂及蜡烛。

盐是最古老最普遍的课税对象。现在欧洲各地都实行盐税，在英格兰每蒲式耳纳税3先令4便士，约是其原来的3倍，在其他国家可能更高。但人们可以根据需要随时购买盐，因为一个人一年消费不了多少盐，因此，虽然盐税很重，但没人会感到有负担。

皮革是一种真正的必需品。亚麻布的使用，使肥皂也成了必需品。在冬夜较长的国家，蜡烛是必需品。英国的皮革税和肥皂税都是每磅3便士半，皮革税约达原价的8%或10%，肥皂税约达原价的20%或25%。蜡烛税为每磅1便士，约达原价的14%或15%。对这四种生活必需品所课的税，势必会增加穷人的生活支出，从而也应提高他们的劳动工资。

在英国寒冷的冬季，燃料算是必需品，其中以煤价最为低廉。燃料价格对劳动工资影响非常大，以至于英国的主要制造业都集中在产煤区，因为其他区域很难便利地使用燃料。在一些制造商那里，煤是重要的贸易对象。如果奖励合理，就有利于把煤从产量多的地方运往有需求的地方。然而，立法机构不但不奖励，还对通过海运运输的煤每吨征3先令3便士的税。陆路运输或内河航运的煤则一律免税，因此煤产地煤价便宜且无需缴税；远离煤产地的地方煤价昂贵还要负担重税。

这类税能给政府带来了一大笔收入，因此政府将继续推行此税。例如，在农耕社会，谷物出口的奖励金会提高其价格，提高劳动工资，政府却没有收入，反而还要支出一笔大费用。

许多国家对生活必需品所课的税，比英国高得多。它们对面包征收的赋税，包括对面粉及粗粉所征收的税。在荷兰一些城市，就因此使面包的价格增加了一倍。在乡村，根据每个人消费面包的种类和数量，每年还要征收一些税。比如，消费小麦面包的人，缴税3盾15斯泰弗，约合6先令9便士半。这些税使劳动价格提高，却导致荷兰大部分制造业的荒废。在米兰公国、热那亚、摩登那公国，以及帕马、普拉逊蒂阿、瓜斯塔拉各公国，乃至在教皇领地，都可见到同类税。

在各国，肉类税比面包税更普遍。当然，肉类是否为生活必需品，每个地方说法不一。

不论是必需品还是奢侈品，都可以有两种方法课税：其一是根据消费者购买的商品，定期征收税款；其二是当消费者购买商品时，向商人收税。

对于不能立即用完又可继续消费很长时间的商品，适用于前一方法，比如，马车税和金银器皿税。对于可以立即消费完或消费较快的商品，则适用于后一方法。一辆马车如果好好管理，可以用10~12年。对买者来说，为拥有马车而每年缴纳4镑的税，要比除马车费用外，另付给造车者40镑或48镑工资更为方便。所以，对于耐用消费品来说，第一种方法更好。

马太·德克尔爵士有一个著名的主张，所有商品都在消费者开始消费时，逐年缴纳一定金额的税，商人则不缴纳任何税款。此计划的目的在于消除一切进出口税，使商人的全部资本可用于扩大商业贸易，而不必把任何资金用于垫付税款。

但是，对快速消耗品也用这种方法课税就难免存在以下四种严重的弊端：第一，和普通课税方法比，这种课税方法不太公平，即不能很好地按照各纳税者的费用和消费比例课征；第二，按照这种方法课税，消费某种商品，可以一年一次或半年一次，又或一季度一次付许可执照的费用，这种方式对快速消耗商品来说就行不通了；第三，这种税减少奢侈的作用趋小；第四，如果要一个劳动者喝每瓶黑啤酒时就纳税，要比让他按时间段为所喝的酒付税方便得多。因此，对所收税额来说，如不施以残酷的手段，这种课税方法就不如现行课税方法。

国内消费税，主要是针对那些由国内制造且用于国内消费的商品。除了前面说的盐、肥皂、皮革和蜡烛税以外，其余国内消费税几乎全是出在奢侈品上。

关税远比国内消费税推行得早。此税称为"customs"（习惯），即

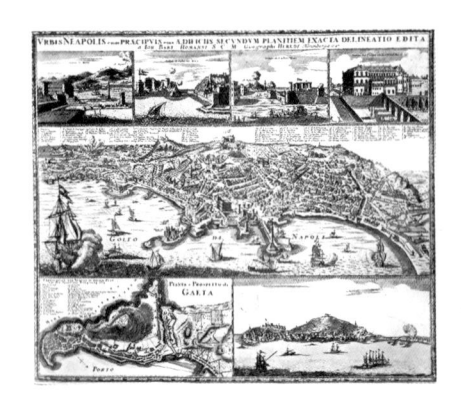

1727年的那不勒斯

那不勒斯是意大利南部的第一大城市，以其悠久的历史、文化、艺术和美食而著称，一些地方也将其译为拿波里。在16世纪时，那不勒斯在西班牙的统治下曾是仅次于巴黎的欧洲第二大城市。但在意大利统一的过程中，过度的为国捐赠使那不勒斯经济崩溃，而后来的两次世界大战更是对那不勒斯造成了空前打击，使这座古城失去了曾经的光辉。

表示这种支付是远古沿用下来的一种惯例。最初，关税被认为是针对商人利润而课的税，但在那个时代，无法实现对商人的利润直接课税；也就是说，这种税最后都会落在消费者身上。

外国商人的收益，往往会遭到国人很大的妒忌。加之，为了保护本国商人的利益，外国商人需要缴纳更多的税。

在古代，关税是平等的，无论是必需品还是奢侈品，也不管是进口商品还是出口商品。它被分为三类：第一类是对羊毛和皮革征收的关税，这种税主要都是出口税；第二类是葡萄酒税，即对每吨葡萄酒收税，称为吨税；第三类是对其他一切商品所收的税，即按照推定的商品价格，每磅收取的税，称为磅税。

爱德华三世第四十七年，除征收特别税的羊毛、羊皮、皮革及葡萄酒外，还对一切进出口商品收税，按商品价格每磅收税6便士。在查理二世第十四年，此税提高到每磅1先令，但三年以后，又降回到6便士。在亨利四世第二年，又提高到8便士，两年后又回到1先令。从这一年到威廉三世第九年，此税一直为每磅1先令。

议会曾根据法令将吨税和磅税划归国王，称之为吨税和磅税补助税。在很长一段时间内，磅税补助税都是每磅1先令或5%。因此，在关税用语上，所谓补助税一般就是指这5%。

普鲁士

17世纪初,神圣罗马帝国的勃兰登堡侯爵吞并了东普鲁士,使之首次成为德意志领土。1701年,勃兰登堡侯爵腓特烈三世宣告,普鲁士公国在德意志联邦诞生。在之后短短二百年的时间里,普鲁士迅速崛起并统一德国,建立了第二个德意志帝国,成为德国近代精神、文化的代名词。

现在的旧补助税,至今仍按查理二世第十二年制定的关税表征收。据说在詹姆士一世以前,就按这种关税表审定应纳税商品的价值。威廉三世第九年和第十年两次所收的新补助税,是对大部分商品另行征收的5%。1/3旧补助税及2/3新补助税合起来组成另一个5%。1747年的补助税是对大部分商品征收的第4个5%。1759年的补助税是对一些特定商品征收的第5个5%。除这5项外,有时应国家救急需要,还会增加其他补助税。

旧补助税制度规定对一切进出口商品征税。除若干特殊税外,后来的四种补助税都是针对进口商品。对出口商品所收的税大部分被废除,有时甚至奖励出口。对进口然后出口的外国商品,有时会退还部分或全部进口时所缴的税金。

在这种鼓励出口抑制进口的政策下,只有两三种原料的进口贸易没有受影响。商人和制造业者都希望以最低价买入然后以高价卖出这些原料。因此,政府有时会允许一些外国原料免税进口。例如:在英国,羊毛出口是被禁止的;海狸皮、海狸毛和远志树胶的出口被收较高的税。自从英国占领加拿大及塞尼加以来,几乎垄断了这些商品。

我在第四卷论述过,重商主义学说对于民众和国家的收入有不利的影响。这种学说的流行使得一些商品的进口被完全禁止,于是进口的商品就会大大减少。因此,通过进口征的税自然也会减少,从而影响国家收入。

对于国内商品出口所给的奖励,以及对大部分外国商品再出口时所退还的税款,曾引起了许多欺诈行为和对国家收入破坏极大的走私行为。比如,为了得到奖励或退税,人们往往把商品运出港口马上又从本国的其他港口登陆。

到1755年1月5日,本年度的关税总收入为5068000镑,从收入中支出的奖励为167800镑,退税金达2156800镑,两者合计为2324600镑,再扣除官吏薪酬和其他开支287900镑,该年度关税的纯收入,就只有2455500镑。

由于对进口商品所征的重税,导致英国进口报关减少,而走私在增加。相反,英国出口商有时为了虚荣心,有时为了获得奖励或退税,往往虚报其出口商品的数量。因此,英国在海关报关上,出口额远大于进口额。

征收关税时,如果进口某种商品没有在关税表上,就按照进口商的申报,对其价值每20先令征收4先令9便士的关税,即相当于前面说的5种补助税或5种磅税同比例的关税。关税表中所包含的内容非常广泛,一些鲜为人知的商品也被列于其中。但有的商品很难确定其类型,应按照什么税率征税。而且,也正是这些,往往使收税官员出现失误,使进口商感到很麻烦,却还要支付高额税金。所以,关税的准确性远不如国内消费税。

为了使大多数人民能按照消费比例来提供国家收入，似乎没有必要对于消费的每种商品征税。国内消费税与关税似乎同样平等地由消费者来负担。但国内消费税，只对一些用途极广、消费极多的商品征税。因此，如果关税也只针对少数商品，就不致有损国家收入，还可带来很大的利益。

在英国，用途最广、消费最多的外国货，主要是葡萄酒和白兰地，以及美洲和西印度所产的砂糖、蔗糖、酒、烟草、椰子；东印度所产的茶、咖啡、瓷器以及各种香料与一些纺织物等。这些也是现在关税的大部分收入来源。

除了对这些外国商品征税，对其他的外国商品以垄断为目的而征税，可以在国内市场上给本国商人带来利益。因此，废除一切禁令，对外国商品征以适度的关税，可为国家提供最大的收入。我国的工人仍可在国内市场上获得很大的利益，而现在对政府没有提供收入以及仅提供极少收入的许多商品，到那时都会提供相当可观的收入。

重税给政府所提供的收入，有时会因减少商品的消费量或走私而减少。当收入减少是由于消费量减少时，唯一的解决方法就是降低关税。

当收入减少是由于变相鼓励走私时，解决的方法有两种：其一是降低关税，从而减少走私的诱惑；其二是设立阻止走私的税收制度，增加走私的难度。据经验表明，消费品税比关税更能增加走私的难度。

有人主张，进口商可以把进口的那些要缴关税的商品放进自己所准备的仓库，或寄放在国家所准备的仓库里，但仓库钥匙须由海关工作人员掌管，不能随便打开。如果商人把商品运到自己的仓库里，必须立即缴税，以后也不退还。另外，海关工作人员可以随时检查，以确保仓库里所存商品数量与纳税商品数量相符。

如果商人把商品运到国家仓库，在用于国内消费之前是不必纳税的。如果在有担保的情况下再出口国外，则完全免税。但是，他必须保证其货物是一定要输出的。此外，商人在销售商品时，需随时接受海关人员的检查，确保销售的商品都付了税。现在英国对进口蔗糖、酒所收的消费税，就是依这种方法征收。因此，如果这些税与消费税一样只课在少数使用广、消费量大的货物上，就能建立一种类似于消费品税的管理制度。要是现在收税的一切种类货物，全改用这种税法征收，那就得大建国家货栈，这是很难做到的。再说了，极精致的货物，或者需小心善待的货物，商人怎会放心寄存在别人的货栈里呢？

如果采用这种税务管理制度，即使关税很高，走私也会被抑制；如果各种税是根据能提供给国家的最大收入的多少而提高或降低，把它作为收入的手段而非垄断，那么只要对使用最广、消费量大的少数商品征收关税，就可能获得与现在关税一样多的纯收入，并且关税也能变得与消费税一样准确明了。因为在这种制度下，取消外国商品再出口的退税和国产商品的出口奖励，可以节省巨大开支。

同时，国家的商业和制造业也会获得很大的利益。大多数未收税商品，包括一切生活必需品和所有制造原料，将完全自由地出口到世界各地以获取利益。

由于生活必需品可以自由进口，它在国内市场上的价格就将下降，那么劳动的价格也将相应下降，但劳动的真实报酬却不会减少。劳动的价格下降，使国内制造品价格也随着下降，国内制造品就可去国外市场销售。由于制造品的原料可以自由进口，其制品价格的降幅更大了。

如果英国可以免税进口当时中国和印度的生丝，那英国的丝制品价格就比法国、意大利便宜，那时，就没有必要禁止外国丝绒的进口了。因为本国廉价的制造品，不但保证本国商人能占有国内市场，而且还能更好地占据国外市场。

如果这些商品能免税出口到外国，那贸易就完全自由了，商人将享有其中一切可能得到的利益。如果这些商品用于国内消费，在商品销售出去之前，销售商没有必要垫付税款。因此，和那种一旦进口就要垫付税款的情况相比，销售商这时就能以更低廉的价格把商品卖出。这样，在同一税率下，就连需要纳税的外国贸易也将获得更大利益。

罗伯特·沃尔波尔著名的消费品税案，就针对葡萄酒和烟草，设立了与上面的提议相差无几的税制。当时，罗伯特·沃尔波尔向议

美第奇花园

美第奇家族在艺术和建筑方面有着巨大的贡献，堪称整个文艺复兴的"赞助商"。乔凡尼·美第奇率先援助马萨其奥并且订货重建圣洛伦佐教堂，科西莫·德·美第奇是多那太罗的好朋友，而从洛伦佐·美第奇开始的几代人都是米开朗基罗最大的客户。在建筑方面，美第奇家族给佛罗伦萨留下了许多著名景点，其中包括乌菲兹美术馆、皮蒂宫、波波里庭院和贝尔维德勒别墅等。图为美第奇家族的府邸宫之一。

会提出的提案，虽只含有这两种商品，但那只是一种广泛计划的开端。因此，走私商人和营私党派坚决反对这项提案，以致首相不得不撤回提案，且以后再也无人敢重提这一计划。

对由国外进口在国内消费的奢侈品收税，比如，对外国葡萄酒、咖啡、巧克力糖、茶、砂糖等所收的关税，有时虽不免落在穷人身上，但主要还是由中产阶级和富裕阶层的人负担。对于国内生产并在国内消费的奢侈品收税，由所有阶级的人平均负担。穷人要为自身消费的麦芽、啤酒、麦酒纳税，富人则要为自己及下人所消费的各种商品纳税。

这里需要注意的是，在任何国家，下层人民或中产阶级以下人民的全部消费，比中产阶级或中产阶级以上人民的全部消费要多很多，也比上层人士的全部消费要多得多。

其原因如下：第一，各国的资本几乎都用于生产性劳动的工资，分配给下层阶级的人民；第二，由土地地租及资本利润所产生的大部分收入，都分配给下层阶级的人民维持生活；第三，一部分资本利润作为所得的收入，用于这个阶级；第四，甚至一部分土地地租，也用于这一阶级，因为普通劳动者有时也会拥有一两亩土地。这些下层人民的费用总量其实并不少，可占社会全部费用中的大部分。因此，对上层贵族人士的征税少于对其他所有阶层的征税，甚至比征收下层民众的税收还少。

所以，在以费用为对象所征税中最能提供收入的，要算针对国产酒类及其所用原料收的消费税，而消费税主要是由普通百姓负担。就以1775年1月5日为终止期的那一年度而言，该部门的国产税总收入，合计3341837镑9先令9便士。

但是，应当对下层人民的奢侈品消费征税，而不是对他们的必需品征税。对他们消费的必需品征税，最后实际是由上层阶级人民负担，即由年农产品中的小部分负担。因此，这种税必然会提高劳动工资，减少劳动需求。

只有不让该税由上层阶级支付，劳动价格才不会提高，国家劳动产品不减少，劳动需求也不会减少。即使劳动需求因该税而减少，劳动工资也比没有该税时高，且提高的这部分工资，最后必定由上层阶级支付。

在英国，用于自家消费而酿造发酵饮料和蒸馏酒精饮料是免消费税的。该免税政策，目的在于避免收税人员经常对私人家庭作讨嫌的检查访问，事实上这会使穷人的负担重于富人。虽然很少有人自己制作蒸馏酒精饮料，但在乡下，许多中等家庭及中等以上家庭，都使用自己酿造的啤酒。他们酿造高度啤酒的费用，比普通酿造者每桶便宜8先令，普通酿造者要从其所垫付的费用和税金中获取利润。

因此，与普通人相比这些人家所饮用的饮料，至少每桶要便宜9先令或12先令。同样，为自家消费而生产的麦芽，每人却须纳税7先令6便士，相当于麦芽10蒲式耳的消费税，而麦芽10蒲式耳是节俭家庭全家一次所能消费的数量。可是，富人家庭所饮用的麦芽饮料占其所消费饮料的小部分。但也许因为这个税，也许因为其他缘由，自家制造麦芽没有自家酿造饮料那样普遍。

酿造自用饮料的人，不必像制造麦芽的人一样纳税，这是为什么呢？

英国妇女使用珍妮纺纱机劳动

1764年前后，英国布莱克本织工詹姆斯·哈格里夫斯发明了一种现代机械纺纱机，称为"珍妮纺纱机"。珍妮纺纱机是早期工业革命的核心成果之一，被恩格斯誉为"使英国工人的状况发生根本变化的第一个发明"。图中的英国妇女正在使用珍妮纺纱机生产。

有人认为，对麦芽征收较轻的税所得的收入，比现在对麦芽、啤酒及麦酒征的重税所得多得多。那是因为酿酒厂比麦芽制造厂逃税的机会要多。另外，为酿造自己消费的饮料可以免税，但为自己消费而制造麦芽的人却要缴税。

伦敦的黑麦酒酿造厂，普通每夸脱麦芽可酿酒两桶半到三桶。各种麦芽税为每夸脱6先令，各种高度啤酒及淡色啤酒税为每桶8先令。因此，在黑麦酒酿造厂，针对麦芽、啤酒及淡色啤酒收的税，每夸脱的麦芽及所产的酒共26～30先令。

以普通乡村为销售对象的乡村酿造厂，每夸脱麦芽至少可产2桶高度啤酒和1桶淡啤酒。淡啤酒所纳税为每桶1先令4便士。所以，在乡村酿造厂，1夸脱麦芽及所产啤酒须纳的税常为26先令。

就全国平均计算，啤酒税一般不会低于24先令或25先令。但是，废除一切啤酒税，而把麦芽税增加3倍，即对麦芽每夸脱的税由6先令升至

18先令，其所得收入比现在各种重税所得收入要多。

不过，在旧麦芽税中包含了苹果酒每半桶4先令和高度啤酒每桶10先令的税。1774年，苹果酒税的收入只有3083镑6先令8便士，比平时的税额少。对高度啤酒征税虽然多，但因其消费不多，收入还不如苹果酒税。

为弥补这两种税的不足，地方消费税包含：其一，苹果酒每半桶6先令8便士的旧消费税；其二，酸果汁酒每半桶13先令6便士的旧消费税；其三，醋每桶8先令9便士的旧消费税；其四，甜酒或蜜糖水每加仑11便士的旧消费税。用这些税的收入，足够弥补麦芽税中针对苹果酒和高度啤酒所征税的收入。

麦芽除了用以酿造啤酒和淡色啤酒外，还用以制造下等火酒及酒精。如果麦芽税提高到每夸脱18先令，那就有必要降低以麦芽为部分原料的下等火酒及酒精的消费税了。在麦芽酒中，通常用1/3的麦芽为原料，其他的2/3有时全用大麦，有时大麦占1/3，小麦占1/3。麦芽酒精蒸馏税里走私的机会和诱惑，比在酿造厂或麦芽生产厂里大得多。酒精容积较小而价值较高，所以走私机会多；加之其税率较高，每加仑达到3先令$10\frac{2}{3}$便士，所以走私诱惑力大。

增加麦芽税，减少蒸馏税，就可减少走私机会和诱惑，从而增加国家收入。由于消费酒精饮料被认为有害健康、有损道德，因此英国过去某个时期的政策限制这种饮料的消费。按此政策，酒精饮料应维持高价，不应降价，因此对蒸馏所征税就不应降低太多。而麦酒、啤酒等对健康无害又能鼓舞精神的饮料，则应大幅降价。这样，人民的税务就可部分减轻，同时也可增加国家收入。

达文南特博士反对这种改变，他认为现在的消费税已经很平均地分配到麦芽制造者、酿酒者及零售商的利润上。在消费税影响下，将全由麦芽制造者负担，酿酒者及零售商可从酒价的上涨中补偿已缴的税，麦芽制造者却不能。显然，对麦芽征这么高的税不公平，且势必减少大麦耕地的地租和利润。

当然，一种税加在商品上可能使商品更贵，从而减少该商品的消费数量。但麦芽的消费，是在其酿成酒后。对每夸脱麦芽征收18先令的税不会使酒的价格比征收24先令或25先令的税更高；而这些酒的价格也可因此减低，消费可能因此增加。麦芽制造者能在麦芽价格上涨后收回18先令，如同酿酒者能在酒精价格上涨后，收回24先令或25先令，有时乃至30先令一样。麦芽制造者对麦芽每夸脱垫付18先令的税，比酿酒者对其酿造所用的麦芽每夸脱垫付的税要少。而且，麦芽制造者不会在仓库里保存很多的麦芽存货，相比之下，酿酒者卖出其酒窖中的存货则需要更长的时间。

不减少大麦的需求，也不会减少大麦耕地的地租及利润。大麦耕地的地租及利润，与其他同样质量土地的地租及利润大约相同。如果大麦耕地的地租和利润较少，则耕地将用作他途；如果地租和利润较多，将把更多的耕地用于栽植大麦。当土地的某一特定产物的价格是垄断价格时，对此商品征的税就必然会减少该耕种土地的地租和利润。

例如，当葡萄酒的产量不能满足市场的需求量时，其价格就要比同样质量土地生产的其他产物高。现在如对葡萄酒征税，必然会减少葡萄园的地租和利润。因为，葡萄酒的价格已经达到通常市场上的最高价格；售卖数量不减，其价格也不会再涨，而如果缩减销售数量，损失会更大，因为土地不能转用生产其他产物，所以赋税的全部负担将落在地租和利润上，确切地说，是要落在葡萄园的地租上。

当有人提议新征砂糖税时，英国蔗糖种植者常常说，此税的全部负担不会落在消费者身上，而要落在生产者身上，纳税以后他们无法在确保销量的前提下让砂糖售价提高。可是，纳税以前砂糖价格已是垄断价格了，其实垄断者的收益随时都是最适于课税的。

至于大麦的普通价格，却从来没有成为一种垄断，大麦耕地的地租及利润总是与同样质量的其他土地的地租及利润保持着适当的比例。对麦芽、啤酒及淡色啤酒征的税，从未使大麦价格降低，也未减少大麦耕地的地租及利润。由于麦芽税的提高，酿酒者为麦芽所支付的价格也按比例提高，而使商品的价格上下波动。因此，这类税最后总是由消费者支付，而不是生产者支付（见表5.2.1）。

以自己消费为目的的酿酒者，可能由于这种制度的改革而受损。非常不公平的是，现在上层人士所享受的免税，却由普通劳动者负担。因此，上层人士的利益妨碍了利国富民制度的实行。

除上述关税及消费税外，还有一些更不公平、更能影响商品价格的税收。比如法国的路捐、桥捐税，在古老的撒克逊时代叫做通行税，其目的与我国道路通行税及运河通行税相同，即用以维持道路与水路通畅的税，最适合按照商品的容量或重量征收。最初，这些税为地方税或省税，用于地方或各省的开支，所以其管理权是掌握在特定市镇、教区或庄园，他们负责实施该税制。可是，许多国家不负责任的君主把这一税收的管理权握在自己手中。他们把税率提高，却完全不关注其实施情况。

根据其他许多国家的例子，如果英国的道路通行税成了政府的一个收入资源，无疑是由消费者按照他所消费商品的容量或重量的比例支付。严格说来，当这种税不按照商品的容量或重量征收而按照其设定的价值征收时，它就成为一种国内关税或消费税，将大大阻碍国内商贸发展。

在一些小国，对于由水路或陆路通过该国领土运输的商品征收类似的税，即通过税。它是唯一一种完全由他国国民缴纳的税，对本国工商业毫无妨害。例如，位于波河及各支流沿岸的许多意大利小国就凭该税取得部分收入。世界最重要的通过税，是丹麦国王对一切通过波罗的海峡的商船所收的税。如大部分关税和消费税那样，奢侈品税最终由消费商品的人自愿纳税，不会平摊到每个人的收入上；因为每个人的消费，受偏好的影响，所以，他纳税的多少，不能按照他的收入的比例，而以他的偏好为转移；浪费者所纳高于适当的比例，节约者所纳低于适当的比例。

富人在未成年时期就可从国家的保护中获得很多收入，但他通过消费贡献给国家的却很少。身居他国的人，也没有从消费上对其收入来源所在国政府有所贡献。若其收入来源所在国，像爱尔兰那样无土地税，对转移动产和不动产亦无重税，那么这个身居他国的人，对保护其享有巨大收入的政府就毫无贡献。当一个政府隶属于或依赖于他国政府，这种不公平就会达到极点。一个在附庸国拥有广大土地的人，一般愿意定居在宗主国。当时，爱尔兰恰好处于附庸地位，所以向居住在外国的本国人

表5.2.1　1772—1775年期间旧麦芽税及其附加所得税、地方国产税收入、伦敦酒厂税额等相关数据表

时　间	项　目	镑	先令	便士
1772年	旧麦芽税收入	722923	11	11
	附加所得税	356776	7	$9\frac{3}{4}$
1773年	旧麦芽税收入	561627	3	$7\frac{1}{2}$
	附加所得税	278650	15	$3\frac{3}{4}$
1774年	旧麦芽税收入	624614	17	$5\frac{3}{4}$
	附加所得税	310745	2	$8\frac{1}{2}$
1775年	旧麦芽税收入	657357	0	$8\frac{1}{4}$
	附加所得税	323785	12	$6\frac{1}{4}$
合计		3835580	12	3/4
平均数		958895	3	3/16
1772年	地方国产税收入	1243128	5	3
	伦敦酒厂税额	408260	7	$2\frac{3}{4}$
1773年	地方国产税收入	1245808	3	3
	伦敦酒厂税额	405406	17	$10\frac{1}{2}$
1774年	地方国产税收入	1246373	14	$5\frac{1}{2}$
	伦敦酒厂税额	320601	18	1/4
1775年	地方国产税收入	1214583	6	1
	伦敦酒厂税额	463670	7	1/4
合计		6547832	19	$2\frac{1}{4}$
平均数		1636958	4	$9\frac{1}{2}$
加入麦芽税平均数		958895	3	3/16
两平均数的和		2595853	7	$9\frac{11}{10}$
将麦芽税提高3倍，即每夸脱由6先令提高到18先令		2876685	9	9/16
超过前者的数额		280832	1	$2\frac{14}{16}$

收税的提议，在该国就会大受欢迎。但是该税的收税标准很难确定，一般情况下，全凭个人自愿支付。

这种税是完全可以确定其缴纳时间和数额的。有时英国关税和他国类似各税并不确定，是由于纳税法律的措辞不明了所致。奢侈品税大多是在纳税者需要购买纳税品的时候缴纳，在缴纳时间与方法上是最方便的。

总的来说，这种税符合前面所述征税四项原则中的前三项，但违背第四项原则。此税的征收，让人民所缴纳数目比实际归入国库的多，而且差额比其他税大。引起该弊端的原因主要有以下四种：

第一，征收此税的税关和收税人员众多。他们的工资和津贴就是取自人民的税收。不过，英国的这项费用，比其他大多数国家轻。以1775年1月5日为止的这个年度为例，英国消费税委员管理下的各税总收入达5507308镑18先令$8\frac{1}{4}$便士，这是花费了5.5%的费用征收到的。从该总收入中，扣除输出奖励和再出口的退税，其纯收入就减到500万镑以下。关税的纯收入不到250万镑；征收人员的工资等支出超过10%以上。而且海关人员的津贴要比工资高很多，有的甚至多两三倍。因此，如果海关人员的工资等支出达到了关税纯收入的10%以上，那么征收该税的全部费用合计就超过20%或30%了。消费税的工作人员没有津贴，其收入部门的管理机构刚成立不久，所以不像海关那样腐败。海关成立较早，许多弊端就会陈陈相因，甚至得到宽容。如果现今从麦芽税和麦芽酒税征收来的全部收入，都转向麦芽征收，国产税或国内税每年的征收费用，据估计可节约40000镑之多。如果关税只对少数商品征收，且按照消费税法征收，关税每年的征收费用就可节约很多。

第二，这种税必然对某些产业造成阻碍。因为被征税商品常因此而提高价格，所以不免妨碍消费，反过来抑制生产。假设该商品为国货，其生产和制造所用的劳动就得减少。假设外国商品的价格因征税而提高，那在国内生产和制造的商品，就能在国内市场获得很多利益，从而促使国内的许多其他产业转而生产这种商品。但是，外国商品涨价，虽会使国内某些特殊产业受到鼓励，但其他部门的产业也会因此受阻。伯明翰制造业者所买的外国葡萄酒越贵，他为购买该葡萄酒而抛售的一部分金属器具的价格就必然越贱。与此前相比，这一部分金属器具的价值对于他来说价值减少了，促使他增产金属器具的鼓励也减少了。

一国消费者为别国的剩余生产物所支付的价格愈高，他们自己所生产的剩余生产物售价就愈低。与此前相比，这一部分剩余生产物的价值对于他们来说减少了，促使他们增产这一生产物的鼓励也减少了。

所以，对一切消费品所征的税，都会使生产性劳动量缩减到不再需要纳税时的状态：如消费品为国内商品，则纳税商品生产中所用的劳动量就会减少；如为外国商品，则与外国商品相关的国内商品的生产所用的劳动量就会减少。另外，由于该税违反了自然趋势，常常改变国内产业的发展方向，因此是不利于国家发展的。

第三，如果对走私没有严格的法律限制，而且存在便捷、安全的走私机会，许多人就会毫不犹豫地投身于走私。在许多国家，人们对于走私行为非常宽容，因此走私者往往可以明目张胆地交易。如果税收法律的刑罚要对他施以惩治，他通常会使用武力来保护这部分他早前自以为属于自己的正当财产；如果走私者没落，他此前用以维持生产性劳动的资本将被纳入国家收入或收税人员的收入中，用以维持非生产性的劳动。这样一来，社会的总资本就会减少，原来可由此得以维持的产业也会减少。

第四，实行此税使经营纳税商品的商人不得不接受官员的频繁造访和检查，令他们不胜其烦。虽然严格说来，烦恼不算是什么开支，但人们宁愿花钱去掉烦恼，所以烦恼也的确与费用相关。

消费税在这点上，比关税更惹人讨厌。商人进口纳税商品时如已支付关税，再把商品运到自己的仓库，海关人员一般就不会再对其加以检

画作《沃尔夫将军之死》

图为英国18世纪后期画家本杰明·韦斯特的画作,他的作品以描绘英国在殖民北美洲时期的历史事件为主。此画采用现实主义手法,再现了英国司令官沃尔夫在美洲殖民地攻打起义军占据魁北克时的"英勇行为",沃尔夫在战争中负伤后继续指挥军队,直到城池被攻克才奄奄死去。

查。如果商品按消费税纳税,商人就会不断受到海关人员的审查。因此,征收消费税的工作人员很惹人讨厌。其中最讨厌他们的,要数走私商人。走私商人因为时常受到税吏的阻止和揭发,所以在他们的眼中,消费税的稽征人员冷酷无情,比海关人员坏多了。

不过,一旦有了消费品税,将免不了给人民带来不便。一些国家认为消费品税是对商人利润所征的税,所以商品每出售一次,就课税一次。如果对进口商或制造商的利润课税,那么也需要对介于他们与消费者之间的中间商的利润课税才公平。

比如,西班牙就是依此原则来设定消费税的。推行该税的国家,其大部分地区的商品都不能销售到远方,各地的生产都须和其邻近的消费相适应。乌斯塔里斯把西班牙制造业的没落归于该消费税;西班牙农业的衰落也可归于该消费税,因为该税既征收于制造品,也征收于初级农产品。

在那不勒斯王国,也有同类的税,对所有的契约按其价值,课征3%的税。该王国大部分城市及教区,都允许缴纳一种赔偿金以代替该税。至于城市教区课征赔偿金的方法,则以不阻碍国内贸易的发展为原则。因此,那不勒斯王国的税,不像西班牙的税那样具有毁坏性。

英国各地通行的统一纳税制度,几乎使全国内地及沿海的贸易完全自由。对内贸易的大部分商品,可以在国内自由通行,不需要许可证和通过证，也不需要接受课税人员的盘问和检查。即使有少数例外，那也无碍于国内商业的任何重要部门之间的交易。沿海岸输送的商品，固然需有证明书或沿海输送许可证，但除了煤炭外，其余几乎都是免税。这种由税制统一而取得的国内贸易自由，是英国繁荣的主要原因之一，因为每一个大国，都是本国大部分产品的最佳且最广阔的市场。设若把统一的国内市场的自由扩张到爱尔兰和各个殖民地，则国家的伟大和帝国各个部分的兴旺发达，说不定会远胜于今日。

建设伦敦塔桥

19世纪的英国工业飞速发展，伦敦的市政建设也取得了举世瞩目的成就，如1825年重建的白金汉宫、1834年重建的新国会大厦和1854年建成的大笨钟等宏伟的地标建筑，以及1831年通车的新伦敦大桥、1851年扩建的海德公园、1863年通车的世界首条地铁和1894年通车的伦敦塔桥等公共设施。其中伦敦塔桥从建成以来就一直是伦敦的地标。它不仅点缀了泰晤士河的优雅风光，还完美兼顾了伦敦日益繁忙的航运和路面交通两方面的需要，是世界桥梁建筑史上的一大杰作。图为1892年建设伦敦塔桥时的情形，人们在两尊巨大的桥塔中安置了四部升降梯。

在法国，各省实行的不同税法，不仅需要在国家边界，而且也需要在各省边界设置许多课税人员，以阻止某种商品的进口，或对该种商品课以一定的税额。这种政策，严重妨碍了国内的自由贸易。

法国的税分为三部分：第一，适用1664年税法，称为五大包税区的各省，其中包括皮卡迪、诺尔曼及王国内地各省的大部分；第二，适用1667年税法，称为外疆的各省，其中包括边境各省的大部分；第三，所谓与外国享受同等待遇的各省，这些省被允许与外国自由贸易，但与法国其他各省贸易时，可享受与外国相同的关税待遇。如阿尔萨斯、茨图尔、凡尔登三个主教辖区,以及敦刻尔克、贝昂那、马赛都属于这个部分。

在所谓五大包税区的各省及所谓外疆各省,都设有许多地方税。这些税的征收,限于某个特定城市或特定地区。享受与外国同等待遇的各省,如马赛市也征收某些地方税。这些税制,如何阻碍于国内贸易,以及为守护推行这些税的各省各区的边界,必须增添多少课税人员,这里就不一一细说了。

除了这种复杂税制所导致的一般约束外,法国对重要性仅次于谷物的葡萄酒的贸易,在大多数省份还加以特殊约束。这些约束之所以产生,是因为某些特定省份所享有的特惠,大于别的省份。最著名的产葡萄酒的各省,我相信,就是在葡萄酒贸易上受约束最少的省。这些省所享有的广阔市场,鼓励它们,并促使它们在葡萄的栽培以及葡萄酒的调制上能实行良好的管理。

米兰公国这样的小国,其税法也和法国一样复杂。该国的6个省,各自对一些消费品实行不同的税收制度。领土更小的帕马公爵领地也分有三四个州,并实行不一样的税收制度。在这样不合理的制度下,如果不是土壤特别肥沃,气候非常适宜,这些国家恐怕早就沦为最贫穷的国家了。

有两种方法对消费品课税:第一,由政府征收,在这种情况下,收税人员由政府任命,直接对政府负责,政府收入随税收的变动而每年不同。第二,由政府规定一定数额,让包税者[1]征收。在这种情况下,包税者要自己任命和监督征收员,征收员对包税者直接负责。这种包税制

---

〔1〕包税者:政府不直接向纳税人征税,而是采取招标承包的方式包给商人,由承包人运用政府授予的征税权,自行确定征收办法,向纳税人收税;这样的承包商,也称为包税者。

度不可能是最妥善、最节约的课税方法。包税者须垫付规定税额、人员工资及全部征收费用，以及应付许多复杂事务。承包这些税收，必须要具备大资本，也就是说只有少数极富裕的人有资格。因此，第一种方法比第二种好。

包税者绝不会觉得惩罚企图逃税的法律过于苛刻，因纳税者与其利益背道而驰，即使在包税到期的第二天纳税者普遍破产，其利益也不会受影响。在国家财政状况紧急的情况下，君主肯定十分关心是否收到足额的税收，而包税者就会提出要求，希望法律更加严厉，这样，他才能收到平常数额。而在这种非常时期，他们的请求通常被允许。所以，包税法就一天比一天严苛了。

一般来说，包税制运用较多的国家，其税法比君主直接监督征收赋税的国家严酷得多。

提供一定金额的包税者，不仅能取得某种赋税的权利，有时还能独占该课税品。法国就以这种方式征收烟草税和盐税。在这种情况下，包税者得到的不仅是向人民课取的过度利润，还有独占者享有的更大利润。烟草作为奢侈品，人们尚可选择买或不买，但盐这样的生活必需品就不得不在包税者那里购买。因为如果不从包税者那里购买，便只能通过走私者获取。这两种商品的课税都相当繁重，于是走私就具有了强大诱惑。但法律是严酷的，加上包税者所用人员的提防，走私者几乎都难逃破产的那一天。每年都有数百人因为走私烟草和盐而坐牢，更有不少人被送上绞刑架。

这种征税方法，给政府提供的收入倒是不少。1767年，烟草包额为23541278利弗，盐包额为36492404利弗，这两项包税从1768年起还将持续六年。估计看重君主收入而轻视民生的人大多赞同这种征税法，所以许多国家都对烟草和盐设立了类似的赋税和独占，尤其是奥地利、普鲁士，以及意大利的大部分小邦。

法国国王的实际收入主要有八个来源,即贡税、人头税、二十取一税、盐税、国产税、关税、官有财产及烟草包征。前三项一般在政府直接监管下由税务机关征收,后五项则大多采用包税制。就税收金额的比例而言,前者实际归入国库的比后者多。众所周知,后者在管理上存在更多的漏洞。

目前,法国的财政看似可以进行三项重大改革:

第一,撤销贡税及人头税,增加二十取一税,使其附加收入与前两者相当。这样,国王的收入便得以保持,征收费用也得以大减;贡税及人头税给下层民众造成的负担会得以减轻,而且大部分上层人士的压力也不至于加重。如前面所述,二十取一税与英格兰的土地税类似。一般来说,贡税的负担最终都会落在土地所有者身上;而人头税则主要按每镑贡税的比例向纳税者征收,所以它主要也是由同一阶级负担。

因此,即使二十取一税按贡税、人头税两者所提供的税额增加,上层阶级的负担也不会为此加重。不过,毕竟现在贡税对地主及租户尚欠公正,改革难免会加重许多人的负担。所以,现在特惠享有者的利害关系及由利害关系引发的反对,恐怕就是这类改革的最大障碍。

第二,统一法国各地的盐税、国产税、关税、烟草税,即统一所有关税和消费税。这样一来,便可大幅降低这些税款的征收费用,且法国也能得到与英国相当的国内商业自由。

第三,将所有税目全部划归政府直接监管的税务机关征收,这样,包税者的过度利润就将纳入国家收入。不过,跟上述第一条一样,后两项改革计划也很容易遭到出自个人私利的反对。

法国的课税制度似乎完全不及英国。英国每年从不到800万人当中征取1000万镑税款,却从未有人抱怨。根据埃克斯皮利神父搜集的材料,以及《谷物法与谷物贸易论》作者的观察,法国包括洛林和巴尔在内,约有2300万乃至2400万人口,接近英国人口的3倍。法国的土壤和气候都比英国好，土地改良及耕作也远在英国之前，所以一切需要时间累积的事物，诸如城乡建筑优良、居住舒适的房屋等，法国都强过英国。没有这诸多利益的英国，还能轻松征收1000万镑税金，法国应该轻而易举地征收3000万镑吧。

然而，根据我掌握的现有资料来看，法国1765年及1766年纳入国库的全部税款，只有30800万利弗到32500万利弗，折合英镑尚未达到1500万镑。

画作《黄金时代的阿姆斯特丹》

随着海上贸易的兴旺，荷兰在16世纪后期成为欧洲的储蓄和兑换中心。依靠雄厚的金融力量，荷兰的股票业也十分发达，阿姆斯特丹股票市场被后人称为"17世纪的华尔街"。到17世纪下半期，英国迅速崛起，同荷兰进行了三次争夺海上霸权的战争，才成为西欧发展的中心。图为荷兰画家伯克海德于1685年描绘的阿姆斯特丹。

照英国的纳税比例，我们期望法国的人口可以提供3000万镑税收，但上述数目还未达一半。尽管如此，法国人民的赋税压力还被公认为远在英国之上。不过，如果除开英国，在欧洲，法国也算是最宽大温和的帝国。

据说荷兰主要的制造业曾因对生活必需品所课的税过重而遭到破坏，连渔业和造船业都受到波及。英国对生活必需品所课的税额则很轻，没有影响任何制造业。英国制造业最重的税只有几种原料进口税，尤其是生丝进口税。

据说荷兰中央政府和各市每年收入在525万镑以上，但荷兰人口不到英国的1/3，因此按人口比例算，荷兰的课税肯定比英国重得多。

问题是，如果国家急需，而所有合适的课税对象都已征毕，那就必

煤矿矿井上的工人

煤炭是机械工业的食粮，如果没有煤，就没有大机器工业的发展，也就没有工业革命。正因为英国的煤炭储藏量非常丰富，所以才支撑着英国工业革命的蓬勃发展。中世纪，由于烧煤使空气污染，封建统治者严厉禁止采煤。但工业革命兴起之后，煤炭工业因需求而迅速发展。1846年，英国煤炭年产量已经达到4400万吨，成为欧洲乃至全世界第一大产煤国。

须对不合适的对象征税。因此荷兰共和国政府对必需品的重税并非出于无知，共和国要取得独立并维持，即使平常已经很节约，在开支巨大的战争面前还是不得不大笔举债。另外，荷兰不同于其他国家，仅为保住国土不被海水吞没，就得开销一笔庞大的费用，这必然会加重人民赋税的负担。

荷兰取得现在的成就，其主要支柱正是共和政体。在这里，大资本家和大商人要么直接参与政府的管理，要么具有左右政府的实力。这样的地位给他们带来了尊敬和权威；所以哪怕投资荷兰比投资欧洲其他地方的利润低，在荷兰借款利息率要低一点，同等收入在荷兰能支配的必需品和便利品也较欧洲其他地方少，他们仍然愿意定居荷兰。尽管荷兰障碍繁多，还是有大量富人愿意在此定居，这样必然会使荷兰的产业保持其活跃。但是，一旦发生大灾难，乃至共和国政体遭到破坏，抑或是国家落入贵族和军人之手，那么这些富商的重要性也就全然消失了。不再受尊敬的商人，不会乐于在这个国家继续生活，而会带着资本迁往他国。这样，完全靠他们支撑起来的荷兰产业和商业，就会随着资本的离去而土崩瓦解。

第三章　论公债

公债,指国家为筹措资金而向投资者出具的债务凭证,并承诺支付一定期限的利息和到期还本。简单说来,就是政府举债,这种债券也被称为国家债券,简称为国债。与其他债券相比,公债显得安全性高、流通性强,而且收益稳定。公债的安全性由国家保证,其利息也由政府付给,所以投资公债的收益比较稳定。

虽然,发行公债是很多国家调控经济的重要手段,但亚当·斯密反对发行公债,他认为国家如果不能消灭公债,公债必然会消灭国家。即便要发行公债,也只能是国家处于战争或其他紧急状态下才有必要。国家公债的偿还靠征收新税,而重税必然会导致商人和企业主将资本转移到国外,这对本国产业将造成极大的危害;即使借到外债,也会增加国民负担。所以,发行公债并不可取。

国家公债的源起

在古代,由于商业和制造业不发达,人们对通过商业和制造业能带来的高价奢侈品知之甚少。巨额财富的拥有者,像我在前面说过的那样,除了将其大部分财富消耗在生活必需品上,尽已所能维持更多人的生计以外,别无其他消费或享受其财富的方式。那时,人们的收入大多用于购置必需品,如普通食品、衣服的原材料、谷物、牲畜、羊毛及生皮等。大量拥有这些物资的富人,在找不到任何东西可以交换他们消费的剩余物时,除了给其他人吃穿外,没有处置其剩余物的途径。因为那时既无商业,又无制造业。在这种情况下,有钱人的主要开支就是大量宴客和救济穷人,而这种开支也是不容易使他们破产的。但利己的享乐就不一样了,哪怕是小之又小的破费,乐此不疲,智者也难免破产。比如斗鸡,就曾经使许多人破了产。

　　在我们封地上的祖先中,当同一家族长期拥有同一土地时,他们就会安享稳定的收入来源,倾向于量入为出的生活方式。大地主喜欢在乡村搞宴请,但他们还是知道节俭,并未倾尽其全部收入。他们通常会把一部分羊毛或生皮卖掉以换钱,用其中的一部分去购买消费得起的某些奢侈品,而把余钱储蓄起来。因为这些余钱除了储蓄起来,也没有更好的用途。对于绅士来说,经商有失颜面,而放债不仅被视为非义,且也是法律不允许的。另外,生逢那种动荡不安的年代,说不定哪天就被赶出自己的住宅了;因此在手边存点钱,以便届时可携带身边有点价值的东西,逃往安全地带,才是值当的。这种动荡不安,使个人储蓄和个人匿名储蓄普遍流行起来。于是常有埋藏物或无主的财宝被发现,而被发掘的宝藏就成了君主收入的重要部分。然而在今天,即使富绅的所有藏物,或许也不能成为多金财主的重要收入来源了。

　　节俭与储蓄,不仅平民喜欢,君主也喜欢。我在前面已经说过,在商业及制造业都不是很发达的国家,君主的处境自会使他奉行节俭与储蓄之道。在那种处境下,连君主花钱也不能任其虚荣心自由支配。比如,君主想要有一个装饰华丽的宫殿,但其所处的时代只能为其提供一些小玩意儿作为华丽宫殿的全部装饰。当时,不必设常备军,所以君主的开支也像那些大领主一样,除了用以奖励佃户和宴请其家人外别无用处。而奖励和宴请不会没有节制,但虚荣则容易流于无节制。因此,欧洲的古代君主,无不储藏财宝。

　　据闻,即使在今天,每个鞑靼国的酋长,也还是保留着积蓄财宝的习惯。在盛产各种高价奢侈品的商业国，自会把他的收入用以购买各种高价奢侈品，和国内的大地主一样。这些国家及毗邻各国的商人，把各种昂贵的装饰品卖给君主，以使宫廷显得奢华。受这一风气的影响，为了追求奢华，君主属下的各级贵族一般会采取两方面的措施：其一是遣散家奴；其二是让佃户独立。这样，贵族们就逐渐失去了权威，同该国领土内的其他富人毫无二致了。见富人们追求享乐，更为富有的君主怎能忍得住不去追求呢？如果他没有因为把收入用于享乐而减弱了国防力量，那就不要指望他能把超过国防需要的那部分收入储蓄起来。君主的日常开支能够与其收入持平就算万幸了。在这种情况下，积蓄财富是完全不用指望的，而且一旦有紧急事件发生，急需特别费用时，君主肯定会向人民要求特别的援助。

20世纪40年代的纽约工厂

图为纽约20世纪40年代的一处工厂，当时的纽约是美国东部最重要的工业城市。美国机械化的推行，是现代美国成为最强大资本主义国家的原因之一。

据推测，自1610年法国国王亨利四世逝世后，欧洲各国君主中储蓄财宝最多的只有普鲁士现任国王和前一任国王。在君主政府和共和政府中，为了积蓄而节俭的情况很少见。在欧洲，意大利各共和国和尼德兰共和国都有负债，而像瑞士首都伯尔尼那样能积聚大量财富的非常少见，瑞士共和国其他联邦，几乎全无积蓄可言。因为不管大国还是小国国民，都追求各种奢华风格，至少崇尚堂皇的建筑及其他公共装饰物。

一个国家，如果在平时没有资金结余，到战时就必然会借款。当战争爆发时，国库中只剩下用于平常开销的必要经费，而战时急需的国防开销比平时多三到四倍，因此，战时收入也应是平时的三四倍。即使君主有办法按照费用增大的比例增收——这几乎不可能——这增收的唯一来源必定是赋税，而税款得经过10~12个月才能收归国库，可军队必须在战争马上要爆发之前壮大，舰队必须装备，驻守在城市的军队必须布防，而且这些军队、舰队和防军驻守的城市，还须供给武器、弹药以及粮食。总之，在危险来临时就得负担一大笔费用，这些费用是等不及新税来应付的，因为新税得经过漫长的时间才能收入国库。因此，在这种紧急情况下，政府别无办法，只有借款。

发达的商业国，必然有很多人具有贷出能力，如果政府需要借款，这些人必然愿意贷出。这样的商业社会形态会带来借款的必要，也会带来借款的便利。在这些国家，很多人不仅拥有丰厚的资本，而且也愿意把资金贷出或委托给他人，资金在他们的手中周转的次数也更多。一般说来，资金在靠自己的收入为生的私人手中每年只周转一次，但一个商人设若从事能迅速收回本利的商业，他的全部资本和信用，往往每年能在他的手中周转三四次。所以，一个商人和工厂主都多的国家，必然有许多人是愿意借巨款给政府的。所以，商业国的百姓，都有贷出能力。

但是，如果没有正规的司法行政制度，任何国家的商业和制造业都得不到长足的发展。如果人民没有对私有财产的安全感，借款人之遵守契约也得不到法律的保证，政府亦不能强制有支付能力的人偿还其债务。简而言之，在人民对政府没有信心的国家里，商业和制造业是得不到长久发展的。商人和制造业者，如平时能信任政府，把财产委托给政府保管，到了非常时期，也就敢把财产交给政府使用。贷款给政府，他们在商业和制造业中的利益不但不会受损，反而会有所增加。因为国家有急需时，政府就会以有利于贷出人的条件向其借款。政府给债权人的保证物可以转移给任何其他债权人，并且，由于人民普遍信任政府，那保证物通常会以比原价高的价格在市场上买卖。商人或有钱人把钱借给政府，可从中获利；他的营业资本不但不会减少，反而会增加。他们一般会把政府允许其最先应募新借款看作是一种特惠。所以，商业国的百姓都有贷款给政府的意愿。

有鉴于此，这些国家的政府容易生出这样一种信念，即在非常时期，百姓有能力且愿意把钱贷给它。政府预见到借款不难，所以平时就放弃了节俭。

在商业和制造业尚不发达的古代社会，人们把余钱储蓄起来，因为他们不相信政府，害怕自己的储蓄被夺走。在这种状态下，当危机来到时，没有人愿意贷款给政府。身为君主，由于存在借不到款的可能，所以他也必须厉行节约，以备不时之需。也正是这种预见，强化了他平时节约的动力。

欧洲各大国之巨额债务的积累过程，差不多一样。目前各大国的人民，都受其压迫，久而久之，这些国家说不定会因此破产。国家借款与个人借款一样，一开始时全凭信用，不需指定或抵押特别资源，以保证债务的偿还。但信用失效后，就得以特定资源作抵押，方能继续借款。

英国的短期公债，就是按信用方法借入的。它分为两部分：一部分为无利息或被假定为无利息的债务，类似个人挂账的债务；另一部分为有利息的债务，类似个人用期票或汇票借入的债务。通常第一类债务包

1811年的朴茨茅斯港

朴茨茅斯位于英格兰南部，于1194年正式建市，它东邻英吉利海峡，与怀特岛遥遥相望，是英国现在的海军基地。朴茨茅斯在英国虽然不算大城市，朴茨茅斯港也比不上利物浦港有名，但它却可能是当时中国人最早知道的英国地名之一。1792年，马戛尔尼访华使团就是从朴茨茅斯港出发访问乾隆当政的大清帝国的。图为1811年的朴茨茅斯港，客商们正忙着将货物搬上货船。

括：对特别服役所欠的债务，对尚未给付报酬的各种服役所欠的债务，陆军、海军及军械方面的部分临时开支，外国君主未付的补助金，海员工资的欠款，等等。第二类债务包括：有时为支付债务或为其他目的而发行的海军债券或财政部债券。财政部债券利息是从发行之日算起，海军债券利息是从发行后六个月算起。英格兰银行通过按照时价贴现这种债券，或按照面额价格收购该债券，并支付其所应付的利息等办法，使债券得以保值并便于流通，从而使政府经常能够借到巨额的类似公债。法国因无银行，国家债券有时需以60%或70%的折扣出售。在威廉国王大改铸币时代，当英格兰银行认为应当停止其平常业务时，财政部债券及符契据说要以25%～60%的折扣出售。其部分原因在于通过革命建立起来的新政府还不稳定，另一部分原因则是英格兰银行没有给予援助。

当靠信用借款的方法行不通时，为了筹款，政府就需要指定或抵押国家特定收入来对债务的偿还予以担保，在不同时期有两种不同的方法：一种是指定或抵押限于一年或数年之内的短期特定收入，通称为预支法；另一种是指定或抵押永久性的特定收入，通称为永久付息法或息债法。前一种在限期内，作为抵押的收入足够付清所借款项的本金和利息；而后一种，作为抵押的收入只够支付利息或等于利息的永久年金，政府何时能偿还借入的本金，就算何时清偿。

公债的发行

国家举债，即发行公债。首先发行公债的，似乎是意大利各共和国。热那亚及威尼斯，是意大利各共和国中仅存的两个独立邦，都因举债而衰弱了。西班牙从意大利各共和国学得发行公债的办法，但因其税制较热那亚和威尼斯更不合理，西班牙的衰弱比热那亚和威尼斯更甚。其实，西班牙负债的历史，比英格兰还要早100年。在16世纪末叶以前，英格兰尚未发行一先令的公债，西班牙就大量举债了。法国虽然自然资源丰富，但也苦于同样的债务压迫。荷兰因负债而衰弱的程度，与热那亚和威尼斯不分伯仲。由举债而衰微以致荒废的失败国家到处都是，难道英国举债就能幸免吗？

有人说，这些国家的税制不如英国，当然，我也相信是这样的。但应当记住，即使最英明的政府在征收所有应征税后，遇到紧急情况也将不得不稽征不合理的税收。荷兰政府非常开明，但有时也不得不像西班牙那样征收不合理的税收。如果在国家收入负担还没有解决之前，英国又发生战争，所耗费用也和前次战争一样多，那么在这种形势下，英国就将不得不采用像荷兰甚至像西班牙那样的税制。的确，英国承蒙现行税制的恩惠，工业产业得以自由向上地发展，因此，就算在开支最大的战争时期，也许个人的节俭或者储蓄也能够弥补政府的浪费。上次英国有史以来耗费最大的一次战争结束时，全国的农业、制造业和商业与战前一样繁荣兴旺，而支持各个产业部门的资本也和以前一样多。自和平恢复以来，农业得到进一步的改进，国内各城市与各村落的房租也有所增加，这都说明人民的财富和收入在增加。大部分旧税的年收入，特别是国产税及关税等主要部门的收入都有增加，这表明消费有所增加。因此，依靠消费而存在的产业，其产量也相应增加。这样看来，似乎英国可以轻易地负担起半个世纪前没有人相信它能承受得了的重负。当然，我们也不可因此过于自大，认为英国担负得起任何重担。

如果政府用预支的办法筹款，注意以下两点，就可在数年之内使国家收入从债务中解放出来：第一，不要使基金在一定期限负担的债务超过所能负担的金额；第二，在第一次预支未还清以前不能第二次预支。但大多数欧洲国家，都做不到这两点。它们往往在第一次预支时就超过了所能负担的金额；或者在第一次预支未还清前就第二次或第三次预支，从而加重基金的负担。这样下去，该基金就不够支付所借款项的本

斯吕斯海战

1328年，为了争夺欧洲最富庶的毛纺业基地佛兰德（今法国东北部），英法两国的矛盾不断激化。同年法王查理四世无嗣去世，英王爱德华三世以查理四世外甥的名义，宣布与法方的继承人腓力六世争夺法国王位，9年后英法之间正式爆发战争。这场战争一直持续到1453年，以英国撤军而结束，总共进行了116年，是人类历史上耗时最长的战争。图为1340年的斯吕斯海战。这场战役的实质是两国对佛兰德的争夺，其结果是英国获胜，夺得了制海权。

金及利息，于是就不得不采用支付利息或等于利息的永久年金方式还债。像这样的盲目预支，必然会导致破坏性更大的永久付息法的采用。一旦使用此法，国家收入的负担就由固定期限延续到无限期，那解除国家收入负担的日子就更是遥遥无期了。但在任何情况下，新方法总是比旧的预支方法筹到的款额多。所以，只要人们了解并熟悉了新的方法，当国家遇到紧急情况时，政府一般都会舍弃旧的方法而采用新的方法。救急是政府在处理国事时的主要问题，至于解除国家收入的负担，那是以后才考虑得上的事情，眼下已无从顾及。

英国每年征收的土地税和麦芽税，是每年有规律的预支款项，是依据不断增补的征税法令中的借款条款来征收的。此项款额，通常由英格兰银行垫付，收取利息，其息率自革命以来为3%至8%不等。等税款陆续收归国库时，银行才逐渐收回预支款项。如果某年收入的税款不够还清预支款项及其利息，就由第二年收入的税款去补齐差额。这样，国家收入中唯一尚未委托的主要收入款项，常在每年收归国库之前就先支付出去了。与无计划的挥霍相同，他们还等不到拿到正常的收入就迫不及待地预先出息借支；国家也不断地向其代理人及经理人借款，从而不断地为使用自己的货币付利息。

在威廉国王统治时期和安妮女王统治的大部分时期，永久付息的借款方法还不为大众所熟悉。那时，大部分新税只限于短期（仅4~7年）征收，每年国库的支出大部分是预先挪用这些税收的借款。在限定期内税收往往不够支付借款的本金和利息，于是出现资金缺口，这样就得延长课税年限以补足这项短缺资金。

1697年，依照威廉三世第八年第二号法令，将一些将要满期的各税的征收年限延至1706年8月1日，用于填补它们税额的不足，即当时所谓的第一次总抵押或基金。这次的资金缺口，共计5160459镑14先令$9\frac{1}{4}$便士。

1701年，这些税以及其他若干税的征收年限，又因相同原因延长至1710年8月1日，即为第二次总抵押或基金。这次的资金缺口，共计2055999镑7先令11便士半。

1707年，这些税又延长到1712年8月1日，作为一种新公债的基金，即第三次总抵押或基金。由此，抵押借入的金额，共计983254镑11先令$9\frac{1}{4}$便士。

1708年，全部这些税（除去半额吨税和磅税这两种旧补助税，以及由英格兰、苏格兰协议而废除的苏格兰亚麻进口税）的征收，年限又延长到1714年8月1日，作为一种新公债基金，即第四次总抵押或基金。由此，抵押借入的金额，共计925176镑9先令$2\frac{1}{4}$便士。

1709年，这些税（除去吨税、磅税这两种旧补助税，这些补助税从那时候起，就与这种新债基金完全没有关系）的征收年限，又延长到1716年8月1日，即第五次总抵押或基金。由此，抵押借入的金额，共计922029镑6先令。

1710年，这些税再次延长到1720年8月1日，即第六次总抵押或基金。由此，抵押借入的金额，共计1296552镑9先令$11\frac{3}{4}$便士。

1711年，这些税（此时，需支付四种预支的本息）及其他若干税规定永久继续征收，作为支付南海公司资本利息的基金。该公司在同年曾贷给政府9177967镑15先令4便士，用于还债及弥补税收的不足。此次贷款，是当时罕见的最大一笔贷款。

据闻，在此以前为支付债务利息而永久课征的税收，只有为支付英格兰银行、东印度公司以及当时计划中的土地银行三家的贷款利息的税收（土地银行的贷款只是拟贷，未成事实）。英国银行借给政府的金额为3375027镑17先令10便士半，年息为6%，年金或利息达206501镑13先令5便士；东印度公司借给政府的金额为320万镑，年息为5%，年金或利息达16万镑。

乔治一世元年，即1715年，根据该年的第十二号法令，那些担保英国银行年息的各税以及由这次法令定为永久征收的其他若干税，合并在一起称为总基金。此基金不仅用于支付英格兰银行的年金，而且用于支付其他年金及债务。此后，根据乔治一世三年的第八号法令和五年的第三号法令，又增加了此基金，而当时附加的各税，也同样被定为永久征收。

乔治一世三年，即1717年，根据该年第七号法令，又有其他几种税被定为永久性征收，形成又一个共同基金，称为一般基金，用于支付其他年金，金额计724849镑6先令10便士半。

这几次法令的结果，使以前短期预支的各税全都变成永久征收，而其用途，是支付连续由预支所借入款项的利息，而不是本金。

在安妮女王时代，市场利息率由6%降到5%；安妮女王十二年，宣布5%为私人抵押借款的最高合法利率。英国大部分临时税变成了永久税，而分别拨到总基金、南海基金及一般基金后不久，国家债权人与私人债权人一样被要求接受了5%的利率。这样一来，由短期公债转换为长期公债的大部分借款就有了1%的结余，换句话说，由上述三种基金支付的年金就节省了1/6。此种结余，使得用作基金的各税，在支付所担保的各项年金后产生了一笔巨额余款，构成此后减债基金的基础。1717年，此剩余额达3233434镑7先令7便士。1727年，大部分公债的利息率进一步降到4%；1753年，降到3.5%；1757年为3%。于是减债基金更多了。

减债基金虽然是为了支付旧债而设立，但为新债的征募也提供了不少便利，可以说是一种补助金，在国家有急需时可用它来弥补其他基金不足的抵押贷款。至于英国是常用此基金来偿还旧债，还是用它另借新债，慢慢就会知道。

除了预支法和永久息债法这两种借款方法外，还有其他两种方法介乎这两者之间，即有期年金借款方法和终身年金借款方法。

在威廉国王和安妮女王时代，往往巨额款项是以有期年金方法借入，其期限长短不定。1693年，议会通过一项法案，以14%的年金借款100万镑，即以16年满期，年还14万镑。1691年，议会曾通过一法案，在今天看来可算是非常有利于债权人的条件，按终身方式借款100万镑，但应募之数不满该额则次年以14%的终身年金借款，即以7年便可收回本金的条件借款，来补其差额。1695年，凡购有此项年金的人，向财政部每100镑缴63镑，换取其他96年为期的年金。也就是14%的终身年金与14%的96年年金的差额，以63镑卖出，或者以相当于4年半的年金卖出。虽然条件有利，但因当时政府地位不稳定，所以找不到买主。安妮女王在位的年代，曾以终身年金及32年、98年、99年的有期年金借入款项。1719年，32年期的年金所有者，以其所有年金购买等于11年半年期的南海公司全部金额的股份；此外，对那些该年金到期应付却未付的欠款，也换给等价的南海公司股份。1720年，其他长短不等的有期年金，大部分也都合为同一基金。当时每年应付的长期年金达666821镑8先令3便士。1775年1月5日，当时未募满的剩余部分不到136453镑12先令8便士。

在1739年和1755年的两次战争中，通过有期年金或终身年金借入的款项很少。98年期或99年期的年金，其价值与永久年金相等，所以有理由相信可以和永久年金借入一样多的款项。但是，对于那些为了置办家

画作《布匿战争》

公元前264—公元前146年发生在古代罗马与迦太基之间的三次战争,因为当时罗马人称迦太基人为"布匿",故名"布匿战争"。第一、二次布匿战争是作战双方为争夺西部地中海霸权而进行的扩张战争,第三次布匿战争则是罗马以强凌弱的侵略战争,以罗马征服迦太基而结束。图中所绘的是公元前218年迦太基的军事首领汉尼拔翻越阿尔卑斯山的情景。

产或者有长远打算的人来说,他们购买公债,绝不会购买价值不断减少的公债;而这部分人又占公债持有者及公债购买人的很大部分。因此,虽然长期年金的实质价值与永久年金的实质价值没有大的区别,但是购买长期年金的人还是没有购买永久年金的人多。新债的应募者通常都打算尽快抛出其购入的公债,所以在金额相等时,他们也不愿购买不能很快赎还的长期年金,反而宁愿购买可由议会赎回的永久年金。永久年金的价值,一般来说总是一样或差不多一样的,没有太大出入,所以它比长期年金更便于转让。

在上述战争期间,有期年金和终身年金除了都付给年金或利息外,还另外给新借款应募者一种奖励金。这种奖励金是对贷出人的一种附加奖励,而不是偿还所借款项的年金。

终身年金有对个体终身授予和对群体终身授予这两种授予方法。在法国,后者用发明人的名字命名,称为"顿廷法"。在授予个体终身年金时,一旦受领年金者死亡,国家收入就会马上减掉他这部分的负担。如按顿廷法授予,要等到群体中所有受领年金者都死了,国家收入才会解除这部分负担;一般群体的人数为20~30人,活着的人继续领取之前死者的年金,最后的生存者则会领取到群体全部年金。如果以同一收入作抵押贷款,用顿廷法总能够比个体终身授予年金的方法贷款更多。因为活着的人有继续领取全部年金的权利，哪怕金额相同，其价值实际上比个体领取年金要大。每个人都很相信自己的运气，这就是彩票生意成功的依据。由于这份自信，顿廷年金所卖得的价格通常都高过其实际价值。因此，在很多国家，政府几乎总是采取如顿廷法这种能筹到最多款项的借款方法，而不愿采用可能解除国家收入负担的方法。

法国公债中，由终身年金构成的部分要比英国多。据波尔多议院1764年向国王提出的备忘录记载，法国全部公债达24亿利弗，其中，以终身年金借入的约为3亿利弗，即占公债总额的1/8。此项年金，据估计每年达3000万利弗，相当于全部公债的预计利息12000万利弗的1/4。我十分清楚，这些计算不大准确，但这样一个权威机构提供的估计数字应该和真实情况差不多。英法两国借债方法上所产生的不同，不是因为两国政府对解除国家收入负担的渴望程度不同，而完全是因为贷出人的想法和利益有所不同。

英国政府所在地是世界上最大的商业都市，因此贷款给政府的人大多是商人。商人贷出款项，是为了要增加其商业资本，而不是为了减少其商业资本。所以，除非是新买的、有望以相当可观的利润卖出的债券，否则他们是不会应募新债的。但是，他贷出的款项所购入的，如果不是永久年金而是终身年金，那么无论这终身年金是他自己的还是其他人的，当被转售时就很难指望得到利润了。不论什么人，都不愿意用购买自己终身年金的相同价格去购买与自己年龄相同、健康情况相当的其他人的终身年金。所以，以自己生命为基础的终身年金，在转售时往往都会有所损失。至于以第三者生命为基础购买的终身年金，对于买家和卖家具有相同的价值，但其实质价值在授予年金的那一刻就已经开始减少了，而且，在此年金存续期内日益减少。因此，终身年金永远不可能像永久年金那样成为便于转让的资财。

法国政府所在地不是大型商业都市，因而贷款给政府的人不像英国那样大部分都是商人。政府在紧急关头的急需用款,大多来自如赋税承包者、税务员、宫廷银行家等那些和财政有关的人。这些人大多出身卑微,但因很有钱而自命不凡。他们既不屑与同等身份的女人结婚,而较有身份的女人也不屑与他们结婚。所以他们通常都是单身,既没有家庭也不大愿意与亲戚来往,他们只求好好度过自己的一生就行了,也不在乎自己死后财产的继承问题。此外,在法国不愿结婚的,或其生活状况不宜结婚的,又或不便于结婚的富人,其人数远比英国多。对于这些很少为后人打算的单身人士来说,用其资金换一种不长不短、恰当的长期收入是很合适的。

目前各国的政府,日常的开支多半等于或者大约等于其日常收入。所以一旦战争爆发,政府要按照费用增加的比例来增加收入,既不是其愿意的,也不是其能够做到的。其之所以不愿,是因为突然增加如此巨额的赋税,怕伤害人民感情;其之所以不能,是因为其不知道需要增加多少赋税才够开支。各国政府要摆脱这类两难的尴尬局面,举债无疑是最好的选择。借款使其只要增加少许赋税,就可逐年筹得战争所需的费用;并且通过永久息债,它们可以最少地增加税款,而逐年筹得最大的款项。在大帝国,住在首都的人以及住在远离战场的人,大都不会感到战争带来的困苦。相反,它们可以悠闲安逸地从报纸上读到本国海陆军取得的战绩。这种享受是它们在战时所纳赋税比平时高的动力。它们通常都不愿恢复和平,因为这样一来,它们的那种享受便要停止了;并且战争再继续一段时间,说不定就会实现征服其他国家,从而产生使自己国家更加强大等无数光荣的幻想。

可是,和平并没有消除因战争所增加的赋税。这些赋税,都做了战争债券利息的担保。如果旧税及新税在支付战争债券利息及政府日常开支外还有剩余,那么此剩余也许会转为偿还债务的减债基金。不过,此减债基金即使不挪为他用,也远远不够在和平时期内偿付全部的战争债券；其实，此基金几乎都被用于其他目的。

征收新税的唯一目的，就是为了偿付以此为担保的借款利息。如有剩余，那也都是出乎意料或计划之外的，所以数目不会很大。减债基金的产生，通常是由于后来应付利息的减少，而不是由于收到的税款超过应付利息或年金的数目。1655年荷兰的减债基金和1685年教皇领地的减债基金，都是由利息减少而形成的。所以，这种基金往往不足以偿还债务。

当国家安宁而需要种种特别开支时，政府总是觉得开征新税不如挪用减债基金来得容易与方便。不论开征任何新税，人民都会多少感到痛苦，因而引发怨言和反对。课税的种类越多，人民的负担也越重，对于任何新税的怨言必然越多，因此无论是要增加新税还是加重旧税，都会很困难。至于人民对暂时停止的偿还债务，不会马上感到痛苦，也就不会产生抱怨。所以，挪用减债基金是摆脱目前困难的最简单方法。可是，公债越积越多，就越有必要研究如何缩减公债；而滥用减债基金的危险性和毁灭性越大，公债减少的可能性就越小，挪用减债基金来应付和平时期种种特别开支的可能性和必然性就越大。当一国国民已负担过度的赋税时，除非迫于新的战争，或为了报国仇、救国难，否则人民是不可能再忍受新税的课征的。所以减债基金不免被滥用。

永久息债法具有很大的破坏性，英国从最初开始使用永久息债法后，在和平时期公债的减少量也从来没和战时公债的增加相当。现在的巨额公债，大部分是源于从1688年开始，并在1697年以里斯韦克条约结束的那次战争。

1697年12月31日，英国的长短期公债达21515742镑13先令8便士半。其中的一大部分是短期预支所致，另一部分是以终身年金方式借入。所以不到4年时间，即在1701年12月31日以前，一部分就已经偿还了，还有一部分归入国库，其数目达5120141镑12$\frac{3}{4}$先令便士。在如此短的时间内，偿还如此多的公债，实在是前所未有。所以当时所剩下的未偿还的公债，不过16394701镑1先令$7\frac{1}{4}$便士。

在始于1702年，以《乌特勒克特条约》的签订而结束的战争中，公债的数额还在不断增大。1714年12月31日，公债数额达538681076镑5先令$6\frac{1}{12}$便士。应募南海公司的基金，使公债不断增加。在1722年12月31日，公债数额达到55282978镑1先令$3\frac{5}{6}$便士。从1723年开始非常缓慢地还债，到1739年12月31日，即在17年的和平时期中，所偿还公债总共只有8328354镑17先令$11\frac{1}{4}$便士，余额的公债还有46954623镑3先令$4\frac{7}{12}$便士。

1739年的西班牙战争，和紧随西班牙战争而爆发的法兰西战争，使公债进一步增加。1748年12月31日，战争以《埃·拉·查帕尔条约》的签订而结束后，公债数目已达78293313镑1先令$10\frac{3}{4}$便士。在上述17年的和平时期中，要偿还的公债不过8328354镑17先令$11\frac{3}{12}$便士，而不满9年的战争就增加了31338689镑18先令$6\frac{1}{6}$便士的公债。

在佩兰当政时期，公债利率由4%降低到3%，于是减债基金有所增加，偿还了一部分公债。在最近这次爆发于1755年的战争以前，英国长期公债达72289673镑。1763年1月5日结束和约时，长期公债达122603336镑8先令$2\frac{1}{4}$便士，还有短期公债13927589镑2先令2便士。但由战争引起的费用，并没有随和约的签订而终止，所以1764年1月5日，长期公债虽已增至129586789镑10先令$1\frac{3}{4}$便士（这其中一部分为新公债，一部分为由短期公债改成的长期公债）。但根据一位学者所著的《英国商业及财政的考察》，该年度及次年度还有9975017镑12先令$2\frac{15}{44}$便士的短期公债。因此，据同一位学者所述，在1764年，英国所有公债，包括长期和短期公债，达到139516807镑2先令4便士。此外，授予1757年新公债应募者作为奖励金的终身年金，按相当于14年的年金估计，约为472500镑；授予1761年及1762年新公债应募者作为奖励金的长期年金，按相当于27年半

克里米亚战争

1853年，摇摇欲坠的奥斯曼土耳其帝国遭到俄国入侵，英国和法国担心自身势力受威胁，便于次年向沙皇俄国开战，之后一些周边国家也被卷入进来。这场战争因为主要交战场所都在黑海的克里米亚半岛而得名。1856年，相关国家签署了《巴黎条约》，宣告战争结束，此时它对欧洲的政治格局已经产生了重大影响。奥地利从此走向衰弱，为不久之后德意志和意大利的统一提供了历史机遇。克里米亚战争还被认为是人类第一场现代化战争，铁甲船、电报和后勤火车等大量近现代科技首次在这场战争中登场；此外野战卫生条件也出现了空前的改进，并成就了一位著名的白衣天使——弗洛伦斯·南丁格尔。图为克里米亚战争中疲惫不堪的英军。

年金估计，约为6826875镑。以佩兰对国事的慎重，7年的和平时期仍不能偿还600万镑旧债，但在大约相同时间的战争中，却举借了7500万镑以上的新公债。

1775年1月5日，英国长期公债为124996086镑1先令$6\frac{1}{4}$便士；短期公债除去一大笔皇室债务后，为4150236镑3先令$11\frac{7}{8}$便士。两者合计为129146322镑5先令6便士。以此计算，在17年的和平时期，所偿还的债务仅为10415474镑16先令$9\frac{7}{8}$便士。然而，即使减少公债的额度这么小，也不能用国家日常收入的结余偿还，还有许多是用和国家日常收入不相干的外来款项在偿还。其中包括3年内对土地税每镑增加1先令的税款，东印度公司为获得新地区而缴纳给国家的赔偿金为200万镑,以及英格兰银行为更换特许权而缴纳的11万镑。还有的如由最近一次战争所产生的若干款项,也要附加到外来的款项中。主要如5.3.1表:

表5.3.1 1775年前后英国从英法战争中获得的相关收入表

项 目	镑	先令	便士
法国战利品收入	690449	18	9
法国俘虏赔偿金	95500	0	0
割让各岛而得的款额	670000	0	0
合计	1455949	18	9

如果在这个金额上加上查特姆伯爵及克尔克拉弗特所结算的余额,其他同类军费的节余以及上述从银行、东印度公司、增加土地税所得的三项款项,其总额一定远远超过500万镑。因此,在和平时期,由国家日常收入的节余所偿还的公债,平均下来每年连50万镑都没有达到。由于部分公债的偿还、部分终身年金的满期,以及由4%降至3%的利息,使减债基金无疑是大大增加了;如果和平可以一直持续下去,现在说不定每年都可以从那基金中抽出100万镑来偿还公债,去年就偿还了100万镑的公债。但是,皇室的大笔债务没有付完,而现在又要开始新的战争,战争一旦持续下去,其开支也许和以前历次战争一样巨大。在这新战争宣布结束以前,是不免要举借新债的,其数目说不定和国家日常收入节余所偿还的全部旧债一样。因此,不要妄想用现在国家日常收入的结余,把所有的公债偿还掉。

欧洲各债务国的公债,特别是英国的公债,作为一笔大资本,可使其他资本有所增加,如商业和制造业都得到发展,土地得到开垦和改良。这比单靠其他资本所能取得的成绩要大得多。可是,主张这一理论的学者没有注意到以下事实，即最初债权人贷给政府的资本，在贷予时其部分年金已经由资本功能转化为收入功能了，而用以维持生产性劳动者的资本，则转化为用以维持非生产性劳动者的资本。就一般而言，政府在借入资本的那一年就把它消耗了，甚至不指望将来能再产生什么利润。贷出资本的债权人不仅收到了和其资本等价的公债年金，当然这些年金无疑会偿还他们的资本，使他们能进行和从前一样或更大规模的商业贸易；也就是说，他们可用此年金做担保来借款，或卖出此年金，得到新资本，其所得的资本就等于或大于他们所贷给政府的资本。但是，像他们一样从他人那里借入新资本的情况，以前也一定存在，并且与其他资本一样是用来维持生产性劳动的。然而，一旦转入国家债权人手中，虽然从某一方面来看，对这些债权人是新资本，但对于该国家并不是新资本，那不过是从某种用途挪作他用的资本罢了。尽管对私人来说，其贷给政府的资本有所补偿，但对整个国家来说却无补偿。如果他们不把这资本给予政府，那国家用以维持生产性劳动的资本或年收入就有两份了。

当政府支付开支时，就把当年未作抵押的赋税用来筹措部分收入，从维持某种非生产性劳动转向维持另一种非生产性劳动。部分人民用于付税的款项，本来可通过他们自己储蓄起来而转化为资本，用来维持生产性劳动，却因维持非生产性劳动而消费掉大部分的款项。不过，国家开支以这种方式支付，无疑将或多或少地阻碍新资本的进一步蓄积，但不一定会破坏现存资本。

当通过举债方式支付国家费用时，用来维持生产性劳动的部分年收入被转以维持非生产性劳动，这将使该国原有的一些资本逐年受到破坏。不过，在此情况下所征的赋税相对要轻，所以，人民的负担减少，与此同时将人民节约的部分收入转化为资本的能力也会减弱。与以本年度税收支付本年度开支的办法相比，举债如果在较大程度上破坏了旧资本，那么它也就有利于新资本的获得和蓄积。在举债制度下，人民的节约更容易弥补由政府浪费而引起的社会一般资本的损失。

不过，只有在战争持续期间内，才能显现出举债制度比其他制度更好。如果战争开支总能从当年所征的税收中来支付，那么非常时期所得来的赋税收入，将不会维持到战争结束。与举债制度相比，私人蓄积能力虽然在战时较小，但在和平时期则很大。战争不一定会使旧资本遭到破坏，而和平则会促使更多新资本的蓄积。在这种制度下，战争总是很快结束，且不会轻易开战。在战争期间，人民因疲于战争带来的负担，通常很快就会讨厌战争；政府为了满足人民的意愿，不敢延长战争的时间。如果没有实际或确定的利益可图，人民不愿征战，因为战争带来的繁重而不可避免的负担是可以想象得到的。所以，一般很少有人民的蓄积能力会受到战争的影响，即便有，也不会持续很久。相反，蓄积能力强大的时期，要比在举债制度下长久得多。

况且债务一旦增加，赋税也就会跟着增加，即使在和平时期，其与上述另一种征税制度在战时损害积蓄能力的程度也差不多。现在英国和平时期的收入，每年达1000万镑以上。若免去税收和抵押，并且管理得当，哪怕从事最激烈的战争，也无须借1先令的新债。现在英国既然已采用了具有破坏性的举债制度，那么居民在和平时期个人收入所受的阻碍，以及居民蓄积能力所受的影响，将与在最耗费开支的战争期间一样。

公债利息与偿还

有人说，支付公债利息犹如把货币从左手换到右手，货币没有流出国外，只不过把本国某阶层居民的部分收入转化成其他阶层居民的收入罢了，国家不会变穷。这是基于重商学派的诡辩来说的。此外，提出这种主张的学者还认为，公债全都是征募自国民；这并非事实，因为我国的公债就有很大一部分是荷兰人及其他外国人的投资。即使公债没有外国人的投资也不会减少公债的害处。

土地及资本是私人和公众收入的两个源泉。资本是支付在农业上、制造业上或商业上的生产性劳动的工资。这两种收入源泉的支配，分别属于土地所有者、资本所有者或其使用者这两类不同的人。

土地所有者为了增加自己的收入，通过修整或建筑其佃户的房屋，营造和维持其田庄的必要沟渠和围墙，以及其他改良，使其所拥有的土地能保持良好状态，从而使生产出来的产品价值得到提升。但是一旦土地税增多后，地主的收入就会减少；各种生活必需品税、便利品税增多，该收入的实际价值减少，会使地主感到没有能力再维持对土地的投入。地主不能提供较好的劳动环境，租地人的劳动成果也会减少。总之，地主的负担越大，该国的农业就势必越趋于荒废。

如果通过征收各种生活必需品税和生活便利品税，以使资本所有者和使用者觉得他们利用资本所得的收入，在某特定国家，不能购得在其他国家同额收入所能购得的必需品和便利品时，他们便打算把资本转移到他国。另外，如果此类赋税的征收，使大部分或全部商人及制造业者要不断受税务人员烦人的访问，那么转移的打算就会马上被付诸行动。资本一经转移，靠此资本支持的产业就会随之没落，商业和制造业也将继农业之后没落。

如把土地和资本这两大收入源泉所产生的大部分收入从其所有人手中移转到另一批对其没有直接利益的人（如国家债权人）手中，长此下去，必定导致土地的荒芜和资本的浪费或转移。国家的债权人通常很关心该国农业、制造业和商业的发展，从而也同样关注土地的良好状态和资本的良好经营。因为，如果三个产业中有一个遭遇失败或衰落，国家就没有足够的税收来付给他到期应得的年金或利息。但是，国家债权人作为债权人，对于某块特定土地的良好状态或资本的良好经营是不感兴

加利福尼亚的铁路

1862年，美国总统林肯签署《太平洋铁路法》，授权联合太平洋铁路公司和中央太平洋铁路公司修建一条横贯美洲大陆的铁路干线，直达加利福尼亚西海岸。随着铁路修建进度的不断推进，美国西部富饶的土地开始呈现出现代工业化的特征。

趣的，因为这不会对他造成直接影响。

我相信，当公债增大到一定程度时，很少能得到公平、公正的完全偿还。国家收入上的负担，如果曾经被解除过，也是通过破产来解除的。

以公债借偿还之名行破产之实，是提高货币名义价值的常用方法。例如，6便士的银币或20枚6便士的银币，依议会法令或国王公告，将名义价值提高为1先令或1镑；那么，按旧名义价值借入20先令或约4盎司银的人，用新名义价值计算，就只需20枚6便士或略少于2盎司的白银，便可偿还其约12800万镑的国债，约等于英国长期和短期公债合计的总额。如照此方法偿还，只需现币64万镑就行了。实际上，类似债务的偿还，国家债权人应得的每1镑都被骗去了10先令。可是，遭受此种灾难的国家债权人和私人债权人，都受到了相应的损失。特别是对于国家债权人，在多数情况下他们的损失会很巨大。虽然，国家债权人通常对他人也有债务，也可用同一方法偿还，使其损失得到补偿。可是，在多数国家中公债的债权人多半是富人，他们对于其他同胞而言，是处于债权人的地位。因此，这种偿还方法只会增大国家债权人的损失，国家没有一点利益，而多数无辜的市民却受损了。这种政策，使私人财产受到一种最普遍、最有害的破坏，而在大多数的情况下，使勤劳、节俭的债权人吃亏，使懒惰、浪费的债务人得到利益。这样，大部分的国家资本可能将从能使资本增加的人手中转移到滥用、破坏资本的人手中。当国家被迫宣布破产，但只要公开、公正，对债务人名誉和对债权人利益的损害是最轻的。如果国家隐瞒真实的破产，欺瞒人民，那该国政府也就失去了信誉。

然而，从古到今，国家在必要时往往都会采用这种欺瞒的方法。在罗马和迦太基的第一次战争结束后，罗马人减低阿斯（当时计算其他铸币都以此为准）的价值，货币含铜量从含铜12盎司减至2盎司，即2盎司铜的名义价值相当于以前12盎司的。用此方法，罗马只需实际数额的量就可以还清债务。这样突然的实质性破产，在当时并没有像我们所预料的那样引起轩然大波。其原因是这一贬值的法律由护民官向民会提出、通过并施行。因此，在当时也是一种深得民心的法律。

在罗马，贫民不断向富人和有权势者借款，而富人和有权势者为了在每年选举时获得他们的选票，常以极高的利息贷款给他们。这些债务从未得到偿付，因此，很快就积聚了一大笔贫民不能偿付或他人也无法代付的巨债。债务人由于害怕富人和有权势者对他们提出苛刻的要求，往往在没有得到另外好处的情况下，就投票选举他们推荐的候选人。尽管当时法律严禁贿赂，但候选人提供的报酬和元老院不时发放的谷物都是罗马晚期贫穷市民赖以生活的主要资源。为了摆脱债权人的控制，这些贫穷市民不断要求取消他们所欠的全部债务，或要求通过偿还积欠债务的一部分了结全部债务的所谓新案。因此，把所有铸币名义价值减至原先的，使他们得以使用的货币偿还全部债务，是一种对他们最有利的新案。富人和有权势者为了得到人民的支持，有时也不得不同意取消债务的法律及施行新案的法律。

不过，上述理由只是让他们同意此法律的部分原因；另外一个原因，则是他们想借此解除国家负担，从而恢复他们作为政府的主要领导者的地位。用这种方法，12800万镑的债务一下子就减为21333333镑6先令8便士了。在第二次迦太基战争期间，阿斯又经过了两次贬值，第一次是由含铜2盎司减至1盎司，第二次由1盎司减至半盎司，即减至原来价值的1/24。如把罗马上述三次货币贬值合并一次实行，那么像我国现在12800万镑的债务就减至5333333镑16先令8便士。使用这种方法，英国的巨额债款也可马上偿清了。

我相信，所有国家铸币的价值，都可通过这种方法，使其减到远远低于原来价值同一金额的含银量，也可通过这种方法逐渐降低原来的含银量。

因此，国家有时要在铸币中混入大量的劣质金，以降低铸币的标准成色。例如，照现行法律标准，每1镑银币只能混入劣金18本尼威特；如混入8盎司，这种银币1镑或20先令就等于现币6先令8便士，那么我国现币6先令8便士的含银量几乎提高到1镑的名义价值了。这种标准成色的降低与法国人增大货币价值或直接提高货币名义价值的做法相同。

这种直接提高货币名义价值的做法，就其性质来说，是公开说明了的。用此方法使较轻较小的铸币和较重较大的铸币有了一样的名称。相反，降低货币标准成色的做法，则是秘密进行的。铸币局在用此方法制造铸币时，竭尽全力铸造出和以前流通的同一名义价值的铸币，在重量、体积及外貌上保持原样，使之不易辨认，但其实际价值却已相去甚远。当法国国王约翰为了偿还其债务而降低铸币标准成色时，所有铸币局的官吏都得发誓保守秘密。以上两种做法，都是不正当的。不过，提升价值这个简单做法是公开的不正当行为，而降低标准成色却是欺骗的不正当行为。所以后者一旦被发现，其后果比前者更让人反感。铸币在大大增加名义价值以后，很少恢复其以前的重量；可是被极度降低其标准成色以后，却常常又恢复其以前的成色。因为，如果不恢复标准成色的话，民愤将更激烈。

在亨利八世统治末期和爱德华八世统治时期，英国铸币不但提高了名义价值，还降低了标准成色。同样的行为在詹姆士六世初年也曾盛行于苏格兰。此外，很多其他国家也是如此。

英国国家收入，在开支了日常经费以后的剩余部分非常小，想借此完全解除国家收入上的负担是不可能的。所以，只有国家收入大幅增加，且国家支出大幅减少时，这种负担才可以解除。

实施比现在更为公平的土地税和房产税，以及前章对于现行关税制度及各种税所提议的改革，也许可在不增加部分人民的负担，而是把这些负担平摊给全国人民的情况下，大幅增加国家收入。然而，想用这种增加收入的方法完全解除国家收入上的负担是行不通的。

把英国本国税制扩张到英帝国所属各殖民地，收入也许会大有增加，但是这很[illegible]因为，根据英国宪法规定，各地方在议会中所占议员[illegible]比例。如果把税制扩张到所有殖民地，势必就要承认[illegible]的合法席位。另外，就目前而言，许多权贵的私人利益[illegible]见有所冲突，实现的困难极大，甚至根本做不到。把这[illegible]各属地的话，究竟有望得到多少收入？而这一种统一究[illegible]帝国各地的繁荣幸福有何影响？也许没有什么不好的地方吧。最坏也不过是一种有别于莫尔旧乌托邦的新乌托邦，但总比不当的妄想好。

英国税收由土地税、印花税、各种关税及各种国产税这四个主要税种构成。就支付土地税的能力而言，爱尔兰与英国相差无几，美洲及西印度殖民地就要糟糕很多。与课有这两种税的地方相比，地主在没有负担什一税或救贫税的地方，更有能力缴纳土地税。什一税如果只征收实物，而不折合金钱缴纳，那么比每镑实际征5先令的土地税减少的地租还多。在大多数情况下，这种什一税相当于土地实际地租的1/4以上，或相当于完全偿还农业资本及其合理利润后的剩余部分的实物。如果除去一切代金及一切交人保管的教会财产，大不列颠和爱尔兰的教会什一税全部总额将有六七百万镑以上。如果大不列颠或爱尔兰没有任何什一税，地主就能多提供六七百万镑土地税，但其承受的负担不会比现在重。美洲因没有什一税，所以其缴纳土地税的情况很好。美洲及西印度的土地，大多不是租给农民，因此没有地租簿作为根据来征收土地税。但在威廉及玛利四年时期，大不列颠的土地税是根据一种极不严密、极不正确的估价，且没有根据任何地租簿征收。因此，美洲的土地也可用这种方法估价征税，或像米兰、奥地利、普鲁士和沙廷尼亚等国领地最近使用的办法，经过准确的丈量后公平征税。

在各属国推行印花税，是很容易的。在诉讼程序以及动产、不动产移转契据形式上雷同的各地方，这种税就可以照课不误，不必修改。

在爱尔兰及各殖民地推广英国关税法，如果同时扩大其贸易的自由空间，那对这两者都有最大的益处。比如，现在抑制爱尔兰贸易的种种令人反感的约束，以及对美洲商品所设的列举与非列举的区别，都会因此完全解除。目前，菲尼斯特尔海角以南各地对美洲若干商品开放其市场，而该海角以北各地亦将对美洲所有商品开放其市场。如果关税法统一，英帝国各属地间的贸易将如大不列颠沿海贸易一样自由。而帝国将为各属地的所有商品提供一个巨大的国内市场。这个大市场，马上会使爱尔兰及各殖民地因增加关税所受的损失得到补偿。

国产税是英国税制中唯一须按各属地特殊情况加以修订的。爱尔兰与大不列颠的生产和消费具有一样的性质，所以，爱尔兰在实施英国国产税时不需要修改。至于与英国生产和消费性质有很大不同的美洲与西印度地区，就必须把英国税制修改后才能应用，就如同把这种税制应用到英国生产的苹果和啤酒贸易上，与在各州也要修改的情况一样。

例如，发酵性饮料（在美洲称作啤酒）占当地人普通饮料的大部分，由于那是由糖、蜜制成，因此与英国所谓的啤酒完全不同。这种饮料只能保存几天，不能在大酿造厂制造、储存以供销售。每个家庭会根据自己的口味酿造属于自己的啤酒，就像烹煮自家的食物一样。但是，各私人家庭是没有必要像那些麦酒店主，以及以贩卖为目的的酿酒商一样，受到课税人员烦人的盘问和稽查的。如果为了公平起见，认为有必要对该饮料课税，那可以针对其制造原料在该原料的生产场地课税；如出于商业贸易的原因不方便课此国产税，那就不妨在该原料输入到消费它的殖民地时课以进口税。对于输入美洲的糖与蜜，除了英国议会征收每加仑1便士的税外，用其他殖民地的船舶输入到马萨诸塞的糖蜜，每桶还要收8便士的州税；由北部各殖民地输入到南卡罗林纳州的糖蜜，每加仑收5便士的州税。如果这些方法都不是很方便，就可效仿英格兰不征收麦芽税的做法，各家庭按人数的多寡缴纳若干金额；或照荷兰各税的征收方法，各家庭按照其成员的年龄和性别的不同，每年缴纳金额若干；或按德克尔爵士所提议的英格兰所有消费品税的课征方法课征。虽然这种课税方法，我在前面已经说过，对于消费迅速的商品，行使起来不太方便，然而在找不到其他更好的方法时，也不妨一试。

砂糖、甜酒和烟草在各地都不是生活必需品，但在各地几乎都是普遍消费的对象，因此对它们课税，是再合适不过的。假如英国与各殖民地要实现统一，这种商品可在其离开制造商或种植人前课税。如果这种方法行使不便，可把这些商品存放于产出地的公共货栈，再运往各帝国港口的公共货栈，由其所有者和税务机关共同管理，不到交予消费者、国内零售商或出口商之前均不纳税。当商品运出货栈并得到出口商确保其出口的保证时，可以免税。如果英国与各殖民地统一成功，英国现行税制改动最大的就是这几种商品的税收。

把这种税制扩展到帝国所属各地，其所能产生的收入到底有多少呢？当然，要得到非常准确的数字是不可能的。大不列颠实行该制度，对于800万以下的人口，每年可征得1000万镑的税收。爱尔兰的人口，将达到200万人以上。据一份美洲议会提出的报告，美洲12同盟州的人口，有300万以上。但是这种报告，难免有夸张成分，借以鼓励其国民，又或借以威吓英国人民。因此，我们可以假定，英国、北美洲及西印度各殖民地的人口合计不到300万人，欧洲与美洲的全部帝国人口，合计不过1300万人。如果这课税制度，对800万以下的居民能课得1000万镑以上的税收；那么，对1300万居民，应该可以课得1625万镑以上的税收。在这假定能课得的收入中，必须减去爱尔兰及各殖民地为政府日常开支而课征的款项。

爱尔兰的行政费和军费连同公债利息，就1775年3月以前的两个年度平均计算，每年还不到75万镑。根据美洲及西印度主要殖民地收入的正确计算，在动乱开始以前有141800镑。不过此计算，不包括马里兰、北卡罗林纳以及英国最近在大陆和岛屿所获得的领地的收入，大约有三四万镑。为使收支账目清楚，假定爱尔兰及各殖民地所必须支付的行政经费的收入为100万镑，从1625万镑中减去100万镑，尚剩有1525万镑可供帝国开支一般费用及偿付公债利息。如果英国从现在的收入中，平时可节约100万镑来偿还公债，那么在这增加的收入中，节约625万镑来偿还公债，就不是难事。况且，这么一大笔减债基金，又因以前各年度既偿公债不用再支付利息可逐年增大。这样，减债基金迅速增加，在几年时间内就足够偿还全部公债，而完全扭转帝国的颓势，使之恢复昔日的荣光。

与此同时，人民也可从生活必需品税或制造原料税的沉重负担中摆脱出来。于是，劳动人民就能过上较好的生活，以较低廉的价格出卖劳动。物价低廉，货物的需求就会增加，对生产此货物的劳动需求也会增加，劳动人民工作的机会多了，日子自然也会跟着好起来。这样一来，随着消费增加，对所消费的物品所课征的税额也将增加。

然而，由这种课税制度得到的收入，并不一定会立刻按照被课税人数的比例而增加。对于帝国领土内刚开始实行此税制的各属地，起初应适当放宽要求。并且,在各地都尽可能严格依法征收时,也不该全都按照人口数量的比例去征收。因为在贫困地方,要付关税及国产税的主要商品的消费量很小;而在人口稀少的国家,走私机会又很多。苏格兰的底层人民,饮用麦芽饮料的极少;麦芽、啤酒及淡色啤酒的国产税收入,按纳税人数及税率(由于麦芽品质的差异,因此麦芽税的税率在英格兰与苏格兰也是有区别的)比例计算,英格兰一定会比苏格兰多得多。至于这些部门的国产税的漏税程度,在这两个国家一样严重。对酿造所课的税和大部分关税,按人口比例计算,英格兰要比苏格兰多,这不单是因为应纳税的商品在苏格兰的消费量较少,还因为其走私容易。爱尔兰的底层民众,比苏格兰的还要穷,而爱尔兰大部分地区的人口,则与苏格兰的一样稀少。因此,按人口比例算,爱尔兰被课税商品的消费,少于苏格兰,而走私的容易程度,则几乎同于苏格兰。

在美洲和西印度,哪怕是最底层的白人,其境况也比英格兰同一阶层的白人好很多。他们对于通常爱好的奢侈品消费也比英格兰同一阶层的人民所消费的多得多。当然,美洲大陆南部各殖民地及西印度群岛的居民大部分是黑人,且现在还是奴隶,其境况无疑比苏格兰或英格兰最穷的人还要恶劣。但是,我们不可根据这些理由,就断定他们比英格兰的最底层人民所吃的更差,所消费的轻税物品更少。为了让这些黑人好

曼彻斯特街景

曼彻斯特(Manchester)是英国棉纺织工业的发祥地。200多年前,这里诞生了世界上最早的棉纺织大工业,揭开了工业革命的序幕,曼彻斯特也随着棉纺工业的出现成为新一代大工业城市的先驱。图为1936年夜幕降临、华灯初上的曼彻斯特街景。

好工作，他们的主人把他们照料得很好，这与牲畜所有者悉心喂养其代劳牲畜是一个道理。不论在哪里，黑人几乎与白人一样享有甜酒、糖、蜜及针枞酒的供应；即使对这些物品也课以不太重的税，这种供应恐怕也是不会取消的。所以，按居民人口比例计算，美洲及西印度的应税商品的消费，恐怕不亚于英帝国的任何地方。当然，按国土面积大小比例计算，美洲的居民比苏格兰或爱尔兰要少很多，因而，那里走私的机会也要大很多。但如果现在对麦芽及麦芽饮料所课征的各种税，若以单一的麦芽税课征，则最重要的国产税部门几乎没有逃税的机会。如果关税都按国产税税法课征，那么，走私的机会也会大大减少。经过这两种显然非常简单且容易的改革，关税及国产税按消费的比例计算，哪怕在人口最稀少的地方，也会获得与人口密集的地方一样多的收入。

有人曾经说过，美洲没有金币和银币，那里的内地贸易，用的全是纸币。间或有金银流到那里，也会因购买英国的商品而全部流回英国。没有金银币，是不能纳税的。其所有的金银，既已全部流回，也就没有再行榨取的空间了。

然而，美洲缺少金银并不是由于贫穷，也不是由于当地人没有能力购买这些金属。与英格兰相比，那里的劳动工资是很高的，而其食品价格又是那么低，若他们大多数人认为有必要购买大量金银，那么他们出于便利的考虑，一定会购买。因此，那里金属的短缺，准是他们选择的结果，而非形势需要的结果。

为了进行国内外的贸易，出于便利，金币和银币成了必要的货币。在和平时期，各国的国内贸易无论是以纸币还是以金银币进行都一样便利。美洲人把他们易得的资本，用于改良土地以获取利润。他们利用生活的节余购买生产用具、衣料、家具，及开垦耕作必要的铁制农具等；换而言之，不买死资本，只买活的生产资料。殖民地政府发现，供给人民以足够或超过足够用于国内贸易的纸币量，对政府有利。如宾夕法尼亚政府以几厘的利息把纸币借与人民,从而取得一项收入。其他如马萨诸塞政府一有急需便发行纸币以供国用,而后在纸币逐渐贬值时予以收回。1747年,该殖民地即依照这种方法,以相当于其所发行纸币1/10的金额偿还了大部分公债。节省了国内贸易中使用的金银,便利了殖民地人民;提供一种媒介物,尽管会带来一些不利,但由此节省的费用便利了各殖民地政府。纸币过多,势必会把金银驱逐出殖民地国内贸易领域。苏格兰就曾因纸币过多而把金银驱出大部分国内贸易领域。在这两地,纸币过多是他们的企业精神所致,他们都希望把所有资金用作积极的生产资本。

爱尔兰艾尼斯市场

1820年,爱尔兰颁布了限制进口的《谷物法》,使农场主们从中受益良多。19世纪20年代,家畜价格的上涨促使地主和大农场主们考虑恢复饲养业,同时,海上出现的快速蒸汽货轮也给了他们信心。图为位于克莱尔郡艾尼斯的热闹市场。

在各殖民地与英国进行对外贸易时,根据需要来使用金银。在不需要金银的场合,金银就很少见到;在需要金银的场合,金银就很多。

英国与产烟殖民地间进行的贸易,英国货物通常以长期信用方式,先赊与殖民地人民再取偿于有一定价值的烟草。对殖民地人民来说,用烟草而不用金银支付便利很多。任何商人与其往来的店家买卖货物时,都可以付以他所经营的其他货物,而不付金银。他们就不必为临时的需要在其营业资本中保留一定金额的现金,而可在店铺或货仓中存储更多的货物,或扩大经营。与弗吉尼亚和马里兰进行贸易的英国商人,就认为取烟草为酬要比取金银为酬来得便利。他们可从烟草销售中获利,而不能从金银销售中获利。因此,英国与这些产烟殖民地间进行的贸易,很少使用金银。同样，在马里兰和弗吉尼亚的国内外贸易中，金银使用也相当少。因此，它们所拥有的金银比美洲其他任何殖民地都少，但并不表示它们没有邻近的殖民地繁荣。

在宾夕法尼亚、纽约、新泽西、新英格兰四州等北部各殖民地，出口到英国的商品价值比它们自己使用而进口的制造品价值（支付担任运送人的费用）少很多，因此，这之间的差额就以金银支付给英国。

产砂糖的各殖民地每年出口英国的商品价值，比它们从英国进口的所有商品的价值都要大。如果必须用钱支付这些殖民地每年运输到英国的砂糖及甜酒，那英国每年就要送出一大笔钱。但事实上，许多产糖的农场主都住在英国，他们的地租都是以他们自己农场的砂糖和甜酒缴纳的。西印度的商人为自己在这些殖民地购入的砂糖和甜酒的价值，也比他们每年在那里卖掉的货物的价值少。这个差额，也必然以金银支付给这些商人。

各殖民地支付给英国的欠款，其难度与拖欠程度并不和它们欠款的多少成比例。通常北部各殖民地须把相当大的差额支付给英国，而产烟各殖民地则不支付或支付很少的贸易差额。但是，前者能按期偿付，后者却不能。向各产糖殖民地收取欠款的困难程度，与这些殖民地应付欠款的多少不成比例，却和它们的荒地面积大小成比例。即荒地面积越大，促使殖民地的种植人去从事超过他们自己资金所能经营的生意的诱惑力就越大，他们就越不容易还清欠款。由于这个原因，那些已经被耕种使用多年的土地，对于殖民者来说就像已经没有再投资机会的小岛，如巴道斯、安提瓜及圣克利斯托福等岛屿。牙买加作为一个岛国，却有很多荒地可被开垦，所以其付款就比较无规律、不确定。最近格林纳达、多巴哥、圣文森特及多米尼加等地方的收回，其大量的荒地带来新的投资机会，而这些岛屿最近的付款也与牙买加一样无规律与不确定。

因此，对大部分殖民地来说，并不是因为缺少金银。它们对于活的生产性资本的需要，使它们拒绝拥有死的资本，以求便利。因此，它们把那部分金银的价值，转移到生产工具、衣料、家具和开垦土地所必需的铁制农具上了。在那些只有使用金银货币才能交易的部门，它们总能找到适量的金银以供使用。如果找不到，那也不是因为贫穷，而是因为它们从事规模过大的商业所致。对于拖欠款项的情况，也不是因为穷，而是因为它们太想发财了。殖民地的税收，除用以支付当地行政费和军事设备费以外，仍有剩余资金购买金银送给英国。为了进行国内贸易，它们不得不舍弃廉价的交易媒介而使用昂贵的交易媒介，而购买这昂贵交易媒介的费用，多少对其过度热衷改良土地有所影响；但是，美洲的收入可使用汇票汇寄，是不需要换成金银送往英国的。这汇票是向曾委托代售美洲剩余产物的特定英国商人或公司开出和由其承兑的，该商人或公司收到货物后，即按票面金额以货币形式把美洲的收入缴纳给国库，美洲无须输出一盎司金银就可完成交易。

爱尔兰和美洲应帮英国偿还公债。英国的公债原来是为支持由革命建立的政府而借的。依赖于政府，才使得爱尔兰的新教徒得以在本国享有现在所享有的权利，美洲各殖民地才有现在的租赁特许和后来实行的宪法，美洲所有殖民地人民才享有了自由、安全和财产。这公债不但保护英国，而且也保护了英国各属地。特别是最近战争中所借的巨额公债，及以前战争中所借的大部分公债，其本来的用途都是为了保护美洲。

爱尔兰属于英国，除享有自由贸易的利益外，还会获得其他能补偿其因归属而增加的赋税的重要利益。苏格兰归于英国后，长期被贵族压迫的中下层人民获得完全解放。在爱尔兰受贵族权力压迫的受害者相对更多，如与英国合并，大部分人民同样会从贵族压迫下获得解放。不同于苏格兰贵族，爱尔兰贵族的形成不是由于门第财产的差别，而是基于可恨的宗教和政治偏见。这种区别使得国内居民间的敌意比其他国家人民间的敌意深。假如爱尔兰不归于英国，在今后数十年、数百年间其居

契约仆役制度下的"白奴"

1845年，由于严重的饥荒和疾病，大约150万爱尔兰人被迫移民美洲新大陆做契约仆役，即"白奴"。这种契约其实是因无法支付从欧洲到美洲的"越洋费"，而与种植园主签订的一种协议，该协议规定，他们必须在种植园无偿服劳役5~7年，即契约仆役必须按照雇主们的要求进行劳作，以换取食宿及在服役期满可以拿到的一定数量的货币或土地作为"自由费"。

民也不会把自己当成是该国人民。

在美洲各殖民地，从来没有专横的贵族，但如与英国合并也会使人民增加幸福与安全感。至少它们可避免小民主政体下必然会发生的有敌意的党争，党争往往会分裂人民的感情，扰乱政府安定。如果美洲完全与英国脱离关系，党争一定会比以前更加激烈。目前，宗主国的强大压力能抑制党争，使其不致发展成野蛮行为。如果没有此压力，恐怕就会因暴力而演变成流血事件。在所有统一于一个政府下的大国，党派的精神对帝国中心的影响要大于偏远地区。就目前而言，在苏格兰的党争要比英格兰的党争缓和一些；如果合并实现，在爱尔兰的党争就会比苏格兰缓和；至于美洲各殖民地，就会出现在英帝国各属地前所未见的和谐团结景象。当然，合并后，爱尔兰及美洲各殖民地不免会增加赋税的负担，但如能忠实地把国家收入用于偿还公债，不久英国国家收入就会缩减至足够维持和平时期设施的资费，而现在大部分的赋税也不会被继续征收下去。

东印度公司获得的领土，无疑是属于国王的，也就是属于英国国家与人民的。那些领土可能成为我们另一个收入源泉，这可能比上述各收入来源都要丰富。与英国相比，据说那些地方的土地更肥沃，面积更广大；而就土地面积大小的比例来说，人民更富裕，人口更稠密。因此，要从那里获得收入，不必另征新税，那里的赋税，已经征到十足的程度了,甚至远大于此。最好的做法,就是减轻那些不幸人民的负担;防止已征收到的赋税被滥用和侵吞,且不征新税。

如果英国无法从上述各途径中增加其收入,那么唯一可行的办法就是减少开支。英国在征税和开支方法上尚有改良余地,不过与其邻国相比,至少还算节俭。英国在和平时期的国防开支,比欧洲任何国家的国防开支都要少。目前,英国花在美洲各殖民地的建设费为数浩大,如果不能从这些殖民地取得任何收入,这项费用就应该完全省去。英国为保障殖民地而战,花了9000万镑以上,主要为保障殖民地的1739年西班牙战争,以及由这次战争结果引起的法兰西战争,所费就在4000万镑以上。这些费用的大部分,应当由各殖民地分担。如果不是为了这些殖民地,1739年的西班牙战争也许不会发生,而由这次战争引起的法兰西战争一定不会发生。英国之所以支出这么大的费用,就因为它认为这些殖民地是它的省份。

然而,对于帝国的维系,既没提供财力又没提供武力的地区,就不应该被视为省份。也许,可以算作附属于帝国的一种华美装饰吧。但如果帝国再也不能支持其装饰的费用,就应尽早放弃;如果不能按照其支出的比例增加收入,至少应当量入为出。各殖民地拒绝纳税,但仍为英帝国的省份,那将来防御殖民地的战争恐怕不免还要耗去英国不少费用。百余年来,英国统治者曾有在大西洋西岸保有一个大帝国的想象,然而这一个帝国迄今仍只存在于想象中。它不是帝国,而是建立帝国的计划。这计划到现在已使英国耗费了很多,并仍继续耗费下去,那以后的费用一定非常浩大,而且赚不到一点利润。现在,我国统治者该实现自己以及人民一直以来的黄金梦了;如果不能,就应及早放弃。如果英帝国各省不能对整个帝国的日常维持作出贡献,英国就该取消为防御这些省份而支出的军费,取消维持这些省份的平时民政或军事设施的费用,并努力使将来的计划与其实际情况相适应。

文化伟人代表作图释书系全系列

第一辑

《自然史》
〔法〕乔治·布封 / 著

《草原帝国》
〔法〕勒内·格鲁塞 / 著

《几何原本》
〔古希腊〕欧几里得 / 著

《物种起源》
〔英〕查尔斯·达尔文 / 著

《相对论》
〔美〕阿尔伯特·爱因斯坦 / 著

《资本论》
〔德〕卡尔·马克思 / 著

第二辑

《源氏物语》
〔日〕紫式部 / 著

《国富论》
〔英〕亚当·斯密 / 著

《自然哲学的数学原理》
〔英〕艾萨克·牛顿 / 著

《九章算术》
〔汉〕张苍 等 / 辑撰

《美学》
〔德〕弗里德里希·黑格尔 / 著

《西方哲学史》
〔英〕伯特兰·罗素 / 著

第三辑

《金枝》
〔英〕J. G. 弗雷泽 / 著

《名人传》
〔法〕罗曼·罗兰 / 著

《天演论》
〔英〕托马斯·赫胥黎 / 著

《艺术哲学》
〔法〕丹纳 / 著

《性心理学》
〔英〕哈夫洛克·霭理士 / 著

《战争论》
〔德〕卡尔·冯·克劳塞维茨 / 著

第四辑

《天体运行论》
〔波兰〕尼古拉·哥白尼 / 著

《远大前程》
〔英〕查尔斯·狄更斯 / 著

《形而上学》
〔古希腊〕亚里士多德 / 著

《工具论》
〔古希腊〕亚里士多德 / 著

《柏拉图对话录》
〔古希腊〕柏拉图 / 著

《算术研究》
〔德〕卡尔·弗里德里希·高斯 / 著

续

第五辑

《菊与刀》
〔美〕鲁思·本尼迪克特/著

《沙乡年鉴》
〔美〕奥尔多·利奥波德/著

《东方的文明》
〔法〕勒内·格鲁塞/著

《悲剧的诞生》
〔德〕弗里德里希·尼采/著

《政府论》
〔英〕约翰·洛克/著

《货币论》
〔英〕凯恩斯/著

第六辑

《数书九章》
〔宋〕秦九韶/著

《利维坦》
〔英〕霍布斯/著

《动物志》
〔古希腊〕亚里士多德/著

《柳如是别传》
陈寅恪/著

《基因论》
〔美〕托马斯·亨特·摩尔根/著

《笛卡尔几何》
〔法〕勒内·笛卡尔/著

第七辑

《宇宙体系》
〔英〕艾萨克·牛顿/著

《蜜蜂的寓言》
〔荷〕伯纳德·曼德维尔/著

《化学基础论》
〔法〕拉瓦锡/著

《控制论》
〔美〕诺伯特·维纳/著

《福利经济学》
〔英〕A. C. 庇古/著

《纯数学教程》
〔英〕戈弗雷·哈代/著

中国古代物质文化丛书

《长物志》
〔明〕文震亨/撰

《园冶》
〔明〕计　成/撰

《香典》
〔明〕周嘉胄/撰
〔宋〕洪　刍　陈　敬/撰

《雪宧绣谱》
〔清〕沈　寿/口述
〔清〕张　謇/整理

《营造法式》
〔宋〕李　诫/撰

《海错图》
〔清〕聂　璜/著

《天工开物》
〔明〕宋应星/著

《工程做法则例》
〔清〕清朝工部/颁布

《髹饰录》
〔明〕黄　成/著　扬　明/注

《鲁班经》
〔明〕午　荣/编

"锦瑟"书系

《浮生六记》
刘太亨/译注

《老残游记》
李海洲/注

《影梅庵忆语》
龚静染/译注

《生命是什么？》
何　滟/译

《对称》
曾　怡/译

《智慧树》
乌　蒙/译

《蒙田随笔》
霍文智/译

《叔本华随笔》
衣巫虞/译

《尼采随笔》
梵　君/译

文化伟人代表作图释书系（精装版）

《资本论》
〔德〕卡尔·马克思 / 著

《物种起源》
〔英〕查尔斯·达尔文 / 著

《几何原本》
〔古希腊〕欧几里得 / 著

《自然哲学的数学原理》
〔英〕艾萨克·牛顿 / 著

《国富论》
〔英〕亚当·斯密 / 著

《相对论》
〔美〕阿尔伯特·爱因斯坦 / 著

《草原帝国》
〔法〕勒内·格鲁塞 / 著

《九章算术》
〔汉〕张苍 等 / 辑撰

《算术研究》
〔德〕卡尔·弗里德里希·高斯 / 著

《自然史》
〔法〕乔治·布封 / 著

《西方哲学史》
〔英〕伯特兰·罗素 / 著

《美学》
〔德〕弗里德里希·黑格尔 / 著